Management der
Nachhaltigkeitskommunikation

Michael Bürker

Management der Nachhaltigkeitskommunikation

Grundlagen und Perspektiven für die Praxis

 Springer Gabler

Michael Bürker 🆔
Kommunikation weiterdenken
Neubiberg, Deutschland

ISBN 978-3-658-48470-5   ISBN 978-3-658-48471-2 (eBook)
https://doi.org/10.1007/978-3-658-48471-2

Die Deutsche Nationalbibliothek verzeichnet diese Publikation in der Deutschen Nationalbibliografie; detaillierte bibliografische Daten sind im Internet über https://portal.dnb.de abrufbar.

Planung/Lektorat: Imke Sander
Springer Gabler ist ein Imprint der eingetragenen Gesellschaft Springer Fachmedien Wiesbaden GmbH und ist ein Teil von Springer Nature.
Die Anschrift der Gesellschaft ist: Abraham-Lincoln-Str. 46, 65189 Wiesbaden, Germany

Wenn Sie dieses Produkt entsorgen, geben Sie das Papier bitte zum Recycling.

Vorwort

Liebe Leserin, lieber Leser, machen Sie ein kurzes Experiment. Halten Sie die Luft an. Wie lange halten Sie durch? Eine Minute, zwei? Der Weltrekord ohne Hilfsmittel liegt bei elf Minuten. Länger hat noch kein Mensch ohne Sauerstoff überlebt. Wir sind Teil der Natur, wir leben von ihr, aber immer auch in ihr.

Ein zweites Experiment: Stellen Sie sich vor, Sie hätten keine Kontakte zu anderen Menschen. Keine Gespräche, Telefonate, keine flüchtigen Begegnungen auf der Straße. Niemand würde Ihnen helfen, wenn Ihr Auto defekt wäre oder wenn Sie krank wären. Sie müssten allein Fußball spielen, Ihr Haus allein bauen. Sie wären allein auf der Welt.

Wie fühlen sich diese Gedanken an? Seltsam? Verstörend? Natürlich!

Menschen sind Teil der Natur, nicht ihr Gegenüber. Unterscheidungen zwischen Ökologie, Sozialem und Ökonomie, wie sie Nachhaltigkeit trifft, so als würde es sich dabei um gleichberechtigte Bereiche oder Kategorien handeln, sind möglich, aber in dieser Form falsch. Menschliches Zusammenleben und wirtschaftliches Handeln sind nur in der Natur möglich, nicht außerhalb. Jedes gegen sie ist ein gegen uns.

Wenn wir mit George Spencer Brown (*Laws of Form*, 1969) Begriffe als Unterscheidungen verstehen, bei denen eine Seite der Unterscheidung bezeichnet wird, bleibt die andere Seite ein *unmarked state* und die Operation der Unterscheidung ein *blinder Fleck*. Was also ist die andere Seite der Natur? Und was die andere Seite des Menschen?

Die Idee zu diesem Buch war von Beginn an, nicht nur über Nachhaltigkeitskommunikation zu schreiben. Je mehr ich dazu in den letzten Jahren Erfahrung sammeln, mich mit Kolleg*innen austauschen konnte und über das Thema nachdachte, umso klarer wurde, dass die Nachhaltigkeitskommunikation viele aktuelle Probleme und Herausforderungen mit der Unternehmenskommunikation gemeinsam hat.

Die strenge Regulierung, das Glaubwürdigkeitsdefizit in der Bevölkerung, die oftmals fehlende Ankopplung an die betriebliche Wertschöpfung, die späte Einbindung in Projekte und Prozesse, die unzureichende Orientierung an den Beziehungen zu Stakeholdern und die mangelnde Berücksichtigung der gesellschaftlichen Funktion – all dies sind häufige Kennzeichen der Nachhaltigkeitskommunikation in der Praxis. Und sie sind damit vielerorts Schwächen der Unternehmenskommunikation.

Heute bin ich überzeugt, dass die Nachhaltigkeitskommunikation für einen grundsätzlichen Wandel der Unternehmenskommunikation und eine neue Form des Kommunikationsmanagements steht. Sie ist das neue Role-Model, die neue Benchmark für das Kommunikationsmanagement. Insofern kann dieses Buch auch gelesen werden als Anleitung für eine neue Form der Kommunikation von Unternehmen und Organisationen.

Neubiberg, Deutschland   Michael Bürker
im Frühjahr 2025

Danksagung

Ein Buch schreibt sich nicht allein. Wir stehen alle auf den Schultern von Riesen (Bernhard von Chartres um 1120). So haben viele Menschen zu dem beigetragen, was Sie jetzt lesen. Häufig ohne es zu wissen. Fast immer ging es um die Rolle und Bedeutung der Kommunikation bei nachhaltigen Veränderungen. Nicht selten stand die Kontroverse über offensive und defensive Strategien im Mittelpunkt der Gespräche.

Stellvertretend für viele Ungenannte danke ich im Besonderen:

… meinen Kolleg*innen und Gästen an der Hochschule Landshut, Prof. Dr. Sara Siakala, Prof. Dr. Markus Schmitt, Martin Bachler (Strategisches Nachhaltigkeitsmanagement, ams Osram) und Petra Sammer (Expertin und Buchautorin für Storytelling in Unternehmen) für die anregenden Gespräche über die Rolle der Kommunikation in der nachhaltigen Entwicklung. Ihnen verdanke ich wichtige Impulse aus der Perspektive des Nachhaltigkeitsmanagements, der sozialen Nachhaltigkeit und der Erzählbarkeit von Nachhaltigkeit.

… meinen Kund*innen und Kolleg*innen bei der Münchner Beratungsagentur Script Consult: Sabine Braun (ehemals Akzente, heute Accenture), Lisa Janke (Nachhaltigkeitsmanagement, Gothaer Versicherungen), Dr. Bettina Rother (ehemals Bayerisches Staatsministerium für Landwirtschaft, Forsten und Ernährung), Felix Lüter (Leiter Kompetenzcenter Nachhaltigkeitsmanagement, Unternehmensgruppe Nassauische Heimstätte Wohnstadt), Jasmin Fick (heute Allianz Global Investors) und Titus Kroder für die gemeinsamen Projekte zur Nachhaltigkeitskommunikation und den stets kritischen Austausch.

Competing Interests   Der/die Autor*in hat keine für den Inhalt dieses Manuskripts relevanten Interessenkonflikte.

Inhaltsverzeichnis

Über den Autor

(Foto: privat)

Prof. Dr. Michael Bürker ist Professor für Marketing, Kommunikation und Marktforschung an der Hochschule für angewandte Wissenschaften (HAW) Landshut. Seine Lehr- und Forschungsschwerpunkte sind strategische Unternehmenskommunikation, Markenpositionierung, Nachhaltigkeitskommunikation und Content-Strategien. Seit über 25 Jahren berät und begleitet er Unternehmen und Organisationen in Fragen der strategisch ausgerichteten internen und externen Kommunikation. Bürker ist Landesvorsitzender der Deutschen Public-Relations-Gesellschaft (DPRG) in Bayern. Mit seinem jüngsten Projekt „Kommunikation weiterdenken" bietet er Organisationsberatung für Kommunikation und Medien, Sparring für Führungskräfte, Vorträge, Moderationen, Workshops und Seminare.

Abbildungsverzeichnis

Tabellenverzeichnis

Teil I

Ausgangssituation für Nachhaltigkeitsmanagement und -kommunikation

Ausgangslage und Hintergrund der nachhaltigen Entwicklung

Inhaltsverzeichnis

Zusammenfassung

In diesem Kapitel werden die Ausgangssituation für das Nachhaltigkeitsmanagement und die Nachhaltigkeitskommunikation von Unternehmen sowie zentrale Herausforderungen skizziert. Wissen, Einstellungen und Verhalten zum Thema Nachhaltigkeit in Bevölkerung und Öffentlichkeit werden auf Basis aktueller Befragungsergebnisse beschrieben. Dabei werden insbesondere kritische Positionen reflektiert und Widersprüche verdeutlicht. Als wesentliche Treiber werden eine geringere Glaubwürdigkeit und Greenwashing-Aktivitäten von Unternehmen thematisiert. Auf dieser Basis werden schließlich die Methodik und Vorgehensweise des Buches vorgestellt.

Spätestens mit der Veröffentlichung „Die Grenzen des Wachstums" des *Club of Rome* (Meadows et al., 1972) war die Nachhaltigkeit im Gespräch – und mit ihr die Kommunikation über Nachhaltigkeit. Fast alle halten sie für wichtig, aber viele können es schon nicht mehr hören. Das Wort ist allgegenwärtig und dabei zugleich in die Defensive geraten. Das gilt vor allem für die Klimakrise. Es ist die Kommunikation, die das Thema schwierig macht, Kontroversen erzeugt und scheinbar nicht weiterkommt.

M. Bürker, *Management der Nachhaltigkeitskommunikation*,
https://doi.org/10.1007/978-3-658-48471-2_1

Doch: Wie kann die Klimakrise bewältigt werden – ohne Kommunikation? Wie können Unternehmen nachhaltiger werden – ohne Kommunikation? Auch wenn sie zunächst zusätzliche Ressourcen wie Zeit, Geld, Personen und Energie benötigt und selbst keine Emissionen mindert – so ist offensichtlich, dass ohne Kommunikation nichts geht beim Thema Nachhaltigkeit.

> „Es mögen Fische sterben und Menschen, das Baden in Seen oder Flüssen mag Krankheiten erzeugen, es mag kein Öl mehr aus den Pumpen kommen und die Durchschnittstemperaturen mögen sinken oder steigen: solange darüber nicht kommuniziert wird, hat dies keine gesellschaftlichen Auswirkungen" (Luhmann, 1986, S. 63).

Erst wenn ökologische, soziale und ökonomische Gefährdungen kommuniziert werden, wenn über sie berichtet wird, wenn Menschen darüber sprechen, Entscheider*innen und Expert*innen diskutieren, erst dann können sie auch bewältigt werden. Ohne Kommunikation bleiben sie für Unternehmen, Wirtschaft und Gesellschaft nicht sichtbar. Auf diese grundlegende Bedeutung der Kommunikation für eine nachhaltige Gesellschaft hat der Soziologe Niklas Luhmann bereits 1986 hingewiesen.

Im Zuge der Klimakrise hat die Nachhaltigkeitskommunikation in vielen Unternehmen stark an Bedeutung gewonnen. Seit 2007 zählt sie für die (befragten) Kommunikationsmanager*innen[1] in Europa zu den wichtigsten strategischen Herausforderungen des Kommunikationsmanagements (Abb. 1.1).

Veränderte und verschärfte Rahmenbedingungen und Einflussfaktoren haben der CSR- bzw. Nachhaltigkeitskommunikation[2] Auftrieb gegeben (Faber-Wiener, 2015, S. 570–572; Osburg, 2015, S. 738–740):

- Wertewandel in der Gesellschaft
- Kritische Kund*innen und Öffentlichkeit
- Vertrauenskrise und zunehmende Transparenzansprüche
- Verstärkter Einfluss und Komplexität von Stakeholder-Beziehungen
- Neue, digitale Kommunikation und erhöhtes Kommunikationstempo
- Druck von außen und Mobilisierung durch soziale Netzwerke

Die Nachhaltigkeitskommunikation entwickelt sich zunehmend zu einer eigenständigen Kommunikationsdisziplin von Unternehmen und Organisationen. Die erweiterte und verschärfte Pflicht zur Nachhaltigkeitsberichterstattung (CSRD, CSR-RUG) sowie weitere politische und regulatorische Initiativen (z. B. EU-Taxonomie, Lieferkettengesetz, Green

---

[1] Der Kommunikationsberuf wird mittlerweile überwiegend von Frauen ausgeübt. Das gilt in großen Teilen auch für Führungspositionen. Um zu zeigen, dass stets Frauen und Männer gemeint sind, werden im Folgenden beide Geschlechter (z. B. Bürgerinnen und Bürger), das substantivierte Partizip I (z. B. Studierende) oder das Gender-Sternchen * verwendet.

[2] Die Begriffe CSR- bzw. Nachhaltigkeitskommunikation werden synonym verwendet. Die Entwicklungslinien sowie die sich daraus ergebenden Unterschiede werden in Abschn. 3.5 erläutert.

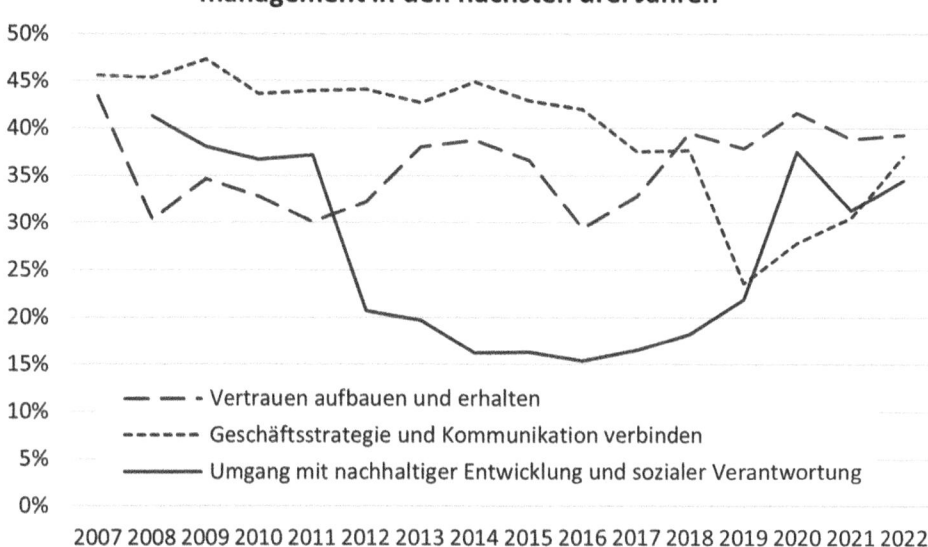

Abb. 1.1 Strategische Herausforderungen im Kommunikationsmanagement 2007–2022. (Zerfaß et al., 2022, S. 75; eigene Darstellung)

Claims Directive) führen dazu, dass sich Unternehmen einer ökologisch, sozial und ökonomisch nachhaltigen Wirtschaftsweise immer weniger entziehen können. Wesentlicher Treiber der nachhaltigen Entwicklung ist die EU-Politik (Green Deal, Sustainable Finance usw.). Wirtschaft und Gesellschaft befinden sich in einer *sozial-ökologischen Transformation*.

Arbeitsdefinition für Nachhaltigkeitskommunikation

„Nachhaltigkeitskommunikation ist die Kommunikation von und in Unternehmen und Organisationen zu Themen der Nachhaltigkeit."

Dieses organisationsbezogene Verständnis wird bis zur vertieften Diskussion und Klärung des Begriffs in Abschn. 3.5 verwendet. Ungeachtet unterschiedlicher Begründungen und Definitionen werden Nachhaltigkeits- und CSR-Kommunikation bis dahin synonym behandelt. ◄

Doch noch stehen Nachhaltigkeitsmanagement und -kommunikation vieler Unternehmen und vor allem des Mittelstands am Anfang. Die sozialen und ökonomischen Aspekte der Nachhaltigkeit stehen in der öffentlichen Wahrnehmung vielfach im Hintergrund. Viele Initiativen entstehen spontan und urwüchsig, getrieben von gutem Willen und Engagement der Unternehmensleitungen und Mitarbeitenden.

Was fehlt, sind praxistaugliche Konzepte, die Nachhaltigkeit systematisch einführen, wirksam umsetzen und steuern. Das erschwert die Nachhaltigkeitskommunikation der

Unternehmen. Einerseits soll sie verdeutlichen, was getan wird. Andererseits darf sie sich nicht den Vorwurf des Greenwashings einhandeln. Noch wird sie nicht als zentrales Handlungsfeld und Strategie einer nachhaltigen Wirtschaft wahrgenommen (Bittner-Fesseler & Weicht, 2020, S. 93).

Arbeitsdefinition für Nachhaltigkeitsmanagement

„Nachhaltigkeitsmanagement ist die Gestaltung und Steuerung der ökologischen, sozialen und ökonomischen Nachhaltigkeitsaktivitäten von Unternehmen und Organisationen."

Dieses weite Verständnis wird bis zur vertieften Diskussion und Klärung des Begriffs in Abschn. 3.4 verwendet. Ungeachtet unterschiedlicher Begründungen und Definitionen werden Nachhaltigkeitsmanagement und CSR bzw. CSR-Management bis dahin synonym behandelt. ◄

Durch die sich zuspitzende Klimakrise und die Demonstrationen der *Fridays-for-Future*-Bewegung erfuhr das Thema Nachhaltigkeit vor der Corona-Pandemie erneut starke Beachtung in der gesellschaftlichen Öffentlichkeit. Bürger*innen, Wirtschaft und Politik stehen unter Druck, drohende Folgen für Gesundheit, Wirtschaft und Gesellschaft durch mehr nachhaltiges Handeln zu vermeiden. Doch alle drei Gruppen kämpfen mit widerstreitenden Interessen, sodass ein echter Durchbruch in weiter Ferne scheint.

Arbeitsdefinition für Nachhaltigkeit

„Nachhaltig ist jemand oder etwas, das nur so viel Ressourcen verbraucht, dass die langfristige Existenz nicht gefährdet ist."

Dieses weite Verständnis von Nachhaltigkeit wird bis zur vertieften Diskussion und Klärung des Begriffs in Abschn. 3.1 verwendet. ◄

Doch so schwierig die Situation ist, so ist sie zugleich eine Chance für eine nachhaltige Entwicklung von Unternehmen durch den Aufbau eines systematischen Nachhaltigkeitsmanagements und einer von Beginn an eingebundenen Nachhaltigkeitskommunikation. Auch wenn sich die skeptischen Stimmen mehren, ob das 1,5-Grad-Ziel der Pariser Klimakonferenz noch erreicht werden kann, so gibt es doch einen breiten Konsens in zentralen Fragen (Abschn. 1.2).

So fassen das Deutsche Klima-Konsortium, die Deutsche Meteorologische Gesellschaft, der Deutsche Wetterdienst, der Extremwetterkongress Hamburg, die Helmholtz-Klima-Initiative und klimafakten.de den Stand der Forschung zum Klimawandel in einer gemeinsamen Publikation in fünf Punkten zusammen (klimafakten.de, 2023, S. 2):

- Der Klimawandel ist real.
- Menschliches Handeln ist die Ursache.
- Die Folgen des Klimawandels sind gefährlich.
- Die Wissenschaftler sind sich einig.
- Die Menschheit kann noch etwas tun, um den globalen Temperaturanstieg zu begrenzen.

Recherche-Tool: Unsere Welt in Daten (Our World in Data)
Wer sich einen Überblick über die Situation der Nachhaltigkeit informieren möchte, wird in dieser Internet-Datenbank fündig. Sie bietet umfangreiche Daten zu ökologischen, sozialen und ökonomischen Aspekten und ihrer geschichtlichen Entwicklung in verschiedenen Ländern und Zeiträumen.

Die Zahlen, Daten und Fakten werden in Karten, Diagrammen und Tabellen aufbereitet und in kurzen Beschreibungen erläutert. Die meisten Grafiken sind skalierbar und lassen sich nach Regionen bzw. Ländern und Zeiträumen eingrenzen. Die Angaben sind mit wissenschaftlichen Quellen versehen.

Ökologische Themen: Klimawandel, Energie- und Rohstoffverbrauch, CO_2-Emissionen, Luftverschmutzung, Naturkatastrophen, Biodiversität, Landnutzung.

Soziale Themen: Menschenrechte, demografischer Wandel, Bevölkerungswachstum, Armut, Kriege, Bildung, Kinderarbeit, Krankheiten, Unterernährung, Lebenserwartung, Migration, Lebenszufriedenheit.

Ökonomische Themen: Wirtschaftswachstum, wirtschaftliche Ungleichheit, Staatsausgaben, Gesundheits- und Bildungsausgaben, Steuern, Forschung und Entwicklung, Handel, Tourismus.

Alle von *Our World in Data* erstellten Visualisierungen, Daten und Artikel sind unter der Creative Commons BY-Lizenz frei zugänglich.

Our World in Data im Internet: https://ourworldindata.org/

An die Seite direkt angeschlossen ist ein *SDG-Tracker*. Er verfolgt Fortschritte bei der Verwirklichung der 17 Ziele der Vereinten Nationen zur nachhaltigen Entwicklung. In kurzen Texten beschreibt er die Definition des jeweiligen SDG-Indikators, das dazu gehörige Ziel und verweist auf weitere Forschung.

SDG-Tracker im Internet: https://ourworldindata.org/sdgs

Our World In Data ist ein Projekt des *Global Change Data Lab*, einer eingetragenen Wohltätigkeitsorganisation in England und Wales (Wohltätigkeitsnummer 1186433).

Das Ziel der Plattform ist es, das Wissen über die großen Probleme zugänglich und verständlich zu machen. Die Mission von Our World in Data besteht darin, „Forschung und Daten zu veröffentlichen, um Fortschritte bei der Bekämpfung der größten Probleme der Welt zu erzielen".

1.1 Klimakrise dominiert Diskussion über Nachhaltigkeit

Die Klimakrise ist – auch in der Wirtschaft – unbestritten. Regelmäßig melden die Medien neue Höchststände bei Luft- und Meerestemperaturen, überhitzte Städte, Dürren, Waldbrände, Überschwemmungen und schmelzende Gletscher. Hinzukommen Wasserverschmutzung, belastete Böden und der Verlust biologischer Vielfalt. Viele, fast alle Entwicklungen verstärken sich gegenseitig. Die Veränderungen und Folgen sind auch in

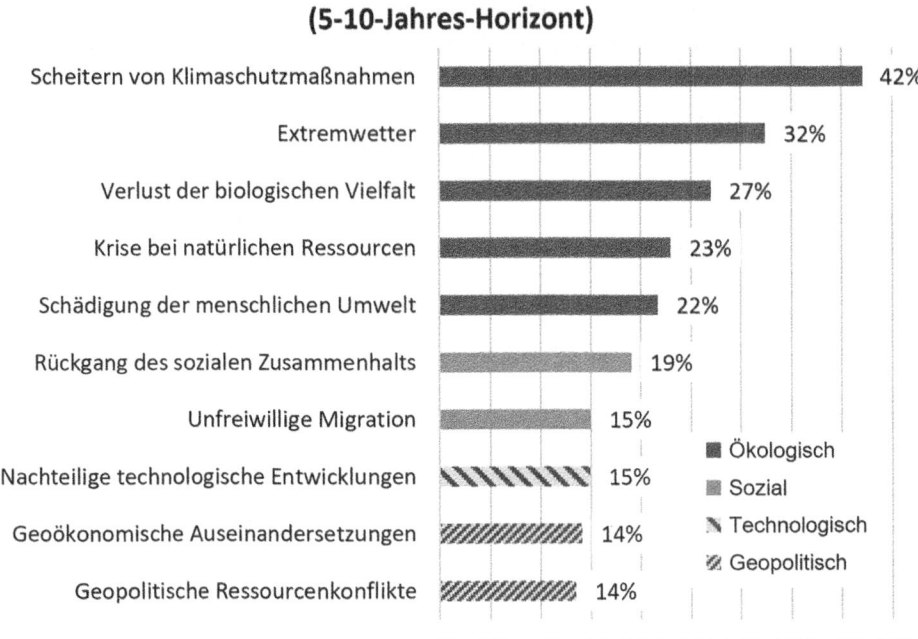

Abb. 1.2 Globale Risiken durch den Klimawandel in den nächsten 5–10 Jahren. (World Economic Forum, 2022, S. 25; eigene Darstellung)

Deutschland „messbar und zunehmend sichtbar" (van Rüth, 2023, S. 1; ausführlicher: van Rüth et al., 2023; WBGU, 2011, S. 35–49). Die globalen Risiken durch den Klimawandel nehmen weiter zu (Abb. 1.2).

Auch Mensch und Wirtschaft als Hauptursachen lassen sich nicht leugnen: Stromgewinnung, Heizen und Produzieren mit fossilen Brennstoffen, Eisen- und Stahlproduktion, Auto- und Flugverkehr, Industrie- und Wohngebäude sowie Landwirtschaft. Seit der zweiten Hälfte des 19. Jahrhunderts steigt der weltweite Energie- und Ressourcenverbrauch rapide und exponentiell an.

Die Belastung der Erde ist an vielen Stellen gefährlich nah an Kipppunkte gekommen, an denen Entwicklungen nicht mehr umkehrbar sind. Mittlerweile sind sechs von neun plantaren Grenzen überschritten (Richardson et al., 2023). Der Grad der Überschreitung hat sich bei allen bereits überschrittenen Grenzen nochmals erhöht. Damit liegt die Erde weit außerhalb des sicheren Betriebsbereichs für die Menschheit (Abb. 1.3). Die unmittelbaren Folgen für Menschen und Unternehmen sind offensichtlich: überhitzte Städte im Sommer mit zunehmenden Atem- und Kreislaufbelastungen, Sturm- und Flutschäden mit Existenzausfällen und Toten, Ernteausfälle mit Einkommensverlusten. In der Folge steigen die Ausgaben für Energie, Gesundheitsversorgung, Versicherungen und Prävention.

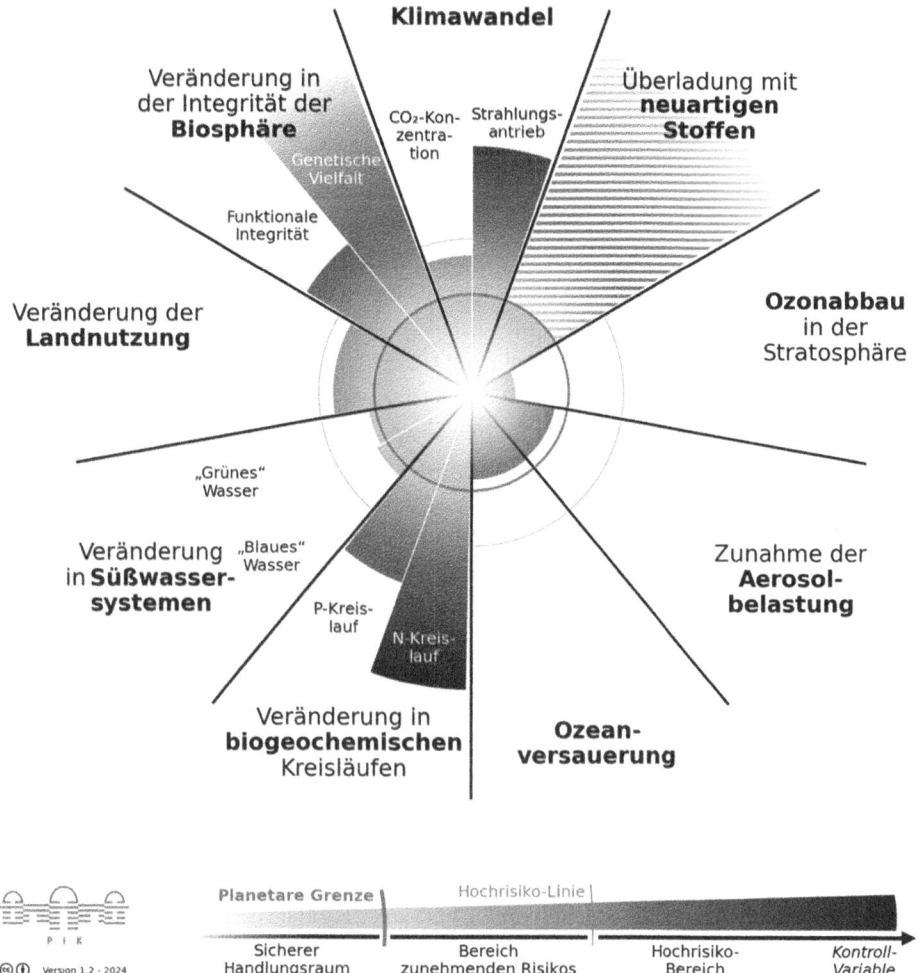

Abb. 1.3 Planetare Belastungsgrenzen. (PIK, 2024, CC BY-NC-ND 4.0; Daten aus Richardson et al., 2023)

Trotz der dramatischen Situation sind die Themen Nachhaltigkeit und Klimakrise im Bewusstsein von Bevölkerung und Unternehmen nach Ende der Pandemie und in Folge des Ukraine-Kriegs in den Hintergrund gerückt (PwC, 2022, S. 5). So ist die Sorge der Bürgerinnen und Bürger über den Klimawandel von 2021 bis 2024 um acht Prozentpunkte zurückgegangen (Wohlfeld & Gagné, 2024, S. 19–21).[3] Zugenommen haben dagegen die Zweifel (+11 Prozentpunkte) und der Überdruss (+10 Prozentpunkte). Mehr als jeder

---

[3] Für die Studie der Initiative *More in Common* haben von Ende Januar bis Ende Februar 2024 2256 Personen der deutschsprachigen Wohnbevölkerung an einer Online-Befragung teilgenommen (Wohlfeld & Gagné, 2024, S. 4).

Zweite (51 %) gibt an, derzeit andere Probleme zu haben als sich persönlich um den Klimaschutz zu kümmern.

Das bestätigt auch die jüngste Untersuchung von Reif et al. (2024) über den Wandel der Einstellungen und Kommunikation zu Klimawandel und Klimapolitik von 2015 bis 2023 (S. 7–8).[4] Danach ist die Unterstützung der Klimapolitik gesunken (rund 10 Prozentpunkte) und die Skepsis gestiegen (knapp 10 Prozentpunkte).

Die Sorge vor den Folgen des Klimawandels wird überlagert von Ängsten vor Inflation, Einwanderung sowie Armut und sozialer Ungleichheit (Ipsos, 04.03.2024). Weitere wichtige politische Themen mit Vorrang vor dem Umwelt- und Klimaschutz sind für die befragten Bürger*innen das Gesundheitssystem, das Bildungswesen, die soziale Gerechtigkeit sowie Kriege und Terrorismus (Grothmann et al., 2023, S. 21). Eine Verschiebung in der Themen-Agenda zeigen auch die öffentlichen Kontroversen um Heizungsgesetz, Tempolimit auf Autobahnen sowie Protestaktionen der *Letzten Generation* und der Landwirte.

Hinzukommt ein Überlagern der Klimakrise mit weiteren starken gesellschaftlichen Veränderungen: die demografische Entwicklung mit einem steigenden Anteil älterer Menschen, die zunehmende soziale Ungleichheit, die Digitalisierung bis hin zur künstlichen Intelligenz, die neue Arbeitswelt, wie sie sich im Zuge der Corona-Pandemie entwickelt hat, die Zuwanderung, die zunehmende soziale und kulturelle Vielfalt, Identitätskonflikte zwischen gesellschaftlichen Gruppen, die politische Polarisierung mit populistischen, an den politischen Rändern angesiedelten Parteien bis hin zur Infragestellung von Marktwirtschaft und Demokratie.

Nicht anders ist die Situation in den Unternehmen: Vier von fünf sehen die Wirtschaft aufgrund von Ressourcen- und Energieknappheit sowie Engpässen in den Lieferketten auf dem Weg zur Klimaneutralität zurückgeworfen (Horváth, 2023, S. 10).[5] Krisenbedingt sind mehr als drei Viertel der Unternehmen (78 %) zu Einschränkungen und Kompromissen gezwungen. Damit bewegen sich die deutschen Unternehmen im EU-Trend.

Drei Veränderungen beginnen sich im Diskurs über Klimakrise und Nachhaltigkeit abzuzeichnen:

- Der Fokus wechselt von der Klimakrise zur Klimaanpassung, vom Stoppen des Wandels zum Anpassen an den Wandel.
- Das Erreichen des 1,5-Grad-Ziels des Pariser-Klimaabkommens wird zunehmend infrage gestellt.
- Die sozialen Aspekte der Lastenverteilung zur Bewältigung der Klimakrise drängen in den Vordergrund.

---

[4] Die Untersuchung im Auftrag der ARD/ZDF-Medienforschung basiert auf fünf Online-Befragungen mit jeweils rund 1000 Teilnehmenden während der UN-Klimagipfel zwischen 2015 und 2023 (Reif et al., 2024, S. 2–4).

[5] Die Studie der Wirtschaftsprüfungsgesellschaft Horváth & Partners basiert auf 180 Interviews, 100 davon aus Deutschland. Die Befragten sind Führungskräfte aus Unternehmen mit mindestens 100 Mio. € Umsatz (Horváth, 2023, S. 6). In der Darstellung wurden lediglich die Ergebnisse für Deutschland berücksichtigt.

Die Reduktion der Nachhaltigkeit auf Ökologie wäre eine Barriere für die nachhaltige Entwicklung von Unternehmen. Soziale und ökonomische Aspekte können verhindern, dass Mitarbeitende, Kund*innen und andere Anspruchsgruppen die Transformation unterstützen. Das kann die Ungleichbehandlung von Frauen im Unternehmen sein oder die ungleiche Lastenverteilung bei der Finanzierung von mehr Nachhaltigkeit. Für einige Unternehmen besteht die Gefahr, wegen höherer Preise auf dem Markt wirtschaftliche Nachteile zu erleiden, oder bei der Finanzierung der notwendigen Investitionen überfordert zu werden.

Erst eine ausgewogene Balance ermöglicht, alle drei Aspekte der Nachhaltigkeit zu verwirklichen. Damit steigt die Komplexität, aber auch die Erfolgswahrscheinlichkeit. Wer nur ökologische Nachhaltigkeit anstrebt, muss mit den Folgen von Defiziten bei der sozialen und ökonomischen Nachhaltigkeit rechnen.

1.2 Widersprüchliche Haltungen in der Bevölkerung

Das Wissen, die Einstellungen und das Verhalten der Bevölkerung beeinflussen, wie Akteur*innen in Unternehmen, auf Absatz-, Personal- und Kapitalmärkten sowie in der Öffentlichkeit die Nachhaltigkeitsaktivitäten und -kommunikation von Unternehmen bewerten und unterstützen.

Wie also denken die Bürgerinnen und Bürger über Nachhaltigkeit? Zu den Einstellungen der Bevölkerung, insbesondere zum Umwelt- und Klimaschutz, wurden in den Jahren 2021 bis 2024 zahlreiche Umfragen durchgeführt. Sie stammen überwiegend von öffentlichen Institutionen, Nichtregierungsorganisationen, Verbänden, Wirtschaftsprüfungsgesellschaften und Marktforschungsinstituten.

Für die folgende Darstellung wurden 14 Studien ausgewertet. Es wurden ausschließlich Untersuchungen berücksichtigt, die Methodik, Stichprobenumfang und Repräsentativität transparent machen (Tab. 1.1). Dabei wurden folgende Fragen ausgewertet:

- Wie nehmen die Bürger*innen die Klimakrise wahr?
- Welche kritischen Einstellungen gibt es unter den Befragten?
- Wen sieht die Bevölkerung in der Verantwortung für Umwelt- und Klimaschutz? Welchen Personengruppen schreibt sie entsprechenden Einfluss zu?
- Was erwarten die Bürger*innen in Sachen Nachhaltigkeit von Unternehmen und Wirtschaft? Wo sehen sie Chancen? Wo sind sie skeptisch? Was erwarten sie von Information und Kommunikation der Unternehmen?
- Wie engagieren sich die Befragten für Nachhaltigkeit? Welche Unterschiede gibt es zwischen den Bevölkerungsgruppen?
- Wie verhalten sich die Bürger*innen bei ihren Kauf- und Konsumentscheidungen?
- Wie ist der Informationsgrad und -bedarf der Bevölkerung beim Thema Nachhaltigkeit?
- Wie sind die Einstellungen von Beschäftigten in Unternehmen?

Tab. 1.1 Übersicht der Studien zu Einstellungen der Bevölkerung zur Nachhaltigkeit. (Eigene Darstellung)

Autoren/Herausgeber	Jahr	Befragte	Teilnehmende	Methode
Hans-Böckler-Stiftung (Schulz & Trappmann)	2023	Repräsentativ ausgewählte Beschäftigte in Deutschland	2002	Online-Befragung
Instinctif & Truth	2023	Repräsentativ ausgewählte Bürger*innen ab 16 Jahre in Deutschland	1004	Online-Befragung
Melloh, Rawlins & Sippel	2022	Deutschsprachige Bürger*innen ab 18 Jahre	6 pro Fokusgruppe	6 Fokusgruppendiskussionen
NIM Nürnberger Institut für Marktentscheidungen e. V. (Biró & Neus)	2023	Repräsentativ ausgewählte Personen zwischen 16 und 69 Jahren	8008	GfK Online Access Panels
More in Common (Wohlfeld & Gagné)	2024	Deutschsprachige Wohnbevölkerung in Deutschland ab 18 Jahren	2256	Online-Befragung
Simon-Kucher & Partners	2021	Bürger*innen in Deutschland ab 18 Jahre	1022	Panel
Statista	2023a	Repräsentativ ausgewählte Bürger*innen in Deutschland ab 16 Jahre	1016	Online-Panel
Statista	2023b	Repräsentativ ausgewählte Bürger*innen in Deutschland ab 16 Jahre	1016	Online-Panel
TÜV-Verband	2023	Entscheider zum Thema Nachhaltigkeit in Unternehmen mit Sitz in Deutschland	504	Telefonische Befragung
Umweltbundesamt (Grothmann et al.)	2023	Repräsentativ ausgewählte Bürger*innen in Deutschland ab 14 Jahre mit Internetzugang	2073	Online-Panel
Vaude	2023a	Bürger*innen in Deutschland von 16 bis 65 Jahre	1002	Online-Befragung
Vaude	2023b	Bürger*innen in Deutschland von 16 bis 65 Jahre	260	Online-Befragung
Verbraucherzentrale Nordrhein-Westfalen (Sinus)	2022	repräsentativ ausgewählte Personen im Alter von 18 bis 69 Jahre	1000	Online-Befragung
YouGov	2023	repräsentativ ausgewählte, wahlberechtigte Personen	5218	Online-Panel

1.2.1   Allgemeine Einstellungen zu Umwelt- und Klimaschutz

Wahrnehmung des Klimawandels Repräsentative Befragungen zeigen – trotz Unterschieden bei Befragungszeitpunkt, Frageformulierung, Antwortvorgaben und Stichproben – ein relativ einheitliches Bild: So spielt der Klima- und Umweltschutz nach einer Befragung des TÜV-Verbandes (2023)[6] im Bewusstsein der Bevölkerung eine große Rolle. Über drei Viertel (78 %) finden Klima- und Umweltschutz wichtig (S. 7–18). Mehr als zwei Drittel der Befragten (68 %) empfinden den Klimawandel als große Bedrohung. Knapp zwei Drittel (63 %) spüren bereits die negativen Auswirkungen des Klimawandels.

Diese Werte bestätigt eine Studie des Umweltbundesamtes (Grothmann et al., 2023, S. 32–43).[7] Danach empfinden vier von fünf Bürger*innen (88 %) den Klimawandel als bedrohlich. Entsprechend stufen fast genauso viele (84 %) die Beschränkung der Erderwärmung auf unter zwei Grad als wichtige Aufgabe ein. Die konkreten Folgen der Klimakrise sind im öffentlichen Bewusstsein angekommen: 85 % nehmen Trockenheit, Niedrigwasser und Dürren als starke oder sehr starke Auswirkung wahr. Bei Starkregen, Sturzfluten und Hochwasser sind es 83 %. Allerdings halten nur 46 % der befragten Bürger*innen mehr Umwelt-, Natur- und Klimaschutz als dringend erforderlich (-15 Prozentpunkte im Vergleich mit 2020).

Kritische Einstellungen Diesen realistischen Einschätzungen stehen auch kritische Einstellungen gegenüber: Mehr als die Hälfte der Bürger*innen (54 %) befürchtet, dass wirksamer Umwelt- und Klimaschutz zu Rückgängen beim Wohlstand führen werden (TÜV-Verband, 2023, S. 8–18). Knapp jeder fünfte Befragte (19 %) ist überzeugt, dass es zu spät ist, etwas dagegen zu tun. Knapp jeder Vierte stellt den Klimawandel (24 %) infrage bzw. glaubt, nicht von den Folgen des Klimawandels betroffen zu sein (23 %).

Tendenziell skeptische Haltungen zeigen sich auch in anderen Untersuchungen. So machen sich mehr als die Hälfte der Bürger*innen (60 %) Sorgen, dass das Land mit der Verringerung der CO_2-Emissionen nicht schnell genug ist (Instinctif & Truth, 2023, S. 12–21).[8] Fast jeder zweite Befragte (44 %) hält die Auseinandersetzung mit dem Klimawandel für wichtig, sieht aber dringendere Probleme auf der Welt. Knapp ein Drittel (28 %) glaubt, dass wir noch Zeit haben, den Klimawandel zu bekämpfen.

Weniger als ein Drittel der Bürger*innen (28 %) ist überzeugt, dass die Klimaschutzmaßnahmen der Politik in Deutschland durchdacht sind (Wohlfeld & Gagné, 2024,

---

[6] Für die repräsentative bundesweite Befragung des TÜV-Verbandes wurden Anfang August 2023 1000 deutschsprachige Personen ab 16 Jahren mit Internetzugang durch das Meinungsforschungsinstitut Ipsos online befragt (TÜV, 2023, S. 47).

[7] Für die Studie des Umweltbundesamtes (Hrsg.) wurden im Juni 2022 2073 mit Hilfe des Panels forsa.omninet repräsentativ ausgewählte Personen in Deutschland mit Internetzugang ab 14 Jahren online befragt (Grothmann et al., 2023, S. 13).

[8] Für die Studie der Kommunikationsberatung Instinctif wurden im Januar 2023 1004 repräsentativ ausgewählte Personen ab 16 Jahren in Deutschland online befragt (Instinctif & Truth, 2023, S. 2).

S. 24–25).[9] Nur ein Fünftel der befragten Bevölkerung (21 %) glaubt, dass Maßnahmen zum Umweltschutz das eigene Leben verbessern – mehr als ein Drittel, dass sie es verschlechtern. Damit Menschen den Klimawandel bekämpfen, erwartet jeder Zweite (51 %), dass die Politik klare Regeln formuliert, was zu tun ist. Mehr als die Hälfte (51 %) fordert ausdrücklich eine internationale Führungsrolle der EU (S. 30).

Unterschiede zwischen den Studien Teilweise kommen die Untersuchungen in zentralen Fragen zu unterschiedlichen Ergebnissen: So schwankt der Anteil der Bürger*innen, die im menschlichen Handeln die Hauptursache für den Klimawandel sehen, zwischen 82 % (Biró & Neus, 2023, S. 7–8)[10] und 48 % (YouGov, 2023, S. 12).[11] Die Einschätzung der eigenen Nachhaltigkeit reicht von 44 % (S. 19) bis 56 % der Befragten (Instinctif & Truth, 2023, S. 21). Die Angaben für den Preis als Grund gegen nachhaltige Produkte variiert zwischen 21 % (S. 19) und 54 % (TÜV-Verband, 2023, S. 19). Neben methodischen Aspekten wie Frageformulierungen und Antwortvorgaben deutet dies darauf hin, dass viele Bürger*innen verunsichert sind und nicht wissen, wie sie sich verhalten sollen.

1.2.2 Verantwortung und Einfluss bei Umwelt- und Klimaschutz

Ebenfalls uneinheitlich fallen die Ergebnisse aus, wenn es um die Verantwortung für die Lösung der Klimakrise geht. Viele Bürger*innen sehen die Hauptverantwortung für Maßnahmen zum Umwelt- und Klimaschutz seit vielen Jahren in erster Linie bei Industrie und Wirtschaft. Danach folgen die Bürger*innen und die politische Exekutive (Abb. 1.4). Nach der Studie des TÜV-Verbands (2023) sehen die Befragten dagegen zuerst die internationale Politik (53 %), erst danach die Wirtschaft (20 %) und mit deutlichem Anstand die Bürger*innen (8 %) in der Verantwortung für die Lösung der Umwelt- und Klimaprobleme (S. 13).

In anderen Studien fällt das Ranking je nach Frageformulierung, Antwortvorgaben und Befragungsjahr unterschiedlich aus. Vor allem die Verbraucher*innen in der Pflicht für die Lösung globaler Umweltprobleme sehen die Befragten einer Umfrage von Statista (01.07.2023a): Danach rangieren Konsument*innen (42 %) vor Unternehmen (31 %) und Regierung (25 %). Zu ähnlichen Ergebnissen kommt eine Untersuchung von Simon-Kucher und Partners (2021). Dort sehen die Befragten Konsument*innen (29 %), Unternehmen (27 %), internationale Politik (22 %) sowie nationale Politik (9 %) als Akteur*innen mit wichtigem Einfluss auf die Nachhaltigkeit.

---

[9] Für die Studie der *Initiative More in Common* (Hrsg.) wurden im Februar 2024 2256 repräsentativ ausgewählte Personen ab 18 Jahren online befragt (Wohlfeld & Gagné, 2024, S. 4).

[10] Für die Studie des *Nürnberger Instituts für Marktentscheidungen e. V.* (NIM) wurden im Frühjahr 2023 mit Hilfe des GfK Online Access Panels 8008 repräsentativ ausgewählte Personen zwischen 16 und 69 Jahren befragt (Biró & Neus, 2023, S. 39–40).

[11] Für die Befragung mit Hilfe des YouGov Online-Panel wurden im Juli/August 2022 5218 repräsentativ ausgewählte, wahlberechtigte Personen in Deutschland interviewt (YouGov, 2023, S. 33).

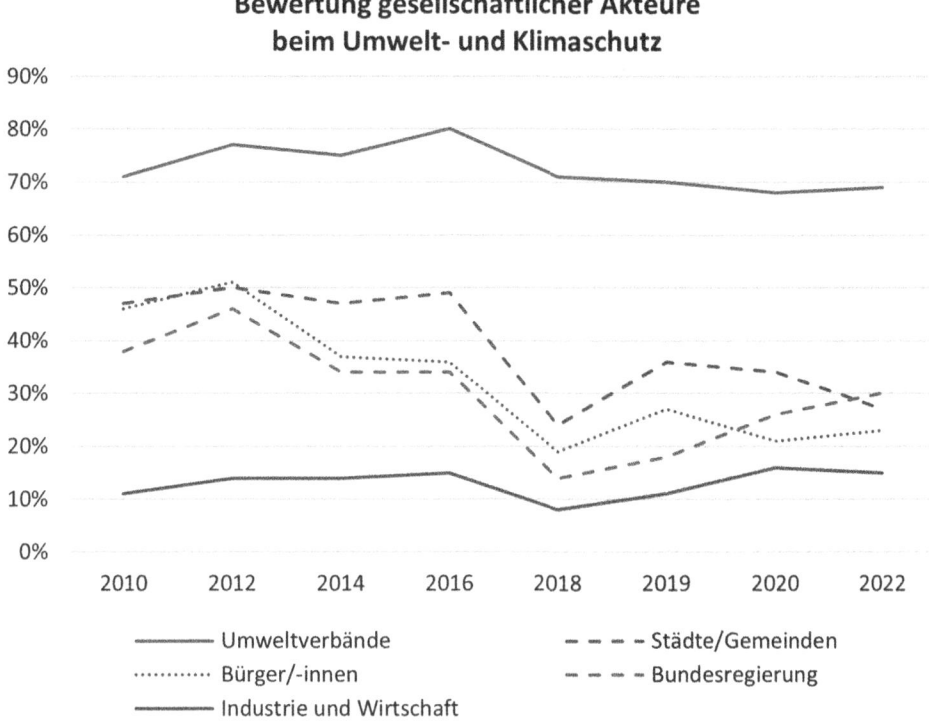

Abb. 1.4 Bewertung gesellschaftlicher Akteur*innen beim Umwelt- und Klimaschutz 2012–2022. (Grothmann et al., 2023, S. 26; eigene Darstellung)

Persönlichen Einfluss auf die ökologische Transformation haben in der Wahrnehmung der Bevölkerung vor allem Vermögende, Städter und Menschen in den westlichen Bundesländern (Grothmann et al., 2023, S. 79–80). Ärmere Menschen, Landbewohner*innen und Menschen in Ostdeutschland würden dagegen eher zu wenig berücksichtigt. Entsprechend werden von Befragten einer Studie von *More in Common* und *klimafakten.de* vor allem die Hauptverursacher der Klimakrise sowie die Vermögenderen in der Verantwortung für einen gerechten Klimaschutz gesehen (Melloh et al., 2022, S. 14–15). Dass sich politische, wirtschaftliche und soziale Aspekte nicht immer klar trennen lassen, verdeutlichen die Wünsche der Bevölkerung an die deutsche Klimapolitik: Bezahlbarkeit (67 %), Sozialverträglichkeit (44 %) und Mitbestimmung (35 %) (S. 11).

1.2.3   Erwartungen an die Nachhaltigkeit von Unternehmen und Wirtschaft

Chancen für die Wirtschaft Auch mit Blick auf Unternehmen und Wirtschaft zeigen sich die Einstellungen in der Bevölkerung ambivalent: Mehr als die Hälfte der Bürger*innen (60 %) gehen davon aus, dass der Klimaschutz günstiger ist als die Kosten für die Folgen des Klimawandels (TÜV-Verband, 2023, S. 17). Fast genauso viele Befragte (58 %) sehen in einer ambitionierten Klimaschutzpolitik auch wirtschaftliche Chancen. Zwei Drittel sind überzeugt, dass massive Investitionen in die nachhaltige Transformation der Wirtschaft notwendig sind.

Skeptische Stimmen Doch auch hier zeigen sich skeptische Stimmen: Nach der Studie des Umweltbundesamtes (Grothmann et al., 2023) sind über drei Viertel der Bürger*innen (78 %) der Auffassung, Industrie und Wirtschaft würden nicht genug für den Umwelt- und Klimaschutz tun (S. 25). Entsprechend unterstützen mehr als 90 % der Befragten (91 %) das Ziel, die deutsche Wirtschaft umwelt- und klimafreundlich umzubauen (S. 68–77). 80 % finden den Umbau gut, etwas mehr (81 %) befürchten aber steigende Lebenshaltungskosten. Als Folge des ökologischen Umbaus der Wirtschaft erwarten rund drei Viertel der Bevölkerung wachsende Unterschiede zwischen Arm und Reich (75 %) bzw. gesellschaftliche Konflikte (72 %). So werde die sozial gerechte Gestaltung zu einer „Kernherausforderung" der Transformation (S. 76–77).

   In der Studie des TÜV-Verbandes (2023) zeigen sich ebenfalls kritische Einschätzungen: Dass freiwillige unternehmerische Maßnahmen ausreichen, glaubt weniger als ein Viertel der Befragten (23 %) (S. 20). Entsprechend ist mehr als die Hälfte der Bevölkerung (60 %) der Auffassung, dass die Wirtschaft für den Umwelt- und Klimaschutz mehr staatliche Förderung erhalten sollte. Außerdem sind knapp drei Viertel (72 %) überzeugt, dass die Einhaltung von gesetzlichen Klima- und Umweltschutzvorgaben in Unternehmen überprüft werden sollte (S. 36). Die größte Kompetenz wird dabei unabhängigen Prüforganisationen (50 %) und staatlichen Behörden (38 %) zugeschrieben.

Konkrete Maßnahmen und Kommunikation Bei der Frage nach konkreten Maßnahmen und Lösungen für mehr Nachhaltigkeit erwarten und fordern über zwei Drittel der Bürger*innen von Unternehmen nachhaltige Produkte, nachhaltige Gewerbeimmobilien, ehrliche und transparente Kommunikation, Zahlen von angemessenen Steuern, CO_2-Kompensation, gleicher Lohn für gleiche Arbeit usw. (Abb. 1.5). Zugleich misstraut fast die Hälfte der Befragten (46 %) den Aussagen von Unternehmen über eigene Klimaschutz-Maßnahmen (Instinctif & Truth, 2023, S. 16). Entsprechend wünscht sich knapp jeder Dritte (32 %) mehr Informationen über Nachhaltigkeit auf Produkten (S. 25).

1.2.4   Nachhaltiges Verhalten der Bürger*innen

Engagement für Nachhaltigkeit Über zwei Drittel der Bevölkerung (69 %) ist wichtig, dass sich für den Klimaschutz in unserem Land etwas ändert (Wohlfeld & Gagné, 2024, S. 22–23). Fast genauso vielen Befragten ist wichtig, dass sich Menschen für mehr Klimaschutz einsetzen. Zugleich vertraut nur eine Minderheit (38 %) darauf, dass die anderen in der Gesellschaft ausreichend beim Klimaschutz mitmachen. Das gilt vor allem für wohlhabende Personen (64 %) und große Wirtschaftsunternehmen (60 %).

Abb. 1.5 Forderungen an die Nachhaltigkeit von Unternehmen (eher/sehr wichtig). (Instinctif & Truth, 2023, S. 24; eigene Darstellung)

Dass auch tatsächlich etwas gegen die Klimakrise getan werden kann, davon ist ein großer Teil der Bürger*innen überzeugt (TÜV-Verband, 2023, S. 7–18): Knapp über zwei Drittel der Befragten (68 %) sind der Meinung, dass der Klimawandel durch ein verändertes Konsum- und Mobilitätsverhalten abgeschwächt werden kann. Mehr als jeder Zweite (56 %) gibt an, das eigene Konsum- und Mobilitätsverhalten verändert zu haben. Genauso viele Bürger*innen (57 %) sind bereit, einen höheren Beitrag für den Klimaschutz zu leisten. Die Hälfte (50 %) gibt an, für einen besseren Umwelt- und Klimaschutz Einbußen beim Wohlstand hinzunehmen. Mehr als ein Drittel der Befragten (54 %) glaubt, dass sich die Probleme des Klimawandels durch Technikinnovationen lösen lassen ohne Lebensweisen grundlegend ändern zu müssen.

Unterschiede zwischen Bevölkerungsgruppen Mit Blick auf das Engagement für mehr Nachhaltigkeit zeigen sich Unterschiede zwischen einzelnen Bevölkerungsgruppen. Das gilt weniger für soziodemografische Merkmale als für Klimaeinstellungen, soziales Vertrauen und politische Überzeugungen. Insgesamt zeigt sich die Hälfte der befragten Bürger*innen bereit, sich eher klimafreundlich zu verhalten, politisch für Klimaschutz zu engagieren und politische Maßnahmen zum Klimaschutz zu unterstützen (Betsch et al., 2024, S. 2–4). Bei Männern, Jüngeren, Menschen mit kürzeren Bildungswegen sowie in kleineren Städten und Gemeinden ist die Bereitschaft tendenziell etwas geringer. Allerdings sind die Unterschiede zwischen den verschiedenen Bevölkerungsgruppen insgesamt „sehr klein" (S. 1). Deutlicher sind die Unterschiede, wenn themenspezifische Aspekte berücksichtigt werden, wie das Klimawissen, die Wahrnehmung gesundheitlicher Risiken, die Einschätzung der Wirksamkeit politischer Maßnahmen, das Vertrauen in öffentliche Institutionen und soziale Normen (S. 8–12).

Kaufverhalten Bei Kaufentscheidungen ist Nachhaltigkeit für knapp drei Viertel der Bürger*innen (72 %) wichtig (Biró & Neus, 2023, S. 9–17). Rund die Hälfte der Befragten bevorzugen Produkte und Dienstleistungen, die mit Nachhaltigkeitsversprechen werben. Jeder Zehnte (10 %) wäre bereit, für Produkte bzw. Dienstleistungen, die CO_2-Emissionen nachweislich vollständig vermeiden oder kompensieren, mehr auszugeben. Knapp die Hälfte der Bürger*innen achtet auf Öko-Siegel (46 %), etwa genauso viele geben an, Lebensmittel aus kontrolliert-biologischem Anbau zu kaufen (47 %) (Grothmann et al., 2023, S. 53).

Wichtige Aspekte von Nachhaltigkeit sind für die meisten Konsument*innen das Tierwohl, umweltschonende Verpackung sowie faire Löhne und Verzicht auf Kinderarbeit (Statista, 01.07.2023b) (Abb. 1.6). Nachwachsende Rohstoffe, CO_2-Vermeidung und eine ressourcenschonende Produktion sind dagegen nur für rund ein Drittel wichtig. Fast jeder Vierte (24 %) sieht in Nachhaltigkeit einen Begriff, den Unternehmen verwenden, um Produkte teurer verkaufen zu können (Statista, 01.07.2023a). Für 18 % ist es ein Modewort, das wieder an Bedeutung verlieren wird.

Beim konkreten Kaufverhalten sind die Werte deutlich niedriger: Für weniger als ein Drittel (28 %) sind Nachhaltigkeitsaspekte beim Kauf von Produkten ausschlaggebend (TÜV-Verband, 2023, S. 33). Für rund ein Fünftel der Bürger*innen (17 %) spielt Nachhaltigkeit keine Rolle. In anderen Studien sieht nicht einmal jeder zehnte Befragte (7 %) Nachhaltigkeit als wichtigsten Aspekt bei seinen Kaufentscheidungen an (YouGov, 2023, S. 23). Zwischen Einstellungen und tatsächlichem Verhalten klafft eine erhebliche Lücke. Dieses Phänomen ist in der Forschung als *Attitude-Behavior-Gap* gut belegt (Bürker & Gronover, 2023; Wintschnig, 2021; Wiederhold & Martinez, 2018).

In der Studie des TÜV-Verbands (2023) wird die Einstellungs-Verhaltens-Lücke besonders deutlich: Zwischen der generellen Notwendigkeit des Verzichts und der persönlichen Umsetzbarkeit reduzierter CO_2-Emissionen klafft eine Lücke von 50 und mehr Prozentpunkten (Abb. 1.7).

Abb. 1.6 Wichtige Aspekte von Nachhaltigkeit für Konsument*innen in Deutschland. (Statista, 01.07.2023b; eigene Darstellung)

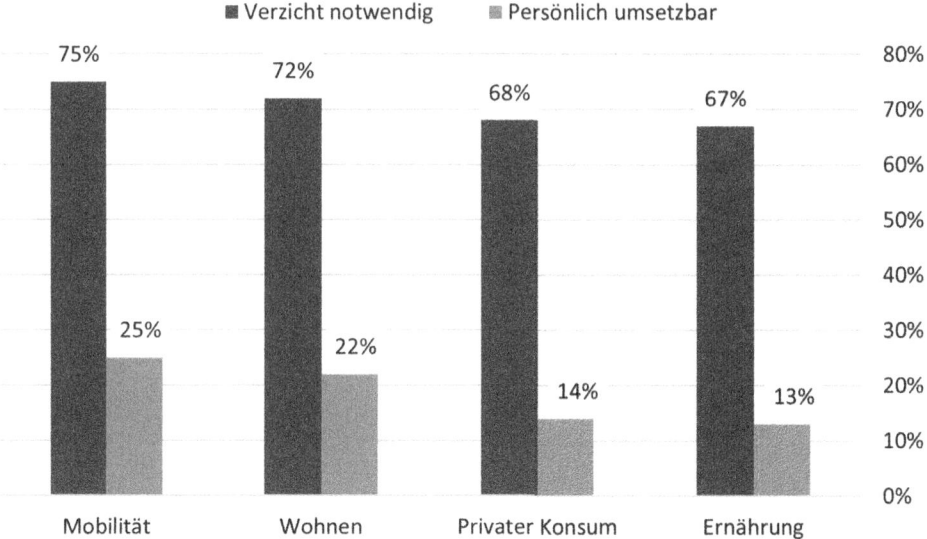

Abb. 1.7 Einstellungs-Verhaltens-Lücke bei der Nachhaltigkeit in verschiedenen Lebensbereichen. (TÜV-Verband, 2023, S. 31–32; eigene Darstellung)

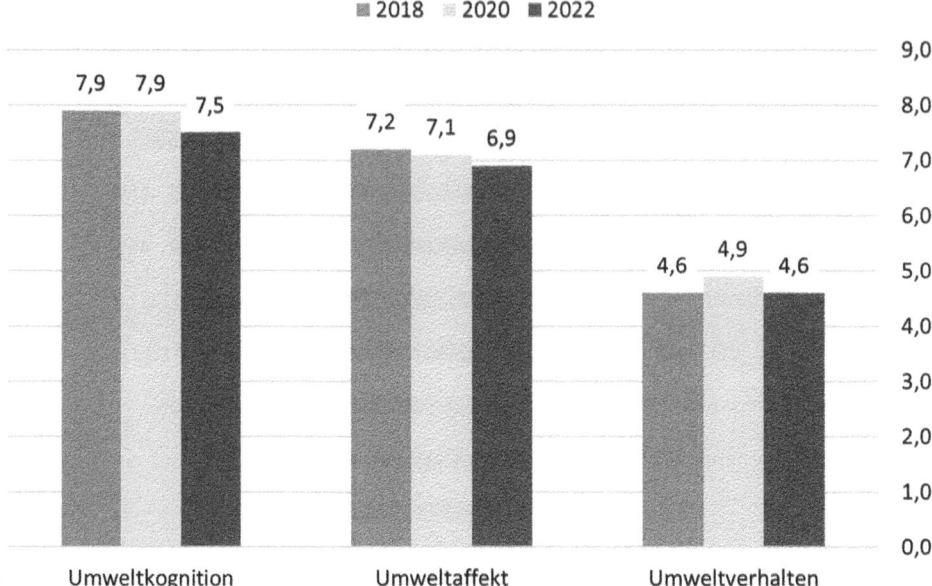

Abb. 1.8 Einstellungs-Verhaltens-Lücke zwischen Umweltkognition, Umweltaffekten und Umweltverhalten. (Grothmann et al., 2023, S. 54; eigene Darstellung)

Auch in der Studie des Umweltbundesamtes zeigen sich spürbare Unterschiede zwischen aggregierten Kognitionen, Affekten und Verhalten bei Umweltthemen (Grothmann et al., 2023) (Abb. 1.8). Auf einer Skala von 0–10 rangieren die Einstellungen (Umweltkognition) bei 7,6, positive oder negative Gefühle (Umweltaffektion) bei 6,9 und das eigene Handeln (Umweltverhalten) bei 4,5 (Grothmann et al., 2023, S. 54). Alle drei Kategorien sind gegenüber 2020 zurückgegangen.

1.2.5   Informationsgrad und -bedarf zum Thema Nachhaltigkeit

Mögliche Gründe für die Zurückhaltung im eigenen Verhalten sind Unsicherheit und Komplexität im Umgang mit Nachhaltigkeitsinformationen. Grundsätzlich fühlen sich vier von fünf Bürger*innen (82 %) „gut" oder „sehr gut" über den Klimawandel informiert (Grothmann et al., 2023, S. 30). Bei Schadstoffen in Lebensmitteln sind es dagegen weniger als die Hälfte der Befragten (40 %).

Insgesamt offenbaren die Umfragen und Studien erhebliche Informationsdefizite in der Bevölkerung: Weniger als ein Drittel der Befragten (32 %) kennt sich mit dem Thema Nachhaltigkeit nach eigener Einschätzung gut aus (YouGov, 2023, S. 16). Genauso viele (32 %) können nicht beurteilen, inwieweit sie einen nachhaltigen Lebensstil führen (Instinctif & Truth, 2023, S. 21). Entsprechend möchten über zwei Drittel der Verbraucher*innen (71 %) auf einfache Weise und auf einen Blick wissen, wie nachhaltig eine

Kaufentscheidung ist (S. 20). Mehr als die Hälfte (57 %) sieht sich jedoch mit vielen widersprüchlichen Nachhaltigkeitsinformationen konfrontiert. Für fast jeden zweiten Befragten (45 %) ist schwer überprüfbar, was Unternehmen über ihre Nachhaltigkeit sagen. Zu ähnlichen Ergebnissen kommt die Studie des TÜV-Verbandes (2023). Danach sind die geringe Nachvollziehbarkeit und Vergleichbarkeit von Angaben zur Nachhaltigkeit (30 %) sowie fehlende Informationen (27 %) Hindernisse beim Kauf nachhaltiger Produkte (S. 34).

1.2.6   Einstellungen von Beschäftigten in Unternehmen

Wer in die Unternehmen blickt und Mitarbeitende befragt, kommt zu vergleichbaren Resultaten. Nach einer Studie der Universität Leeds[12] unter Beschäftigten in deutschen Unternehmen (Schulz & Trappmann, 2023, S. 9–13, 16–41, 51–53) fühlen sich die Mitarbeitenden über Ursachen und Folgen des Klimawandels überwiegend gut informiert (81 bzw. 83 %). Sie sind besorgt über den Klimawandel (73 %) und spüren bereits seine Auswirkungen (57 %). Entsprechend viele halten Gegenmaßnahmen für sehr dringlich (70 %). Sie unterhalten sich darüber in der Familie (83 %) und am Arbeitsplatz (79 %). Viele versuchen ihren CO_2-Fußabdruck zu reduzieren (58 %) und ein knappes Drittel beteiligt sich beim Klimaschutz am Arbeitsplatz (30 %). Die meisten sehen die Bundesregierung (62 %) und die Unternehmen (52 %) in der Verantwortung, weniger der Konsument*innen (31 %). Sie stimmen staatlichen Subventionen bei erneuerbaren Energien, ÖPNV und Gebäudedämmung zu (62–66 %). Die ökologischen Auswirkungen der Transformation werden eher positiv eingeschätzt (59–65 %), die sozialen eher pessimistisch eingeschätzt (50–67 %).

Die Diskrepanz zwischen Informationsgrad, Sorgen und Kommunikationsverhalten einerseits und tatsächlichem Verhalten sowie Zuschreibung von Verantwortung andererseits bestätigt eine Einstellungs-Verhaltens-Lücke auch in den Betrieben.

1.3   Glaubwürdigkeit und Greenwashing

Ein wesentlicher Einflussfaktor und Treiber für die verbreitete Skepsis, Verunsicherung und Kritik bis hin zur Ablehnung ist der Versuch von Unternehmen, mit vermeintlich grünen, ökologischen bzw. nachhaltigen Produkten oder Dienstleistungen Konsument*innen für sich zu gewinnen. Dieses sogenannte *Greenwashing* konterkariert und unterminiert alle Nachhaltigkeitsbemühungen anderer Unternehmen. Umgekehrt gilt: Die Glaub- und Vertrauenswürdigkeit der Kommunikationsaussagen sowie der handelnden Akteur*innen ist der zentrale Filter für die Unterstützung durch die Anspruchsgruppen.

---

[12] Für die Online-Befragung im Auftrag der gewerkschaftsnahen Hans-Böckler-Stiftung wurden im April 2022 2002 repräsentativ ausgewählte Beschäftigte in Deutschland befragt. 29 % davon sind Mitglieder einer Gewerkschaft (Schulz & Trappmann, 2023, S. 14–15).

Über die Hälfte der Marketingmanager*innen in Deutschland (56 %) nutzt Nachhaltig-keitsversprechen in der Marketing- und Unternehmenskommunikation (Biró & Neus, 2023, S. 10). Die Glaubwürdigkeit dieser Aussagen ist wesentlich für den Erfolg nachhaltiger Produkte und Dienstleistungen. Fast drei Viertel der Bürger*innen (72 %) vertrauen Nachhaltigkeitsversprechen, wenn das werbende Unternehmen glaubwürdig ist, knapp zwei Drittel (63 %), wenn dies von Branchenverbänden, NGOs oder staatlichen Stellen bestätigt wird (Biró & Neus, 2023, S. 24). Dagegen meiden rund zwei Drittel der Befragten (68 %) Unternehmen bzw. Marken, denen falsche bzw. irreführende Nach-haltigkeitsversprechen vorgeworfen werden (Biró & Neus, 2023, S. 30).

Möglichkeiten der „Grünfärberei" im Zusammenhang mit Klimaneutralität bieten die unvollständige Bilanzierung von Treibhausgas-Emissionen, wenig ambitionierte Minde-rungsziele und Maßnahmen oder die Kompensation durch minderwertige Zertifikate zu verhindern (Huckestein, 2023, S. 10).

Strategien und Techniken des Greenwashing
- Nachhaltigkeitsaspekte werden anstelle von Umweltrisiken hervorgehoben (ver-steckte Zielkonflikte).
- Fehlende Nachweise, Umwelt(schutz)aussagen werden nicht belegt.
- Aussagen zur Nachhaltigkeit sind vage und unspezifisch.
- Verwendung eigener Labels, Logos und Etiketten anstelle offizieller Zertifikate.
- Hervorheben von irrelevanten Nachhaltigkeitsaspekten ohne Bezug zu Produkten.
- Vergleich mit weniger umweltfreundlichen Produkten (kleineres Übel).
- Faktisch unwahre Nachhaltigkeitsaussagen.

(Quellen: Dickel & Kronewald, 2023, S. 247–248; Heinrich & Schmidpeter, 2024, S. 8–9)

Besonders drastische Beispiele für Greenwashing hat die NGO Foodwatch publiziert (Bindewald & Wiemann, 2022, S. 54–66). Sie kritisiert insbesondere die Praktiken der Lebensmittelindustrie mit Klimaneutralitäts-Versprechen und Aussagen zur CO_2-Reduktion (S. 26–31), -Kompensation und Zertifizierung (S. 12–25) sowie Klimaschutz-Labels (S. 53–66). Nach einer Studie der EU-Kommission (European Commission, 2020) sind über die Hälfte der geprüften Umweltaussagen in der EU (53 %) vage, irreführend oder unbegründet und 40 % sogar substanzlos (S. 8–9).

Über die Hälfte der Bevölkerung (56 %) hat bereits von dem Begriff *Greenwashing* ge-hört (Vaude, 12.10.2023a).[13] Mehr als jeder zweite Befragte (52 %) hat einen eher negati-ven Eindruck von Unternehmen, die Greenwashing betreiben (YouGov, 2023, S. 25). Zwei

---

[13] Für die Umfrage im Auftrag von Vaude wurden vom Marktforschungsinstitut Appinio zwischen 31.08. und 01.09.2023 1002 Personen zwischen 16 und 65 Jahren online befragt.

Drittel (67 %) geben an, dass sie Produkte von Marken meiden, wenn sie in Greenwashing involviert sind (Vaude, 12.10.2023b).[14]

In einer repräsentativen Befragung des Sinus-Instituts für die Verbraucherzentrale Nordrhein-Westfalen gab fast die Hälfte der Bürger*innen (45 %) an, zu wissen, was Klimaneutralität bedeutet (2022, S. 12).[15] Allerdings konnte nur weniger als ein Drittel der Befragten (13 %) den Begriff spontan (ungestützt) mit CO_2-Kompensationen verbinden (S. 14). Mehr als drei Viertel, antworteten, dass es sie verwirre, wenn als „klimaneutral" bezeichnete Produkte nicht klima- und umweltfreundlich produziert sind (S. 22). Entsprechend wünschen sich neun von zehn der Befragten (89 %) eine Überprüfung durch staatliche oder unabhängige Stellen. Zwei Drittel (66 %) glauben sogar, dass Käufer durch die Bezeichnung „klimaneutral" auf Produkten getäuscht werden (S. 23).

Die Glaubwürdigkeit von Nachhaltigkeitsversprechen erhöhen würden nach Auffassung der Bürger*innen vor allem veröffentlichte Berechnungsgrundlagen (79 %), externe Zertifizierungen (71 %) und Kooperationen mit Umwelt-NGOs (64 %) (Verbraucherzentrale Nordrhein-Westfalen, 2022, S. 26–27). Weniger geeignet wäre danach der Einsatz von Prominenten als Testimonials (23 %).

Fast jedes vierte befragte Unternehmen (23 %) gibt an, bereits von öffentlichen Greenwashing-Vorwürfen betroffen gewesen zu sein (Biró & Neus, 2023, S. 32). Etwas mehr befragte Marketingmanager*innen (25 %) haben aus Sorge vor Greenwashing-Vorwürfen schon einmal darauf verzichtet, Fortschritte in der eigenen Nachhaltigkeit zu kommunizieren (sogenanntes *Greenhushing)* (S. 32–33). Bei der Frage nach gesetzgeberischen Regulierungsmaßnahmen findet keine Variante, von Labeln über Formulierungsempfehlungen bis zu unabhängigen Prüfstellen, unter den Befragten eine Mehrheit (S. 37).

Um gegen Greenwashing vorzugehen, haben das Europäische Parlament und der Europäische Rat eine *Green Claims Directive* verabschiedet.[16] Die *Richtlinie zur Stärkung der Verbraucher für den ökologischen Wandel durch besseren Schutz gegen unlautere Praktiken und durch bessere Informationen* ((EU) 2024/825) ist am 26. März 2024 in Kraft getreten. Danach müssen Aussagen über ökologische Produkte und Dienstleistungen künftig verständlich und präzise sein. Angaben wie „grün" oder „Öko" ohne konkrete Begründung dürfen nicht verwendet werden. Der ökologische Nutzen muss nachweisbar sein, entsprechende Angaben müssen auf wissenschaftlichen Erkenntnissen basieren. Nur noch staatlich anerkannte oder zertifizierte Gütezeichen, Qualitätskennzeichen und Zertifizierungssysteme sind zulässig.

---

[14] Für die Umfrage im Auftrag von Vaude wurden vom Marktforschungsinstitut Appinio zwischen 31.08. und 01.09.2023 260 Personen zwischen 16 und 65 Jahren online befragt.

[15] Für die Studie wurden 1000 repräsentativ ausgewählte, in Deutschland lebende Personen im Alter von 18 bis 69 Jahre online befragt (Sinus, 2022, S. 26).

[16] EU (28.02.2024). Richtlinie (EU) 2024/825 des Europäischen Parlaments und des Rates vom 28. Februar 2024 zur Änderung der Richtlinien 2005/29/EG und 2011/83/EU hinsichtlich der Stärkung der Verbraucher für den ökologischen Wandel durch besseren Schutz gegen unlautere Praktiken und durch bessere Informationen.

Für die Umsetzung der Richtlinie in das nationale Recht der Mitgliedsstaaten sowie das Inkrafttreten haben die EU-Mitgliedstaaten bis zum 27. März 2026 Zeit. Ab 27. September 2026 wird sie angewendet. Mit der Verabschiedung ist Greenwashing de facto verboten. Die Möglichkeiten werden erheblich eingeschränkt und erschwert. Verstöße werden mit Strafen geahndet: Unternehmen können von Beschaffungsverfahren ausgeschlossen werden, Einnahmen können beschlagnahmt werden und zusätzlich kann eine Geldstrafe von mindestens vier Prozent des Jahresumsatzes erlassen werden.

Spätestens mit der Green-Claims-Richtlinie der EU wird die Nachhaltigkeits-kommunikation nicht mehr zu einer Frage des ob, sondern nur noch des wie.

1.4   Zusammenfassung, Ziele des Buchs und Vorgehensweise

Das Thema Nachhaltigkeit hat seit 2019 enorm an Bedeutung gewonnen. Die Klimakrise und ihre wesentlichen Ursachen sind erkannt. Vor allem die ökologischen Folgen werden deutlich wahrgenommen. Der dringende Handlungsbedarf ist unstrittig. In der Bevölkerung herrschen umfangreiches Bewusstsein, viele Sorgen und große Unterstützungsbereitschaft beim Kampf gegen die Klimakrise, aber auch Unsicherheit, Skepsis und Kritik sowie eine geringe eigene Mitwirkung. Zwischen positiven Einstellungen und konkretem Handeln klafft eine deutliche Lücke. Die Hauptverantwortung für Maßnahmen zu mehr Nachhaltigkeit wird bei Politik und Wirtschaft gesehen. Vor allem mit den Leistungen der Unternehmen sind die Bürger*innen unzufrieden. An sie werden hohe Erwartungen gestellt. Die Nachhaltigkeitskommunikation leidet unter Glaubwürdigkeitsvorbehalten und der Diskussion um Greenwashing.

So könnte man ein erstes Fazit zur nachhaltigen Entwicklung in Deutschland zusammenfassen. Keine leichte Aufgabe für alle, die sich in Unternehmen für mehr Nachhaltigkeit einsetzen. Die skeptischen Haltungen und kritischen Positionen zeigen, wie zentral die Vertrauenswürdigkeit der Unternehmen für mehr Nachhaltigkeit ist und wie wichtig eine glaubwürdige Kommunikation.

Dieses Buch ist als Einführung für den Einstieg, den Aufbau und die Systematisierung der Nachhaltigkeitskommunikation von Unternehmen und Organisationen angelegt. Es basiert auf der beobachtbaren Wirklichkeit, wie sie von Bürger*innen und Verbraucher*innen (Abschn. 1.2) sowie Manager*innen und Mitarbeitenden in Unternehmen (Kap. 2) erlebt wird. Der Fokus liegt bei der Nachhaltigkeitskommunikation jenseits der Pflicht zur Nachhaltigkeitsberichterstattung.

Die Grundlagen für die Nachhaltigkeitskommunikation werden Zug um Zug entwickelt. Theoretische Ansätze, Modelle und Konzepte werden eingeführt, ihre Verwendung wird begründet. Die Vorgehensweise erfolgt in logisch voneinander abgeleiteten Schritten. Leserinnen und Leser sollen die Etappen dieses Weges gedanklich nachvollziehen und mitgehen können.

Dieses Buch bezieht sich auf Unternehmen und Organisationen in demokratischen, marktwirtschaftlichen Gesellschaften. Der Schwerpunkt liegt bei privatwirtschaftlichen

Unternehmen. Wenn von Organisationen im Plural die Rede ist, sind nicht-privatwirtschaftlich organisierte Institutionen gemeint. Dazu zählen Non-Profit-Organisationen (NPO), Nichtregierungsorganisationen (NGO) sowie staatliche und öffentliche Institutionen. Im Singular ist damit eine spezifische Form von sozialen Systemen gemeint, wenn sich Menschen zusammenschließen, selbst organisieren, um gemeinsam Ziele zu verfolgen (Abschn. 4.1). Dabei muss es sich nicht zwingend um gemeinsame Ziele handeln. In diesem Sinne sind Unternehmen ein Spezialfall von Organisationen.

Das Buch fokussiert die konkrete Situation in Deutschland Mitte der 2020er-Jahre. Auf eine internationale Perspektive wird wegen der zum Teil deutlich unterschiedlichen Ausgangslagen und -voraussetzungen bewusst verzichtet.

Der Aufbau und die Vorgehensweise erfolgen in sieben Schritten:

1. **Schritt**: Die beschriebene Ausgangslage erfordert eine empirische Bestandsaufnahme der Nachhaltigkeitsaktivitäten und des Status quo der Nachhaltigkeitskommunikation von Unternehmen (Kap. 2). Dafür werden Befragungen von Führungskräften, Manager*innen, Marketing- und Kommunikationsfachleuten in Unternehmen ausgewertet. Auf Basis der Ergebnisse werden offene Fragen und Anforderungen an eine systematische Nachhaltigkeitskommunikation bestimmt.

2. **Schritt**: Für die Entwicklung von Vorgehensweisen für den Aufbau und die Systematisierung der Nachhaltigkeitskommunikation wird der aktuelle Stand der wissenschaftlichen Forschung zu Nachhaltigkeit und Nachhaltigkeitskommunikation reflektiert (Kap. 3). Zentrale Begriffe im Kontext der Nachhaltigkeit werden voneinander abgegrenzt und zueinander in Beziehung gesetzt. Wesentliche Theorieelemente der Nachhaltigkeitskommunikation werden auf den aktuellen Stand gebracht. Ein besonderer Blick gilt der Rolle der internen Kommunikation. Angesichts der komplexen und herausforderungsvollen Ausgangslage werden Schwierigkeiten, Barrieren, Kritik und Grenzen reflektiert. Auf dieser Basis werden Forschungslücken und offene Fragen der Nachhaltigkeitskommunikation bestimmt.

3. **Schritt**: Für ein verändertes und vertieftes Kommunikationsverständnis werden Impulse aus Organisations-, Management- und Kommunikationstheorie herangezogen (Kap. 4). Die Bedeutung von Kommunikation in Organisationen und Öffentlichkeit, das Verhältnis zwischen Organisationen und ihrer Umwelt sowie der Umgang mit Komplexität werden neu beleuchtet. Neuere Konzepte für Wertschöpfung werden vorgestellt und mit Entwicklungen bei nachhaltigem Konsum und Nachhaltigkeitsmarketing verbunden. Entsprechende Konsequenzen für die Markenbildung und -führung werden abgeleitet. Für ein verbessertes Verständnis von Transformation werden Unterschiede zum Change-Management herausgearbeitet. Neuere Führungs- und Managementmethoden werden als Rahmen für das Management der Nachhaltigkeitskommunikation eingeführt. Die Bedeutung von Narrativen und Storytelling für die Unternehmenskommunikation wird aus den ursprünglichen Kontexten Politik und Literatur hergeleitet. Die Konzepte Glaubwürdigkeit und Vertrauen werden kritisch hinterfragt und aus kommunikationswissenschaftlicher Sicht auf eine neue Basis gestellt.

4. **Schritt**: Die externen Rahmenbedingungen, ihre Bedeutung und ihre Einflüsse auf die Nachhaltigkeitskommunikation werden dargestellt (Kap. 5): Die sozial-ökologische Transformation wird mit Blick auf die Gestaltung und Steuerung, die doppelte Transformation durch die Digitalisierung sowie Herausforderungen durch soziale Ungleichheit reflektiert. Der öffentliche Diskurs sowie gängige Narrative über Nachhaltigkeit sowie der politische und rechtliche Rahmen mit seinen wichtigsten nationalen und internationalen Entwicklungslinien und Meilensteinen werden nachgezeichnet. Insbesondere die aktuellen Bestimmungen zur *Green Deal* Nachhaltigkeitsberichterstattung in der Europäischen Union (EU) werden erläutert.

5. **Schritt**: Für ein verbessertes Verständnis der Schwierigkeiten und Hindernisse bei Nachhaltigkeitstransformation und Nachhaltigkeitskommunikation werden psychologische Konzepte herangezogen (Kap. 6). Sie tragen dazu bei, Ansätze für eine Verringerung der Einstellungs-Verhaltens-Lücke durch wirksame Nachhaltigkeitskommunikation zu entwickeln. Dabei werden sowohl individual- als auch sozialpsychologische Modelle und Konzepte berücksichtigt.

6. **Schritt**: Auf Basis der Vorarbeiten wird der systematische, parallele Aufbau von Nachhaltigkeitsmanagement und Nachhaltigkeitskommunikation entwickelt (Kap. 7). Dafür wird die Nachhaltigkeitstransformation als Lern- und Entwicklungsprozess eingeführt und die veränderte Rolle der Kommunikation herausgearbeitet. Phasen und Schritte der Nachhaltigkeitstransformation und deren sukzessive Integration werden entfaltet. Innerbetriebliche Anknüpfungspunkte und Schnittstellen der Nachhaltigkeitskommunikation sowie die Verbindungen zu anderen Kommunikationsfeldern und -disziplinen werden aufgezeigt und ein integrales Modell wird vorgeschlagen. Der Strategieprozess und zentrale Schritte werden erläutert. Im Zentrum steht die Ableitung der Nachhaltigkeitsziele aus den Ergebnissen der Unternehmens-, Umfeld- und Stakeholderanalyse sowie der Wesentlichkeits- bzw. Materialitätsanalyse.

7. **Schritt**: Die Dimensionen und Elemente für das Management der Nachhaltigkeitskommunikation werden eingeführt (Kap. 8). Dazu zählen insbesondere die Kommunikationsanalyse zur Nachhaltigkeitstransformation sowie die nachhaltigkeitsbezogene Image-, Reputations- und Positionierungsanalyse. Auf Basis der Ergebnisse werden Ziele, Kennzahlen und Elemente des Aussagensystems zur Nachhaltigkeit (*Sustainability Messaging*) entwickelt. Für die Steuerung im Kommunikationsmanagement wird ein Modell für das Controlling der Nachhaltigkeitskommunikation entwickelt und in das erweiterte Rahmen-Modell für das Controlling der Unternehmenskommunikation integriert. Für die Orchestrierung der Nachhaltigkeitskommunikation werden die Handlungsfelder der Unternehmenskommunikation zusammengeführt und entsprechende Instrumente und Formate ziel- und stakeholdergerecht zugeordnet. Die besondere Rolle der Strategie- und Leadership-Kommunikation wird genauso herausgearbeitet wie die Bedeutung der internen Kommunikation für die Beteiligung der Mitarbeitenden. Ein besonderes Augenmerk gilt der Mischung aus rationaler und emotionaler Gestaltung der Kommunikationsangebote und -botschaften.

Die Grenzen bei der Bearbeitung der Fragen- und Zielstellungen liegen in der Komplexität der Thematik und ihrer Eingewobenheit in größere Zusammenhänge. So steht die Klimakrise und ihre Bewältigung in Wechselbeziehungen mit anderen großen Krisen: Flüchtlingskrise, Pandemie, Ukraine-Krieg, Nahost-Konflikt. Einige halten sie für den Ausdruck einer grundlegenderen Krise von Demokratie und Kapitalismus. Insofern steht die sozial-ökologische Transformation auch in Konkurrenz mit der Lösung anderer Konflikte und Krisen.

Vor diesem Hintergrund geht dieses Buch von folgenden Grundannahmen aus, die nicht weiter diskutiert werden:

- Die parlamentarische Demokratie wird nicht infrage gestellt und existiert weiter.
- Die soziale Marktwirtschaft wird nicht infrage gestellt und existiert weiter.
- Wir können derzeit nicht sicher wissen, ob es gelingen wird, das Ziel des Pariser Klimaabkommens von 2015 zu erreichen, die Erderwärmung auf 1,5 bzw. 2,0 Grad im Vergleich zur vorindustriellen Zeit zu begrenzen.
- Wir wissen nicht, ob es gelingt, den Klimawandel aufzuhalten.
- Eine nachhaltige Gesellschaft erfordert einen weltweiten kulturellen Wandel, der über wirtschaftliche und politische Veränderungen hinausgeht.

Diese Grundannahmen stecken den Rahmen ab, in dem sich die Überlegungen dieses Buches bewegen. Sollten sich eine oder mehrere dieser Bedingungen ändern, hätte dies Folgen für das Konzept einer Nachhaltigkeitskommunikation, die an dieser Stelle nicht behandelt werden können.

Insofern handelt es sich bei *Management der Nachhaltigkeitskommunikation* um ein Konzept mittlerer Reichweite im Sinne der *Middle Range Theories* nach Robert K. Merton. Sie sind Mittelwege zwischen Universaltheorien mit hohem Abstraktionsgrad und empirischen Projekten der Anwendungsforschung. In diesem Sinne liefert dieses Buch auch theoretische Grundlagen für die Bildung von Hypothesen für empirische Untersuchungen.

Dennoch: Dieses Buch folgt der optimistischen Überzeugung, dass sich die Nachhaltigkeitstransformation von Unternehmen, Wirtschaft und Gesellschaft beeinflussen lässt und dass die Kommunikation von und in Unternehmen dafür wichtige Beiträge leisten kann. Gleichwohl bleibt die Skepsis, ob es rechtzeitig gelingt, dies umzusetzen und zu verwirklichen. Insofern ist dieses Buch ein Angebot für Entscheider*innen, Führungskräfte, Nachhaltigkeits- und Kommunikationsmanager*innen in Unternehmen und Organisationen sowie Lehrende und Studierende an Universitäten und Hochschulen, die sich an der nachhaltigen Entwicklung beteiligen möchten.

Fragen und Ziele dieses Buches

Ziel dieses Buches ist es, eine Systematik und Vorgehensweise zu entwickeln, um die Nachhaltigkeitskommunikation mit dem Nachhaltigkeitsmanagement im Unternehmen zu verknüpfen und in die Unternehmenskommunikation zu integrieren (Framework für integrale Nachhaltigkeitskommunikation).

Dafür werden folgende Fragen beantwortet:

Teil I – Ausgangssituation für Nachhaltigkeitsmanagement und -kommunikation
1. Was ist der aktuelle Stand beim Nachhaltigkeitsmanagement in Unternehmen?
2. Was ist der aktuelle Stand bei der Nachhaltigkeitskommunikation von Unternehmen?
3. Wie sind die positiven Unternehmensbeispiele (Best Practices) einzuschätzen?

Teil II – Positionen und Impulse der Forschung für die Nachhaltigkeitskommunikation
4. Wie sind Nachhaltigkeit, Nachhaltigkeitsmanagement und Nachhaltigkeits-kommunikation definiert? Wie werden sie von verwandten Begriffen abgegrenzt?
5. Was ist die Funktion der Kommunikation in Organisationen?
6. Welche Konzepte der Wertschöpfung können für die Nachhaltigkeitskommuni-kation genutzt werden?
7. Ist das Change-Management ein tragfähiges Konzept in der Transformation zum nachhaltigen Unternehmen?
8. Welche Rolle spielen gängige Nachhaltigkeitsnarrative?
9. Wie lassen sich Glaubwürdigkeit und Vertrauen durch Kommunikation begründen?
10. Was sind die Rahmenbedingungen und externen Einflussfaktoren für die Nach-haltigkeitskommunikation von Unternehmen?
11. Welche politischen und rechtlichen Initiativen definieren den Handlungsrahmen für die Nachhaltigkeitskommunikation?
12. Wie helfen psychologische Modelle, Diskrepanzen zwischen Einstellungen und Verhalten besser zu verstehen und die Einstellungs-Verhaltens-Lücke zu verringern?

Teil III – Aufbau und Management der Nachhaltigkeitskommunikation
13. Wie verändert die Nachhaltigkeitstransformation die Rolle der Kommunikation?
14. Welche innerbetrieblichen Anknüpfungspunkte und Schnittstellen muss die Nachhaltigkeitskommunikation berücksichtigen und herstellen?
15. Welche analytischen Schritte sind zu Beginn zu gehen?
16. Wie werden Nachhaltigkeitsmanagement und Nachhaltigkeitskommunikation organisatorisch aufgebaut und verzahnt?
17. Wie arbeiten Unternehmensführung und Kommunikationsmanagement bei der nachhaltigen Entwicklung des Unternehmens zusammen?
18. Wie werden Ziele und Strategien von Nachhaltigkeitskommunikation, Nach-haltigkeitsmanagement und Unternehmensführung miteinander verbunden?
19. Wie werden das Kommunikationsmanagement und die Strategie für die Nachhaltig-keitskommunikation aufgebaut? (Strategisches Kommunikationsmanagement)
20. Wie werden die Handlungsfelder und Instrumente der Nachhaltigkeitskommuni-kation orchestriert? (Taktische Kommunikationsmanagement)
21. Wie werden Formate und Maßnahmen für die Nachhaltigkeitskommunikation ausgewählt und gestaltet? (Operatives Kommunikationsmanagement)

Literatur

Betsch, C., Eitze, S., Geiger, M., Jenny, M., Korn, L., Lehrer, L., Maur, K., Shamsrizi, P., Spreng-holz, P., & Temme, H. (07.02.2024). *Handlungsbereitschaft im Überblick. Planetary Health Action Survey – Pace,* Hrsg. v. Institute for Planetary Health Behaviour. Universität Erfurt. https://projekte.uni-erfurt.de/pace/topic/output/10-readiness/. Zugegriffen am 05.04.2024.

Bindewald, R., & Wiemann, M. (2022). *Der große Klima-Fake. Wie Konzerne uns mit Greenwashing täuschen und so die Klimakrise verschärfen.* Foodwatch. https://www.foodwatch.org/fileadmin/-DE/Themen/Klimaluegen/Report_Klima_Claims/Klima_Report_2022_pdf. Zugegriffen am 10.12.2022.

Biró, T., & Neus, A. (2023). *Greenwashing vs. Greenacting. Wünsche, Erwartungen und Perspektiven von Konsumenten und Marketingmanagern in acht Ländern,* Hrsg. v. Nürnberg Institut für Marktentscheidungen e. V. https://www.nim.org/fileadmin/3_NIM_Publikationen/NIM-Studien/NIMpulse/230717_NIMpulse_2023-4_Greenwashing_fin.pdf. Zugegriffen am 23.01.2024.

Bittner-Fesseler, A., & Weicht, J. F. (2020). Beyond sustainability communication: sustainability-integrated corporate communications. *Journal of Strategic Innovation and Sustainability, 15*(1), 93–101.

Bürker, M., & Gronover, S. (2023). Was schließt die Einstellungs-Verhaltens-Lücke? Relevanz von Markenauftritt und Marketing-Mix für die Einstellungs-Verhaltens-Lücke beim Kauf nachhaltiger Markenprodukte. In G. Schuster & L. C. Wolter (Hrsg.), *Nachhaltiges Markenmanagement: Innovative Unternehmenspraxis: Insights, Strategien und Impulse* (S. 215–232). Springer Gabler. https://doi.org/10.1007/978-3-658-42569-2_14

Dickel, P., & Kronewald, E. (2023). *Nachhaltigkeitskommunikation. In: Nachhaltigkeitsmanagement in Sport und Kultur* (S. 243–265). Erich Schmidt Verlag. https://doi.org/10.37307/b.978-3-503-23664-0.11

European Commission. (2020). *Environmental claims in the EU. Inventory and reliability assessment. Final report.* https://www.qualenergia.it/wp-content/uploads/2023/01/Envclaims_inventory_2020_final_publi.pdf. Zugegriffen am 27.06.2024.

Faber-Wiener, G. (2015). CSR und Kommunikation – Praktische Zugänge. In A. Schneider & R. Schmidpeter (Hrsg.), *Corporate Social Responsibility* (S. 749–766). Springer Gabler. https://doi.org/10.1007/978-3-662-43483-3_49

Grothmann, T., Frick, V., Harnisch, R., Münsch, M., Kettner, S. E., & Thorun, C. (2023). *Umweltbewusstsein in Deutschland 2022. Ergebnisse einer repräsentativen Bevölkerungsumfrage.* Hrsg. v. Bundesministerium für Umwelt, Naturschutz, nukleare Sicherheit und Verbraucherschutz (BMUV). https://www.umweltbundesamt.de/daten/private-haushalte-konsum/umweltbewusstsein-umweltverhalten#bewertung-des-handelns-verantwortlicher-akteurinnen-im-zeitvergleich-. Zugegriffen am 06.08.2023.

Heinrich, P., & Schmidpeter, R. (2024). Wirkungsvolle CSR-Kommunikation – Grundlagen. In P. Heinrich (Hrsg.), *CSR und Kommunikation* (S. 1–26). Springer Gabler. https://doi.org/10.1007/978-3-662-69026-0_1

Horváth. (Hrsg.). (2023). *Status quo der Nachhaltigkeitstransformation. Nachhaltig gegen alle Widerstände.* Stuttgart: Horváth. https://www.Horváth-partners.com/de/media-center/studien/status-quo-der-nachhaltigkeitstransformation. Zugegriffen am 11.04.2023.

Huckestein, B. (2023). Klimaneutrale Unternehmen: Ein Beitrag zur grünen Transformation oder Grünfärberei? *Ökologisches Wirtschaften, 38*(4), 10–11.

Instinctif & Truth. (2023). *Die Klima-Resignation überwinden. Nachhaltigkeitskompass 2023. 4. Repräsentative Umfrage zu den Einstellungen der Bundesbürgerinnen und -bürger zum Thema Nachhaltigkeit und Klimawandel.* https://instinctif.com/de/studien/nachhaltigkeitskompass/. Zugegriffen am 05.05.2023.

Ipsos. (2024, März 04). Welche drei der folgenden Themen bereiten Ihnen in Deutschland am meisten Sorgen? In *Statista*. https://statista.de/statistik/daten/studie/180147/umfrage/groesste-sorgen-der-deutschen/. Zugegriffen am 20.04.2024.

Klimafakten.de. (2023). *Was wir heute übers Klima wissen. Basisfakten zum Klimawandel, die in der Wissenschaft unumstritten sind.* Stand: Dezember 2023. Hrsg. v. Deutsches Klima-Konsortium, Deutsche Meteorologische Gesellschaft, Deutscher Wetterdienst, Extremwetterkongress Hamburg, Helmholtz-Klima-Initiative, klimafakten.de. https://www.klimafakten.de/sites/default/files/downloads/waswiruebersklimawissen2023final.pdf. Zugegriffen am 05.04.2024.

Luhmann, N. (1986). *Ökologische Kommunikation. Kann die moderne Gesellschaft sich auf ökologische Gefährdungen einstellen?* VS Verlag für Sozialwissenschaften. https://doi.org/10.1007/978-3-322-94325-5

Meadows, D., Meadows, D., Zahn, E., Milling, P., & Heck, H. D. (1972). *Die Grenzen des Wachstums. Bericht des Club of Rome zur Lage der Menschheit.* Deutsche Verlagsanstalt.

Melloh, L., Rawlins, J., & Sippel, M. (2022). *Übers Klima reden: Wie Deutschland beim Klimaschutz tickt. Wegweiser für den Dialog in einer vielfältigen Gesellschaft.* Climate Outreach.

Osburg, T. (2015). Strategische SCR und Kommunikation. In: A. Schneider & R. Schmidpeter (Hrsg.), *Corporate Social Responsibility. Verantwortungsvolle Unternehmensführung in Theorie und Praxis* (S. 737–747). Springer Gabler. https://doi.org/10.1007/978-3-662-43483-3

Potsdam Institut für Klimafolgenforschung. (2024). *Planetare Grenzen – Ein sicherer Handlungsraum für die Menschheit.* https://www.pik-potsdam.de/de/produkte/infothek/planetare-grenzen. Zugegriffen am 13.06.2024.

PwC. (Hrsg.). (2022). *ESG-Strategie und -Berichterstattung. Status und Umsetzung im deutschen Mittelstand.* https://imi.hwg-lu.de/wp-content/uploads/2023/02/PwC_IMI_Studie_ESG-Strategie_Mittelstand_final.pdf. Zugegriffen am 16.02.2023

Reif, A., Guenther, L., Tschötschel, R., & Brüggemann, M. (2024). Rückschlag für den Klimaschutz. Wandel der Einstellungen und Kommunikation zu Klimawandel und Klimapolitik von 2015 bis 2023. *Media Perspektiven*, (14), S. 1–12.

Richardson, K., et al. (2023). Earth beyond six of nine planetary boundaries. *Science Advances*, *9*(37), eadh2458. https://doi.org/10.1126/sciadv.adh2458. Zugegriffen am 17.09.2023.

van Rüth, P. (2023, November 15). *Factsheet zum Monitoringbericht 2023.* Hrsg. v. Umweltbundesamt (UBA). Dessau-Roßlau. https://www.umweltbundesamt.de/sites/default/files/medien/479/publikationen/factsheet_monitoringbericht_2023_bf.pdf. Zugegriffen am 18.12.2023.

van Rüth, P., Schönthaler, K., von Andrian-Werburg, S., Wolf, M., & Gabriel, M. (2023). *Monitoringbericht 2023 zur Deutschen Anpassungsstrategie an den Klimawandel. Bericht der Interministeriellen Arbeitsgruppe Anpassungsstrategie der Bundesregierung.* Hrsg. v. Umweltbundesamt (UBA). Dessau-Roßlau. https://www.umweltbundesamt.de/publikationen/monitoringbericht-2023. Zugegriffen am 18.12.2023.

Schulz, F., & Trappmann, V. (2023). *Erwartungen von Beschäftigten an die sozial-ökologische Transformation. Ergebnisse einer repräsentativen Umfrage zu Klimawandel und Arbeitswelt.* Working Paper Wirtschaftsförderung. Hrsg. v. Hans-Böckler-Stiftung. https://eprints.whiterose.ac.uk/204737/1/p_fofoe_WP_308_2023.pdf. Zugegriffen am 06.05.2024.

Simon-Kucher & Partners. (2021, November 02). Akteure mit einem wichtigen Einfluss auf die Nachhaltigkeit in Deutschland im Jahr 2021. In *Statista*. https://de.statista.com/statistik/daten/studie/1285860/umfrage/akteure-positiver-wandel-in-nachhaltigkeit/.   Zugegriffen   am 09.04.2024.

Sinus. (2022). *Wahrnehmung von klimaneutralen Produkten. Repräsentative Online-Befragung für die Verbraucherzentrale NRW.* SINUS Markt- und Sozialforschung. https://www.mehrwert.nrw/sites/default/files/2022-09/sinus_vznrw_wahrnehmung_klimaneutrale_produkte_report.pdf. Zugegriffen am 13.06.2024.

Statista. (2023a, Juli 01). Umfrage in Deutschland zu Einstellungen zum Thema Nachhaltigkeit 2023. In *Statista*. https://de.statista.com/statistik/daten/studie/1224059/umfrage/umfrage-in-deutschland-zu-einstellungen-zum-thema-nachhaltigkeit/. Zugegriffen am 09.04.2024.

Statista. (2023b, Juli 01). Wichtigste Aspekte von Nachhaltigkeit für deutsche Konsument*innen im Jahr 2023. In *Statista*. https://de.statista.com/prognosen/1222271/umfrage-in-deutschland-zu-den-wichtigsten-aspekten-von-nachhaltigkeit. Zugegriffen am 09.04.2024.

TÜV-Verband. (Hrsg.). (2023). *TÜV Sustainability Studie 2023. Nachhaltig leben, arbeiten und wirtschaften. So denken Bürger*innen über Umwelt- und Klimaschutz.* TÜV-Verband e. V. https://www.tuev-verband.de/studien/sustainability-studie-2023. Zugegriffen am 27.02.2024.

Vaude. (2023a, Oktober 12). Hast du bereits von dem Begriff „Greenwashing" gehört? In *Statista*. https://statista.de/statistik/daten/studie/1418561/umfrage/umfrage-zur-bekanntheit-des-begriffs-greenwashing-in-deutschland. Zugegriffen am 08.02.2024/

Vaude. (2023b, Oktober 12). Inwiefern stimmst du der folgenden Aussage zu: „Wenn ich von einem Greenwashing-Fall erfahre, bei dem eine Marke involviert ist, meide ich Produkte dieser Marke." In *Statista*, von https://statista.de/statistik/daten/studie/1418567/umfrage/umfrage-in-deutschland-kundenmassnahmen-nach-greenwashing-fall-eines-unternehmens/. Zugegriffen am 18.04.2024

WBGU Wissenschaftlicher Beirat Globale Umweltveränderungen (Hrsg.). (2011). *Welt im Wandel. Gesellschaftsvertrag für eine Große Transformation.* Hauptgutachten. Berlin. https://www.wbgu.de/fileadmin/user_upload/wbgu/publikationen/hauptgutachten/hg2011/pdf/wbgu_jg2011.pdf Zugegriffen: 23.04.2024

Wiederhold, M., & Martinez, L. F. (2018). Ethical consumer behavior in Germany: The attitude-behavior gap in the green apparel industry. *International Journal of Consumer Studies, 42*(4), 419–429.

Wintschnig, B.A. (2021). The Attitude-behavior gap–drivers and barriers of sustainable consumption. *Junior Management Science, 6*(2), S. 324-346.

Wohlfeld, S., & Gagné, J. (2024). *More in Common Deutschland. Die Stimmung vor der Europawahl. Datendeck.* Hrsg. v. More in Common. Berlin. https://www.moreincommon.de/europawahl/. Zugegriffen am 02.06.2024

World Economic Forum. (2022). *The global risks report* (17. Aufl.). https://www3.weforum.org/docs/WEF_Global_Risks_Report_2023.pdf. Zugegriffen am 26.07.2023.

YouGov. (2023). *Nachhaltigkeit in Deutschland. Einstellungen der deutschen Bevölkerung zum Thema Nachhaltigkeit und die verschiedenen Nachhaltigkeits-Typen.* https://business.yougov.com/de/sektoren/politikforschung/nachhaltigkeit-in-deutschland. Zugegriffen am 15.07.2023.

Zerfaß, A., Moreno, A., Tench, R., Verčič, D., & Buhmann, A. (2022). *European Communication Monitor 2022. Exploring diversity and empathic leadership, CommTech and consulting in communication Results of a survey in 43 countries.* EUPRERA/EACD. https://www.communicationmonitor.eu/2022/07/07/ecm-european-communication-monitor-2022/. Zugegriffen am 23.02.2023.

Status quo der Nachhaltigkeit in Unternehmen

2

Inhaltsverzeichnis

Zusammenfassung

In diesem Kapitel wird der aktuelle Stand von Nachhaltigkeitsmanagement und Nachhaltigkeitskommunikation in Unternehmen aus der Sicht von Führungskräften auf der Basis empirischer Studien, in der Regel Befragungen, dargestellt. Besonders im Fokus stehen Chancen und Risiken, Ziele und Maßnahmen, Barrieren und Grenzen. Die vergleichende Darstellung bekannter Best-Practice-Beispiele zeigt den Horizont der Möglichkeiten auf. Die Kenntnis der Ausgangslage ist wichtig für die Bestimmung und Ableitung der notwendigen Strategien und Maßnahmen. Das Nachhaltigkeitsmanagement bildet dabei den Rahmen für die Nachhaltigkeitskommunikation. Ein Interview mit einer erfahrenen Beraterin für Nachhaltigkeit und Nachhaltigkeitskommunikation über Status und Perspektiven nach 30 Jahren schließt das Kapitel ab.

© Der/die Autor(en), exklusiv lizenziert an Springer Fachmedien Wiesbaden
GmbH, ein Teil von Springer Nature 2025
M. Bürker, *Management der Nachhaltigkeitskommunikation*,
https://doi.org/10.1007/978-3-658-48471-2_2

2.1   Nachhaltigkeitsmanagement

Das Nachhaltigkeitsmanagement ist zuständig für die Planung, Umsetzung und Steuerung der Nachhaltigkeitsaktivitäten in Unternehmen. Es bildet damit auch den Rahmen für die Nachhaltigkeitskommunikation. Kommunikationsmanager*innen müssen sich ein klares Bild von der Ausgangslage in Markt und Wettbewerb machen können. Wo stehen die Nachhaltigkeitsaktivitäten der Unternehmen in Deutschland? Wie ausgereift sind die verfolgten Konzepte? Welche Standards haben sich herausgebildet? Wo bestehen Lücken und entsprechender Nachholbedarf?

Da keine aktuellen repräsentativen empirischen Untersuchungen vorliegen, wurden Studien von großen Wirtschaftsprüfungsgesellschaften, Unternehmensstiftungen, öffentlichen Institutionen und Nichtregierungsorganisationen ausgewertet. Sie stellen oft den einzigen Zugang zu empirischen Daten dar. Berücksichtigt wurden ausschließlich Studien, die mindestens Stichprobenumfang und -zusammensetzung sowie die Erhebungsmethodik offengelegt haben.

Bei der Bewertung der Ergebnisse ist zu bedenken, dass es sich in der Regel um die Sicht der zuständigen und verantwortlichen Manager*innen im Unternehmen handelt. Das kann zu einem Home-Bias führen. Er kann zusätzlich verstärkt werden durch die soziale Erwünschtheit, wie sie vor allem bei Interviews auftreten kann, wenn Interviewer und Befragungsteilnehmende im direkten Kontakt sind.

Für die Bestimmung des Status quo wurden acht Studien aus den Jahren 2022 bis 2024 ausgewertet (Tab. 2.1). Dabei wurden die folgenden Fragen untersucht:

- Welche Chancen und Risiken sehen die Befragten für ihr Unternehmen?
- Was sind aus ihrer Sicht die Gründe und Treiber der nachhaltigen Entwicklung?
- Wie ist die Nachhaltigkeitstransformation strategisch eingebunden? Welche Ziele verfolgen die Unternehmen?
- Welche Maßnahmen für mehr Nachhaltigkeit setzen sie bereits um?
- Wie schätzen die Befragten den Reifegrad der nachhaltigen Entwicklung ihres Unternehmens ein?
- Welche Auswirkungen der Nachhaltigkeitsaktivitäten erwarten sie für ihr Unternehmen?
- Wo sehen die Befragten Hemmnisse und Barrieren für die Nachhaltigkeitstransformation?
- Wie ist das Nachhaltigkeitsmanagement in die organisatorisch verankert?
- Und wie sehen die Beschäftigten den Status ihrer Unternehmen? Wie werden sie in die Nachhaltigkeitstransformation eingebunden?

Tab. 2.1 Übersicht der ausgewerteten Studien zum Nachhaltigkeitsmanagement in Unternehmen. (Eigene Darstellung)

Autoren/ Herausgeber	Jahr	Befragte	Stichprobenumfang	Methode
Bertelsmann-Stiftung, Mercator Stiftung, der Peer School for Sustainable Development und der Universität Hamburg (Edinger-Schons et al.)	2023	Führungskräfte unterschiedlicher Branchen und Unternehmensgrößen	735 (davon 268 aus der Real- und 467 aus der Finanzwirtschaft)	Online-Befragung
Bertelsmann (Lüdeke-Freund et al.)	2024	Geschäftsführer*innen und Nachhaltigkeitsbeauftragte	500	Telefon-Interviews
Bertelsmann-Stiftung, Mercator Stiftung, der Peer School for Sustainable Development und der Universität Hamburg (Edinger-Schons et al.)	2024	Führungskräfte unterschiedlicher Branchen und Unternehmensgrößen	362 (davon 271 aus der Real- und 91 aus der Finanzwirtschaft)	20-minütige Online-Interviews
Bertelmann-Stiftung & ESCP Business School (Lüdeke-Freund et al.)	2024	repräsentativ ausgewählte Unternehmen der Realwirtschaft	500	computergestützte Telefoninterviews
Deloitte	2023	Vorstände (27 % CEOs)	105	Befragung
Horváth	2023	Führungskräfte aus Unternehmen mit mindestens 100 Mio. € Umsatz	180 (davon 100 aus Deutschland)	Interviews
Internationaler Controller Verein ICV (Kämmler-Burrak et al.)	2022	Mitglieder des ICV (Controller, Berater und Wissenschaftler)	216 (Rücklaufquote 15,7 %)	Online-Befragung
TÜV-Verband (Ipsos)	2022	Nachhaltigkeitsentscheider	504	Telefon-Interviews

2.1.1 Chancen und Risiken der nachhaltigen Entwicklung von Unternehmen

Die nachhaltige Entwicklung eröffnet erhebliche Chancen und Potenziale für Unternehmen und Wirtschaft. Das Marktpotenzial der Dekarbonisierung durch den Umstieg auf nachhaltige Technologien wird auf 300 Mrd. Euro jährlich geschätzt (Boston Consulting Group, 2020, S. 9–10). Das würde zusätzliche Umsätze in Höhe von 10 Bio. Euro bis 2050 bedeuten. Entsprechend sehen die Befragten in der nachhaltigen Entwicklung für Unternehmen vor allem Chancen, aber auch Risiken. Die ökologischen Aspekte stehen dabei erwartungsgemäß im Vordergrund.

Nach einer Studie des TÜV-Verbands (2022)[1] sieht die Hälfte der befragten Entscheider*innen in Unternehmen die Umwelt- und Klimakrise als Chance (S. 6–9). Etwas mehr als jeder Vierte (28 %) sieht darin eher ein Risiko. Sie spüren die Folgen der Umwelt- und Klimakrise vor allem bei Material- und Rohstoffmangel (65 %), Störungen in Lieferketten (61 %) und im Aufwand für die Umsetzung gesetzlicher Vorgaben (45 %). Eine veränderte Kundennachfrage spielt eine im Vergleich geringere Rolle (38 %). Knapp zwei Drittel (64 %) erwarten moderate Schäden, 15 % erhebliche Schäden als Folge der Umwelt- und Klimakrise.

Das bestätigen auch die Ergebnisse einer Studie der Bertelsmann-Stiftung (Lüdeke-Freund et al., 2024).[2] Danach sehen die Unternehmen in Deutschland Chancen für ihr Geschäftsmodell vor allem bei sozialer Unternehmensverantwortung (53,5 %) und veränderten Kundenbedürfnissen (53,3 %) (S. 87). Risiken vermuten sie dagegen bei staatlichen Rahmensetzungen (50,5 %) und den Erwartungen heutiger und künftiger Mitarbeitender (40,0 %).

Da Chancen und Risiken mit einer Frage bzw. auf einer Skala abgefragt wurden, wird deutlich, dass mehrere Aspekte als Chance und Risiko zugleich wahrgenommen werden. Das gilt insbesondere für die Dekarbonisierung (37,7 % pro versus 31,9 % contra) als auch für die Erwartungen heutiger und künftiger Mitarbeitender (40,0 % pro versus 34,6 % contra) (Lüdeke-Freund et al., 2024, S. 87).

Dass Nachhaltigkeit neben ökologischen und sozialen Potenzialen auch bei der Unternehmensfinanzierung wichtig ist, glaubt dagegen erst rund ein Drittel der am Kapitalmarkt orientierten Unternehmen (33,6 %) (Edinger-Schons et al., 2024, S. 75).[3] Allerdings wird das Interesse der Kapitelgeber an der Nachhaltigkeitstransformation ihres Unternehmens deutlich höher eingeschätzt (72,5 %) (2023, S. 54).[4]

Die tendenziell positive Einschätzung der Potenziale ist eine notwendige Basis für die Nachhaltigkeitstransformation der Unternehmen. Für ein effektives Nachhaltigkeits-

---

[1] Die Studie wurde vom Marktforschungsinstitut Ipsos im Auftrag des TÜV-Verbandes im Frühsommer 2022 durchgeführt. Dafür wurden 504 Entscheider*innen beim Thema Nachhaltigkeit in Unternehmen telefonisch interviewt, 45 % aus dem oberen Management. 52 % der Unternehmen stammen aus Deutschland, 90 % davon mit weniger als 500 Mitarbeitenden (TÜV-Verband, 2022, S. 9).

[2] Für die gemeinsame Studie von Bertelsmann-Stiftung und ESCP Business School Berlin wurden im August und September 2023 500 repräsentativ ausgewählte Unternehmen der Realwirtschaft mittels computergestützter Telefoninterviews befragt (S. 31).

[3] Die Online-Befragung wurde im Herbst 2023 gemeinsam von Bertelsmann-Stiftung, Mercator Stiftung, der Peer School for Sustainable Development und der Universität Hamburg durchgeführt (Edinger Schons et al., 2024, S. 33–35). An den rund 20-minütigen Interviews haben 362 Personen überwiegend in leitenden und führenden Funktionen teilgenommen. Die Stichprobe setzt sich aus Vertretern unterschiedlicher Branchen und Unternehmensgrößen zusammen, davon 271 aus der Real- und 91 aus der Finanzwirtschaft.

[4] Die ein Jahr zuvor von gleichen Akteuren durchgeführte Studie folgt demselben Untersuchungsdesign mit einem kürzeren Fragebogen (Edinger-Schons et al., 2023, S. 24–25). Die Stichprobe setzte sich aus 268 Unternehmen der Real- und 467 der Finanzwirtschaft zusammen.

management wird es darauf ankommen, die ökonomischen, ökologischen und sozialen Chancen konsequent zu nutzen und die Risiken zu beobachten, zu reduzieren oder ganz zu vermeiden.

2.1.2 Gründe und Treiber der nachhaltigen Entwicklung von Unternehmen

Bislang sieht eine Minderheit der Befragten die Unternehmen in der Verantwortung für eine Nachhaltigkeitstransformation. Die Hauptverantwortung sehen sie in erster Linie bei der Politik. Als Treiber werden vor allem die Klimakrise und die wirtschaftlichen Folgen des Ukraine-Russland-Konflikts wahrgenommen. Uneinheitlich ist die Einschätzung, welche Akteur*innen Druck ausüben und die Transformation vorantreiben.

Verantwortung und Motive Die Verantwortung für die Lösung der globalen Umwelt- und Klimaprobleme sehen drei Viertel der befragten Unternehmen in der Politik (73 %), mehr als ein Drittel bei der Wirtschaft (39 %) und etwas weniger bei den Verbraucherinnen und Verbrauchern (31 %) (TÜV-Verband, 2022, S. 32).

Die häufigsten Motive für Investitionen in nachhaltiges Wirtschaften in Unternehmen sind Kostensenkungen, gesetzliche Vorgaben und eine Verbesserung des Firmenimages (Abb. 2.1); Risikoaspekte und Anforderungen von Investoren spielen dagegen nur selten eine Rolle.

Abb. 2.1 Die wichtigsten Gründe für Investitionen in nachhaltiges Wirtschaften. (TÜV-Verband, 2022, S. 16; eigene Darstellung)

Treiber und Druck von außen Weitere Treiber sind nach Ergebnissen der Bertelsmann-Studie externe Krisen wie die Klimakrise (83,1 %), steigende Energiepreise (60,0 %) und Lieferkettenengpässe (33,7 %) (Edinger-Schons et al., 2024, S. 44). Doch es gibt auch Entwicklungen, die die Nachhaltigkeitstransformation eher hemmen: Inflation (54,4 %) und veränderte Zinspolitik (33,3 %).

Akteur*innen, die Nachhaltigkeitstransformation treiben, sind (Edinger-Schons et al., 2024) vor allem zukünftige Arbeiternehmer*innen und die junge Generation, gefolgt von Politik, Geschäftsführungen, Geschäftspartner*innen (Abb. 2.2).

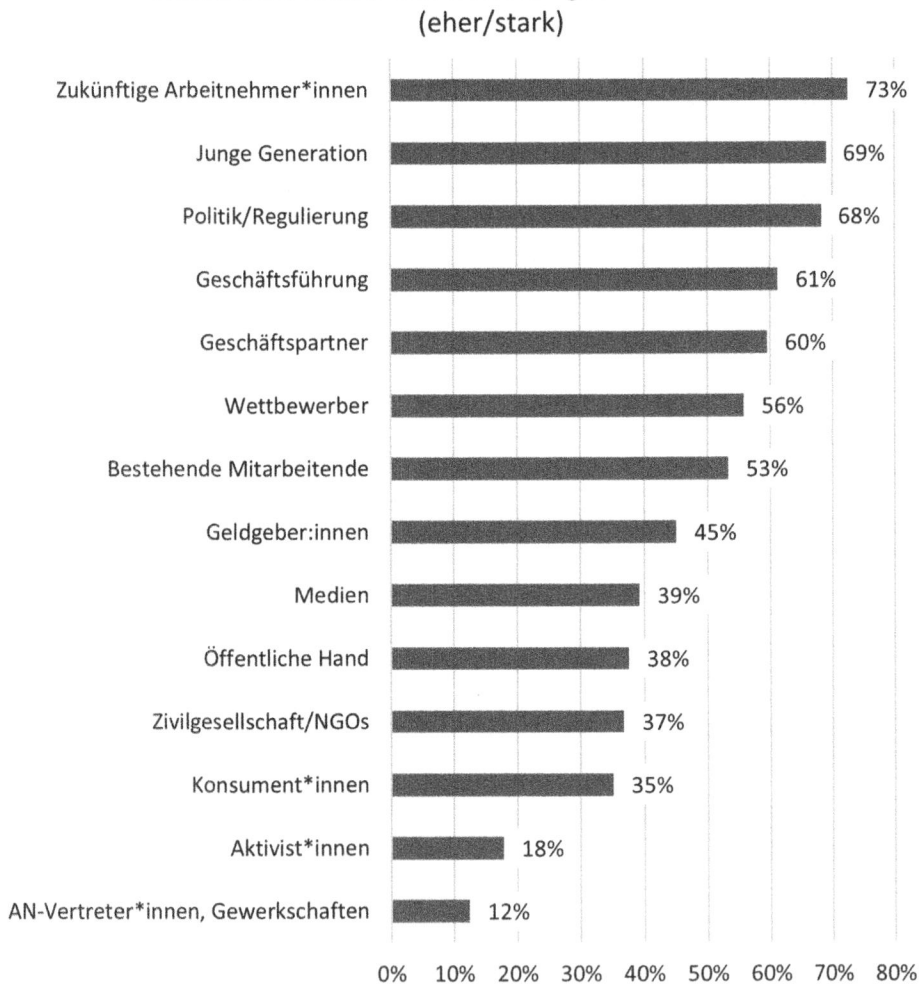

Abb. 2.2 Akteur*innen als Treiber der Nachhaltigkeitstransformation. (Edinger-Schons et al., 2024, S. 42; eigene Darstellung)

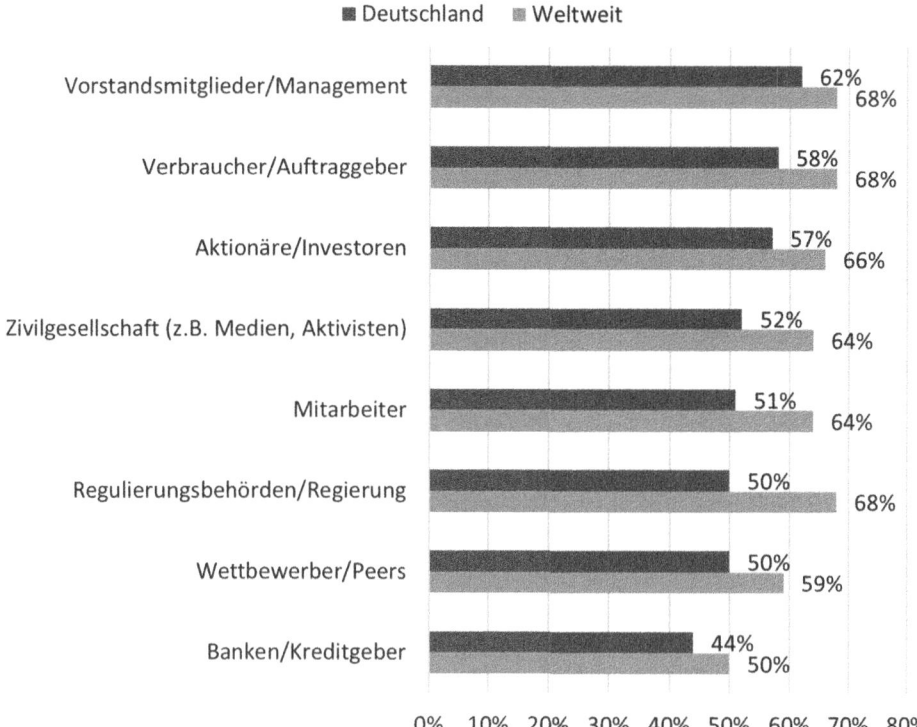

Abb. 2.3 Wahrgenommener Druck von Stakeholdern in Deutschland und weltweit. (Deloitte, 2023, S. 14; eigene Darstellung)

Zu etwas anderen Ergebnissen kommt eine Studie der Wirtschaftsprüfungsgesellschaft Deloitte (2023).[5] Danach kommt der Druck zu mehr Klimaschutz, den Vorstände in Deutschland empfinden, vor allem von Management, Kund*innen und Anteilseigner*innen (Abb. 2.3). Im internationalen Vergleich sind die Werte spürbar niedriger.

Wichtig für ein effektives Nachhaltigkeitsmanagement ist, dass die Unternehmen sich aus einer eher reaktiven Rolle befreien und sich selbst als aktive Treiber einer nachhaltigen Entwicklung begreifen.

---

[5] Für die Studie der Wirtschaftsprüfungsgesellschaft Deloitte wurden 105 Vorstände in Deutschland befragt, darunter 27 % CEOs (Deloitte, 2023, S. 5). Für Vergleiche wurden die Antworten von über 2000 Vorständen in 24 Ländern herangezogen.

2.1.3 Strategie und Ziele der nachhaltigen Entwicklung von Unternehmen

Ein großer Teil der Unternehmen hat Nachhaltigkeit nach Aussagen der Befragten bereits in die Unternehmensstrategie integriert und entsprechende Ziele formuliert. Dabei konzentrieren sich die Unternehmen bislang vor allem auf ökologische Aspekte. Die Ziele sind nur selten quantifiziert und messbar. Zugleich verfolgt rund ein Drittel der Unternehmen bis dato keine Nachhaltigkeitsziele.

So sieht mehr als die Hälfte der Unternehmen in Deutschland (55 %) in ökologisch nachhaltigem Wirtschaften einen festen Bestandteil unternehmerischen Handelns (TÜV-Verband, 2022, S. 15). Fast genauso viele (54 %) haben eine Nachhaltigkeitsstrategie (S. 19). Das bestätigt auch die Bertelsmann-Studie (Edinger-Schons et al., 2024): Auch dort gibt über die Hälfte der befragten Unternehmen (54,2 %) an, Nachhaltigkeit als Teil ihrer allgemeinen Unternehmensstrategie zu verfolgen (S. 48). In rund jedem Vierten (26,3 %) ist sie eine separate Strategie. Die meisten Ziele für ökologisch nachhaltiges Wirtschaften konzentrieren sich auf die Senkung der Emissionen und des Ressourcenverbrauchs in Unternehmen (Abb. 2.4).

Klimaschutzziele im Einklang mit dem Pariser Klimaabkommen haben sich knapp die Hälfte der Realwirtschaft (43,7 %) gesetzt (Edinger-Schons et al., 2024, S. 55–56). Rund ein Drittel der befragten Unternehmen verfolgt dagegen bislang keine Ziele zur Reduktion der Treibhausgase (34,9 %).

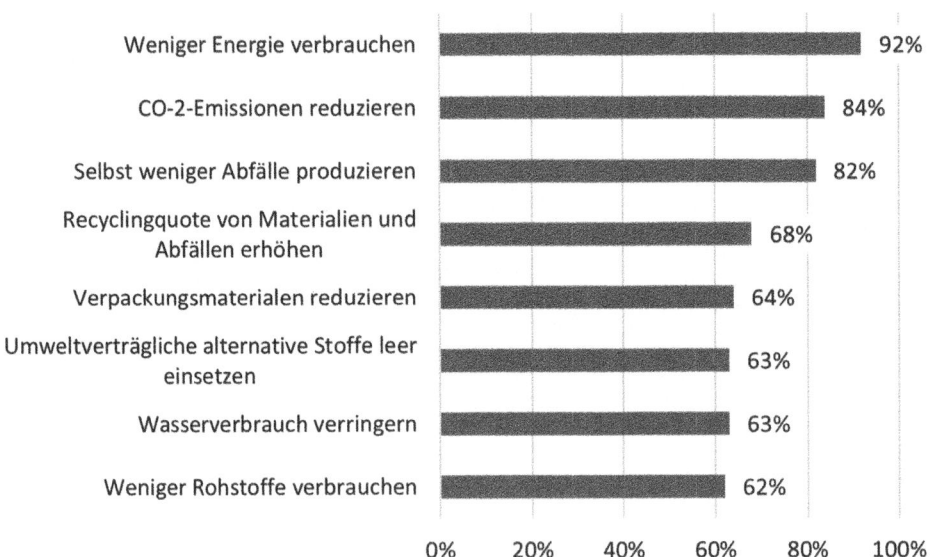

Abb. 2.4 Ziele für ökologisch nachhaltiges Wirtschaften. (TÜV-Verband, 2022, S. 22; eigene Darstellung)

Das bestätigt auch die Studie der Wirtschaftsprüfungsgesellschaft Horváth (2023). Danach strebt fast jedes zweite befragte Unternehmen (46 %) Klimaneutralität bis 2030 an, aber fast jedes dritte (31 %) hat keine Klimaziele definiert (S. 11). Messbare Klima- und Umweltziele haben deutlich weniger Unternehmen (38 %) festgelegt. Auf einen Zeitplan für Klimaneutralität haben sich rund ein Drittel (31 %) der Unternehmen festgelegt, mehr als die Hälfte dagegen nicht (51 %) (TÜV-Verband, 2022, S. 19).

Für die sozial-ökologische Transformation der Wirtschaft ist es essenziell, dass alle Unternehmen die nachhaltige Entwicklung in ihre Ziele und Strategien integrieren. Der nächste Schritt ist die Konkretisierung und Operationalisierung der Ziele. Für eine Steuerung der unternehmerischen Strategien und Aktivtäten ist es unerlässlich, Aktivitäten und Ergebnisse messen zu können. Erst aus dem Abgleich mit vorgegebenen Zielen lässt sich weiterer Handlungsbedarf und Entwicklungspotenzial ableiten.

2.1.4   Maßnahmen für mehr Nachhaltigkeit in Unternehmen

Die Maßnahmen der Unternehmen entsprechen weitgehend ihren aktuellen Zielsetzungen. Sie konzentrieren sich nach Angaben der Befragten auf die ökologischen Aspekte der Nachhaltigkeit. Vor allem die Einsparung von Ressourcen steht im Mittelpunkt.

So gibt über die Hälfte der Unternehmen in Deutschland an, Maßnahmen für mehr Nachhaltigkeit umzusetzen (Deloitte, 2023, S. 19): Nach Aussagen ihrer befragten Vorstände verwenden zwei Drittel mehr nachhaltige Rohstoffe (66 %), über die Hälfte erhöhen ihre Energieeffizienz (55 %), ebenso viele reduzieren ihre Geschäftsflüge (55 %), etwas weniger nutzen erneuerbare Energien (53 %) und jedes zweite Unternehmen (50 %) entwickelt neue nachhaltige Produkte und Dienstleistungen und schult seine Mitarbeitenden zu Nachhaltigkeitsthemen. Damit liegen die Unternehmen im Trend der globalen Entwicklung.

Bei der Horváth-Studie (2023) sind die Ergebnisse im Schnitt rund zehn Prozentpunkte niedriger: Danach konzentrieren sich knapp die Hälfte der befragten Unternehmen auf die Kompensation von CO_2-Verbräuchen, eine Veränderung der Betriebsabläufe, Energieeinsparung bzw. -effizienz, die Entwicklung von Kreislaufwirtschaft sowie die Nutzung ökologischer Energieträger (Abb. 2.5). Damit scheiden die Unternehmen im EU-Vergleich fast durchgängig etwas besser ab.

Der Investitionsaufwand für die Nachhaltigkeitstransformation wird von über der Hälfte der Unternehmen der Realwirtschaft als vergleichsweise hoch eingestuft (52,2 %) (Edinger-Schons et al., 2024, S. 76–77). Im Schnitt investieren Unternehmen rund ein Viertel ihres Investitionsbudgets (26 %) in Nachhaltigkeit (Horváth, 2023, S. 29). Damit bewegen sie sich im Schnitt der EU, aber deutlich hinter den USA (37 %).

Wie bei den Zielen und Strategien wird es auch bei den Maßnahmen darauf ankommen, dass sich alle Unternehmen beteiligen. Als wirtschaftlich starkes Land könnte Deutschland zu den Vorreitern gehören und müsste sich nicht im Schnitt der Länder bewegen. Neben ökologischen Aspekten müssten dabei die sozialen Gesichtspunkte stärker berücksichtigt werden.

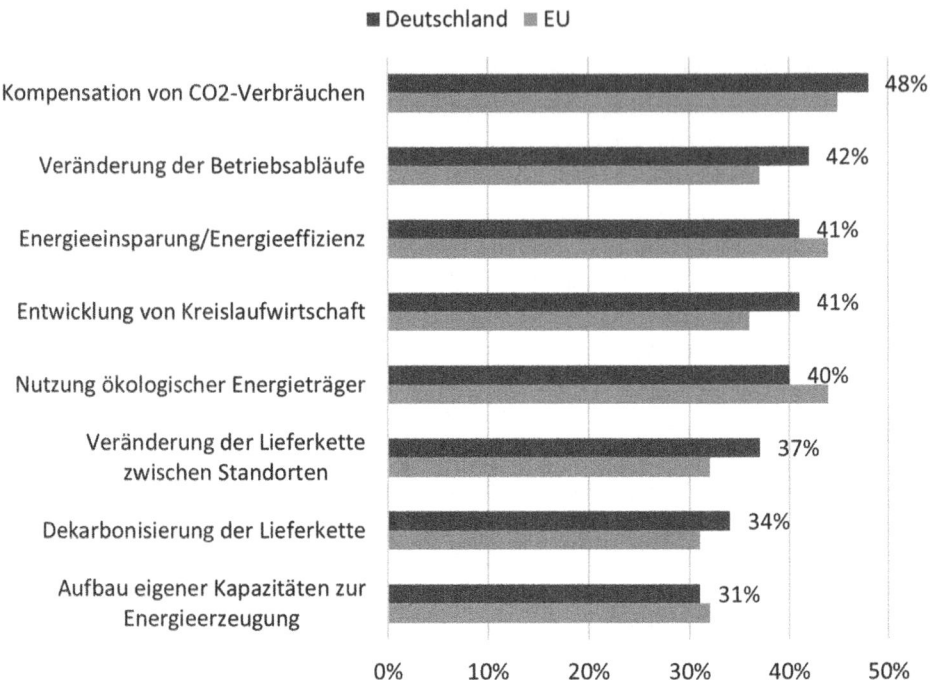

Abb. 2.5 Maßnahmen von Unternehmen zur Erreichung von Nachhaltigkeitszielen. (Horváth, 2023, S. 18; eigene Darstellung)

2.1.5   Reifegrad der nachhaltigen Entwicklung von Unternehmen

Mit Blick auf den Zusammenhang zwischen Zielen, Maßnahmen und zeitlichen Festlegungen wird deutlich, dass der Reifegrad der Nachhaltigkeitsmaßnahmen in den meisten Unternehmen nach Einschätzung der Befragten eher gering ausgeprägt ist.

So haben nach der Horváth-Studie (2023) über 80 % der Unternehmen Nachhaltigkeitsziele formuliert und drei Viertel entsprechende Roadmaps festgelegt (2023, S. 15). Aber nur knapp über 40 % der befragten Unternehmen setzen sie bereits um, ein Viertel hat erste Projekte umgesetzt (Abb. 2.6). Damit liegen die Unternehmen in Deutschland knapp über dem Schnitt der EU-Länder und deutlich vor den USA (S. 15).

Das bestätigen die Ergebnisse einer Studie des Internationalen Controller Vereins (ICV).[6] Danach erreicht maximal ein Drittel der befragten Unternehmen bei den drei am häufigsten genannten Nachhaltigkeitsthemen einen hohen Reifegrad: Berechnung von CO_2-Emissionen (35,3 %), Deutsches Lieferketten-Sorgfaltspflichten-Gesetz (21,6 %) und CSRD (20,1 %) (Kämmler-Burrak et al., 2022, S. 25).

---

[6] Für die Studie des Internationalen Controller Vereins (ICV) wurden im Spätsommer 2022 über 6000 Mitglieder des Vereins in über sechzehn Ländern befragt (Kämmler-Burrak et al., 2022, S. 8). 216 Controller, Berater und Wissenschaftler haben teilgenommen, die Rücklaufquote betrug 15,7 %.

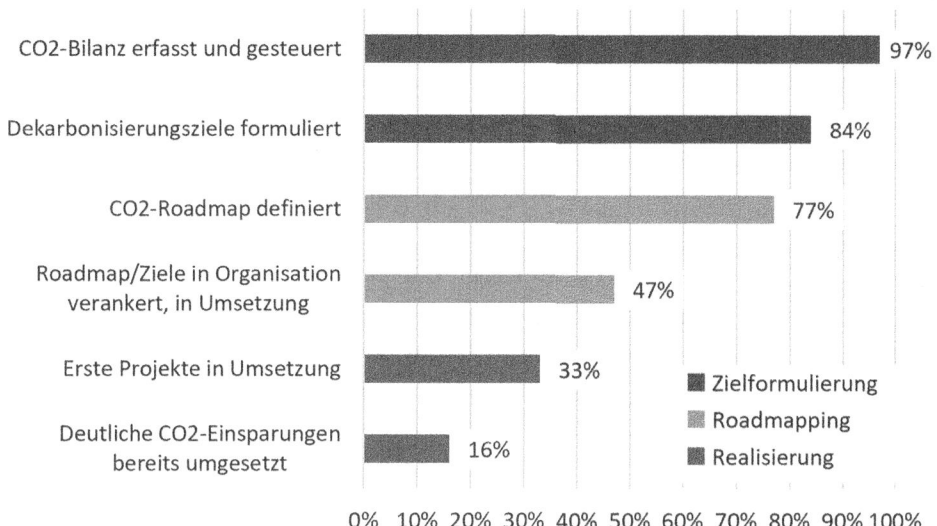

Abb. 2.6 Reifegrad der Nachhaltigkeit von Unternehmen (Selbsteinschätzung). (Horváth, 2023, S. 15; eigene Darstellung)

Dass die eigene Branche genug für den Umwelt- und Klimaschutz unternimmt, davon ist knapp die Hälfte der befragten Entscheider*innen überzeugt (TÜV-Verband, 2022, S. 10). Auf die Frage, wo das eigene Unternehmen beim Umwelt- und Klimaschutz steht, antworten die meisten (47 %) in der Mitte zwischen „ganz am Anfang" und „kaum verbesserungsfähig" (S. 13). Ganz am Anfang sehen sich lediglich vier Prozent.

Das bestätigen auch die Ergebnisse der Bertelsmann-Studie. Danach ist der Nachholbedarf in Sachen Nachhaltigkeit nach Aussagen der befragten Unternehmen „hoch" bzw. „sehr hoch" (Edinger-Schons et al., 2023, S. 38–40): Bei ökologischen Themen betrifft das Klimaschutz, Kreislaufwirtschaft, Anpassung an die Klimakrise, Schutz der Ökosysteme und Biodiversität. Bei Governance-Themen gilt das für die Definition und Kontrolle von Nachhaltigkeitszielen sowie Standards für gute und nachhaltige Unternehmensführung. „Eher hoch" ist der Nachholbedarf bei sozialen Themen wie die Health- und Work-Life-Balance, die Weiterbildung, Rechte und Arbeitsbedingungen der Mitarbeitenden in der Wertschöpfungskette sowie das Management der Auswirkungen auf das Umfeld des Unternehmens sowie die damit verbundenen Risiken und Chancen.

Eine vertiefte Analyse der Reifegrade der Nachhaltigkeit von Unternehmen in Deutschland haben Lüdeke-Freund et al. vorgelegt (2024). Danach beträgt der Mittelwert für das Ausmaß der Veränderung in Richtung Nachhaltigkeit 0,35 auf einer Skala von 0 bis 1 (0 = *keine* Veränderung; 1 = *sehr starke* Veränderung) (S. 35). Damit ist die Nachhaltigkeitsreife der Unternehmen schwach bis moderat ausgeprägt. Die Untersuchung zeigt zugleich, dass deutsche Unternehmen für nachhaltiges Wirtschaften vor allem neue Geschäftsfelder entwickeln (48,3 %), ihr Kerngeschäft ändern nur wenige (knapp 15 %) (S. 85).

Die Aussagen zum Nachhaltigkeitsreifegrad der Unternehmen bestätigen die Ergebnisse zu Zielen, Strategien und Maßnahmen: Mehr Unternehmen müssen sich beteiligen. Und die bereits aktiven Unternehmen müssen sich stärker engagieren. Nachholbedarf besteht vor allem bei veränderten, neuen Geschäftsmodellen sowie sozialen Aspekte der Nachhaltigkeit.

2.1.6   Auswirkungen der Nachhaltigkeitsaktivitäten in Unternehmen

Die Auswirkungen der sozial-ökologischen Transformation für das eigene Unternehmen werden von den Befragten positiv eingeschätzt. Dabei spielen soziale Aspekte eine größere Rolle als dies bei Zielen, Strategien und Maßnahmen sichtbar wurde.

So sehen die Unternehmen in Deutschland die Auswirkungen von veränderten Aktivitäten und Geschäftsmodellen auf die Nachhaltigkeit überwiegend positiv (Lüdeke-Freund et al., 2024, S. 97–102). Dies gilt vor allem bei Umweltschutz (62,4 %), Ressourcenschonung (61,0 %), wirtschaftlicher Resilienz/Widerstandsfähigkeit (54,0 %) sowie neuen bzw. besseren Arbeitsplätzen (50,5 %) (S. 98). Negative Folgen erwarten die Befragten dagegen kaum (unter 10,0 %). Die tatsächlichen Auswirkungen des eigenen Geschäftsmodells auf die Nachhaltigkeit messen nach eigenen Aussagen allerdings nur 15,7 % der Unternehmen in Deutschland (S. 104).

Die positiven Einschätzungen bestätigen auch die Ergebnisse der Deloitte-Studie (2023): Danach versprechen sich die befragten Unternehmensvorstände von ihren Maßnahmen und Investitionen vor allem positive Effekte für Markenwahrnehmung und Reputation (56 %), Kundenzufriedenheit (50 %), Arbeitsmoral und Wohlergehen der Mitarbeiter sowie Klimaschutz (je 45 %) (Deloitte, 2023, S. 22). Die Werte liegen im Vergleich durchgehend über den globalen Ergebnissen.

Während die Ziele und Strategien des Nachhaltigkeitsmanagements der Unternehmen in erster Linie ökologische Aspekte in den Blick nehmen, beziehen sich die erwarteten Auswirkungen vor allem auf soziale und kommunikative Größen. Dies könnte ein Zeichen sein, dass die positiven Rückwirkungseffekte der Nachhaltigkeitstransformation in den Unternehmen zu wenig berücksichtigt werden.

In diese Richtung deuten auch die empirischen Ergebnisse auf Basis des IAB-Betriebspanels 2018 zur ökologischen Nachhaltigkeit in deutschen Unternehmen (Bellmann & Koch, 2019, S. 15–18): Danach agieren Unternehmen, denen ökologische Nachhaltigkeit wichtig ist, auch sozial nachhaltiger (Vereinbarkeit von Beruf und Familie, Schutz vor Überlastung). Außerdem haben sie einen geringeren Personalmangel und weniger Schwierigkeiten bei der Besetzung offener Stellen.

2.1.7   Hemmnisse und Barrieren der nachhaltigen Entwicklung von Unternehmen

Barrieren für die Nachhaltigkeitstransformation von Unternehmen sehen die Befragten der verschiedenen Studien in erster Linie bei unbefriedigenden Rahmenbedingungen.

Hemmnisse bestehen demnach bei knapp zwei Dritteln der Befragten in personellen und monetären Ressourcen, in über der Hälfte der Fälle in mangelnder Datenverfügbarkeit und in über einem Drittel der Unternehmen in fehlenden konkreten Zielen (Abb. 2.7). Mangelnde Kompetenz oder geringer regulatorischer Druck werden lediglich von jedem vierten Befragten als relevant eingestuft.

Ähnlich fallen die Antworten in der Studie des TÜV-Verbands (2022) aus (Abb. 2.8). Für über die Hälfte der Befragten verhindern Kostenaspekte eine Nachhaltigkeitstransformation. In knapp der Hälfte der Fälle sind es organisatorische Aufwände. Fehlende Kompetenz oder Beratung nennt weniger als jeder Vierte. Damit wird deutlich, dass eine Nachhaltigkeitstransformation ohne strategische Verankerung und zusätzliche Investitionen in Fachpersonal und digitale Infrastruktur nicht zu erreichen ist.

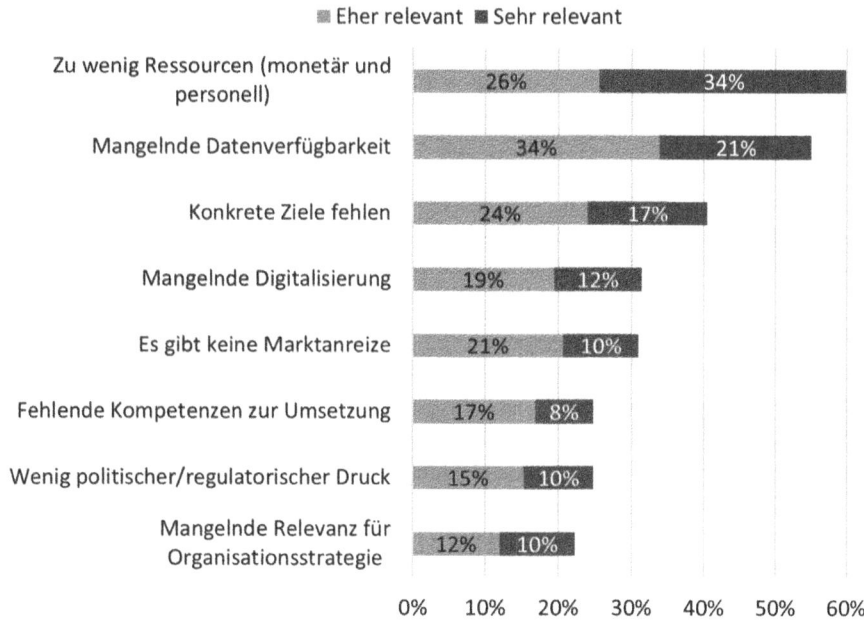

Abb. 2.7 Hemmnisse der Nachhaltigkeitstransformation in Unternehmen. (Edinger-Schons et al., 2024, S. 45; eigene Darstellung)

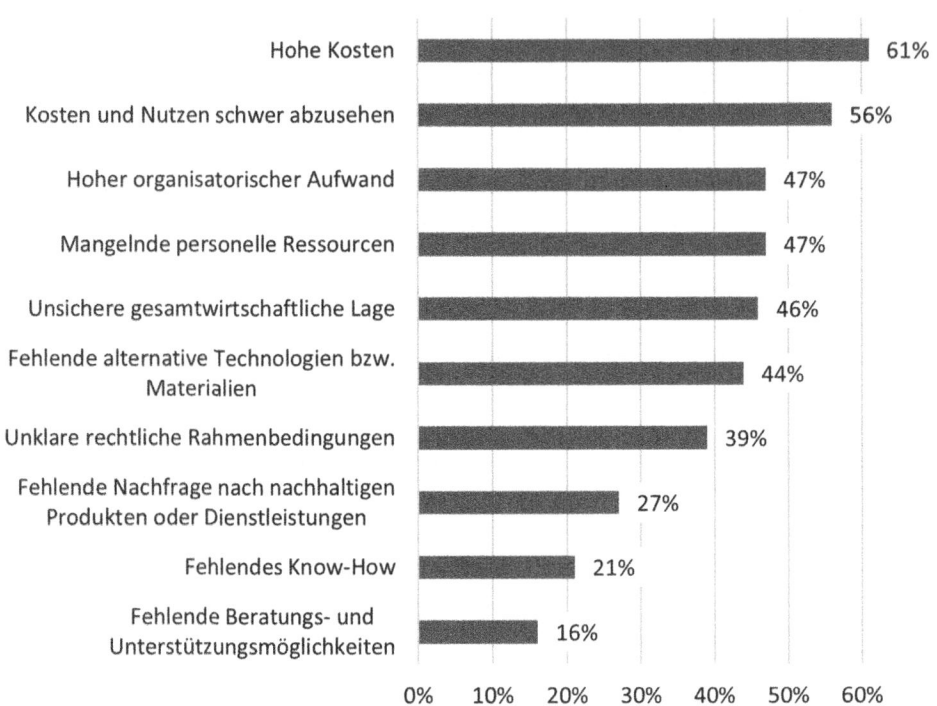

Abb. 2.8 Hinderungsgründe für mehr Nachhaltigkeit in Unternehmen. (TÜV-Verband, 2022, S. 17; eigene Darstellung)

2.1.8 Organisatorische Verankerung des Nachhaltigkeitsmanagements

Die organisatorische Verantwortung und die entsprechenden Voraussetzungen für eine Nachhaltigkeitstransformation der Unternehmen sind nach Aussagen der Befragten in den verschiedenen Studien geschaffen.

Organisatorische Eingliederung Das Nachhaltigkeitsmanagement ist nach der jüngsten Studie der Bertelsmann-Stiftung in den Unternehmen der Realwirtschaft organisatorisch breit verankert: bei mehr als einem Drittel (35,9 %) in einer eigenen Nachhaltigkeits-abteilung, bei knapp einem Fünftel (17,7 %) in Geschäftsführung bzw. Vorstand und bei fast jedem Zehnten abteilungsübergreifend (8,9 %) oder in der Strategieabteilung (8 %) (Edinger-Schons et al., 2024, S. 50). Eine direkte Berichterstattungslinie zu Geschäftsfüh-rung bzw. Vorstand gibt es bei mehr als drei Viertel der Unternehmen (81,5 %). Weniger als jedes zehnte Unternehmen gab an, kein Nachhaltigkeitsmanagement zu betreiben.

Zu deutlich anderen Ergebnissen kommt die Horváth-Studie (2023): Dort ist die Ver-antwortung für das Erreichen ökologischer Nachhaltigkeitsziele deutlich häufiger in der Unternehmensleitung angesiedelt: In knapp zwei Dritteln der Unternehmen (64 %) ist sie auf den CEO übertragen, bei etwas mehr als jedem vierten Befragten (26 %) auf den gesamten Vorstand (S. 27). Nur in etwas mehr als jedem zehnten Unternehmen (14 %) liegt sie beim CSO (Chief Sustainability Officer). An der Umsetzung der Nachhaltigkeitsaktivitäten arbeiten in mehr als drei Viertel der Unternehmen (76 %) crossfunktionale Teams. Über eine eigene Nachhaltigkeitsabteilung verfügen nur drei Prozent der Unternehmen. Damit liegen die deutschen Unternehmen im EU-Trend.

Die Unterschiede sind vor allem in den Stichproben begründet: An der Horváth-Studie haben ausschließlich Großunternehmen mit einem Umsatz über 100 Mio. Euro teilgenommen (2023, S. 6). Die Bertelsmann-Studie hatte sich auch an mittelständische Unternehmen gewandt (Edinger-Schons et al., 2024, S. 35).

Organisatorische Maßnahmen Weiter sind die Unternehmen bei den organisatorischen Maßnahmen für mehr Nachhaltigkeit. Dabei konzentrieren sich die meistens auf die Sensibilisierung der Mitarbeitenden, Nachhaltigkeitskriterien bei wichtigen Investitionen und Nachhaltigkeit als Auswahlkriterium von Lieferanten (Abb. 2.9). Maßnahmen, die die Organisationsstruktur betreffen, wie die Benennung von Nachhaltigkeitsverantwortlichen, zertifizierte Managementsysteme und Nachhaltigkeitsberichte sind dagegen weniger weit verbreitet.

Vorgaben und Kontrollen Standards, Kennzeichnung und entsprechende Kontrollen werden von vielen Unternehmen umgesetzt. So ist die Orientierung an internationalen Standards (62 %), die Nutzung unabhängiger Prüfungen (53 %) sowie die regelmäßige

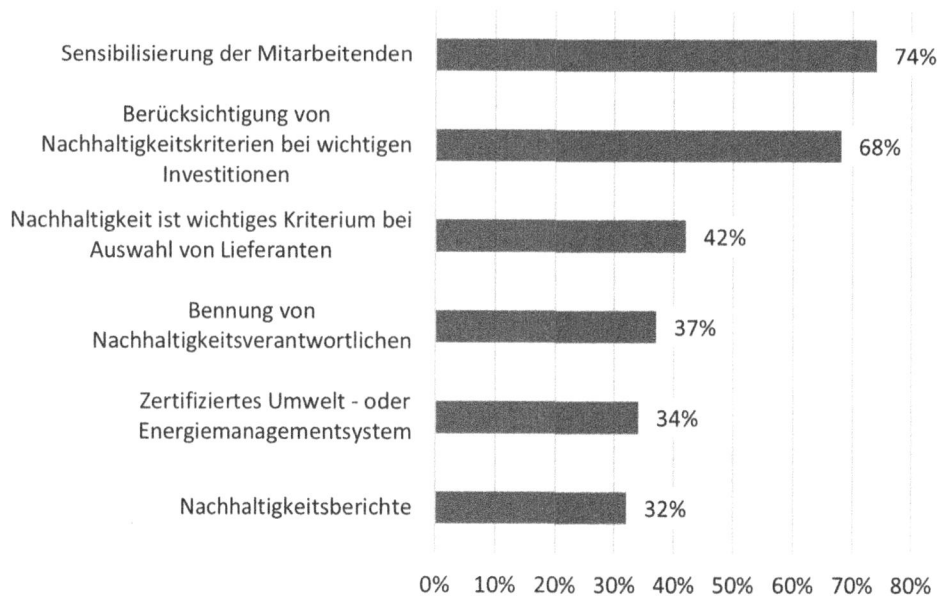

Abb. 2.9 Organisatorische Maßnahmen für mehr Nachhaltigkeit. (TÜV-Verband, 2022, S. 26; eigene Darstellung)

Analyse umweltkritischer Prozesse (49 %) für rund die Hälfte der befragten Unternehmen geübte Praxis (TÜV-Verband, 2022, S. 27–29). In digitalen Technologien sieht die Mehrheit (58 %) einen wichtigen Beitrag zu mehr Umwelt- und Klimafreundlichkeit (S. 30). Eine Minderheit (42 %) kennzeichnet Nachhaltigkeitsaspekte bei Produkten und Dienstleistungen; die Mehrheit (58 %) verzichtet jedoch darauf (S. 36).

Prüfpflicht und Haftung Die verpflichtende Überprüfung von Klima- und Umweltschutzvorgaben durch unabhängige Stellen befürworten knapp drei Viertel der Unternehmen (72 %) (TÜV-Verband, 2022, S. 34). Eine knappe Mehrheit (54 %) spricht sich für eine Haftung von Unternehmen für negative Umwelt- und Klimaauswirkungen ihrer Produkte oder Dienstleistungen aus (S. 37).

Die Heterogenität der Antworten in den drei Studien sowie die große Lücke zwischen aktiven und eher verhaltenen Unternehmen macht eine große Spreizung der Maßnahmen deutlich. In den meisten Unternehmen ist die Entwicklung von organisatorischen Strukturen und Prozessen noch im Aufbau begriffen. Entsprechende Standards haben sich noch nicht etabliert.

2.1.9   Sichtweise und Einbindung der Beschäftigten

Die Mitarbeitenden in Unternehmen bestätigen im Wesentlichen die Aussagen der Führungskräfte und Manager*innen. Zugleich sprechen ihre Aussagen für einen hohen Grad an Realismus, Einbindung und Beteiligung. Fast jeder Zweite nimmt spürbaren Veränderungsdruck wahr, rund ein Viertel schätzt die eigenen Freiheitsgrade kritisch ein.

So sehen viele Befragte in Unternehmen (57 %) einer Studie der Hans-Böckler-Stiftung zufolge, dass ihr Unternehmen Veränderungen durchgeführt hat, um CO_2-Emissionen zu reduzieren (Schulz & Trappmann, 2023, S. 42–50). Sie werden zu Klimaschutz-Maßnahmen im Unternehmen konsultiert (77 %) bzw. haben Einfluss auf entsprechende Pläne (67 %). Knapp die Hälfte (40 %) hat an entsprechenden Schulungen teilgenommen.

Geteilt sind die Erwartungen hinsichtlich der Konsequenzen in den Unternehmen (Schulz & Trappmann, 2023, S. 53–60): Knapp die Hälfte (42 %) glaubt, dass an ihrem Standort Arbeitsplätze abgebaut werden, mehr als ein Drittel ist dagegen überzeugt, dass neue, grüne (40 %) bzw. qualitativ bessere Arbeitsplätze (37 %) entstehen. Ein Viertel (24 %) vermutet, den Arbeitsplatz wechseln zu müssen, und über 40 % erwarten, sich weiterbilden zu müssen (41 %) und halten dies auch für notwendig (51 %).

Als wichtigste Barrieren für einen Arbeitsplatzwechsel werden Einkommenseinbußen (40 %), Ortswechsel (34 %), fehlende Qualifikationen (29 %) gesehen (Schulz & Trappmann, 2023, S. 63–65). Gewerkschaftsmitglieder fühlen sich durchweg besser informiert und kompetenter, sind besorgter, engagierter und aufgeschlossener bzw. bereiter für Veränderungen (S. 66–67). Die Autoren der Studie sehen sie deswegen auch als wichtige Personengruppe für die Mitgestaltung der Transformation in Unternehmen und Gesellschaft.

Dass die Unternehmensgröße, der Grad der Mitbestimmung und das ESG-Scoring von Unternehmen eng zusammenhängen, zeigt eine Untersuchung von 224 CDAX-Unternehmen (Scholz, 2023, S. 1, 9–10).[7] Dies gilt insbesondere für die Korrelation mit der sozialen Nachhaltigkeit (S) in den Bereichen Menschenrechte, Produktverantwortung, Arbeitskräfte und Gemeinwesen (S. 12). Auch die Zusammenhänge mit Umweltdimensionen wie Emissionen und Ressourcenverbrauch (E) und der CSR-Strategie (G) sind positiv ausgeprägt. Damit stehe fest, „dass die ökologische Transformation nicht im Gegensatz zu einer sozial nachhaltig ausgerichteten Unternehmenspolitik steht".

Die Einstellungen der Mitarbeitenden in den Unternehmen sind eine gute Ausgangsbasis für die Nachhaltigkeitstransformation der Wirtschaft. Entsprechend wichtig ist es für eine effektive Nachhaltigkeitskommunikation, Beschäftigte als Unterstützer und Botschafter (Corporate Influencer, Sustainability Ambassadors) zu gewinnen und einzusetzen.

2.1.10 Status quo des Nachhaltigkeitsmanagement in mittelständischen Unternehmen

Mittelständische Unternehmen, die den größten Teil der deutschen Wirtschaft ausmachen, befinden sich im Vergleich mit anderen Unternehmen in einem ähnlichen Status der Nachhaltigkeitstransformation.

Typische Ziele der Nachhaltigkeitsaktivitäten von mittelständischen Unternehmen sind die Energie- und Ressourceneffizienz (76 %), die Erfüllung von Markt- und Kundenanforderungen (69 %) und die Steigerung der Arbeitgeber-Attraktivität (64 %) (PwC, 2022, S. 7).

Wesentliche Risiken durch eine verstärkte Ausrichtung der Geschäftstätigkeit an ESG-Berichtsanforderungen für mittelständische Unternehmen sind etwa: die Überforderung der Organisation bzw. der organisatorische Aufwand (76 %), der Einsatz knapper personeller Ressourcen (62 %) sowie die Gefahr halbherziger Umsetzung bzw. Greenwashing (52 %) (PwC, 2022, S. 8).

Genutzte Indikatoren zur Messung des ökologischen Fußabdrucks sind Treibhausgas-Emissionen/Energieverbrauch (84 %), Wasserverbrauch (80 %) und die Nutzung erneuerbarer Energien (70 %) (PwC, 2022, S. 11). Weniger als die Hälfte der Unternehmen berücksichtigt dabei gefährliche Einsatzstoffe (49 %), umweltfreundliche Mobilität (38 %) oder Emissionen in Wasser und Böden (29 %).

Bei den sozialen Faktoren liegen der Arbeits- und Gesundheitsschutz (91 %), die Aus- und Weiterbildung (77 %) und die Zufriedenheit der Beschäftigten (56 %) an der Spitze (PwC, 2022, S. 12). Nur rund ein Drittel (35 %) berücksichtigen die Einhaltung sozialer Standards in der Lieferkette oder die Vereinbarkeit von Familie und Beruf (32 %).

Bei den Indikatoren zur Erfassung der Governance von mittelständischen Unternehmen liegen Compliance (75 %) und Datenschutz (70 %) vorn, während Stakeholder-Dialoge (26 %) und Wissensmanagement (22 %) nur von rund jedem vierten Unternehmen berücksichtigt werden (PwC, 2022, S. 14).

---

[7] Die Untersuchung des Zusammenhangs zwischen Unternehmensgröße, Mitbestimmung und ESG-Score basiert auf Korrelations- und Regressionsberechnungen (Scholz, 2023, S. 1, 6–12).

Bei der Nachhaltigkeitsberichterstattung liegen die größten Herausforderungen für mittelständische Unternehmen bei den Daten (73 %), der verfügbaren Zeit (69 %) und der Verknüpfung mit dem bisherigen Reporting (49 %) (PwC, 2022, S. 15). Viele Unternehmen (78 %) arbeiten noch auf der Basis von Excel-Listen, knapp ein Drittel (35 %) verwendet externe Spezial-Software, rund jedes vierte nutzt Business-Intelligence-Lösungen (24 %) (S. 19).

Mittelständische Unternehmen besitzen Vorteile und Stärken, die sie in der Nachhaltigkeitstransformation nutzen können: Sie sind meistens inhabergeführt, verfügen über entsprechend kürzere Entscheidungswege und können Richtungsänderungen entschlossener angehen. Sie sind oftmals regional stark verankert und sozial engagiert. Dadurch sind sie relativ unabhängig von kurzfristigen Entwicklungen wie Börsentrends. Andererseits verfügen sie aufgrund ihrer geringeren Unternehmensgröße häufig nicht über die Ressourcen und Handlungsspielräume von Großunternehmen und Konzernen, um Veränderungen und neue Entwicklungen schnell aufzugreifen und experimentell zu implementieren.

2.1.11 Fazit und Schlussfolgerungen aus dem Status quo des Nachhaltigkeitsmanagements

Aufs Ganze gesehen haben die Unternehmen ihre Verantwortung für Umwelt und Gesellschaft noch nicht im erforderlichen Umfang übernommen. Das sehen nicht nur die Bürgerinnen und Bürger so, auch die Führungskräfte und Manager*innen in den Unternehmen selbst. Die Ergebnisse der ausgewerteten Studien zeigen, dass die Nachhaltigkeitsaktivitäten der Unternehmen in Deutschland weit auseinandergehen.

Etwa die Hälfte der Unternehmen, vor allem Großunternehmen, ist vergleichsweise aktiv. Ihnen steht ein Drittel der Unternehmen gegenüber, die noch recht zurückhaltend bis gar nicht agieren. Die Nachhaltigkeitstransformation der Wirtschaft ist insgesamt noch nicht sehr fortgeschritten und steht in vielen Unternehmen noch am Anfang. Die Aussagen über Strategien, Ziele, Maßnahmen, Reifegrad und Auswirkungen von Nachhaltigkeitsaktivitäten liegen nah beieinander. Das spricht für eine hohe Konsistenz der Ergebnisse.

▶   Konsequenzen aus diesen Ergebnissen für den Aufbau von Nachhaltigkeitsmanagement und -kommunikation in Unternehmen werden in Kap. 7 aufgezeigt.

2.2   Nachhaltigkeitskommunikation

Die Studienlage für die Nachhaltigkeitskommunikation ist weniger komfortabel als für das Nachhaltigkeitsmanagement. Es existieren nur wenige belastbare empirische Untersuchungen. Teilweise stammen die Daten aus der Vor-Corona-Zeit und sind bis zu zehn Jahre alt. Insofern haben die Ergebnisse orientierenden Charakter, können aber nicht die aktuelle Situation abbilden. Auffällig ist die Diskrepanz zwischen der Fülle an theoretischen wissenschaftlichen Arbeiten zur Nachhaltigkeitskommunikation in den letzten zehn Jahren – bei gleichzeitigem Mangel an empirischer Beobachtung und Prüfung.

2.2.1 Rahmenbedingungen für Nachhaltigkeitskommunikation

Bereits vor über zehn Jahren verfügte rund die Hälfte vor allem größerer Unternehmen nach Aussagen von Verantwortlichen über *formelle* Rahmenbedingungen für die CSR-Kommunikation (wie sie damals noch überwiegend genannt wurde): standardisierte bzw. eigene Richtlinien, klar definierte Ziele sowie ein Strategiepapier (Zerfaß & Müller, 2013, S. 55–57; Abb. 2.10).[8] Audits, Verhaltenskodizes und Erfolgskennzahlen für die CSR-Kommunikation sowie Richtlinien für Stakeholder-Interaktionen existierten dagegen nur in einer Minderheit der befragten Unternehmen.

Interne Rahmenbedingungen der CSR-Kommunikation (jeweils Top-5)

CSR-Bewusstsein und -Offenheit von Kommunikationsverantwortlichen	86%
Explizites Commitment des Top-Managements zu CSR-Kommunikation	77%
Berücksichtigung von CSR im Vision-Statement/Mission-Statement	74%
Überzeugung der Mitarbeiter von CSR	69%
Standardisierte oder eigene Richtlinien für CSR-Kommunikation	62%
Dialogische und partizipative Kommunikationskultur	60%
Klar definierte Ziele für die CSR-Kommunikation	58%
Strategiepapier zu CSR-Kommunikation für ein zielorientiertes Vorgehen	56%
Klar definierte Kriterien für die Auswahl relevanter Stakeholder und CSR-Themen	47%
Methoden für Monitoring und Bewertung von CSR-Themen	47%

0% 10% 20% 30% 40% 50% 60% 70% 80% 90%

Abb. 2.10 Formelle und informelle Rahmenbedingungen der CSR-Kommunikation in Unternehmen (jeweils Top 5). (Zerfaß & Müller, 2013, S. 56; eigene Darstellung)

---

[8] Die Befragung erfolgte 2012 in Zusammenarbeit mit dem Arbeitskreis CSR-Kommunikation der Deutschen Public Relations Gesellschaft (DPRG). Dafür wurden 103 Verantwortliche für CSR-Kommunikation in deutschen Unternehmen online befragt.

Weiter verbreitet waren dagegen *informelle* Strukturen wie Bewusstsein und Offenheit von Kommunikationsverantwortlichen für CSR, ein explizites Commitment des Top-Managements zur CSR-Kommunikation und die Berücksichtigung von CSR in Corporate Vision bzw. Mission Statement (S. 56). Trotz der weitgehend vorhandenen Rahmenbedingungen für die Nachhaltigkeitskommunikation betonen die Autoren, dass die CSR-Kommunikation mit der übergeordneten Unternehmens- und CSR-Strategie im Einklang stehen müsse, um als „strategisch" eingestuft zu werden (S. 57).

Zugleich muss festgehalten werden, dass die hohen Werte im auffälligen Widerspruch zu den Schwierigkeiten und Herausforderungen der Nachhaltigkeitskommunikation in den meisten aktuellen Befragungen stehen. Mögliche Erklärungen für diese Diskrepanzen sind die kleine, spezifische Stichprobe der verantwortlich handelnden Akteur*innen sowie der Effekt sozialer Erwünschtheit.

2.2.2   Aufgaben der Nachhaltigkeitskommunikation

Zu den täglichen Aufgaben der Verantwortlichen für CSR-Kommunikation zählten nach der Studie von Zerfaß & Müller bereits 2013 die Erstellung von Kommunikationsinhalten (75,7 %), der persönliche Kontakt zu Stakeholdern (60,2 %), die interne Beratung anderer Abteilungen (49,5 %) und die strategische Planung von CSR-Kommunikation (48,5 %) (S. 53–54). Auffällig ist der hohe Anteil direkter, persönlicher interner und externer Kontakte. Geringer ausgeprägt sind dagegen die Organisation von CSR-Veranstaltungen (34,0 %), die Evaluation der CSR-Kommunikation (35,0 %) sowie das Monitoring und die Bewertung von Stakeholder-Gruppen und -Themen (39,5 %). Das spricht für ein noch wenig managementorientiertes Verständnis.

In der aktuellen Nachhaltigkeitskommunikation zeigen sich vor allem die regulatorischen Veränderungen der letzten Jahre: Heute konzentrieren sich die meisten Unternehmen auf die Nachhaltigkeitsberichterstattung (62 %) und Zertifizierungen (60 %). Mit großem Abstand folgen Verhaltens- und Lieferanten-Kodizes (39 %) sowie sonstige PR- und Kommunikationsmaßnahmen (13 %) (news aktuell, 2022). Für die nähere Zukunft erwarten über drei Viertel (77 %) der (befragten) Unternehmen in der Realwirtschaft, dass das Thema Nachhaltigkeit noch stärker ins Zentrum der Kommunikation mit Stakeholdern rücken wird (Edinger-Schons et al., 2023, S. 69).

Die Antworten zeigen, dass die Nachhaltigkeitskommunikation in den meisten Unternehmen vor allem operative Kommunikationsaufgaben wahrnimmt. Strategische Aufgaben wie die Implementierung von Nachhaltigkeitsmanagement-Systemen, die Begleitung der Veränderungen im Rahmen der Transformation sowie der Umgang mit Daten im Rahmen von Monitoring und Controlling von Nachhaltigkeit und Kommunikation spielen noch eine geringe Rolle oder wurden in den Studien nicht thematisiert.

2.2.3   Chancen, Risiken und Erfolgsfaktoren

Chancen durch Nachhaltigkeitskommunikation sehen Fachleute für Kommunikation, Medien und Marketing für ihre Unternehmen in erster Linie in einer erhöhten Reputation (53 %), dem Einhalten von Standards bzw. Regularien (36 %) sowie im Gewinnen und Binden von Kund*innen (32 %, 27 %) (Civey, 2023).[9] Erfolgsfaktoren für die Nachhaltigkeitskommunikation sehen die professionellen Kommunikatoren in Transparenz (61 %), einer zielgruppengerechten Ansprache (35 %), Unverstelltheit (30 %) sowie einer ansprechenden Aufbereitung (25 %).

Risiken werden dagegen vor allem in Greenwashing-Vorwürfen (50 %), fehlendem Fachwissen (31 %) sowie fehlender Relevanz für Kund*innen (24 %) gesehen. Auffällig ist, dass 25 bzw. 26 % der Befragten angeben, keine Chancen oder Risiken zu kennen.

2.2.4   Medien-Mix und Formate der Nachhaltigkeitskommunikation

Im Medien-Mix der Nachhaltigkeitskommunikation überwiegen mediengestützte Formen der Kommunikation wie Eigenpublikationen, Online-Kommunikation und Medienarbeit (Abb. 2.11). Direkte Formen der Kommunikation durch persönliche Kommunikation bzw. Veranstaltungen nehmen einen etwa gleich großen Anteil ein.

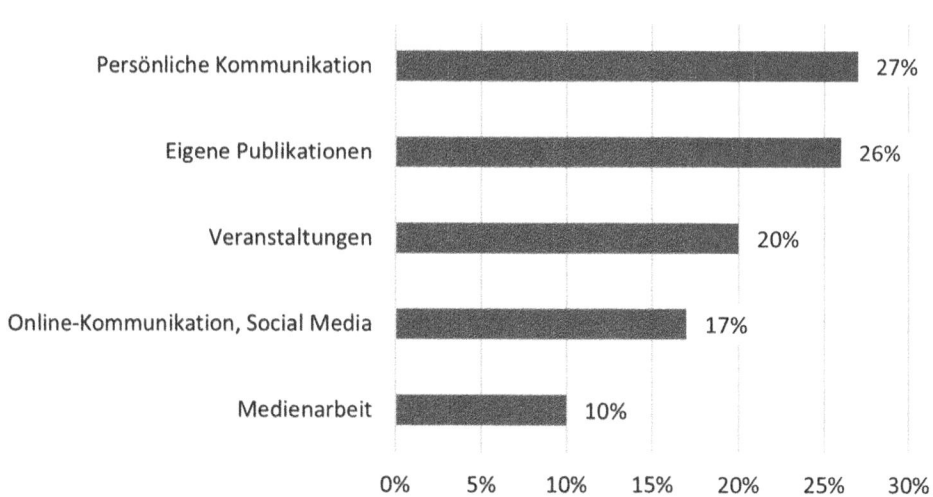

Abb. 2.11 Wichtigste Kanäle für die Kommunikation von CSR-Aktivitäten. (Heinrich, 2024, S. 82; in Anlehnung an IMB Institute of Management Berlin, 2015, S. 20; eigene Darstellung)

---

[9] Für die Studie des Meinungsforschungsinstituts Civey wurden 500 Fachkräfte für Kommunikation, PR, Medien und Marketing vom 20.07. bis 15.08.2023 online befragt.

Nachhaltigkeitsberichte Die meisten befragten Unternehmen der Realwirtschaft (62,5 %) erstellen bereits Nachhaltigkeitsberichte (Edinger-Schons et al., 2024, S. 62). Fast die Hälfte veröffentlicht sie als separate Publikation (47,1 %), weniger als ein Fünftel als Teil des Geschäftsberichts (15,4 %). Als Hemmnisse für die Nachhaltigkeitsberichterstattung werden von Unternehmen vor allem die Komplexität der regulatorischen Rahmenbedingungen (72,6 %), Schwierigkeiten bei der Zusammenführung der Daten (62,1 %), mangelnde personelle Ressourcen (58,9 %) und die mangelnde Digitalisierung der Prozesse (56,5 %) genannt (S. 64–65).

Mit Blick auf die regulatorischen Vorschriften (CSRD, ESRS) glauben knapp zwei Drittel (67,2 %) der Unternehmen der Realwirtschaft, dass sie die Erkenntnisse der Berichtspflicht für ihre Weiterentwicklung nutzen können (S. 72). Über drei Viertel (76,5 %) sind überzeugt, dass sie für Ihre Stakeholder zusätzliche relevante Transparenz schaffen.

Internetseiten Eine der wenigen quantitativen Untersuchungen aus jüngerer Zeit, die Themen, Inhalte und Maßnahmen der Nachhaltigkeitskommunikation regelmäßig untersucht, ist die jährliche CR-Benchmark-Studie (NetFederation, 2024). Sie beschränkt sich allerdings auf die Auswertung der Internetseiten von 50 großen Unternehmen mit Konzernstruktur in Deutschland.

Danach veröffentlichen fast alle befragten Großunternehmen einen Nachhaltigkeitsbericht, drei Viertel nutzen Mitarbeitende als Testimonials und mehr als die Hälfte berichtet regelmäßig über CSR-Neuigkeiten (Abb. 2.12). Nur rund jedes zehnte Unternehmen erstellt auch ein Nachhaltigkeitsmagazin oder einen Blog zu Nachhaltigkeitsthemen.

Auf ihren Internetseiten machen die meisten Großunternehmen vor allem strategische Aussagen zu ihrem Nachhaltigkeitsengagement: Die überwiegende Mehrheit (86 %) stellt einen Zusammenhang zwischen Nachhaltigkeit und Geschäftserfolg her (NetFederation, 2024). Fast drei Viertel (72 %) machen Aussagen zu ihren Nachhaltigkeitszielen (SDGs). Zwei Drittel (64 %) binden Themen der Digitalisierung in ihre Nachhaltigkeitskommunikation ein.

Deutlich kleiner ist der Anteil der Großunternehmen, der auch konkrete Angaben zu Zielen und Ergebnissen macht. Knapp zwei Drittel der Großunternehmen nennen auf ihren Internetseiten Kennzahlen zu Nachhaltigkeitszielen und -status (Abb. 2.13). Ökologische Kennzahlen werden vor allem zu CO_2-Emissionen und Energiemanagement publiziert. Soziale Kennzahlen werden in erster Linie zu Frauen in Führungspositionen und dem Frauenanteil im Unternehmen veröffentlicht.

Kritisch merken die Autoren an, „dass die Darstellung ökologischer und sozialer Kennzahlen auf Unternehmenswebseiten seit mehreren Jahren deutlich rückläufig ist." (NetFederation, 2024)

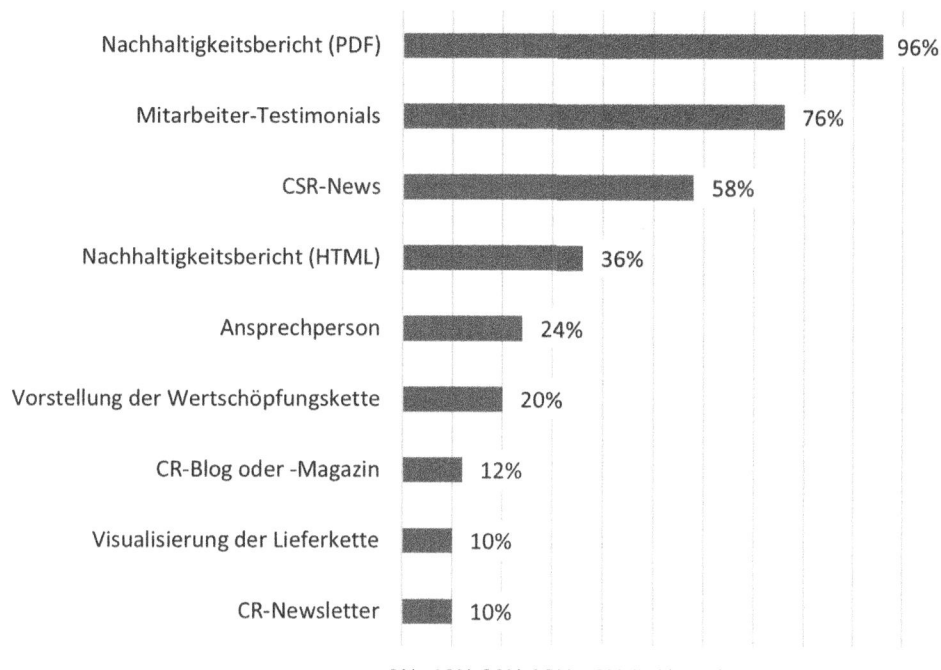

Abb. 2.12 Formate der Nachhaltigkeitskommunikation auf Internetseiten von Großunternehmen. (NetFederation, 2024)

2.2.5   Rolle der internen Kommunikation

Zur internen Nachhaltigkeitskommunikation gibt es nur wenige Studien, die Daten zur aktuellen Lage liefern. Explorative Einblicke zu Relevanz und Rolle in der nachhaltigen Entwicklung von Unternehmen gibt die qualitative Studie von Strottner und Huck-Sandhu (2021).[10]

Danach sind die internen Kommunikationsmanager*innen nicht nur umsetzende Instanz, sondern auch Implementor*innen, interne Multiplikator*innen und Botschafter*innen des Wandels (Strottner & Huck-Sandhu, 2021, S. 205). Zentrale Ziele und Aufgaben sind die Steigerung des Wissensstandes durch Information, die Schaffung von Akzeptanz, Motivation und Handlungsbereitschaft und das Einbinden bzw. Involvieren der Mitarbeitenden. Zusätzlich gehe es darum, dass Mitarbeitende die Sinnhaftigkeit der Veränderungen zu mehr Nachhaltigkeit erkennen und selbst sinnvolle Beiträge leisten können (*Sense-making, Sense-giving*).

---

[10] Die explorative Studie von Strottner und Huck-Sandhu (2021) basiert auf qualitativen Leitfaden-Interviews mit Verantwortlichen für die interne Nachhaltigkeitskommunikation in deutschen Großunternehmen (S. 203–204). Dafür wurden im Januar 2020 zehn Telefon-Interviews durchgeführt.

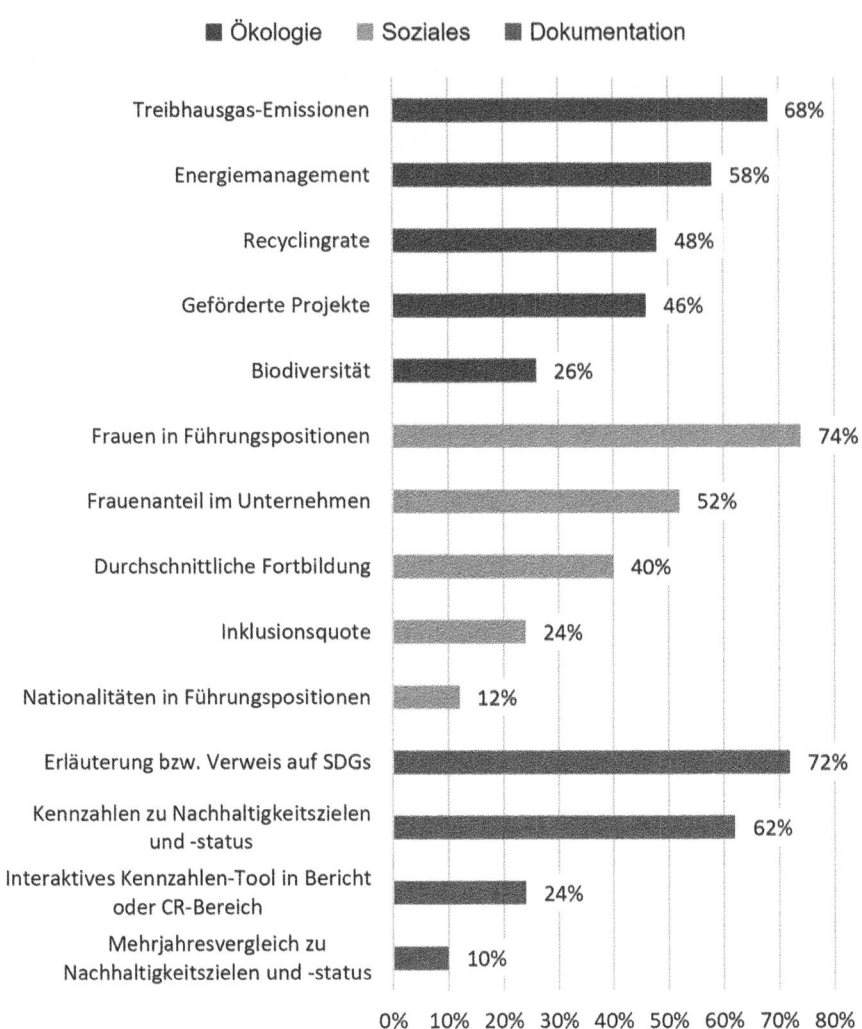

Abb. 2.13 Kennzahlen zur Nachhaltigkeit von Großunternehmen auf Internetseiten. (NetFederation, 2024; eigene Darstellung)

Mit Blick auf die strategische Neuausrichtung zu mehr Nachhaltigkeit sind Einsatz und Gestaltung der internen Veränderungskommunikation eher operativ als strategisch ausgerichtet (Strottner & Huck-Sandhu, 2021, S. 206–208). Die Themenauswahl erfolgt anhand von Nachrichtenwerten und Wesentlichkeitsanalysen. Eingesetzt werden digitale Medien (z. B. Intranet, Mitarbeiter-App, Newsletter) sowie direkte, persönliche Formen der Kommunikation (z. B. Town Halls, Workshops, Meetings). Ein „besonderes Gewicht" liegt auf Kampagnenformaten (S. 207). Bei der Aufbereitung der Inhalte werden klassische Formate bevorzugt (z. B. Texte, Videos, Kurzfilme, Interviews, Grafiken). Die verständliche Erklärung komplexer Inhalte steht im Vordergrund. Entsprechend werden emotionale Ansätze mit Blick auf Glaubwürdigkeit und mögliche Polarisierung eher verhalten genutzt. Die Vorgehensweise erfolgt „mehrheitlich nach dem Top-down-Prinzip" (S. 207).

Dennoch kommt der Bottom-up-Kommunikation und dem informellen Austausch „eine wichtige Rolle" zu. Insgesamt könne die interne Kommunikation „Anstöße geben" (S. 208). Eine Steuerung von Wahrnehmung, Einstellungen und Verhalten halten die Interviewten dennoch nicht für möglich.

Unternehmenswerte sind für die kognitive und affektive Verankerung der Nachhaltigkeit im Unternehmen eine „relevante Größe" – entweder als *verbindliche Handlungsprinzipien* oder als *Orientierungspunkte mit Aufforderungscharakter* (Strottner & Huck-Sandhu, 2021, S. 208). Eine zentrale Rolle für die strategische Neuausrichtung und die Implementierung von Nachhaltigkeitsstrategien spielen die *Führungskräfte*. Sie sind Vorbilder, Meinungsführer*innen, Multiplikator*innen und Dialogpartner*innen im Veränderungsprozess und fungieren als Bindeglieder zwischen Vorstand und Mitarbeitenden. Sie holen Feedbacks ein und sichern den Bottom-up-Informationsfluss zu den Vorständen. Entsprechend frühzeitig müssen sie von der internen Kommunikation informiert, eingebunden und befähigt werden.

Zu den wichtigsten Herausforderungen, denen die interne Kommunikation im Veränderungsprozess gegenübersteht, zählen die Komplexität der Thematik, heterogene Kommunikationszielgruppen, diverse Rezeptionsgewohnheiten, unterschiedliche Erwartungen und Ansprüche, die inhaltliche Priorisierung, der Umgang mit Zeit und Aufmerksamkeit sowie eine skeptische Grundhaltung der Mitarbeitenden bis hin zu einem Mangel an Veränderungsbereitschaft (Strottner & Huck-Sandhu, 2021, S. 209).

Insgesamt decken sich die Aussagen der Interviewten in den befragten Unternehmen weitgehend mit den Erkenntnissen der wissenschaftlichen Forschung zur internen Veränderungskommunikation (Strottner & Huck-Sandhu, 2021, S. 210). Mit einer Ausnahme: Der *narrative* Modus bzw. das *Storytelling* scheint in der internen Nachhaltigkeitskommunikation keine Rolle zu spielen.

Trotz der explorativen (entdeckenden) Untersuchungsanlage mit qualitativen Interviews und einer kleinen Stichprobe bestätigt sich in den Ergebnissen ein notwendiger Funktionswandel der internen Kommunikation. Sie muss von Anfang als strategischer Partner und Kommunikationsberater im Veränderungsprozess beteiligt sein und mit Akteur*innen in Unternehmensleitung und Abteilungen auf Augenhöhe agieren. Nur so kann sie ihr Wirkungspotenzial bei den Belegschaften ausschöpfen, Führungskräfte kommunikativ stärken und so den Veränderungsprozess wirkungsvoll unterstützen (Abschn. 8.9).

Fazit und Schlussfolgerungen aus dem Status quo der Nachhaltigkeitskommunikation

Ein Vergleich der Studien zeigt deutliche Verschiebungen im Medien-Mix der Nachhaltigkeitskommunikation. So hat die Kommunikation im Internet stark zugenommen und die Nachhaltigkeitsberichterstattung dominiert inzwischen das Portfolio der Kommunikationsinstrumente und -formate. Beides ist wenig überraschend. Die veränderte Medienwelt und -nutzung sowie die zunehmende Regulatorik haben diese Entwicklung vorangetrieben.

Mit Blick auf die Diskussion um das Greenwashing und die Glaubwürdigkeit der Nachhaltigkeitskommunikation wird der künftige Umgang mit Kennzahlen zu einem zentralen Erfolgsfaktor der Nachhaltigkeitskommunikation. Zusätzlich werden alternative Ansätze und Methoden der Berichterstattung jenseits von Zahlen, Tabellen und Grafiken an Bedeutung gewinnen. Für die Weiterentwicklung der Nachhaltigkeitskommunikation stellt sich zudem die Frage nach Relevanz und Umfang direkter, persönlicher Formen der Kommunikation sowie einer Verbreiterung des Spektrums jenseits der Berichtspflicht.

Insgesamt deutet sich ein notwendiger Wandel von Verständnis und der Rolle der Nachhaltigkeitskommunikation an – vom operativen Umsetzer von Kommunikationsmaßnahmen zum strategischen Entscheider und Gestalter in der Nachhaltigkeitstransformation (Abschn. 7.2). Das gilt insbesondere für die interne Kommunikation (Abschn. 3.7). Mit ihrem Fokus auf erklärenden Formaten und einer emotional eher zurückhaltenden Kommunikation kann sie zu einem Leitbild für die gesamte Nachhaltigkeitskommunikation werden (Abschn. 8.9).

2.3   Best Practices: Vorbildunternehmen, oder?

In den letzten 20 Jahren haben sich einige Unternehmen und Marken als Pioniere und Benchmarks für die nachhaltige Entwicklung etabliert. Dazu zählen neben anderen: Baufritz (Fritz-Kramer, 2018), Hipp (Weichenrieder, 2022), Vaude (Fiedler, 2021) und Weleda (Heidinger et al., 2019; Maloney & Meurer, 2023). Diese Unternehmen zeigen eine Reihe von Gemeinsamkeiten in Nachhaltigkeitsmanagement und Nachhaltigkeitskommunikation:

- Die Unternehmensgründer*innen bzw. -leitungen prägen die nachhaltige Entwicklung.
- Die nachhaltige Entwicklung des Unternehmens ist intrinsisch motiviert und getrieben.
- Nachhaltigkeit ist zentraler Bestandteil des Geschäftsmodells.
- Nachhaltigkeit ist in der Strategie des Unternehmens festgeschrieben.
- Das Unternehmen verfolgt klare und messbare Nachhaltigkeitsziele.
- Nachhaltigkeitstransformation wird als kontinuierlicher Innovationsprozess gelebt.
- Ökologische, soziale und ökonomische Aspekte der Nachhaltigkeit werden gleichermaßen berücksichtigt.
- Mitarbeitende und Mitarbeiterkommunikation spielen zentrale Rollen in der nachhaltigen Entwicklung des Unternehmens.
- Sie sind zugleich die wichtigsten Kommunikator*innen für die Nachhaltigkeit ihrer Unternehmen.
- Ressourcen und Prozesse folgen zertifizierten Standards bzw. werden zertifiziert.
- Die Ergebnisse der nachhaltigen Entwicklung werden gemessen und extern geprüft.

Es ist kein Zufall, dass vorbildliche Unternehmen meist aus Branchen kommen, in denen Konsument*innen ökologische Nachhaltigkeit (Umwelt- und Gesundheitsaspekte) besonders wichtig ist: Babynahrung, Körperpflege, Outdoor-Bekleidung und Wohneigentum. Deswegen kommunizieren sie auch besonders intensiv und erzielen so mehr Aufmerksamkeit für ihre Nachhaltigkeitsaktivitäten. Zusätzlich bewerben sie sich besonders intensiv um Nachhaltigkeitspreise.

Deutscher Nachhaltigkeitspreis

Der *Deutsche Nachhaltigkeitspreis* ist der bekannteste Nachhaltigkeitsaward in Deutschland (Gebhardt, 2023, S. 9). Seit 2007 zeichnet er Unternehmen aus, die sich wirksam und vorbildlich für nachhaltige Entwicklung und Transformation einsetzen. Zu den bisherigen Siegern zählen u. a.: Andechser Molkerei, Berchtesgadener Land, Cisco, Demeter, Deutsche Telekom, Develey, DZ Bank, EnBW, Frosta, Grohe, hessnatur, Jungheinrich, Kärcher, Lavera, Ritter Sport, Schöffel, Schott Glas, TUI und Velux. Die Auszeichnung ist für die beteiligten Unternehmen in erster Linie ein Kommunikationsinstrument für Imagegewinn und Mitarbeitermotivation (S. 14).

Sämtliche Preisträger und Finalisten in den fünf Transformationsfeldern (Klima, Ressourcen, Natur, Wertschöpfungskette, Gesellschaft) und mittlerweile 100 Branchen werden im Internet mit Begründungen der Jurys präsentiert und können dort recherchiert werden:

2023: https://www.nachhaltigkeitspreis.de/unternehmen/transformationsfelder-sieger-und-finalisten#

2008–2022: https://www.nachhaltigkeitspreis.de/unternehmen/preistraeger-unternehmen

Damit sich Nachhaltigkeit in Unternehmen durchsetzt, ist es wichtig, sich von der Fokussierung auf Vorbild-Unternehmen zu lösen. Die Marktlogik in Wettbewerbswirtschaften erlaubt in der Regel nicht allen Unternehmen vorbildlich in Sachen Nachhaltigkeit zu agieren. Das kann unterschiedliche Gründe haben: Ökologische und soziale Nachhaltigkeit sind für viele Kund*innen (noch) keine relevanten Entscheidungskriterien. Die Produkte wären für einen Teil der Nachfrager*innen (noch) zu teuer. (Noch) nicht alle Verbraucher*innen sind in der Lage bzw. bereit, höhere Preise zu bezahlen. Es ist (noch) ökonomisch riskant in Vorleistung zu gehen. Erst wenn durch Kund*innen, Mitbewerber, Regulatorik oder öffentliche Meinung hinreichend Handlungsdruck von außen kommt, wird Nachhaltigkeit zu einem Erfolgsfaktor im Wettbewerb.

So haben es vor allem B2B-Unternehmen derzeit noch schwer, mit ihrem Einsatz für mehr Nachhaltigkeit wahrgenommen zu werden. Aufgrund ihres engeren Zielgruppen-Fokus wird über sie seltener in reichweitenstarken Publikumsmedien berichtet. Mit dem Lieferketten-Sorgfaltspflichten-Gesetz werden sie als Teil der Lieferkette zu einem zusätzlichen Faktor der Nachhaltigkeitsanstrengungen und -pflichten ihrer B2B-Kunden.

Fazit: Zusammenfassung und Schlussfolgerungen aus der aktuellen Situation

Die aktuelle Situation zu Nachhaltigkeitsmanagement und Nachhaltigkeitskommunikation in Unternehmen lässt sich aus Sicht von Unternehmensleitungen und Führungskräften wie folgt zusammenfassen.

Status quo des Nachhaltigkeitsmanagements in Unternehmen
- Die Wahrnehmung von Chancen überwiegt die Einschätzung der Risiken.
- Nachhaltigkeitsmanagement konzentriert sich auf ökologische Aspekte.
- Soziale Aspekte und Auswirkungen auf die Unternehmensfinanzierung werden noch nicht stark wahrgenommen.
- Die Hauptverantwortung für eine nachhaltige Entwicklung wird in der Politik gesehen.
- Gründe für nachhaltiges Wirtschaften werden in Kosten, gesetzlichen Vorgaben sowie Image und Mitarbeiterbindung gesehen.
- Als Treiber für mehr Nachhaltigkeit werden vor allem potenzielle Mitarbeitende sowie die junge Generation gesehen.
- Handlungsdruck wird vor allem von Unternehmensleitungen, Investor*innen und Kund*innen wahrgenommen.
- Nachhaltigkeitsziele sind nur selten quantifiziert und messbar.
- Rund ein Drittel der Unternehmen verfolgt keine Nachhaltigkeitsziele.
- Die Maßnahmen des Nachhaltigkeitsmanagements konzentrieren sich auf die Reduktion von Treibhausgasen und Energieverbrauch sowie die Optimierung von Prozessen.
- Der Reifegrad der Nachhaltigkeitsmaßnahmen ist eher gering ausgeprägt.
- Hemmnisse für die Nachhaltigkeitstransformation liegen vor allem in der Verfügbarkeit von Ressourcen.

Die Ergebnisse zeigen, dass das Nachhaltigkeitsmanagement in vielen Unternehmen als wichtige Aufgabe wahrgenommen wird. Die Nachhaltigkeitstransformation steht aber häufig noch am Anfang. Vor allem eine systematische und strukturierte Vorgehensweise bei der Implementierung und Umsetzung steht vielfach noch aus.

Status quo der Nachhaltigkeitskommunikation in Unternehmen
- Bislang gibt es nur wenige Studien, die die Nachhaltigkeitskommunikation in Unternehmen empirisch untersuchen.
- In vielen Unternehmen fehlen formelle Rahmenbedingungen wie schriftlich fixierte Ziele, Strategien und Richtlinien der Nachhaltigkeitskommunikation.
- Die Nachhaltigkeitskommunikation nimmt bislang vor allem operative Aufgaben wahr.
- Chancen und Risiken werden vor allem in positiven bzw. negativen Reputationseffekten gesehen.
- Der Nachhaltigkeitsbericht ist das am weitesten verbreitete Format der Nachhaltigkeitskommunikation.
- Mit der Veröffentlichung von Kennzahlen zur Nachhaltigkeit sind viele Unternehmen (noch) zurückhaltend.
- Im Medien-Mix der Nachhaltigkeitskommunikation dominieren digitale Kanäle und Formate.
- Die interne Kommunikation unterstützt die Nachhaltigkeitstransformation durch Information und Dialog, Aktivierung und Beteiligung sowie Sinnstiftung bei Mitarbeitenden.

- Sie verfolgt dabei meist einen Top-down-Ansatz.
- Sie nutzt auch direkte, persönliche Wege und Formen der Kommunikation.
- Die interne Nachhaltigkeitskommunikation bevorzugt informierende, erklärende Formate.
- Emotionale und narrative Formen der Nachhaltigkeitskommunikation werden intern eher zurückhaltend genutzt.
- Führungskräfte fungieren als Bindeglieder zwischen Vorstand und Mitarbeitenden. Sie sichern den Top-down- und Bottom-up-Informationsfluss.
- Zentrale Herausforderung der Nachhaltigkeitskommunikation sind die Komplexität und Vielfalt von Nachhaltigkeitsthematik und Transformationsprozess.
- Ein Wandel der Nachhaltigkeitskommunikation vom operativen Umsetzer zum strategischen Gestalter in der Nachhaltigkeitstransformation deutet sich an.

Schlussfolgerungen für die Nachhaltigkeitskommunikation

Aus der Beschreibung der aktuellen Situation und ihren Herausforderungen resultieren für die Nachhaltigkeitskommunikation spezifische Anforderungen:

- Sich klar und deutlich zur Nachhaltigkeit bekennen und selbstverpflichten.
- Sich nicht auf Marketing und Imagepflege reduzieren, sondern erkennbare Wertbeiträge für alle Anspruchsgruppen und Gesellschaft leisten.
- Den Aufbau und die Umsetzung des Nachhaltigkeitsmanagements von Beginn an begleiten und den kontinuierlichen Wandel unterstützen.
- Ökologische, soziale und ökonomische Aspekte gleichermaßen berücksichtigen und thematisieren. Bei den ökologischen Themen soll der Klimaschutz nur eines unter vielen sein.
- Transparent vermitteln, welchen Beitrag das Unternehmen für eine nachhaltige Gesellschaft leistet. Im Besonderen durch das Geschäftsmodell und entlang der gesamten Wertschöpfungs- und Lieferkette.
- Mit Blick auf die interessierte und kritische Öffentlichkeit zeigen, was das Unternehmen für mehr Nachhaltigkeit tut (wenn es etwas tut). Dabei weniger Versprechen formulieren als über konkrete Aktivitäten und Ergebnisse berichten.
- Unternehmensleitungen im Sinne von *Sustainability Leadership* an die Spitze der Aktivitäten setzen und zum Gesicht der Nachhaltigkeit nach innen und außen machen (wenn sie es ernst nehmen).
- Interne und externe Stakeholder bei der Transformation zu einem nachhaltigen Unternehmen nicht nur informieren, sondern aktiv einbinden.
- Kommunikationsangebote und Aussagen klar und verständlich, glaubwürdig und nachvollziehbar aufbereiten und formulieren.
- Die Nachhaltigkeitskommunikation systematisch mit dem Issues Management sowie der Risiko- und Krisenkommunikation verknüpfen.

2.4   Interview mit Sabine Braun (Accenture): Status und Perspektiven der Nachhaltigkeit aus der Sicht von 30 Jahren Beratungspraxis

Sabine Braun gründete 1993 die Nachhaltigkeitsberatung akzente in München und beriet große und mittelständische Unternehmen zu Strategie, Reporting und Kommunikation. Seit Mai 2022 gehört akzente zur internationalen Technologie- und Strategieberatung Accenture. Als eine der erfahrensten und profiliertesten Nachhaltigkeitsberaterinnen Deutschlands ist sie nun als Director bei Accenture Sustainability Services tätig. (Das Interview hat im Sommer 2024 stattgefunden)

Sabine, Du berätst Unternehmen seit Anfang der 1990er-Jahre bei ihrer nachhaltigen Entwicklung. Was hat sich aus Deiner Sicht am meisten verändert?

Sabine Braun: Anfang der 1990er-Jahre war Umweltschutz das beherrschende Thema. Im Mittelstand gab es hochengagierte Pioniere, die auf ökologischere Produkte setzten und zugleich ihr Management mittels neu entwickelter Instrumente wie Ökobilanzen und Umweltcontrolling entsprechend ausrichteten. Seit Anfang der 2000er-Jahre schließt das Themenspektrum, um das sich ein verantwortungsbewusstes Unternehmen zu kümmern hat, Soziales und Governance, sprich: gute Unternehmensführung, mit ein. Bis 2017 war das Reporting darüber freiwillig. Dann kam die Berichtspflicht, zunächst für börsennotierte Unternehmen, nun auch für alle anderen mit mehr als 500 Mitarbeitenden. Damit ist Nachhaltigkeit heute keine Kür mehr. Das ist gut so. Was mir aber abgeht, ist der Elan und die Kreativität jener Unternehmen, die es einst freiwillig und zur Positionierung im Wettbewerb gemacht haben.

Auf welche typischen Hindernisse stoßen Nachhaltigkeitsprojekte in Unternehmen heute? Wo ist aus Deiner Sicht der Handlungsbedarf am größten?

Sabine Braun: Ein Nachhaltigkeitsprojekt richtet sich an begrenzten Ressourcen und an den Grenzen der Erdüberlastung aus. Damit ist es auf lange Frist auch ökonomisch sinnvoll. Größtes Hindernis war und bleibt kurzfristiges Profitdenken. Inzwischen ist die Transformation Richtung Nachhaltigkeit in manchen Branchen allerdings so weit fortgeschritten, dass es in den Unternehmen nicht um mehr oder weniger Profit, sondern ums Überleben geht. Dann stellt sich die Frage, ob das Unternehmen in der Lage ist, sich neu zu erfinden. Das ist schmerzhaft, niemand will das wirklich. Und niemand kann das aus dem Stegreif. Größter Handlungsbedarf ist aus meiner Sicht: Mehr Kooperationen für Innovationen. Denn gemeinsame Visionen könnten den notwendigen Mut für den Umbau geben.

Mit Blick auf die erweiterte und verschärfte Berichtspflicht hat man den Eindruck, dass viele Unternehmen die Entwicklung unterschätzen. Welche Aspekte werden noch zu wenig wahrgenommen?

Sabine Braun: Nicht nur die Unternehmen haben die Entwicklung unterschätzt, auch die Berater und die Wirtschaftsprüfer. Wir sitzen nun alle im selben Boot, um die sehr komplexen europäischen Berichtsstandards zu interpretieren und umzusetzen. Ich hätte nie gedacht, dass selbst für berichtserprobte Großunternehmen der Sprung vom freiwilligen Nachhaltigkeitsbericht gemäß den Leitlinien der Global Reporting Initiative

(GRI) hin zu einem CSRD-konformen Bericht so groß sein würde. Natürlich sind wir alle der Meinung, dass belastbare, konzernweite und geprüfte Daten unverzichtbar sind für ein vorausschauendes Management. Aber ja, der Aufbau kostet Zeit und Kraft. Allerdings bin ich überzeugt, dass künstliche Intelligenz uns hier bald schon viele Standardarbeiten abnehmen und zugleich durch neuartige und zeitnahe Datenauswertungen die Resilienz von Unternehmen erhöhen kann.

Viele Bürger*innen und Unternehmen stehen der Nachhaltigkeit positiv gegenüber. Aber bei der konkreten Umsetzung sieht es häufig anders aus. Woran liegt es nach Deiner Einschätzung? Und wie ließe sich das ändern?

Sabine Braun: Meist ist es kurzfristiges Denken, das die Prioritäten verschiebt. Beim Konsum ist die Antwort ganz einfach: Internalisierung der externen Kosten. Sprich: Preise, die die Wahrheit sagen. Dann wäre die heimische Tomate günstiger als die aus Spanien eingeflogene, aber halt auch nur wenige Monate verfügbar. Ohne Einschränkungen unserer Gewohnheiten wird es nicht gehen.

Sabine, ich danke Dir für dieses kurze Gespräch.

Literatur

Bellmann, L., & Koch, T. (2019). *Ökologische Nachhaltigkeit in deutschen Unternehmen: Empirische Ergebnisse auf Basis des IAB-Betriebspanels 2018*. IAB-Forschungsbericht, No. 8/2019. Institut für Arbeitsmarkt- und Berufsforschung (IAB). https://hdl.handle.net/10419/204774

Boston Consulting Group. (Hrsg.). (2020). Grüne Technologien für grünes Geschäft. In Zusammenarbeit mit dem VDMA. https://media-publications.bcg.com/BCG-German-For-Machinery-Makers-Green-Tech-Creates-Green-Business-2020-07-14.pdf. Zugegriffen am 31.07.2023.

Civey. (Hrsg.). (03.12.2023). *Studie: Nachhaltigkeitskommunikation*. https://app.civey.com/dashboards/studie-nachhaltigkeitskommunikation-15825?utm_source=linkedin&utm_medium=cpc&utm_campaign=nachhaltigkeitkomms_1023. Zugegriffen am 21.08.2024.

Deloitte. (Hrsg.). (2023). *Deloitte 2023 CxO Sustainability Report. Accelerating the Green Transition. Germany*. https://www2.deloitte.com/content/dam/Deloitte/de/Documents/risk/CxO%20 Survey_Deloitte_Germany.pdf. Zugegriffen am 28.07.2023.

Edinger-Schons, L.M., Kunzlmann, J., Reppmann, M., Putzhammer, F., & Fricke, T. (2023). *Sustainability Transformation Monitor 2023*. Bertelsmann-Stiftung, Stiftung Mercator, Universität Hamburg, Peer School for Sustainable Development (Hrsg.). Bertelmann-Stiftung. https://doi.org/10.11586/2023003

Edinger-Schons, L.M., Kraemer, A., Kunzlmann, J., & Wesemann, P. (2024). *Sustainability Transformation Monitor 2024*. Bertelsmann-Stiftung, Stiftung Mercator, Universität Hamburg, Peer School for Sustainable Development (Hrsg.). Gütersloh: Bertelmann-Stiftung. https://doi.org/10.11586/2024010

Fiedler, L. (2021). *Bewusster Konsum als Unternehmensstrategie – VAUDE tritt an mit umweltfreundlichen und fairen Bergsportprodukten*. In W. Wellbrock & D. Ludin (Hrsg.), *Nachhaltiger Konsum* (S. 393–405). Springer Gabler. https://doi.org/10.1007/978-3-658-33353-9_24

Fritz-Kramer, D. (2018). *Pioniergeist und Umweltbewusstsein*. In A. Hildebrandt & W. Neumüller (Hrsg.), *Visionäre von heute – Gestalter von morgen* (S. 83–95). Springer Gabler. https://doi.org/10.1007/978-3-662-57301-3_7

Gebhardt, B. (23.06.2023). *Leuchttürme in Krisenzeiten Bedeutungswandel von Awards?* Vortrag auf dem Expert*innenworkshop „Awards – ein Instrument zur Steuerung der Nachhaltigkeitstransformation?" https://www.nachhaltigkeitspreis.de/media/1-Startseite/Fancy_Teaser/Uni-Hohenheim_Bedeutungswandel_Nachhaltigkeitsawards_.pdf. Zugegriffen am 23.07.2024.

Heidinger, I., Lotz, S., & Wyciok, B. (2019). *Nachhaltigkeit aus dem Blickwinkel der Vielfalt am Beispiel von Weleda*. In M. Englert & A. Ternès (Hrsg.), *Nachhaltiges Management* (S. 731–747). Springer Gabler. https://doi.org/10.1007/978-3-662-57693-9_39

Heinrich, P. (2024). CSR-Kommunikation – Die Instrumente. In P. Heinrich (Hrsg.), *CSR und Kommunikation* (S. 79–101). Springer Gabler. https://doi.org/10.1007/978-3-662-69026-0_5

Horváth. (Hrsg.). (2023). *Status quo der Nachhaltigkeitstransformation. Nachhaltig gegen alle Widerstände*. Horváth. https://www.Horváth-partners.com/de/media-center/studien/status-quo-der-nachhaltigkeitstransformation. Zugegriffen am 11.04.2023.

Kämmler-Burrak, A., Möhrer, M., Rötzel, P., Schulze, M., & Gimpl, N. (2022). *Green Controlling – Stand und Herausforderungen der Integration ökologischer und sozialer Aspekte in das Controlling aus Sicht der Controllingpraxis. Ergebnisse einer Studie des Fachkreises Green Controlling for Responsible Business*. Internationaler Controller Verein e. V. (Hrsg.). Fachkreis Green Controlling for Responsible Business. https://www.icv-controlling.com/fileadmin/Wissen/Frei_f%C3%BCr_alle__Controller_Magazin_Statement__White_Paper__Schriftenreihe__Dream_Car_Bericht/ICV_Green_Controlling_Studie_2022_Auszug.pdf. Zugegriffen am 29.07.2023.

Lüdeke-Freund, F., Froese, T., Kunzlmann, J., Putzhammer, F. & Hofmann, F. (2024). *Wertschöpfung für das 21. Jahrhundert – Geschäftsmodelle in der Transformation*. Hrsg. v. Bertelsmann Stiftung & ESCP Business School Berlin. https://doi.org/10.11586/2024056

Maloney, P., & Meurer, J. (2023). *Nachhaltigkeitsorientierte Markenpolitik*. In K. M. Griese & K. Schnitker (Hrsg.), *Nachhaltigkeitsmarketing* (S. 257–290). Springer Gabler. https://doi.org/10.1007/978-3-658-38521-7_7

NetFederation. (Hrsg.). (2024). *CR Benchmark. Die aktuelle Studie zur digitalen Nachhaltigkeitskommunikation der größten deutschen Unternehmen*. https://www.netfed.de/cr-benchmark/2024/die-studie/ergebnisse/. Zugegriffen am 23.07.2024.

news aktuell. (26.10.2022). *So belegen Unternehmen Nachhaltigkeit in der Kommunikation*. https://www.presseportal.de/pm/6344/5353951. Zugegriffen am 01.11.2022.

PwC. (Hrsg.). (2022). *ESG-Strategie und -Berichterstattung. Status und Umsetzung im deutschen Mittelstand*. https://imi.hwg-lu.de/wp-content/uploads/2023/02/PwC_IMI_Studie_ESG-Strategie_Mittelstand_final.pdf. Zugegriffen am 16.02.2023.

Scholz, R. (2023). *Unternehmensmitbestimmung und die sozialökologische Transformation: Zusammenhang zwischen Mitbestimmungsindex und ESG-Kriterien in börsennotierten Unternehmen*. Mitbestimmungsreport, No. 79. Hrsg. v. Hans-Böckler-Stiftung, Institut für Mitbestimmung und Unternehmensführung (I.M.U.). http://hdl.handle.net/10419/281038. Zugegriffen am 16.01.2024.

Schulz, F., & Trappmann, V. (2023). *Erwartungen von Beschäftigten an die sozial-ökologische Transformation. Ergebnisse einer repräsentativen Umfrage zu Klimawandel und Arbeitswelt*. Working Paper Wirtschaftsförderung. Hrsg. v. Hans-Böckler-Stiftung. https://eprints.whiterose.ac.uk/204737/1/p_fofoe_WP_308_2023.pdf. Zugegriffen am 06.05.2024.

Strottner, L., & Huck-Sandhu, S. (2021). Mit Herz und Verstand: Rolle der internen Kommunikation für die Etablierung neuer Nachhaltigkeitsstrategien. *NachhaltigkeitsManagementForum, 29*, 197–216. https://doi.org/10.1007/s00550-021-00523-7

TÜV-Verband. (Hrsg.). (2022). *TÜV Sustainability Studie 2022. Umwelt- und Klimaschutz in Unternehmen Die deutsche Wirtschaft auf dem Weg zu mehr Nachhaltigkeit*. TÜV-Verband e. V. https://www.tuev-verband.de/studien/sustainability-studie-2022. Zugegriffen am 11.04.2024.

Weichenrieder, E. (2022). Verantwortung für die Schöpfung als Leitplanke – Nachhaltigkeit bei HiPP. In A. Herzner & R. Schmidpeter (Hrsg.), *CSR in Süddeutschland. Management-Reihe Corporate Social Responsibility* (S. 189–200). Springer Gabler. https://doi.org/10.1007/978-3-662-61959-9_12

Zerfaß, A., & Müller, M. C. (2013). Stakeholderbeziehungen in der CSR-Kommunikation. Empirische Studie zu Strategien und Rahmenbedingungen in deutschen Unternehmen. uwf. *Umwelt-WirtschaftsForum, 21*(1), 51–57. https://doi.org/10.1007/s00550-013-0267-2

Teil II

Positionen und Impulse der Forschung für die Nachhaltigkeitskommunikation

Grundlagen der nachhaltigen Entwicklung und Nachhaltigkeitskommunikation

3

Inhaltsverzeichnis

Zusammenfassung

In diesem Kapitel werden wesentliche Kernbestände der wissenschaftlichen Forschung zur Nachhaltigkeitskommunikation vorgestellt und im Hinblick auf ihre Tragfähigkeit für die Praxis diskutiert. Dafür werden zunächst die zentralen Begriffe Nachhaltigkeit, nachhaltige Entwicklung, Corporate Social Responsibility, Stakeholder- und Nachhaltigkeitsmanagement erläutert und diskutiert. Auf dieser Basis werden organisations- sowie gesellschaftsbezogene Verständnisweisen von Nachhaltigkeitskommunikation dargestellt. Funktionen für Unternehmen und Gesellschaft werden von selbstgesteckten, normativen Zielen und Aufgaben abgegrenzt. Instrumente und Inhalte der Nachhaltigkeitskommunikation sowie deren organisatorische Eingliederung werden beschrieben. Anschließend wird die Forderung nach einer integrierten Kommunikation aufgegriffen

---

M. Bürker, *Management der Nachhaltigkeitskommunikation*,
https://doi.org/10.1007/978-3-658-48471-2_3

und für die Nachhaltigkeitskommunikation geprüft. Insbesondere die Relevanz und Rolle der Mitarbeiter- und Führungskräftekommunikation wird herausgearbeitet. Abschließend werden Herausforderungen, Hindernisse, Barrieren und Kritikpunkte reflektiert. Ein Interview mit einem Professor für Unternehmens- und Nachhaltigkeitskommunikation über die Rolle der Ethik in der Nachhaltigkeitskommunikation schließt das Kapitel ab.

Die wissenschaftliche Forschung beschäftigt sich seit den 80er-Jahren des 20. Jahrhunderts mit der gesellschaftlichen und öffentlichen Kommunikation über Nachhaltigkeit – zunächst als Umwelt-, später als CSR- oder Klimaschutzkommunikation. Um einen Überblick und ein gemeinsames Verständnis für Nachhaltigkeitskommunikation aufzubauen, werden im Folgenden wesentliche Aspekte, Positionen und Kernbestände der Forschung vorgestellt und im Hinblick auf ihre Tragfähigkeit für die Praxis der Nachhaltigkeitstransformation diskutiert (Abb. 3.1).

Abb. 3.1 Aspekte der Nachhaltigkeitskommunikation. (Eigene Darstellung)

3.1   Nachhaltigkeit und nachhaltige Entwicklung

Prägend für das heutige Verständnis von *Nachhaltigkeit* ist die Entlehnung des Begriffs aus der Forstwirtschaft, wonach „in einem Zeitraum nie mehr Bäume geerntet/gefällt werden dürfen, als im gleichen Zeitraum nachwachsen können" (Vieweg, 2019, S. 25; ähnlich: Kanning, 2022, S. 31). Der Begriff ist unabhängig von seinem Gebrauch für Unternehmen, aber der wirtschaftliche Kontext ist erkennbar. Die Verknüpfung von Gegenwart und Zukunft zeigt sich im heutigen Verständnis von Nachhaltigkeit und nachhaltiger Entwicklung.

Nachhaltigkeit im engeren und weiteren Sinn (Definition)

Im *weiteren* Sinn: Nachhaltigkeit ist eine Eigenschaft von Dingen, Personen, Handlungsweisen, Organisationen, Strukturen und Prozessen, die nur so viel Ressourcen verbrauchen, dass die langfristige Existenz nicht gefährdet ist.

Im *engeren* Sinn: Nachhaltigkeit ist jedes bewusste, geplante und kontrollierte Handeln von Personen, Organisationen und Gesellschaften, das ökologisch verträglich, sozial gerecht und ökonomisch tragfähig ist und nur so viele Ressourcen einsetzt, dass Handlungsmöglichkeiten nicht eingeschränkt und die langfristige Existenz nicht gefährdet werden. ◄

Der Begriff *Sustainable Development* taucht erstmals 1987 im Bericht *Our Common Future* der UN-Weltkommission für Umwelt und Entwicklung (World Commission on Environment and Development) auf – nach deren Vorsitzenden auch als *Brundtland-Bericht* bezeichnet (Kanning, 2022, S. 32; Balderjahn, 2021, S. 14). Dort wird nachhaltige Entwicklung wie folgt definiert: „Sustainable development is development that meets the needs of the present without compromising the ability of future generations to meet their own needs." (United Nations, 1987, Chapter 2, No. 1, S. 54)

Nachhaltige Entwicklung (Definition)

„Dauerhafte Entwicklung ist eine Entwicklung, die die Bedürfnisse der Gegenwart befriedigt, ohne zu riskieren, daß künftige Generationen ihre eigenen Bedürfnisse nicht befriedigen können." (Quelle: Hauff, 1987, S. 46)

Im Original heißt es „dauerhafte Entwicklung". Der Begriff wurde in einigen späteren Veröffentlichungen durch „nachhaltige Entwicklung" ersetzt. ◄

Damit verbunden ist das Prinzip der *Generationengerechtigkeit* (Balderjahn, 2021, S. 14). In der Folge wird zwischen *intergenerativer* Gerechtigkeit zwischen Generationen und *intragenerativer* Gerechtigkeit zwischen Industrienationen und Ländern des globalen Südens unterschieden (Kanning, 2022, S. 32).

▶   **Nachhaltige Entwicklung als Prinzip der Generationengerechtigkeit**

„[…] gesellschaftspolitisches Leitbild für eine zukunftsfähige Entwicklung der Menschheit, wonach sich einerseits die Lebenschancen zukünftiger Generationen nicht gegenüber den Möglichkeiten der derzeitigen Generation verschlechtern dürfen (inter-generative Gerechtigkeit) und wonach sich andererseits ein Wohlstandsausgleich zwischen armen und reichen Ländern einstellen soll (intra-generative Gerechtigkeit)" (Quelle: Balderjahn, 2021, S. 14).

Die drei Dimensionen der Nachhaltigkeit *Ökologie*, *Soziales* und *Ökonomie* werden im Brundland-Report eingeführt und als „broad areas" bezeichnet (United Nations, 1987, S. 20; Abb. 3.2). Sie gelte es in eine Balance zu bringen. Zu Beginn der 90er-Jahre wurde daraus das *Drei-Säulen-Modell* der Nachhaltigkeit mit gleicher Gewichtung der ökonomischen, ökologischen und sozialen Aspekte entwickelt (Försterling, 2023, S. 55; Kanning, 2022, S. 32; Vieweg, 2019, S. 27). Wenige Jahre später wurde die *Triple-Bottom-Line* als Konzept der unternehmerischen Verantwortung abgeleitet. Es fasst die sozialen (people), ökologischen (planet) und ökonomischen (profit) Aspekte des Kerngeschäfts von Unternehmen zusammen (Försterling, 2023, S. 56).

In diesem Sinn wird im Folgenden der Begriff *Nachhaltigkeitstransformation* immer dann verwendet, wenn der Fokus auf der bewussten Gestaltung und Steuerung in Unternehmen und Organisationen liegt (Mikro-Ebene). Die Begriffe *nachhaltige Entwicklung* und *sozial-ökologische Transformation* bezeichnen dagegen organische Veränderungen in Wirtschaft und Gesellschaft (Meso- und Makro-Ebene).

Strittig ist die Frage der Gewichtung der drei Dimensionen. Ökologen stellen die existenziellen natürlichen Lebensgrundlagen in den Vordergrund. Ökonomen argumentieren für einen Vorrang wirtschaftlicher Aspekte für die Machbarkeit der Transformation. Im

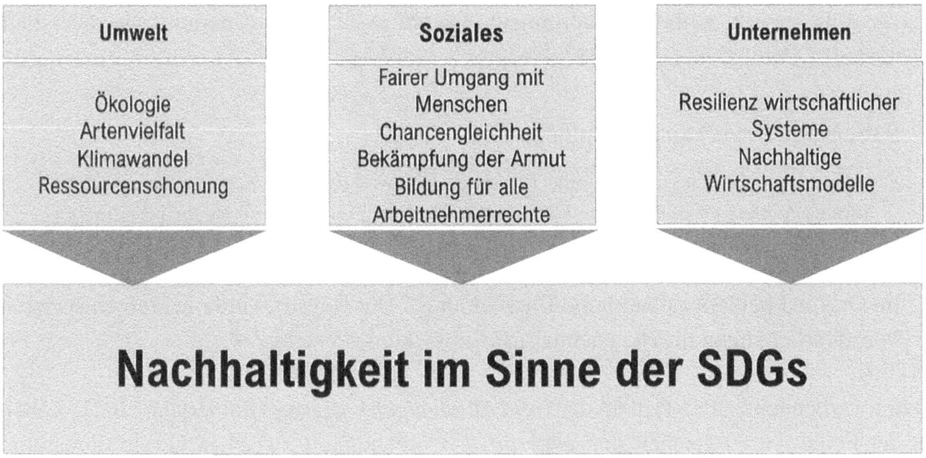

Umwelt	Soziales	Unternehmen
Ökologie Artenvielfalt Klimawandel Ressourcenschonung	Fairer Umgang mit Menschen Chancengleichheit Bekämpfung der Armut Bildung für alle Arbeitnehmerrechte	Resilienz wirtschaftlicher Systeme Nachhaltige Wirtschaftsmodelle

Nachhaltigkeit im Sinne der SDGs

Abb. 3.2 Dimensionen der Nachhaltigkeit im Sinne der SDGs der Vereinten Nationen. (Bodenstein & Herget, 2024, S. 5)

Vergleich dazu ist die soziale Nachhaltigkeit weniger beachtet worden. Das hat sich mit der Verabschiedung des Lieferketten-Sorgfaltspflichten-Gesetzes in Deutschland und der EU geändert.

Auf dieses Spannungsverhältnis hat Opielka (2023) hingewiesen. Er betont, dass nicht-nachhaltige Produktions-, Konsum- und Lebensweisen zur Externalisierung von Kosten und Folgen geführt haben, die nur durch Internalisierung gelöst werden können (S. 13–16). Dies erfordere eine Verbindung von Sozial- und Klimapolitik. Genau dafür biete das Pariser Klimaschutzabkommen zur nachhaltigen Entwicklung eine leistungsfähige Basis. Mindestens zehn der 17 SDGs seien sozialpolitische Ziele (S. 23). Nötig sei eine Verbindung der unterschiedlichen Diskurse über Postwachstum, Degrowth und soziale Nachhaltigkeit (S. 27).

Vier Verständnisweisen für *soziale Nachhaltigkeit* hat Opielka herausgearbeitet (2023, S. 42–46):

- enges Verständnis: soziale Umverteilung
- internales Verständnis: Nachhaltigkeit des Sozialen
- skeptisches Verständnis: Nachhaltigkeit ökonomischer Funktionalität
- weites Verständnis: Gleichsetzung von Sozialem und Gesellschaftlichem

Bei der Frage nach Wegen für die nachhaltige Entwicklung dominieren drei Strategien (Kanning, 2022, S. 41–42; Weissenberger-Eibl & Braun, 2019, S. 250–256; Kropp, 2019, S. 23–25):

- *Effizienz-Strategie* im Sinne einer wirkungsvolleren, wirtschaftlicheren Nutzung von Ressourcen vor allem mit technischen Mitteln mit dem Ziel Kosten zu reduzieren sowie Produktivität und Wettbewerbsfähigkeit zu erhöhen;
- *Suffizienz-Strategie* im Sinne des Maßhaltens und eines veränderten Lebensstils durch Bewusstseinsbildung und -änderung
- *Konsistenz-Strategie* als Weiterentwicklung von Suffizienz- und Effizienzstrategien im Sinne einer Balance zwischen ökonomischen, ökologischen und sozialen Aspekten der Nachhaltigkeit durch alternative Lösungen wie die Kreislaufwirtschaft.

Zuletzt wurde unter dem Begriff *Subsistenz* eine vierte Strategie mit der Regionalwirtschaft als ergänzendem Versorgungssystem ins Spiel gebracht (Kanning, 2022, S. 43). Während Effizienz- und Konsistenz-Strategien dem Konzept der *ökologischen Modernisierung* (Green Growth) zugrunde liegen, basieren *Degrowth-Konzepte* (Postwachstum) auf der Suffizienz-Strategie. Eine repräsentative Online-Befragung im Jahr 2020 hat ergeben, dass „das Grundkonzept des Postwachstums in der deutschen Bevölkerung auf signifikant stärkere Zustimmung trifft als das der ökologischen Modernisierung" (Schreiber, 2020, S. 43).

Eine neue Variante brachte zuletzt Levermann (2023) ins Spiel: Er sucht die Lösung für Wachstumsdynamik in bestehenden physikalischen Grenzen durch das aus der Chaostheorie stammende, mathematische Prinzip der Faltung. Dabei werde quantitatives Wachstum durch wachsende Diversität jenseits von Verzicht abgelöst. Durch das bewusste Setzen von Grenzen sollen kreative Anpassungsprozesse ausgelöst werden.

Bei der Frage nach der Steuerung der nachhaltigen Entwicklung konkurrieren markt- und politikzentrierte Ansätze (Busch et al., 2023, S. 1, 9). Die Steuerung über Märkte verspreche höhere Innovationsgrade und Geschwindigkeit. Politikansätze würden darauf nicht vertrauen und eine stärkere zentrale Steuerung durch rechtliche Rahmenbedingungen fordern. Beide Ansätze seien nicht befriedigend. Finanz- sowie nachhaltigkeitsorientierte Business Cases kämen ebenfalls an ihre Grenzen (S. 2–6). Die Autoren plädieren deswegen für eine Weiterentwicklung des Business Case für Nachhaltigkeit in Verbindung mit Wirkungsorientierung, einer wirtschaftlichen Zurückhaltung und der Kollaboration mit Stakeholdern und Regierungen (S. 7–9).

Aus dieser Diskussion auf gesellschaftlicher Ebene (Makro-Perspektive) hat sich mit dem Konzept der *Corporate Social Responsibility* (CSR) ein organisationsbezogener Ansatz (Meso-Perspektive) entwickelt.

▶   Das vorgestellte Verständnis von Nachhaltigkeit, nachhaltiger Entwicklung und Corporate Social Responsibility wird in Kap. 7 für den Aufbau von Nachhaltigkeitsmanagement und -kommunikation wieder aufgegriffen.

3.2   Corporate Social Responsibility

Aus dem Verständnis von Nachhaltigkeit und nachhaltiger Entwicklung wurden neue Management-Konzepte abgeleitet: Corporate Social Responsibility, Stakeholder- und Nachhaltigkeitsmanagement. Sie sind durch die Betonung unternehmerischer Verantwortung miteinander verbunden.

Die Ergebnisse einer Suche mit *Google Trends* zeigt, dass der Begriff *Nachhaltigkeit* erst in der Mitte der 2010er-Jahre beginnt, sich von *Corporate Social Responsibility* (CSR) abzusetzen und als Leitbegriff durchzusetzen (Abb. 3.3). Der englischsprachige Terminus *Sustainability* gewinnt ab 2019 zunehmend an Bedeutung.

Das spiegelt sich in der Zahl der Interneteinträge zu zentralen Begriffen der Nachhaltigkeit. Auch in der Kombination mit den Elementen *Management* und *Kommunikation* dominiert Nachhaltigkeit gegenüber CSR (Tab. 3.1). Zugleich ist erkennbar, dass *soziale* Aspekte der Nachhaltigkeit wie Diversity und Gleichstellung stärker präsent sind als *ökologische* Kernbegriffe.

Begriffe und Konzepte für die soziale Verantwortung von Unternehmen (Corporate Social Responsibility) gibt es seit den 50er-Jahren des letzten Jahrhunderts. Prägend für die Diskussion in Wissenschaft und Praxis in Europa ist das Verständnis der Europäischen Kommission (2001, 2011). Dennoch gibt es bis heute keine einheitliche und international anerkannte Definition und Spezifikation von CSR (Helmold et al., 2024, S. 22). Sowohl zwischen Amerika und Europa als auch zwischen Unternehmen und Wissenschaft herr-

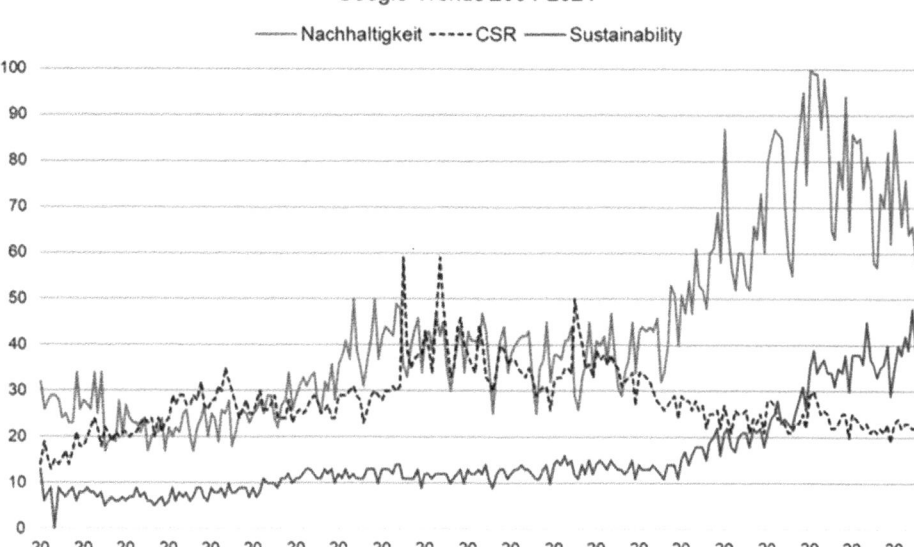

Abb. 3.3 Leitbegriffe der Nachhaltigkeit in Deutschland von 2004 bis 2024. (Suchergebnisse mit Google Trends; Stand 26.07.2024; eigene Darstellung)

Tab. 3.1 Zentrale Begriffe zur Nachhaltigkeit in Deutschland. (Suchergebnisse auf Google Search, Stand 27.07.2024; eigene Darstellung)

Suchbegriff	Interneteinträge in Deutschland (gerundet)
Nachhaltigkeit	342,0 Mio.
Klimaschutz	81,7 Mio.
Diversity	81,2 Mio.
Sustainability	77,1 Mio.
Klimawandel	63,5 Mio.
Gleichstellung	59,3 Mio.
Klimakrise	20,6 Mio.
Corporate Social Responsibility bzw. CSR	17,7 Mio.
Kreislaufwirtschaft	6,8 Mio.
Treibhausgas-Emissionen	2,1 Mio.
Nachhaltigkeitsmanagement	1,0 Mio.
Corporate Responsibility	434.000
Unternehmensverantwortung	415.000
Corporate Citizenship	114.000
Nachhaltigkeitskommunikation	111.000
CSR-Management	19.600
CSR-Kommunikation	10.500

schen unterschiedliche Verständnisweisen vor. Die wichtigsten Positionen werden im Folgenden nachvollzogen.

Carroll hat 1979 ein dreidimensionales Modell der *Corporate Performance* und *Social Responsibility* (S. 499–500) entwickelt. Die drei Dimensionen umfassen

a) eine Basis-Definition von CSR mit den ökonomischen, rechtlichen, ethischen und philanthropischen Aspekten unternehmerischer Leistungen und Verantwortung,
b) die Identifikation der entsprechenden gesellschaftlichen Themen sowie
c) eine Philosophie, einen Modus oder eine Strategie der Reaktion.

Frühes Amerikanisches CSR-Verständnis (Definition)

„The social responsibility of business encompasses the economic, legal, ethical and discretionary expectations that society has of organizations at a given point in time." (Quelle: Carroll, 1979, S. 500) ◄

In der Europäischen Union wurden diese Ideen aufgegriffen. 2001 hat die EU-Kommission ihr Grünbuch *Europäische Rahmenbedingungen für die soziale Verantwortung der Unternehmen* vorgelegt. Sie sieht CSR als Reaktion von Unternehmen auf „gesellschaftlichen, wirtschaftlichen und ökologischen Druck" freiwillig über gesetzliche und vertragliche Verpflichtungen hinauszugehen (S. 3). Damit könne ein Beitrag geleistet werden für das strategische Ziel der EU, eine führende Rolle im internationalen Wettbewerb der Wirtschaftsräume zu einzunehmen.

EU-Kommission versteht CSR als „Prozess, nach dem die Unternehmen ihre Beziehungen zu unterschiedlichen Stakeholdern gestalten" (S. 5). Dies bedeute, „‚mehr‘ [zu] investieren in Humankapital, in die Umwelt und in die Beziehungen zu anderen Stakeholdern (S. 7). Die Gesamtperformance von Unternehmen sollte schließlich daran gemessen werden, in welchem Maße sie zu wirtschaftlichem Wohlstand, Umweltqualität und Sozialkapital beitragen (*Triple Bottom Line*) (S. 30).

2011 hat die Europäische Kommission ihre Vorstellungen und Pläne als *Eine neue EU-Strategie (2011–14) für die soziale Verantwortung der Unternehmen (CSR)* fortgeschrieben. Corporate Social Responsibility (CSR) hat sie neu definiert als „die Verantwortung von Unternehmen für ihre Auswirkungen auf die Gesellschaft." (S. 7). CSR-Aktivitäten sollten stärker durch den Markt belohnt werden (S. 12–13). Außerdem sollte die Offenlegung von sozialen und ökologischen Informationen durch die Unternehmen verbessert werden (S. 14–15). An mehreren Stellen wird ausdrücklich der Bezug zu Stakeholdern hergestellt und deren Einbeziehung gefordert (S. 4, 6–7).

Die wissenschaftliche Literatur hat dieses CSR-Verständnis weitgehend übernommen (exemplarisch: Wördenweber, 2017, S. 18–20). Danach umfasst die betriebliche Verantwortung die drei Dimensionen Ökologie, Soziales und Ökonomie (S. 7, 14; Kreutzer, 2023b, S. 1–6). Im Unterschied zum Verständnis der EU-Kommission kann dabei jeweils eine Dimension prioritär und handlungsleitend sein. In der Wirtschaft ist dies in der Regel der ökonomische Aspekt. Das heißt: Jede Maßnahme zur ökologischen oder sozialen Nachhaltigkeit wird nur durchgeführt, wenn sie zugleich zur Steigerung des Unternehmenswerts beiträgt (Wördenweber, 2017, S. 15).

Ein an die Corporate Social Responsibility angelehntes Konzept ist die *Corporate Governance*. Sie regelt die Beziehungen von Unternehmen zu ihren Stakeholdern. Ziel und Zweck ist die „Gewährleistung einer wert- und erfolgsorientierten Unternehmensführung, die unter Berücksichtigung berechtigter Interessen von Anspruchsgruppen (Stakeholdern) den Unternehmenswert nachhaltig und verantwortungsvoll steigert" (Schwalbach & Schwerk, 2022, S. 237). Damit nähere sie sich den Prinzipien und dem Verständnis der *Corporate Social Responsibility* an (S. 248). Durch das breite Stakeholder-Spektrum ergäben sich neue, komplexe Herausforderungen für die Unternehmenskommunikation, insbesondere für Differenzierung hinsichtlich der Legitimität und Bedeutung für die Wertschöpfung.

Weitere verwandte Corporate-Konzepte sind: *Corporate Responsibility* (Verantwortung von Unternehmen ohne ausdrücklichen sozialen bzw. gesellschaftlichen Bezug), die *Corporate Accountability* (gesetzliche Rechenschaftspflicht von Unternehmen gegenüber gesellschaftlichen Akteur*innen; Woschnack & Hiß, 2024, S. 807), und *Corporate Citizenship* (Unternehmen und Organisationen als bürger- und zivilgesellschaftliche Akteur*innen; Balderjahn, 2021, S. 91–92) (Abb. 3.4).

Zusammenhänge zwischen Corporate Social Responsibility, Corporate Governance und Corporate Citizenship haben Schwalbach und Schwerk (2022) aufgezeigt (Abb. 3.5).

Abb. 3.4 Konzepte gesellschaftlicher Verantwortung von Unternehmen. (Eigene Darstellung; in Anlehnung an Brugger, 2010, S. 37)

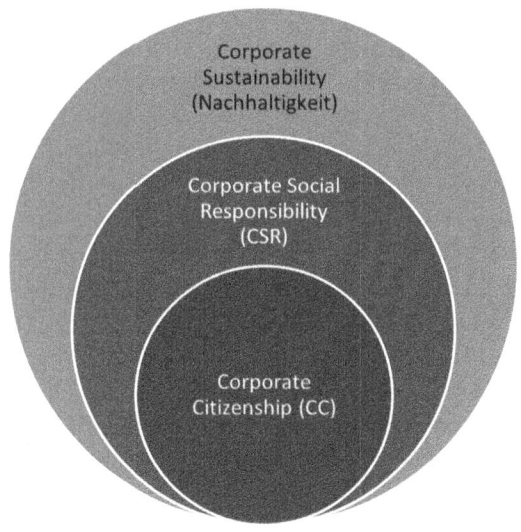

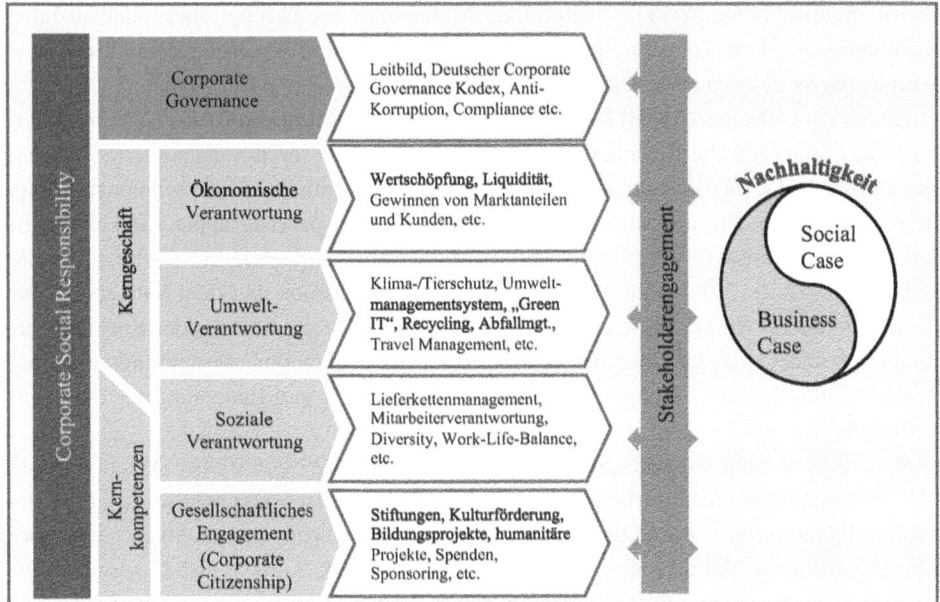

Abb. 3.5 Elemente der Corporate Social Responsibility. (Schwalbach & Schwerk, 2022, S. 242)

3.3   Stakeholdermanagement

Untrennbar verbunden mit dem Konzept der Corporate Social Responsibility sind die Begriffe *Stakeholder* und das *Stakeholdermanagement*. Ihre Bedeutung für die nachhaltige Entwicklung und soziale Verantwortung von Unternehmen wird von der wissenschaftlichen Literatur betont (exemplarisch: Försterling, 2023, S. 54–55; Nölting & Schmidt, 2022, S. 84) (Balderjahn, 2021, S. 39, 43–44). Danach agieren Unternehmen nicht nur als Akteure in der Wirtschaft, sondern stets auch in der Gesellschaft (*Corporate Citizenship*) (Sandhu, 2022, S. 860–861). Beide Seiten beeinflussen sich wechselseitig (Hiß & Nagel, 2017, S. 331). Kritik aus dem gesellschaftlichen Umfeld wirkt auf Unternehmen zurück, insbesondere wenn sie Mehrheiten in der öffentlichen Meinung gewinnt und Kund*innen, Investor*innen oder politische Entscheider*innen zum Handeln zwingt.

Es kommt gar nicht darauf an, ob Unternehmen dem Gemeinwohl normativ verpflichtet *sind* und entsprechende Verantwortung übernehmen *wollen*. Sie müssen es tun, um Risiken zu vermeiden und mögliche Schäden präventiv vom Unternehmen abzuwenden. In Analogie zur *unsichtbaren Hand des Marktes* nach Adam Smith könnte man von einer *unsichtbaren Hand der öffentlichen Meinung* sprechen, die Kommunikation und Handlungen in der Öffentlichkeit koordiniert. In diesem Sinne wäre es fahrlässig von Unternehmensleitungen, sich auf Shareholder und deren Interessen zu fokussieren, anstatt alle Stakeholder mit ihren Ansprüchen zu berücksichtigen.

Stakeholder bzw. Anspruchsgruppen (Definition)

„Any group or individual who can affect or is affected by the achievement of the organization´s objective" (Quelle: Freeman, 1984, S. 46)

„Anspruchsgruppen eines Unternehmens sind Personen, Gruppen, Institutionen oder Organisationen, die Interesse an dem Unternehmen haben, direkt oder indirekt von den Entscheidungen bzw. Aktivitäten des Unternehmens betroffen sind und von deren Unterstützung der Geschäftserfolg der Unternehmung abhängen kann." (Quelle: Balderjahn, 2021, S. 39) ◄

Im engeren Sinne zählen zu diesen Anspruchsgruppen: Kund*innen, Mitarbeitende, Anteilseigner*innen (*Shareholder*) und Geschäftspartner*innen wie Lieferanten und Handel. Sie sind dadurch gekennzeichnet, dass sie in einer Geschäfts- und gleichzeitig in einer Kommunikationsbeziehung zu Unternehmen stehen und dadurch direkten Einfluss auf den Unternehmenserfolg haben. Sie werden als direkte bzw. *primäre Stakeholder* bezeichnet (Nölting & Schmidt, 2022, S. 84; Sandhu, 2022, S. 862).

Ihnen stehen die indirekten bzw. *sekundären Stakeholder* im weiteren Sinne gegenüber, die in keiner Transaktionsbeziehung mit Unternehmen stehen, aber von deren Handlungen und Auswirkungen betroffen sein können, Ansprüche an Unternehmen formulieren oder Einfluss auf ihren Erfolg haben können (Nölting & Schmidt, 2022, S. 84; Sandhu, 2022, S. 862). Letztere können nur indirekt bzw. durch Kommunikation Einfluss auf Unternehmen ausüben. Zu ihnen zählen beispielsweise Interessenvertreter*innen in Verbänden und Nichtregierungsorganisationen (NGO), politische Entscheider*innen, Nachbarn an Produktionsstandorten, Bürgerinitiativen sowie die interessierte Bevölkerung. Da zu den sekundären Stakeholdern auch die potenziellen Kund*innen, Mitarbeiter*innen und Shareholder gehören, überwiegen sie die primären quantitativ bei weitem.

Für die Sicherung des Unternehmens ist die Pflege der bereits bestehenden Beziehungen mit den primären Stakeholdern vorrangig. Für Wachstumsbestrebungen ist dagegen der Aufbau von Beziehungen mit sekundären Stakeholdern durch Kommunikation entscheidend. Sandhu (2022) betont, dass mit dem Stakeholder-Konzept eine Umkehrung der Perspektiven im Zielgruppen-Ansatz verbunden ist: von der *Inside-out-* zur *Outside-in-*Perspektive (S. 860–381, 864).

Bei der Form der Kooperation zwischen Unternehmen und Stakeholdern unterscheiden Lintemeier und Rademacher (2016) ansteigende Formen der Integration von Information über Konsultation zu Partizipation und Partnerschaft (S. 45). Die Ergebnisse ihrer Befragung von rund 100 Unternehmen aus dem DACH-Raum zeigen, dass kommunikative Formen überwiegen, während die direkte Beteiligung bei Planungen und Entscheidungen sowie gemeinsame Umsetzungen tendenziell geringer ist. Am stärksten ist die Integration bei Shareholdern (47 %), Politik und Behörden (30 %) und Lieferanten sowie Marktpartnern sowie Wissenschaft und Experten (jeweils 29 %). Vorrangige Ziele waren die Sicherung der Akzeptanz (65 %) und Prävention von Konflikten (58 %) (S. 50). Die häufigsten Maßnahmen waren Stakeholder-Dialoge (80 %) und Nachhaltigkeitsberichte (50 %)

(S. 51). Gemeinsame Produktentwicklung (36 %) sowie Stakeholder-Beiräte (18 %) wurden deutlich seltener genutzt.

Die Maßnahmen zeigen, dass Stakeholder-Management zu großen Teilen Kommunikationsmanagement ist. Durch kommunikatives Beziehungsmanagement, öffentliche Legitimationskommunikation, strategisches Kommunikationsmanagement und dialogische, prozessuale Kommunikation wird die Kommunikationsfunktion zu einem zentralen Element des Stakeholder-Managements und entwickelt sich zu einem Standard der strategischen Unternehmenskommunikation (Karmasin, 2022, S. 5–14). Ziel ist die wechselseitige Verknüpfung und Abstimmung (*Alignment*) zwischen Organisation und Stakeholdern (Zerfaß & Volk, 2021, S. 474–475).

▶ Wie die unterschiedlichen Stakeholder im Rahmen eines integralen Ansatzes systematisch in die Nachhaltigkeitstransformation von Unternehmen bestimmt, analysiert, priorisiert und eingebunden werden können, wird in Kap. 7 (insbesondere Abschn. 7.6) ausgeführt.

3.4   Nachhaltigkeitsmanagement

Während es sich bei der *Corporate Social Responsibility* um die durch Stakeholder von außen an Unternehmen herangetragene Verantwortung für gesellschaftliche Belange handelt, geht es beim *Nachhaltigkeitsmanagement* um spezifische interne Strukturen und Prozesse in Unternehmen und Organisationen. Auch wenn die Begriffe Nachhaltigkeits- und CSR-Management heute vielfach gleichgesetzt werden, geht der Aspekt der generationenübergreifenden Nachhaltigkeit über CSR hinaus.

> **Nachhaltigkeitsmanagement (Definition)**
>
> „Nachhaltigkeitsmanagement umfasst alle Aktivitäten eines Unternehmens zur Erarbeitung, Gestaltung und Steuerung einer dauerhaft tragfähigen ökomischen Entwicklung im Einklang mit den Anforderungen der Bereiche Ökologie und Soziales, und zwar dergestalt, dass sie die Bedürfnisse der heutigen Generation berücksichtigen, ohne künftige Generationen der Möglichkeit zu berauben, ihre eigenen Wünsche zu erfüllen." (Quelle: Wördenweber, 2017, S. 13) ◀

Das Nachhaltigkeitsmanagement von Unternehmen umfasst die bewusste, systematische, strukturierte und gezielte Analyse, Planung, Umsetzung und Steuerung von Aktivitäten zur kontinuierlichen und langfristig dauerhaften Sicherung der ökonomischen, ökologischen und sozialen Ressourcen von Unternehmen in Wirtschaft und Gesellschaft (Wördenweber, 2017, S. 13; von Ahsen, 2022, S. 215). Dabei können sich ökologische, soziale und ökonomische Ziele gegenseitig unterstützen (komplementäre Ziele) oder behindern (konfliktäre Ziele) (Balderjahn, 2021, S. 94–96). Aufgabe des Nachhaltigkeitsmanagement ist es, sie auszubalancieren.

Verständnisweisen von Nachhaltigkeitsmanagement

Im *weitesten* Sinn: Nachhaltigkeitsmanagement ist die Gestaltung und Steuerung von ökologischen, sozialen und ökonomischen Prozessen in Unternehmen und Organisationen.

Im *weiteren* Sinn: Nachhaltigkeitsmanagement ist der systematische, strukturierte, methodisch und empirisch gestützte Prozess aus Analyse, Planung, Umsetzung und Steuerung der nachhaltigen Entwicklung von Unternehmen und Organisationen.

Im *engeren* Sinn: Nachhaltiges Management ist jedes Management, das selbst nachhaltig agiert, indem es langfristige Auswirkungen und Wirksamkeit seiner Aktivitäten über kurzfristige Erfolge stellt. ◄

Ziel des Nachhaltigkeitsmanagements ist die langfristig erfolgreiche Geschäftsentwicklung mit einem positiven Beitrag zur zukunftsfähigen Entwicklung von Gesellschaft und natürlicher Umwelt. Seine Aufgabe besteht darin, Nachhaltigkeit im Unternehmen zu verankern und systematisch in internen Strukturen und Prozessen umzusetzen. Eisele (2024) betont zusätzlich den Aspekt der kontinuierlichen Verbesserung (S. 21) und trägt damit dem Gedanken der nachhaltigen Entwicklung Rechnung. Einen besten Weg für den Aufbau eines Nachhaltigkeitsmanagements gibt es nicht (Prexl, 2010, S. 108–110). Brugger (2010) betont die Notwendigkeit, die Integration des Umwelt- und Sozialmanagements in das ökonomische Management durch die Nachhaltigkeitskommunikation zu unterstützen (S. 41).

3.4.1 Excellence-Modell für Nachhaltigkeitsmanagement

Einen Bezugsrahmen für das Nachhaltigkeitsmanagement bietet das *Excellence-Modell* von Bodenstein und Herget (2024). Sie verstehen ihren Ansatz als Rahmenwerk, das „bewährte Praktiken und Methoden zur Organisationsentwicklung und Leistungssteigerung" integriert (S. 24). Es biete einen schnellen, leicht verständlichen, ganzheitlichen Überblick über das Vorhaben, fördere eine Kultur der kontinuierlichen Verbesserung und biete einen Rahmen für die Führungskräfte- und Mitarbeitenden-Entwicklung (S. 24–25). Das Excellence-Modell steckt Handlungsfelder für das Nachhaltigkeitsmanagement mit folgenden Gestaltungselementen ab: Führung und Vision, Potenziale der Nachhaltigkeit, Unternehmenskultur, Change-Management, Kollaboration und Kompetenzentwicklung (S. 27).

Bei der Konkretisierung von Entscheidungen und Planungen wird deutlich, welche zentrale Rolle die Kommunikation spielt. Dabei werden vor allem die Aktivierung von Mitarbeitenden, die Entwicklung der Unternehmenskultur sowie der Austausch, Schulungen, Feedback und Anerkennung genannt (Bodenstein & Herget, 2024, S. 144–150). Damit wird deutlich, dass Kommunikation von Anfang an ein wesentlicher Faktor für die Nachhaltigkeitstransformation von Unternehmen ist. Kritisch anzumerken ist, dass unklar bleibt, wie genau diese Anforderungen umgesetzt werden können.

Kommunikative Entscheidungen im exzellenten Nachhaltigkeitsmanagement
Ausgewählte kommunikative Aspekte bei der Konkretisierung von Entscheidungen und Planungen der Gestaltungselemente im Excellence-Modell nach Bodenstein und Herget (2024, S. 144–150):

Längerfristige, strategische Entscheidungen
- Mobilisierung von Mitarbeitern und Stakeholdern für die gemeinsame Vision
- Etablierung einer Kultur der kontinuierlichen Weiterentwicklung und des lebenslangen Lernens
- Kommunikation der Veränderungen und ihrer Auswirkungen auf das Unternehmen und die Mitarbeiter

Mittelfristige taktische Entscheidungen
- Entwicklung einer klaren Kommunikationsstrategie zur Information der Mitarbeiter über die Bedeutung einer nachhaltigkeitsfördernden Kultur
- Umsetzung eines umfassenden Change-Management-Plans
- Organisation von Workshops und Veranstaltungen für den Austausch von Wissen und Ideen zwischen den Teams
- Etablierung von Community-Plattformen und Foren für den Austausch von Best Practices und Erfahrungen

Kurzfristige, operative Entscheidungen
- Implementierung der Maßnahmen für eine nachhaltigkeitsfördernde Kultur
- Etablierung eines Feedbacksystems, um die Wirksamkeit der kulturellen Veränderungen zu überprüfen
- Sensibilisierung und Schulung der Mitarbeiter für die neue Unternehmenskultur
- Schulung und Unterstützung der Mitarbeiter bei der Implementierung neuer Konzepte, Verfahren und Maßnahmen zur Nachhaltigkeit
- Implementierung des Kommunikationsplans, um die Mitarbeiter über die Veränderungen zu informieren und zu engagieren
- Bereitstellung von Schulungen und Ressourcen, um die Mitarbeiter auf die Veränderungen vorzubereiten und zu unterstützen
- Anerkennung und Würdigung der Bemühungen der Mitarbeiter während der Veränderung
- Schulung der Mitarbeiter im Umgang mit den Kollaborationstools und Förderung ihrer Nutzung im Arbeitsalltag
- Schaffung von Feedbackmechanismen und regelmäßigen Austauschmöglichkeiten zwischen den Teams, um die Kommunikation zu verbessern
- Anerkennung und Belohnung von kooperativem Verhalten und erfolgreicher Teamarbeit, Organisation von internen Schulungen, Workshops und Webinaren, um das Wissen im Unternehmen zu teilen und voneinander zu lernen

- Schaffung von Möglichkeiten für Wissensaustausch und Peer-to-Peer-Lernen
- Bereitstellung von Coaching und Mentoring, um die Kompetenzentwicklung zu fördern und die Mitarbeiter zu unterstützen

Bodenstein und Herget (2024) betonen, dass Projekte zur Implementierung von Nachhaltigkeit in den kommunikativen Austausch mit internen und externen Stakeholdern („Beziehungsfokus") eingebettet sind (S. 29–30). Dies gelte insbesondere für Führungskräfte und Mitarbeitende, andere Abteilungen in der Organisation, Kunde*innen und Lieferant*innen sowie Zertifizierungsstellen, Technologieanbieter und Berater*innen.

Wichtige Voraussetzungen für eine erfolgreiche Implementierung seien ein „starkes Engagement der Führungsebene und eine kontinuierliche Unterstützung auf allen Ebenen des Unternehmens. Ebenso gilt es, die Veränderungsbereitschaft der Mitarbeiter zu fördern und Widerstände gegenüber neuen Praktiken zu überwinden" (Bodenstein & Herget, 2024, S. 25).

Als Erfolgsfaktoren nennen die Autoren das Engagement der Führungskräfte, die Beteiligung der Mitarbeitenden, die Fähigkeiten und Kompetenzen im Bereich Nachhaltigkeit, eine Kultur des Lernens und der Innovation sowie die Erfolgsmessung (Bodenstein & Herget, 2024, S. 30–31). Um die Effektivität und Effizienz der eingesetzten Ressourcen sicherzustellen und Optimierungspotenziale zu identifizieren, seien prozessbegleitende (formative) und abschließende (summative) Evaluationen mit quantitativen und qualitativen Messungen notwendig.

3.4.2   Reifegrad-Modelle für Nachhaltigkeitsmanagement

Für die Umsetzung und Steuerung der Strategien und Maßnahmen schlagen Bodenstein und Herget (2024) ein *Reifegradmodell* vor (S. 31–35). Die Entwicklung des Nachhaltigkeitsmanagements beschreiben sie in sechs Stufen vom Anfang des Lern- und Entwicklungsprozesses bis zur Phase der Exzellenz (Abb. 3.6).

Allerdings entsprechen die sechs Stufen nicht notwendigerweise auch einer zeitlichen Abfolge. So sollte eine gemeinsame Vision nicht erst in der vorletzten Phase entwickelt werden. Die Stufen 3 und 4 mit Vorgaben, Richtlinien, Prozessbeschreibungen sowie der Definition von Vorgaben, Zielen, Geschäftsprozessen, Zuständigkeiten, Ausnahmeregelungen und Benchmarks sollten idealerweise in einer Phase zusammengefasst werden. Die Bestimmung des Reifegrads erfolgt schließlich durch regelmäßige, standardisierte Selbstevaluation auf der Basis von Checklisten bzw. fallweise individuelle Fremdevaluation durch Workshops (Bodenstein & Herget, 2024, S. 35–36).

Wie weit das der Praxis vorausgreift, lässt sich am Reifegradmodell von Horváth (2023) erkennen. Es unterscheidet mit Blick auf den erreichten Reifegrad lediglich zwischen Zielformulierung, Roadmapping und Realisierung (S. 15). Ebenfalls nach Selbsteinschät-

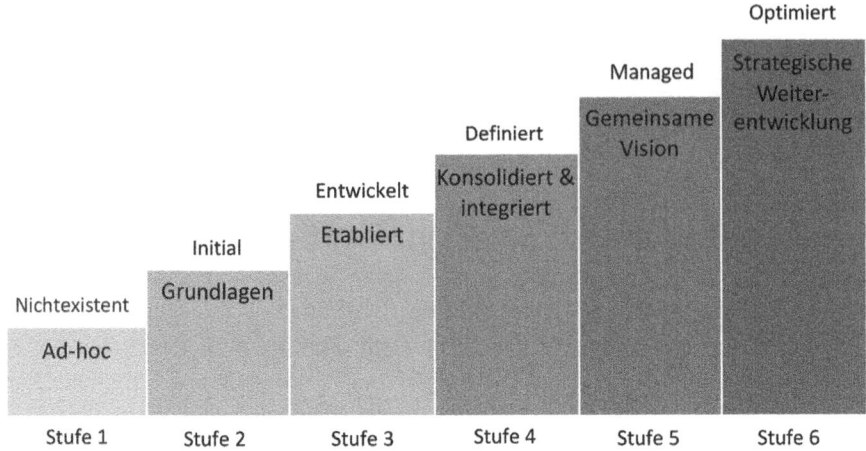

Abb. 3.6 Konzept des Reifegradmodells für das Nachhaltigkeitsmanagement. (Bodenstein & Herget, 2024, S. 34)

zung, aber deutlich differenzierter und konkreter unterscheidet der Internationale Controller Verein (ICV) den Reifegrad anhand von zehn zentralen Themen der Nachhaltigkeit (Kämmler-Burrak et al., 2022, S. 24–26). Fortgeschritten sind die Unternehmen allenfalls bei der Berechnung der CO_2-Emissionen bei Scope 1 und 2, beim Lieferketten-Sorgfaltspflichten-Gesetz und bei der Umsetzung der Corporate Sustainability Reporting Directive (CSRD). Nachholbedarf besteht dagegen bei der Integration von Nachhaltigkeit in Daten- und Systemlandschaften, bei der Anpassung von Reporting- und Steuerungsstrukturen/-prozessen sowie der ganzheitlichen Berücksichtigung von finanziellen und nicht-finanziellen Risiken im Risikomanagement.

Den elaboriertesten Ansatz bietet die Bertelsmann-Stiftung (Lüdeke-Freund et al., 2024). Sie macht den Reifegrad von der Transformation des Geschäftsmodells abhängig und unterscheidet vier Reifegrad-Stufen (S. 22–24).

Stufen des Reifegrads für die Integration von Nachhaltigkeit bei der Veränderung von Geschäftsmodellen
- **Stufe 1: Basisunternehmen** ohne oder mit geringer Nachhaltigkeitsausrichtung bei der Veränderung ihrer Geschäftsmodelle.
- **Stufe 2: Adaptoren** mit Bereitschaft und Fähigkeit zur Orientierung an Nachhaltigkeit bei der Veränderung ihrer Geschäftsmodelle.
- **Stufe 3: Innovatoren** mit deutlich ausgeprägter Bereitschaft und Fähigkeit zur Orientierung an Nachhaltigkeit bei der Veränderung ihrer Geschäftsmodelle.
- **Stufe 4: Transformatoren** als Vorreiter bei der Verknüpfung von Geschäftsmodellveränderung mit der Orientierung an Nachhaltigkeit.

(Quelle: Lüdeke-Freund et al., 2024, S. 22–24)

Bei aller Heterogenität der Reifegradmodelle fällt auf, dass die Nachhaltigkeitskommunikation allenfalls in ihrer Reporting-Funktion berücksichtigt wird. Für die Entwicklung und den gemeinsamen Aufbau von Nachhaltigkeitsmanagement und -kommunikation ist daher deren Integration aufzunehmen (Abschn. 7.4).

3.4.3 Nachhaltigkeitsstrategie

In der unternehmerischen Nachhaltigkeitsstrategie werden in erster Linie Sinnangebote und Orientierungsrahmen gesehen, die Wertvorstellungen und Erfolgsmaßstäbe bündeln (Nölting & Schmidt, 2022, S. 79–81). Inhaltlich beschreibe die Strategie die Vision und Ziele sowie den angestrebten Beitrag zur Nachhaltigkeitstransformation im Sinne einer ökologischen, sozialen und ökonomischen Zukunftsfähigkeit auf der Basis unternehmerischer Wertschöpfung. Dafür seien die spezifischen Nachhaltigkeitsprobleme, das Nachhaltigkeitsverständnis, die Integration in das Geschäftsmodell sowie die erforderlichen Ressourcen zu klären.

Nölting und Schmidt (2022) unterscheiden drei Varianten des Nachhaltigkeitsmodells, die auch als Reifegradmodelle gelesen werden können (S. 81–82):

- Das *Drei-Säulen-Modell* mit Einzelmaßnahmen in den drei Dimensionen der Nachhaltigkeit
- Das *integrative Nachhaltigkeitsmodell,* das alle drei Dimensionen gemeinsam betrachtet und Mindeststandards vorgibt
- Das *systemische Nachhaltigkeitsmodell*, bei dem Unternehmen ihre Geschäftsmodelle an der Lösung gesellschaftlicher Probleme und ihre Wertschöpfung am Gemeinwohl ausrichten

Wördenweber (2017) unterscheidet in Abhängigkeit von Nachhaltigkeitskompetenz und Bedeutung für die Branche zwischen vier Normstrategien für Kompetenzaufbau, Sicherung von Kompetenzvorteilen, proaktives Verhalten und Compliance-Orientierung (S. 59; Abb. 3.7).

Wesentliche Bezugspunkte der Nachhaltigkeitsstrategie sind die Unternehmensumwelt (Märkte, politisches System, natürliche Umwelt), die verschiedenen Stakeholder-Gruppen sowie die gesellschaftlichen Diskurse (Nölting & Schmidt, 2022, S. 83–85). Von der Anschlussfähigkeit an Themen, Positionen und Formate hänge schließlich die gesellschaftliche Legitimation (*Licence to operate*) ab. Entsprechend zentral sei der Umgang mit Dilemmata, Ambivalenzen, Blockaden und Widersprüchen. Voraussetzung sei die Erzielung von betriebswirtschaftlichem Mehrwert, zum Beispiel durch die Reduktion von Kosten und Risiken, eine verbesserte Wettbewerbs- und Innovationsfähigkeit, gesteigerte Reputation und Legitimität sowie neue Geschäftsmodelle und Produktserviceangebote. Schließlich müsse die Nachhaltigkeitsstrategie auf verschiedenen Managementebenen verankert werden (Nölting & Schmidt, 2022, S. 87):

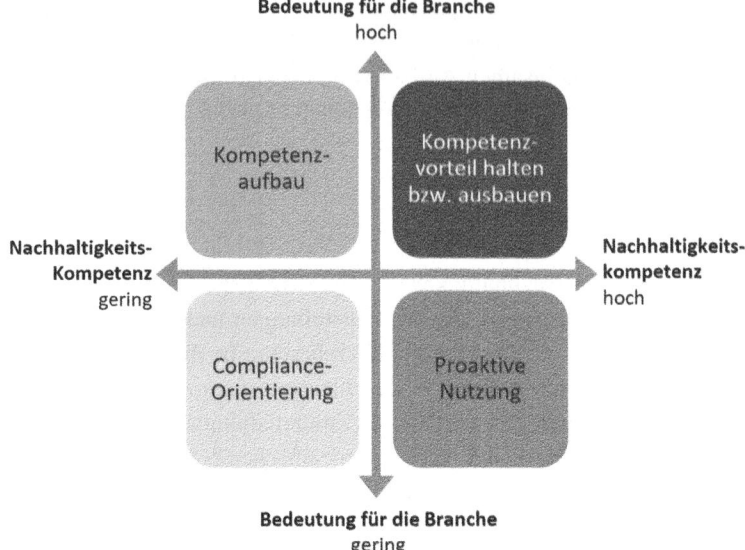

Abb. 3.7 Normstrategien für Nachhaltigkeit. (Wördenweber, 2017, S. 59)

- *Normative* Ebene: Weiterentwicklung der Unternehmenskultur
- *Strategische* Ebene: Festlegung der Ressourcen und Fähigkeiten
- *Operative* Ebene: Ausrichtung der Prozesse an Nachhaltigkeitserfordernissen

Das *normative* Nachhaltigkeitsmanagement gibt im Anschluss an das St. Galler Management-Modell den Rahmen für das *strategische* Nachhaltigkeitsmanagement vor (Balderjahn, 2021, S. 83, 85). Damit wird der Transformationsprozess durch die grundsätzliche, normative Entscheidung für die nachhaltige Entwicklung eines Unternehmens ausgelöst.

Designprinzipien für nachhaltig-transformative Geschäftsmodelle
- Bewusste Entscheidung für eine ökologische und soziale Nachhaltigkeitsentwicklung.
- Alle Stakeholder berücksichtigen und integrieren.
- Wertschöpfung nicht nur auf das eigene Unternehmen und auf finanzielle Aspekte reduzieren.
- Das eigene Unternehmen als Teil von gesellschaftlichen und wirtschaftlichen Entwicklungen verstehen.

(Quelle: Lüdeke-Freund et al., 2024, S. 22)

3.4.4 Phasen der Entwicklung und Einführung von Nachhaltigkeitsmanagement

Modelle der Einführung bzw. Umsetzung des Nachhaltigkeitsmanagements orientieren sich an den grundsätzlichen Schritten des Managementmodells aus Analyse, Strategie/Planung, Umsetzung und Messung/Steuerung.

Das *Excellence-Modell* von Bodenstein und Herget (2024) sieht bei der Entwicklung, Einführung und Umsetzung von Nachhaltigkeitsmanagement drei Phasen vor: Projektvorbereitung (Design-Phase), Einführung (Implement-Phase) und laufender Betrieb (Run-Phase) (S. 28–29).

Nölting und Schmidt (2022) berücksichtigen zusätzlich den Anlass und die Evaluation des Nachhaltigkeitsmanagements als eigene Phasen (S. 87). Außerdem differenzieren sie zwischen analytischen und konzeptionellen Schritten. Sie unterscheiden fünf, sich teilweise überschneidende Phasen: Anlass, Anforderungen, Strategieinhalt, Umsetzung, Evaluation (Abb. 3.8). Dabei vermischt dieses Modell Aufgaben in den klassischerweise getrennten Phasen der Planung, Umsetzung und Steuerung.

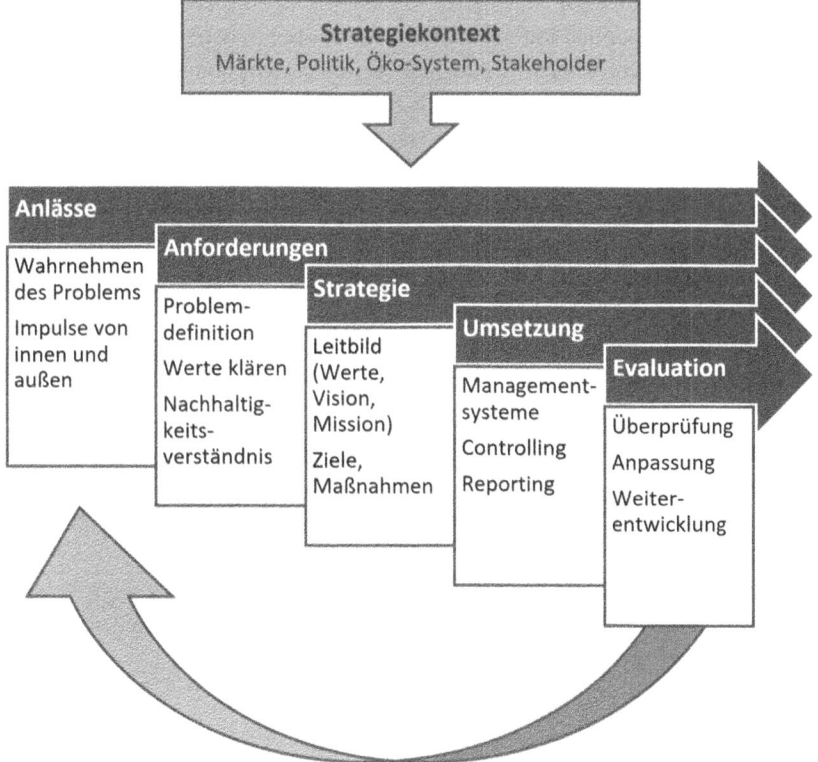

Abb. 3.8 Phasen der nachhaltigen Entwicklung von Unternehmen. (Eigene Darstellung; in Anlehnung an Nölting & Schmidt, 2022, S. 89)

Eisele (2024) definiert sechs Phasen entlang der Aufgaben des Nachhaltigkeits-management: Initiierung, Analyse, Zielbildung, Planung, Umsetzung, Controlling (S. 51–53). Auf dieser Basis könnten Zuständigkeiten, Teilnehmer*innen, angestrebte Ergebnisse, Ressourcen, Dauer und Termine zugeordnet und in Projektplänen festgeschrieben werden. Eisele betont, dass es sich dabei um kein einmaliges Projekt, sondern einen dauerhaften Zyklus im Sinne eines kontinuierlichen Verbesserungsprozesses handelt.

Startpunkt und entscheidender Erfolgsfaktor für die Initiierung, Aufbau und Implementierung einer nachhaltigen Entwicklung in Unternehmen sind nach Weissenberger-Eibl und Braun (2019) die Motivationen, Einstellungen und Handlungen der Unternehmensleitungen (S. 256–257). Intrinsische Motivationen, Visionen und ethisches Handeln von Gründer*innen, Vorständ*innen bzw. Geschäftsführer*innen können anstecken, zum Mitmachen anregen, Bedenken und Vorbehalte entkräften. Doch die Autoren betonen, dass es sich dabei um Ausnahmen handelt, wichtiger sei, von der Differenzierung und Profilierung zum Standardhandeln zu kommen (S. 257). Sie sehen betriebswirtschaftliche Ziele wie Existenzsicherung, Agilität, Anpassungsfähigkeit und Resilienz im Vordergrund (S. 258–259). Wachstum als Indikator für Fitness und Wandlungsfähigkeit halten sie nur für bedingt geeignet.

Die Vielfalt der unterschiedlichen Phasen-Modelle zeigt, wie wenig standardisiert die Nachhaltigkeitstransformation in Unternehmen ist. Die Relevanz der Kommunikation wird in den meisten Modellen nur am Rande erwähnt. Implizit erscheint sie beim Formulieren und Vermitteln von Zielen, Strategien, Visionen, Missionen und Reports (Eisele, 2024, S. 52, 72; Nölting & Schmidt, 2022, S. 89, 93) oder bei der Vermittlung in Beziehungen zu Stakeholdern (Bodenstein & Herget, 2024, S. 29–30).

Eine Ausnahme bildet Kreutzer (2023a, S. 63–64). Sein Modell aus fünf Phasen sieht neben Bestandsaufnahme/Analyse, Strategieentwicklung, Alignment von Prozessen und Leistungen sowie Evaluation/Optimierung ausdrücklich auch die Veränderung des Mindsets und der Gewohnheiten des Unternehmens und seiner Leistungsträger vor. Er hebt die Bedeutung von Kommunikationskonzepten für die Unternehmensstrategie ausdrücklich hervor und fordert die Berücksichtigung der folgenden Erfolgsfaktoren für die Umsetzung des gesamten Prozesses:

- Unterstützung durch die Unternehmensleitung und weitere Führungskräfte des Unternehmens
- Ausreichende finanzielle und personelle Ressourcen, aber auch Verantwortung und Gestaltungsspielräume
- Koordination und Integration der aller Maßnahmen in den Unternehmensbereichen
- Umfassende Kommunikation und Transparenz, um Vertrauen bei Stakeholdern und in der Öffentlichkeit aufzubauen

3.4.5 Integrierte Managementsysteme

Für das Nachhaltigkeitsmanagement werden in vielen Unternehmen standardisierte Managementsysteme eingesetzt. Sie dienen der systematischen Koordination von Maßnahmen mit Hilfe von Kontroll- und Steuerungsinstrumenten, um definierte Ziele zu erreichen. Unternehmen definieren interne Strukturen und Prozesse mit Hilfe von Handbüchern, Zielvorgaben, Verfahrens- und Arbeitsanweisungen auf der Basis von Audits (von Ahsen, 2022, S. 216–217–219):

- *Qualitätsmanagement-Systeme* nach DIN EN ISO 9001: zielen darauf ab, dass Unternehmen dauerhaft Kundenanforderungen und gesetzliche sowie behördliche Anforderungen erfüllen können.
- *Umweltmanagement-Systeme* nach DIN EN ISO 14001: sollen eine kontinuierliche Verbesserung der betrieblichen Umweltleistung ermöglichen.
- *Integrierte Nachhaltigkeitsmanagement-Systeme*: verknüpfen die Anforderungen mit weiteren Managementsystemen wie Energiemanagement (DIN EN ISO 50001) sowie Arbeitssicherheit und Gesundheitsschutz (DIN ISO 45001) (S. 219–220).
- *Systemunabhängige Integrationsansätze*: berücksichtigen Anforderungen aller Stakeholder (S. 224)

Die Vorteile solcher Managementsysteme sind bessere Koordination, Handlungssicherheit, reduzierter Dokumentationsaufwand, Kostensenkung und Einsparungen durch integrierte externe Audits (von Ahsen, 2022, S. 225–226). Dem stehen Nachteile wie hohe Komplexität, Kosten und erhöhte Bürokratie sowie das Fehlen einer ISO-Norm für integrierte Managementsysteme gegenüber.

In einer Gesamtschau stellen Bodenstein und Herget (2024) wichtige Erfolgsfaktoren und Stolpersteine für die Entwicklung, Einführung und Umsetzung des Nachhaltigkeitsmanagements gegenüber (Tab. 3.2).

Tab. 3.2 Erfolgsfaktoren und Stolpersteine des Nachhaltigkeitsmanagements. (Quelle: Bodenstein & Herget, 2024, S. 197–203)

Erfolgsfaktoren	Stolpersteine
Individuelles Konzept	Modewelle nachahmen
Klare Vision und strategische Ausrichtung	Green- bzw. Socialwashing betreiben
Positive Effekte auf die Wirtschaftlichkeit	Keine klare Vision und strategische Ausrichtung
Starke Führung und Vorbildfunktion des Top-Managements sowie Unterstützung durch das Management	Unzureichende Einbindung der Stakeholder
Kompetentes und erfahrenes Projektmanagement-Team und formalisierte Governance	Mangelnde Ressourcen und Budgetierung
Kompetenzaufbau und Qualifizierung	Unterschätzung der Komplexität
Change-Management und Kulturwandel	Keine Change-Management-Strategie und Einbettung in den Kulturwandel
Sinnorientierung im Unternehmen stärken	Fehlende Qualifikation und Schulung der Mitarbeiter
	Fehlende Flexibilität und Anpassungsfähigkeit

Obwohl die Autoren die Bedeutung der Kommunikation in ihrem Excellence-Modell immer wieder betonen, wird sie in dieser abschließenden Zusammenstellung nicht ausdrücklich erwähnt. Lediglich das Vermeiden von Green- oder Socialwashing wird aufgeführt. Das gilt für die gesamte Literatur zum CSR-, Stakeholder- und Nachhaltigkeitsmanagement: Die Bedeutung der Kommunikation wird immer wieder betont. Ihre Rolle wird allerdings kaum systematisch und differenziert ausgearbeitet. Diesen Beitrag leistet vor allem die medien- und kommunikationswissenschaftliche Literatur.

▶   Wie das Nachhaltigkeitsmanagement im Rahmen eines integralen Ansatzes systematisch mit der Nachhaltigkeitskommunikation verbunden und aufgebaut werden kann, wird in Kap. 7 (insbesondere Abschn. 7.4) ausgeführt.

3.5   Begriff der Nachhaltigkeitskommunikation

Der Begriff der *Nachhaltigkeitskommunikation* taucht im deutschsprachigen Raum mit Beginn der 2000er-Jahre vermehrt auf (Brugger, 2010, S. 4). Eine systematischere Auseinandersetzung beginnt um das Jahr 2010. Vielfach handelt es sich dabei um eine Fortsetzung der Ansätze und Konzepte zur *CSR-Kommunikation*. Eine Zeit lang werden beide Begriffe parallel verwendet, bevor sich Ende der 2010er-Jahre zunehmend der Begriff Nachhaltigkeitskommunikation durchsetzt (Abb. 3.3). Das trägt dem Umstand Rechnung, dass das Nachhaltigkeitsmanagement in Konkretisierung und Umsetzungsorientierung deutlich über CSR hinausgeht, die überwiegend Leitbild-Charakter hat. Aufgrund des engen inhaltlichen Zusammenhangs werden beide Begriffe im weiteren Verlauf synonym verwendet.

Schmidpeter (2015) bezeichnet die Kommunikation in seinem Ausblick *CSR als betriebswirtschaftlicher Ansatz – quo vadis?* als wesentlichen Treiber und „zentral für die Entwicklung eines betriebswirtschaftlichen CSR-Ansatzes" (S. 1234). Ihre Funktion gehe über eine Einbahnstraße hinaus (S. 1235). Die Kommunikationsabteilung übernehme bei der Entwicklung von CSR-Unternehmensstrategien im gesamten CSR-Prozess die Rolle der Koordination der Kommunikation mit internen und externen Stakeholdern sowie die kontinuierliche Kommunikation mit allen Beteiligten und Betroffenen.

Prexl (2010, S. 148) definiert unternehmerische Nachhaltigkeitskommunikation als alle kommunikativen Handlungen von gewinnorientierten Unternehmen (…)

„(1) die sich inhaltlich auf das nachhaltigkeitsrelevante Handeln des Unternehmens bzw. bestimmter Zielgruppen beziehen und

(2) mit denen ein Beitrag zur strategischen Aufgabendefinition und Aufgabenerfüllung des Nachhaltigkeitsmanagements und/oder zur Erfüllung der Umsatz-, Absatz- oder Imageziele geleistet wird.

(3) Zusätzlich hat Nachhaltigkeitskommunikation von Unternehmen das Potenzial, einen Beitrag zur wirtschaftlichen und gesellschaftlichen Sensibilisierung für nachhaltige Entwicklung zu leisten und zu einer nachhaltigeren Entwicklung in Unternehmen und Gesellschaft beizutragen."

Prexl (2010) unterscheidet ein *engeres* und ein *weiteres* Verständnis von Nachhaltigkeits-
kommunikation. Dabei stellt er die unternehmerische Nachhaltigkeitskommunikation
(S. 146–150) dem gesellschaftlichen Diskurs über Nachhaltigkeit gegenüber (S. 136–139).
Die unternehmerischen Motive sieht er in der Nachhaltigkeitskommunikation als
(S. 153–157):

a) Strategie zur Imageverbesserung und Vertrauensbildung,
b) Wegbereiter einer „Unternehmenskultur der Nachhaltigkeit" und
c) „Katalysator" für nachhaltigkeitsorientierte Innovationen in Unternehmen.

Nachhaltigkeitskommunikation im *engeren* Sinn integriert Nachhaltigkeitsthemen in die
Unternehmenskommunikation. Auf gesellschaftlicher Ebene ermöglicht sie die Sensibili-
sierung, wirtschaftliche und gesellschaftliche Bewusstseinsbildung für eine nachhaltige
Entwicklung (Prexl, 2010, S.21–22).

   Eine differenzierte Definition *unternehmerischer Nachhaltigkeitskommunikation* hat
Brugger (2010) vorgeschlagen und dabei die drei Dimensionen der Nachhaltigkeit sowie
die Handlungsfelder und die Leistungen der Unternehmenskommunikation berücksichtigt
(S. 3–4, 231).

> **Nachhaltigkeitskommunikation (Definition)**
>
> „Unternehmerische Nachhaltigkeitskommunikation umfasst alle kommunikativen Hand-
> lungen über soziales und ökologisches Engagement sowie über die Zusammenhänge öko-
> logischer, sozialer und ökonomischer Perspektiven in den drei Teilbereichen Markt-
> kommunikation, Organisationskommunikation und Öffentlichkeitsarbeit, mit denen ein
> Beitrag zur Aufgabendefinition und -erfüllung in gewinnorientierten Wirtschaftseinheiten
> geleistet wird." (Quelle: Brugger, 2010, S. 3–4, 231) ◄

Auch wenn es sich bei der Definition von Brugger (2010) um eine differenzierte und in der
bisherigen Forschung gut verankerte Definition handelt, so ist über die Integration in die
Unternehmenskommunikation hinaus nicht klar, wie eine operative Vernetzung mit den direkt wertschöpfenden Unternehmensfunktionen (z. B. Logistik, Produktion, Marketing)
sowie den indirekt unterstützenden Querschnittsfunktionen (z. B. Forschung, Personal, IT,
Finanzen und Controlling) verwirklicht werden kann. Dafür muss die Aufgabendefinition
und -erfüllung um den Beitrag der Kommunikationsfunktion zu diesem Schnittstellen-
management ergänzt werden.

   Über das organisations- und gesellschaftsbezogene Verständnis von Nachhaltigkeitskommunikation hinaus hat sich zuletzt eine Diskussion über die Unterscheidung zwischen
Nachhaltigkeitskommunikation und *nachhaltiger Kommunikation* entspannt. In der Literatur wurden beide Begriffe lange Zeit synonym behandelt (Bittner-Fesseler & Weicht,
2020, S. 95).

   Bittner-Fesseler & Weicht haben vorgeschlagen, beide Begriffe voneinander abzu-
grenzen: Nachhaltigkeitskommunikation im Sinne von *Kommunikation über Nachhaltig-*

keit und nachhaltige Kommunikation als *Kommunikation, die selbst nachhaltig ist* (S. 95). Dieses Verständnis berücksichtigt die eingesetzten Ressourcen als auch deren Verbrauch und Emissionen für alle Kommunikationsprozesse (S. 98). Um beide Perspektiven miteinander zu verbinden, schlagen die Autoren ein *Konzept der nachhaltigkeitsintegrierten Kommunikation* vor und nutzen das Konzept der integrierten Kommunikation, um Nachhaltigkeit auf die gesamte Unternehmenskommunikation anzuwenden.

Zu Beginn des Jahres 2025 sind zwei Herausgeberbände zur Nachhaltigkeitskommunikation erschienen (Dürig & Haug, 2024; Heinrich, 2024a). Die Autoren beider Bände beleuchten und diskutieren das Thema Nachhaltigkeitskommunikation aus vielfältigen Perspektiven. Eine Sichtung der zentralen Inhalte und Positionen zeigt: Gefordert werden Nachhaltigkeit als integrales Element von Unternehmensstrategien, starke Führungskräfte-Commitments (Dürig, 2024, S. 33) sowie eine Transformation der Unternehmenskommunikation (Haug, 2024, S. 49–50). Dennoch wird Nachhaltigkeitskommunikation in den meisten Kapiteln der verschiedenen Autoren in erster Linie als vermittelnder Ansatz verstanden. Im Fall der CSR-Kommunikation (Heinrich, 2024a) wird zu wenig klar zwischen CSR-Management (verantwortliches Unternehmenshandeln) und eigentlicher Kommunikation (Kommunikation über Unternehmensverantwortung) differenziert.

Ein umfassenderes, nicht normatives Verständnis der konstitutiven Funktion von Kommunikation im Sinne der CCO-Theorie (*Communication constitutes Organization*) wird in beiden Bänden nicht verfolgt. Eine integrierende, integrale Verknüpfung der unterschiedlichen Dimensionen und Aspekte fehlt naturgemäß. Das gilt vor allem für eine systematische Verzahnung der Nachhaltigkeitskommunikation mit Unternehmensführung und Nachhaltigkeitsmanagement.

3.6   Funktionen, Ziele und Aufgaben der Nachhaltigkeitskommunikation

Die Unterscheidung zwischen Funktionen, Zielen und Aufgaben ist wesentlich für das Verständnis der Nachhaltigkeitskommunikation. Ziele und Aufgaben sind von Unternehmen intern definierte Vorgaben für die Nachhaltigkeitskommunikation. *Ziele* legen fest, welche Ergebnisse erreicht werden sollen. *Aufgaben* definieren, was zu tun ist, um die angestrebten Ergebnisse zu erreichen. *Funktionen* sind dagegen unabhängig von normativen Vorgaben. Sie beschreiben aus einer externen Beobachter-Perspektive, welche Beiträge und Folgen für die Existenz von Unternehmen (Mikro-Ebene), Wirtschaft (Meso-Ebene) und Gesellschaft (Makro-Ebene) der Nachhaltigkeitskommunikation zuzuschreiben sind.

3.6.1   Funktionen der Nachhaltigkeitskommunikation

Prexl (2010) verortet die Bezugspunkte der Nachhaltigkeitskommunikation auf Mikro-Ebene der Organisation (z. B. interne Kommunikation, Führungskommunikation, Unternehmenskultur), der Meso-Ebene der Stakeholder-Beziehungen (z. B. Konsumenten, Investoren, Verbände) und der Makro-Ebene der Gesellschaft (z. B. Staat, NGOs, Medien) (S. 168–180).

Leistungen für Unternehmen werden aus den Gründen, Chancen und Vorteilen der Nachhaltigkeitskommunikation abgeleitet. Brugger (2010) betont vor allem die Bezüge zu Stakeholdern wie Kund*innen und Mitarbeitenden (S. 26–28). Jarolimek (2014) hat stärker kommunikative Aspekte wie Glaubwürdigkeit, Vertrauen und Reputation im Blick (S. 1274).

Leistungen der Nachhaltigkeitskommunikation (Wertbeiträge)

Leistungen mit Stakeholder-Bezug (Brugger, 2010, S. 26–28):

- Akquirieren und Binden von Kund*innen
- Gewinnen und Sichern von Marktanteilen
- Steigern und Sichern der Mitarbeitendenzufriedenheit, -motivation und -bindung
- Stärken der Attraktivität als Arbeitgeber

Leistungen mit Unternehmensbezug (Jarolimek, 2014, S. 1274):

- Begleiten und Unterstützen der nachhaltigen Entwicklung
- Aufbauen und Sichern von Wettbewerbsvorteilen
- Stärken und Sichern der Unternehmensreputation
- Steigern und Sichern von Glaubwürdigkeit und Vertrauen
- Reduktion von Risikopotenzialen

Die gesellschaftliche Bedeutung der Nachhaltigkeitskommunikation betonen Bittner-Fesseler und Weicht (2020) und heben dabei die Anerkennung und Legitimität der unternehmerischen Existenz hervor (S. 94). Auch Brugger (2010) betont die Funktion der Nachhaltigkeitskommunikation, gesellschaftliche Legitimation zu sichern, zur Transformation beizutragen, im Wettbewerb zu differenzieren und die nachhaltige Entwicklung der Organisation zu fördern (S. 238–239).

Dabei kann es zu Konflikten zwischen Eigeninteressen und Gemeinwohlorientierung kommen. Thummes et al. (2022) machen deutlich, dass Unternehmen darauf mit Entweder-oder- bzw. Sowohl-als-auch-Strategien antworten (S. 7–8). Gerade CSR-Modelle würden Möglichkeiten bieten, „Einzelinteresse und Gemeinwohlorientierung kommunikativ glaubhaft in Einklang zu bringen" (S. 8).

Funktionen der Nachhaltigkeitskommunikation mit Bezug zur Gesellschaft
- Sichtbarkeit, Abgrenzung und Differenzierung von Unternehmen im Wettbewerb
- Akzeptanz, Legitimität und Integration in die Gesellschaft
- Beitrag zur Nachhaltigkeitstransformation in Wirtschaft und Gesellschaft

(Quellen: Bittner-Fesseler & Weicht, 2020, S. 94; Jarolimek, 2014, S. 1274; Brugger, 2010, S. 26–28, 238–239)

Hinzu kommen die kommunikativen Funktionen im öffentlichen Diskurs über Nachhaltigkeit: Die Nachhaltigkeitskommunikation von Unternehmen steht im Wettbewerb mit der Kommunikation von anderen Unternehmen und Interessengruppen. In der öffentlichen Arena (z. B. journalistische und soziale Medien, Diskussionsforen) trifft sie auf gleichgesinnte und gegensätzliche Positionen: Nicht alle Menschen und Organisationen unterstützen Maßnahmen für mehr Nachhaltigkeit. Sie bezweifeln die Aussagen von Forschenden und Wissenschaftsorganisationen. Sie argumentieren, polemisieren oder demonstrieren zum Beispiel gegen konkrete Maßnahmen zu Energie- und Rohstoffeinsparung, zu Energie- und Verkehrswende oder veränderten Ernährungsgewohnheiten. Generelle Vorbehalte gegen Forschung, Medien und Politik verschärfen die Situation. Die gegensätzlichen Lager finden sich in allen gesellschaftlichen Schichten und Milieus. Unternehmen können sich der Tatsache, dass sie nicht nur Organisationen in der Wirtschaft sind, sondern auch gesellschaftliche Akteure, nicht entziehen.

So kommt der Nachhaltigkeitskommunikation bei der Herstellung von Beziehungen zwischen Menschen und bei der sozialen Bestimmung der Bedeutung von Dingen eine konstitutive Rolle zu: Sie dient dem Teilen von Informationen und dem Herstellen von gemeinsamem Verständnis über Nachhaltigkeit (Bittner-Fesseler & Weicht, 2020, S. 94). Kommunikation wird so zu einer notwendigen Bedingung für Nachhaltigkeit von Unternehmen. Die Nachhaltigkeitskommunikation nimmt dabei eine Doppelrolle ein: als *Berichterstatter* über das Nachhaltigkeitsverhalten und Beitrag zu Legitimität und Reputation, und als *Unterstützer* von nachhaltigem Handeln (S. 95).

3.6.2   Ziele und Aufgaben der Nachhaltigkeitskommunikation

Die Ziele und Aufgaben der Nachhaltigkeitskommunikation lassen sich als interne Vorgaben aus den Funktionen für Unternehmen und Gesellschaft ableiten. So beschreibt Brugger (2010) als Ziele der Nachhaltigkeitskommunikation in den Arenen der Unternehmenskommunikation (S. 86–95):

- **Gesellschaftspolitische Kommunikation**: Identifikation, Internalisierung und Verarbeitung relevanter Themen (strategisches Frühwarnsystem); Herstellung gesellschaft-

licher Legitimation; Informationsrecht der Gesellschaft erfüllen; gesellschaftliche Entwicklungen wahrnehmen und auf sie Einfluss nehmen.
- **Marktkommunikation**: Marktprofilierung und Differenzierung, Sensibilisierung, Wettbewerbsvorteil am Arbeitsmarkt, bessere Ausgangsbasis für Akquisitionen.
- **Organisationskommunikation**: als unverzichtbare Inputgröße zur Bewertung der betrieblichen Leistungserstellungsprozesse, Unterstützung spezifischer Funktionsbereiche.
- **Netzwerkorganisation**: kooperierendes Agenda-Building, Steigerung der Glaubwürdigkeit und Sicherstellung des interaktiven Austausches.

Wesentlich für die strategische und operative Planung der Nachhaltigkeitskommunikation ist die Unterscheidung zwischen wirtschaftlichen Wertschöpfungs- und nicht-materiellen Kommunikationszielen. Die Beiträge der Nachhaltigkeitskommunikation sieht Prexl (2010) in der Erreichung der mittel- und langfristigen Ziele des Nachhaltigkeitsmanagements (Perspektive der Organisation), der Marketingziele des Nachhaltigkeitsmanagements (Perspektive des Marketings) und der gesamtgesellschaftlichen Kommunikation bzw. nachhaltigen Entwicklung der Gesellschaft (Perspektive der Gesellschaft) (S. 157–161).

Brugger (2010, S. 101–103) bestimmt die Wertschöpfungsbeiträge der Nachhaltigkeitskommunikation im Anschluss an Zerfaß (2022, S. 34–36): Auf der *strategischen Ebene* bei Aufbau und Sicherung von wirtschaftlichen und gesellschaftlichen Erfolgspotenzialen (z. B. Reputation, Legitimität) und auf der *operativen Ebene* bei der wirtschaftlichen und gesellschaftlichen Sicherung des Erfolgs (z. B. Mitarbeitermotivation) (Abb. 3.9).

Erfolgspotenziale und Ziele können im Sinne der Nachhaltigkeit in ökologischer, sozialer und ökonomischer Hinsicht definiert werden. Der Kommunikation kommt die Funktion einer *enabling function* zu – als notwendige, aber nicht hinreichende Voraussetzung

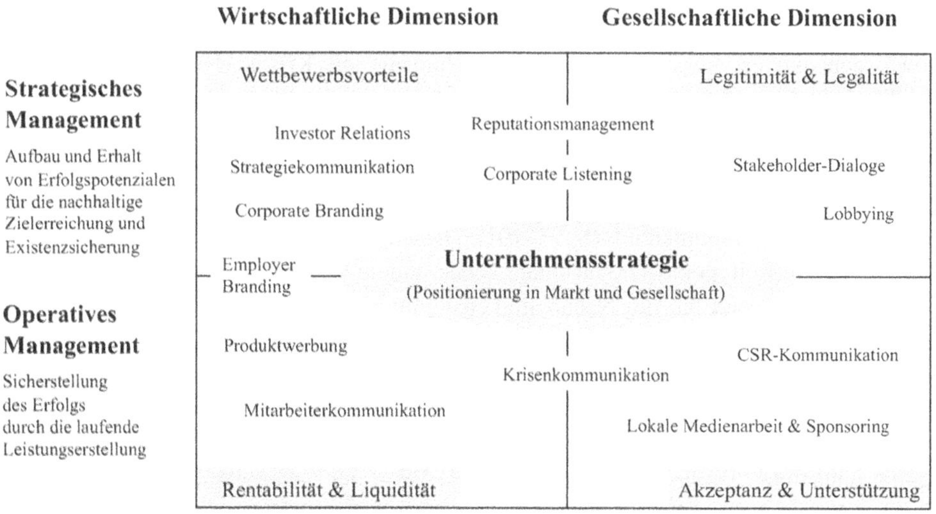

Abb. 3.9 Dimensionen der Unternehmensführung. (Zerfaß, 2022, S. 35)

für Wertschöpfung. Das heißt: Ohne Kommunikation ist Nachhaltigkeit nicht zu erreichen. Aber Kommunikation allein sichert keine Nachhaltigkeit. Brugger betont deshalb die Notwendigkeit nachhaltigen Handelns und eines starken Zusammenhangs der Kommunikation mit den eigenen Produkten und Dienstleistungen (S. 112).

Kritisch anzumerken ist, dass die Unterstützung der Leistungserstellung sowie der Aufbau von Erfolgspotenzialen durch Nachhaltigkeitskommunikation in ökologischer, sozialer und ökonomischer nicht weiter konkretisiert wird.

Außerdem fällt auf, dass nicht klar zwischen den Effekten von Nachhaltigkeitsmaßnahmen und Nachhaltigkeitskommunikation unterschieden wird. Andererseits hängen beide eng zusammen: Nachhaltigkeitsaktivitäten werden häufig nicht nach außen sichtbar, sondern erst wahrgenommen, wenn sie durch Kommunikation vermittelt werden. Diese Problematik wird bei einer Reihe weiterer Effekte deutlich (Prexl, 2010, S. 95–108):

- steigende Nachfrage von Investoren, längerfristige Sicherheit von Investments,
- erhöhte Arbeitgeber-Attraktivität, erhöhtes Selbstwertgefühl der Mitarbeitenden, verbesserte Mitarbeitendengewinnung und -bindung,
- Image-Bonus unter der Voraussetzung von Authentizität und Stakeholder-Integration,
- zusätzliche Kaufentscheidungen von Konsumenten, vor allem bei vergleichbaren Preisen und bei bestimmten Käufergruppen (z. B. Lohas),
- Krisen-Prävention aufgrund verringerter Risikoanfälligkeit, erhöhter Goodwill in Krisenfällen.

Schließlich unterstützt die Nachhaltigkeits- bzw. CSR-Kommunikation die Verankerung der CSR-Prozesse im gesamten Unternehmen, die aktive Integration von Anspruchsgruppen (*Stakeholder*), das systematische Management von internen und externen Themen mit Chancen- und Risikopotenzial (*Issues*), die Veränderung der *Unternehmenskultur* durch einen Corporate-Identity-Prozess, das kontinuierliche Reputationsmanagement sowie den aktiven, vor allem präventiven Umgang mit Krisen (Faber-Wiener, 2015, S. 756–762). Diese Prozesse laufen parallel und sind miteinander verknüpft.

In Abhängigkeit von Zielsetzung und -umsetzung grenzt Brugger (2010) vier Formen der nachhaltigkeitsbezogenen Unternehmenskommunikation ab: Ignorante Kommunikation, Greenwashing-Kommunikation, Kommunikation philanthropischer Aktivitäten und Nachhaltigkeitskommunikation (S. 95–101). Diese Abgrenzung ist anschlussfähig an die Diskussion um Reifegrade der Nachhaltigkeitskommunikation.

Zusammenfassend hat die Nachhaltigkeitskommunikation die Aufgabe, den Aufbau und die Umsetzung des Nachhaltigkeitsmanagements im Unternehmen zu unterstützen und kommunikativ zu begleiten. Darin ist sie vergleichbar mit der Markt- bzw. Marketingkommunikation und Finanzkommunikation (IR). Sie erzielt Wertbeiträge, indem sie die Wertschöpfung in Absatz- bzw. Kapitalmarkt durch nachhaltigkeitsbezogene Kommunikation unterstützt. Dafür verfolgt sie, wie jede Form der Unternehmenskommunikation das Ziel, ihre Stakeholder durch entsprechende Mitteilungen und Botschaften zu informieren, zu überzeugen und für sich zu gewinnen.

▶   Wie die unterschiedlichen Funktionen und Zielsetzungen der Nachhaltigkeitskommunikation im Rahmen eines integralen Ansatzes systematisch zusammengeführt und aufeinander bezogen werden können, wird in Abschn. 8.5 ausgeführt.

3.7   Instrumente, Inhalte und Integration der Nachhaltigkeitskommunikation

Bei den Instrumenten und Maßnahmen der Nachhaltigkeitskommunikation macht die
wissenschaftliche Forschung keine Einschränkungen. Prinzipiell können alle Instrumente
der Unternehmenskommunikation eingesetzt werden (vgl. Heinrich, 2024b).

3.7.1   Instrumente und Maßnahmen

Wesentliche Erscheinungsformen der Nachhaltigkeitskommunikation waren von Beginn
an Dialoge mit Stakeholdern und CSR-Berichte (Jarolimek, 2014, S. 1275–78). In der
Kommunikation mit Konsument*innen wurden vor allem Cause-Related-Marketing,
Nachhaltigkeitslabels und -zertifizierungen eingesetzt (S. 1276–1278). Dadurch wurden
Konsument*innen vielfach irritiert, verunsichert und misstrauisch. Schließlich wurde beobachtet, dass vor allem jene Unternehmen von Nachhaltigkeitsaktivitäten profitieren, die
bereits als glaub- und vertrauenswürdig wahrgenommen werden. Die Kritik an der CSR-
Kommunikation gipfelte schließlich im Vorwurf des Greenwashings und der Forderung
nach Transparenz (S. 1278–1280).

Um diesen Herausforderungen zu begegnen, wurde gefordert, bei der Gestaltung der
CSR-Kommunikation zwischen Informationsvermittlung, asymmetrischer wie sym-
metrischer Dialogkommunikation, der Einbindung von Partnern und den Möglichkeiten digitaler Medien zu differenzieren (Osburg, 2015, S. 740–744). Auch auf die Etablierung
gesellschaftlicher Aktivitäten als eigenständige Marke zum Aufbau von Wettbewerbsvorteilen und zum stärkeren Schutz vor Aktivitäten der Konkurrenz wurde hingewiesen
(S. 744–745). Als Konsequenz aus diesen Entwicklungen und der gestiegenen Komplexität
wurde eine *integrierte CSR-Kommunikation* gefordert (Faber-Wiener, 2015, S. 573–576).

3.7.2   Inhalte und Gestaltung

Für die Gestaltung von Inhalten und Formaten betont das Umweltbundesamt in seinem
Zwischenbericht *Effektive Ansätze zur Klimakommunikation* die Bedeutung psychologischer Faktoren, insbesondere Werte und Emotionen (Schrader et al., 2024, S. 5). Wichtig sei konkretes Handlungswissen sowie das Gefühl der Selbstwirksamkeit. Dafür würden Geschichten, Fotos und Videos eine zentrale Rolle spielen. Bei der Definition von
Zielgruppen müsste neben einer demografischen auch eine sozialwissenschaftliche Seg-

mentierung, etwa nach Sinus-Milieus, vorgenommen werden (S. 40–42). Um Hindernisse und Widerstände besser zu verstehen, sei es wichtig, neben *harten Fakten* auch *weiche Faktoren* wie Werte, Emotionen, soziale Normen und das Gefühl der Selbstwirksamkeit zu berücksichtigen (S. 65–73).

Bei der Gestaltung von Botschaften sei auch die sprachliche und inhaltliche Rahmung (Framing) zu beachten (Schrader et al., 2024, S. 98–106). So mache es einen Unterschied, ob Sachverhalte als Gewinn bzw. Verlust oder als Förderung bzw. Verhinderung dargestellt werden. Eine Auswertung mehrerer Studien habe gezeigt, dass Framing vor allem auf Einstellungen, aber teilweise auch auf Verhalten wirke.

Inhalte und Botschaften der Nachhaltigkeitskommunikation
Eine Übersicht der inhaltlichen Gestaltung möglicher Interventionen im Hinblick auf Klimawandel und -schutz hat das Umweltbundesamt zusammengestellt. Sie lassen sich auch auf soziale und ökonomische Aspekte der Nachhaltigkeit übertragen (Auswahl):

- Ursachen beschreiben
- Folgen darstellen
- Handlungsmöglichkeiten aufzeigen
- Auf positive Handlungen von anderen verweisen
- Geteilte Werte ansprechen
- Entwicklungen aufzeigen
- Mit anderen Personen oder Gruppen vergleichen
- Vorteile hervorheben
- (…)

(Quelle: Schrader et al., 2024, S. 83–86, 91–111).

Bei der Gestaltung von Grafiken sind das Vorwissen und die Denkhaltungen der Zielgruppen, zu berücksichtigen sowie bekannte Gestaltungsmittel und eine einfache, klare Sprache zu verwenden (Schrader et al., 2024, S. 117–119).

3.7.3   Bedeutung der internen Kommunikation

Eine Kommunikationsdisziplin hat durch die Nachhaltigkeitstransformation und im Zuge der Corona-Pandemie in besonderem Maße an Bedeutung gewonnen: die interne Kommunikation. Mit Blick auf den Fachkräftemangel, den Wandel der Personalmärkte von Anbieter- zu Nachfragermärkten sowie veränderte Wertvorstellungen bei jüngeren Mitarbeitenden gilt dies für die gesamte, interne wie externe Arbeitgeber-Kommunikation.

Mit dieser Entwicklung hat die interne Kommunikation ihren Stellenwert von einem top-down-orientierten Organ der Unternehmensleitung zu einem Beteiligungsansatz in Veränderungsprozessen gewandelt (Bittner-Fesseler et al., 2023, S. 97–98; Sawczyn-Müller & Krohn, 2017, S. 10). Empirische Befunde würden positive Reputationseffekte für die nachhaltige Entwicklung von Unternehmen zeigen (S. 2–6). Dazu zählen etwa die Stärkung der Leistungsbereitschaft der Mitarbeiter sowie der Kundenloyalität, Beschaffungspolitik und Arbeitgeber-Attraktivität. Doch die Realität sehe häufig anders aus: Unternehmen orientieren sich an den regulatorischen Standards, die Konzepte der Nachhaltigkeitskommunikation seien selten durchdacht (S. 15–16). Dabei entfalten CSR-Aktivitäten bei aktuellen wie potenziellen Mitarbeitende positive Effekte (Brüninghaus & Burmann, 2024, S. 294–295): Bei potenziellen Mitarbeitenden steigern sie Bekanntheit, Image und Attraktivität als Arbeitgeber bei. Bei aktuellen Mitarbeitenden erhöhen sich Engagement, Identifikation, Zufriedenheit, Brand Commitment, Organizational Citizenship Behavior und Arbeitsleistung. Gleichzeitig werden Fluktuationsabsicht und tatsächliche Fluktuation verringert.

So konnte eine Analyse von S&P 500-Unternehmen zwischen 2011 und 2019 zeigen, dass interne Stakeholder einen negativen Zusammenhang zwischen CO_2-Bilanz und Kommunikation abschwächen können (Bendig et al., 2024, S. 7). Danach kommunizieren Unternehmen mit starken Vorständen und Marketingverantwortlichen sowie einer stärkeren Wahrnehmung von Nachhaltigkeit durch die Mitarbeitenden mit höherer Wahrscheinlichkeit CO_2-Emissionen, selbst wenn sie schlechter abschneiden.

Um die Potenziale der Nachhaltigkeitskommunikation zu erschließen, betonen Sawczyn-Müller und Krohn (2017) vor allem organisatorische Maßnahmen (S. 6–13):

- **Klar formuliertes Zielbild** mit Identifizierung, Analyse und Priorisierung der Stakeholder und Nachhaltigkeitsthemen sowie der Definition von Maßnahmen zur Schließung der Lücke zwischen Soll- und Ist-Zustand
- **Kultur der kontinuierlichen Weiterentwicklung** und klare Festlegung der Verantwortlichkeiten mit Definition von Aufgaben, Einrichtung bzw. Änderung von Gremien (z. B. externer Beirat), Ausrichtung von Managementstrukturen auf Nachhaltigkeit (Vorstand, mittleres Management, Abteilungen, Werke, Standorte)
- **Operationalisierung der Nachhaltigkeitsstrategie** und Erfolgskontrolle für die Steuerung durch geeignete Messgrößen für Ziele und Wirkungen
- **Konsequente Ableitung und Umsetzung der internen CSR-Kommunikationsstrategie** auf der Basis von Werten und Haltung

Auch Kirf und Eicke (2017) betonen die Notwendigkeit einer strategisch angelegten Corporate Responsibility (CR) in der internen Unternehmenskommunikation (S. 67). Wichtige Treiber seien mit Blick auf die internen Stakeholder vor allem ein diskursorientierter Dialog, Sinnstiftung, Partizipation und Storytelling.

Dass die interne Kommunikation in der Nachhaltigkeitstransformation vor allem als Veränderungskommunikation gefordert ist, betont Walter (2017, S. 104–110). Für viele

Unternehmen bedeute dies Veränderungen auf Strukturen, Prozessen, Steuerung und Unternehmenskultur. Sie würden fast zwangsläufig zu Widerständen bei der Umsetzung führen. Mögliche Ursachen seien Ängste, Veränderungsmüdigkeit, mangelnde Glaubwürdigkeit und Vorbehalte bei der Umsetzung. Daraus würden sich drei Herausforderungen für Unternehmen ableiten: eine prozessbegleitende Kommunikation in allen Phasen der Veränderung, die Motivation der Mitarbeitenden durch Anreizsysteme und Beteiligung sowie die Führungskräfte als Vorbilder und Multiplikator*innen.

Als Orientierungsrahmen verweist Walter (2017) auf die Change-Modelle von Lewin und Kotter, betont aber zugleich, dass sie sich in der Praxis nur bedingt umsetzen ließen. Gründe dafür seien das Ausmaß, die Komplexität und der emotionale Gehalt der Veränderungen sowie die daraus entstehenden Kontroversen (S. 111). Mit seiner Kritik an den bestehenden Change-Modellen lässt Walter den Schluss zu, dass die Nachhaltigkeitstransformation über den Charakter klassischer Change-Projekte hinausgeht.

Dass es sich bei der Rolle der internen Kommunikation in der Nachhaltigkeitstransformation um einen grundlegenden Bedeutungswandel handelt, zeigt Deutinger (2016). Veränderungen seien in Unternehmen ein Dauerzustand (S. 93). Die interne Kommunikation befinde sich selbst in einer Transformation, „von der gesteuerten Befehlsweitergabe der Firmenchefs über die Mitarbeitereinbindung bis zur -beteiligung" (S. 94).

3.7.4   Forderungen nach Integration

Angesichts der vielfältigen Anforderungen, der Komplexität der nachhaltigen Entwicklung sowie der Durchdringung sämtlicher Unternehmensbereiche fordern mehrere Autor*innen eine stärkere Integration der Nachhaltigkeitskommunikation. Das betrifft sowohl die Verknüpfung mit dem Nachhaltigkeitsmanagement wie auch mit anderen Kommunikationsdisziplinen im Rahmen der Unternehmenskommunikation.

Faber-Wiener fordert eine strategisch integrierte CSR-Kommunikation (2015, S. 573–576). Sie müsse auf einem wertbasierten Kommunikationsstil aufbauen, Kommunikation als zentrale, integrierte CSR-Funktion verstehen sowie CSR-Aktivitäten und -Produkte nach außen kommunizieren. Als Modi und Kennzeichen dieser wertbasierten Kommunikation nennt sie Verstehen, Argumentation und Logik. An die Stelle von Behauptungen müssten insbesondere Belege treten.

Am weitesten geht der Ansatz von Bittner-Fesseler und Weicht (2020). Ihr Konzept einer *nachhaltigkeitsintegrierten Kommunikation* berücksichtigt die Doppelrolle der Nachhaltigkeitskommunikation als Botschafter und Unterstützer der Nachhaltigkeitstransformation (S. 96). Dies erfordere, Nachhaltigkeitskriterien auch auf die Unternehmenskommunikation anzuwenden (S. 98). Kommunikationsmaßnahmen müssten ökologisch nachhaltig gestaltet sein, über nachhaltige Produkte und Dienstleistungen berichten und die Aufmerksamkeit der Rezipient*innen auf diese Angebote lenken. Dies schließe ein, dass zu viel Information auch ein Risiko für das psychische Wohlbefinden sein könne.

Eine operative Form der Integration stellen *CSR-Kampagnen* mit der zielgerichteten Verknüpfung von Kommunikationsmaßnahmen zum Thema Nachhaltigkeit dar. Schmitt und Röttger (2011) haben das Kampagnenkonzept auf unternehmerische CR- bzw. Sozialkampagnen übertragen. Unter *Kampagnen* verstehen sie „dramaturgisch angelegte, thematisch begrenzte, zeitlich befristete kommunikative Strategien zur Erzeugung öffentlicher Aufmerksamkeit" (Röttger, 2009, S. 9). Im Fall der Nachhaltigkeit würden sie vor allem der Thematisierung von CR-Themen und der Aktivierung von Stakeholdern dienen (S. 178). Unternehmen würden damit drei Ziele verfolgen (Schmitt & Röttger, 2011, S. 179–181):

- *gesellschaftsbezogen*: Akzeptanz und Legitimation
- *marktbezogen*: Akzeptanz, Unternehmens- und Produktdifferenzierung
- *unternehmensbezogen*: Mitarbeitermotivation, Effizienzsteigerung

Die Autorinnen betonen, dass Kampagnen allerdings auch negative Effekte für die Glaubwürdigkeit des Unternehmens zur Folge haben können, zum Beispiel bei kontrastiven, negativen Medienberichten (Schmitt & Röttger, 2011, S. 184–185).

▶   Wie die Instrumente und Formate der Nachhaltigkeitskommunikation im Rahmen eines integralen Ansatzes systematisch für die unterschiedlichen Handlungsfelder und Kommunikationskanäle ausgewählt und aufeinander abgestimmt werden können, wird in Abschn. 8.9 ausgeführt.

3.8   Herausforderungen und Barrieren der Nachhaltigkeitskommunikation

Die nachhaltige Entwicklung von privatwirtschaftlichen und wettbewerbsorientierten Unternehmen und der Aufbau eines Nachhaltigkeitsmanagements stehen im Konflikt mit betriebswirtschaftlichen Herausforderungen: kurzfristige Kosten, Messbarkeit und Reporting, Komplexität der Lieferketten, Konflikte zwischen Zielen und Risikomanagement (Bodenstein & Herget, 2024, S. 18). Zusätzlich können Marktposition, Kostenstruktur, Lieferanten, Ertragskraft und Investitionspläne Handlungsspielräume einschränken.

Konträr zu den Forderungen nach mehr Integration bei der Nachhaltigkeitskommunikation stehen Herausforderungen, die sich durch interne Barrieren in Organisationen verschärfen. Das beginnt mit dem *Konzept von Nachhaltigkeit* (Prexl, 2010, S. 183–187): Der Begriff sei wenig bekannt. Die Probleme würden vielen abstrakt und unscheinbar erscheinen. Das Thema sei komplex. Aufgrund von Zielkonflikten und unterschiedlicher Betroffenheit bestehe hohes Konfliktpotenzial.

Hinzukommen die *Zielvorgaben* für die Nachhaltigkeitskommunikation (Prexl, 2010, S. 189–191): Die Ansprüche seien hoch, vor allem bei Verhaltensänderungen. Mehrere Einflussfaktoren wie soziodemografische Merkmale, persönliche Situation und Befindlichkeiten, persönliche und gesellschaftliche Werte seien nicht beeinflussbar. Und schließlich sei die Diskussion geprägt von Aufmerksamkeitsknappheit und -defiziten.

Organisationsinterne Hemmnisse verstärken die genannten Herausforderungen (Prexl, 2010, S. 187–189): Dazu würden die Begründung der Nachhaltigkeitskommunikation gegenüber Management und Investoren, unzureichende innerbetriebliche Zusammenarbeit mit Abteilungen wie Umweltmanagement, Personalwesen, Produktion, Qualitätsmanagement und Marketing zählen. In multinationalen Unternehmen kämen Größe und Interkulturalität hinzu. Die Nachhaltigkeitskommunikation käme vor allem bei unternehmensinternen Zielkonflikten, Ressourcenknappheit, Fehlen einer unternehmerischen Nachhaltigkeitsstrategie, fehlenden Kompetenzen und Qualifikationen, Konkurrenzdenken, Angst vor Negativmeldungen, unprofessioneller Medienarbeit und fehlender Dialogbereitschaft an ihre Grenzen (Prexl, 2010, S. 181–182; Brugger, 2010, S. 203–205).

Wo über Nachhaltigkeit berichtet wird, stellen sich Schwierigkeiten bei der Beschaffung, Bewertung und Bereitstellung von Informationen (Prexl, 2010, S. 188–189; Brugger, 2010, S. 203–205): Dazu würden Schwierigkeiten bei der Messbarkeit, fragmentierte Lieferketten sowie der außermarktliche Charakter von Sozial- und Umweltthemen zählen. Brugger betont, zur Bewältigung der Hindernisse sei der abteilungsübergreifende Austausch von Nachhaltigkeitsinformationen, der Aufbau außerbetrieblicher Informationsströme, ein systematisches Themenmanagement sowie ein kontinuierlicher interner und externer Diskurs über Ziele und Werte erforderlich.

Zweifel, ob gegebene Informationen und tatsächliches Handeln übereinstimmen (Jarolimek, 2014, S. 1274) haben zu *mangelnder Glaubwürdigkeit* der Nachhaltigkeitskommunikation geführt. Als Folge von Missbrauch und Desinformation bis hin zu Lügen seien weite Teile der Öffentlichkeit verunsichert (Prexl, 2010, S. 191–195). Die Instrumentalisierung von Umwelt- und CSR-Themen zu Imagezwecken (*Green* und *Blue Washing*), Scheindialoge und -partizipation seien die „dunkle Seite" der Nachhaltigkeitskommunikation (Prexl, 2010, S. 192).

Ein wesentlicher Grund dafür sind *Informationsasymmetrien* und *partielle Intransparenz* (Brugger, 2010, S. 205–208, 241–243). Sie gelte es in erster Linie durch Kompetenzbelege abzubauen. Hinzukomme die Komplexität, Widersprüchlichkeit, schwierige Wahrnehmbarkeit, Langfristigkeit und Negativität von Ökologie- und Sozialthemen. Hier komme der Gestaltung der Kommunikationsbotschaften sowie des Dialogs mit den Stakeholdern besondere Bedeutung zu. Kommunikationsinstrumente müssten glaubhaft sein, ihre Zielgruppen tatsächlich erreichen und Feedbackmöglichkeiten bieten. Angesichts von Unterschieden bei Involvement, Aufnahmebereitschaft, Reizüberflutung und erwartetem Nutzen bei den Rezipient*innen müssten Informationsbedarfe durch zielgruppen-genaue Ansprache überwunden werden. Schließlich gelte es einen Business Case für Nachhaltigkeit zu schaffen.

Verschärft wird diese Situation durch gegenläufige Eigenlogiken bei Nachhaltigkeit und Medien, die für die Nachhaltigkeitskommunikation zu einer weiteren Herausforderung werden (Brugger, 2010, S. 64–65): Danach seien Nachhaltigkeitsthemen zukunftsbezogen, langfristig, komplex und interdisziplinär angelegt. Die Medien würden dagegen gegenwartsbezogen, kurzfristig, vereinfachend und ressortspezifisch agieren.

Aus kommunikationstheoretischer Sicht noch fundamentaler ist, „dass Kommunikation keinen unproblematischen Vorgang der Informationsübertragung darstellt, sondern vielmehr in einem dynamischen Prozess zwischen den Beteiligten erst konstituiert wird" (Brugger, 2010, S. 238). Angesichts dessen betont Brugger, dass Nachhaltigkeitskommunikation ohne symmetrische, dialogorientierte und auf Glaubwürdigkeit basierende Kommunikation zwischen Unternehmen und Stakeholdern „kaum Aussicht auf Erfolg" habe.

Herausforderungen der Nachhaltigkeitskommunikation nur wenig verändert
Die Herausforderungen der Nachhaltigkeitskommunikation sind zwischen 2010 und 2023 nicht weniger geworden. Im Gegenteil – neue sind hinzugekommen, wie die Zusammenstellung von Dickel und Kronewald mit Blick auf die Anspruchsgruppen zeigt (2023, S. 248–250):

- Begrenzte Sichtbarkeit der Ursachen von Klima- und Umweltkatastrophen
- Zeitlicher Abstand zwischen Verursachung und Auswirkungen
- Geografische Entfernung von Klima- und Umweltschäden
- Entfremdung von der natürlichen Umwelt durch Urbanisierung
- Unsicherheit aufgrund der Komplexität von Nachhaltigkeitsthemen
- Kognitive Verzerrungen bei Wahrnehmen, Erinnern, Denken und Urteilen aufgrund eingeschränkter und selektiver Informationsverarbeitungskapazität
- Vorrang von Eigeninteressen und Egoismus zur Aufrechterhaltung von Lebensstandard und Lebensstil
- Verwirrung und mangelndes einheitliches Verständnis von Nachhaltigkeit aufgrund eines vielfältigen und unklaren Nachhaltigkeitsbegriffs
- Abnutzungseffekte (Reaktanz) aufgrund von inflationärer Verwendung und Greenwashing
- Polarisierung der Gesellschaft, schwindendes Vertrauen in journalistische Medien und zunehmender Populismus

Die genannten Herausforderungen und Barrieren verdeutlichen das Dilemma der Nachhaltigkeitskommunikation zwischen hohen Ansprüchen und Bypass-Strategien in der Praxis. Obwohl die Kommunikation an fast allen Geschäftsvorgängen beteiligt ist, werde ihr meist nur eine unterstützende, selten eine strategische Rolle zugestanden (Bittner-Fesseler & Weicht, 2020, S. 93). An der Forschung wird kritisiert, dass sich Nachhaltigkeitskommunikation auf normative Definitionen von Merkmalen beschränke und kein überzeugendes Modell nachhaltiger Kommunikation vorlege.

Die geringe Verankerung in Unternehmen entspricht einem Bedeutungsverlust bei ihren Anspruchsgruppen. So betonen Bittner-Fesseler und Weicht (2020), dass kommunikatives Handeln als authentisch und glaubwürdig wahrgenommen werde, wenn beobachtbare Handlungen mit vermittelten Selbstdarstellungen übereinstimmen (S. 94). Doch normative Ansprüche und ethische Anforderungen an die Nachhaltigkeitskommunikation wie Dialog, Transparenz und Authentizität (S. 95) bzw. Zwei-Wege-Kommunikation, Offenheit, Ehrlichkeit, Transparenz, Seriosität, Berechenbarkeit, Glaub- und Vertrauenswürdigkeit (Faber-Wiener, 2015, S. 762) stehen in auffälligem Widerspruch zu Wahrnehmungen und Bewertungen in der Bevölkerung (Abschn. 1.2).

Das Dilemma dieser Forderungen besteht darin, dass es für die Anspruchsgruppen aufgrund des asymmetrischen Charakters der Unternehmenskommunikation grundsätzlich kaum möglich ist, das Einhalten dieser Prinzipien zu prüfen. So bleiben Glaub- und Vertrauenswürdigkeit Zuschreibungen der Kommunikationspartner. Dieses medien- und kommunikationstheoretisch verankerte Verständnis der beiden Begriffe wird in Abschn. 4.7 weiter ausgeführt.

► Wie die Herausforderungen und Barrieren im Rahmen eines integralen Ansatzes der Nachhaltigkeitskommunikation systematisch überwunden werden können, wird in Kap. 7 (insbesondere Abschn. 7.3 und 7.4) und Kap. 8 ausgeführt (insbesondere Abschn. 8.8).

Für die Beantwortung der offenen Fragen zur Nachhaltigkeitskommunikation werden zentrale Begriffe und Konzepte in den folgenden Kapiteln weiterentwickelt:
- das Verständnis von Unternehmen als Organisationen in Wirtschaft und Gesellschaft,
- ein systemtheoretisch fundiertes Verständnis von Organisation, Kommunikation und Komplexität (Abschn. 4.1),
- Nachhaltigkeit als gleichzeitige Wertschöpfung für Unternehmen, Stakeholder und Gesellschaft (Abschn. 4.2),
- Marketing und Markenführung als Beziehungsmanagement mit Konsument*innen (Abschn. 4.3),
- ein Verständnis von Transformation, das über Change Management hinausgeht (Abschn. 4.4),
- das Verständnis der Nachhaltigkeitskommunikation als *enabling function,*
- Erklärungen zur Einstellungs-Verhaltens-Lücke aus psychologischer Sicht (Kap. 6),
- die Verknüpfung von Nachhaltigkeitskommunikation, Nachhaltigkeitsmanagement und Unternehmensführung (Abschn. 7.3),
- die Vernetzung der Nachhaltigkeitskommunikation mit Unternehmensbereichen und -einheiten durch Schaffen von Schnittstellen (Abschn. 7.3),
- die Integration der Nachhaltigkeitskommunikation in das Management der Unternehmenskommunikation und in das Kommunikationscontrolling (Kap. 8).

Fazit: Offene Fragen an die Nachhaltigkeitskommunikation

Barrieren sowie Dilemmata der Nachhaltigkeitskommunikation stehen für eine Reihe nicht bewältigter Herausforderungen und ungelöster Probleme. Dahinter stehen die folgenden Fragen:

- Wie kann die Komplexität des Themas Nachhaltigkeit in der Öffentlichkeit reduziert, konkret und greifbar gemacht werden?
- Wie lässt sich die kognitive, räumliche und zeitliche Distanz der Anspruchsgruppen (Stakeholder) bei der Klimakrise überwinden?
- Wie können Glaubwürdigkeitsvorbehalte bei Anspruchsgruppen (Stakeholder) abgebaut werden?
- Wie kann Nachhaltigkeit in Management und Kommunikation strategisch verankert werden?
- Wie können innerbetriebliche Abteilungen besser zusammenarbeiten?
- Wie kann die Mitarbeiter- und Führungskräfte-Kommunikation die Beteiligung und Durchdringung im Unternehmen unterstützen und Vorbehalten begegnen?
- Wie kann die Nachhaltigkeitskommunikation auf die Anforderungen einer kritischen Öffentlichkeit und die konträre Eigenlogik der Medien ausgerichtet werden?

Um diese Fragen zu beantworten, müssen Unternehmen akzeptieren, dass bisherige Lösungsversuche gescheitert sind. Das erfordert, andere, ungewohnte, neue Wege zu gehen. Dafür ist es notwendig, einen Schritt zurückzugehen und gewohnte Begriffe und Verständnisweisen zu hinterfragen.

Der Ausgangspunkt kann wie folgt skizziert werden: Bei Aufbau, Einführung und Umsetzung eines systematischen Nachhaltigkeitsmanagements in Unternehmen kommt dem Kommunikationsmanagement eine zentrale Rolle als Berater, Vermittler und Begleiter nach innen und außen zu. Darauf sind viele Unternehmen noch nicht oder nur wenig vorbereitet. Vor allem fehlt es an einer systematischen Ankopplung der Nachhaltigkeitskommunikation an das Nachhaltigkeitsmanagement, die betriebliche Wertschöpfung sowie das Kommunikations- und Nachhaltigkeitscontrolling von Unternehmen. Die Forschung bietet dafür bislang keine stimmigen Gesamtkonzepte, die methodisch und modellhaft die genannten Dimensionen integrieren und der Unternehmenspraxis konkrete Lösungswege aufzeigen.

3.9   Interview mit Prof. Dr. Lars Rademacher (Hochschule Darmstadt): Die Rolle der Ethik in der Nachhaltigkeitskommunikation

Prof. Dr. Lars Rademacher ist Professor für Unternehmens- und Nachhaltigkeitskommunikation an der Hochschule Darmstadt. Er leitet dort das Promotionszentrum Nachhaltigkeitswissenschaften (PZNW) und seit 2021 gemeinsam mit Prof. Werner Stork die Achtsame Hochschule Darmstadt. Er war Geschäftsleitungsmitglied der zur Klett Gruppe gehörenden Kommunikationsagentur Giesel Dialog, Pressesprecher in der Konzernkommunikation der BASF SE sowie Leiter Kommunikation und Fundraising des preisgekrönten Science Centers phaeno der Stadt Wolfsburg. Von 2018 bis 2023 war er Vorsitzender des Deutschen Rates für Public Relations (DRPR). (Das Interview hat im Sommer 2024 stattgefunden)

Lars, Du beschäftigst Dich schon sehr lange und intensiv mit dem Thema Medien- und Kommunikationsethik. In der Diskussion über Nachhaltigkeit sind ethische Fragen vor allem auf unternehmerisches bzw. nachhaltiges Handeln bezogen. Bei der Kommunikation beschränken sich die Ansprüche meist auf Transparenz und Wahrhaftigkeit sowie die Vermeidung von Greenwashing. Was kann die ethische Reflexion der Nachhaltigkeitskommunikation darüber hinaus leisten?

Lars Rademacher: Man muss vermutlich zunächst stark differenzieren: Ist Nachhaltigkeit tatsächlich noch ein freiwilliges „Programm" oder schon eine Erfüllung eines quasi-gesetzlichen Rahmens? Beides hat zwar die gleichen Wurzeln und einen ähnlichen Wirkungskorridor. Aber der moralische Anspruch ist ein anderer.

Zuerst könnte man klären, auf welcher ethischen Basis die Nachhaltigkeitskommunikation ruht. Wer von Nachhaltigkeit redet, spricht im Grunde von der Verantwortung für die Zukunft und die nächsten Generationen. Das legt einen verantwortungsethischen Rahmen nahe, man könnte Nachhaltigkeit aber auch pflicht- oder tugendethisch begründen. Das hat dann Konsequenzen für die Argumentation des daraus abgeleiteten normativen Rahmens.

Die ethische Reflexion der Nachhaltigkeitskommunikation kann daran anschließend auch klären, ob die Kommunikation selbst einen eher beschreibenden oder bereits selbst einen motivierenden, transformativen Stil haben sollte. Und welcher Einsatz von Kommunikationsmitteln gerechtfertigt erscheint: Gilt es zu überzeugen? Oder wäre es sogar im Rahmen der Güterabwägung zu rechtfertigen, die Rezipienten in bestimmter Hinsicht zu manipulieren?

Der Ethik wird immer wieder vorgeworfen, etwas für Sonntagsreden zu sein. Schön anzuhören, aber wenig tauglich für die Wirklichkeit der Unternehmens- und Wirtschaftspraxis. Inwiefern kann sie für die Nachhaltigkeitskommunikation mehr sein als ein normativer Managementansatz?

Lars Rademacher: Ich würde das drehen wollen: Wenn Nachhaltigkeit (erstmal ohne Kommunikation) ein normatives Grundprinzip ist, das fester Bestandteil des Managementmodells ist (wie es u. a. René Schmidpeter vorschlägt), dann ist es integral verwoben und Leitlinie im Geschäftsmodell. Dies nun in der Nachhaltigkeitskommunikation zu thematisieren, kann unter verschiedenen Zielsetzungen geschehen: um die eigenen Aktivitäten bekannt zu machen, als Teil der eigenen Nachhaltigkeitspraxis – oder gar, um die sozialökologische Transformation von Wirtschaft und Gesellschaft zu befördern.

In der wissenschaftlichen Literatur über Nachhaltigkeitskommunikation fällt auf, dass fast immer auf Ethik verwiesen wird, praktische Fragen der Ethik aber kaum bearbeitet werden. Wie lässt sich dieser (scheinbare) Widerspruch erklären bzw. auflösen? Und wie ließe sich eine Ethik der Nachhaltigkeitskommunikation in Unternehmen institutionalisieren?

Lars Rademacher: Mein Eindruck ist, dass Nachhaltigkeitskommunikation reichlich pauschal als ethische Praxis definiert wird. Die gedankliche Figur dahinter scheint mir eine zweifache „Verschiebung" zu sein: Die erste hat stattgefunden als man klassische wirtschaftsethische Argumentationen zunehmend zur Corporate Social Responsibility (CSR) verkürzt hat. Und CSR wiederum wird nun quasi unisono als Sustainability identifiziert. Dies alles geschieht, ohne sich tiefer mit der Frage zu beschäftigen, was denn nun eine Ethik der Nachhaltigkeit zu leisten hätte – und was eine Ethik der Nachhaltigkeitskommunikation.

Der Begriff „Ethik" ist eng verwandt mit „Verantwortung" (Responsibility). Dabei schwingen Rede und Antwort in der Kommunikation über das eigene Handeln mit. Ist Verantwortung weniger eine moralische als vielmehr eine kommunikative Kategorie? Und welche Konsequenzen hätte das für die Funktion der Nachhaltigkeitskommunikation in Unternehmen?

Lars Rademacher: Für mich ist Verantwortung eines der möglichen Prinzipien in der Normbegründung (neben anderen wie Tugend, Pflicht, Nützlichkeit … siehe oben). Damit bezieht sich Verantwortung immer auf die Folgen des Handelns (auch des kommunikativen Handelns). In der Nachhaltigkeitskommunikation ergibt sich somit eine doppelte Verantwortung: die für die Folgen des Handelns und die für den kommunikativ angemessenen Umgang mit diesen Folgen.

Lars, ich danke Dir für dieses kurze Gespräch.

Literatur

von Ahsen, A. (2022). Integrierte Managementsysteme. In A. Baumast, & J. Pape (Hrsg.) *Betriebliches Nachhaltigkeitsmanagement* (2., vollst. überarb. Aufl., S. 215–231). Ulmer. https://doi.org/10.36198/9783838550220

Balderjahn, I. (2021). *Nachhaltiges Management und Konsumentenverhalten* (2., vollst. überarb. Aufl.). UVK Verlag (utb).

Bendig, D., Schäper, T., & Erbar, F. (2024). Revealing the truth: The moderating role of internal stakeholders in sustainability communication. *Journal of Cleaner Production, 434*, 1–14. https://doi.org/10.1016/j.jclepro.2023.139969

Bittner-Fesseler, A., & Weicht, J. F. (2020). Beyond sustainability communication: Sustainability-integrated corporate communications. *Journal of Strategic Innovation and Sustainability, 15*(1), 93–101.

Bittner-Fesseler, A., Krutzke, A., & Hermann, K. (2023). *Change Kommunikation als Management-aufgabe.* Springer Gabler. https://doi.org/10.1007/978-3-658-39010-5

Bodenstein, R., & Herget, J. (2024). *Strategisches Management der Nachhaltigkeit. SDG - Forschung, Konzepte, Lösungsansätze zur Nachhaltigkeit.* Springer Gabler. https://doi.org/10.1007/978-3-662-69199-1

Brugger, F. (2010). *Nachhaltigkeit in der Unternehmenskommunikation.* Gabler. https://doi.org/10.1007/978-3-8349-8861-4

Brüninghaus, D., & Burmann, C. (2024). Nachhaltigkeit als Dimension des Employer Branding. In M. Bruhn & K. Hadwich (Hrsg.), *Sustainable Service Management. Forum Dienstleistungsmanagement* (S. 278–309). Springer Gabler. https://doi.org/10.1007/978-3-658-45148-6_10

Busch, T., Barnett, M. L., Burritt, R. L., Cashore, B. W., Freeman, R. E., Henriques, I., Husted, B. W., Panwar, R., Pinkse, J., Schaltegger, S., & York, J. (2023). Moving beyond "the" business case: How to make corporate sustainability work. *Business Strategy and the Environment, 33*(2), 1–12. https://doi.org/10.1002/bse.3514

Carroll, A. B. (1979). a three-dimensional conceptual model of corporate performance. *Academy of Management Review, 4*(4), 497–505.

Deutinger, G. (2016). Mitten im Wandel. Die Rolle der Internen KommunikatorInnen verändert sich derzeit radikal. In R. Nowak & M. Roither (Hrsg.), *Interne Organisationskommunikation* (S. 197–216). Springer VS. https://doi.org/10.1007/978-3-658-14098-4_5

Dickel, P., & Kronewald, E. (2023). Nachhaltigkeitskommunikation. In *Nachhaltigkeitsmanagement in Sport und Kultur.* (S. 243–265). Erich Schmidt Verlag. https://doi.org/10.37307/b.978-3-503-23664-0.11

Dürig, U. M. (2024). Leadership for Sustainability – Gemeinsame Haltung aller Führungskräfte. In U. M. Dürig & H. Haug (Hrsg.), *Wirkungsvolle Nachhaltigkeitskommunikation* (S. 33–47). SDG – Forschung, Konzepte, Lösungsansätze zur Nachhaltigkeit. Springer Gabler. https://doi.org/10.1007/978-3-658-45227-8_3

Dürig, U. M., & Haug, H. (Hrsg.). (2024). *Wirkungsvolle Nachhaltigkeitskommunikation. SDG – Forschung, Konzepte, Lösungsansätze zur Nachhaltigkeit.* Springer Gabler. https://doi.org/10.1007/978-3-658-45227-8

Eisele, O. (2024). *Nachhaltigkeitsmanagement – Handbuch für die Unternehmenspraxis. Gestaltung und Umsetzung von Nachhaltigkeit in produzierenden Betrieben* (2. Aufl.). ifaa – Institut für angewandte Arbeitswissenschaft e. V. (Hrsg.). Springer Vieweg. https://doi.org/10.1007/978-3-662-69573-9

Europäische Kommission. (2001). *Grünbuch – Europäische Rahmenbedingungen für die soziale Verantwortung der Unternehmen.* KOM (001)366 endgültig. https://www.europarl.europa.eu/meetdocs/committees/deve/20020122/com(2001)366_de.pdf. Zugegriffen am 23.08.2024.

Europäische Kommission. (25.10.2011). *Eine neue EU-Strategie 2011–2014 für soziale Verantwortung der Unternehmen (CSR).* KOM (2011)681 endgültig. Brüssel: Europäische Kommission. https://eur-lex.europa.eu/legal-content/DE/TXT/PDF/?uri=CELEX:52011DC0681&from=DE.   Zugegriffen am 19.08.2024.

Faber-Wiener, G. (2015). CSR und Kommunikation – Praktische Zugänge. In A. Schneider & R. Schmidpeter (Hrsg.), *Corporate social responsibility* (S. 749–766). Springer Gabler. https://doi.org/10.1007/978-3-662-43483-3_49

Försterling, J. (2023). Corporate social responsibility. In A. Bühler & G. Nufer (Hrsg.), *Nachhaltigkeitsmanagement in Sport und Kultur* (S. 49–71). Erich Schmidt Verlag GmbH & Co. KG. https://doi.org/10.37307/b.978-3-503-23664-0.03

Freeman, R. E. (1984). *Strategic management: A stakeholder approach.* Pitman.

Hauff, V. (Hrsg.). (1987). *Unsere gemeinsame Zukunft: der Brundtland-Bericht der Weltkommission für Umwelt und Entwicklung.* Eggenkamp.

Haug, H. (2024). Nachhaltigkeit und Kommunikation: Es geht um Wirkung. In U. M. Dürig & H. Haug (Hrsg.), *Wirkungsvolle Nachhaltigkeitskommunikation. SDG – Forschung, Konzepte, Lösungsansätze zur Nachhaltigkeit* (S. 49–67). Springer Gabler. https://doi.org/10.1007/978-3-658-45227-8_4

Hiß, S., & Nagel, S. (2017). Unternehmen als gesellschaftliche Akteure. In A. Maurer (Hrsg.), *Handbuch der Wirtschaftssoziologie. Wirtschaft + Gesellschaft.* (S. 331–348). Springer VS. https://doi.org/10.1007/978-3-531-19907-8_18

Heinrich, P. (Hrsg.). (2024a). *CSR und Kommunikation* (3. Aufl.). Springer Gabler. https://doi.org/10.1007/978-3-662-69026-0_1

Heinrich, P. (2024b). CSR-Kommunikation – Die Instrumente. In P. Heinrich (Hrsg.), *CSR und Kommunikation* (S. 79–101). Springer Gabler. https://doi.org/10.1007/978-3-662-69026-0_5

Helmold, M., Treu, J., Fritz, J., & Hummel, F. (2024). *ESG, CSR und SDG als langfristiger Wettbewerbsvorteil.* Springer Gabler. https://doi.org/10.1007/978-3-658-44579-9

Horváth (Hrsg.). (2023). *Status quo der Nachhaltigkeitstransformation. Nachhaltig gegen alle Widerstände.* Horváth. https://www.Horváth-partners.com/de/media-center/studien/status-quo-der-nachhaltigkeitstransformation. Zugegriffen am 11.04.2023.

Jarolimek, S. (2014). CSR-Kommunikation: Zielsetzungen und Erscheinungsformen. In *Handbuch Unternehmenskommunikation: Strategie – Management – Wertschöpfung* (S. 1269–1283). Springer Gabler. https://doi.org/10.1007/978-3-8349-4543-3_64

Kämmler-Burrak, A., Möhrer, M., Rötzel, P., Schulze, M., & Gimpl, N. (2022). *Green Controlling – Stand und Herausforderungen der Integration ökologischer und sozialer Aspekte in das Controlling aus Sicht der Controllingpraxis. Ergebnisse einer Studie des Fachkreises Green Controlling for Responsible Business.* Internationaler Controller Verein e. V. (Hrsg.). Fachkreis Green Controlling for ResponsibleBusiness.https://www.icv-controlling.com/fileadmin/Wissen/Frei_f%C3%BCr_alle__Controller_Magazin_Statement__White_Paper__Schriftenreihe__Dream_Car_Bericht/ICV_Green_Controlling_Studie_2022_Auszug.pdf. Zugegriffen am 29.07.2023.

Kanning, H. (2022). Nachhaltige Entwicklung – Die Große Transformation als gesellschaftliche Herausforderung im 21. Jahrhundert. In A. Baumast & J. Pape (Hrsg.) *Betriebliches Nachhaltigkeitsmanagement* (2., vollst. überarb. Aufl., S. 23–55). Ulmer.

Karmasin, M. (2022). Public Relations und der Stakeholder-Ansatz. In P. Szyszka, R. Fröhlich, & U. Röttger (Hrsg.), *Handbuch der Public Relations* (S. 1–19). Springer VS. https://doi.org/10.1007/978-3-658-28149-6_14-1

Kirf, B., & Eicke, K. N. (2017). Integrierte CR-Kommunikation und interne Stakeholder-Orientierung. In Wagner, R., Roschker, N. & Moutchnik, A. (Hrsg.) *CSR und Interne Kommunikation* (S. 67–86). Management-Reihe Corporate Social Responsibility. Springer Gabler. https://doi.org/10.1007/978-3-662-52871-6_4

Kreutzer, R. T. (2023a). Das Haus der nachhaltigen Transformation als Handlungsrahmen. In *Die Rollen des Chief Sustainability Officers* (S. 63–65). Springer Gabler. https://doi.org/10.1007/978-3-658-42749-8_4

Kreutzer, R. T. (2023b). *Der Weg zur nachhaltigen Unternehmensführung.* Springer Gabler. https://doi.org/10.1007/978-3-658-41051-3

Kropp, A. (2019). *Grundlagen der Nachhaltigen Entwicklung.* essentials. Springer Gabler. https://doi.org/10.1007/978-3-658-23072-2_6. Zugegriffen am 20.08.2024.

Levermann, A. (2023). *Die Faltung der Welt: Wie die Wissenschaft helfen kann, dem Wachstumsdilemma und der Klimakrise zu entkommen.* Ullstein Buchverlage.

Lintemeier, K., & Rademacher, L. (2016). Stakeholder Relations. Nachhaltigkeit und Dialog als strategische Erfolgsfaktoren. In R. Altenburger & R. Mesicek (Hrsg.) *CSR und Stakeholdermanagement* (S. 29–58). Management-Reihe Corporate Social Responsibility. Springer Gabler. https://doi.org/10.1007/978-3-662-46560-8_3

Lüdeke-Freund, F., Froese, T., Kunzlmann, J., Putzhammer, F., & Hofmann, F. (2024). *Wertschöpfung für das 21. Jahrhundert – Geschäftsmodelle in der Transformation.* Hrsg. v. Bertelsmann Stiftung & ESCP Business School Berlin. https://doi.org/10.11586/2024056

Nölting, B., & Schmidt, J. (2022). Entwicklung einer Nachhaltigkeitsstrategie für die Neuausrichtung von Unternehmen. In A. Baumast & J. Pape (Hrsg.) *Betriebliches Nachhaltigkeitsmanagement* (2., vollst. überarb. Aufl., S. 78-101). Ulmer.

Opielka, M. (2023). *Soziales Klima: Der Konflikt um die Nachhaltigkeit des Sozialen.* Beltz Juventa.

Osburg, T. (2015). Strategische SCR und Kommunikation. In A. Schneider & R. Schmidpeter (Hrsg.), *Corporate Social Responsibility. Verantwortungsvolle Unternehmensführung in Theorie und Praxis* (S. 737–747). Springer Gabler. https://doi.org/10.1007/978-3-662-43483-3

Prexl, A. (2010). *Nachhaltigkeit kommunizieren-nachhaltig kommunizieren. Analyse des Potenzials der Public Relations für eine nachhaltige Unternehmens- und Gesellschaftsentwicklung.* VS Verlag für Sozialwissenschaften. https://doi.org/10.1007/978-3-531-92471-7

Röttger, U. (2009). Campaigns (f)or a better world? In U. Röttger (Hrsg.), *PR-Kampagnen* (S. 9–24). VS Verlag für Sozialwissenschaften. https://doi.org/10.1007/978-3-531-91518-0_1

Sandhu, S. (2022). Gesellschaftsorientierte Unternehmenskommunikation: Stakeholderorientierung und Legitimation als Ziel der Public Relations. In A. Zerfaß, M. Piwinger, & U. Röttger (Hrsg.), *Handbuch Unternehmenskommunikation* (S. 859–880). Springer Gabler. https://doi.org/10.1007/978-3-658-22933-7_38

Sawczyn-Müller, A., & Krohn, C. (2017). Glaubwürdigkeit und Transparenz in der CSR-Kommunikation. In R. Wagner, N. Roschker & A. Moutchnik (Hrsg.) *CSR und Interne Kommunikation* (S. 1–19). Management-Reihe Corporate Social Responsibility. Springer Gabler. https://doi.org/10.1007/978-3-662-52871-6_1

Schmidpeter, R. (2015). CSR als betriebswirtschaftlicher Ansatz – quo vadis? In A. Schneider & R. Schmidpeter (Hrsg.), *Corporate Social Responsibility: Verantwortungsvolle Unternehmensführung in Theorie und Praxis* (S. 1229–1238). Springer Gabler. https://doi.org/10.1007/978-3-662-43483-3_80

Schmitt, J., & Röttger, U. (2011). Corporate Responsibility-Kampagnen als integriertes Kommunikationsmanagement. In J. Raupp, S. Jarolimek, & F. Schultz (Hrsg.), *Handbuch CSR. Kommunikationswissenschaftliche Grundlagen, disziplinäre Zugänge und methodische Herausforderungen. Mit Glossar* (S. 173–187). VS Verlag für Sozialwissenschaften. https://bibaccess.fh-landshut.de:2188/10.1007/978-3-531-92639-1_9

Schrader, C., Diels, J., Thorun, C., Münsch, M., Mohn, C., & Jenny, M. A. (2024). *Effiziente Ansätze in der Klimakommunikation. Zwischenbericht.* Hrsg. v. Umweltbundesamt. Dessau-Roßlau. https://www.umweltbundesamt.de/publikationen/effiziente-ansaetze-in-der-klimakommunikation. Zugegriffen am 28.07.2024.

Schreiber, J. (2020). Grundverständnis nachhaltiger Entwicklung in Deutschland: Ökologische Modernisierung oder Postwachstum. *Soziologiemagazin, 13*(2), 29–49. https://doi.org/10.3224/soz.v13i2.04

Schwalbach, J., & Schwerk, A. (2022). Corporate Governance und Corporate Social Responsibility: Grundlagen und Konsequenzen für die Unternehmenskommunikation. In A. Zerfaß, M. Piwinger, & U. Röttger (Hrsg.), *Handbuch Unternehmenskommunikation* (S. 235–251). Springer Gabler. https://doi.org/10.1007/978-3-658-22933-7_9

Thummes, K., Dudenhausen, A., & Röttger, U. (2022). Strategische Kommunikation im Spannungsfeld von Gemeinwohl und Partikularinteressen. In K. Thummes, A. Dudenhausen, & U. Röttger (Hrsg.), *Wert- und Interessenkonflikte in der strategischen Kommunikation* (S. 1–15). Springer VS. https://doi.org/10.1007/978-3-658-35695-8_1

United Nations. (Hrsg.). (1987). *Our common future. Report of the world commission on environment and development.* https://documents.un.org/doc/undoc/gen/n87/184/67/pdf/n8718467.pdf. Zugegriffen am 20.08.2024.

Vieweg, W. (2019). *Nachhaltige Marktwirtschaft*. Springer Gabler. https://doi.org/10.1007/978-3-658-22986-3

Walter, B. L. (2017). Change Management und CSR-Kommunikation. In R. Wagner, N. Roschker & A. Moutchnik (Hrsg.) *CSR und Interne Kommunikation* (S. 103–114). Management-Reihe Corporate Social Responsibility. Springer Gabler. https://doi.org/10.1007/978-3-662-52871-6_6

Weissenberger-Eibl, M. A., & Braun, A. (2019). Nachhaltige Unternehmensentwicklung. In M. Englert & A. Ternès (Hrsg.), *Nachhaltiges Management* (S. 249–270). Springer Gabler. https://doi.org/10.1007/978-3-662-57693-9_13

Wördenweber, M. (2017). *Nachhaltigkeitsmanagement: Grundlagen und Praxis unternehmerischen Handelns*. Schäffer-Poeschel.

Woschnack, D., & Hiß, S. (2024). Finanzmarkt und Nachhaltigkeit – zur Rolle der nicht-finanziellen Berichterstattung für eine Corporate Accountability. In M. Sonnberger, A. Bleicher, & M. Groß (Hrsg.), *Handbuch Umweltsoziologie* (S. 805–818). Springer VS. https://doi.org/10.1007/978-3-658-37218-7_40

Zerfaß, A., & Volk, S. C. (2021). Strategische Ausrichtung der Unternehmenskommunikation: Zieldefinition, Alignment mit Organisationszielen und Wertbeitrag. In A. Zerfaß, M. Piwinger, & U. Röttger (Hrsg.), *Handbuch Unternehmenskommunikation* (S. 469–492). Springer Gabler. https://doi.org/10.1007/978-3-658-03894-6_21-1

Zerfaß, A. (2022). Unternehmenskommunikation und Kommunikationsmanagement: Grundlagen, Handlungsfelder und Wertschöpfung. In A. Zerfaß, M. Piwinger, & U. Röttger (Hrsg.), *Handbuch Unternehmenskommunikation* (S. 29–87). Springer Gabler. https://doi.org/10.1007/978-3-658-22933-7_2

Impulse aus Organisations-, Management- und Kommunikationstheorie

4

Inhaltsverzeichnis

Zusammenfassung

In diesem Kapitel wird ein erweiterter Bezugsrahmen für Nachhaltigkeitsmanagement und -kommunikation eingeführt und diskutiert. Dafür werden Ansätze und Konzepte aus Organisations-, Management- und Kommunikationstheorie herangezogen. Kommunikation und Organisation werden als selbstbezügliche und sich selbstreproduzierende Sozialsysteme vorgestellt. Das Konzept der betrieblichen Wertschöpfung wird um Stakeholder Value und Shared Value erweitert. Mit dem Konzept der identitätsbasierten Markenführung wird die Beziehungsperspektive in die Markenkommunikation eingeführt. Das klassische Change-Management wird auf seine Tragfähigkeit für Transformationsprozesse befragt. Agiles Management, Ambidextrie, laterale Führung, Holokratie sowie die Theorie U werden als neuere Ansätze zur Bewältigung aktueller

M. Bürker, *Management der Nachhaltigkeitskommunikation*,
https://doi.org/10.1007/978-3-658-48471-2_4

Schwierigkeiten in Management und Führung vorgestellt. Schließlich werden Storytelling und Narrative sowie Glaubwürdigkeit und Vertrauen im Hinblick auf Wirkungsmechanismen und mögliche Effekte dargestellt. Ein Interview mit einer Buchautorin und Expertin für Storytelling über Bilder, Videos und Storys in der Nachhaltigkeitskommunikation schließt das Kapitel ab.

Bisherige Versuche, die bestehenden Herausforderungen und Barrieren bei der nachhaltigen Entwicklung von Unternehmen zu bewältigen, sind beim Verständnis zentraler Begriffe und der Verwendung entsprechender Konzepte an Grenzen gestoßen. Das gilt insbesondere für das Organisations- und Kommunikationsverständnis, den Umgang mit Komplexität, das Wertschöpfungskonzept, einseitig von Unternehmen auf Zielgruppen ausgerichtete Markenkommunikation, etablierte Change- und Führungsmethoden sowie Narrationen und Glaubwürdigkeit als zentrale Kategorien der Kommunikation.

Um das Analysepotenzial und die Leistungsfähigkeit dieser Begriffe und Konzepte für die Nachhaltigkeitskommunikation nutzen zu können, werden neuere Ansätze und Konzepte aus Organisations-, Management- und Kommunikationstheorie eingeführt (Abb. 4.1).

Abb. 4.1 Erweiterter Bezugsrahmen für Nachhaltigkeitsmanagement und -kommunikation.

4.1 Organisation, Kommunikation, Komplexität und Öffentlichkeit

„Perception is Reality", diese dem amerikanischen Politik- und Präsidentenberater Lee Atwater zugeschriebene Aussage macht eine zentrale Herausforderung der nachhaltigen Entwicklung deutlich: Der Anspruch objektiver Forschungsergebnisse zum Klimawandel trifft auf individuelle Wahrnehmungen, die sich in persönlichen Umfeldern, Filterblasen und Echokammern gebildet haben. Um dieses Dilemma aufzulösen, müssen sich Begriffe, Konzepte, Modelle und Theorien von Vorstellungen verabschieden, es gäbe die eine Wirklichkeit mit eindeutigen Ursache-Wirkungszusammenhängen und Organisationen müssten ihre Stakeholder nur durch Argumente und Fakten überzeugen, um nachhaltig und wirtschaftlich erfolgreich zu sein.

„Das Thema, über das ich zu sprechen habe, ist ganz neu." So beginnt ein Aufsatz von Niklas Luhmann aus dem Jahr 1985 (S. 17). Der Titel „Kann die moderne Gesellschaft sich auf ökologische Gefährdungen einstellen?" ist heute ein Klassiker der wissenschaftlichen Literatur zur Nachhaltigkeit. Der Soziologe erreicht eine bis heute kaum mehr erreichte Abstraktionshöhe und Argumentationstiefe.

Mit den begrifflichen Mitteln der *Theorie sozialer Systeme* beschreibt er das Verhältnis zwischen *sozialen Systemen* und ihrer natürlichen, sozialen und psychischen *Umwelt*. Übertragen auf die Nachhaltigkeitskommunikation sind dies:

- Organisationen bzw. Unternehmen als soziale Systeme,
- die physische Natur als ökologische Umwelt (Luft, Wasser, Boden, Rohstoffe usw.),
- andere Organisationen in Wirtschaft und Gesellschaft (z. B. Lieferanten, Regierungen, Behörden, Verbände),
- das Bewusstsein bzw. Innenleben von Menschen als psychische Systeme (z. B. in Form von Vorstellungen, Gedanken, Erinnerungen, Gefühlen).

Die Systemtheorie ermöglicht einen ungewohnten Zugang zur sozial-ökologischen Transformation, da sie vollständig und ausschließlich auf dem Begriff der Kommunikation als kleinster sozialer Einheit basiert. Bei der folgenden knappen Darstellung werden die abstrakten systemtheoretischen Begriffe auf Organisationen und Nachhaltigkeit angewandt.[1]

---

[1] Die folgenden Überlegungen folgen grundlegenden gedanklichen Figuren (Selbstreferenz, Geschlossenheit, strukturelle Kopplung, Strukturdetermination, Autopoiese) von Systemtheorie (Luhmann, vor allem 1988) und Konstruktivismus (Maturana & Varela, 1991).

4.1.1 Organisationsverständnis

Organisationen sind Formen sozialer Systeme, und Unternehmen sind Sonderformen von Organisationen in der Wirtschaft.[2] Sie entstehen, konstituieren und reproduzieren sich durch Kommunikation (*Autopoiesis* nach Luhmann, 2004, S. 266, 2000, S. 45–51, 1988, S. 60–61): Menschen tun sich zusammen, einigen sich auf gemeinsame Vorhaben, setzen sich Ziele (Zwecke), geben sich einen institutionellen Rahmen, legen fest, wer dazugehört und wer nicht (Mitgliedschaft) und wer wann worüber entscheidet (Hierarchie) (Kühl & Muster, 2016, S. 8–9). Kommunikation über Entscheidungen ist der grundlegende Modus von Organisationen (Luhmann, 2000, S. 62–65).

Alles andere – die Gedanken und Handlungen von Menschen, Gebäude, Maschinen, Schreibtische, Computer usw. – wird der physischen oder psychischen Umwelt zugerechnet. Sie sind lediglich durch Beobachtungen und Beschreibungen zugänglich, aber nicht Teil des Systems. In diesem Sinne sind Organisationen geschlossene Systeme, die sich in ihren Operationen (Kommunikation) auf sich selbst beziehen (*Selbstreferenz* nach Luhmann, 1989, S. 49, 1988, S. 22–25). Um sich zu erhalten, müssen sie sich fortlaufend durch Kommunikation (über Entscheidungen) reproduzieren. Ansonsten würden sie sich auflösen und aufhören zu existieren. Diese zunächst kontraintuitive Sichtweise hat den Vorzug, unterschiedliche Sichtweisen auf ein und dieselben Sachverhalte zuzulassen. Alles wird gleichsam durch Kommunikation gefiltert.

> **Drei Seiten von Organisationen (nach Kühl & Muster)**
> * Die *formale Seite* der offiziellen und festgehaltenen Bedingungen und Erwartungen für Mitgliedschaft.
> * Die *informale* Seite der Organisationskultur als Gesamtheit der üblichen Verhaltensweisen und ungeschriebenen Gesetze, die nicht offiziell verabschiedet sind, aber anerkannt und erwartet werden.
> * Die *Schauseite* als die Selbstbeschreibungen bzw. das *Impression Management* der Organisation, die ihre Fassade bzw. *zweite Realität* nach außen bilden und zugleich als Schutz fungieren.
>
> (Quelle: Kühl & Muster, 2016, S. 17–25)

Unternehmen und Unternehmensleitungen müssen – gerade bei Veränderungsprozessen – berücksichtigen, dass es neben der *formalen* Organisation, wie sie sich in Organigrammen abbildet, auch *informelle* Bereiche und Strukturen gibt, die sich der formalen Kontrolle

---

[2] Die Ausführungen zum Organisationsbegriff in der Systemtheorie folgen der Darstellung bei Luhmann (2000, insbesondere S. 45–65, 1981b).

entziehen (Minssen, 2017, S. 317–324). In diesem Sinn können Organisationen nie alles über sich selbst wissen und stellen für sich selbst ein Risiko dar.

Vor allem bei größeren Veränderungen können informelle *Schattenorganisationen* erhebliches Eigenleben entwickeln und Change-Projekte bzw. Transformationen behindern und verhindern. Hier zeigt sich der Beziehungscharakter von Führung und Macht: Beides muss von den Beteiligten zugelassen werden – also auch von Geführten und Untergebenen. Führungskräfte und Mitarbeitende befinden sich in wechselseitigen Abhängigkeitsverhältnissen. Die Interessen und Ansprüche der Mitarbeitenden müssen berücksichtigt werden, um Veränderungen durchsetzen zu können – das gilt insbesondere für die informellen Beziehungsnetzwerke in der Organisation.

Dieses in Organisationspsychologie und -soziologie verbreitete, für viele Manager*innen in der Praxis ungewöhnliche Organisationsverständnis verleiht der Kommunikation eine umfassendere, grundlegende Funktion. Sie ist das existenzielle Element. Alle Mitarbeitenden in Unternehmen sind an ihr beteiligt. Sie kann nicht an die Kommunikationsabteilung delegiert werden. Wenn sie stoppt, hört die Organisation auf zu existieren. Dem Kommunikationsmanagement kommt vor allem die Funktion zu, die formale Kommunikation durch Strukturgestaltung und Prozesssteuerung in der Aufbau- und Ablauforganisation zu managen und die Mitarbeitenden, vor allem aber Unternehmensleitung und Führungskräfte, für die Kommunikation zu ermächtigen (*Empowerment*).

Für Unternehmensleitungen, Nachhaltigkeitsmanagement und -kommunikation eröffnet dieses Organisationsverständnis eine Umstellung auf Kommunikation (über Entscheidungen) als grundlegenden Modus der Reproduktion bei der nachhaltigen Entwicklung. Sie kann weder auf ein Marketinginstrument für Nachhaltigkeit noch auf einseitig gerichtete Kommunikation reduziert werden. Da sie nach diesem Verständnis von Beginn an tragendes Element beim Aufbau eines Nachhaltigkeits- und Transformationsmanagements ist, ermöglicht professionelles Kommunikationsmanagement eine höhere Wirksamkeit (Effektivität) und reduziert entsprechende Risiken. Das erfordert zugleich die Berücksichtigung der informellen Kommunikation und die Einbeziehung der Mitarbeitenden in die Nachhaltigkeitstransformation.

4.1.2   Kommunikation

Unter *Kommunikation* versteht die Systemtheorie, wenn Veränderungen bei zwei Personen oder Organisationen einander entsprechen, obwohl sie auch andere Möglichkeiten hätten (Luhmann, 1988, S. 66). Sie versteht Kommunikation als dreistufigen Prozess aus Information, Mitteilung und Verstehen (2004, S. 267, 1988, S. 194–198).[3] Personen sind Absender von Mitteilungen (Kommunikator*innen) und Empfänger*innen von Botschaften (Rezipient*innen). Erst, wenn mindestens zwei Personen sich wechselseitig aufeinander

---

[3] Die Ausführungen zum Kommunikationsbegriff in der Systemtheorie folgen der Darstellung bei Luhmann (1988, S. 191–241, insbesondere 191–198, 1981a).

beziehen und austauschen, entsteht Kommunikation. Das kann auch unbewusst oder unbeabsichtigt geschehen. Entscheidend ist, ob eine wahrgenommene Handlung als Mitteilung verstanden wird. Das bedeutet, dass Verstehensprozesse der eigentliche Ausgangspunkt von Kommunikation sind (S. 195). So werden zum Beispiel Missverständnisse erklärbar.

Alle an Kommunikationen Beteiligten wählen aus: Sie wenden sich Themen zu. Sie schenken Personen oder Medien ihre Aufmerksamkeit. Sie verstehen das Gesagte auf ihre eigene Art und Weise. In allen drei Fällen können sie auch jeweils anders wählen (*Kontingenz* nach Luhmann, 1988, S. 152). Da stets mindestens zwei Personen an der Kommunikation beteiligt sind, gilt das für beide Seiten (*doppelte Kontingenz* nach Luhmann, 1989, S. 237, 1988, S. 154). In diesem Sinne ist Kommunikation nicht auf Individuen oder Handlungen reduzierbar. Beide sind nur durch Beobachtung und Beschreibung – also Kommunikationsgegenstände – zugänglich.

Was in Kommunikationspartnern vorgeht, ist für die Teilnehmenden intransparent (Luhmann, 1988, S. 156). Insofern wird in der Kommunikation keine Information übertragen, sondern von beiden Seiten auf Basis sprachlicher und kultureller Prägung parallel konstruiert (Maturana & Varela, 1991, S. 212). Kommunikation dient der Aushandlung und Abstimmung von Wirklichkeitsvorstellungen. Ob eine Mitteilung im Sinne des Absenders verstanden wurde, können beide Seiten nur durch Konsistenzprüfung (Passt die Aussage zu vorher Gesagtem?), die Wahrnehmung zusätzlicher Signale (z. B. Stimme, Mimik, Gestik) oder anschließende Meta-Kommunikation (Habe ich Dich richtig verstanden, dass …?) prüfen (Bürker, 2013, S. 131). Missverständnisse lassen sich nie grundsätzlich ausschließen.

Die Kommunikation von Unternehmen und Organisationen ist ein Sonderfall von Kommunikation. Sie ereignet sich, wenn Mitteilungs- und Verstehensprozesse einem Unternehmen bzw. seinen Repräsentant*innen als Absender*in oder Empfänger*in zugerechnet werden (Bürker, 2013, S. 127–128). In diesem Sinn findet Unternehmenskommunikation immer in internen und externen Beziehungen statt. Sie kann nicht auf Mitteilungshandeln und Verstehensprozesse reduziert werden. Diese Sichtweise ist anschlussfähig an das Verständnis von Unternehmenskommunikation als Beziehungsmanagement.

Dieses tiefere, in den Sozialwissenschaften verbreitete Kommunikationsverständnis geht über lineare, einseitig gerichtete Modelle (*Stimulus-Response*) deutlich hinaus. Verstehensprozesse werden zu gleichwertigen Kommunikationshandlungen wie Mitteilungen aufgewertet. Sie begründen die besondere Bedeutung von *Listening* und *Monitoring* für das Kommunikationsmanagement. Feedback und Rückkopplung durch Interaktionen und Dialoge mit internen und externen Stakeholdern erschließen differenziertere Beobachtungen, wechselseitiges Verständnis und ermöglichen Anpassungen an Veränderungen in der Umwelt von Unternehmen. Handlungen werden nicht als gegeben gesehen, sondern als durch Kommunikation erzeugte Konstrukte.

Für die Nachhaltigkeitskommunikation bedeutet dies, alle Stakeholder als gleichwertige Partner in der Kommunikation zu betrachten und sie nicht auf die Rolle von Informationsempfänger*innen zu reduzieren. Vielmehr sind ihre Wahrnehmungen und Einstellungen gegenüber Nachhaltigkeit und Nachhaltigkeitstransformation in der Organisation, durch Befragungen, idealerweise in Dialogform (z. B. Soundingboards, Workshops, Townhall-Meetings) zu erheben. Unterschiede zu Sichtweisen und Zielen von Unternehmensleitung und Nachhaltigkeitsmanagement sind zu identifizieren und in der Planung für die Nachhaltigkeitskommunikation zu berücksichtigen.

4.1.3   Komplexität und Verhältnis zwischen Organisation und Umwelt

Komplex sind Organisationen, wenn sie mehr Zustände annehmen können als selbst beobachten (*Komplexität* nach Luhmann, 2004, S. 267).[4] Das heißt: Die Umwelt, und das gilt ganz besonders für die natürliche Umwelt, ist stets komplexer als das Unternehmen selbst (Luhmann, 1986, S. 213). Daraus folgt, dass Unternehmen nicht alle externen Ereignisse und Entwicklungen in Wirtschaft und Gesellschaft beobachten können, geschweige denn vorhersehen. Dasselbe gilt für Ereignisse in der eigenen Organisation (blinde Flecken). Geschehnisse sind in zunehmendem Maße *kontingent* – sie sind möglich, aber nicht zwingend notwendig. In diesem Sinn kann Komplexität auch als *unberechenbare Vielfalt* aufgefasst werden.

Hinzukommt, dass die Umwelt für Organisationen unsichtbar bzw. eine Black Box ist (Luhmann, 1988, S. 275–282, 556–557). Wahrgenommen wird nur, was außen mitgeteilt und in der Organisation wahrgenommen und verstanden wird – also Gegenstand von Kommunikation ist. Alles, was Organisationen über ihre Umwelt wissen, erzeugen sie selbst nach Maßgabe eigener Strukturen und Regeln. Mehr noch: Die Umwelt wird von der Organisation, wie sie sie sieht, selbst konstruiert (*Selbstreferenz* nach Luhmann, 2000, S. 45–51, 1988, S. 57–60).

Organisationen, andere soziale Systeme und Umwelt sind füreinander nicht Ursache und Wirkung, sondern *Irritation*. Ob und welche Veränderungen (*Resonanz* nach Luhmann, 2004, S. 40–43, 269, 1985, S. 19–20) sie beim jeweils anderen auslösen, hängt von dessen Struktur und Eigenkomplexität ab (*Strukturdetermination* nach Maturana & Varela, 1991, S. 105–107). Auf dieser Basis passen sie sich wechselseitig aneinander an (*strukturelle Kopplung* nach Luhmann, 2004, S. 267, 2000, S. 397; Maturana & Varela, 1991, S. 85–90, 110).

Das Komplexitätsgefälle gegenüber ihrer natürlichen, sozialen und psychischen Umwelt bedeutet für jedes Unternehmen und jede Organisation ein Risiko. Die Fähigkeit auf Umweltereignisse zu reagieren, können Unternehmen durch interne Differenzierung bzw. die Steigerung ihrer eigenen Komplexität ermöglichen bzw. erhöhen (Luhmann, 1988, S. 38, 262). In diesem Sinne reduzieren Organisationen, wie alle sozialen Systeme, die Komplexität ihrer Umwelt, um die Grenzen zu ihrer Umwelt aufrechtzuerhalten. Andernfalls könnten sie nicht identifiziert und unterschieden werden. Diese Form der Umweltanpassung kennt keine *beste* Weise, kein *Survival of the Fittest* (Maturana & Varela, 1991, S. 125). Was sich bewährt, hat Bestand. Unternehmen können bestenfalls wissen, was nicht funktioniert. So wird Vielfalt ermöglicht und gesichert.

---

[4] Die Ausführungen zum Komplexitätsbegriff in der Systemtheorie folgen der Darstellung bei Luhmann (1988, S. 45–51, 1986).

In diesem Sinn handelt es sich beim Nachhaltigkeitsmanagement um organisations-interne Programme, die definierte Entscheidungen und Handlungsfolgen für Anpassungen an die Umwelt entwickeln. Sie speisen sich im Wesentlichen aus Strategien und Investitions-programmen (Wirtschaft), Gesetzen und Richtlinien (Recht) sowie Theorien und Methodi-ken (Wissenschaft). Sie müssen aufeinander abgestimmt und in Einklang gebracht werden. Der außerhalb von Politik, Wirtschaft und Recht liegenden gesellschaftlichen Umwelt, den interessierten Bürger*innen, bleibt vor allem der öffentliche Protest durch Kommunikation mit der Tendenz zu Emotionalisierung und Moralisierung (Luhmann, 1985, S. 29–30).

Dabei können in Organisationen Zielkonflikte entstehen: Gesetze müssen eingehalten werden. Aber nicht jeder Wunsch von Verbraucher*innen, jedes Ergebnis einer Marktfor-schung oder jede Empfehlung der Politik muss auch umgesetzt werden. Nach Maßgabe der eigenen Finanzpläne werden in Unternehmen vor allem Maßnahmen präferiert, die wahlweise Umsätze erhöhen oder Kosten senken. Die Steigerung der eigenen Reputation folgt nur dann dieser Logik, wenn sie sich in wirtschaftliche Kategorien übersetzen lässt – zum Beispiel durch Wertbeitragsanalysen im Kommunikationscontrolling (Abschn. 8.4).

Dieses komplexere Verständnis des Verhältnisses zwischen Organisationen und ihrer Um-welt lenkt den Blick auf die organisationsinternen Strukturen und Prozesse, die bestimmen, wie die Nachhaltigkeitstransformation und interne sowie externe Rahmenbedingungen wahrgenommen und verstanden werden. Es schärft das Bewusstsein des Managements, dass Wahrnehmungen und Einschätzungen eigene Konstruktionsleistungen sind und keine Inputs von außen. Das umfasst die bisherige Behandlung ökologischer, sozialer und ökonomischer Aspekte in allen relevanten Unternehmensbereichen und -einheiten. Die bisherige Ver-arbeitung von Informationen über die Organisation und ihre Umwelt ist zu prüfen und ggf. weiterzuentwickeln. Die so gesteigerte Eigenkomplexität der Organisation ermöglicht quali-fiziertere Entscheidungen für Anpassungen an bislang nicht oder nicht hinreichend regist-rierte Veränderungen in der Umwelt (z. B. durch Frühwarnsysteme).

Diese Sichtweise hat Mintzberg et al. (2007) genutzt, um sie als letzte, konstruktivistische Entwicklung der *kognitiven Strategieschule* des Managements zu beschreiben (S. 193–199). Sie verzichtet bewusst auf die Vorstellung einer objektiv gegebenen Wirklichkeit zugunsten einer durch Wahrnehmung und Handeln geschaffenen kollektiven Realität als Interpretation der Welt (S. 198–199). Als Konsequenz daraus sollten Manager*innen ihre Sichtweisen, Konzepte, Techniken und Strategien sowie ihre Grundannahmen hinterfragen. Letztlich führe dies nach Mintzberg zur ambitioniertesten Strategieschule: der *Lernschule* – Strategie-entwicklung als sich herausbildender Prozess (S. 204–206).

4.1.4 Gesellschaft und Öffentlichkeit

Das umfassende soziale System von Menschen und Organisationen ist die Gesellschaft (Luhmann, 2004, S. 267, 1988, S. 555).[5] Sie besteht „aus Kommunikationen und nur aus

---

[5] Die Ausführungen zum Gesellschaftsbegriff in der Systemtheorie folgen der Darstellung bei Luh-mann (1988, S. 551–592, insbesondere S. 551–558).

Kommunikationen" (1985, S. 21–22). Außerhalb der Gesellschaft gibt es keine Kommunikation (1989, S. 50). Nicht-soziale Phänomene der Natur oder in den Köpfen von Menschen werden in der Gesellschaft erst präsent, wenn sie thematisiert und diskutiert werden. Die Bedingungen dafür haben sich in der Gesellschaft durch sprachliche und kulturelle Normen und Regeln etabliert. Sie stabilisieren die Erwartungen der Kommunikationsteilnehmer und sorgen für Anschlussfähigkeit und Anschlusskommunikation.

Um die Verarbeitungsfähigkeit in der Gesellschaft zu erhöhen, haben sich historisch Teilbereiche gebildet, die spezifische Funktionen autonom erfüllen und die von anderen nicht mehr übernommen werden: zum Beispiel Wirtschaft, Politik, Recht und Wissenschaft (*funktionale Differenzierung* nach Luhmann, 2004, S. 202–205, 266, 1988, S. 84, 624–627, 1985, S. 21–22). Die Akteure in diesen Teil- bzw. Funktionssystemen agieren auf der Basis jeweils systemspezifischer Programme und Regeln. Für Organisationen, wie für alle sozialen Systeme, sind die Gesellschaft und deren Funktionssysteme jeweils Umwelten.

Die *Öffentlichkeit* repräsentiert die wahrgenommenen Kommunikationen in der Gesellschaft, sie ist – in Analogie zum Markt in der Wirtschaft – ihre *interne* Umwelt der Gesellschaft (Luhmann, 1996, S. 184–185, 1989, S. 94, 107). Die *öffentliche Meinung* steht für die vorherrschende Meinung in der Öffentlichkeit, das abgeleitete *Meinungsklima* für die wahrgenommene Mehrheitsmeinung (Noelle-Neumann, 1991, S. 27–32)[6]. Öffentlichkeit, öffentliche Meinung und Meinungsklima ermöglichen die Orientierung an Aussagen und Meinungen von anderen (*Koorientierung*). Sie stabilisieren gesellschaftliche Diskurse und ermöglichen die Bildung von Konsens. Der Prozess der öffentlichen Meinungsbildung ist vergleichbar mit dem Einpendeln von Preisen in der Interaktion von Angebot und Nachfrage auf Märkten (Noelle-Neumann, 1973, S. 41).

Da nicht alle Meinungen beobachtet werden können, kann es zu Fehlwahrnehmungen kommen (Noelle-Neumann, 1991, S. 241–245, 340–342, 1989, S. 420–423): Die Mehrheit täuscht sich über die Mehrheit (*Pluralistische Ignoranz*). Sie kann Minderheiten für Mehrheiten halten, irrtümlich von einem Konsens ausgehen (*False Consensus*). Selbst Umfragen lösen dieses Problem nicht. Sie erreichen nicht alle Personen, nicht alle Personen nehmen teil und manche Personen machen falsche Aussagen – sei es wegen sozialer Erwünschtheit oder wegen unangenehmer, tabubesetzter Themen. Entscheidend ist nicht die *tatsächliche* Meinungsverteilung in der Gesellschaft, sondern die *wahrgenommene*. Dieses *Meinungsklima* ist wirkungsmächtiger als die tatsächliche Mehrheitsmeinung (öffentliche Meinung).

Dieses Verständnis von Gesellschaft und Öffentlichkeit stärkt die Bedeutung der Kommunikation als konstitutives Element von bzw. für Organisationen. Es macht deutlich, dass Organisationen stets in mehreren gesellschaftlichen Funktionssystemen zugleich agieren und beobachtet werden (z. B. Wirtschaft, Recht, Medien, Gesellschaft). Zugleich ermöglicht es ein tieferes Verständnis für die Dynamiken öffentlicher Kommunikation und Meinungsbildung über Nachhaltigkeit in journalistischen und sozialen Medien und schärft den Blick für Konsens und Dissens, wechselseitiges Verständnis, Fehlwahrnehmungen und Missverständnisse.

---

[6] Noelle-Neumann hat sich selbst nie als Systemtheoretikerin oder Konstruktivistin bezeichnet. Ihre Gedankenführung liegt jedoch in großer Nähe zu Denkfiguren der beiden Theorieströmungen.

Für die Nachhaltigkeitskommunikation erfordert dies, Unterschiede zwischen Eigen- und Fremdwahrnehmungen (interne, externe Stakeholder), erfahrungsbasierten und kommunikationsvermittelten Wahrnehmungen (primäre, sekundäre Stakeholder) sowie tatsächlichen und wahrgenommenen Meinungsverteilungen durch Analysen zu erfassen und bei der Entwicklung von Kommunikationsstrategien, insbesondere der Zielbestimmung, zu berücksichtigen (Abschn. 8.3 und 8.4).

Einen entsprechenden Forschungsrahmen für die Kommunikation zur nachhaltigen Entwicklung von Unternehmen und Organisationen hat Lock (2023) auf der Basis von System- und Komplexitätstheorien vorgelegt. Auch sie betont, dass eine ausschließliche Fokussierung auf Organisationsziele, die Fähigkeit einschränke, die Herausforderungen der Nachhaltigkeitstransformation zu bewältigen (S. 1).

▶   Wie das modifizierte Verständnis der Begriffe Organisation, Kommunikation, Umwelt und Gesellschaft die Bedeutung der Kommunikation in der Nachhaltigkeitstransformation verändert, wird in Abschn. 7.2 ausgeführt.

4.2   Wertschöpfung und Stakeholder Value

Oberste Maxime von Unternehmen ist die Erzielung von Gewinn. Unabhängig davon, ob man darin – wie Milton Friedman – bereits ihre soziale Verantwortung erkennt (13.09.1970), ist Profit die Voraussetzung für ihren Fortbestand. Die Betriebswirtschaft versteht unter Wertschöpfung den in einer Periode zusätzlich erzielten wirtschaftlichen Wert (*Economic Value Added*, kurz EVA). Der wirtschaftliche Wert vor Steuern (Gewinn) entspricht den Umsatzerlösen (Output) abzüglich der Aufwendungen und Abschreibungen (Input).

Mit diesem klassischen Verständnis von Wertschöpfung als Gewinn kommen Bemühungen von Unternehmen für eine Nachhaltigkeitstransformation schnell an ihre Grenzen. Sie erfordert zunächst zusätzliche Investitionen. Das erhöht die Aufwendungen und schmälert den Gewinn. Insofern bedeutet sie zunächst eine Wertvernichtung. Andererseits leistet Nachhaltigkeit in Unternehmen Beiträge zu Umwelt- und Klimaschutz, Arbeitsschutz, Gesundheit, Gleichberechtigung sowie lebenswerten Städten und Gemeinden. Diese Formen der nicht-finanziellen, immateriellen gesellschaftlichen Wertschöpfung werden bislang nicht berücksichtigt.

Zudem kann nicht-nachhaltiges Verhalten von Unternehmen negative Folgen nach sich ziehen: Zunächst werden Markenimage und Unternehmensreputation belastet und geschwächt. Daraus können erhebliche wirtschaftliche Konsequenzen entstehen: Mitarbeitende verlassen das Unternehmen, Kund*innen wandern zu anderen Marken ab, Investor*innen verkaufen Unternehmensanteile. Im Extremfall verlieren Unternehmen ihre Legitimation (Licence to operate) bis hin zur Betriebsschließungen durch Behörden oder Gerichte sowie Insolvenzen. Spätestens dann erzielt Nicht-Nachhaltigkeit materielle Wertschöpfung – nur eben eine negative.

So unterscheidet Wördenweber (2017) zwischen Effekten, die sich unmittelbar aus Nachhaltigkeit ergeben, sowie mittelbar aus einer durch Nachhaltigkeit erhöhten Reputation (S. 34, 38).

Direkte und indirekte Wertschöpfung durch Nachhaltigkeit

Nachhaltigkeit als Ursache für Gewinn- und/oder Wertsteigerungen:

- verbesserte Wettbewerbsfähigkeit,
- optimiertes Risikomanagement,
- sich bietende Kostensenkungspotenziale,
- steigende Marktbewertung des Unternehmens,
- nachhaltigkeitsorientiertes Vergaberecht.

Effekte einer durch Nachhaltigkeit erhöhten Reputation:

- Stärkung der langfristigen Kundenbindung
- Erhöhung der Motivation und Zufriedenheit der Mitarbeiter
- Bindung der eigenen Mitarbeiter an das Unternehmen
- Erhöhte Chancen auf Gewinnung qualifizierter Mitarbeiter
- Reduziertes Risiko von Boykottaufrufen

(Quelle: Wördenweber, 2017, S. 34, 38) ◄

Neben die Betrachtung rein materieller, finanzieller Größen sind zunehmend immaterielle Werte (Intangibles) getreten, die in zunehmendem Maße bilanzierungsfähig geworden sind (z. B. Patente, Warenzeichen, Lizenzen). Bislang können aber nur immaterielle Vermögenswerte in Bilanzen aufgenommen werden, die käuflich erworben wurden. Weitere immaterielle Vermögenswerte von Unternehmen sind die Qualifikation und Loyalität von Mitarbeitenden, die Beziehungen zu Geschäftspartner*innen, Kunden*innen und Anteilseigner*innen sowie das Markenimage und die Unternehmensreputation. Nur durch sie lässt sich erklären, warum die Marktwerte von Unternehmen teilweise deutlich über ihren Buchwert hinausgehen.

Um neben finanziellen auch immaterielle Werte berücksichtigen zu können, hat das Konzept der *Balanced Scorecard* (Kaplan & Norton, 1997) die zusätzlichen Perspektiven Kund*innen, Prozesse sowie Lernen und Entwicklung in das Unternehmenscontrolling eingeführt. Die Integration dieser vier Dimensionen ermöglicht, neben finanziellen auch weitere, nicht monetäre Faktoren für den langfristigen Erfolg zu überwachen und zu steuern.

Wertschöpfungsperspektiven von Strategy Maps und Balanced Scorecards

Strategy Maps und *Balanced Scorecards* sind strategische Managementinstrumente und Controlling-Konzepte, die Unternehmen dabei unterstützen, ihre Vision und Strategie in konkrete Ziele und Maßnahmen umzusetzen. Sie bietet einen umfassenden Überblick über die Unternehmensleistung, indem sie vier zentrale Dimensionen berücksichtigt und miteinander verknüpft:

- **Finanzperspektive**: Hier werden finanzielle Ziele wie Umsatz, Gewinn und Kosten betrachtet, um den wirtschaftlichen Erfolg des Unternehmens zu messen.
- **Kundenperspektive**: Diese Perspektive konzentriert sich auf die Kundenzufriedenheit und -bindung sowie die Marktanteile, die das Unternehmen erreichen möchte.
- **Interne Prozessperspektive**: Sie analysiert die Effizienz und Qualität der internen Geschäftsprozesse, die entscheidend für die Erreichung der Unternehmensziele sind.
- **Lern- und Wachstumsperspektive**: Diese Perspektive fokussiert sich auf die Entwicklung der Mitarbeiter, die Unternehmenskultur und Innovationen, um die langfristige Leistungsfähigkeit des Unternehmens zu sichern.

(Quelle: Kaplan & Norton, 2004, S. 7–13, 1997, S. 23–30)

Zerfaß hat die vier Dimensionen der Balanced Scorecard in seinem Konzept der Communications Scorecard um eine gesellschaftspolitische Perspektive erweitert (2005a, S. 8–9, 2005b, S. 212–213). Auf dieser Basis können Nachhaltigkeitsmanagement und -kommunikation die ökologische, soziale und ökonomische Wertschöpfung für Mitarbeitende, Kund*innen und Anteilseigner definieren (Abb. 4.2).

Die Wertschöpfung durch Kommunikation erfolgt durch ihre unterstützende Funktion (*enabeling function*) entlang der Wertschöpfungskette (Rolke et al., 2022, S. 596–597; Huhn & Sass, 2011, S. 12–14). Dabei geht es insbesondere um die laufende Leistungserstellung, den Aufbau und die Sicherung immaterieller Erfolgspotenziale wie Image, Vertrauen und Reputation sowie die Vergrößerung und Sicherung von Handlungsspielräumen. Sie dienen letztlich der Stärkung und Sicherung von Wettbewerbsvorteilen, Rentabilität und Liquidität sowie der gesellschaftlichen Legitimation (*Licence to operate*).

Im deutschsprachigen Raum hat sich mit dem Wirkungsstufen-Modell der Deutschen Public-Relations-Gesellschaft (DPRG) und des Internationalen Controller-Vereins (ICV) ein Bezugsrahmen für das Kommunikationscontrolling etabliert, der Wertschöpfung durch Kommunikation systematisiert (Huhn & Sass, 2011). Dort werden angestrebte und erzielte Kommunikationseffekte auf vier Stufen differenziert: Kontakte und Reichweite (externer Output), Wahrnehmung und Bewertung von Kommunikationsmaßnahmen (direkter

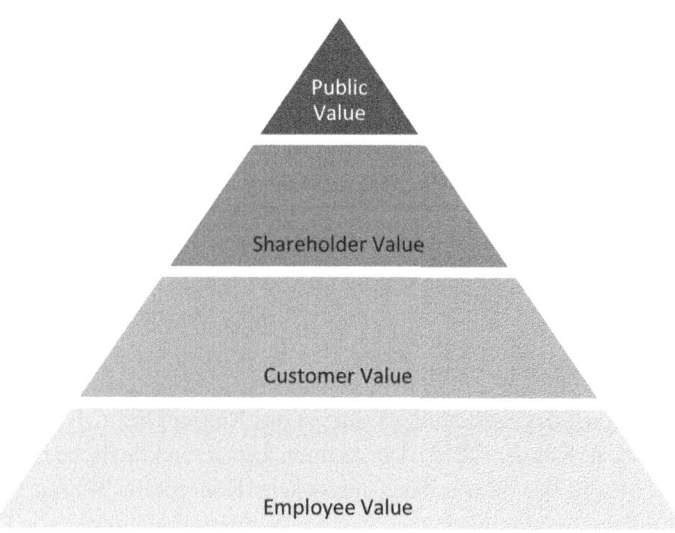

Abb. 4.2 Stakeholder Value nach der Communication Scorecard. (In Anlehnung an Zerfass, 2005a, S. 8–9, 2005b, S. 212–213)

Outcome), Veränderungen bei Einstellungen (indirekter Outcome) und Erreichen von übergeordneten Unternehmenszielen (Outflow) (Rolke et al., 2022, S. 602–605; Huhn & Sass, 2011, S. 12–14) (Abschn. 8.4).

Für die Nachhaltigkeitskommunikation bedeutet dies, dass bei der Wertschöpfung zwischen kommunikativen sowie übergeordneten, unternehmensstrategischen Ziel- und Ergebnisgrößen unterschieden werden muss. Auf der Outflow-Ebene sind Ergebnisse der Nachhaltigkeitsaktivitäten im ökologischen, sozialen und wirtschaftlichen Bereich anzusiedeln. Die vorgelagerten Stufen sind klassischen Kommunikationszielen zuzuordnen.

Eine weitere Modifikation des Wertschöpfungsbegriffs ergibt sich aus der Stakeholder-Orientierung von CSR- und Nachhaltigkeitsmanagement: Wertschöpfung wird nicht nur einseitig bei Unternehmen angesetzt, sondern stets auch bei Stakeholdern und Gesellschaft. Hier wird der Ansatz des *Customer Value* als Kern des Marketingverständnisses (Kotler et al., 2023, S. 34, 70) in erweiterter Form als *Stakeholder Value* übernommen: Nur wenn Stakeholder Nutzen und Werte aus der Transaktionsbeziehung erzielen, können Unternehmen langfristig erfolgreich sein.

> **Zweiseitige Wertschöpfung durch Corporate Value und Stakeholder Value**
> *Stakeholder Value* ist der Wert, den Unternehmen für ihre Stakeholder schaffen und bieten (müssen), um durch Beschaffung, Finanzierung und Umsatz Mehrwert erzielen (*Corporate Value*) und durch Legitimität ihre Geschäftstätigkeit und Existenz sichern zu können.

- **Mitarbeitende**: attraktive und sichere Arbeitsplätze, faire Entlohnung, attraktive Weiterentwicklungsmöglichkeiten
- **Kund*innen**: Produkte mit gutem Preis-/Leistungsverhältnis, transparente Produktinformationen, zuverlässiger Service
- **Geschäftspartner*innen**: zuverlässiges Angebots- und Vertragsverhalten, gute Zahlungsmoral
- **Shareholder**: attraktive Rendite, angemessene Sicherheit
- **Gesellschaft**: Einsparung und Schutz natürlicher Ressourcen, Rechtstreue und hohe Steuermoral

Ein verwandter Begriff des *Stakeholder Value* ist das Konzept des *Creating Shared Value* (CSV) von Porter und Kramer (2015). Die Autoren kritisieren klassische CSR-Ansätze als zu einseitig (S. 146–147). Das von ihnen entwickelte Konzept des *Shared Value* geht von einer wechselseitigen Abhängigkeit zwischen der Wettbewerbsfähigkeit von Unternehmen und dem Wohlstand der Gesellschaft aus (S. 145). Anstelle von Unternehmensverantwortung bzw. CSR setzen sie auf die Schaffung gemeinsamer Werte für Unternehmen und Gesellschaft.

Um gemeinsame Werte zu schaffen, hätten Unternehmen drei Möglichkeiten: Sie könnten gesellschaftliche Bedürfnisse durch neue Produkte oder Märkte von gemeinsamem Wert befriedigen. Sie könnten die Wertschöpfungsproduktivität neu bewerten und den Fortschritt in Wirtschaft und Gesellschaft durch optimierte Prozesse und den Erhalt natürlicher Ressourcen vorantreiben. Und sie können lokale Cluster aus Lieferanten, Mitarbeitenden und Infrastruktur aufbauen (S. 146).

Im Gegensatz zum intrinsischen CSR-Ansatz der unternehmerischen Verantwortung, hätten Unternehmen ein Eigeninteresse, durch die Lösung sozialer und ökologischer Probleme gemeinsame Werte für Unternehmen und Gesellschaft zu schaffen und so zum Beispiel Effizienz und Produktivität zu steigern sowie Kosten zu senken (S. 147). Für die Umsetzung seien das Commitment der obersten Managementebene, die Identifikation der strategisch relevanten Themen, funktionale Innovationen sowie die Messung der Shared Value notwendig (S. 153–157). Für die Unternehmenskommunikation fordern die Autoren eine Konzentration der Nachhaltigkeitsberichterstattung auf eine „faktenbasierte Auseinandersetzung" mit den Beiträgen zur Entwicklung von Unternehmen und Gesellschaft (S. 157).

Kritiker des CSV-Konzepts betonen, dass die Verankerung im Kerngeschäft und der Bezug zum Geschäftsmodell von neueren CSR-Konzepten aufgegriffen wurde (Schormair & Gilbert, 2017, S. 102–103). Auch eine „ökonomische Verkürzung des Wertbegriffs" durch eine einseitige Orientierung auf finanzielle Wertsteigerung sowie eine starke Beschränkung auf reine Win-Win-Situationen wurden kritisiert. Eine Perspektive für die Weiterentwicklung des CSV-Ansatzes sehen Schormair und Gilbert (2017) in einer Verbindung (*Sharing*) der Interessen von Unternehmen und Stakeholdern auf dem Weg eines kontinuierlichen Verständigungsprozesses, der die wechselseitigen Wertvorstellungen integriert (S. 107–108).

Zerfaß et al. (2018) konnten in einem Online-Experiment zeigen, dass das *CSV-Konzept* in der deutschen Bevölkerung auf signifikant höhere Akzeptanz stößt als der *intrinsische CSR-Ansatz* (S. 75–76). Der Einfluss auf Vertrauen gegenüber dem Unternehmen, Bereitschaft zur Word-of-Mouth-Kommunikation im Internet und die Kaufbereitschaft ist höher, aber nicht signifikant. Lediglich beim Einfluss auf das Unternehmensimage erzielt der CSR-Ansatz höhere Werte.

Tatsächlich lassen sich in modernen Varianten von CSV und CSR kaum noch Unterschiede finden. Der klare Bezug auf das Geschäftsmodell, die Notwendigkeit für wirtschaftliche Erfolge zugleich Werte für Stakeholder, Gesellschaft und Unternehmen zu schaffen sowie ein breiteres Verständnis von Wert bzw. Wertschöpfung ist inzwischen beiden Konzepten gemein. In beiden Fällen geht es in den aktuellen Fassungen nicht mehr um vorauseilende Philanthropie oder Unternehmensethik. Die Übernahme gesellschaftlicher Verantwortung durch die Schaffung geteilter Werte ist kein normativer Anspruch, sondern eine langfristige Notwendigkeit und Funktion im Wettbewerb.

Mit dem erweiterten Wertschöpfungsbegriff erhalten Nachhaltigkeitsmanagement und -kommunikation Kategorien, mit denen sie Ziele, Indikatoren, Kennzahlen und Ergebnisse für die Dokumentation und den Nachweis der eigenen Leistung bestimmen können.

Dennoch werden kurzfristige angelegte Strategien, die Nutzen für Stakeholder und Gesellschaft nachrangig behandeln oder ignorieren, auch weiterhin Erfolge haben können – aber aufgrund zunehmender öffentlicher Transparenz nur für kurze, begrenzte Dauer. Unternehmen, die Schäden für Natur, Mensch und Gesellschaft in Kauf nehmen, riskieren erhebliche Reaktionen – von Verbraucherboykotten (z. B. H&M, KiK, Nestlé, Shell) über Strafzahlungen (z. B. Siemens, Volkswagen) bis zu Standort- oder Werksschließungen (z. B. Müller-Brot, Wiesenhof) und Insolvenz (z. B. Envio Recycling, Schlecker, Wilke Wurstwaren). Die Entscheidung zwischen finanzieller und immaterieller Wertschöpfung läuft letztlich auf ein zeitliches Aufwand-/Ertragskalkül hinaus: kurzfristige Erfolge unter höherem Risiko oder längerfristige Erfolge zu erhöhten Kosten.

▶ Das erweiterte Wertschöpfungskonzept wird in Abschn. 8.5 für das Controlling der Nachhaltigkeitskommunikation aufgegriffen.

4.3 Konsum – Marketing – Marke

Nachhaltiges Konsumverhalten wird – vor allem in der Marketingliteratur – als wesentlicher Hebel für die Transformation angesehen (Kreutzer, 2023, S. 20; Grunwald & Schwill, 2022, S. 87–88; Balderjahn, 2021, S. 196–217). Doch über Bewusstseinsbildung hinaus seien ausreichende Gelegenheiten zum nachhaltigen Konsum sowie die Förderung bzw. Befähigung (Empowerment) durch öffentliche Programme, Initiativen und Projekte notwendig (S. 198). Konsument*innen würden in vielfältigen Dilemmata stecken, die aus unterschiedlichen Barrieren für nachhaltigen Konsum wie höheres Preisniveau, konkurrierende Bedürfnisse, Gewohnheiten und Bequemlichkeit resultieren (S. 219–220). Zum selben Ergebnis kommt eine Studie des Umweltbundeamts (2023): Danach sind freiwillige, informatorische oder kooperative Instrumente nicht ausreichend, um nachhaltigen Konsum voranzubringen (S. 134). Sie könnten Diskussion und Verständnis fördern, insgesamt sollten allerdings „harte regulatorische und weiche Instrumente intelligent kombiniert werden".

Deutlich weiter geht die Kritik an der „individualistische[n] Engführung des Diskurses um nachhaltigen Konsum" (Brunner, 2019, S. 167). Konsum würde häufig auf individuelle Kaufentscheidungen reduziert (S. 168–172). Kritisiert wird das Modell souveräner Konsumenten*innen, die eigenverantwortlich rational handeln und informierte Kaufentscheidungen treffen. Soziale und kulturelle Kontexte würden nicht genügend berücksichtigt. Die Bedeutung von Information und Wissen über Nachhaltigkeit werde überschätzt. Bewusstsein sei eine notwendige, aber keine hinreichende Bedingung für nachhaltigen Konsum. So würden gerade gutverdienende und nachhaltigkeitsbewusste Konsumentengruppen häufig einen besonders Ressourcen verbrauchenden Lebensstil praktizieren. Ohne entsprechende Rahmenbedingungen durch die Politik sei eine „Politik mit dem Einkaufskorb" wenig erfolgreich (S. 167). Bewusstseinsfördernde Informations- und Bildungsmaßnahmen allein seien nicht ausreichend. Sozialer Wandel werde auf individuelle Verhaltensänderungen reduziert, soziale Ungleichheiten und kollektive Normen würden ausgeblendet (S. 178–179). Gesellschaftliche Innovation und Transformation sei eine laufende Interaktion zwischen Institutionen, Infrastrukturen und Alltagsleben. Träger von Veränderungen müssten vor allem Staat und Wirtschaft sein, die Alltagspraktiken maßgeblich beeinflussen.

Einen Ansatzpunkt, der die absender-orientierte Kommunikation überwindet, die Wünsche, Bedürfnisse, Ansprüche und Erwartungen von Konsument*innen berücksichtigt und dem Grundverständnis des Marketings, Nutzen für seine Zielgruppen zu schaffen (*Customer Value*), gerecht zu werden, bietet das Konzept der *identitätsbasierten Markenführung* von Burmann et al. (2024, erstmals 2012). Marken werden dabei als „Bündel aus funktionalen und nicht-funktionalen Nutzen, deren Ausgestaltung sich aus Sicht der Zielgruppen der Marke dauerhaft gegenüber konkurrierenden Angeboten differenziert" (S. 11). Damit verbindet der Ansatz ein ressourcen-basiertes und markt-orientiertes Verständnis von Unternehmens- und Markenführung (Feddersen, 2010, S. 28).

Das Konzept bildet die Beziehung zwischen Markenunternehmen und Markenkonsument*innen ab (Burmann et al., 2024, S. 11–12, 19–24, 43–48): Die Eigenwahrnehmung bzw. das Selbstbild der internen Stakeholder (*Markenidentität*) sowie Fremdwahrnehmung und -bild der externen Stakeholder (*Markenimage*) werden verbunden (Abb. 4.3). Sie begegnen sich an den Berührungspunkten zwischen Marke und Konsument*innen (*Touchpoints*): zuerst im Rahmen der Kommunikation als *Nutzenversprechen* der Markenunternehmen und als *Bedürfnisse* und Erwartungen der Markenkonsument*innen. Und ein zweites Mal als *Markenverhalten* und *Markenerlebnis* bei der Nutzung von Produkten und Dienstleistungen.

Die Verknüpfung des Nutzenversprechens der Marke mit den eigenen Kompetenzen und Ressourcen sowie den Idealvorstellungen der Nachfrager*innen und der Differenzie-

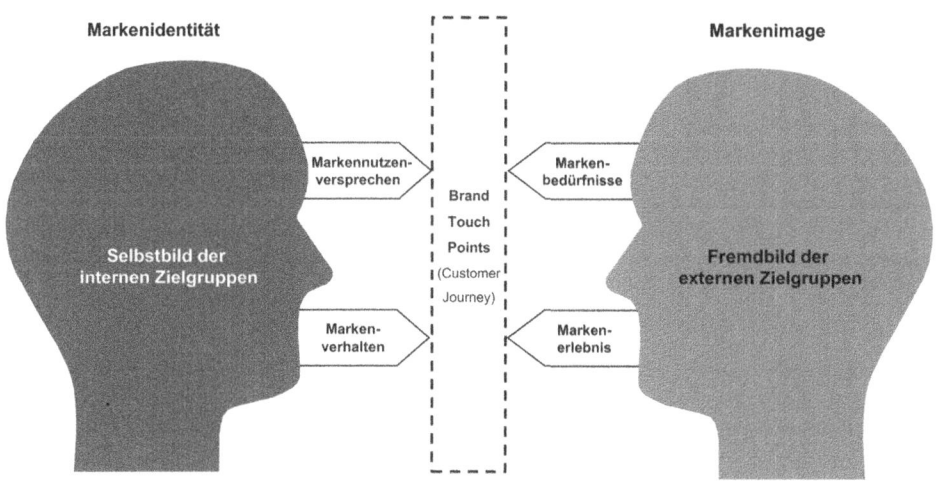

Abb. 4.3 Konzept der identitätsbasierten Markenführung. (Burmann et al., 2024, S. 11)

rung vom Wettbewerb spiegelt sich schließlich in der *strategischen Markenpositionierung* wider (Burmann et al., 2024, S. 92).

Um potenziellem Glaubwürdigkeits- und Vertrauensverlust zu begegnen, fordert das Konzept, das Nutzenversprechen der Marke an allen Brand-Touchpoints einzulösen. Nur so entstehe *Markenauthentizität* als „Ausmaß der Übereinstimmung zwischen Nutzenversprechen und Markenverhalten" (Burmann et al., 2024, S. 12–13). Die Autoren sehen in ihrem Konzept der *identitätsbasierten Markenführung* eine gute Basis für eine glaubwürdige Integration von CSR in Marken (S. 60–62, 69–76).

Grunwald und Schwill (2022, S. 201–204) sowie Kreutzer (2023, S. 212–214) haben ebenfalls vorgeschlagen, das Konzept der identitätsbasierten Marke für den Aufbau und die Führung von Nachhaltigkeitsmarken (*Sustainability Brands*) zu nutzen. Bei bereits bestehenden Marken handelt es sich um *Markenerweiterungen* bzw. *Marken-Repositionierungen* (Burmann et al., 2024, S. 101–102, 104). Für Burmann und Barth (2020) ist die authentische Berücksichtigung von CSR- und Nachhaltigkeitsaspekten eine wesentliche Strategie gegen das erodierende Markenvertrauen (S. 597–598, 604).

Allerdings sind die Forschungsergebnisse zur Wirkung der Wahrnehmung von CSR-Aktivitäten auf das Kaufverhalten von Verbraucher*innen gemischt (Burmann & Barth, 2020, S. 603). Positive Effekte lassen sich dagegen auf dem Kauf vorgelagerte Größen wie Markenimage, Markenvertrauen und Markenbindung belegen. Die Möglichkeiten durch Markenauftritt und Marketing-Mix die Einstellungs-Verhaltens-Lücke (ABG) zu schließen und Konsument*innen zum Kauf nachhaltiger Produkte anzuregen, scheinen dagegen begrenzt (Bürker & Gronover, 2023, S. 224–226). Die Ergebnisse einer Sekundärstudie von Bürker und Gronover (2023) legen nahe, dass persönliche, psychische, soziale, kulturelle und gesellschaftliche Faktoren das Kaufverhalten bei nachhaltigen Produkten stärker beeinflussen, als dies Unternehmen mit ihren Markenstrategien und Marketingmaßnahmen gelingt.

Damit repräsentiert das Nachhaltigkeitsmarketing die vorerst letzte Phase der Entwicklung des Marketings von der Ausdehnung des Marketings als Prinzip der Unternehmensführung (marktorientierte Unternehmensführung) über die Fokussierung auf die Kundenbeziehung (Relationship-Marketing) bis zur Erweiterung vom kundenorientierten zum ganzheitlichen Stakeholder-orientierten Marketing (Meffert et al., 2024, S. 7, 16–19; Grunwald & Schwill, 2022, S. 16–19). Es greift Konsum- und Marketingkritik auf, dehnt sich auf Non-Profit-Organisationen und soziale Ziele aus (Social Marketing) bis hin zum integrativen Ansatz im gesellschaftsorientierten Marketing (Societal Marketing).

Nachhaltigkeitsmarketing (Definition)

„Analyse, Planung, Realisierung und Kontrolle aller markt- und nichtmarktbezogenen Aktivitäten zur Vermeidung und/oder Reduzierung ökologischer und sozialer Probleme […] um über die Schaffung eines nachhaltigen Nutzens für potenzielle und aktuelle Zielgruppen unter Ausnutzung von Wettbewerbsvorteilen und bei Sicherung der gesellschaftlichen Legitimität die angestrebten Unternehmensziele zu erreichen"

(Quelle: Grunwald & Schwill, 2022, S. 30). ◄

In seinen Ansprüchen und Anforderungen konvergiert das Nachhaltigkeitsmarketing mit dem Nachhaltigkeitsmanagement: Es ist mehrdimensional und interdisziplinär anzulegen, funktions- und prozessübergreifend auszugestalten, stakeholder-bezogen und dialogorientiert auszurichten und verantwortungsbewusst sowie langfristig auszulegen (Grunwald & Schwill, 2022, S. 30).

▶   Wie das Konzept der identitätsbasierten Markenführung für die Nachhaltigkeitskommunikation genutzt wird, um Unternehmen und Marken in der Nachhaltigkeitstransformation zu positionieren bzw. zu repositionieren, wird in Abschn. 8.3 weiter ausgeführt.

4.4   Transformation und Change-Management

Schwierigkeiten und Barrieren bei der nachhaltigen Entwicklung von Unternehmen zeigen, dass es sich um einen Veränderungsprozess von erheblichem Ausmaß mit weitreichenden Konsequenzen handelt. Nicht umsonst wird von einer sozial-ökologischen Transformation gesprochen. „,Transformation' ist ein Schlüsselbegriff des Nachhaltigkeitsdiskurses", schreibt Luks (2019, S. 3). Die Akzeptanz sei allerdings „deutlich auf Kosten der Schärfe des Begriffs gegangen".

Das klassische *Change-Management* scheint dagegen aus der Zeit gefallen (Bittner-Fesseler et al., 2023, S. 2–3). So haben insbesondere drei Faktoren keine Gültigkeit mehr: langfristige Detailplanungen, Top-down-Vorgehensweisen und die Erwartung zum Normalzustand zurückkehren zu können. Die führe in Organisationen zur zunehmenden

Anwendung agiler Methoden. Doch mehr als auf neue Methoden wie Scrum, Design Thinking, Dailys und Stand-ups komme es auf eine veränderte Herangehensweise und Haltung gegenüber Veränderungen an. Kommunikation und Beteiligung wurden immer wieder als zentrale Voraussetzungen bzw. Erfolgsfaktoren von Change-Projekten betont (Bittner-Fesseler et al., 2023, S. 100; Lauer, 2019, S. 125; Doppler, 2017, S. 98).

In der Diskussion über Veränderungen in Unternehmen und Organisationen bleibt häufig unklar, ob es sich bei Change und Transformation um synonyme Begriffe oder grundsätzliche Unterschiede handelt. Um die Einbettung der Kommunikationsfunktion in das Nachhaltigkeitsmanagement zu ermöglichen, werden im Folgenden zentrale Positionen der wissenschaftlichen Literatur zum Change- und Transformationsmanagement ausgeleuchtet.

4.4.1 Begriffe und Verständnisweisen

Beide Begriffe sind etwa zur selben Zeit aufgetaucht. Karl Polanyi (2015) beschrieb 1944 mit „The Great Transformation" den historischen Übergang von einer integrierten Gesellschaft zu einer verselbstständigten liberalen Marktwirtschaft im 19. Jahrhundert. Nur wenig später entwickelte Kurt Lewin (1947) eine Theorie der Veränderungen in Gruppen und Organisationen, deren drei Phasen *Unfreeze*, *Move* und *Freeze* (S. 34–35; Bittner-Fesseler et al., 2023, S. 16–19; Lauer, 2019, S. 70–71) bis heute in vielen Darstellungen des Change-Managements enthalten sind.

Bei *Transformationen* (auch: *Transition*) handelt es sich um grundlegende Regime-bzw. Systemwechsel. Sie gehen über Reformen hinaus und betreffen ganze Wirtschafts-und Gesellschaftssysteme (Luks, 2019, S. 3; Brand, 2018, S. 483; Kollmorgen et al., 2015, S. 14) (Abb. 4.4). Vielen Definitionen gemeinsam ist, dass sie sich auf bewusst handelnde Akteur*innen, systemrelevante Merkmale sowie grundlegende Organisationsprinzipien und Strukturmuster beziehen (Luks, 2019, S. 3; Kollmorgen et al., 2015, S. 15–17). Im Prozess des Umbruchs erhalte die Eigendynamik jedoch die Oberhand über die Steuerung. Zudem würden sich stets informelle Institutionen, kulturelle Systeme und persönliche Mentalitäten ändern und anpassen. Brand (2018) schlägt deswegen vor, von einer bestimmten, normativ gewünschten Form der Transformation abzusehen und sich stattdessen auf empirisch beobachtbare Transformationen zu konzentrieren (S. 484–485, 492). Ein Beispiel dafür ist der Wandel der mittel- und osteuropäischen Staaten des ehemaligen Ostblocks von einer zentralen Plan- und Verwaltungswirtschaft zu einer Marktwirtschaft im Zuge des Zusammenbruchs der Sowjetunion (UdSSR).

Der Begriff *Transition*, der häufig synonym verwendet wird (Hölscher et al., 2018, S. 1), bezeichnet einen Übergang von einer Form in eine andere. Der Wandel sei nicht zwingend von derselben grundlegenden und tiefgreifenden Natur wie bei Transformationen (S. 2). Kungl (2023) sieht dagegen in der *Transition* einen grundlegenden Wandel in einem sozio-technischen System (S. 3). Er sei gekennzeichnet durch ko-evolutionäre, parallel und in wechselseitiger Abhängigkeit ablaufende Prozesse in Technologie, Infrastruktur, Politik, Märkten, Kultur und Wissenschaft über einen langen Zeitraum von bis 50 Jahren,

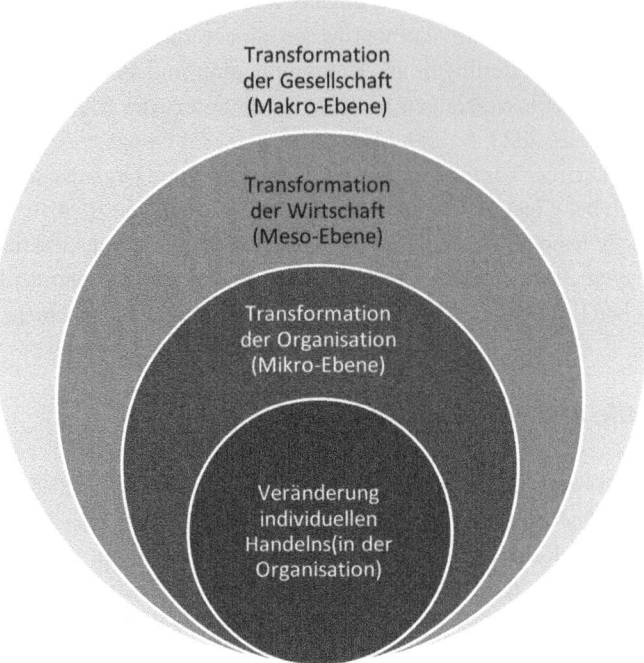

Abb. 4.4 Makro-, Meso- und Mikro-Ebene der Transformation. (Eigene Darstellung)

mit nicht-linearem Verlauf und offenem Ende (S. 3). Das unterscheidet ihn von Change-Prozessen in Unternehmen, die einen klaren Beginn, ein festgelegtes Ende sowie definierte Ziele und Ergebnisse haben.

Prägend für das Konzept sind die Begriffe *Nische*, *Regime* und *Pfadabhängigkeit* (Kungl, 2023, S. 3–4): Nischen sind danach soziale Orte, an denen Neuerungen entstehen. Unter Regimen seien die wahrnehmungs- und handlungsleitenden Strukturen von soziotechnischen Systemen zu bestimmten Zeitpunkten zu verstehen. Dazu würden zum Beispiel Überzeugungen, Routinen, Erwartungen und Normen zählen. Sie würden den Status quo des Systems repräsentieren und stabilisieren. Veränderungen würden sich eher in kleinen Schritten und im Rahmen eines etablierten Entwicklungspfads vollziehen.

Transitionsprozesse ließen sich verstehen als dynamische Wechselwirkungen zwischen *Nischen* als Orten der Neuerung, *Regimen* als Strukturen zur Reproduktion bestehender Systeme oder *Landschaften* als äußeren (exogenen) Entwicklungen in Natur, Wirtschaft und Gesellschaft (*Multi Level Perspective*) (Kungl, 2023, S. 4–5). Veränderungen in der Landschaft würden Druck auf das Regime ausüben und Innovationen in Nischen eröffnen, die wiederum zu Veränderungen im Regime führen. Nischen könnten gefördert werden durch die Verbreitung positiver Erwartungen oder Visionen, die Bildung von Netzwerken und das Anstoßen von Lernprozessen auf verschiedenen Ebenen (*Strategic Niche Management*). Da Transitionen nur bedingt verordnet und gesteuert werden könnten, würden sie eine Governance erfordern, die bei der Steuerung langfristige Perspektiven verfolgen, Unsicherheiten und Überraschungen akzeptieren und die Bedeutung von Netzwerken, Selbststeuerung sowie die Vielfalt der Akteur*innen berücksichtigt.

Auch wenn der stark technologie-betonte Ansatz sowie das außer Acht lassen anderer Einflussfaktoren kritisiert wurden (Kungl, 2023, S. 6), so biete die Transitionsforschung Ansätze für eine Beschreibung und Modellierung von Transformationen in ihrer Komplexität (S. 11). Als Beispiel für einen sozio-technischen Transitionsprozess führt Kungl die Energiewende in Deutschland an (S. 6–9).

Ein *Change* ist dagegen auf eine grundlegende Veränderung in einer Organisation beschränkt (Lauer, 2019, S. 6). Strategieänderungen, Restrukturierungen, Firmenfusionen und -übernahmen können ohne gleichzeitigen Wandel in Wirtschaft und Gesellschaft durchgeführt werden. In abstrakterer Form wird beim Change-Management vom Wandel unterschiedlicher Ordnung gesprochen. Beim Wandel erster Ordnung bzw. evolutionärem oder adaptivem Wandel handelt es sich um keine grundlegenden Veränderungen in Unternehmen oder Organisationen (Bittner-Fesseler et al., 2023, S. 14–15). Der Wandel zweiter Ordnung bzw. revolutionärer oder transformativer Wandel betrifft das gesamte Unternehmen inklusive seiner Geschäftsbereiche. Beim Wandel dritter Ordnung steht schließlich die Fähigkeit zum permanenten Anpassen bzw. Lernen im Mittelpunkt (organisationales Lernen).

Transformationen sind wesentlich komplexer. Während sich im Change bestehende Strukturen und Prozesse in Organisationen ändern, wandeln sich in der Transformation auch die organisationsübergreifende Wirtschaft und Gesellschaft. Dies ist bei der nachhaltigen Entwicklung der Fall. Die parallel verlaufende Digitalisierung führt zu einer doppelten Transformation (*Twin Transition*), die Veränderung der Arbeitswelt sogar zu einer dreifachen Transformation (*Triple Transition*) (Abb. 4.5).

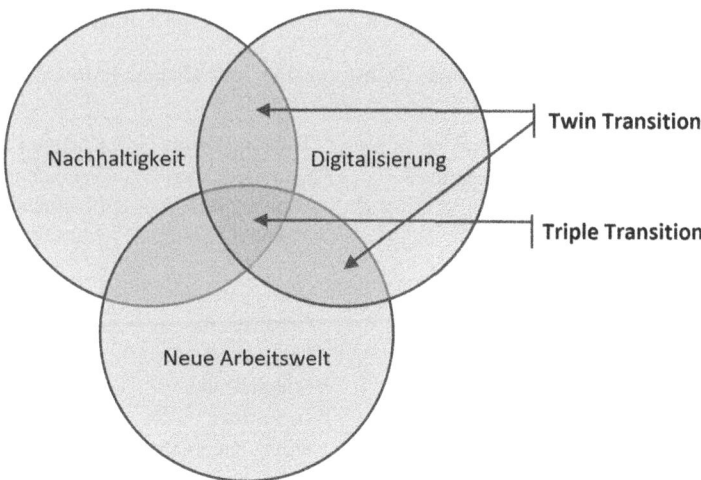

Abb. 4.5 Triple Transition durch Nachhaltigkeit, Digitalisierung und neue Arbeitswelt. (Eigene Darstellung)

Hinzukommt der gesellschaftliche Wandel von der Moderne zur Spätmoderne. Davon betroffen sind soziale Strukturen, wie beispielsweise die Einkommensverteilung und soziale Schichtung der Gesellschaft, aber auch die politischen Systeme durch den Aufstieg populistischer Strömungen (Reckwitz, 2020; Nachtwey, 2018). Die gegenseitige Überlagerung und wechselseitige Beeinflussung dieser Entwicklungen führen in Unternehmen zu einer nie dagewesenen Komplexität. Im Transformationsmanagement kommt es daher immer wieder zu Schwierigkeiten, Konflikten und Widerständen bei der Umsetzung.

Daraus folgt, dass eine rein ökonomische Betrachtung der Nachhaltigkeitstransformation zu kurz greift. Politische, soziale wie psychologische Einflussfaktoren sind stets mitzuberücksichtigen. Die Transformation erfordert eine Verbindung (= *strukturelle Kopplung*) von Mikro-, Meso- und Makro-Ebene (Abb. 4.4). Dies gilt für das Nachhaltigkeitsmanagement genauso wie für die Nachhaltigkeitskommunikation. Im Gegensatz zum Change-Management sind die Einflussfaktoren nicht überschaubar, Veränderungen im Prozess nicht vorhersehbar und die Dauer des Veränderungsprozesses nicht absehbar.

In allen drei Fällen Change, Transformation und Transition (Tab. 4.1) haben Organisationen immer wieder mit Schwierigkeiten und Widerständen bei der Umsetzung zu kämpfen. So wird kontrovers diskutiert, ob sich Change und Transformation überhaupt planen, organisieren und steuern lassen (Kollmorgen et al., 2015, S. 17). Als Belege für eine Steuerungsfähigkeit werden die Transformationen in Mittel- und Osteuropa angeführt. Koromzay (2021, S. 78) und Kühl und Muster (2016, S. 37–39) sprechen dagegen von Grenzen, Unmöglichkeit und Illusion der (zweck)rationalen Planung von Change-Projekten.

Viele Manager*innen sind überzeugt: Veränderungen lassen sich managen. Der Begriff der *Emergenz* beschreibt dagegen das ungeplante, spontane, selbstorganisierte Entstehen neuer Eigenschaften oder Strukturen in komplexen Systemen. Sie sind mehr als die Summe ihrer Teile und lassen sich nicht auf die Teile und deren Eigenschaften zurückfüh-

Tab. 4.1 Gegenüberstellung: Transition, Transformation und Change-Prozesse. (Eigene Darstellung)

	Transition	Transformation	Change-Prozesse
Charakter der Veränderung	Phase des Übergangs zwischen zwei unterschiedlichen Systemzuständen	Grundlegender Wandel eines Systems	Veränderung in bestehendem Rahmen eines Systems
Bezugsobjekt	Wirtschaft	Wirtschaft und Gesellschaft	Unternehmen
Beginn	Sprunghaft	Langsam, schleichend	Per Entscheidung
Dauer	Mittelfristig	Langfristig	Kurzfristig
Ende	Plötzlich	Offen, dauerhaft	Terminiert
Einflussfaktoren	Exogen (aus der Umwelt)	Exogen (aus der Umwelt)	Endogen (aus dem System selbst)
Verlauf	Ko-evolutionär	Ko-evolutionär	Geplant, gemanagt

ren. Für viele Psychologen und Soziologen sind Veränderungen eher das Ergebnis der grundsätzlich nicht vorhersehbaren sozialen Evolution. Während Manager*innen eher eine organisationsbezogene Mikro-Perspektive einnehmen, folgen Sozialwissenschaftler häufig einer gesellschaftsbezogenen Makro-Sichtweise. Doch beide Perspektiven lassen sich auch verbinden. So leistet das Management von und in Organisationen Beiträge zur sozialen Evolution in Wirtschaft und Gesellschaft. Gesteuert wird dabei nicht das Ergebnis, sondern der jeweils eigene Beitrag. Evolutionstheoretisch handelt es sich dabei um Prozesse aus Entscheidung (Selektion), Veränderung (Variation) und Bewährung (Retention). Mit Luks (2019) wären Planung und Steuerung dafür zu starke und gleichzeitig zu enge Begriffe (S. 3).

Das *Transformationsmanagement* muss sich folglich auf gleichzeitig stattfindende wirtschaftliche, politische und gesellschaftliche Veränderungen in seiner Umwelt einstellen und daran anpassen. Es befindet sich im Gegensatz zum Change-Management in einer Sandwich-Position zwischen internen und externen Veränderungserfordernissen, die synchronisiert und aufeinander abgestimmt werden müssen (Abb. 4.6). Wobei Unternehmen kaum die Möglichkeit haben, auf die Wirtschaft und Gesellschaft als Ganzes einzuwirken. So bleibt nur die Möglichkeit der Selbstveränderungen bei gleichzeitiger Anpassung an die wirtschaftliche, politische und gesellschaftliche Umwelt. Damit deuten sich auch Hindernisse und Grenzen des Managements an, das nur an der eigenen Organisation ansetzen kann (Abschn. 4.1).

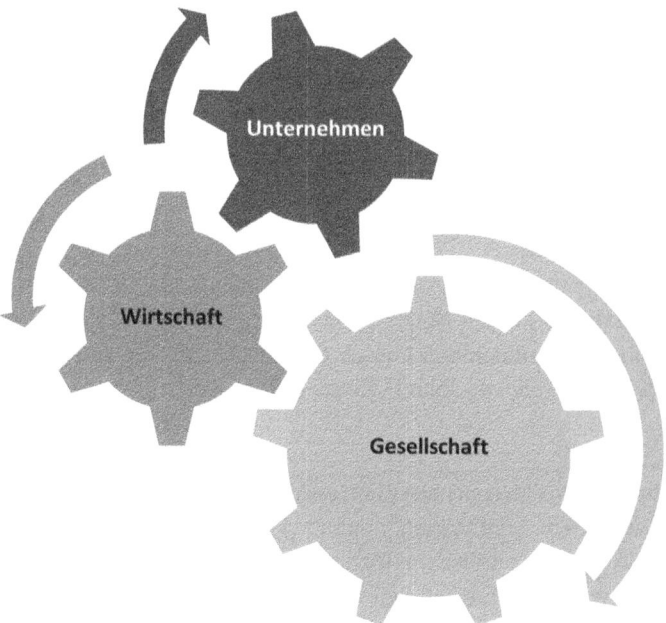

Abb. 4.6 Synchronizität von Unternehmen, Wirtschaft und Gesellschaft bei der Transformation. (Eigene Darstellung)

Wie sehr sich Manager*innen, Wissenschaftler*innen und Spitzenpolitiker*innen über das Ausmaß, Begleiterscheinungen und die Folgen von Transformationen täuschen können, hat die Wiedervereinigung gezeigt. Vielen war klar, dass nicht innerhalb weniger Jahre zusammenwächst, was zusammengehört und blühende Landschaften entstehen. Heute sind viele Städte und Gemeinden herausgeputzt. Das Autobahnnetz wurde saniert und erweitert. Innovative Unternehmen haben sich angesiedelt und Arbeitsplätze geschaffen. Löhne und Renten haben sich sukzessive angeglichen. Und doch auch nach über 30 Jahren sind sich Ost- und Westdeutsche vielfach noch fremd. Anstelle einer Angleichung hat eine Verfestigung der Mentalitäten stattgefunden (vgl. Mau, 2024).

Warum wurde die Transformation so stark unterschätzt? Es gab immense Know-how- und Kapitaltransfers von West nach Ost. Im Gegenzug wanderten viele junge, gut ausgebildete und engagierte Fachkräfte von Ost nach West. Doch die Erlebnisse, Erfahrungen und Erinnerungen aus über 40 Jahren getrennter Entwicklung in politisch, wirtschaftlich und gesellschaftlich unterschiedlichen Kulturen sind geblieben. Dadurch wurden die trennenden Verhältnisse zementiert. Die Transformation wurde vor allem als materiell-finanzielles Projekt gesehen und weniger als kultureller und gesamtgesellschaftlicher Prozess. Vor allem der Osten sollte sich ändern. Der Westen gab die Ziele und den Weg vor. Es wurde viel übereinander, aber wenig miteinander gesprochen.

Systemtheoretisch gesprochen, haben sich die physischen Umwelten (Städte, Infrastruktur, Arbeitsplätze) verändert, doch die sozialen Systeme und mit ihr die Selbst- und Fremdbeschreibungen sind näherungsweise gleichgeblieben. Das gilt weniger für Regierungen, öffentliche Verwaltungen und Unternehmen. Aber umso mehr für die Bürgerinnen und Bürger. Die Wiedervereinigung ist ein Beispiel dafür, wie stark sich Transformationen durch Aktion und Gegenreaktion, durch Rede und Gegenrede oder durch das Ausbleiben von Gegenreaktion und -rede verändern, und wie unberechenbar dadurch der gesamte Veränderungsprozess wird.

4.4.2   Phasen von Change-Prozessen

Für den Ablauf von Change-Prozessen in Unternehmen und Organisationen hat die Forschung unterschiedliche Phasen-Modelle entwickelt. Am bekanntesten sind das Modell von Kurt Lewin (1947) mit den drei Phasen *Unfreezing*, *Moving* und *Freezing* (Abb. 4.7) sowie das *8-Stufen-Konzept* von John P. Kotter (1995).

> **Change-Prozess in drei Phasen nach Kurt Lewin (1947)**
> 1. **Phase: Auftauen** („unfreezing"): interne und externe Anlässe; Gleichgewichtszustand zwischen stabilisierenden und ändernden Kräften wird verlassen; bestehende Strukturen, Einstellungen und Gewohnheiten werden infrage gestellt; Bewusstsein für negative Konsequenzen bei Nichtänderung; Bereitschaft für Wandel wird geschaffen; Geschäftsführung muss Veränderungsvorhaben und Zielbild transparent erklären.

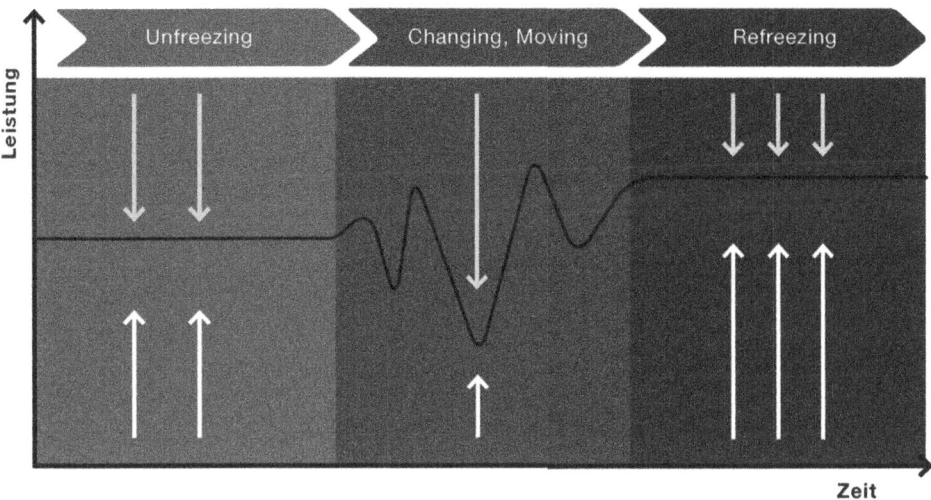

Abb. 4.7 Drei-Phasen-Modell von Change-Prozessen nach Kurt Lewin. (Bittner-Fesseler et al., 2023, S. 17)

2. **Phase: Bewegen** („moving"): Originärer Zustand wird verlassen; Veränderungen werden sichtbar; Strukturen werden verändert; Motivation der Belegschaft zur Veränderung wird erwartet; neue Verhaltensweisen werden gelernt; Bewegung zu einem neuen Gleichgewichtszustand.

3. **Phase: Einfrieren** („freezing"): Veränderungen werden beendet; die erfolgten Veränderungen etablieren sich; Veränderungen werden in fest den Unternehmensstrukturen verankert; Soll-/Ist-Kontrollen werden durchgeführt.

(Quellen: Bittner-Fesseler et al., 2023, S. 16–19; von Hehn et al., 2021, S. 17)

Während das Modell von Lewin die generische Grundstruktur von Veränderungen beschreibt, verfeinert das Modell von Kotter die drei Phasen mit einem stärkeren Blick auf die aktive Gestaltung und Steuerung des Change-Managements (Abb. 4.8). Bittner-Fesseler et al. (2023) betonen, dass die Abfolge der Schritte unerlässlich sei für erfolgreiche Veränderungen (S. 22). Das Auslassen einzelner Schritte würde die gesamten Vorhaben zum Scheitern bringen.

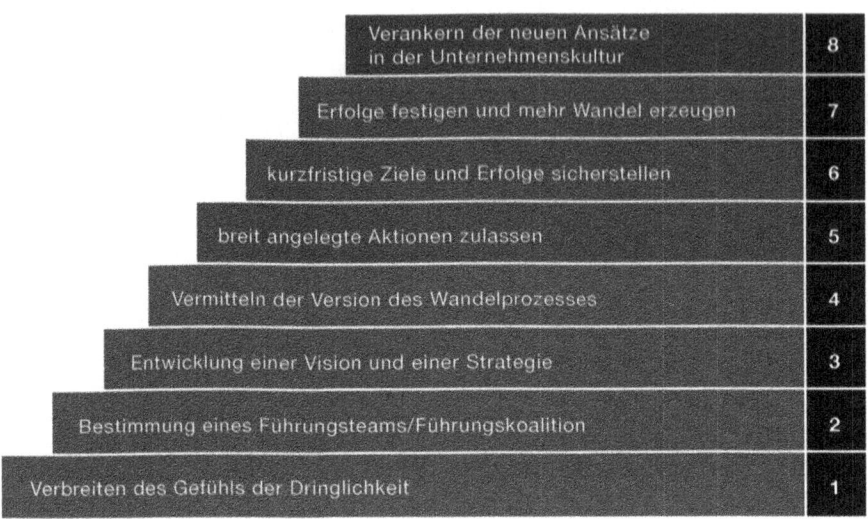

Abb. 4.8 Acht-Stufen--Modell des Change-Managements nach John P. Kotter. (Bittner-Fesseler et al., 2023, S. 22)

Change-Prozess in acht Schritten nach John P. Kotter (1995)

1. **Phase: Veränderungsfreundliches Klima schaffen**
   - Stufe 1 – Bedarf und Notwendigkeit der Veränderung erkennen; Dringlichkeit erzeugen; Führungskräfte müssen hinter der Entscheidung der Unternehmensleitung stehen.
   - Stufe 2 – starke Leitteams benennen; Persönlichkeiten mit Fach- und Sachkompetenz, Führungsqualität, Glaubwürdigkeit und Authentizität; ggf. Maßnahmen zum Teambuilding.
2. **Phase: Jeden mit einbeziehen**
   - Stufe 3 – Eine Strategie und Vision entwickeln, ggf. Leitbild mit Vision, Mission und Unternehmenswerten.
   - Stufe 4 – Die Vision durch unternehmensweite Kommunikation vermitteln; gemeinsames Ziel in der Belegschaft verankern; Kooperationsbereitschaft aufbauen und Feedback-Möglichkeiten schaffen.
   - Stufe 5 – Breit angelegte Aktionen; Anpassen organisationaler Strukturen; Andere zum Handeln ermächtigen; in Teilschritten vorgehen.
   - Stufe 6 – Schnelle Erfolge (Quick-Wins) planen, erzielen und feiern.
3. **Phase: Wandel umsetzen und aufrechterhalten**
   - Stufe 7 – Veränderungen konsolidieren und konservieren; den Wandel stoppen.
   - Stufe 8 – Bleibende Veränderung institutionalisieren und im Normen- und Wertesystem der Unternehmenskultur etablieren.

(Quellen: Bittner-Fesseler et al., 2023, S. 21–25; von Hehn et al., 2021, S. 19)

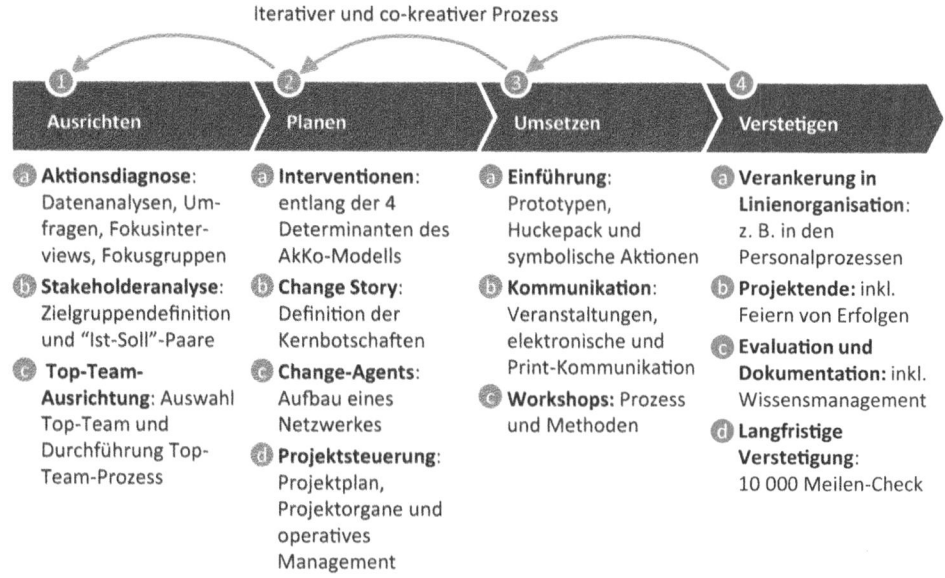

Abb. 4.9 Vier Phasen des Kulturwandels. (Von Hehn et al., 2021, S. 43)

Bittner-Fesseler et al. (2023) stellen weitere Phasenmodelle vor, die sich vor allem auf die emotionalen Reaktionen der Belegschaft konzentrieren (S. 28–34). Sie basieren auf dem Trauermodell von Kübler-Ross (1969). Gemeinsam ist ihnen die Wellenbewegung von Vorahnung und Schock über Abwehr, Ärger und Frustration bis zu Neugier, Ausprobieren, Erkenntnis, emotionaler Akzeptanz und Integration.

Von Hehn et al. (2021) haben klassische Change-Modelle im Hinblick auf den Wandel der Organisationskultur weiterentwickelt (Abb. 4.9). Sie betonen vor allem den co-kreativen und iterativen Charakter (S. 43–44). Dabei seien die Reaktionen der Akteur*innen nicht immer berechenbar. So könnten sich die vier Phasen *Ausrichten*, *Planen*, *Umsetzen* und *Verstetigen* in der Praxis auch überschneiden.

Wesentlich für den Kulturwandel sind folgende Prinzipien (von Hehn et al., 2021, S. 55):

- Gegenstand und psychologische Seite der Veränderung verknüpfen.
- Den Wandel mit Sinn für Akteur*innen und Handeln gestalten.
- Lösungsorientiert agieren und vorhandene Stärken nutzen.
- Akteur*innen in den Kulturwandel einbeziehen.
- Perspektivenvielfalt respektieren.

Mit dem Prinzip der *lernenden Organisation* wird schließlich der permanente, evolutionäre Wandel zur Anpassung an veränderte Umweltbedingungen in Form kleiner Schritte beschrieben (Lauer, 2019, S. 231–234). Auf drei aufeinander aufbauenden Ebenen werden Soll-/Ist-Abweichungen operativ angepasst (Single-Loop), grundsätzliche Handlungsweisen geändert (Double-Loop) oder die generelle Lern- und Anpassungsfähigkeit weiterentwickelt (Deutero-Lernen). Damit sollen Zeitverluste im Wettbewerb reduziert, Krisen vorgebeugt und Widerstandsfähigkeit (Resilienz) gestärkt werden (S. 235–236). In der Folge gewinnen die Prinzipien Innovationsfähigkeit, Vielfalt und Dezentralität an Bedeutung (S. 231, 246–247). Voraussetzungen dafür sind Risikobereitschaft, Fehlertoleranz, Kooperationsbereitschaft und offene Information.

4.4.3   Hemmnisse und Scheitern von Change-Projekten

Bis zu drei Viertel der Change-Projekte in Unternehmen und Organisationen scheitern (Bittner-Fesseler et al., 2023, S. 81–82; Koromzay, 2021, S. 76; Lauer, 2019, S. 49). Hemmnisse des Wandels sind psychische und organisatorische Einflüsse (S. 31–44). Zu den individuellen Faktoren zählen das Vermeiden unangenehmer Informationen (kognitive Dissonanz) und beschränkte Rationalität. Kollektive Faktoren sind die formale Organisation (starke Zentralisation, formalisierte Prozesse, ausgeprägte Effizienzorientierung) oder starke Unternehmenskulturen (Mitarbeiterstolz, Betriebsblindheit, Gruppendenken). Hinzukommen wirtschaftliche Argumente wie zunehmende Kosten, Fehlinvestitionen, gefährdete Umsätze und Gewinne.

Gründe für das Scheitern von Change- und Transformationsprojekten
Kotter (1995) hat aus den acht Stufen seines Phasen-Modells Gründe abgeleitet, warum Transformationen scheitern:

- Keine Dringlichkeit für Veränderungen vermittelt
- Kein genügend starkes Team für den Wandel benannt
- Fehlen einer Vision
- Vision zu wenig kommuniziert
- Hindernisse für die Vision nicht beseitigt
- Keine systematische Planung von schnellen Erfolgen
- Erfolgreichen Abschluss zu früh verkünden
- Änderungen nicht in der Unternehmenskultur verankern

Koromzay (2021) hat weitere Gründe hinzugefügt (S. 77–78):

- Zu geringe Priorisierung der Veränderungen
- Übergehen der Unternehmenskultur
- Vermeiden von Konflikten
- Vernachlässigung von Kommunikation und Transparenz
- Fehlende Vorbildfunktion der Führungskräfte

Der wichtigste Grund für das Scheitern von Change-Projekten wird letztlich im Widerstand der Belegschaften, aber auch des mittleren Managements gesehen. Er ist begründet in genereller Ablehnung von Neuem, Reaktanz und kommunikativen Missverständnissen (Lauer, 2019, S. 53–55). Missverständnisse können mit der abnehmenden Wahrscheinlichkeit des Verstehens einer Information auf dem Weg von Sender*in zu Empfänger*in und mit dem Vier-Seiten-Modell der Kommunikation nach Schulz von Thun erklärt werden.

Der Widerstand äußert sich in Widerspruch, Aufregung, Ausweichen und Lustlosigkeit (Lauer, 2019, S. 56). Weitere Symptome sind erhöhter Reibungsverluste durch Endlos-Debatten und Papierkrieg, Krankenstand, Fluktuation, (Doppler & Lauterburg, 2014, S. 356–357). Hinzukommen Sachgründe wie Überforderung, Kritik an bisheriger Arbeitsweise, Angst vor Arbeitsplatzverlust und Machtgründe wie möglicher Verlust von Einflussmöglichkeiten, Reputation sowie Sach- und Personalressourcen (Lauer, 2019, S. 56–57).

Die Hauptursache für den Widerstand und das Scheitern sieht Doppler (2017) in einer „nahezu ausschließlich sachlich-rationalen Betrachtungsweise" (S. 75). Neben der vorherrschenden Sachlogik gebe es die Psychologik der Betroffenen mit ihren menschlichen Grundbedürfnissen Klarheit, Ordnung, Sicherheit, Zugehörigkeit und Handlungsfähigkeit (S. 76–78). Sie seien bei unbekannten oder unerwünschten Veränderungen in Unternehmen gefährdet und können zu Widerstand führen (S. 81). Insbesondere unter Zeitdruck ist Widerstand in der Regel unerwünscht und wird eher verdeckt ausgeübt (S. 82). Obwohl Kommunikation für erfolgreiches Change-Management eine „maßgebliche Rolle" spiele (Doppler, 2017, S. 98), würden häufig nur Informationen weitergegeben, wo Dialog und Feedback nötig wären.

Die einseitige Fokussierung auf die formale Seite der Organisation fällt häufig überhaupt erst auf, wenn Veränderungsprojekte auf Schwierigkeiten und Widerstände treffen (Kühl & Muster, 2016, S. 44). So fallen die Bedeutung einer zweiseitig ausgerichteten Kommunikation, die Berücksichtigung des gleichzeitigen und gemeinsamen Nutzens für Unternehmen und Mitarbeitende (Corporate und Employee Value), das Stärken von Glaubwürdigkeit und Vertrauen durch offene, transparente und wahrhaftige Kommunikation häufig dem geforderten Tempo und Ausmaß notwendiger Veränderungen zum Opfer.

Widerstände gegen Veränderungen seien häufig die Folge davon, dass Mitarbeitende bzw. Betroffene Ziele, Hintergründe oder Motive nicht verstanden haben, nicht glauben, was ihnen mitgeteilt wurde, oder die Veränderungen nicht mitgehen wollen oder können (Doppler & Lauterburg, 2014, S. 355). Veränderungen ohne Widerstände gebe es nicht (Doppler & Lauterburg, 2014, S. 363–364). Sie nicht zu beachten, führe schließlich zu Blockaden.

Weitere Gründe für das Entstehen von passiven und aktiven Widerständen sind: bereits gescheiterte Veränderungsprojekte, geringes Verständnis für Notwendigkeit und Zielbild, Angst vor Veränderungen, fehlenden Kompetenzen, neuen Technologien und Arbeitsplatzverlust (Bittner-Fesseler et al., 2023, S. 30). Auch auf Seiten der Führungskräfte könne es zu Widerständen kommen wegen Angst vor Macht-, Kontroll- und Jobverlust, fehlender Change-Erfahrung und unzureichender Akzeptanz.

Aus diesen Gründen hält Koromzay (2021) die Begriffe *Change-Management* und *-Projekt* für verfehlt (S. 79). Management sei notwendig für erfolgreiche Veränderungen, aber nicht hinreichend. Der Unterschied werde im Leadership gemacht. Die Einstufung als Projekt gehe an der Tatsache vorbei, dass Veränderungen allen Projekten gemeinsam seien.

Aus dem Wissen über Hemmnisse und Widerstände gegen Veränderungen in Unternehmen wurden Schlüsse für ein verbessertes Change-Management gezogen. Ansatzpunkte sind Individuen (Fähigkeiten, Rollen, Verhalten), Strukturen (Strategie, Aufbau- und Ablauforganisation, Ressourcen, Technologie) und die Kultur (Grundannahmen, Werte, Normen, Symbole) des Unternehmens (Lauer, 2019, S. 7–8). Als Erfolgsfaktoren werden genannt: der Aufbau von Engagement, die Erhöhung der Beteiligung und die Ermöglichung von Veränderungen (Preveden, 2024, S. 168–169). Dazu zählen unter anderem: das Gewinnen der Führungskräfte, eine aktive Kommunikation, die Mobilisierung der Mitarbeitenden, die Ausrichtung der Teams sowie der Aufbau von Wissen, Kompetenzen und Organisationsstrukturen sowie -prozessen.

Damit dies möglich wird, ist es notwendig die *immobilen*, scheinbar unveränderlichen sowie die *mobilen*, veränderlichen Merkmale der Organisation zu identifizieren und zu klären, welche Änderungen möglich und nötig sind (Kühl & Muster, 2016, S. 55). Dafür sind Programme (z. B. Strategien, Projektpläne), Kommunikationsstrukturen (z. B. Meetings, Dokumentation, Reporting) und das Personal (z. B. Ein- oder Ausstellung, Versetzungen, Weiterbildung) in den Blick zu nehmen. Neben der formalen, sichtbaren und in der Regel einfacher handhabbaren Seite ist auch die informale Seite der Organisationskultur zu berücksichtigen. Sie ist häufig in Form blinder Flecke oder Tabus verborgen (S. 45–46, 50–51).

Über entstandene Konflikte lassen sich latent beobachtbare und kommunizierbare Dilemmata wie Zielkonflikte und sich ausschließende Alternativen bestimmen (Kühl & Muster, 2016, S. 57). Sie können sachlich (z. B. durch Budgetmittel), zeitlich (z. B. durch Priorisierung und Verschiebung) und sozial (z. B. durch Personalentscheidungen) bearbeitet werden (S. 57–60). Dabei müssten Konflikte und Widerstände nicht als Uneinsichtigkeit, sondern vielmehr als zusätzliche Perspektive zur Problemlösung wahrgenommen werden. Dies führe schließlich zur Variation von Lösungsansätzen. Bei deren paralleler Umsetzung setzt sich schließlich in einem evolutionären Prozess der Lösungsansatz durch, der am wenigsten Widerstand auf sich zieht und die meisten Beteiligten befriedigt (S. 60–62).

4.4.4 Kommunikation in Change und Transformation

„Kommunikation ist zweifelsohne einer der entscheidenden Erfolgsfaktoren des Change Managements" (Lauer, 2019, S. 125). Sie ermögliche Transparenz und Orientierung. Dies gelte im Besonderen für die Führungskommunikation und die persönliche Kommunikation. Zum Einsatz kämen aber praktisch alle Varianten: formell und informell, symmetrisch und asymmetrisch, persönlich und medial vermittelt, digital und analog (126–128). Der Erfolgsbeitrag der Change-Kommunikation liege in der Schaffung von informatorischer Transparenz, im Erkennen und Abschwächen von Widerständen, in der Verstärkung im Sinne positiver Rückkopplung sowie in der Förderung der sozialen Integration (S. 128–129). Zentrale Voraussetzungen für wirksame Change-Kommunikation seien die zielgruppen-orientierte Aufbereitung von Inhalten und Formaten, das persönliche Gespräch als wichtigster Kommunikationskanal, die zeitnahe und für alle Beteiligten gleichzeitige Weitergabe von Informationen sowie die möglichst hochrangige Kommunikation sowie die schnelle Kommunikation von Erfolgen (S. 129–131).

Die erfolgskritische Bedeutung der Kommunikation für Transformationen von Organisationen haben Mohr et al. (2010) hervorgehoben (S. 62–63). Alles, was getan oder nicht getan werde, würde Botschaften aussenden (S. 67). Vor allem Vorbereitung und Start seien von zentraler Bedeutung. So berge etwa die Initiierung auf Routine-Wegen die Gefahr der Marginalisierung (S. 60). „Harte" Erfolgskomponenten seien eine konkrete Zielbestimmung, eine angemessene Projektorganisation, die personelle Kompetenz der beteiligten Führungskräfte, die Festlegung der Planungs-, Steuerungs- und Überwachungsinstrumente sowie die Wahl eines geeigneten Ortes für das Projektteam (S. 64–65). Hinzukämen *Softfacts*, die eine immer stärkere Rolle spielen würden: die Mobilisierung der Beteiligten, das Schaffen einer kreativen Spannung sowie der konstruktive Umgang mit Widerständen.

Vor allem die interne Kommunikation hat in Change-Projekten die Hauptaufgabe, Wandel zu erklären, zu begleiten und Akzeptanz und Motivation aufzubauen (Bittner-Fesseler et al., 2023, S. 100). Lauer betont, wie wichtig die Haltung von Führungskräften und Kommunikatoren im Change ist (2019, S. 142–148). Dazu zähle die Bereitschaft, selbst zuzuhören und zu sprechen, aber auch beim Gegenüber Empfangs- und Sendebereitschaft zu erzeugen. Während der Durchführung komme es vor allem darauf an, Fortschritte und Erfolge im Sinne der Pläne und KPIs zu vermitteln (S. 133–134). Hinzukommen soziale Aspekte wie das Erkennen und Überwinden von Widerständen und die Verankerung neuer Ansätze in der Unternehmenskultur.

Bittner-Fesseler et al. (2023) haben die unterschiedlichen Ebenen von strategischen und kommunikativen Zielen sowie Aufgaben in der Change-Kommunikation herausgearbeitet (S. 104–105, 181; siehe Info-Box: Aufgaben und Zielen im Change). Dabei beziehen sich die unmittelbaren *Ziele* auf mögliche Effekte der Kommunikation. Die *strategischen Ziele* nehmen dagegen übergeordnete Unternehmens-, Personal-, Marketing- oder Finanzziele in den Blick. *Aufgaben* beschreiben schließlich, welche Aktivitäten das Erreichen der definierten Ziele unterstützen.

Systematik der Aufgaben, Strategie- und Kommunikationsziele im Change (mit Beispielen)
Unmittelbare Ziele der Nachhaltigkeitskommunikation im Sinne angestrebter Ergebnisse
- Positive Wahrnehmung, Akzeptanz und Verständnis für die Veränderungen aufbauen
- Sinn und Orientierung vermitteln
- Stakeholder einbinden

- Veränderungsbereitschaft wecken
- Glaubwürdigkeit des Managements sichern

Übergeordnete strategische Ziele der Nachhaltigkeitskommunikation
- Unterstützungspotenzial von Stakeholdern aktivieren
- Motivation und Produktivität sichern
- Neue Formen der Zusammenarbeit begleiten
- Wandel der Unternehmenskultur anstoßen

Aufgaben der Nachhaltigkeitskommunikation
- Über die Change-Strategie informieren
- Für einheitliche Botschaften sorgen
- Veränderungsbereitschaft herstellen
- Emotionalisieren
- Akzeptanz für den Wandel herstellen
- Ängsten, Sorgen, Widerständen begegnen
- Dialog initiieren, Austausch ermöglichen
- Führungskräfte für Kommunikation befähigen
- Kommunikations-Know-how vermitteln
- Freude am Wandel und Wachsen vermitteln

(Quelle: Bittner-Fesseler et al., 2023, S. 104–105, 181)

Mohr et al. (2010) unterscheiden bei ihrer Übersicht der Aktivitäten in der ersten Phase von Change-Projekten zwischen Aufgaben in der *Vorbereitungs-* und *Startphase* von Transformationsprojekten (S. 62–63, 66–67; siehe Info-Box: Vorbereitung und Start).

Aktivitäten in der ersten Phase von Change-Projekten
Aktivitäten im Kommunikationsmanagement bei der Vorbereitung
- Einrichten der Kommunikationsbasis
- Festlegen einer Kommunikationsstrategie
- Entwerfen von Name, Logo und Bildmotiven
- Aufbau eines Kommunikationsspiegels
- Sensibilisieren der beteiligten Führungskräfte und Mitarbeiter für Kommunikation
- Durchführen von Kommunikationstrainings
- Gewinnen von Unterstützern
- Kick-off-Meeting als erste und wichtigste Kommunikationsarena

Start der Kommunikation für das Transformationsprojekt
- Bekanntmachung ist entscheidend für den Erfolg
- Aufbau eines positiven Bildes der Transformation
- Direkte Dialoge im Projektteam und mit dem restlichen Unternehmen
- Teaminterne und -externe Kommunikation synchronisieren
- Mitglieder des Projektteams als Multiplikator*innen einsetzen
- Mitarbeitende von Notwendigkeit und Vorteilen überzeugen
- Commitment der Geschäftsleitung vermitteln
- Dialoge über das Projekt anstoßen
- Mitarbeitende als Promotoren gewinnen
- Meilensteine sichtbar und Projektfortschritt erlebbar machen
- Probleme offen ansprechen und beseitigen
- Mangelnde Akzeptanz führt zum Scheitern

(Quelle: Mohr et al., 2010, S. 62–63, 66–67)

Lauer (2019) hat herausgearbeitet, wie die Kommunikation in der Startphase helfen kann, möglichen Sorgen, Bedenken und Kritikpunkten entgegenzuwirken (S. 132; siehe Info-Box: Startphase).

Kommunikation in der Startphase von Change-Prozessen
- Erläutern der Hintergründe für den erforderlichen Wandel
- Darlegen der Gründe für die besondere Dringlichkeit
- Vorstellen und Begründen der Vision, Ziele und Strategien
- Hinweise auf die erwarteten Veränderungen und Schwierigkeiten
- Benennen möglicher Auswirkungen für die Betroffenen
- Betonen der vorhandenen Fähigkeiten für den erfolgreichen Wandel
- Hervorheben der vorhandenen Unterstützung durch das Top-Management

(Quelle: Lauer, 2019, S. 132)

Prinzipiell können in der Change-Kommunikation alle bekannten analogen sowie digitalen Print-, Bewegtbild- und Veranstaltungsformate eingesetzt werden (Bittner-Fesseler et al., 2023, S. 217–221). Das Problem sei allerdings weniger ein Informations- als ein Kommunikationsdefizit (Doppler & Lauterburg, 2014, S. 373). Dahinter stehe der Wunsch nach Dialog und Beteiligung.

Beteiligung ist neben der Kommunikation ein zentraler Erfolgsfaktor für Change-Projekte (Lauer, 2019, S. 153). Die Einbeziehung von Mitarbeitenden nutze eine breitere

Wissensbasis, erhöhe die Motivation für und reduziere Widerstände gegen Veränderungen (S. 155–156). Voraussetzungen für wirksame Beteiligung sind die Ernsthaftigkeit, die Berücksichtigung möglichst aller, die zielgruppen-gerechte Einbeziehung, die frühzeitige Planung und professionelle Unterstützung (S. 156–158). Geeignete Methoden seien Workshops, Gruppen-Moderationen und -Diskussionen, Open-Space-Veranstaltungen, Mitarbeiterbefragungen (S. 159–168). Hinzukommen weitere Beteiligungsformate wie Fokusgruppen, Sounding-Boards, Zukunftswerkstätten, Ideenwettbewerbe, Employee Generated Content und Corporate Influencer (Bittner-Fesseler et al., 2023, S. 218).

Wichtige Instrumente der formellen Change-Kommunikation (Doppler & Lauterburg, 2014, S. 376–396): Führungsbesprechungen (Trennung von Tagesgeschäft und Grundsatzfragen, Tagesordnung, Vorbereitung, Protokoll der Entscheidungen und Kontrolle der Umsetzung), Klausurtagungen, Workshops, Kick-off-Meeting, Open Space (Informationsmarkt), Zukunftskonferenz, World Café, Mitarbeitergespräch, Mitarbeiterbefragung, Betriebsversammlung, Dialog mit Vertretungsorganen, Schwarzes Brett, Mitarbeiter-Magazin.

Im Hinblick auf mögliche Bedenken und Widerstände sind informelle Kommunikationswege mindestens genauso wichtig (Doppler & Lauterburg, 2014, S. 396–401): Management by wandering/walking around, Betriebsbesuche, Telefonate, kleine Gesprächsrunden, Kantine/Casino, Cafeteria, Feste und Ausflüge. Weitere informelle Formen der Kommunikation in Unternehmen sind Gespräche in der Teeküche, Mitarbeiter-Frühstücke, Lunch- und After-Work-Meetings.

Wesentliches, emotionalisierendes Element der Change-Kommunikation ist die *Change-Story* (Bittner-Fesseler et al., 2023, S. 199–200; von Hehn, Cornelissen und Braun, 2021, S. 43–44, 130; Doppler, 2017, S. 211–214). Sie übersetzt die Gründe, Herausforderungen, Ziele und Strategie der Veränderung in ein sinnstiftendes Narrativ und bildet die Basis für die weitere Kommunikation (roter Faden) (Bittner-Fesseler et al., 2023, S. 199–203). Sie kommt vor allem beim Kick-off in der Erstkommunikation zum Tragen (Bittner-Fesseler et al., 2023, S. 204–205).

Inhalt der Story sind die Ausgangssituation (Vergangenheit), die Zwischenstation (Gegenwart) und das Zielbild (Zukunft) (Doppler, 2017, S. 213). In erweiterter Form vermittelt die Change-Story das *Warum*, *Was* und *Wie* des Wandels (von Hehn et al., 2021, S. 43–44, 130–132). Im ersten Kapitel könne sie die Entwicklung des Unternehmens (Vergangenheit), die Gründe für die Veränderung (Gegenwart) und das gemeinsame Ziel (Zukunft) beschreiben. Im zweiten und dritten Kapitel könnten die Veränderungen und der Weg dorthin sowie die Beiträge der Mitarbeitenden und Führungskräfte dargestellt werden. Während des Change-Prozesses könne die Story iterativ an den Verlauf des Wandels angepasst werden. Nach dem *Ikea-Prinzip* werde die Story nicht von der Kommunikationsabteilung entworfen, sondern von den beteiligten Führungskräften (S. 136).

4.4.5 Unternehmenskultur

Dass bei grundlegenden und tiefgreifenden Veränderungen die Unternehmens- bzw. Organisationskultur ein wesentlicher Faktor ist, haben mehrere Autor*innen hervorgehoben (Bittner-Fesseler et al., 2023, S. 21–25; von Hehn et al., 2021, S. 19; Koromzay, 2021, S. 77–78; Lauer, 2019, S. 7–8; Prexl, 2010, S. 153–157). Sie entspricht der *informalen* Seite von Organisationen und zeigt sich in den konkreten anerkannten und erwarteten Verhaltensweisen und Handlungen (Kühl & Muster, 2016, S. 19–20). Sie drücken individuelle und persönliche Wahrnehmungen, Wissensstände, Meinungen, Überzeugungen und Emotionen wie Freude, Sorgen und Ängste aus. Sie prägen die *Unternehmenskultur* als

> „die Gesamtheit der Normen und Werte, die den Geist eines Unternehmens ausmachen, das Verhalten der in ihm tätigen Menschen kanalisieren und die Art und Weise ihres Zusammenwirkens regulieren" (Doppler & Lauterburg, 2014, S. 493).

Sie wird von *fundamentalen*, nur bedingt beeinflussbaren Faktoren wie Branche, Eigentumsstruktur und Standort sowie *unternehmensspezifischen*, weitgehend beeinflussbaren Faktoren wie Unternehmenszielen, Führungsgrundsätzen und -instrumentarium Informationspolitik und Corporate Design geprägt (S. 498–500).

Im Sinne der Strukturationstheorie von Giddens (Röttger, 2022a, S. 362–364) beeinflussen sich Unternehmenskultur und Verhalten in Organisationen wechselseitig. Die Kultur gibt Handlungs- und Kommunikationsmöglichkeiten vor und begrenzt sie. Das Verhalten wiederum prägt und verändert die Kultur.

Kennzeichen und Elemente von Unternehmenskulturen
- Implizite, nicht direkt beobachtbare Phänomene in Organisationen
- Meist unbewusste Grundannahmen über externe Umwelt, internes Menschenbild, Verhaltensweisen und soziale Beziehungen
- Zeigen sich in sichtbaren, aber interpretationsbedürftigen Symbolen und Zeichen (z. B. Sprache, Rituale)
- Gelebte Handlungsmuster in Alltag von Organisationen
- Äußern sich in teils sichtbaren, teils unbewussten Regeln und Normen
- Repräsentieren gemeinsame Orientierungen von Organisationsmitgliedern
- Vermitteln Sinn und Orientierung für die Wahrnehmung und Interpretation von Ereignissen
- Ergebnis von Lernprozessen und bewährten Lösungen in Organisationen
- Vermittlung in Sozialisierungsprozessen

(Quelle: Schreyögg & Koch, 2020, S. 584–585)

Im Rahmen von Leitbildprozessen wird versucht, diese Kultur mit ihren Regeln und Werten sichtbar zu machen und festzuhalten bzw. zu verändern. Solche Maßnahmen sind umstritten. Gewünschte Zielzustände werden häufig beschrieben, als wären sie bereits Realität. Die augenfällige Diskrepanz zu gelebten Praktiken in Unternehmen führt zu kontraproduktiven Reaktionen bei Mitarbeitenden und zur Existenz von zwei konkurrierenden Leitbildern: den offiziell verlautbarten Regeln und Werten und den ungeschriebenen Gesetzen in Unternehmen. Letztere hat Peter Scott-Morgan, früherer Associate Director der weltweiten Unternehmensberatung Arthur D. Little, 1994 in seinem Bestseller *Die heimlichen Spielregeln* ausführlich beschrieben und für das Management von Veränderungen nutzbar gemacht.

So drücken sich die wahren Regeln und Normen der Unternehmenskultur beispielsweise in der praktizierten Personalpolitik, der Gestaltung von Arbeitsplätzen, im Verhalten der Führungskräfte und im Speiseplan der Kantine aus – also weniger in Selbstbeschreibungen als vielmehr in tatsächlich beobachtbaren Handlungen. Mindestens genauso wichtig sind dabei Handlungen, die nicht stattfinden. Daraus ergibt sich die Notwendigkeit vor der Initiierung von Veränderungen zu mehr Nachhaltigkeit in Unternehmen zu prüfen, wie kompatibel die momentane Unternehmenskultur mit den Regeln, Normen und Werten der Nachhaltigkeit sind. Daraus resultiert der Handlungsbedarf für eine gleichzeitige Transformation von Unternehmenskultur und Wirtschaftsweise.

▶ Wie die Erkenntnisse aus Change-Projekten und die Lehren aus dem häufigen Scheitern genutzt werden können, um die Kommunikation auf Anforderungen der Nachhaltigkeitstransformation auszurichten wird in Abschn. 7.1 und 8.8 ausgeführt.

4.5   Führungskonzepte und Managementmethoden

Die wissenschaftliche Forschung zur Transformation von Unternehmen und Organisationen zeigt, dass diese grundlegenden und tiefgreifenden Veränderungen mit den Konzepten und Methoden des klassischen Change-Managements kaum zu bewältigen sind. In ähnlicher Weise ist der klassische, auf Langfristigkeit und Planbarkeit ausgerichtete Strategiebegriff zu wenig flexibel, um auf plötzliche, unberechenbare Veränderungen in der Unternehmensumwelt reagieren zu können.

Die gestiegene Unberechenbarkeit, Unsicherheit, Komplexität und Ambiguität der VUCA-Welt erfordert neue Managementansätze und Führungskonzepte (Abb. 4.10). Konzepte des organisationalen Lernens, die stärker auf dezentrale Initiativen setzen und Strategien weniger als geplante, sondern vielmehr als entstehende Handlungsmuster begreifen, bieten hier neue Perspektiven.

Im Projektmanagement erfordern das offene Ende, der kaum überschaubare Verlauf sowie die Unberechenbarkeit des Verhaltens und der Reaktionen der beteiligten und betroffenen Akteur*innen flexiblere und experimentelle Vorgehensweisen, die stärker auf Beteiligung und Co-Creation setzen. Ansätze dafür liefert das Konzept des *agilen Managements*. Es ist darauf ausgerichtet, Innovationen iterativ in kurzen Zyklen zu entwickeln. Zugleich besteht die Gefahr, einseitig auf Veränderung und Innovation zu setzen und das bisherige Geschäft und die Stabilität der Organisation aus dem Blick zu verlieren. Ein Konzept dafür bietet der Ansatz der *Ambidextrie*. Er verbindet die Sicherung der Effizienz in bestehenden Geschäftsprozessen und die Entwicklung neuer Produkte, Strategien und Prozesse.

Abb. 4.10 Managementansätze bei gestiegener Unberechenbarkeit, Unsicherheit, Komplexität und Ambiguität (VUCA). (Eigene Darstellung)

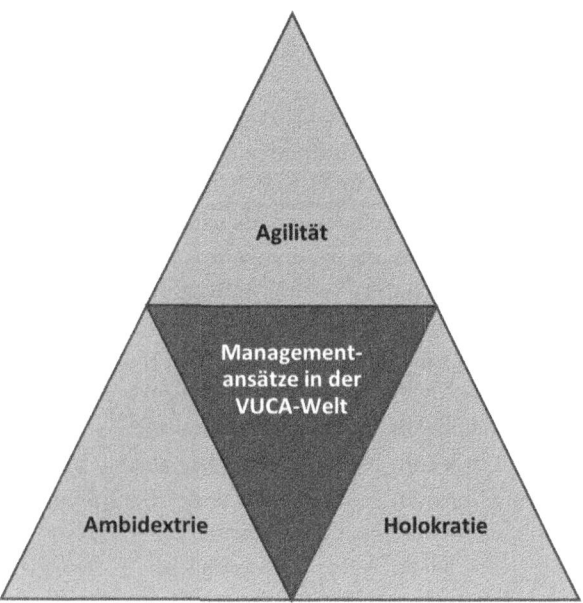

Beide Managementmethoden erfordern zugleich ein verändertes Führungskonzept. An die Stelle zentraler, hierarchischer Top-down-Prozesse treten dezentrale, selbstorganisierende Bottom-up-Prozesse. Führung muss ohne Macht durch ihre Position in der Organisation auskommen. Das Konzept der *lateralen Führung* leistet genau dies. Führung wird nicht mehr personal, sondern funktional verstanden. Nicht einzelne starke Persönlichkeiten führen die Organisation, sondern miteinander vernetzte, sich selbstführende Einheiten. Das Konzept, das dies am weitesten denkt und treibt, ist der Ansatz der *Holokratie (Holacracy)*. An die Stelle von statischen Abteilungen treten dynamische, sich selbst organisierende Kreise. Ein weiterer Ansatz ist die *Theorie U* von Otto Scharmer, Senior Lecturer und Forscher am Massachusetts Institute of Technology (MIT). Sie versucht, Defizite von Change-Prozessen wie das Ausblenden emotionaler Aspekte, individueller Perspektiven und informeller Regeln (Unternehmenskultur) zu vermeiden.

Gleichwohl kommt kein Transformationsprozess ohne Methoden und Techniken des Projektmanagements aus, um die formale Seite von Projekten zu planen, zu organisieren und zu steuern.

4.5.1 Strategie und Planung

Das klassische Konzept der Strategieentwicklung folgt dem Prozess und den Prämissen der Design-, Planungs- und Positionierungsschule (Mintzberg et al., 2007). Die *Design-Schule* sieht Strategie als Resultat aus der Einschätzung der externen Situation mit Chancen und Bedrohungen im Umfeld als Schlüsselfaktoren für den Erfolg sowie Stärken und

Schwächen der Organisation als distinktiver Kompetenz (Mintzberg et al., 2007, S. 38–47). Der Prozess der strategischen Planung folgt im Wesentlichen der Logik aus Umwelt- und Unternehmensanalyse, der Zusammenfassung in Form von Stärken und Schwächen sowie Chancen und Risiken (SWOT-Analyse). Dem folgt die Bestimmung von strategischen Optionen, meist durch eine Kombination der SWOT-Elemente, sowie die Entscheidung und Wahl von Alternativen. Schließlich werden daraus strategische Programme für die operative Umsetzung abgeleitet und realisiert (Schreyögg & Koch, 2020, S. 156–159).

Die Schwächen dieser Vorgehensweise bestünden darin, dass Strategien, insbesondere schriftlich fixierte, zu wenig flexibel und anpassungsfähig an veränderte Rahmenbedingungen seien (Mintzberg et al., 2007, S. 51–52). Unvollständige oder zu spät vorliegende Informationen könnten zu fehlerhaften Schlussfolgerungen führen. Einmal verabschiedete Strategien würden zu „Scheuklappen" führen und könnten rechtzeitige Korrekturen behindern.

Die Verfeinerungen der *Planungsschule* durch die Differenzierung in strategische, taktische und operative Planung sowie die Berücksichtigung der Implementierung und die Prüfung und Evaluation der Pläne (Mintzberg et al., 2007, S. 64–75) hätte die Probleme und negativen Folgen eher noch verschärft (S. 80–90): verfestigte Grundannahmen, ein irrationaler Glaube an den Strategieprozess, die Prognostizierbarkeit und harte Daten sowie die weitere Einschränkung der Flexibilität und das Verhindern notwendiger Veränderungen.

Strategiemodelle der *Positionierungsschule* haben die stark analytischen Konzepte von Design- und Planungsschule für die Entwicklung generischer Strategien weiterentwickelt (Mintzberg et al., 2007, S. 100–103, 120–131): Dazu zählt Porters *Wettbewerbsanalyse* auf der Basis von Bedrohungen durch neue Marktteilnehmer oder Ersatzprodukte sowie Verhandlungsstärke gegenüber Lieferanten und Käufer*innen für die Nachhaltigkeitsanalyse. Ein weiterer Ansatz der *Positionierungsschule* sind Porters *generische Strategien* zwischen Kostenführerschaft, Differenzierung und Konzentration auf Teilmärkte bzw. Marktsegmente. Aus Analyse und Strategieentwicklung ergeben sich generische Unternehmenspositionen (Mintzberg et al., 2007, S. 131): Pioniere (First Mover), Markt-, Innovations- oder Kostenführer, Me-too-Anbieter (Follower) und Nischenakteur*innen.

Dennoch bleibt die Kritik, die Mintzberg et al. (2007) bereits bei Design- und Positionierungsschule formuliert hatte (S. 133–139): personelle und organisatorische Trennung von strategischer Planung und operativem Handeln, eingeschränkte Sichtweisen, Überschätzung der Stabilität von Situation und Entwicklungen sowie Einschränkung der Flexibilität. Hinzukomme die Konzentration auf externe Rahmenbedingungen. Zudem würden vor allem interne Berechnungen angestellt, anstatt auf Lernprozesse durch externe Marktkontakte zu setzen. Schließlich würden generische anstelle individueller, differenzierter und differenzierender Strategien genutzt.

Insofern können die beschriebenen Ansätze nur die Vorstufe für die eigentliche Strategieentwicklung sein. Sie muss – der Kritik entsprechend – folgende Aspekte berücksichtigen: Offenheit und Flexibilität sowie die Verbindung mit der operativen Umsetzung. Strategien müssen das Ergebnis individueller wie organisationaler Lernprozesse auf der Basis von Recherchen und Analysen auf Märkten sein. Dem entspricht die nächste Entwicklungsstufe, die *Lernschule* (Mintzberg et al., 2007, S. 204–206). Sie versteht Strategie-entwicklung als sich herausbildenden Prozess (Emergenz), einem aus Wahrnehmung und Handeln entstandenen bzw. geschaffenen Muster einer kollektiven Realität.

Strategien könnten überall in Organisationen entstehen (Mintzberg et al., 2007, S. 226–227). Erst wenn Handlungsweisen zu wahrnehmbaren kollektiven Mustern gerinnen, würden sie zu Strategien von Organisationen. Sie ließen sich nicht vorab durch das Management konzipieren. Dessen Aufgabe sei vielmehr, ihre Herausbildung zu erkennen und gegebenenfalls abschwächend oder verstärkend einzugreifen. Im Gegensatz zur *Kontrolle* als Kennzeichen der präskriptiven Strategieschulen (Design, Planung, Positionierung) setzt die deskriptive Lernschule auch auf Nischen für *Experimente* (S. 219). Damit trägt die Lernschule den Bedingungen der VUCA-Welt Rechnung: Sie konzentriert sich weniger auf entfernte Zukünfte als auf aktuelle Anpassungserfordernisse an veränderte Rahmenbedingungen. Strategien werden agil, hinterfragen fortlaufend eigene Sichtweisen, prüfen und entwickeln sie durch den Austausch in Stakeholder-Beziehungen im Sinne lernender Organisationen weiter.

4.5.2 Projektmanagement

Auch das klassische *Projektmanagement* verfolgt einen rationalen Ansatz. Es dient der strukturierten, geplanten Vorbereitung, Planung, Organisation, Durchführung und Steuerung von Projekten (Lauer, 2019, S. 199–203) und versteht sich als Problemlösungsprozess (von Känel, 2020, S. 11–14): Es definiert Probleme als Differenz zwischen einem erforderlichen bzw. angestrebten Soll- und einem beobachteten, unbefriedigendem Ist-Zustand. Ein wesentlicher Schritt dient der Problembestimmung. Sein wesentlicher Erfolgsbeitrag besteht in der Benennung von Verantwortlichkeiten, der Bereitstellung notwendiger Ressourcen und der Sicherung von Termintreue und Zielerreichung. Wichtige Voraussetzungen dafür sind die qualitätsgesteuerte Auswahl des Personals, das Sicherstellen ausreichender Kapazitäten, die Definition und Überwachung von Projektmanagementprozessen, das Teambuilding sowie das Projektmarketing.

Bei der Vorbereitung und Aufsetzung müssen folgende Fragen beantwortet werden (Doppler, 2017, S. 115):

- Ziele des Projekts
- Aufgaben der Projektleitung
- Aufgaben und Teilaufgaben der Team-Mitglieder
- Entscheider*innen und Rollen im Team
- Zeitplanung, Meilensteine, Roadmap
- Regeln für Information und Kommunikation

Das Projektmanagement kommt in der Nachhaltigkeitstransformation von Unternehmen an seine Grenzen. So sind zu Beginn weder das genaue Problem noch der Soll-Zustand hinreichend geklärt und fortlaufend kommen neue Aspekte ins Spiel. Sie treten erst im Prozess Zug um Zug deutlicher hervor. In solchen Situationen greift das Konzept des *agilen* bzw. *hybriden* Projektmanagements (von Känel, 2020, S. 61–62, 70–71, 76–78). Hinzukomme die zunehmende Komplexität durch die Verknüpfung mehrerer Projekte im *Multiprojektmanagement*. Mit der prinzipiellen Offenheit von Problemstellungen, Zielen und Aufgaben in der Nachhaltigkeitstransformation gewinnen zusätzliche Managementmethoden und Führungskonzepte an Bedeutung.

4.5.3 Agiles Management

Das zunehmend komplexe, dynamische, globale und kompetitive Umfeld von Unternehmen hat zur Entwicklung *agiler* Methoden im Management geführt (Meissner et al., 2023, S. 75–76; Dühring, 2022, S. 700, 706). Im Kern ist darunter die Fähigkeit von Unternehmen zu verstehen, auf interne und externe Veränderungen zu reagieren. Dies erfordert Schnelligkeit, Effektivität, Effizienz und Flexibilität.

Kernaussagen des Agilen Manifests nach Beck et al. (2001)

- „Individuen und Interaktion sind wichtiger als Prozesse und Werkzeuge"
- „Exzellente Software/Produkte sind wichtiger als umfassende Dokumentation"
- „Zusammenarbeit mit dem Kunden ist wichtiger als Vertragsverhandlungen"
- „Reagieren auf Veränderung ist wichtiger als Verfolgen eines Planes"

(Quelle: zit. nach von Hehn et al., 2021, S. 28) ◄

An die Stelle langwieriger Analyse und Planung treten kurze Entwicklungszyklen (*Sprints*) in weitgehend autonomen crossfunktionalen Teams (von Hehn et al., 2021, S. 28–30). Sie organisieren sich durch agile Methoden wie *Scrum* und *Kanban* und kommunizieren direkt und persönlich. Ihre Projekte und Produkte entwickeln sie in iterativen Schleifen (*Design Thinking*, *Rapid Prototyping*) mit ausgeprägter Fehlerkultur und regelmäßigen *Retrospektiven* und *Reviews*. Vor allem in größeren Unternehmen wird agiles Management in Innovation Labs experimentell praktiziert. Wesentlich ist dabei, die Verantwortung für Regeln (*Scrum Master*) und Aufträge (*Product Owner*) personell zu trennen.

Prinzipien des agilen Managements
- Verantwortung liegt beim Team (Selbstorganisation)
- Iterative Planung in kurzen Abschnitten (Sprints)
- Transparente Prozesse
- Limitierung der laufenden Arbeiten (Work in Progress Limit)

- Pull-Prinzip (die Teammitglieder ziehen selbst neue Aufgaben)
- Fluss der Arbeit visualisieren (Kanban)
- Regelmäßige interne Feedback-Zyklen
- Anforderungen kontinuierlich aufnehmen (Backlogs)
- Integrierte Lernschleifen (Retrospektiven)
- Lieferergebnisse in Bestandteilen (Inkremente)

(Quelle: Meissner et al., 2023, S. 81)

Lauer (2019) hebt die Gemeinsamkeiten zwischen Change- und agilem Management hervor und betont, dass agile Methoden im Change-Management nicht in Reinform zur Anwendung kommen müssten (S. 211–214). Da sich Umfeld, Ziele, Personen und Zuständigkeiten, unterstützende und widerstrebende Faktoren im Prozess ändern (können), müssen Pläne und Wege angepasst bzw. geändert werden. Entscheidend sei, die iterative Vorgehensweise zu wählen und im Prozess flexibel zu bleiben.

Dühring betont, dass Mitarbeitenden bei agilen Methoden Schlüsselrollen zukommen (2022, S. 708). Die Einführung bringe mehr Freiräume, Verantwortung und Selbstmanagement mit sich. Dafür sei nicht jeder gemacht. Die Enthierarchisierung und Dezentralisierung führe zu einem Verlust von Identität und habe Unsicherheit, Machtkämpfe und Dauerpolitisierung zur Folge (S. 719). Entsprechend wichtig seien Führung, Kommunikation und Unternehmenskultur (S. 708–709, 712, 715).

Die Einführung agiler Methoden in Unternehmen und Organisationen kann zu Konflikten führen. Drei Arten kristallisieren sich dabei heraus (Zinn et al., 2023, S. 170–171):

- Konflikte aufgrund gegensätzlicher Bedürfnisse nach Einhaltung und Abweichung von Prozessvorgaben (z. B. gegensätzliche Präferenzen hinsichtlich Planung und Prozessvorgaben),
- durch Widerstand gegenüber der jeweils anderen Arbeitsweise (z. B. Kritik, Anschuldigungen und Vorwürfe) sowie
- aufgrund hierarchischer Projektstrukturen (z. B. unklare Rollen, erhöhter Berichtsaufwand, Kontrollbestrebungen).

Diese Konflikte konnten gelöst werden, indem die agile Arbeitsweise an die stabilitätsorientierte Organisationskultur angepasst wurde (Zinn et al., 2023, S. 173). So wurde das Projektteam verkleinert, stärker von nicht-agilen Bereichen isoliert und Entscheidungen hierarchisch legitimiert. Diese Vorgehensweise spreche für einen inkrementellen Kulturwandel, bei dem Veränderungen vom Management eingeführt und von Mitarbeitenden nur schrittweise übernommen werden.

Koromzay (2021) plädiert dafür, klare Regeln für Prozesse, Sitzungen und Entscheidungen einzuführen und so Sicherheit und Transparenz zu schaffen (S. 34, 37–38).

Zusätzlich sollte die persönliche Entwicklung aller Akteur*innen unterstützt werden, um unterschiedliche Rollen flexibel einnehmen zu können.

Dennoch scheitert die Einführung agiler Methoden vielfach (Stuhde & Panagos, 2023, S. 113–116). Der Hauptgrund wird in einem traditionell tayloristisch-hierarchischen Welt- und Menschenbild gesehen. In der Folge stünden Output-, Projekt-, Effizienz- und Push-Orientierung anstelle agiler Prinzipien im Vordergrund. Stattdessen müsse die Einführung mit einer Transformation des Führungsverhaltens beginnen. Das erfordere, sich von hierarchischen Strukturen und Denkweisen zu lösen und auf eine offene, transparente, Feedback-orientierte und fehlertolerante Arbeitsweise umzuschwenken (S. 132). Anstelle großer Big-Bang-Transformationen sei es erfolgversprechender, in kleinen, experimentellen Schritten vorzugehen. Dabei sei das Scheitern ein wesentlicher Teil des Weges.

4.5.4 Ambidextrie (nach Duncan)

In Change- und Transformationsprojekten sind Unternehmen und Organisationen gefordert, Neues zu praktizieren und zugleich Stabilität und Sicherheit für weiterlaufende Prozesse zu gewährleisten. Dies führt direkt zu Überlegungen, die parallelen Anforderungen nach Agilität und Sicherheit in unterschiedlichen Unternehmensbereichen durch ambidexteres (beidhändiges) Vorgehen zu erfüllen.

Organisationale *Ambidextrie* („Beidhändigkeit") ist im Anschluss an O'Reilly und Tushman (2013) die Fähigkeit von Unternehmen, grundlegende Innovationen und neue Geschäftsmodelle zu entwickeln (*Exploration*) sowie gleichzeitig das bestehende Geschäft zu optimieren und erfolgreich weiterzubetreiben (*Exploitation*) (Bittner-Fesseler et al., 2023, S. 5; Duwe, 2020, S. 24).

Während sich der Explore-Modus durch Respekt vor Komplexität, Betonung individueller Sichtweisen, flache Hierarchien, gemeinsame Entscheidungen, Vertrauen, lebenslanges Lernen und konstruktive Fehlerkultur auszeichnet (Frey & Töpfer, 2021, S. 47–50), ist der Exploid-Modus durch Planzentrierung, Dokumentation und Reporting und rigide Fehlerkultur gekennzeichnet (S. 33–36). Um Beides auszubalancieren, haben sich drei Formen der Ambidextrie durchgesetzt: ihre zeitliche oder räumlich-organisatorische Trennung (Innovation Labs) sowie die Schaffung eines eigenen Kontextes, um beide Aktivitäten gleichzeitig praktizieren zu können (Bittner-Fesseler et al., 2023, S. 6; Duwe, 2020, S. 28).

Wie schon das agile Management wird auch die Ambidextrie als Führungs- und Kommunikationsaufgabe hervorgehoben und die Bedeutung der Unternehmenskultur betont (Bittner-Fesseler et al., 2023, S. 1–7; Duwe, 2020, S. 32–35, 43–48). Je nachdem, ob es um radikale oder inkrementelle Innovation geht, beschreibt Duwe zwei unterschiedliche Modi der Kommunikation (S. 51–54): die formalisierte, hierarchiezentrierte, kaskadenartige Top-down-Kommunikation zur Vermittlung von Informationen und die eher informelle, dezentrale und horizontale, netzartige, bereichs- und hierarchieübergreifende Bottom-up-Kommunikation zur Schaffung gemeinsamer Wirklichkeiten.

Mit den Konzepten des agilen und ambidexteren Managements werden Anforderungen und Aufgaben von Führung deutlich verändert.

4.5.5 Transformatorische Führung

Die Aufgaben der transformatorischen Führung im Change-Management sind: Bereitschaft zum Wandel aufzubauen, Orientierung während des Veränderungsprozesses zu vermitteln und Motivation aufrechtzuerhalten sowie den Prozess effizienter zu steuern (Lauer, 2019, S. 88). Für die Führung in der Nachhaltigkeitstransformation ist der Wille zur Veränderung zentral (Pichel et al., 2022, S. 103). Entscheidungen müssten unter Unsicherheit getroffen und Mitarbeitende zu eigenverantwortlichem Verhalten motiviert werden (S. 105). Zu den weiteren Herausforderungen zählen: eine motivierende, verständliche Unternehmensvision, die individuelle Förderung und Unterstützung der Mitarbeitenden, das Management verschiedenartiger Sichtweisen, auch im Diskurs mit unternehmensexternen Stakeholdern (S. 106).

Dafür benötigt Führung einen kommunikativen, motivierenden, inspirierenden und Sinn vermittelnden Führungsstil, der weniger auf Effizienz als vielmehr auf Effektivität ausgerichtet ist (Lauer, 2019, S. 90). Dennoch betont Lauer, dass daneben auch die effizienz-orientierte, transaktionale Führung notwendig sei, die analytisch, sach-orientiert, planend und kontrollierend für Ordnung und Beständigkeit in Unternehmen sorgt.

Traditionelle Führungsansätze würden hier an ihre Grenzen stoßen. Notwendig sei eine *transformationale Führung*, die Elemente der situativen und partizipativen Führungskonzepte aufnimmt und zusätzlich Bewusstsein sowie Verhalten von Mitarbeitenden auf gemeinsame Ziele und Werte (Vision) ausrichtet (Lauer, 2019, S. 107–109). Sie ist gekennzeichnet durch idealisierten Einfluss (Vorbildfunktion, Vertrauenswürdigkeit), inspirierende Motivation (eindeutige Erwartungen, hohe Selbstverpflichtung, Zuversicht), intellektuelle Stimulierung (Hinterfragen von Annahmen und Gewohnheiten, Denkmuster aufbrechen) und individuelle Wertschätzung der Mitarbeitenden (Begleitung, Austausch, Coaching) (S. 110–111).

Zu weiteren transformativen Kompetenzen zählen nach der *Future-Skills-Studie* von Stifterverband und McKinsey (2021) die Urteils-, Dialog- und Konfliktfähigkeit, Veränderungs- und Innovationskompetenz sowie Missionsorientierung (S. 5–7). In der Befragung von 500 Unternehmen und Behörden des öffentlichen Sektors steht die Dialog- und Konfliktfähigkeit mit 92 % Zustimmung (heute) und 98 % (in fünf Jahren) auf Rang 1 der wichtigen Schlüsselkompetenzen im Beruf (S. 8). Damit rücken die Fähigkeiten und Kompetenzen von Mitarbeitenden sich selbst zu führen und an der organisationalen Führung mitzuwirken in den Vordergrund. Im Konzept der *lateralen Führung* kommt dieses verändertes Führungsverständnis zum Tragen.

4.5.6 Laterale Führung

Typisch für die Kommunikation in Transformationsprojekten ist die unterbestimmte Form von Entscheidungen: Herkömmliche Regelungen passen nicht, Konstellationen sind ungewohnt, Routinen greifen nicht, Personen mit Entscheidungsbefugnis sind nicht direkt beteiligt, die Umstände erfordern neue Methoden und Wege – und trotzdem ist Führung wichtig und notwendig (Koromzay, 2021, S. 28). Auch jenseits großer Veränderungen können Organisationen nicht alles regeln und alle Mitarbeitende nicht über alles informiert sein (Kühl, 2017, S. 9–11, 42). Umgekehrt wird umso weniger Führung benötigt, je klarer Strategie und Kommunikationswege definiert sind (Giest, 2019, S. 107).

Mit flacheren Hierarchien und zunehmender Projektarbeit suchen Manager*innen nach alternativen Führungs- und Steuerungstechniken (Kühl, 2017, S. 13). Das gilt insbesondere für Situationen, in denen nicht sicher ist, ob die bisherigen Mechanismen greifen, oder von denen man sicher weiß, dass alles anders sein wird als bisher.

Koromzay (2021) betont, dass inzwischen sogar der größte Teil der Arbeit in Organisationen in diesem Modus erledigt wird (S. 28). Projekt- und selbstorganisierte Teams seien auf gegenseitige Kooperation und stabile sowie produktive Arbeitsbeziehungen angewiesen. Dafür müssten sie gemeinsame bzw. übergeordnete Interessen verfolgen, wechselseitig gute Absichten unterstellen, psychologische Sicherheit empfinden sowie Spannungen und Konflikte aushalten (S. 30, 35). Umgekehrt würden Ängste und dominierende Eigeninteressen Kooperation zum Scheitern bringen.

Hier greift das Konzept der *lateralen Führung* als Führen ohne Macht und Weisungsbefugnis (Kühl, 2017, S. 13). „Ob geführt wird, entscheiden nicht zuletzt die Geführten." (Giest, 2019, S. 107) Kühl (2017) spricht im Anschluss an Luhmann auch von Führen von der Seite oder von unten (S. 12). Laterale Führung sei aufgrund der Besonderheiten von Veränderungsprozessen, zum Beispiel der stärkeren Beteiligung von Mitarbeitenden, für das Change-Management besonders geeignet.

Laterale Führung basiert auf Verständigung, Vertrauen und Macht (Kühl, 2017, S. 10) und entspricht dem Hören von Zwischentönen oder dem Lesen zwischen den offiziellen Zeilen. Sie entspannt sich vor allem in den informellen Kommunikationsbeziehungen in Organisationen. Verständigung, Vertrauen und Macht beeinflussen die Wahrscheinlichkeit, dass mitgeteilte Verhaltenserwartungen von anderen übernommen werden (S. 19). Alle drei Mechanismen greifen vor allem bei Informationsdefiziten, Regelungslücken und Dissens (S. 42). Sie können in Organisationen nicht verordnet, erzwungen oder verboten werden (S. 48). Kühl betont, das Konzept des lateralen Führens dürfe nicht als persönliche Kommunikationstechnik verstanden werden, sondern müsse in Organisationsstrukturen ein- und rückgebunden sein (S. 12–13, 16–17).

Verständigung diene der Änderung oder Auflösung von verfestigten Denkmustern (Kühl, 2017, S. 22–23). Sie nutze die Ansichten, Erfahrungen und Interessen von anderen und reduziert Motivations- und Kontrollprobleme. *Macht* stelle sicher, dass sich andere an Vereinbarungen halten, auch wenn sie anderer Auffassung sind (S. 23–25). Sie stütze sich auf Hierarchie, Expertenwissen, privilegierte Zugänge und die Kontrolle von Kommunikationskanälen und Informationsquellen. Sie stellten Unsicherheitszonen in der Organisation dar. *Vertrauen* basiere auf Risikobereitschaft und sei ein sich selbst verstärkender Mechanismus in Kooperationsbeziehungen (S. 27–29). Es benötige keine Verträge, überbrücke Schwächephasen und vermeide Streit und Kämpfe. Es baue sich nur langsam auf, könne aber sehr schnell verloren gehen.

Alle drei Mechanismen nutzen Tauschressourcen, um Beziehungen neu auszubalancieren (Kühl, 2017, S. 23–24, 26–27). So könnten sich auch Untergebene Machtpotenziale erschließen. Dabei sei, trotz der Einbindung von Mitarbeitenden (Verständigung), vertrauensbildender Maßnahmen und Mikropolitik, kein Einflussmechanismus vorrangig. Sie laufen in der Regel gleichzeitig ab (S. 32–36) und können sich gegenseitig stützen, abschwächen oder zumindest teilweise ersetzen (S. 38–40).

Kühl (2017) beschreibt eindrücklich, warum und wie laterale Führung bei Veränderungsprozessen greift (S. 52): Routinen, Rahmenbedingungen und Interessen ändern sich, Denkmuster werden hinterfragt, Macht wird neu verteilt, Zugänge zu Informations- und Wissensquellen sowie Kommunikationskanälen ändern sich und neues Vertrauen muss aufgebaut werden. Daraus lassen sich Schlüsse über Inhalte und Ziele der Kommunikation im Change- und Transformationsmanagement ziehen:

- *Verständigung herstellen* über Gründe, Maßnahmen, Ziele und Folgen von Veränderungen.
- *Macht regeln* durch Bekanntgeben von Schlüsselpositionen, Zuständigkeiten, Verantwortungsbereichen und Beteiligungs- und Einflussmöglichkeiten.
- *Vertrauen aufbauen* durch die Kommunikation von Maßnahmen gegen Risiken und Folgen von Veränderungsprozessen.

Hinzukommt eine gründliche Analyse der *lokalen Rationalitäten*, deren Wahrnehmungen und Auffassungen von Wirklichkeit sich auf operativer Ebene vor Ort ausbilden, für Stabilität und Sicherheit sorgen, aber häufig im Widerspruch zur Logik von Veränderungen bzw. Innovationen stehen (Kühl, 2017, S. 44–45, 54–56). Das Aufeinandertreffen der Vertreter und Logiken der Rationalitäten von Innovation und Routine erst ermöglicht die Veränderung der Unternehmenspraxis.

So plädiert Koromzay (2021) dafür, bei der Planung und Steuerung von Veränderungen die Auswirkungen auf ideelle, soziale, kulturelle, physische und normative Strukturen zu berücksichtigen (S. 79). Dazu zählt er die Vision und Strategie des Unternehmens, Arbeitsbeziehungen und Zusammenarbeit, Infrastruktur, Design und Prozesse sowie die offiziellen und ungeschriebenen Regeln der Organisation. *Change Leadership* erfordere, Beteiligte und Betroffene den Entscheidungsprozess, den die Führung bereits durchlaufen habe, nachvollziehen zu lassen, die politischen Aspekte offenzulegen und sich nicht ausschließlich auf die positiven Seiten von Veränderungen zu konzentrieren (S. 82–83).

Mit dem Konzept der lateralen Führung eröffnen sich Spielräume für neue Organisationskonzepte jenseits hierarchischer Vorstellungen.

4.5.7 Holokratie (nach Robertson)

Die *Holokratie* (*Holacracy*; manchmal auch Holakratie) löst hierarchische Organisationskonzepte auf der Basis von Vorgesetztenrollen ab (Sua-Ngam-Iam, 2023, S. 2–4; Meissner et al., 2023, S. 56–58; von Hehn et al., 2021, S. 34–35). An die Stelle der klassischen Aufbauorganisation mit Abteilungen, Linien und Stäben tritt ein System sich selbstorganisierender über- und untergeordneter Kreise (*Sub-Circles, Super-Circles*).

In jedem Kreis gibt es vier holokratische Rollen: Der *Lead-Link* wird vom übergeordneten Kreis gewählt, vertritt dessen Interessen und besetzt die Rollen im Kreis. Die anderen drei Rollen werden offen im Kreis gewählt. Der *Rep-Link* vertritt seinen Kreis im übergeordneten Kreis. Der *Facilitator* begleitet und moderiert die Meetings im Kreis und der *Secretary* dokumentiert die Ergebnisse. Die Kreise kommunizieren intern und übergreifend in Meetings. Die Spielregeln werden in der holokratischen *Verfassung* festgeschrieben.

Ziel dieser Organisationsform sind klare Verantwortungsbereiche, dezentrale, schnelle und transparente Entscheidungswege (von Hehn et al., 2021, S. 34–35). Grundsatzplanungen und langwierige Strategieprozesse werden durch häufigere, kleine Kurskorrekturen ersetzt.

Prinzipien der Holokratie als Organisationsform
- Befugnisse und Entscheidungsfindungen werden auf sich selbst organisierende Teams (Kreise) verteilt.
- Jeder Kreis verfolgt jeweils einen klar definierten Zweck (*Purpose*).
- Statische Stellenbeschreibungen (Positionen) werden durch flexiblere Rollen ersetzt.
- Jedes Organisationsmitglied kann mehrere Rollen übernehmen und Mitglied mehrerer Kreise sein.
- Rollen werden von den Kreisen regelmäßig evaluiert.
- In taktischen Meetings werden der aktuelle Stand und Fortschritt von Projekten und Reibungspunkte besprochen.
- In Governance Meetings werden die Struktur des Kreises und die Rollen weiterentwickelt.

(Quellen: Sua-Ngam-Iam, 2023, S. 2–4; Meissner et al., 2023, S. 56–58; von Hehn et al., 2021, S. 34–35)

Holacracy ist allerdings umstritten (von Hehn et al., 2021, S. 34). So wären die umfangreichen Regeln und festen Strukturen häufig nicht mit praktischen Erfordernissen in Organisationen in Einklang zu bringen. Außerdem gingen durch den Abbau von Hierarchien auch Orientierung und Sicherheiten verloren und die Gefahr informeller Hierarchien wachse (S. 35). Am Ende könne die starke Formalisierung, die angestrebte Dynamik bremsen (Meissner et al., 2023, S. 58). Erste empirische Studien haben außerdem gezeigt, dass beim Wechsel zur holokratischen Organisationsform bestehende Machtstrukturen bestehen bleiben und Schattenhierarchien bzw. -abteilungen entstehen können (Sua-Ngam-Iam, 2023, S. 4–6).

4.5.8 Theorie U (nach Scharmer)

Der Umgang mit Emotionen, individuellen und organisationalen Gewohnheiten sowie Denkweisen steht im Mittelpunkt der *Theorie U*. Sie beschreibt idealtypische Veränderungsprozesse aus Abwärtsphase, Wendepunkt (*Presencing*) und Aufwärtsphase (Andriof, 2024, S. 4–5, 16–33). In der Abwärtsbewegung geht es darum, durch bewusstes Beobachten des Bestehenden (*Seeing*), das Zulassen emotionaler Befindlichkeiten und Loslassen gewohnter Denkweisen (*Sensing*) Raum für Neues zu schaffen und so eine neue Haltung gegenüber Veränderungen zu entwickeln. Am Wendepunkt wendet sich der Blick von der Vergangenheit in die Zukunft. Durch den bewussten Bezug auf sich selbst werden individuelle und kollektive Veränderungen verbunden. In der Aufwärtsbewegung wird der entstandene Schwung durch kreatives Denken, iterative Experimente (*Crystallizing*) und Fehlertoleranz (Prototyping) genutzt und mündet in die Umsetzung mit verbindlichen Vereinbarungen (*Performing*).

In allen drei Phasen geht es darum, auch emotionale Aspekte zu berücksichtigen und mit rationalen Einsichten zu verbinden (Andriof, 2024, S. 11–13). Ziele müssen positiv und konkret formuliert sein, die Erreichbarkeit muss klar und die Schritte und Meilensteine müssen konkret sein. Schließlich muss selbstkritisch geprüft werden, ob für das Erreichen des Ziels auch Aufwände, Anstrengungen, Nachteile, Verluste in Kauf genommen werden.

Mit diesen drei Phasen ähnelt die Theorie U den Phasenmodellen des Change-Managements von Lewin und Kotter (Andriof, 2024, S. 7–10). Das Neue ist, dass rationale und emotionale Aspekte sowie persönliche und organisationale Veränderung gekoppelt werden. Das Entlernen, Vergessen und Löschen gewohnter Denkweisen und Routinen in formellen wie informellen Strukturen von Organisationen ist die Voraussetzung dafür, dass Neues zugelassen und erprobt werden kann. Damit werden wesentliche Gründe für das Scheitern von Change-Projekten vermieden.

Für die Nachhaltigkeitstransformation bedeutet das, dass es nicht ausreicht, sich mit der Zukunft und Plänen über den Weg dorthin zu beschäftigen und gegebenenfalls Widerstände aus dem Weg zu räumen. Notwendig ist vielmehr eine bewusste Auseinandersetzung damit, warum bislang wenig nachhaltig gearbeitet wurde und was kommende Veränderungen für jeden Einzelnen in der Organisation emotional bedeuten.

Für die Nachhaltigkeitstransformation von Unternehmen sind Elemente des klassischen und agilen Projektmanagements sowie der transformatorischen und lateralen Führung zu verknüpfen. Die unternehmensspezifische Kombination ist jeweils so zu wählen, dass die zentrale Anforderung der Ambidextrie erfüllt werden kann, die Effizienz des laufenden Geschäfts zu gewährleisten und zugleich Veränderung bzw. Innovation zu ermöglichen. Der Beginn ist – ganz im Sinne des *Golden Circle* von Sinek (2009) – die Frage nach dem Warum: *Start with Why!*

Schlussfolgerungen und Konsequenzen für das Management der Nachhaltigkeitstransformation

- Entscheidungen werden dezentralisiert mit Fokus auf Einheiten, wo Leistung erbracht, Wertschöpfung erzeugt wird (z. B. Produkte, Kund*innen, Vertrieb).
- Pläne werden weniger detailliert ausgearbeitet, um Spielräume offen zu halten.
- Planungszyklen werden gekürzt (z. B. von 360 auf 90 Tage).
- An die Stelle des Erfüllens von Plänen tritt die schnelle Anpassung an veränderte Bedingungen.
- Die vertikale Führung (Hierarchie) wird um Elemente der *lateralen Führung* erweitert.
- Die Aufgaben der Führungskräfte konzentrieren sich auf Informationsbeschaffung und -weitergabe, Moderation und Coaching.
- Kleine, dezentrale Teams führen, kontrollieren und steuern sich selbst.

4.6   Narrative und Storytelling

Wenn *Glaubwürdigkeit* das zentrale Problem der Nachhaltigkeitskommunikation ist, so scheint *Storytelling* für Viele die Lösung zu sein. Um ein Gleichgewicht zur informations- und faktenorientierten Nachhaltigkeitsberichterstattung aufzubauen, wurde immer wieder gefordert, die Unternehmenskommunikation müsse mehr *Storytelling* betreiben, um glaubwürdig zu erscheinen und emotional anzusprechen (Krüger, 2022, S. 4; Ettl-Huber, 2019, S. 2, 4; Sammer, 2017, S. 14–15, 21, 28–29). Eine andere lautet, die Nachhaltigkeitskommunikation benötige ein besseres *Narrativ* als das Weltuntergangsszenario. Beide Begriffe sind erkennbar der Erzähl- bzw. Literaturtheorie entlehnt. Und doch werden diese Zusammenhänge in der wissenschaftlichen Literatur zu Public Relations und Unternehmenskommunikation nicht reflektiert.

4.6.1   Narration

Das persönliche Erzählen von Geschichten über eigene Erfahrungen, insbesondere die erfolgreiche Bewältigung von Herausforderungen trotz aller Widrigkeiten, zählt zum Grundbestand menschlicher Kommunikation (Krüger, 2022, S. 2). In der Unternehmenskommunikation unterstützt strategisches Storytelling die Bildung und Sicherung der Unternehmensidentität (S. 4). Dafür nutzt es bekannte, kulturell tradierte Frames wie David-gegen-Goliath als Deutungsrahmen für Geschichten (S. 9).

Narrationen, Erzählungen bzw. Storys bestehen aus Ereignissen, die zu einer Handlung verknüpft sind und einen Zustand verändern (Ettl-Huber, 2019, S. 2). Dabei haben sie eine doppelte Bedeutung: als *Akt der Hervorbringung* und als *dokumentiertes Ergebnis* des Erzählens (Straub, 2010, S. 143). Hinzukommt die Unterscheidung zwischen der *Form des Berichts* und der *Struktur* des Ereignisses. Dem entspricht die Unterscheidung zwischen

Plot und Story in der Erzähltheorie. Danach ist der *Plot* eine chronologische Handlungs-folge, während die *Story* die Form der Darstellung meint. Sie kann chronologisch, aber auch in Rückblenden, und/oder aus verschiedenen Perspektiven erfolgen.

Breithaupt (2023) verbindet zwei Ansätze der Narratologie: Danach sind Narrationen einerseits Darstellungen von *Ereignissen* mit einer Zäsur, die ein davor und danach erzeu-gen (S. 64–66). Dabei müsse das Ereignis relevant, unvorhersehbar, befristet und unum-kehrbar sein. Andererseits zeigen sie das Ereignis aus unterschiedlichen *Perspektiven* (S. 67–69). In beiden Ansätzen entsteht eine Kluft – zwischen Vorher und Nachher oder zwischen unterschiedlichen Perspektiven (S. 70).

Aus dieser Kluft beziehen Narrationen ihre Spannung. Und ihr Versprechen besteht in der Schließung dieser Kluft. Der Weg und die Form der Auflösung dürfen nicht vorherseh-bar sein. Sonst werden Geschichten langweilig und ziehen keine Leser*innen an. Hierin ist möglicherweise ein Grund zu sehen, warum Storytelling nur bedingt im Engagement für Klimaschutz oder soziale Gerechtigkeit funktioniert: Das Ende ist absehbar. Deswegen arbeiten alle bekannten Öko-Thriller, wie *Der Schwarm*, *The Day After Tomorrow* oder *Waterworld*, auf die Rettung der handelnden Akteur*innen hin, weniger auf eine in-takte Natur.

Wesentliche Elemente von Narrationen sind Figuren, Handlungen, Orte und Zeiten (Krüger, 2022, S. 5–6; Ettl-Huber, 2019, S. 3). Zu ergänzen ist der Modus der Reflexion, sei es als innerer Monolog einer Figur oder als Gedanken des Erzählers. Erzählenswert werden sie durch die Behandlung besonderer Ereignisse. Häufig handelt es sich dabei um Konflikt- oder Krisensituationen. Daraus entsteht Spannung als immersives Element von Narrationen, das Leser*innen, Hörer*innen, Zuschauer*innen in die Geschichte zieht. Sie löst sich in der Regel erst mit der Konfliktlösung oder Krisenbewältigung dem Ende der Geschichte wieder auf.

Vorteile von Storys und Storytelling
- Wecken Aufmerksamkeit
- Machen die Welt erfahrbar
- Sind leicht verständlich, interessant und unterhaltsam
- Machen Identifikationsangebote
- Werden als glaubwürdig bewertet
- Werden gut erinnert
- Werden weitererzählt

(Quelle: Krüger, 2022, S. 2)

Narrationen erlauben Erfahrungen mitzuerleben und darüber Gemeinsamkeit herzustellen (Breithaupt, 2023, S. 23). Für eine optimale Aufnahme bei Rezipient*innen sorgen Klar-heit, Ende und alternative Versionen als wesentliche Merkmale von Narrationen (S. 20–23).

Klarheit schafft Ordnung und ermöglicht Orientierung. Das *Ende* tritt als entlastendes Versprechen auf. Die prinzipielle Möglichkeit von *alternativen Versionen* erzeuge Freiräume und baut Spannung auf.

Mehr noch: Die Verbindung von Aufmerksamkeit, visueller Vorstellung und emotionaler Beteiligung lässt die Rezipient*innen von Geschichten in eine andere Realität reisen (*narrative Transportation*) und in der narrativen Welt eigene Erfahrungen machen (Weber, 2017, S. 15). Aus einer psychologischen Perspektive sind das Erzählen und Rezipieren von Geschichten Orientierungshilfen in der Sozialisation, sie halten Gruppen zusammen, geben Individuen Mut und Halt (S. 13–14).

In einer evolutionstheoretischen Deutung ist die Fähigkeit, Geschichten zu erzählen, eine Überlebensstrategie. Die Story wird zum *Meme*, das sich wie kulturelle Gene durch Imitation fortpflanzt, und heute in den sozialen Medien durch Liken und Teilen verbreitet. Wie beim Erinnern von Ereignissen eröffnet die Interpretationsbedürftigkeit von Geschichten Spielräume für Kürzungen, Erweiterungen, Ausschmückungen beim Weitererzählen (Weber, 2017, S. 16).

Funktionen des Erzählens
- Zeitliches Einordnen und Dramatisieren der Welt
- Strukturieren der Wahrnehmung
- Emotionalisieren der Rezeption
- Erkennen und Gestalten von Alternativen (Kontingenz)
- Erzeugen von Sinn und Bedeutung
- Orientieren und Urteilen
- Aufbauen und Präsentieren von Identität
- Informieren, Überzeugen, Werben, Anpreisen, Überreden
- Fördern von Intelligenz, Kreativität und Planung
- Kompensieren und Erfüllen von Wunschdenken
- Manipulieren zum eigenen Vorteil
- Anregen und Motivieren
- Herstellen und Gestalten von sozialen Beziehungen
- Fördern von Kooperation in Gruppen
- Angebote für gemeinsame Realitäten
- Stärken der Moral
- Weitergabe, Klatsch und Tratsch
- Emotionale Belohnung
- Erinnern und Bewahren
- Soziale Integration

(Quellen: Breithaupt, 2023, S. 72–76, 137; Straub, 2010, S. 144–146)

4.6.2 Corporate Storytelling

Die politische Kommunikation und die Unternehmenskommunikation nutzen die Kraft von Storys, um Menschen zu motivieren und auf große Aufgaben einzustimmen. Sie stellen der rational, auf der Basis von Fakten argumentierenden Kommunikation das erzählende Storytelling des *Why? How? What?* gegenüber (Ordu, 2021, S. 42/43).

Krüger (2022) schlägt vor, *Erzählen* als Kommunikationsmodus neben Beschreiben, Erklären und Bewerten zu verstehen,

> „der Mitteilungen in narrativer Form hervorbringt und geeignet ist, Komplexität zu reduzieren, Aufmerksamkeit auf öffentlichen Meinungsmärkten zu sichern, Sinndispositionen gesellschaftlich anschlussfähig zu kommunizieren und so Ziele und Funktionen des Public-Relations-Managements von Organisationen zu unterstützen" (S. 3, 6–7).

Ettl-Huber (2019) differenziert das Wirkungspotenzial und versteht *Storytelling* als „das strategische Kalkül, Botschaften in Form von Stories darzustellen" (S. 1). Verbunden sei damit der Wunsch, Story- bzw. Wirkungspotenziale im Sinne von Verständnis, Erinnerung, Glaubwürdigkeit, Überzeugung oder Kauf zu realisieren (S. 2, 4).

Storytelling erzielt gegenüber Faktendarstellung signifikant höhere Werte bei Kaufabsicht, positiven Äußerungen und Weiterempfehlung (Ordu, 2021, S. 64–66, 87). Das gilt insbesondere für die kulturelle und ästhetische Aufladung von Produkten und Dienstleistungen für Formen der Selbstinszenierung und -stilisierung. Für Reckwitz (2021) sind sie zentrale Kennzeichen der *Kulturalisierung* der Warenwelt und Lebenswirklichkeit durch Zuschreibung von Werten in einer *Gesellschaft der Singularitäten* (S. 75–92). Die narrative, ästhetische Qualität, die Erzählbarkeit von Objekten, Orten, Ereignissen, Subjekten oder Kollektiven als Träger von Geschichten, erlange den Charakter von Distinktionsmerkmalen. Esders (2014) veranschaulicht dies an zahlreichen Beispielen großer Marken und nennt es die „poetische Strategie des neuen Marketings" im Wettbewerb der Aufmerksamkeitsökonomie (S. 42–66).

Skeptische Bürger*innen reagieren entsprechend zurückhaltend: Bei ihnen sind alle drei Reaktionen (Kaufabsicht, positive Äußerungen, Weiterempfehlung) signifikant schwächer ausgeprägt (Ordu, 2021, S. 72/73). Positive Emotionen werden durch Storytelling eher abgeschwächt, negative Emotionen verstärkt. Das zeigt, wie problematisch eine zu starke Betonung emotionaler Aspekte in der Nachhaltigkeitskommunikation zumindest für einen Teil der Öffentlichkeit sein kann.

Im Gegensatz dazu konnten Sundermann et al. (2021) in einem Feldexperiment keine Effekte auf Einstellungen und Handlungsabsicht feststellen (S. 44–45). Auch eine Wechselwirkung zwischen Nachhaltigkeitsinteresse oder Ausbildung und Textstil konnten sie nicht bestätigen (S. 45–47).

Dagegen konnten Ettl-Huber et al. (2019) in einer Inhaltsanalyse von 62 wissenschaftlichen Beiträgen zu Wirkungen von Storytelling Erinnerung als den stärksten Effekt identifizieren (S. 37–38). Danach folgen Glaubwürdigkeit, Verständlichkeit, Überzeugungskraft/

Handeln und Interesse. Allerdings seien die beobachteten Effekte eher klein bis mittel. Dabei gehe Form vor Inhalt. Das Wie der Aufbereitung zeige stärkere Effekte als das Was. So konnten Boukes und LaMarre (2021) in einem Online-Experiment zeigen, dass erzählerischer Reichtum die Verarbeitung von CSR-Botschaften, Einstellungen gegenüber dem erzählenden Unternehmen sowie die anschließende Verhaltensabsicht indirekt positiv beeinflusst (S. 6–8). Den Vorrang der Form vor den Inhalten zeigte auch eine qualitative Untersuchung von Fücker et al. (2021). Danach spricht Storytelling zu Nachhaltigkeitsthemen junge Erwachsene an, wenn die Geschichten an eigene, subjektive Erfahrungen anknüpfen, realitätsnah und plausibel argumentieren sowie vielfältige Perspektiven berücksichtigen (S. 64).

Die gemischte Forschungslage legt nahe, den Einsatz von Storytelling in der Nachhaltigkeitskommunikation überlegt zu dosieren. Ein Zuviel, insbesondere bei der Emotionalisierung, sowie ein Zuwenig bei Plausibilität und Ausgewogenheit kann sich kontraproduktiv auswirken und zu Reaktanz bei den angesprochenen Anspruchsgruppen führen.

4.6.3 Narrative

Im politischen Raum hat sich für *große Erzählungen* der Begriff Narrativ durchgesetzt. Er wird häufig verwendet, aber selten definiert (Breithaupt, 2023, S. 185–187). Im Unterschied zur emotionalen Belohnung durch Erzählungen bzw. Storys würden Narrative die Bewältigung von Krisen als kollektive Belohnung versprechen. Sie würden nicht nur Krisen und deren Bewältigung beschreiben, sondern selbst dazu beitragen. Ihre möglichen Funktionen seien: Orientierung, Identitätsbildung, Sinnstiftung und Legitimation.

Narrative erklären gesellschaftliche Veränderungen, transportieren Werte und sollen Zuversicht vermitteln. Dabei werden mehrere Ereignisse zu einem Sinnzusammenhang verknüpft. Sie funktionieren nach den Prinzipien des *Framing* und *Priming* (Scheufele, 2016, S. 47–49, 55–63). Sie dienen als Bezugs- und Interpretationsrahmen (*Frames*) und legen gewünschte Einordnungen und Bewertungen nahe (*Framing*). Zugleich erleichtern sie die Verarbeitung komplexer Sachverhalte und Entwicklungen durch vorhergehende Betonung und regelmäßige Wiederholung (*Priming*).

Narrative werden häufig als *große Erzählungen* bezeichnet. Dabei sind sie in der Regel weder fiktiv wie die meisten Erzählungen, die wir kennen, noch sind sie beliebig in ihrem Aufbau. Vielmehr strukturieren sie wesentliche gesellschaftliche Veränderungen chronologisch. Vergangenheit, Gegenwart und Zukunft verknüpfen sie nach dem Muster des *Golden Circle* (Sinek, 2009) mit Fragen nach dem *Why*, *How* und *What*. Das *Warum* steht für den Grund für Veränderungen in der Vergangenheit. Das *Wie* steht für den Weg, den Modus der Veränderung in der Gegenwart. Und das *Was* steht schließlich für das Angestrebte, Neue in der Zukunft.

Narrative und Storytelling bieten in der Nachhaltigkeitstransformation die Chance, große Veränderungen, Visionen, Konflikte und Widerstände zu thematisieren und dadurch Sinn und Bedeutung zu schaffen, Orientierung zu ermöglichen und zum Mitmachen anzuregen und zu motivieren bis zum Happy End der gelungenen Transformation.

▶ Wie das Wissen über Narrative und Storytelling für die Formulierung einer *Sustainability Story* und *Storytelling* als Modus der Nachhaltigkeitskommunikation genutzt werden können, wird in Abschn. 8.7 und 8.8 dargestellt.

4.7 Glaubwürdigkeit und Vertrauen

Wesentliche Bedingungen und verstärkende Faktoren für Kommunikation, Kooperation, Management und Führung sind Glaubwürdigkeit und Vertrauen. Beide Begriffe werden in der wissenschaftlichen Literatur als Beitrag der Unternehmenskommunikation zur immateriellen Wertschöpfung angesehen, aber bis heute unterschiedlich, teilweise widersprüchlich gehandhabt (Röttger, 2022b, S. 352–353). In Anlehnung an Röttger lassen sich die Begriffe wie folgt voneinander abgrenzen (S. 353–355):

- **Glaubwürdigkeit** bezieht sich auf die *Aussagen* bzw. *Mitteilungen* von Personen und Organisationen: Kann man glauben, was sie uns sagen? Können wir uns auf die Aussagen ihrer Mitteilungen verlassen? Strenggenommen sind also nicht Personen oder Organisationen glaubwürdig. Vielmehr werden ihre Aussagen und Mitteilungen als glaubwürdig eingeschätzt. Letztlich handelt es sich um Zuschreibungen von Rezipient*innen (Empfänger*innen der Kommunikation).
- **Vertrauenswürdigkeit** bezieht sich auf die zukünftigen Handlungen von Personen und Organisationen als *Vertrauensobjekte* bzw. *-nehmer*: Können wir uns darauf verlassen, dass sie sich so verhalten werden, wie sie uns versprochen haben?
- **Vertrauen** bezieht sich auf soziale Handlungen von Personen und Organisationen als *Vertrauenssubjekte* bzw. *-geber* mit Bezug auf zukünftige Handlungen anderer Personen oder Organisationen: Wir verhalten uns so, weil wir davon ausgehen, dass sie sich so verhalten werden, wie es uns versprochen haben.

Vertrauenswürdigkeit lässt sich damit als Bindeglied zwischen Glaubwürdigkeit und Vertrauen verstehen.

4.7.1 Glaubwürdigkeit

Glaubwürdigkeit wird in der Regel als Übereinstimmung von Reden und Handeln verstanden (Lock, 2016, S. 414). Insbesondere in der medial gestützten Kommunikation ist eine entsprechende Prüfung für die Empfänger*innen und Nutzer*innen (Rezipient*innen) aufgrund der asymmetrischen Kommunikationssituation in der Regel nicht möglich. Im Moment der Mediennutzung sind nur die Kommunikatoren und deren Aussagen präsent, nicht aber die beschriebenen Gegenstände der Kommunikation. So entsteht eine räumliche und zeitliche Distanz. Rezipient*innen haben häufig ohnehin keinen Zugang zu den entsprechenden Orten und Situationen. Verstärkt wird dies dadurch, dass der Anteil medial vermittelter Erfahrung (Sekundärerfahrung) gegenüber eigenen, persönlichen, direkten Erfahrungen deutlich gewachsen ist.

Rezipient*innen können lediglich prüfen, ob die getroffenen Aussagen im Widerspruch zu anderen Aussagen in der Vergangenheit oder von dritten Personen stehen. An die Stelle einer Übereinstimmung von Worten und Taten tritt die Widerspruchsfreiheit (Konsistenz) zwischen unterschiedlichen Aussagen. Glaubwürdig ist, was angenommen werden kann, weil niemand bzw. nichts widerspricht. Insofern kann die Glaub- und Vertrauenswürdigkeit einer Person oder Organisation auch durch die Aussagen von anderen untergraben werden. Damit wird die Vermeidung von Diskrepanzen und Widersprüchen (Konsistenz) zu einer zentralen Anforderung an jede Kommunikation.

Kommunikative Diskrepanzen als Ursachen für Vertrauensprobleme
- Diskrepanzen zu beobachteten Sachverhalten
- Diskrepanzen zu beobachtetem Handeln
- Diskrepanzen zu Aussagen anderer Akteur*innen
- Diskrepanzen zu unterschiedlichen Zeitpunkten
- Diskrepanzen zu moralische bzw. rechtlichen Normen

(Quelle: Röttger, 2022b, S. 365, in Anlehnung an Bentele, 1994, S. 147–148)

Letztlich handelt es sich bei Glaubwürdigkeit um eine Zuschreibung (Röttger, 2022b, S. 353–354). Sie hängt wesentlich von Wissen, Meinungen und Erfahrungen der Rezipient*innen ab (Lock, 2016, S. 415). Der Eindruck von Glaubwürdigkeit ersetzt aufwändige eigene Prüfprozesse. Wenn er zur Grundlage von Handlungen gemacht wird, entsteht Vertrauen. So kann Kommunikation zur Wertschöpfung beitragen.

Das ist zugleich der dysfunktionale Kommunikationsspielraum, den Unternehmen nutzen, wenn sie Greenwashing betreiben. Sie gehen damit allerdings ein hohes Risiko ein. Unternehmen, die unglaubwürdig erscheinen, deren Aussagen werden nicht als Grundlage für eigene Handlungen übernommen. Ihnen droht negative Wertschöpfung (Wertvernichtung) und im Extremfall der Entzug der *Licence to operate* (Röttger, 2022b, S. 352). Ihre Stakeholder wenden sich von ihnen ab: Verbraucher*innen bevorzugen andere Marken, Mitarbeitende wechseln zu anderen Arbeitgebern und Kapitalgeber*innen investieren in andere Unternehmen.

Damit wird Glaubwürdigkeit zugleich zu einer wesentlichen Bedingung für die Wirksamkeit von Kommunikation (Lock, 2016, S. 414–415). Lock betont, dass das eindimensionale Konzept der Sender-Glaubwürdigkeit bei der Kommunikation gesellschaftlicher Verantwortung zu kurz greift. Neben der Reputation des Senders würde auch die Glaubwürdigkeit der Botschaft und Einstellungen der Rezipient*innen eine wichtige Rolle spielen. Um die „Glaubwürdigkeitskluft" der CSR-Kommunikation zu überbrücken, schlägt die Autorin einen legitimitätsbasierten Ansatz auf Basis der Theorie des kommunikativen Handelns von Habermas und im Anschluss an die verständigungsorientierte Öffentlichkeitsarbeit von Burkart vor (S. 421–423). Dabei unterstellen und erfüllen alle Diskursteilnehmer wechselseitig Verständlichkeit, Wahrheit, Wahrhaftigkeit und (normative) Richtigkeit ihrer Aussagen. Dieser Ansatz wird in der medialen Nachhaltigkeitskommunikation aufgrund der raum-zeitlichen Distanz zwischen Sender*innen und Empfänger*innen weniger bedeutsam sein. Umso mehr eignet er sich für Verhandlungen und dialogorientierte Kommunikationsformate in Präsenz.

4.7.2 Vertrauen und Vertrauenswürdigkeit

Eine grundsätzliche *Informationsasymmetrie* bleibt in jeder Unternehmenskommunikation bestehen: Unternehmen wissen mehr als ihre Stakeholder. Sie haben stets einen Informationsvorsprung. Und ihre Stakeholder wissen das. Sie müssen Vertrauen als Vorleistung investieren und von Unternehmen durch wahrnehmbare Erfüllung von Leistungsversprechen gewonnen werden. Glaubwürdigkeit und Vertrauen sind die Bedingung für die Akzeptanz und Übernahme von Aussagen für Anschlusshandlungen und -kommunikationen. Wird das eingegangene Risiko durch das erwartete Verhalten vermieden, wird Vertrauen stabilisiert und weiter investiert.

Weitere Faktoren, die die Glaub- und Vertrauenswürdigkeit von Personen und Organisationen unterstützen, sind Sympathie und Kompetenz (Röttger, 2022b, S. 355). Bei der sachlichen und fachlichen Kompetenz handelt es sich ebenfalls um eine Zuschreibung. Auch sie kann zunächst nicht geprüft werden, wird aber in der Regel auf der Basis von Kompetenzsignalen (z. B. Fachbegriffe, Nachvollziehbarkeit, Konsistenz) unterstellt.

In der Nachhaltigkeitskommunikation ist Wissen in besonderer Weise ungleich verteilt (*Informationsasymmetrie*). Unternehmen wissen mehr über ihre Nachhaltigkeitsaktivitäten als ihre Stakeholder. Sie können sich anders verhalten als versprochen und erwartet (*Kontingenz*). Da ihre Stakeholder dies allerdings wissen können, kann die Vertrauensvorleistung umgekehrt werden und es zu einer grundsätzlichen Misstrauensvorleistung kommen. Verstärkt wird dies durch vermeintliches oder tatsächliches Green-, Blue- und Redwashing als Täuschungsmanövern, um aus Informationsvorsprung bzw. -asymmetrien Vorteile für die eigene Organisation zu ziehen.

Strategien für Glaubwürdigkeit und Vertrauen durch Nachhaltigkeitskommunikation

- **Stakeholder** müssen Unternehmen vertrauen, dass sie ihre Anstrengungen für mehr Nachhaltigkeit auch tatsächlich unternehmen und tun, was sie sagen. In der Regel haben sie keine Möglichkeiten entsprechende Aussagen zu prüfen. Unternehmen müssen dies in Rechnung stellen und sich durch transparente, nachprüfbare Nachhaltigkeit vor den Folgen von Unglaubwürdigkeit schützen.
- **Konsument*innen** können zunächst nicht wissen, ob Produkte und Dienstleistungen halten, was sie versprechen. Der zeitliche Abstand zwischen Kauf und

Nutzung kann nicht überbrückt werden. Erst die Erfahrung zeigt, ob Zusagen auch eingehalten werden. Für Unternehmen und Marken bedeutet dies, konstant nachhaltige Produktqualität zu sichern und realistische, erfüllbare Leistungsversprechen abzugeben.

- **Mitarbeitende** sind nah am Geschehen. Sie können erleben, ob Unternehmen es ernst meinen mit ihren Nachhaltigkeitsbemühungen. Und sie sind die ersten, die wissen, wenn Unternehmen unglaubwürdig und nicht nachhaltig agieren. Entsprechend wichtig ist es, Mitarbeitende in den Prozess der nachhaltigen Entwicklung einzubeziehen, ihr Feedback einzuholen und ggf. Korrekturen vorzunehmen.
- **Medial verbreitete Nachhaltigkeitsaussagen** können nicht unmittelbar auf ihren Wahrheitsgehalt geprüft werden. Um Unglaubwürdigkeit, Greenwashing-Kritik und ihre negativen Folgen zu verhindern, müssen Transparenz und Konsistenz in der eigenen Kommunikation hergestellt und Widersprüche zwischen Selbst- und Fremdbeschreibungen von Dritten vermieden werden. ◀

Über die Kommunikation hinaus spielt Vertrauen auch für die Transaktionsbeziehungen zwischen Unternehmen und Ihren Stakeholdern eine zentrale Rolle (Röttger, 2022b, S. 359–360). Mitarbeitende erwarten faire Arbeitsbedingungen und attraktive Entwicklungsmöglichkeiten. Kund*innen wünschen sich angemessene Qualität zu einem guten Preis-Leistungsverhältnis. Und Shareholder verlangen attraktive Renditen auf ihr eingesetztes Kapital. In allen Fällen handelt es sich um Spekulationen auf die Zukunft. In solchen Transaktionsbeziehungen kann Unternehmenskommunikation wesentliche Beiträge zum Aufbau von Glaubwürdigkeit und Vertrauen leisten (S. 362–363).

▶   Wie Glaub- und Vertrauenswürdigkeit in der Nachhaltigkeitskommunikation systematisch aufgebaut werden können, wird in Abschn. 8.3 und 8.8 ausgeführt.

▶   Mit der begrifflichen Umstellung auf die Kommunikations- und Beziehungsebene ist eine gesteigerte Komplexität für Akteur*innen in Nachhaltigkeitsmanagement und Nachhaltigkeitskommunikation verbunden. Dies erfordert einen Lern- und Entwicklungsprozess im Transformations- und Kommunikationsmanagement von Unternehmen und Organisationen. Wie die veränderte Rolle der Nachhaltigkeitskommunikation aussehen kann, wird in Abschn. 7.2 und Abschn. 7.9 sowie Kap. 8 weiter ausgeführt.

Fazit: Chancen und Herausforderungen des erweiterten theoretischen Bezugsrahmens

Der erweiterte theoretische Bezugsrahmen eröffnet ein verändertes, neues Verständnis von Organisation und Kommunikation. Zentrale Begriffe werden auf den grundsätzlichen Beziehungscharakter des Verhältnisses zwischen Organisationen und ihren Stakeholdern umgestellt. Wirtschaftliche Transaktionen und Kommunikation in Beziehungen zwischen Organisationen und ihren Stakeholdern können nicht auf eine der beiden Seiten reduziert werden. Der Wertschöpfungsbegriff wird um den Stakeholder Value ergänzt und in eine neue Balance gebracht. Das Verständnis von Marken wird auf die Beziehungsebene übertragen und aus einer einseitig gerichteten, absender-orientierten Sichtweise befreit. Das Change-Management wird durch den Begriff der Transformation um die Synchronisierung mit parallel stattfindenden wirtschaftlichen und gesellschaftlichen Veränderungen erweitert. Führungskonzepte und Managementmethoden werden um Ansätze ergänzt, die den Anforderungen nach Agilität und Innovation durch dezentrale, selbstorganisierende Bottom-up-Prozesse Rechnung tragen. Die Begriffe Storytelling und Narrativ werden aus der Text- und Erzähltheorie abgeleitet und verknüpft. Schließlich werden die Kategorien Glaubwürdigkeit und Vertrauen kommunikationstheoretisch begründet und für moderne Kommunikationsformen und Mediennutzung nutzbar gemacht.

Chancen und Vorteile
- Umfassenderes Verständnis der Rolle und Bedeutung von Kommunikation für Organisationen
- Zielgruppen- und ergebnis-orientiertes Verständnis von Kommunikation
- Besseres Verständnis von Missverständnissen und Misserfolgen in der Kommunikation
- Erweiterung des Wertschöpfungsbegriffs über finanzielle bzw. monetäre Aspekte hinaus
- Konsequente Umsetzung des zielgruppen-orientierten Verständnisses von Marketing und Unternehmenskommunikation
- Fokussierung auf längerfristige Stakeholder-Loyalität
- Verändertes Führungsverständnis für das Transformationsmanagement
- Verständnis der nachhaltigen Entwicklung von Unternehmen und Organisationen als Transformation
- Realistischere Einschätzung der Möglichkeiten von Emotionalisierung und Storytelling
- Kommunikationsbasiertes Verständnis von Glaubwürdigkeit und Vertrauen

Herausforderungen und Barrieren
- Kontraintuitives, kommunikationsbasiertes Verständnis von Organisationen
- Höhere Komplexität beim Verständnis von Kommunikation
- Abkehr vom absender-orientierten Sender-Empfänger-Modell der Kommunikation
- Kontraintuitive Reduktion von Umweltkomplexität durch den Aufbau von Eigenkomplexität
- Durchsetzung des erweiterten Wertschöpfungsbegriffs im Management
- Einschränkung der kurzfristigen monetären Wertschöpfungspotenziale
- Abkehr vom Steuerungsoptimismus des Managements
- Abkehr von Top-down-Ansätzen der Führung
- Umstellen auf agile Managementmethoden in der Nachhaltigkeitstransformation
- Beschränkung von Kommunikationsaktivitäten durch Fokussierung auf Glaub- und Vertrauenswürdigkeit

4.8   Interview mit Petra Sammer (pssst): Bilder, Videos und Storytelling in der Nachhaltigkeitskommunikation

Petra Sammer ist führende Expertin und Buchautorin für Storytelling, Visual Storytelling und Leadership Storytelling. Sie agiert als Speakerin, Beraterin, Dozentin und Jurorin für verschiedene Awards der Kommunikationsbranche u. a. bei den Cannes Lions. Sie ist studierte Filmphilologin und startete ihre Karriere als Journalistin. Sie war 25 Jahre Beraterin, Geschäftsführerin und Global Partner des internationalen Agenturnetzwerks Ketchum. Als Chief Creative Officer verantwortete sie die strategische und kreative Ausrichtung der Agentur in Europa und führte sie an die Spitze des Kreativrankings in Deutschland. (Das Interview hat im Sommer 2024 stattgefunden)

Petra, Du bist Expertin für Storytelling von Unternehmen. Wie beurteilst du die aktuelle Nutzung dieses Ansatzes in der Kommunikation über Nachhaltigkeit?

Petra Sammer: Narrative, exemplarische und emotionale Kommunikation, die Ausprägungen des Storytellings, sind in der Nachhaltigkeitskommunikation extrem unterrepräsentiert. Die Kraft der persönlichen, situativen und emotionalisierenden Geschichte wird seit Jahrzehnten sträflich vernachlässigt und ignoriert. Seit den 70ern, der ersten Veröffentlichung des mahnenden Reports „Grenzen des Wachstums" durch den Club of Rome, setzen Wissenschaftler, Meinungsbildner und auch Politiker auf rationale, faktenbasierte Kommunikation. Das ist verständlich, denn schließlich weisen Klimaforscher seit 50 Jahren nach, dass wir über unsere Verhältnisse leben. Und seit eben diesen 50 Jahren hofft man darauf, dass die Fakten überzeugen. Leider ist der Erfolg rationaler Kommunikation jedoch zäh, mühevoll und sehr langsam.

Viele Storys leben von der Dramaturgie eines Helden in einer Konfliktsituation? Welchen Plot würdest Du für die Klimakrise wählen: Die „Heldenreise", die „Rettung" oder das „Monster im Haus"?

Petra Sammer: Ich rate zu keinem dieser Modelle. Dies sind Erzählstrukturen, die für fiktionale Stoffe passen, aber das Leben ist keine Heldenreise. Anstatt sich an philologischen Erzählmustern abzumühen, sollte man sich besser die Erfolgsrezepte einer guten Story vor Augen führen. Warum sind Geschichten so eindringlich, merkfähig und aufmerksamkeitsstark? Drei Prinzipien stehen u. a. dahinter, deren sich die Nachhaltigkeitskommunikation dringend mehr bedienen sollte: Emotionalisierung, Lokalisierung, Personalisierung. Herkömmliche Nachhaltigkeitskommunikation ist in der Regel abstrakt, allgemeingültig und unpersönlich. Beispielsweise ist das 1,5-Grad-Ziel, das im Pariser Abkommen gefeiert wurde, für Laien kaum verständlich. Und es verfehlt in der breiten Öffentlichkeit auch sein Ziel. Die „kleine Zahl" wird einfach nicht als dringend oder gar bedrohlich wahrgenommen. Noch dazu ist es schwer, die Zahl mit dem eigenen Lebensstil irgendwie in Verbindung zu bringen.

Gesellschaftliche Entwicklungen und Veränderungen werden oft von übergreifenden Narrativen begleitet. Wie könnte aus Deiner Sicht eine erfolgversprechende „große Erzählung" aussehen?

Petra Sammer: Sogenannte „große Narrative" sind nicht mehr zeitgemäß – behauptete der Philosoph Jean-François Lyotard bereits 1979. Die übergeordneten Theorien, Systeme und Ideologien, die einst die Welt einfach erklärten, scheinen tatsächlich heute nicht mehr zu funktionieren, auch wenn wir uns danach sehnen. Längst lebt jeder von uns in seiner eigenen Weltenerzählung. Und doch würde ich mir wünschen, dass wir uns an zwei „Erzählmustern" festhalten, die vielleicht Teil sogenannter „Narrative" sein könnten: Wenn wir in zehn Jahren auf diese Zeit zurückblicken, können wir hoffentlich sagen: „Damals, haben wir es gerade noch geschafft. Und wir waren dabei – in dieser wichtigen Umbruchzeit. Wir haben die Zähne zusammengebissen, die richtigen Weichen gestellt und Politiker dazu bewogen, die richtigen Entscheidungen zu fällen. Es war schwer, aber wir haben es geschafft." Ein Narrativ, das den Stolz ausdrückt, Teil einer großen Veränderung gewesen zu sein und das zwar optimistisch formuliert ist, aber auch realistisch bleibt. Denn die Zukunft wird nicht rosarot sein.

Du hast Dich intensiv mit Bildern und Videos als Elementen von visuellem Storytelling auseinandergesetzt. Welche Bedeutung haben sie beim Thema Klimakrise? Welche Rolle könnten sie in der Nachhaltigkeitskommunikation spielen?

Petra Sammer: Die Art zu kommunizieren hat sich in den letzten zehn Jahren massiv verändert. Wissenschaftler nennen diesen Trend „Visual Turn" – die Hinwendung zum Bild. Natürlich spielt Text immer noch eine wichtige Rolle, aber mehr und mehr informieren wir uns durch Bilder und Bewegtbild. In der Nachhaltigkeitskommunikation von Unternehmen, NGOs und Verbände wird dagegen nicht nur die Kraft der Geschichte unterschätzt, sondern auch die der Bilder. Visuell ist diese Kommunikation vor allem eines: langweilig. Immer und immer wieder werden wir mit den gleichen Motiven gelangweilt: verhungerte Eisbären, Windräder auf grünen Wiesen, Sonnenblumen im Wind. Und der Einsatz von KI wird diese immer gleichen Muster sogar noch verschärfen. So wird das Thema zum Weggucker, statt zum Hingucker. Wir brauchen dringend starke Bilder, um das Interesse an dem Thema hochzuhalten.

Petra, ich danke Dir für dieses kurze Gespräch.

Literatur

Andriof, C. (2024). *Praxisbuch für wirksame Veränderung – mit der Theorie U arbeiten.* Springer Gabler. https://doi.org/10.1007/978-3-662-69929-4

Balderjahn, I. (2021). *Nachhaltiges Management und Konsumentenverhalten* (2., vollst. überarb. Aufl.). UVK Verlag (utb).

Beck, K., Beedle, M., Van Bennekum, A., Cockburn, A., Cunningham, W., Fowler, M., Grenning, J., Highsmith, J., Hunt, A., Jeffries, R., Kern, J., Marick, B., Martin, R.C., Mellor, S.J., Schwaber, K., Sutherland, J. & Thomas, D. (2001). *Manifesto for agile software development.* Agilemanifesto. http://agilemanifesto.org/. Zugegriffen am 25.06.2018.

Bentele, G. (1994). Öffentliches Vertrauen – normative und soziale Grundlage für Public Relations. In W. Armbrecht & U. Zabel (Hrsg.), *Normative Aspekte der Public Relation. Grundlegende Fragen und Perspektiven* (S. 131–158). Opladen: VS Verlag für Sozialwissenschaften.

Bittner-Fesseler, A., Krutzke, A., & Hermann, K. (2023). *Change Kommunikation als Managementaufgabe.* Springer Gabler. https://doi.org/10.1007/978-3-658-39010-5

Boukes, M., & LaMarre, H. L. (2021). Narrative persuasion by corporate CSR messages: The impact of narrative richness on attitudes and behavioral intentions via character identification, transportation, and message credibility. *Public Relations Review, 47*(5), 102107. https://doi.org/10.1016/j.pubrev.2021.102107

Brand, K. W. (2018). Disruptive Transformationen. Gesellschaftliche Umbrüche und sozial-ökologische Transformationsdynamiken kapitalistischer Industriegesellschaften – ein zyklisch-struktureller Erklärungsansatz. *Berliner Journal für Soziologie, 28*, 479–509. https://doi.org/10.1007/s11609-019-00383-5

Breithaupt, F. (2023). *Das narrative Gehirn. Was unsere Neuronen erzählen* (3. Aufl.). Suhrkamp.

Brunner, K. M. (2019). Nachhaltiger Konsum und die Dynamik der Nachfrage. Von individualistischen zu systemischen Transformationskonzepten. In F. Luks (Hrsg.), *Chancen und Grenzen der Nachhaltigkeitstransformation* (S. 167–184). Springer Gabler. https://doi.org/10.1007/978-3-658-22438-7_10

Bürker, M. (2013). *„Die unsichtbaren Dritten". Ein neues Modell zur Evaluation und Steuerung von Public Relations im strategischen Kommunikationsmanagement.* Springer VS. https://doi.org/10.1007/978-3-531-18744-0

Bürker, M., & Gronover, S. (2023). Was schließt die Einstellungs-Verhaltens-Lücke? Relevanz von Markenauftritt und Marketing-Mix für die Einstellungs-Verhaltens-Lücke beim Kauf nachhaltiger Markenprodukte. In G. Schuster & L. C. Wolter (Hrsg.), *Nachhaltiges Markenmanagement* (S. 215–232). Springer Gabler. https://doi.org/10.1007/978-3-658-42569-2_14

Burmann, C., & Barth, S. (2020). Markenführung Weiterdenken. In M. Bruhn, C. Burmann, & M. Kirchgeorg (Hrsg.), *Marketing Weiterdenken* (S. 597–613). Springer Gabler. https://doi.org/10.1007/978-3-658-31563-4_31

Burmann, C., Halaszovich, T., Schade, M., Klein, K., & Piehler, R. (2024). *Identitätsbasierte Markenführung.* Grundlagen – Strategie – Umsetzung – Controlling (5., überarb. u. erw. Aufl.). Springer Gabler. https://doi.org/10.1007/978-3-658-44931-5

Doppler, K. (2017). *Change. Wie Wandel gelingt.* Campus.

Doppler, K., & Lauterburg, C. (2014). *Change-Management. Den Unternehmenswandel gestalten.* Campus.

Dühring, L. (2022). Agilität und Unternehmenskommunikation: Herausforderungen und Handlungsoptionen. In A. Zerfaß, M. Piwinger, & U. Röttger (Hrsg.), *Handbuch Unternehmenskommunikation.* Springer Gabler. https://doi.org/10.1007/978-3-658-22933-7_50

Duwe, J. (2020). *Beidhändige Führung. Wie Sie als Führungskraft durch Ambidextrie Innovationssprünge ermöglichen.* Springer Gabler. https://doi.org/10.1007/978-3-662-61572-0

Esders, M. (2014). *Ware Geschichte. Die poetische Simulation einer bewohnbaren Welt.* Aisthesis Verlag.

Ettl-Huber, S. (2019). Glaubwürdigkeit von Storytelling. In S. Ettl-Huber (Hrsg.), *Storytelling in Journalismus, Organisations- und Marketingkommunikation* (S. 1–18). Springer VS. https://doi.org/10.1007/978-3-658-25728-6_1

Ettl-Huber, S., Ameseder, C., & Pfeiffer, C. (2019). Wie Geschichten wirken. In S. Ettl-Huber (Hrsg.), *Storytelling in Journalismus, Organisations- und Marketingkommunikation* (S. 19–43). Springer VS. https://doi.org/10.1007/978-3-658-25728-6_2

Feddersen, C. (2010). *Repositionierung von Marken.* Gabler. https://doi.org/10.1007/978-3-8349-8990-1

Frey, C., & Töpfer, G. L. (2021). *Ambidextrie in Organisationen. Das Praxisbuch für eine beid-händige Zukunft.* Schäffer-Poeschel.

Friedman, M. (13.09.1970). Social responsibility of business is to increase its profits. *New York Times Magazine,* 122–126.

Fücker, S., Fischer, D., Selm, H., & Sundermann, A. (2021). SusTelling im Rezeptionslabor – Zur Wahrnehmung von Storytelling bei jungen Erwachsenen. In Fischer, D., Fücker, S., Selm, H. & Sundermann, A. (Hrsg.) (2021). *Nachhaltigkeit erzählen. Durch Storytelling besser kommuni-zieren?* (Bd. 15, S. 59–80) DBU-Umweltkommunikation. oekom Verlag.

Giest, G. (2019). Macht, Vertrauen und Verständigung in Veränderungsprozessen – Welche Rolle spielt laterale Führung? In M. Groß, M. Müller-Wiegand, & D. Pinnow (Hrsg.), *Zukunftsfähige Unternehmensführung.* Springer Gabler. https://doi.org/10.1007/978-3-662-59527-5_6

Grunwald, G., & Schwill, J. (2022). *Nachhaltigkeitsmarketing. Grundlagen – Gestaltungsoptionen – Umsetzung.* Schäffer-Poeschel.

von Hehn, S., Cornelissen, N. I., & Braun, C. (2021). *Kulturwandel in Organisationen. Ein Baukas-ten für angewandte Psychologie im Change-Management* (2., überarb. u. erw. Aufl.). Springer. https://doi.org/10.1007/978-3-662-62030-4

Huhn, J., & Sass, J. (2011). Positionspapier Kommunikations-Controlling. Hrsg. v. Storck, C., Deut-sche Public Relations Gesellschaft e.V. (DPRG) & Stobbe, R. Internationaler Controller Verein e.V. (ICV). Bonn/Gauting: DPRG/ICV.

Hölscher, K., Wittmayer, J. M., & Loorbach, D. (2018). Transition versus transformation: What's the difference? *Environmental Innovation and Societal Transitions, 27,* 1–3. https://doi.org/10.1016/j.eist.2017.10.007

von Känel, S. (2020). *Projekte und Projektmanagement.* Springer Gabler. https://doi.org/10.1007/978-3-658-30085-2_1

Kaplan, R. S., & Norton, D. P. (1997). *Balanced Scorecard. Strategien erfolgreich umsetzen.* Schäffer-Poeschel.

Kaplan, R. S., & Norton, D. P. (2004). *Strategy Maps. Der Weg von immateriellen Werten zum ma-teriellen Erfolg.* Schäffer-Poeschel.

Kollmorgen, R., Merkel, W., & Wagener, H. J. (2015). Transformation und Transformations-forschung: Zur Einführung. In R. Kollmorgen, W. Merkel, & H. J. Wagener (Hrsg.), *Handbuch Transformationsforschung.* Springer VS. https://doi.org/10.1007/978-3-658-05348-2_1

Koromzay, T. (2021). *Integrative Leadership.* Springer. https://doi.org/10.1007/978-3-662-62973-4

Kotler, P., Keller, K. L., Chernev, A., & Opresnik, M. O. (2023). *Marketing Management. Konzepte, Instrumente, Unternehmensfallstudien* (16. Aufl.). Pearson.

Kotter, J. P. (1995). Why Transformation Efforts Fail. *Harvard Business Review, 73*(2), 59–67.

Kreutzer, R. T. (2023). *Der Weg zur nachhaltigen Unternehmensführung.* Springer Gabler. https://doi.org/10.1007/978-3-658-41051-3

Krüger, F. (2022). Storytelling. In P. Szyszka, R. Fröhlich, & U. Röttger (Hrsg.), *Handbuch der Pu-blic Relations* (S. 1–14). Springer VS. https://doi.org/10.1007/978-3-658-28149-6_54-1

Kübler-Ross, E. (1969). *On death and dying.* Macmillan.

Kühl, S. (2017). *Laterales Führen. Eine kurze organisationstheoretisch informierte Handreichung.* Springer VS. https://doi.org/10.1007/978-3-658-13429-7

Kühl, S., & Muster, J. (2016). *Organisationen gestalten.* Springer VS. https://doi.org/10.1007/978-3-658-12588-2

Kungl, G. (2023). Transitionsforschung und Energiewende. In M. Sonnberger, A. Bleicher & M. Groß (Hrsg.), *Handbuch Umweltsoziologie* (S. 1–14). Springer VS. https://doi.org/10.1007/978-3-658-37222-4_28-1

Lauer, T. (2019). *Change management.* Springer Gabler. https://doi.org/10.1007/978-3-662-59102-4

Lewin, K. (1947). Frontiers in group dynamics: Concept, method and reality in social science; social equilibria and social change. *Human Relations, 1*(1), 5–41. https://doi.org/10.1177/001872674700100103

Lock, I. (2016). Glaubwürdigkeit in der CSR-Kommunikation. *Publizistik, 4*(61), 413–429.

Lock, I. (2023). Conserving complexity: A complex systems paradigm and framework to study public relations' contribution to grand challenges. *Public Relations Review, 49*(2), 102310.

Luhmann, N. (1981a). Die Unwahrscheinlichkeit der Kommunikation. In *Soziologische Aufklärung 3: Soziales System, Gesellschaft, Organisation* (S. 25–49). Westdeutscher.

Luhmann, N. (1981b). Organisation und Entscheidung. In *Soziologische Aufklärung 3: Soziales System, Gesellschaft, Organisation* (S. 335–389). Westdeutscher.

Luhmann, N. (1985). Kann die moderne Gesellschaft sich auf ökologische Gefährdungen einstellen? In *Kann die moderne Gesellschaft sich auf ökologische Gefährdungen einstellen? 35. Jahresfeier am 15. Mai 1985* (S. 17–31). Westdeutscher. https://doi.org/10.1007/978-3-322-88754-2

Luhmann, N. (1986). Komplexität. In *Soziologische Aufklärung 2: Aufsätze zur Theorie der Gesellschaft* (3. Aufl., S. 204–220). Westdeutscher.

Luhmann, N. (1988). *Soziale Systeme: Grundriß einer allgemeinen Theorie* (2. Aufl.). Suhrkamp.

Luhmann, N. (1989). *Die Wirtschaft der Gesellschaft* (2. Aufl.). Suhrkamp.

Luhmann, N. (1996). *Die Realität der Massenmedien* (2., erw. Aufl.). Westdeutscher.

Luhmann, N. (2000). *Organisation und Entscheidung*. Westdeutscher.

Luhmann, N. (2004). *Ökologische Kommunikation* (4. Aufl.). VS Verlag für Sozialwissenschaften. https://doi.org/10.1007/978-3-663-05746-8

Luks, F. (2019). (Große) Transformation – die neue große Nachhaltigkeitserzählung? In F. Luks (Hrsg.), *Chancen und Grenzen der Nachhaltigkeitstransformation* (S. 3–18). Springer Gabler. https://doi.org/10.1007/978-3-658-22438-7_1

Maturana, H. R., & Varela, F. J. (1991). *Der Baum der Erkenntnis: Die biologischen Wurzeln des menschlichen Erkennens*. Übers. v. Kurt Ludewig. (2. Aufl.). Goldmann.

Mau, S. (2024). *Ungleich vereint. Warum der Osten anders bleibt*. Suhrkamp.

Meffert, H., Burmann, C., Kirchgeorg, M., & Eisenbeiß, M. (2024). *Marketing*. Springer Gabler. https://doi.org/10.1007/978-3-658-41755-0

Meissner, J. O., Heike, M., & Sigrist, D. (2023). *Organisationsdesign in einer komplexen und instabilen Welt*. Springer Gabler. https://doi.org/10.1007/978-3-658-42339-1

Minssen, H. (2017). Unternehmen. In A. Maurer (Hrsg.), *Handbuch der Wirtschaftssoziologie. Wirtschaft + Gesellschaft* (S. 307–329). Springer VS. https://doi.org/10.1007/978-3-531-19907-8_17

Mintzberg, H., Ahlstrand, B., & Lampel, J. (2007). *Strategy Safari. Eine Reise durch die Wildnis des strategischen Managements*. Redline Wirtschaft.

Mohr, N., Büning, N., Hess, U., & Fröbel, A. (2010). Der Beginn und die Phasen der Transformation. In N. Mohr, N. Büning, U. Hess, & A. Fröbel (Hrsg.), *Herausforderung Transformation* (S. 55–70). Springer. https://doi.org/10.1007/978-3-642-02528-0_6

Nachtwey, O. (2018). *Die Abstiegsgesellschaft: über das Aufbegehren in der regressiven Moderne* (8. Aufl.). edition suhrkamp.

Noelle-Neumann, E. (1973). Kumulation, Konsonanz und Öffentlichkeitseffekt. Ein neuer Ansatz zur Analyse der Wirkung der Massenmedien. *Publizistik, 18*(1), 26–55.

Noelle-Neumann, E. (1989). Die Theorie der Schweigespirale als Instrument der Medienwirkungsforschung. In *Massenkommunikation. Theorien, Methoden, Befunde*. M. Kaase & W. Schulz (Hrsg.), *Kölner Zeitschrift für Soziologie und Sozialpsychologie* (S. 418–440). Sonderheft 30.

Noelle-Neumann, E. (1991). *Öffentliche Meinung: Die Entdeckung der Schweigespirale* (Erw. Ausgabe). Ullstein.

O'Reilly, C. A., & Tushman, M. (2013). Organizational ambidexterity: Past, present, and future. *Academy of Management Perspectives, 27*(4), 324–338.

Ordu, S. (2021) *Wirkungsanalyse verschiedener Content-Formate und Kommunikationskanäle in der CSR-Kommunikation*. BestMasters. Springer Gabler. https://doi.org/10.1007/978-3-658-36067-2

Pichel, K., Tschochohei, H., & Guta, L. M. (2022). Leadership für nachhaltiges Wirtschaften. In A. Baumast & J. Pape (Hrsg.) *Betriebliches Nachhaltigkeitsmanagement* (2., vollst. überarb. Aufl., S. 102-127). Ulmer. https://doi.org/10.36198/9783838550220

Polanyi, K. (2015). *The Great Transformation. Politische und ökonomische Ursprünge von Gesellschaften und Wirtschaftssystemen*. Suhrkamp.

Porter, M., & Kramer, M. (2015). Shared Value – Die Brücke von Corporate Social Responsibility zu Corporate Strategy. In A. Schneider & R. Schmidpeter (Hrsg.), *Corporate Social Responsibility: Verantwortungsvolle Unternehmensführung in Theorie und Praxis* (S. 145–160). Springer Gabler. https://doi.org/10.1007/978-3-662-43483-3_10

Preveden, V. (2024). Umsetzung und Nachhaltigkeitskommunikation. In *Nachhaltigkeit als strategischer Wettbewerbsvorteil* (S. 167–189). Springer Gabler. https://doi.org/10.1007/978-3-658-43545-5_8

Prexl, A. (2010). *Nachhaltigkeit kommunizieren-nachhaltig kommunizieren. Analyse des Potenzials der Public Relations für eine nachhaltige Unternehmens- und Gesellschaftsentwicklung*. VS Verlag für Sozialwissenschaften. https://doi.org/10.1007/978-3-531-92471-7

Reckwitz, A. (2020). *Das Ende der Illusionen: Politik, Ökonomie und Kultur in der Spätmoderne* (6. Aufl.). edition suhrkamp.

Reckwitz, A. (2021). *Gesellschaft der Singularitäten* (4. Aufl.). Suhrkamp.

Rolke, L., Buhmann, A., & Zerfaß, A. (2022). Evaluation und Controlling der Unternehmenskommunikation. In A. Zerfaß, M. Piwinger, & U. Röttger (Hrsg.), *Handbuch Unternehmenskommunikation* (S. 595–615). Springer Gabler. https://doi.org/10.1007/978-3-658-22933-7_27

Röttger, U. (2022a). The Constitution of Society. In R. Spiller, C. Rudeloff, & T. Döbler (Hrsg.), *Schlüsselwerke: Theorien (in) der Kommunikationswissenschaft* (S. 361–371). Springer VS. https://doi.org/10.1007/978-3-658-37354-2_23

Röttger, U. (2022b). Vertrauen und Glaubwürdigkeit in der Unternehmenskommunikation. In A. Zerfaß, M. Piwinger, & U. Röttger (Hrsg.), *Handbuch Unternehmenskommunikation* (S. 351–370). Springer Gabler. https://doi.org/10.1007/978-3-658-22933-7_15

Sammer, P. (2017). Von Hollywood lernen? Erfolgskonzepte des Corporate Storytelling. In A. Schach (Hrsg.), *Storytelling: Geschichten in Text, Bild und Film* (S. 13–32). Springer Gabler. https://doi.org/10.1007/978-3-658-15232-1_2

Scheufele, B. (2016). *Priming*. Nomos. https://doi.org/10.5771/9783845263120

Schreyögg, G., & Koch, J. (2020). *Management*. Springer Gabler. https://doi.org/10.1007/978-3-658-26514-4

Schormair, M. J. L., & Gilbert, D. U. (2017). Das Shared-Value-Konzept von Porter und Kramer – The Big Idea!? In T. Wunder (Hrsg.), *CSR und Strategisches Management* (S. 95–110). Springer Gabler. https://doi.org/10.1007/978-3-662-49457-8_5

Scott-Morgan, P. (1994). *Die heimlichen Spielregeln, Die Macht der ungeschriebenen Gesetze im Unternehmen*. Campus.

Sinek, S. (2009). *Start with why: How great leaders inspire everyone to take action*. Penguin.

Stifterverband für die Deutsche Wissenschaft & McKinsey Company. (2021). *Future Skills 2021. 21 Kompetenzen für eine Welt im Wandel*. Diskussionspapier Nr. 3. Essen: Stifterverband (Hrsg.). https://www.hochschulbildungsreport2020.de/2021/future_skills_2021. Zugegriffen am 06.07.2024.

Straub, J. (2010). Erzähltheorie/Narration. In G. Mey & K. Mruck (Hrsg.), *Handbuch Qualitative Forschung in der Psychologie* (S. 136–150). VS Verlag für Sozialwissenschaften. https://doi.org/10.1007/978-3-531-92052-8_9

Stuhde, S., & Panagos, G. (2023). Wie Führungskräfte und „Beweger" die Agile Transformation zum Erfolg führen können. In *Müssen agile Transformationen scheitern?* (S. 113–133). Springer Gabler. https://doi.org/10.1007/978-3-662-65982-3_5

Sua-Ngam-Iam, P. (2023). Kreise, Komplexität und Krisen. Holacracy auf dem organisationswissen-schaftlichen Prüfstand. In S. Kühl & P. Sua-Ngam-Iam (Hrsg.), *Holacracy* (S. 1–14). Springer Gabler. https://doi.org/10.1007/978-3-658-40111-5_1

Sundermann, A., Fischer, D., Fücker, S., Hanss, D., & Selm, H. (2021). Wie wirkt textbasiertes Sus-Telling für Nachhaltigkeit? Ein Experiment. In Fischer, D., Fücker, S., Selm, H. & Sundermann, A. (Hrsg.), *Nachhaltigkeit erzählen. Durch Storytelling besser kommunizieren?* (S. 37–58) DBU-Umweltkommunikation, Band 15. oekom Verlag.

Weber, S. (2017). Wie Geschichten wirken – Grundzüge narrativer Psychologie. In J. Chlopczyk (Hrsg.), *Beyond Storytelling* (S. 11–21). Springer Gabler. https://doi.org/10.1007/978-3-662-54157-9_3

Wördenweber, M. (2017). *Nachhaltigkeitsmanagement: Grundlagen und Praxis unternehmerischen Handelns.* Schäffer-Poeschel.

Zerfaß, A. (2005a). Die Corporate Communications Scorecard.In Bentele, G., Piwinger, M. & Schönborn, G. (Hrsg.) *Kommunikationsmanagement. Strategien, Wissen, Lösungen* (Loseblatt-werk). Beitrag 4.17 (S. 1-25). Hermann Luchterhand Verlag, 2001 ff.

Zerfaß, A. (2005b). Rituale der Verifikation? Grundlagen und Grenzen des Kommunikations-Controlling. In L. Rademacher (Hrsg.), *Distinktion und Deutungsmacht.* VS Verlag für Sozial-wissenschaften. https://doi.org/10.1007/978-3-322-80712-0_12

Zerfaß, A., Volk, S. C., Chen, R., & Zhan, M. (2018). Shared Value als Chance für die Unternehmens-kommunikation? Studie zur Akzeptanz von CSR- und CSV-Aktivitäten in Deutschland, den USA und China. *PR Magazin, 54*(8), 72–78.

Zinn, M. M., Müller, C., & Herter, C. A. (2023). Clash of Cultures: Wie beeinflussen kulturelle Unterschiede agile Transformationen? *Gruppe. Interaktion. Organisation. Zeitschrift für Angewandte Organisationspsychologie (GIO), 54*, 165–176. https://doi.org/10.1007/s11612-023-00687-4

Rahmenbedingungen der Nachhaltigkeitskommunikation

5

Inhaltsverzeichnis

Zusammenfassung

In diesem Kapitel werden die zentralen Rahmenbedingungen für die Nachhaltigkeitstransformation und -kommunikation von Unternehmen und Organisationen nachgezeichnet. Sie haben maßgeblichen Einfluss, ob die großen Veränderungen in Unternehmen und Organisationen gelingen oder misslingen: die sozial-ökologische Transformation, der öffentliche Diskurs und die ihn prägenden Narrative, der politische und
rechtliche Rahmen mit nationalen und internationalen Meilensteinen sowie die Ausweitung und Verschärfung der Pflicht zur Nachhaltigkeitsberichterstattung.

Die Rahmenbedingungen der Nachhaltigkeitstransformation sind entscheidend dafür, ob
die bestehenden Herausforderungen und Schwierigkeiten bei der Umsetzung von Nachhaltigkeitsmanagement und -kommunikation erfolgreich bewältigt werden können
(Abb. 5.1). Vielfältige externe Faktoren beeinflussen, verstärken oder behindern, was
Unternehmen und ihre Stakeholder tun bzw. was sie nicht tun (können). Zu diesen
Einflussfaktoren zählen die sozial-ökologische Transformation von Wirtschaft und Gesellschaft, der öffentliche Diskurs und die Narrative über Nachhaltigkeit sowie der politische

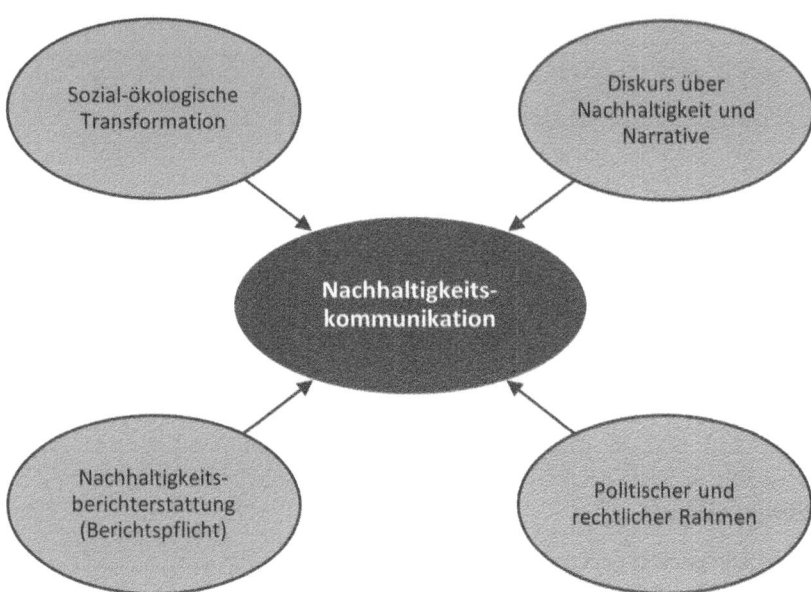

Abb. 5.1 Externe Rahmenbedingungen der Nachhaltigkeitskommunikation

und rechtliche Rahmen auf nationaler und internationaler Ebene, insbesondere die Verschärfung und Ausweitung der Berichtspflicht.

5.1   Sozial-ökologische Transformation

Die *sozial-ökologische Transformation* ist kein neues Thema. Sie ist eine Reaktion auf den generellen gesellschaftlichen Struktur- und Wertewandel in Deutschland, der sich seit den 70er-Jahren vollzieht. Er ist ein evolutionärer Prozess der zunehmenden Verfügbarmachung der Natur um den Preis des Verlustes der Resonanzbeziehung zur Natur (Rosa, 2021, S. 21–24, 48–70, 2020, S. 453–472).

Im öffentlichen Bewusstsein hat sozial-ökologische Transformation mit der Ölkrise und den ersten autofreien Sonntagen 1973 in Deutschland begonnen. Mit dem Brundtland-Bericht von 1987 unter dem Titel *Unsere gemeinsame Zukunft*, spätestens mit der *Konferenz der Vereinten Nationen über Umwelt und Entwicklung* 1992, kurz Umweltgipfel von Rio de Janeiro, hat sie weltweite Beachtung erlangt. Bereits in den 90er-Jahren wurde von einer ökologischen Reform der Wirtschaft gesprochen (Immler, 1990).

Die Ausgangssituation der sozial-ökologischen Transformation in den 70er- und 80er-Jahren

- Die Wirtschaft ist systematisch auf hochgradige und massenhafte Transformation von Materie in Produktion und Konsum angelegt.
- In der Folge geraten Industriegesellschaften gegenüber ihrer natürlichen Umwelt in eine Krise.
- Über die Auswirkungen und Folgen dieser Transformation sind sich Produzenten wie Konsumenten nur teilweise bewusst.
- Die Natur wird in erster Linie als Objekt behandelt und zu wenig als Lebensgrundlage. Die biologische Evolution ist selbst zu einem Produkt der Ökonomie geworden.
- Zugleich ist die soziale und ökonomische Entwicklung von Unternehmen und Wirtschaft nicht abgekoppelt von der biologischen Evolution.
- Die natürliche Umwelt könnte nach dem Prinzip der Selektion dafür sorgen, dass Unternehmen, Wirtschaft, Gesellschaft und Menschheit untergehen.
- Daraus resultiert zwingend die Notwendigkeit, die menschliche Evolution bewusst und ökonomisch zu steuern.

(Quelle: Immler, 1990, S. 18, 51, 61, 66)

Immler (1990) nutzt das System-/Umwelt-Konzept von Luhmann, um die Erkenntnisschwierigkeiten von Unternehmen, Wirtschaft und Gesellschaft gegenüber der natürlichen Umwelt zu betonen (S. 191–194). Danach können Systeme nicht auf ihre Umwelt reagieren, wenn sie keine entsprechenden Sensibilitäten entwickelt haben. Mit der Natur könne man nicht sprechen. Sie höre nicht zu – sie reagiere in der Form evolutionärer Variation und Selektion. Das führe zu der Konsequenz, dass ökologische Reformen nur möglich sind, wenn die Natur *internalisiert* wird. Die Gesellschaft würde von ihr nur erfahren, was über sie kommuniziert wird. Eine vollständige Repräsentation sei zwar anzustreben, aber allein aufgrund fehlender Verarbeitungskapazität unwahrscheinlich. Für ihr eigenes Überleben benötige die Gesellschaft eine interne Repräsentation der Natur.

Nichts anderes geschieht durch die Berichtspflicht zur Dokumentation der Nachhaltigkeitsaktivitäten und -ergebnisse von Unternehmen. Sie erfahren mehr über die eigenen Auswirkungen auf die natürliche Umwelt als sie bislang wussten. Dabei stoßen Unternehmen auf ein Erkenntnisproblem: Die Natur (als Umwelt des Systems Unternehmens) muss, wie jede Umwelt im System als Beschreibung erzeugt werden. Solange die Klimakrise in Unternehmen nicht thematisiert wird, existiert sie für die Unternehmen nicht. Verschärfend gilt für diese Beschreibung wie für jedes System/Umwelt-Verhältnis: Die Umwelt ist stets komplexer und jede Beschreibung unvollständig, also riskant. Die einzige

Möglichkeit der Prüfung besteht im Scheitern. Nur intern erzeugte Reaktionen auf negative Erfahrungen von außen (Hitze, Dürre, Überschwemmung, steigende Rohstoff- und Energiepreise) ermöglichen das Überleben. Damit werden Nichtwissen und Nichtnachhaltigkeit zu neuen Risiken für Unternehmen, Wirtschaft und Gesellschaft.

Die Aufnahme, korrekter: Die Erzeugung von neuem, zusätzlichem Wissen über Zusammenhänge in der Natur bedeutet eine Steigerung der Eigenkomplexität von Unternehmen. Zugleich reduzieren sie damit die Komplexität im Verhältnis zur Natur. Dies ist allerdings noch nicht die Lösung, sondern allenfalls die Voraussetzung dafür. Dieses Wissen kann auch falsch sein. Unternehmen müssen die Differenz zwischen sich und der Natur zu einer *Leitdifferenz* machen. Das heißt: Alle Operationen von Unternehmen unterliegen dieser Differenzierung. Erst die veränderten Operationen von Unternehmen, die sich in ihren Umwelten bewähren, stellen hinreichende Lösungsansätze dar. Beobachten lässt sich das für Unternehmen nur auf Basis ihrer eigenen Beschreibungen. Ob sie erfolgreich, das heißt: nachhaltig, agieren, können sie nur ihren Monitoring- und Controlling-Systemen entnehmen.

Damit wird deutlich, dass die ökologische Transformation stets eine soziale Seite hat und zwingend auch eine soziale Transformation erfordert. Von einer *sozial-ökologischen Transformation* ist dann im dreifachen Sinn die Rede:

- Die Transformation setzt voraus, dass die ökologische Krisensituation und der Veränderungsbedarf in der Gesellschaft (= sozial) wahrgenommen und kommuniziert werden.
- Neben der ökologischen Nachhaltigkeit sollen auch soziale Gerechtigkeit und ökonomische Effizienz verwirklicht werden.
- Bei der Transformation soll die soziale und ökonomische Belastbarkeit von Bevölkerung und Unternehmen berücksichtigt werden.

5.1.1   Transformationsverständnis

Auch wenn landläufig von der *Transformation* gesprochen wird, so stellt Brocchi (2022) die Frage: Welche Transformation? (S. 1). Seine Antwort: *By Design* or *by Disaster*. Der Wandel zur Nachhaltigkeit könne entweder durch proaktives Handeln und Gestaltung (*Design*) oder durch reaktives Handeln auf Krisen und Katastrophen (*Disaster*) erreicht werden. Beide Varianten lassen sich auch als sukzessive Steigerung oder abrupter Rückgang von Komplexität beschreiben (Sommer, 2023, S. 1). Brocchi verdeutlicht, dass die Klimakrise ein zentraler, aber nicht der einzige Aspekt der gegenwärtigen Situation ist, in der multiple Krisen durch Wechselwirkungen miteinander vernetzt sind (S. 3). Im Gegensatz zu bisherigen Krisen der Menschheit sei die Systemkrise überwiegend selbst verursacht, global, nicht auf einen gesellschaftlichen Teilbereich beschränkt und gegebenenfalls nicht umkehrbar (S. 164–165).

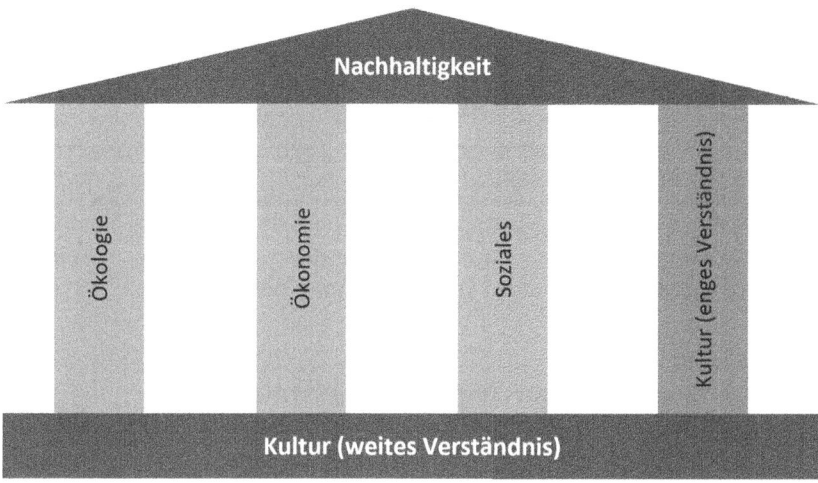

Abb. 5.2 Erweitertes Vier-Säulen-Modell der Nachhaltigkeit. (Eigene Darstellung; nach Brocchi, 2022, S. 435)

Im Anschluss an die Politikwissenschaft versteht Brocchi (2022) Transformation als *Systemwechsel* mit einer Veränderung der grundlegenden Ordnung (S. 3). Die Transformation zur Nachhaltigkeit erfordere ein Zusammendenken von Ökologie, Ökonomie, Soziales und Kultur. Die Kultur ermögliche die notwendige Reduktion der enormen Komplexität der Krise auf mentale und soziale Ordnungen (S. 9). Dabei geht er von einem weiten Kulturbegriff aus, der Sprache, Werte, Weltbilder, Traditionen und Rituale und Handlungsweisen in allen Lebensbereichen umfasst (S. 334–435, 447–456). Um beides, einen engen und einen weiten Kulturbegriff zu verbinden, entwickelt Brocchi das Drei-Säulen-Modell der Nachhaltigkeit zu einem Vier-Säulen-Modell weiter (S. 435; Abb. 5.2).

Brocchi (2022) betont, dass Begriffe wie Krise, Nachhaltigkeit und Transformation von Menschen in der sozialen Kommunikation geschaffen und vereinbart werden (S. 228–229). Sie sind Teil der sozialen Konstruktion von Wirklichkeit. In diesem Sinne plädiert er für ein verändertes, weites Verständnis von Nachhaltigkeit (S. 316). Er lenkt den Fokus von Zielen zu *Prozessen* (S. 348) und verbindet drei Perspektiven: Nachhaltigkeit als *Bewegung für eine andere Entwicklung* (S. 349–355), als *Krisen-Resilienz* (S. 356–369) und als *gutes Leben* (S. 369–379).

Die *Transformation* als „grundlegende, über einen längeren Zeitraum sich erstreckende Veränderung zentraler Elemente und Strukturen" wird nicht nur von der Eigendynamik aktueller Problemlagen, sondern auch von gesellschaftlichen Akteur*innen aktiv und zielgerichtet in bestimmte Richtungen vorangetrieben (Brand, 2018, S. 483). Bei der *sozial-ökologischen Transformation* komme hinzu, dass Umweltprobleme in gesellschaftliche Problemlagen eingebettet seien (S. 484). Aus den Wechselwirkungen zwischen technologischen, ökonomischen, politischen und kulturellen Einflüssen würden im Zuge der Globalisierung vielfältige soziale und ökologische Probleme resultieren, die in

Restrukturierungsprozesse und Regulationsbemühungen münden und zu Beschleunigung und höherer Komplexität führen würden (S. 486–489).

Beide Varianten, Transformation *by design* und Transformation *by desaster*, wurden vielfach und mit unterschiedlichen Argumenten kritisiert. Mit Blick auf das fast schon sichere Verfehlen des 1,5-Grad-Ziels des Pariser Klimaabkommens scheint der Kollaps derzeit wahrscheinlicher (Sommer, 2023, S. 10). Für das Nachhaltigkeitsmanagement und die Nachhaltigkeitskommunikation ist er allerdings keine Option. Eine Schwierigkeit wird darin bestehen, dass die mögliche Katastrophe bei aller Gestaltung nicht verschwindet, sondern permanent als *worst case* und Drohkulisse mitschwingt.

5.1.2   Gestaltung und Steuerung der Transformation

In der *Sustainability-Transition*-Forschung entstehen Innovationen bei der Gestaltung der Transformation vor allem in technologischen *Nischen*, die dem Selektionsdruck von Wirtschaft und Gesellschaft weniger stark ausgesetzt sind (Sommer, 2023, S. 4). Sie nutzen Gelegenheitsfenster, expandieren und übernehmen schließlich das sozio-technische Regime (S. 5). Im Gegensatz zur „dauerhaften oder anhaltenden Transformation" bildet die *Transition* im Anschluss an die bereits skizzierten Transitionsbegriff (Abschn. 4.4) eine „Übergangsphase zwischen zwei stabilen Systemzuständen" (S. 5). Sie zeigte sich etwa beim Ausstieg aus der Atomkraft unmittelbar nach dem Reaktorunfall von Fukushima im Jahr 2011.

Einen weiteren Ansatz für die Gestaltung der Transformation beschreibt das häufig zitierte Hauptgutachten des Wissenschaftlichen Beirats Globale Umweltveränderungen (WBGU) *Gesellschaftsvertrag für eine Große Transformation* aus dem Jahr 2011. In Gegensatz zur Transition spielen weniger technologische Innovationen als vielmehr *Pioniere des Wandels* und der *gestaltende Staat* eine zentrale Rolle als Treiber von Veränderungen (Sommer, 2023, S. 6).

Das Gutachten untersucht die Machbarkeit, Finanzierbarkeit, Prozesse, Instrumente und Maßnahmen, die Rolle von Staat, EU und weiterer gesellschaftlichen Akteur*innen sowie Wissensdefizite bei der sozial-ökologischen Transformation (WBGU, 2011, S. 30). Die Studie beschreibt neben den ökologischen Megatrends des Erdsystems (S. 35–49) auch die Megatrends der globalen Gesellschaft und Wirtschaft (S. 49–66). Die Autoren bezeichnen die von ihnen sogenannte *große Transformation* als heuristisches Konzept (S. 87). Sie sei durch zentrale Charakteristika gekennzeichnet (S. 90):

- Verschränkte ko-evolutionäre Veränderungsprozesse in mehreren gesellschaftlichen Systemen und auf lokaler, nationaler und globaler Ebene zugleich
- Entwicklung von Nischen-Innovationen
- Große Zahl gesellschaftlicher Akteur*innen aus Politik, Wirtschaft, Wissenschaft, Konsument*innen und Zivilgesellschaft
- Langsame, aber radikale Prozesse hinsichtlich Auswirkungen und Reichweite

Bei ihrer Sichtung der Transformationsforschung verweisen die Autoren auf den Einfluss identifizierbarer Akteurskonstellationen, auf die Bedeutung von Pionieren des Wandels sowie die Bedeutung von Narrativen als Leitbildern, Grundlagen für Kooperation und Erwartungssicherheit (WBGU, 2011, S. 90–91). Zugleich betonen sie, dass die Transformation wegen des erheblichen Zeitdrucks nicht einfach geschehen kann, sondern gestaltet werden und global erfolgen muss (S. 96–97).

Kommunikation, Öffentlichkeitsarbeit bzw. Kampagnen würden vor allem eingebunden bei der Stärkung von Legitimität und Akzeptanz in der Bevölkerung, bei der Vermittlung von Basiswissen über Nachhaltigkeit, bei der Beteiligung der Bürger*innen, bei der Verbraucherinformation sowie bei der Förderung und Vervielfachung von Pionieren des Wandels (WBGU, 2011, S. 14, 24, 54, 187, 190, 197, 204, 217, 245, 277).

Wesentliche Hindernisse von Transformationen
- Kurzfristige Orientierung der Politik an Wahlperioden
- Zögerliche und verzögernde Politik, die auf Zeit spielt
- Gegenkräfte und Widerstände durch organisierte Lobby- und Interessengruppen
- Selbstblockaden durch Politikverflechtung und -fragmentierung zwischen Bund, Länder, Nationalstaaten und Europäischer Union
- Mangelnde Kohärenz, Abstimmung und Koordination der Politik
- Beteiligungsdefizite und mangelnde Akzeptanz der Bevölkerung
- Verschlossene, wenig integrierte und innovationsfähige, an Ad-hoc-Lösungen orientierte und stark formalisierte Verwaltungskultur

(Quelle: WBGU, 2011, S. 200–204)

Trotz aller Hindernisse und Bedrohungen (siehe Info-Box: Hindernisse) kommen die Autoren in ihrer Studie zu dem Ergebnis, dass die sozial-ökologische Transformation machbar und finanzierbar ist (WBGU, 2011, S. 30, 101, 182). Als positive Beispiele für Transformationen der jüngeren Vergangenheit referieren sie die Europäische Integration seit den 50er-Jahren, den Schutz der Ozonschicht ab Mitte der 80er-Jahre sowie die IT-Revolution und das WorldWideWeb in den 90er-Jahren (S. 109–113).

Schlussfolgerungen aus der historischen Analyse für die große Transformation
- Transformationen sind kollektive Handlungen vorausschauender Pioniere des Wandels.
- Transformationen benötigen Akzeptanz und Unterstützung gesellschaftlicher Akteur*innen.
- Der Staat spielt bei der Gestaltung und Beschleunigung der Transformation eine zentrale Rolle.

- Transformationen vollziehen sich mit unterschiedlichen Geschwindigkeiten.
- Zeithistorische Einbettungen von Transformationen und deren Dynamiken müssen berücksichtigt werden.
- Maßnahmen auf unterschiedlichen Ebenen müssen kombiniert werden.
- Transformationen folgen dem Vorsorgeprinzip auf der Basis von Wissen und gemeinsamer Visionen.
- Transformationen benötigen die internationale Zusammenarbeit von Staaten sowie globale Governance-Strukturen.

(Quelle: WBGU, 2011, S. 113–115)

Die Handlungsempfehlungen der WBGU-Studie (2011) schließen mit der *Raute der Transformation*: Legitimität und Partizipation durch einen neuen Gesellschaftsvertrag, erweiterte Partizipation durch einen gestaltenden Staat, Transformationsfelder in Wirtschaftszweigen der Zukunft, eine hohe Investitionsquote für die Transformation sowie die entsprechende wissenschaftlich-technische Kapazitäten (S. 290–291).

In seinem Fazit zu Theorien der Transformationsforschung betont Sommer (2023) die besondere Rolle von Nischen bzw. Zwischenräumen für die Erprobung alternativer Praktiken (S. 13). Sie werden bei der Diskussion der Organisations- und Kommunikationsstrukturen für die Transformation wieder aufgegriffen (Abschn. 7.8). Luks (2019) kritisiert dagegen den impliziten Widerspruch zwischen ökologischen Erfordernissen, demokratischem Anspruch und sozio-ökonomischer Reaktionsfähigkeit (S. 5–6).

5.1.3   Nachhaltigkeit und Digitalisierung – die doppelte Transformation (Twin Transition)

Verschärft werden die Anforderungen an die sozial-ökologische Transformation durch zwei weitere zeitgleich stattfindende Transformationen in Unternehmen: die Digitalisierung und die Veränderungen der Arbeitswelt (*New Work*). Nach einer qualitativen Meta-Studie der Bertelsmann-Stiftung über 122 Veröffentlichungen aus den Jahren 2018 bis 2022 (60 Studien, 41 Blog-Beiträge und 21 Podcast-Folgen) widmen sich nur sieben Untersuchungen der doppelten Transformation und lediglich 14 dem betrieblichen Wandel der Arbeitswelt (Hofmann et al., 2023, S. 22).

Eine Zusammenschau aller drei Entwicklungen Nachhaltigkeit, Digitalisierung und betrieblicher Wandel (*Triple Transition*) findet kaum statt (Hofmann et al., 2023, S. 21). Dabei seien sie – zumindest gedanklich – kaum zu trennen (S. 9). Die Digitalisierung ist Enabler und Treiber der neuen Arbeitswelt. Beide gemeinsam ziehen Veränderungen nach sich, die eine Nachhaltigkeitstransformation begünstigen. Da sich alle drei Trans-

Tab. 5.1 Positive und negative Aspekte von Digitalisierung und Nachhaltigkeit. (Hofmann et al., 2023, S. 28–30, eigene Darstellung)

Chancen und Effekte	Herausforderungen und Hindernisse
Sichern oder Erhöhen der Wettbewerbsfähigkeit	Mangelnde strategische Priorisierung
Entwicklung neuer Geschäftsmodelle	Unklarer Mehrwert
Steigerung der Ressourceneffizienz, Abfalltrennung, Kreislaufwirtschaft, dezentrale erneuerbare Energiesysteme, papierlose Büros	Unzureichende marktseitige Belohnung
Digitalisierung als Enabler für Nachhaltigkeit	Hohe Auslastung der Mitarbeitenden
Kosteneinsparungen durch effizientere Wertschöpfungsprozesse	Unzureichende Qualifikation der Mitarbeitenden
Zeitersparnis durch beschleunigte und automatisierte unternehmensinterne Prozesse	Compliance-orientierte Vorgaben
Entlastete Mitarbeitende durch erleichterte Prozesse, Möglichkeit barrierefrei und inklusiv in der digitalen Welt arbeiten	Öffentliche Ausschreibungen und Vergabeverfahren
Förderung flacher Hierarchien	Fehlende nachhaltigkeitsorientierte Vergabepolitik
Neue Möglichkeiten der Transparenz	Datenschutz
Steigerung der fachlichen Kompetenz von Mitarbeitenden und Unternehmen	Gefahren für Cyber-Security
Langfristige Bindung der Mitarbeitenden und ihres Wissens an das Unternehmen	

formationen parallel vollziehen, ist es kaum möglich, klar zwischen Voraussetzungen, Einflussfaktoren, Treibern, Verstärkern, Folgen und Effekten zu unterscheiden.

Die Gleichzeitigkeit von Digitalisierung und Nachhaltigkeit wird unter dem Begriff *Twin Transition* thematisiert. Dabei begegnen sich zwei gegenläufige Effekte: CO_2-Einsparung durch digitale Technologien und zusätzliche CO_2-Emissionen durch die digitale Infrastruktur (Hofmann et al., 2023, S. 13). Insgesamt gebe es jedoch nur wenige Studien, die den Zusammenhang zwischen Digitalisierung und Nachhaltigkeit empirisch messen.

Die Autoren der Bertelsmann-Studie machen deutlich, dass die ausgewerteten Veröffentlichungen den Chancen und positiven Effekten (z. B. Effizienzgewinne) erhebliche Herausforderungen (z. B. rechtliche Hürden und Belastungen der Mitarbeitenden) gegenüberstellen (Hofmann et al., 2023, S. 28–30; Tab. 5.1).

Die Aussagen der untersuchten Veröffentlichungen zu den Voraussetzungen und Erfolgsfaktoren für Digitalisierung und Nachhaltigkeit decken sich weitgehend mit den Erkenntnissen der wissenschaftlichen Literatur zum Change-Management (Hofmann et al., 2023, S. 27–28):

- klare Strategie und frühe Verteilung von Verantwortung für Maßnahmen
- explizite Regelungen für zielorientiertes Verhalten im Sinne der Transformation
- klare Benennung von Risiken
- Bereitstellung langfristiger Ressourcen,
- Transparenz und Messbarkeit von Nachhaltigkeit
- vorbildliches Führungsverhalten
- spezifische Beauftragte
- Einbeziehung und Schulungen der Mitarbeitenden
- aktive Einbindung von Mitarbeitendenvertretungen
- flachere Hierarchien
- offene, systematische Kommunikation und Fehlerkultur
- finanzielle Anreize für nachhaltigen Konsum

Gemeinsame Treiber für Digitalisierung und Nachhaltigkeit kommen nach Aussagen der ausgewerteten Veröffentlichungen von innen und außen (Hofmann et al., 2023, S. 25–27; Tab. 5.2).

Insgesamt kommen die Autoren der Bertelsmann-Studie zu Digitalisierung und Nachhaltigkeit zu eher ernüchternden und kritischen Befunden (Hofmann et al., 2023, S. 31–34):

1. **Digitalisierung und Nachhaltigkeit** werden in Literatur und Unternehmen vorwiegend als getrennte Entwicklungen betrachtet. Es würden standardisierte Begriffe und eine holistische Betrachtung fehlen. Dies führe zu vielfältigen Interpretationen.
2. **Die ökologische Nachhaltigkeit**, insbesondere die Beträge zu CO_2-Emissionseinsparung, stünden im Vordergrund der Darstellungen. Ökonomische Effekte durch ressourcenseitige Einsparungen würden keinen Schwerpunkt bilden. Soziale Nachhaltigkeit würde kaum thematisiert.
3. **Mittelständische Unternehmen** könnten es sich aufgrund des zunehmenden Drucks von außen nicht mehr erlauben, Nachhaltigkeit als reines Image- und Reputationsthema zu behandeln. Allerdings wurde diese Frage bislang nur wenig untersucht.
4. **Eine erhöhte Arbeitgeberattraktivität** aufgrund veränderter Erwartungen der jungen Mitarbeitenden sehen viele Studien im Fokus der Unternehmen. Nachhaltigkeitseffekte ortsungebundener Arbeitsformen im Zuge der Corona-Pandemie würden deutlicher in den Vordergrund gestellt, aber nur selten quantifiziert oder vermarktet.

Tab. 5.2 Wesentliche Treiber für Nachhaltigkeit und Digitalisierung. (Hofmann et al., 2023, S. 25–27, eigene Darstellung)

Extrinsische Motive	Intrinsische Motive
Druck von Kund*innen	Attraktivität als Arbeitgeber
Regulatorische Auflagen	Positiver Einfluss auf Geschäftsergebnisse
Corona-Pandemie	Unternehmensweite Zielsetzung
gesellschaftliche Verantwortung von Unternehmen	Prägung durch Geschäftsführung und Eignerstruktur
Druck von Kapitalgebern	Persönliche Überzeugungen der Mitarbeitenden

5. **Insbesondere fehlende Zeit** aufgrund hoher Auslastung („success desaster"), fehlende Ressourcen und Fähigkeiten würden in den Veröffentlichungen als Hindernisse betont. Danach habe Nachhaltigkeit bisher keinen hohen strategischen Stellenwert in den Unternehmen.

6. **Kund*innen und deren Forderungen** werden in den Untersuchungen am häufigsten als Treiber des Wandels zu mehr Nachhaltigkeit in Unternehmen genannt.

7. **Die Chancen der Digitalisierung** für mehr Nachhaltigkeit würden in der Folge der Corona-Pandemie zunehmend wahrgenommen. Danach würden flexible Arbeitsorte und -zeiten zur sozialen Nachhaltigkeit beitragen. Positive Auswirkungen der Digitalisierung auf die ökologische und ökonomische Nachhaltigkeit könnten dagegen nicht bestätigt werden.

8. **Der Einfluss der ortsunabhängigen Arbeit** auf Pendlerverhalten und allgemeine Mobilität sowie ein geschärftes Umweltbewusstsein werden als Folge der Corona-Pandemie stärker thematisiert. Digitalisierung und Globalisierung werden aber auch als nichtnachhaltiges Verhalten gesehen, zum Beispiel durch den CO_2-Ausstoß bei Flugverkehr und Warenversand.

9. **Die Digitalisierung** würde zu einer höheren Veränderungsbereitschaft in Unternehmen führen, aber nicht zwingend das Bewusstsein für Nachhaltigkeit stärken. Vielmehr entstünden Rebound-Effekte durch die Verwendung von durch Digitalisierung eingesparten Ressourcen.

10. **Dass bessere und aktuellere Informationsquellen** durch die Digitalisierung das Wissen über die Notwendigkeit und Wirkzusammenhänge nachhaltigen Wirschaftens stärken, konnte nicht bestätigt werden. Auswertbare Daten würden bessere Steuerungsmöglichkeiten ermöglichen, aber zugleich zu Zielkonflikten mit der sozialen Nachhaltigkeit führen.

11. **Positive Effekte von Tools und Methoden** der Selbstvermessung bzw. des Trackings auf das eigene Nachhaltigkeitsverhalten konnten die Veröffentlichungen nicht bestätigen.

Die Ergebnisse weisen in dieselbe kritische Richtung wie die Befunde der empirischen Erhebungen zur aktuellen Situation von Nachhaltigkeitsmanagement und Nachhaltigkeitskommunikation in Unternehmen (Abschn. 2.1 und 2.2).

5.1.4   Zangenkonflikt zwischen ökologischer Krise und sozialer Ungleichheit

Sozial-ökologische Transformationen werden nicht allein durch verschärfte Umweltprobleme angetrieben, sie sind zugleich in spezifische historische und makrostrukturelle Entwicklungen eingebettet (Brand, 2018, S. 479–482). Ökologische Krisen sind Ausdruck gesellschaftlicher Problemlagen und mit den entsprechenden Lebens- und Wirtschaftsformen sowie ihren Wirklichkeitskonstruktionen verknüpft (S. 484). Sie sind das Ergebnis von Konflikten und Gegenbewegungen zwischen den miteinander verbundenen kulturellen, technischen, wirtschaftlichen und politischen Dynamiken (S. 487–489). Diese Abhängigkeiten würden von der aktuellen Transformationsforschung vielfach ausgeblendet. Dazu würden grundlegende technologische Innovationen, lange ökonomische Wellen der Weltwirtschaft und politische Hegemonialzyklen zählen. Das Leitbild der nachhaltigen Entwicklung scheine keine adäquate Antwort auf die multiple Krise zu sein. Im Anschluss an Theorien von Kondratieff und Schumpeter seien es gerade Abschwungphasen, die durch technologische Basisinnovationen neuen Aufschwung und neues Wachstum auslösen (S. 490). In der Digitalisierung werde vielfach eine solche technische Basis für eine nächste lange Welle gesehen (S. 501). Allerdings sei umstritten, ob sie eine Nachhaltigkeitstransformation der Gesellschaft eher fördert oder hemmt.

Konflikte zwischen sozialer Ungleichheit und ökologischer Klimakrise haben die reichen Länder des globalen Nordens in eine „Zangenkrise" geführt (Dörre, 2019, S. 4, 20–26). Sie beginne mit der Kreuzung von zwei Entwicklungen: Das Wirtschaftswachstum in den entwickelten Industrieländern laufe aus. Zugleich würden Energie- und Ressourcenverbrauch weiter steigen und die ökologische Stabilität gefährden. Die Folge sei, dass Wachstum immer weniger hilft, soziale Konflikte abzumildern. Dies münde in einen „sozialökologischen Transformationskonflikt" (S. 21). Beide Konfliktlinien seien miteinander verwoben.

Welche Gegensätze und Konfliktlinien die sozial-ökologische Transformation in der deutschen Gesellschaft zur Folge hat, haben Mau et al. (2023) in ihrer soziologischen Studie *Triggerpunkte* herausgearbeitet (S. 205–243). Sie betonen die ungleiche Verteilung von Verursachung, Betroffenheit und Lasten der Klimakrise in Deutschland, Europa und der Welt (S. 206–208, 221, 226–227). So werde der größte Teil der CO_2-Emissionen von einem sehr kleinen, vermögenden Teil der Bevölkerung verursacht. Der Eindruck, dass Klimafragen besonders konfliktträchtig sind, sei weit verbreitet (S. 214). Die Autoren sprechen von einem „wahrgenommenen Klimadissens". Den ökologischen Konflikt sehen die Autoren weniger in der Notwendigkeit von Umwelt- und Klimaschutz als vielmehr im wie, wo und bei wem.

▶ **Ökologische Transformation muss auch sozial sein** Bürgerinnen und Bürger sehen die Lasten der Nachhaltigkeitstransformation nicht gerecht verteilt

- Personen mit niedrigem Einkommen werden ausreichend entlastet: 55 % Ablehnung versus 20 % Zustimmung
- Die Verteilung der Entlastungen ist in der Gesellschaft im Großen und Ganzen gerecht: 52 % Zustimmung versus 17 % Ablehnung

(Quelle: Soziales Nachhaltigkeitsbarometer, Wolf et al., 2023, S. 10–11)

Mau et al. (2023) kommen zu dem Ergebnis, dass der Polarisierungsgrad mit dem Tempo und der Reichweite von klimapolitischen Maßnahmen steigt. So würden knapp zwei Drittel der Bürger*innen (64 %) der Aussage zustimmen, der „Ruf nach umweltbewusstem Leben beachtet Arme zu wenig" (S. 2015). Mehr als jede*r Zweite sei der Auffassung „Wer viel hat, soll viel zum Klimaschutz beitragen". Wo befürchtet wird, dass der Wohlstand gefährdet ist, werde „die Klimafrage mit der sozialen Frage verkoppelt" (S. 2016). Weitere Unterschiede und Konfliktlinien beobachten die Autoren zwischen Stadt und Land sowie zwischen prosperierenden und abgehängten Regionen (S. 2018). Im Gegensatz dazu stellen sie in ihren Daten keine Kluft im Klimabewusstsein zwischen den Generationen fest (217).

Die Auswirkungen und Kosten der sozial-ökologischen Transformation sehen Mau et al. (2023) bei den Anpassungsmöglichkeiten an klimatische Veränderungen, Lebenschancen und Eingriffen in Lebensweisen (S. 220). Dies intensiviere Verteilungskonflikte und symbolische Kämpfe zwischen unterschiedlichen Statusgruppen. Die „wahrgenommene Fairness" bei dieser Verteilung werde zur Voraussetzung für die Akzeptanz der Transformation (S. 229). Für die einen stünden Sorgen vor den Klimafolgen im Vordergrund, für andere die Sorgen vor Klimaschutzmaßnahmen. Dies führe dazu, dass der Klimaschutz weniger an den Zielen als an den Auswirkungen im Alltag gemessen werde (S. 231). Dies werde verstärkt durch das Auseinanderdriften von Kosten in der Gegenwart und Nutzen in der Zukunft (S. 232). Wer sozial Schwächere für den Umwelt- und Klimaschutz gewinnen möchte, müsse Angemessenheit und Fairness bei der Verteilung der Lasten berücksichtigen (S. 234, 306–307).

Dabei komme es zu einer Verschiebung der Achsen der gesellschaftlichen Sozialstruktur: An die Stelle der Arbeitgeber als Antipoden der Arbeitnehmer trete die grün-liberal-kosmopolitische, kulturelle Mittelklasse, die vom Strukturwandel profitiere und den Diskurs dominiere (S. 282, 294–295). Die Trennlinie verlaufe zwischen akademischen und nichtakademischen Bildungsgruppen (S. 283, 293). Entsprechend beobachten die Autoren eine gesteigerte, im Vergleich mit anderen Bevölkerungsgruppen höhere Emotionalisierung bei Menschen, die Schwierigkeiten haben, mit Veränderungen mitzuhalten oder sich Veränderungen verschließen und das Erreichte verteidigen (S. 342, 344).

Hammermann und Monsef (2023) betonen, dass die *doppelte Transformation* aus Nachhaltigkeit und Digitalisierung auch in doppelter Weise Sorgen und Ängste in der Bevölkerung auslösen: vor den Folgen der Klimakrise und vor den Folgen des technologischen Wandels (S. 3). Personen mit geringerer Bildung oder niedrigem Einkommen würden eher befürchten, nicht mit der Digitalisierung mithalten zu können. Dagegen würden sich Akademiker und Menschen mit höheren Einkommen eher um die Folgen des Klimawandels sorgen (S. 9–10, 15). Umso wichtiger sei es, Sorgen und Ängste ernst zu nehmen, zu thematisieren und Akzeptanz für Veränderungen zu gewinnen (S. 21).

Doch ein Blick auf die Zahlen zeigt, dass die Sorgen vor den Folgen der Klimakrise in allen Bevölkerungsgruppen stärker verbreitet sind als die Befürchtung, beim technologischen Wandel nicht mithalten zu können (Hammermann & Monsef, 2023, S. 10–13). Zugleich sind die Unterschiede zwischen den Bevölkerungsgruppen bei beiden Transformationen deutlich kleiner als zwischen beiden Themen im Vergleich. Die Autoren vermuten einen Zusammenhang zwischen beiden Transformationen vor allem, wenn die

Sorge vor dem Verlust des Arbeitsplatzes dazu führt, sich weniger mit Umwelt- und Klimaschutz zu beschäftigen (S. 14). Das scheint die Langzeitbetrachtung zu bestätigen: Zwischen 2009 und 2020 entwickeln sich die Sorgen über die Klimakrise und die wirtschaftliche Situation gegenläufig (S. 16–17). Ein signifikanter Zusammenhang zeige sich, wenn das Einkommen gegenüber dem Vorjahr zurückgegangen war (S. 20). Zusätzliche ökonomische Belastungen durch teurere nachhaltige Produkte oder durch CO_2-Abgaben ließen „die Sorgen um das Klima in den Hintergrund rücken". Umso wichtiger sei es, „diese Sorgen zu erkennen und in geeigneter Weise zu adressieren, um die nötige Akzeptanz für Veränderungen zu gewinnen und Menschen für diese zu befähigen" (S. 21).

Eversberg et al. (2024) identifizieren in der sozial-ökologischen Transformation vier Konfliktdimensionen, die Abstraktionsgrade, Lebensweisen, Veränderungen und Externalisierungen betreffen (S. 21, 130–159).[1] Entsprechend plädieren sie dafür, die Transformation als gesellschaftlichen Konflikt zu begreifen (S. 15). Sie gehen weniger von strukturellen, sozioökonomischen Unterschieden in der Bevölkerung aus, als vielmehr von unterschiedlichen sozial-ökologischen Mentalitäten (S. 17). Dabei stehen sich ein ökosoziales, ein konservativ-steigerungsorientiertes und ein defensiv-reaktives Spektrum (S. 19, 90–91, 120–122, 128–129) von insgesamt zehn unterschiedlichen Mentalitäten gegenüber (S. 91–112).

Eversberg et al. (2024) betonen im Anschluss an Empfehlungen des Weltklimarats, „dass inklusive und partizipative, an Gleichheit, Gerechtigkeit und Umverteilung orientierte Politikansätze wichtig sind, um diese Umstellungen in der nötigen Geschwindigkeit und Tiefe gesellschaftlich zustimmungsfähig zu machen." (S. 172) Entscheidend sei, „den Begriff der *sozial*-ökologischen Transformation ernst zu nehmen und diese nicht auf ihre ökologischen Aspekte engzuführen" [Kursivsetzung wie im Original]. Es gehe auch um einen umfassenden Wandel zu einer sozial gerechteren, inklusiveren und demokratischeren Gesellschaft. Dafür empfehlen die Autoren fünf politische Transformationsansätze (S. 170–184):

- den Ausbau von allgemein zugänglicher öffentlicher Infrastruktur,
- Umverteilung auch von privater zu öffentlich-gemeinwohlverpflichteter Verfügung,
- Suffizienz als Reduktion und Bevorzugung des Nötigen vor dem Möglichen,
- Internalisierung im Sinne eines Verzichts, Lasten auf andere zu übertragen sowie
- demokratische Partizipation im Sinne einer Ermächtigung anstelle eines von oben verordneten technokratischen Programms.

Neben dieser systemverändernden Transformation zur Nachhaltigkeit deuten sich zwei weitere, alternative Strategien zur Bewältigung der Zangenkrise aus ökologischer Krise und sozialer Ungleichheit an: ein autoritärer Machtzentrismus, dem auch die Rede von der Öko-Diktatur zuzurechnen wäre, sowie die liberale Marktkonformität, die Marktmechanismen wie Kompensation oder CO_2-Zertifikate nutzt (Dörre, 2019, S. 27–29).

---

[1] Basis der Untersuchung von Eversberg et al. (2024) ist eine repräsentative Befragung der deutschen Bevölkerung im Herbst und Winter 2021/22. Befragt wurden 4000 Personen ab 18 Jahren (S. 75).

5.1.5 Degrowth-Strategien und Postwachstumsgesellschaft

In der Diskussion über Strategien aus der Klimakrise haben sich neben technologischen und marktliberalen Lösungsansätzen (*Green Growth*) auch grundlegende Systemveränderungen in Wirtschaft und Gesellschaft etabliert. Zu den wichtigsten Vertretern zählen sogenannte *Degrowth*- und *Postwachstums*-Konzepte. Ihre Vertreter sehen in der Wachstums- und Innovationsdynamik des Kapitalismus die zentrale, systemimmanente Ursache für „ungeplante destruktive Folgen" (Kraemer, 2024, S. 787). Die Gefährdung bzw. Zerstörung natürlicher wie sozialer Lebensgrundlagen würden aus soziologischer Perspektive unverstanden bleiben, wenn sie auf ökonomische Gesetzmäßigkeiten, psychische Dispositionen, materialistische Wertorientierungen, individuelles Konsumverhalten oder den persönlichen Ressourcenverbrauch reduziert werden. Entsprechend würden normative Wachstums- (*Degrowth*) und Konsumkritiken (*Suffizienz*) zu kurz greifen, um Zielkonflikte zwischen wirtschaftlichem Wachstum, gesellschaftlicher Wohlfahrt und sozialer Teilhabe sowie einer nachhaltigen Entwicklung aufzulösen (S. 775, 787). Danach ist der permanente Druck der Unternehmen zu Wachstum durch Innovation und Kostensenkung der zentrale systemische Mechanismus, der zu nicht-nachhaltigem Verhalten zwinge (S. 780). Eigentümer und Beschäftigte würden sich in einer „zweiseitige[n] Zwangskonstellation" befinden, in der sie nur zwischen Anpassung oder Scheitern entscheiden könnten (S. 781).

Für ein verbessertes, vertieftes Verständnis der sozial-ökologischen Transformation müssten fünf Gütekriterien berücksichtigt werden (Kraemer, 2024, S. 781–782):

1) der Einfluss struktureller, politisch-institutioneller, sozialer und kultureller Faktoren,
2) eine nicht-hierarchische, monokausal-lineare Theorie,
3) die sich wechselseitig verstärkenden bzw. abschwächenden Prozesse,
4) die ungeplanten, unerwünschten Folgen sowie
5) das Problem der Nichtsteuerbarkeit von sozialem Wandel.

▶ **Klima-Simulation – Lösungen selbst ausprobieren und Erfahrungen sammeln** En-ROADS ist ein kostenloser, globaler Online-Klima-Simulator, mit dem Benutzer*innen, Maßnahmen gegen den Klimawandel wählen und die Auswirkungen testen können. Die Benutzer*innen können über Schieberegler Maßnahmen zu erneuerbaren Energien, Kohle und Öl, Elektromobilität, CO_2-Preisen, Energieeffizienz, Aufforstung usw. wählen und anhand von Kurvendiagrammen in Echtzeit sehen, wie sich die Faktoren auf den globalen Temperaturanstieg bis zum Jahr 2100 auswirken.

Internet: https://en-roads.climateinteractive.org/scenario.html?v=24.8.0& lang=de

En-ROADS ist eine Entwicklung von Climate Interactive, der MIT (Massachusettes Institute of Technology) Sloan Sustainability Initiative und Ventana Systems. Das Systemdynamik-Modell basiert auf den Ergebnissen von wissenschaftlichen Studien und wurde anhand integrierter Bewertungs-, Klima- und Energiemodelle kalibriert. Ziel der Plattform ist, gewählte Amtsträger, Wirtschaftsführer und andere mit dem Wissen auszustatten, das sie benötigen, um gerechte und wirksame Klimalösungen umzusetzen.

Einen skeptischen Blick auf die notwendigen Veränderungen werfen Vertreter der Soziologie. Sie lenken den Blick stärker auf die überindividuelle, makroskopische Ebene. So spricht Beckert (2022, S. 2–4) von einer überforderten Gesellschaft, deren Steuerungsmechanismen Macht- und Anreizstrukturen aufwiesen, die eine Lösung des globalen Klimawandels verhindern würden. Das zeige sich sowohl in der Wirtschaft wie bei Staat und Bevölkerung. So seien die Folgen einer Ausbeutung der Natur durch eine auf Expansion und Wachstum angelegte Wirtschaft nicht eingepreist. Erst die Einführung von CO_2-Zertifikaten versuche externe Effekte zu internalisieren. Allerdings handele es sich dabei eher um politische Preise als tatsächliche Kosten. Die Vernetzung der globalen Faktoren und Effekte führe zu politischen Widerständen.

Auch die Veränderung von Konsumentenpräferenzen zeige eine deutliche Diskrepanz zwischen Anspruch und Wirklichkeit (Beckert, 2022, S. 5–7). Dies gelte auch für Finanzinvestitionen. Ausgebremst würden solche Entwicklungen durch mangelnde Transparenz. Dasselbe gelte für den Staat. Politische Maßnahmen gegen die Klimakrise stünden vielfach im Widerspruch zu den Zielen von Industrie, Landwirtschaft und Städten. Regierungen seien aufgrund von Widerständen gegen Anpassung von Lebensformen in der Bevölkerung „allenfalls ambivalent" gegenüber Klimaschutzmaßnahmen (S. 7).

Die Internalisierung von Umweltausgaben führe zu keinem Wohlstandsgewinn. „Klimaschutz macht Gesellschaften ärmer." (Beckert, 2022, S. 8). Traditionelle Lebensweisen mit Normen der Beschränkung seien zurückgedrängt worden zugunsten des Unmäßigen als notwendiger Grundlage für wirtschaftliches Wachstum. Konsens in der Klimafrage sei nur schwer zu erreichen, die Steuerungsfähigkeit des Staates werde „immer prekärer" (S. 9). Wirtschaft, Politik und Bevölkerung unterschätzten zukünftige Schäden, Staaten täuschten Klimaschutz mit einer Strategie der Versprechen nur vor. Im globalen Rahmen würde ärmeren Ländern der eigene Wohlstand verweigert, entsprechend begrenzt sei dort die politische Unterstützungsbereitschaft. „Die Klimakrise ist eine Frage von Macht und Kultur." (S. 14) Im Zentrum für eine Bewältigung stünden die Wachstums- und Gewinnlogik der kapitalistischen Wirtschaft, Machtverteilung und Legitimation in der Politik sowie soziale Ungleichheit, Identität und Statuskonkurrenz bei Konsumenten.

Diese Makro-Perspektive kann von einzelnen Unternehmen und Organisationen nicht verändert werden. Sie müssen allerdings ihre Einbettung in wirtschaftliche und gesellschaftliche Dynamiken in Rechnung stellen und bei ihren Nachhaltigkeitsplanungen und -aktivitäten berücksichtigen.

5.2 Diskurs und Narrative über Nachhaltigkeit

Die Antworten in Meinungsumfragen zu Klimakrise und Nachhaltigkeit spiegeln den öffentlichen Diskurs und das Meinungsklima über das Thema Nachhaltigkeit in der Bevölkerung (Abschn. 1.2). Sie werden geprägt von der medialen Berichterstattung und Meinungsäußerungen in den sozialen Medien. Maßgebliche Akteur*innen sind Repräsentant*innen der Politik, insbesondere der Bundesregierung, der zuständigen Ressortminister*innen und führende Vertreter*innen der Opposition. Wichtige Treiber der Nachhaltigkeitsthematik sind Klimaforscher, die Partei der Grünen, Umweltverbände sowie ihnen nahestehende NGOs. Hinzukommen Vertreter*innen von Wirtschaftsverbänden und -forschungsinstituten. Kritische Stimmen sammeln sich vor allem in den sozialen Medien. Sie werden von populistischen Parteien verstärkt.

Die diskutierten Szenarien und Strategien zur Bewältigung der ökologischen Krise schlagen sich in vereinfachter bzw. vereinfachender Form in einem Set von Narrativen nieder und bestimmen den Diskurs in Medien und Öffentlichkeit.

Narrative im öffentlichen Diskurs über Nachhaltigkeit

- **Leugnungs-Narrativ**: Es gibt keine menschengemachte Klimakrise. Die Veränderungen gab es immer und wird es immer geben.
- **Technologie-Narrativ**: Es ist möglich, den Klimawandel zu stoppen und unseren Lebensstil und Wohlstand beizubehalten. Die Technologie wird uns retten.
- **Bewusstseins-Narrativ**: Es ist möglich, den Klimawandel zu stoppen. Dafür müssen wir unseren Lebensstil ändern. Bewusstseinsänderung wird uns retten.
- **Green-Growth-Narrativ**: Es ist möglich, den Klimawandel zu stoppen und unseren Lebensstil und Wohlstand beizubehalten. Die Reduktion des Verbrauchs von fossilen Ressourcen und das Wachstum durch erneuerbare Energien und nachhaltige Produkte sowie Produktionsweisen wird uns retten.
- **Degrowth-Narrativ**: Nur Verzicht und Schrumpfung werden uns retten. Green Growth und technologische Lösungen setzen dagegen die Wachstumsstrategie und ihre Folgen fort.
- **Katastrophen-Narrativ** (Dystopie): Die Menschheit ist nicht in der Lage, die Klimakrisen zu lösen. Wir werden in einer Katastrophe enden.[2]
- **Utopie-Narrativ**: Die Verringerung der sozialen und ökonomischen globalen Ungleichheit wird uns retten.

---

[2] Zur Tradition der Narrative von der *Zukunft als Katastrophe* in Kultur und Literatur vgl. erhellend Horn (2014) und Adloff et al. (2023).

Schlichting und Schmidt (2013) haben in einer Literaturanalyse vier narrative Deutungsmuster (*strategische Frames*) zum Klimawandel identifiziert, die von Unternehmen, politischen Akteur*innen und zivilgesellschaftlichen Organisationen seit den 1980er-Jahren genutzt wurden (S. 115). Unter *Frame* verstehen sie die Auswahl und Überbetonung von Aspekten in der persuasiven Kommunikation (in Anlehnung an Entman, 1993, S. 53). Die konkreten Ausprägungen dieser Frames zeigen Züge der zeitlichen Struktur von Narrativen: die Klimaveränderungen als Ausgangspunkt (Vergangenheit), die Problemorientierung (Gegenwart) und das Lösungsversprechen (Zukunft):

- Die Leugnung des Klimaproblems (Scientific Uncertainty)
- Die Verantwortung aller Länder für die Lösung des Klimaproblems (Global Economies)
- Technische Innovationen als Lösung für das Klimaproblem (Ecological Modernization)
- Der Klimawandel als Gerechtigkeitsproblem (Climate Justice)

Mit Blick auf die nachhaltige Entwicklung als große Transformation von Wirtschaft und Gesellschaft zeigen alle vier Narrative Schwächen: Sie knüpfen die Lösung an universelle Bedingungen und machen sie damit im Prinzip unwahrscheinlich bis unmöglich. Außerdem sind wesentliche Narrative wie Green Growth, Degrowth oder die Klimakatastrophe (Dystopie) nicht berücksichtigt.

Eine mögliche ökologische Klimakatastrophe nimmt Viehöfer (2012) in den Blick. Er hat die Klimadebatte als „einen Pool konkurrierender Erzählungen, die von unterschiedlichen sozialen Akteuren im Öffentlichen erzählt werden" bestimmt (S. 174) und Narrationen als „Geburtshelfer möglicher Welten" bezeichnet (S. 181). Auf dieser Basis hat er sechs Varianten der Narrativierung des globalen Klimawandels identifiziert, (S. 189–209):

- Das globale Treibhaus
- Die Katastrophe des Global Cooling
- Die Geschichte vom nuklearen Winter
- Der Traum von paradiesischen Warmzeiten
- Normalität durch Wiederkehr der Sonnenflecken
- Die Klimakatastrophe als Fiktionserzählung

Auffällig sind der ökologische und dystopische Bias der beschriebenen Narrative. Aufgrund der Fokussierung auf die Folgen der Klimakatastrophe fehlt ihnen der Ansatz einer Problembewältigung.

Eindeutig mehrheitsfähig scheint derzeit keines der aufgeführten Narrative. Technologische Lösungen und grünes Wachstum sind verheißungsvoll, aber (noch) keine durchschlagende Realität. Wandel durch Bewusstsein oder Verzicht ist nicht populär. Die Dystopie wünscht sich niemand. Und die Leugner des Klimawandels sind eine kleine Minderheit. Welches Narrativ gerade die Oberhand hat, ändert sich in Abhängigkeit von den jeweils aktuellen politischen und wirtschaftlichen Entwicklungen.

▶   Mit Blick auf die gängigen Narrative zur Klimakrise werden Unternehmen und Organisationen gut beraten sein, wenn sie eine konstruktive Vision der nachhaltigen Entwicklung entwerfen, ihren eigenen Weg der Transformation konkret aufzeigen und sich dem Sog der anderen Narrative entziehen. Wie Unternehmen und Organisationen ihre *Sustainability Vision* und *Sustainability Story* entwickeln können, wird in Abschn. 8.7 dargestellt.

5.3   Politischer und rechtlicher Rahmen

Ein wesentlicher Treiber für die nachhaltige Entwicklung in Wirtschaft und Gesellschaft waren die politischen Initiativen der Vereinten Nationen, der Europäischen Kommission und der Deutschen Bundesregierung (Abb. 5.3). Sie bilden den normativen und gesetzgeberischen Rahmen für die Nachhaltigkeitstransformation von Unternehmen und Organisationen in Deutschland.

5.3.1   Meilensteine politischer Nachhaltigkeitsinitiativen der Vereinten Nationen

1919 | ILO-Normen – International Labour Organization   Die Internationale Arbeitsorganisation ILO ist eine Sonderorganisation der Vereinten Nationen mit 187 Mitgliedsstaaten. Sie wurde 1919 als Teil des Versailler Vertrags gegründet und verantwortet die Entwicklung und Umsetzung internationaler Arbeits- und Sozialstandards (ILO, 2024; Eisele, 2024, S. 40). Die Förderung sozialer Gerechtigkeit und international anerkannter

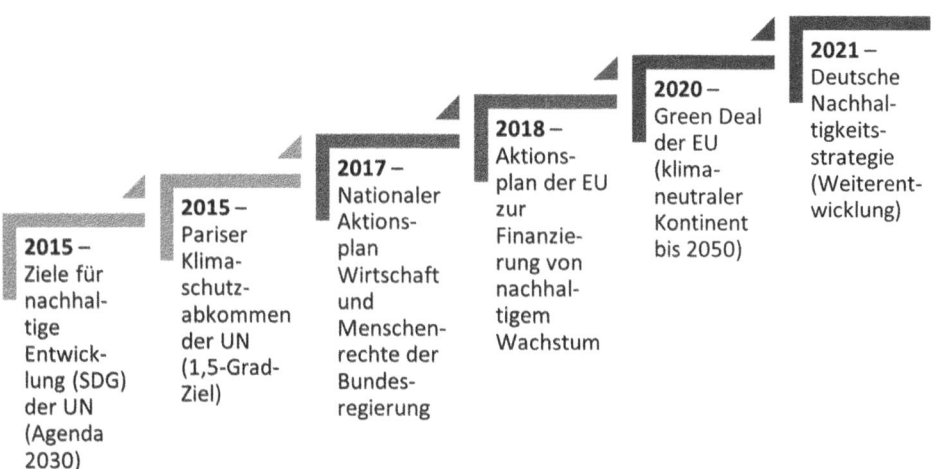

Abb. 5.3 Meilensteine politischer Initiativen für mehr Nachhaltigkeit seit 2015. (Eigene Darstellung)

Menschen- und Arbeitsrechte basiert auf den fünf ILO-Grundprinzipien: Vereinigungs-freiheit und Recht auf Kollektivverhandlungen, Beseitigung der Zwangsarbeit, Abschaffung der Kinderarbeit, Verbot der Diskriminierung in Beschäftigung und Beruf, Arbeitsschutz und Arbeitssicherheit.

1992 | Globales Aktionsprogramm Agenda 21 Auf der Konferenz für Umwelt und Entwicklung 1992 in Rio de Janeiro haben sich die Vereinten Nationen zum Leitbild der nachhaltigen Entwicklung bekannt und Nachhaltigkeit als übergreifendes Ziel der Politik definiert. Die mehr als 170 Unterzeichnerstaaten haben ein globales entwicklungs- und umweltpolitisches Aktionsprogramm verabschiedet und erklärt, das Leitbild national unter Beteiligung von Gesellschaft und Wirtschaft umzusetzen (Vereinte Nationen, 2003). Es umfasst entwicklungs- und umweltpolitische Ziele wie die Armutsbekämpfung, nachhaltige Bewirtschaftung der natürlichen Ressourcen und die Reduzierung des Treibhauseffekts.

2000 | UN Global Compact Die weltweit größte Initiative unter Führung der Vereinten Nationen verfolgt das Ziel, die Globalisierung sozialer und ökologischer zu gestalten. Sie wurde im Jahr 2000 gegründet. Über 25.000 Unternehmen und Organisationen aus 170 Ländern haben sich freiwillig selbstverpflichtet, soziale und ökologische Mindeststandards einzuhalten. Der Kern sind zehn Prinzipien zu Menschenrechten, Arbeitsbedingungen, Umweltschutz und Korruptionsbekämpfung (Global Compact Netzwerk Deutschland, 2024; Eisele, 2024, S. 46–47; Helmold et al., 2024, S. 26; Försterling, 2023, S. 60–61).

10 Prinzipien des UN Global Compact
Unternehmen, die den Global Compact unterschreiben, sollen:

1. Die international verkündeten Menschenrechte respektieren und ihre Einhaltung innerhalb ihrer Einflusssphäre fördern.
2. Sicherstellen, dass sie nicht bei Menschenrechtsverletzungen mitwirken.
3. Die Rechte ihrer Beschäftigten, sich gewerkschaftlich zu betätigen, respektieren sowie deren Recht auf Kollektivverhandlungen effektiv anerkennen.
4. Alle Formen von Zwangsarbeit bzw. erzwungener Arbeit ausschließen.
5. An der Abschaffung von Kinderarbeit mitwirken.
6. Jede Diskriminierung in Bezug auf Beschäftigung und Beruf ausschließen.
7. Eine vorsorgende Haltung gegenüber Umweltgefährdungen einnehmen.
8. Initiativen zur Förderung größeren Umweltbewusstseins ergreifen.
9. Die Entwicklung und die Verbreitung umweltfreundlicher Technologien ermutigen.
10. Gegen alle Arten der Korruption eintreten, einschließlich Erpressung und Bestechung.

(Quelle: Global Compact Netzwerk Deutschland, 2024)

2015 | Agenda 2030 für nachhaltige Entwicklung Die *Agenda 2030 für nachhaltige Entwicklung* der Vereinten Nationen wurde im September 2015 auf dem UN-Nachhaltigkeitsgipfel in New York von allen 193 UN-Mitgliedsstaaten verabschiedet. Sie ist das erste internationale Abkommen zur Transformation der Welt. Die Agenda hat zum Ziel, allen Menschen weltweit ein Leben in Würde zu ermöglichen, Frieden zur fördern und den Planeten zu schützen. Die Vereinbarung enthält fünf Kernbotschaften als handlungsleitende Prinzipien (Vereinte Nationen, 2015, S. 2):

1. Armut und Hunger beenden, Leben in Würde und Gleichheit sicherstellen
2. Planet schützen durch Nachhaltigkeit in Produktion und Konsum sowie Klimaschutz
3. Leben in Wohlstand für alle fördern
4. Friedliche, gerechte und inklusive Gesellschaft fördern
5. Globale Partnerschaften mobilisieren

Daraus wurden 17 Nachhaltigkeitsziele, die sogenannten Sustainable Development Goals oder kurz SDGs, abgeleitet (Vereinte Nationen, 2015, S. 15; Abb. 5.4). Für die Messung und Prüfung wurden global 231 Indikatoren definiert (S. 16–30). Die Mitgliedsländer könnten frei wählen, welche sie nutzen. Die EU habe 101 Indikatoren ausgewählt, Deutschland 72 (Försterling, 2023, S. 61–62). Die Agenda würde fordern, dass Fortschritte beim Erreichen der SDGs regelmäßig gemessen und dokumentiert werden.

2015 | Pariser Klimaschutz-Konferenz (1,5-Grad-Ziel) Auf der Pariser Klimaschutz-Konferenz im Dezember 2015 haben sich 195 Länder zum ersten Mal auf ein allgemeines, rechtsverbindliches weltweites Klimaschutzübereinkommen verständigt. Das zentrale Ziel ist, die Zunahme der Erderwärmung auf maximal 2,0 Grad Celsius, idealerweise 1,5 Grad Celsius,

ZIELE FÜR NACHHALTIGE ENTWICKLUNG

Abb. 5.4 17 Ziele für nachhaltige Entwicklung der Vereinten Nationen

bis zum Ende des 21. Jahrhunderts zu begrenzen (Preveden, 2024, S. 59–60; Balderjahn, 2021, S. 18–19). Die USA haben sich 2025 nach der erneuten Wahl von Donald Trump zum Präsidenten ein zweites Mal nach 2017 aus dem Pariser Klimaschutzabkommen zurückgezogen.

5.3.2 Meilensteine politischer Nachhaltigkeitsinitiativen der Europäischen Union

Für die Erreichung der formulierten Ziele, hat insbesondere die EU eine Reihe regulatorischer Maßnahmen ergriffen (Abb. 5.5).

2022 | EU-Green Deal Politisches Programm der Europäischen Kommission mit dem Ziel, Europa bis 2050 zum ersten klimaneutralen Kontinent zu machen (Europäische Kommission, 2022; Preveden, 2024, S. 60–61; Försterling, 2023, S. 58). Dafür sollen das Wirtschaftswachstum in der EU von der Ressourcennutzung abgekoppelt werden und die Netto-Treibhausgasemissionen bis 2030 um mindestens 55 % gegenüber 1990 reduziert und drei Milliarden zusätzliche Bäume gepflanzt werden. Mit Blick auf die sozialen Auswirkungen solle bei diesen Maßnahmen kein Land in der EU abgehängt werden.

2021 | EU-Klimagesetz[3] Das Ziel der Klimaneutralität bis 2050 hat die Europäische Union mit der *Verordnung (EU) 2021/1119* erklärt und verbindliche Ziele für die Senkung

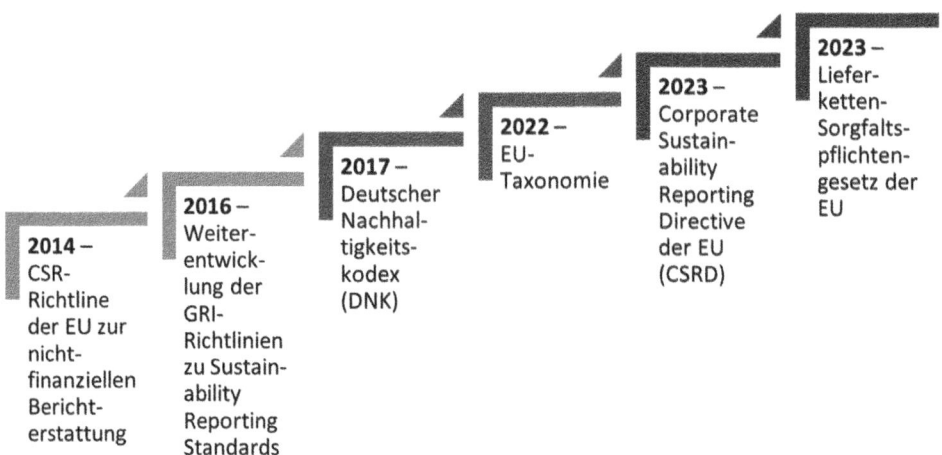

Abb. 5.5 Meilensteine der Regulatorik zum Nachhaltigkeitsmanagement seit 2014. (Eigene Darstellung)

---

[3] EU (30.06.2021). Verordnung (EU) 2021/1119 des Europäischen Parlaments und des Rates vom 30. Juni 2021 zur Schaffung des Rahmens für die Verwirklichung der Klimaneutralität und zur Änderung der Verordnungen (EG) Nr. 401/2009 und (EU) 2018/1999 („Europäisches Klimagesetz").

der Treibhausgasemissionen festgelegt (Eisele, 2024, S. 29). Die Treibhausgasemissionen sollen in einem Zwischenschritt bis 2030 um 55 % reduziert werden.

2019 | Sustainable Finance[4]/ESG Um die nachhaltige Entwicklung voranzutreiben und nachhaltiges Wachstum zu finanzieren, verfolgt die EU mit ihrer *Verordnung über nachhaltigkeitsbezogene Offenlegungspflichten im Finanzdienstleistungssektor (Sustainable Finance Disclosure Regulation)* drei zentrale Ziele:

1. Kapital soll in nachhaltige Investitionen umgelenkt werden.
2. Ökologische und soziale Risiken sollen in das Risikomanagement von Unternehmen eingebettet werden.
3. Die Transparenz und Langfristigkeit von Nachhaltigkeit in der Finanz- und Wirtschaftstätigkeit sollen gefördert werden.

Zukünftige Investitionen sollen an die Ziele des Green Deals geknüpft werden. Die Finanzierung von Investitionen in Klimaschutz und Energiewende sollen erleichtert, beziehungsweise klimaschädliche Wirtschaftsaktivitäten erschwert werden (Försterling, 2023, S. 59). Unternehmen, die zum Erreichen der EU-Nachhaltigkeitsziele beitragen, sollen günstigere und erweiterte Finanzierungsmöglichkeiten erhalten (Baumüller & Mayr, 2023, S. 3).

Um erkennen zu können, wie nachhaltig Unternehmen in den nicht-finanziellen Aspekten Ökologie (*Ecology*), Soziales (*Social*) und Unternehmensführung (*Governance*) handeln, werden Performance, Risikoprofile sowie Geschäftstätigkeit mit Hilfe der *ESG-Systematik* geprüft (Helmold et al., 2024, S. 8; Kreutzer, 2023, S. 68–77). Grundlage für die Prüfung ist die Nachhaltigkeitsberichterstattung der Unternehmen. Damit gewinnen Nachhaltigkeitsaspekte für die Kapitalbeschaffung bzw. Kredite von Unternehmen zunehmend Bedeutung (Eisele, 2024, S. 36–37). Studien zeigen, dass das Verfolgen einer ESG-Strategie für 90 % der Unternehmen keine negativen Effekte für die finanzielle Performance hat (Scholz, 2023, S. 5). Umgekehrt bedeute das Berücksichtigen der ESG-Kriterien mehr Stabilität für die Unternehmen und mehr Sicherheit für Investoren.

2020 | EU-Taxonomie-Verordnung[5] Mit Hilfe der *EU-Taxonomie* sollen Investitionen in nachhaltige Projekte und Kapitalanlagen gelenkt werden (Eisele, 2024, S. 28–29; Krüger, 2024, S. 144, 150–151; Preveden, 2024, S. 64; Försterling, 2023, S. 59). Für die Beurteilung der umweltbezogenen Nachhaltigkeit von wirtschaftlichen Aktivitäten bietet sie ein einheitliches Klassifikationssystem mit definierten Kriterien, Anforderungen und Be-

---

[4] EU (27.11.2019). Verordnung (EU) 2019/2088 des Europäischen Parlaments und des Rates vom 27. November 2019 über nachhaltigkeitsbezogene Offenlegungspflichten im Finanzdienstleistungssektor (Sustainable Finance Disclosure Regulation).
[5] EU (18.06.2020). Verordnung (EU) 2020/852 des Europäischen Parlaments und des Rates vom 18. Juni 2020 über die Einrichtung eines Rahmens zur Erleichterung nachhaltiger Investitionen und zur Änderung der Verordnung (EU) 2019/2088.

wertungsverfahren für nachhaltige Investitionen. Berücksichtigt werden dabei die Ziele Klimaschutz, Anpassung an den Klimawandel, nachhaltige Nutzung und Schutz von Wasser- und Meeresressourcen, Übergang zu einer Kreislaufwirtschaft, Vermeidung und Verminderung der Umweltverschmutzung sowie Schutz und Wiederherstellung der Biodiversität und der Ökosysteme.

2024 | EU-Lieferkettenrichtlinie[6] Mit der *EU-Lieferkettenrichtlinie* (*Corporate Sustainability Due Diligence Directive*, kurz: CSDDD) und dem deutschen *Lieferketten-Sorgfaltspflichten-Gesetz* (LkSG) existieren zwei Regelwerke zum Schutz von Menschenrechten und natürlicher Umwelt durch die Geschäftspraxis von Unternehmen sowie deren Lieferanten (Europäisches Parlament, 24.04.2024, Stand Dezember 2024).

Das EU-Parlament hat die *EU-Lieferkettenrichtlinie* (CSDDD) am 24. April 2024 verabschiedet, die teilweise über die nationalen Regelungen hinausgeht (Preveden, 2024, S. 66; Eisele, 2024, S. 32–33, 35–36; Försterling, 2023, S. 59). So gilt sie nicht nur für vor-, sondern auch für nachgelagerte, unmittelbare Geschäftspartner für Vertrieb, Beförderung und Lagerung. Die Richtlinie gilt für EU-Unternehmen mit mehr als 1000 Beschäftigten und einem weltweiten Umsatz über 450 Mio. €. Sie ist am 25. Juli 2024 in Kraft getreten und wird ab 2027 stufenweise eingeführt, zunächst für Unternehmen mit mehr als 5000 Beschäftigten und über 1,5 Mrd. € Umsatz. Bis 2026 muss Deutschland sein Lieferkettengesetz an die EU-Richtlinie anpassen. Wesentliche Bestimmungen betreffen die öffentliche Dokumentation und Berichterstattung sowie Einrichtung von Beschwerdeverfahren. Die Mitgliedstaaten der EU müssen entsprechende Online-Portale einrichten, Aufsichtsbehörden schaffen, die Unternehmen prüfen und gegebenenfalls Strafen verhängen.

Während im deutschen Bundestag seit 2024 über eine Verschiebung bzw. Aufhebung des 2022 in Kraft getretenen Lieferkettengesetzes diskutiert wird (tagesschau.de, 31.10.2024), hat die EU-Kommission 2025 angekündigt, die Umsetzung des EU-Lieferkettengesetzes um ein Jahr auf Mitte 2028 zu verschieben und durch Vereinfachungen abzuschwächen (tagesschau.de, 26.02.2025).

2024 – EU-Richtlinien zur Stärkung der Verbraucher für den ökologischen Wandel und gegen Greenwashing Um Verbraucher*innen vor Greenwashing zu schützen, hat die EU die *Richtlinie zur Stärkung der Verbraucher für den ökologischen Wandel durch besseren Schutz gegen unlautere Praktiken und durch bessere Informationen*[7] verabschiedet (Preveden, 2024, S. 67, 185–186; Eisele, 2024, S. 32). Sie sieht strengere Vorgaben für Informationen zu den Umwelteigenschaften von Produkten und Unternehmen sowie neue Anforderungen an Siegel

---

[6]EU (13.06.2024). Richtlinie (EU) 2024/1760 des Europäischen Parlaments und des Rates vom 13. Juni 2024 über die Sorgfaltspflichten von Unternehmen im Hinblick auf Nachhaltigkeit und zur Änderung der Richtlinie (EU) 2019/1937 und der Verordnung (EU) 2023/2859.

[7]EU (28.02.2024). Richtlinie 2024/825 des Europäischen Parlaments und des Rates zur Änderung der Richtlinien 2005/29/EG und 2011/83/EU hinsichtlich der Stärkung der Verbraucher für den ökologischen Wandel durch besseren Schutz gegen unlautere Praktiken und durch bessere Informationen.

vor. So dürfen umweltbezogene Aussagen nur gemacht werden, wenn entsprechende Umwelt-leistungen nachgewiesen werden. Angaben, die ausschließlich auf Basis von Emissionsaus-gleichssystemen (Kompensation) getroffen werden, sind nicht mehr zulässig. Nachhaltig-keitssiegel dürfen nur noch zugelassen werden, wenn sie auf offiziellen Zertifizierungen basie-ren oder von staatlicher Seite eingeführt wurden. So sollen Informationen für Verbraucher*innen verlässlicher, vergleichbarer, begründeter und nachprüfbarer werden. Die EU-Richtlinie ist am 26. März 2024 in Kraft getreten und soll ab dem 27. September 2026 angewandt werden. Dafür muss sie bis zum 27. März 2026 in den Mitgliedstaaten umgesetzt werden.

In einem weiteren Schritt soll die Richtlinie *Green Claim Directive* (GCD)[8] gemeinsame Kriterien gegen Greenwashing und irreführende Umweltbehauptungen konkretisieren und definieren (Eisele, 2024, S. 32; Preveden, 2024, S. 186–187). Ziel ist es, Verbraucher*innen durch qualitativ hochwertigere Informationen beim Kauf umweltfreundlicher Produkte und Dienstleistungen zu unterstützen. Dafür sollen Aussagen über Nachhaltigkeit festgelegte Mindestanforderungen erfüllen, unabhängig geprüft und wissenschaftlich belegt werden. Umweltkennzeichen sollen zudem geregelt und harmonisiert werden.

Über die beschriebenen Initiativen hinaus gibt es weitere Richtlinien und Verordnungen der Europäischen Union, die das Nachhaltigkeitsmanagement von Unternehmen betreffen, wie die EU-Verordnung zur Chemikalienverantwortung (2006) und die EU-Verordnung zur Allgemeinen Produktsicherheit (2023) (Eisele, 2024, S. 27–33).

5.3.3   Meilensteine politischer Nachhaltigkeitsinitiativen der Deutschen Bundesregierung

2002, 2016, 2021, 2025 – Deutsche Nachhaltigkeitsstrategie Die Weiterentwicklung der deutschen Nachhaltigkeitsstrategie von 2016 umfasst das Leitprinzip Nachhaltigkeit, Nachhaltigkeitsprinzipien, Zielbild und Inhalte der Nachhaltigkeitsstrategie. Bürgerinnen und Bürger wurden in drei Regionalkonferenzen mit über 1400 Teilnehmenden beteiligt. Über 360 Organisationen, Verbände und Institutionen haben Stellungnahmen abgegeben. (Bundesregierung, 2021, S. 9–10)

Die Nachhaltigkeitsprinzipien schreiben fest,

- die nachhaltige Entwicklung als Leitprinzip konsequent in allen Bereichen und bei allen Entscheidungen anzuwenden,
- global Verantwortung wahrzunehmen,
- natürliche Lebensgrundlagen zu erhalten,
- nachhaltiges Wirtschaften zu stärken,

---

[8] EU (22.03.2023) Vorschlag für eine Richtlinie des Europäischen Parlaments und des Rates über die Begründung ausdrücklicher Umweltaussagen und die diesbezügliche Kommunikation (Richtlinie über Umweltaussagen) vom 22. März 2023.

- den sozialen Zusammenhalt in einer offenen Gesellschaft zu wahren und zu verbessern sowie
- Bildung, Wissenschaft und Innovation als Treiber einer nachhaltigen Entwicklung zu nutzen.

Zielbild der Deutschen Nachhaltigkeitsstrategie

Ein „nachhaltiges" Deutschland muss ein fortschrittliches, innovatives, offenes und lebenswertes Land sein. Es zeichnet sich durch hohe Lebensqualität und wirksamen Umweltschutz aus. Es integriert, ist inklusiv und grenzt nicht aus, schafft Chancen für eine gleichberechtigte Teilhabe aller Menschen in allen Bereichen und auf allen Ebenen. Es nimmt seine internationale Verantwortung wahr.

(Deutsche Nachhaltigkeitsstrategie, Neuauflage 2016; zit. nach Bundesregierung, 2021, S. 9) ◄

Zur Umsetzung der deutschen Nachhaltigkeitsstrategie hat die Bundesregierung sechs *Transformationsbereiche* festgelegt und mit den UN-Zielen für nachhaltige Entwicklung verbunden:

- Menschliches Wohlbefinden und Fähigkeiten, soziale Gerechtigkeit (SDGs 1, 3, 4, 5, 8, 9, 10)
- Energiewende und Klimaschutz (SDGs 7, 13)
- Kreislaufwirtschaft (SDGs 8, 9, 12)
- Nachhaltiges Bauen und Verkehrswende (SDGs 7, 8, 9, 11, 12, 13)
- Nachhaltige Agrar- und Ernährungssysteme (SDGs 2, 3, 12, 15)
- Schadstofffreie Umwelt SDGs (6, 13, 14, 15)

Die besondere Bedeutung der Kommunikation für die Nachhaltigkeitstransformation wird in der deutschen Nachhaltigkeitsstrategie an mehreren Stellen hervorgehoben (Bundesregierung, 2021). Sie sei „ein zentrales Anliegen deutscher Nachhaltigkeitspolitik" und nehme in der Öffentlichkeitsarbeit der Bundesregierung einen „hohen Stellenwert" ein (S. 15). So müssten beispielsweise Verbraucher*innen für Folgen von Konsumentscheidungen sensibilisiert werden (S. 12).

Für 2024 hatte die deutsche Bundesregierung eine Aktualisierung ihrer Nachhaltigkeitsstrategie angekündigt (Bundesregierung, 23.08.2024). Sie soll die Ergebnisse eines Bürgerdialogs aufnehmen, der von Oktober 2023 bis Juli 2024 durchgeführt wurde. Am 29.01.2025 hat das Bundeskabinett vor der vorgezogenen Bundestagswahl am 23.02.2025 die Weiterentwicklung der Deutschen Nachhaltigkeitsstrategie mit dem Titel „Transformation gemeinsam gerecht gestalten" beschlossen.

2023 – Lieferketten-Sorgfaltspflichten-Gesetz (LkSG) Das deutsche *Lieferketten-Sorgfaltspflichten-Gesetz* (LkSG, kurz: Lieferkettengesetz) verpflichtet Unternehmen seit dem 1. Januar 2023 auf die Einhaltung von Menschenrechten und den Schutz der Umwelt in den globalen Lieferketten (Krüger, 2024, S. 153–154; Eisele, 2024, S. 35–36; Försterling, 2023, S. 59). Damit tragen Unternehmen nicht nur Verantwortung für die eigenen Aktivitäten, sondern auch für das Handeln direkter, unmittelbarer Vertragspartner sowie weiterer (mittelbarer) Lieferanten entlang der gesamten Lieferkette.

Die Sorgfaltspflichten umfassen das Risikomanagement und regelmäßige Risikoanalysen, Präventions- und Abhilfemaßnahmen, Beschwerdeverfahren sowie Dokumentation und Berichterstattung über diese Maßnahmen (Eisele, 2024, S. 35; Krüger, 2024, S. 153–154). Seit dem 1. Januar 2024 gilt es zusätzlich für alle Unternehmen mit mehr als 1000 Mitarbeitenden im Inland. Das betrifft ca. 2900 Unternehmen. Über die Einhaltung der Regeln wacht das Bundesamt für Wirtschaft und Ausfuhrkontrolle. Es prüft Unternehmensberichte und eingereichte Beschwerden und kann auch Sanktionen verhängen. Bei Verstößen im inländischen Geschäftsbereich müssen Unternehmen umgehend Gegenmaßnahmen ergreifen.

Das deutsche Lieferkettengesetz muss bis 2026 an die beschlossene EU-Lieferkettenrichtlinie (CSDDD) angepasst werden (Preveden, 2024, S. 66; Eisele, 2024, S. 32–33, 35–36; Försterling, 2023, S. 59). Aus diesem Grund ist es im deutschen Bundestag zu einer Diskussion über eine Verschiebung bzw. Aufhebung des 2022 in Kraft getretenen Lieferkettengesetzes gekommen (tagesschau.de, 31.10.2024).

Über die genannten Regelungen hinaus gibt es weitere Richtlinien und Verordnungen in Deutschland, die das Nachhaltigkeitsmanagement von Unternehmen betreffen, wie das Arbeitsschutzgesetz, das Bundes-Immissionsschutzgesetz, die Betriebssicherheitsverordnung, das Energiedienstleistungsgesetz, das Kreislaufwirtschaftsgesetz sowie das Produkthaftungsgesetz und das Umwelthaftungsgesetz (Eisele, 2024, S. 33–36).

5.3.4 Sonstige weltweite Richtlinien

2010 – ISO 26000 Einen umfassenden, internationalen Leitfaden und systematischen Rahmen für verschiedene Interpretationen von unternehmerischer Nachhaltigkeit und CSR hat die *International Organisation for Standardization* (ISO) definiert. Sie wurde von rund 450 Expert*innen aus mehr als 90 Ländern entwickelt und 2010 verabschiedet sowie veröffentlicht (Försterling, 2023, S. 63; Bundesministerium für Umwelt, Naturschutz, Bau und Reaktorsicherheit, 2014, S. 13).

Gesellschaftliche Verantwortung nach DIN ISO 26000 (Definition)

„Verantwortung einer Organisation für die Auswirkungen ihrer Entscheidungen und Aktivitäten auf die Gesellschaft und die Umwelt durch transparentes und ethisches Verhalten, das

- zur nachhaltigen Entwicklung, Gesundheit und Gemeinwohl eingeschlossen, beiträgt,
- die Erwartungen der Anspruchsgruppen berücksichtigt,

- anwendbares Recht einhält und im Einklang mit internationalen Verhaltens-standards steht,
- in der gesamten Organisation integriert ist und in ihren Beziehungen gelebt wird"

(Quelle: Bundesministerium für Umwelt, Naturschutz, Bau und Reaktorsicherheit, 2014, S. 12). ◄

Die gesellschaftliche Verantwortung von Unternehmen liegt nach der Norm ISO 26000 *Guidance on Social Responsibility* in sieben Hauptbereichen ("Kernthemen") mit insgesamt 37 Handlungsfeldern (Försterling, 2023, S. 63; Bundesministerium für Arbeit und Soziales, 2011, S. 12–15):

- Organisationsführung,
- faire Betriebs- und Geschäftspraktiken,
- Menschenrechte,
- Konsumentenanliegen,
- Arbeitspraktiken,
- Einbindung und Entwicklung der Gemeinschaft,
- Umwelt.

Dafür gibt sie sieben Grundsätze vor (Försterling, 2023, S. 63; Bundesministerium für Arbeit und Soziales, 2011, S. 12–15):

- Rechenschaftspflicht,
- Transparenz,
- ethisches Verhalten
- Achtung der Interessen von Anspruchsgruppen,
- Rechtsstaatlichkeit,
- internationale Verhaltensstandards sowie
- Menschenrechte.

Die Kommunikation wird als "Dreh- und Angelpunkt der Umsetzung" (Bundesministerium für Arbeit und Soziales, 2011, S. 26) bezeichnet. Dies gelte insbesondere für die Auseinandersetzung mit Kernthemen und Handlungsfeldern, die Integration in Führungs- und Steuerungssysteme sowie die Beziehungen mit Dritten, insbesondere Stakeholdern.

▶ **Nützliche Statistiken, Tabellen und Grafiken zur Situation in Deutschland** Indikatoren und Ergebnisse zu den Zielen für nachhaltige Entwicklung:

https://www.statistikportal.de/de/nachhaltigkeit/ergebnisse

Tabellenbände, Story Maps und Dashboards zur Nachhaltigen Entwicklung:

https://www.statistikportal.de/de/nachhaltigkeit/veroeffentlichungen

Statistiken über die 17 Nachhaltigkeitsziele nach Bundesländern:

https://experience.arcgis.com/experience/9113a815db134c7ba
1a6d796bfe9c7b5/page/%C3%9Cbersicht/

(Quelle: Statistikportal der Statistischen Ämter des Bundes und der Länder, 2024)

5.4   Nachhaltigkeitsberichterstattung (Berichtspflicht)

Die Nachhaltigkeitsberichterstattung ist bzw. wird für immer mehr Unternehmen zur Pflicht. Die Berichtspflicht ist das Ergebnis eines mehrjährigen politischen Prozesses in der EU, der immer noch andauert. Die entsprechenden Gesetze, Richtlinien und Verordnungen sind umfangreich und komplex. Sie zu beschreiben, zu erläutern und zu begründen würde den Rahmen dieses Buches sprengen. Dennoch ist der Nachhaltigkeitsbericht zentrales Element jeder Nachhaltigkeitskommunikation – ganz gleich in welcher Form und auf Basis welcher Bestimmungen. Für ein hinreichendes Verständnis werden im Folgenden die wesentlichen Aspekte der aktuellen Regulatorik zusammengefasst. Für eine vertiefte Auseinandersetzung sei auf die einschlägige Fachliteratur verwiesen (exemplarisch: Sopp et al., 2023).

5.4.1   Corporate Sustainability Reporting Directive (CSRD)[9]

Mit der im Januar 2023 in Kraft getretenen EU-Pflicht zur Nachhaltigkeitsberichterstattung (*Corporate Sustainability Reporting Directive*, kurz: CSRD) werden Unternehmen in der EU von 2025 an bis 2028 stufenweise verpflichtet, über ihre Nachhaltigkeitsmaßnahmen und -ergebnisse zu berichten (Eisele, 2024, S. 29–30; Krüger, 2024, S. 147–150; Preveden, 2024, S. 68–69; Rieger-Fels & Löher, 2024, S. 8, 13–14) (Tab. 5.3).

Ab 2026 gelten diese Regeln erstmals auch für nicht kapitalmarktorientierte Unternehmen, wenn zwei der folgenden Kriterien erfüllen: mehr als 250 Mitarbeiter, über 50 Mio. € Nettoumsatzerlös oder eine Bilanzsumme über 25 Mio. € (Eisele, 2024, S. 29–30; Preveden, 2024, S. 68; Rieger-Fels & Löher, 2024, S. 13).[10] Die berichtspflichtigen Unternehmen in der

---

[9] EU (14.12.2022). Richtlinie (EU) 2022/2464 des Europäischen Parlaments und des Rates vom 14. Dezember 2022 zur Änderung der Verordnung (EU) Nr. 537/2014 und der Richtlinien 2004/109/EG, 2006/43/EG und 2013/34/EU hinsichtlich der Nachhaltigkeitsberichterstattung von Unternehmen.

[10] EU (17.10.2023) Delegierte Richtlinie (EU) 2023/2775 der Kommission vom 17. Oktober 2023 zur Änderung der Richtlinie 2013/34/EU des Europäischen Parlaments und des Rates durch Anpassung.

Tab. 5.3 Zeitlicher Fahrplan für die EU-Pflicht zur Nachhaltigkeitsberichterstattung nach CSRD (Stand August 2023). (Quellen: Krüger, 2024, S. 150; Preveden, 2024, S. 68; Rieger-Fels & Löher, 2024, S. 14)

Berichtsjahr	Geschäftsjahr	Berichtspflichtige Unternehmen
2025	2024	Alle Unternehmen, die bereits der CSR-Richtlinie (NFRD) unterliegen
2026	2025	Alle bilanzrechtlich großen Kapitalgesellschaften, die derzeit nicht der CSR-Richtlinie unterliegen
2027	2026	Alle börsennotierten KMU sowie für kleine und nicht komplexe Kreditinstitute und firmeneigene Versicherungsunternehmen (Ausnahme Kleinstunternehmen)
2029	2028	Alle KMU, die die Ausnahmeregelung für eine zwei Jahre spätere Berichtspflicht („Opt-out") in Anspruch nehmen

Abb. 5.6 Eckpunkte der ausgeweiteten und verschärften EU-Pflicht zur Nachhaltigkeitsbericht-erstattung (CSRD). (Krüger, 2024, S. 147)

EU werden sich Schätzungen zufolge auf rund 49.000 Unternehmen vervierfachen – allein in Deutschland sollen sie von derzeit rund 500 auf bis zu 15.000 Unternehmen steigen.

Die umfassende Erweiterung und Verschärfung der Anforderungen sieht einheitliche Berichtsstandards vor (Abb. 5.6). Die CSRD der EU-Kommission ersetzt die bisherige nicht-finanzielle Berichterstattung (NFRD). Danach müssen Nachhaltigkeitsberichte künftig im Lagebericht des Geschäftsberichts veröffentlicht und von einer externen Wirtschaftsprüfung testiert werden. Es wird nicht mehr möglich sein, nichtfinanzielle Informationen in einem separaten Bericht zu veröffentlichen.

Durch die CSRD wird der Umfang der Reportingpflicht deutlich erweitert. Dazu zählt die *doppelte Wesentlichkeit* bzw. doppelte Materialität (Krüger, 2024, S. 148–149; Preveden, 2024, S. 69; Rieger-Fels & Löher, 2024, S. 15–16). Danach muss die Berichterstattung aus zwei Perspektiven erfolgen: dem Einfluss der eigenen Geschäftstätigkeit auf Menschen, Umwelt und Gesellschaft (*Inside-out-Perspektive, Impact Materiality*) sowie dem Einfluss von Nachhaltigkeitsfaktoren auf die eigenen Leistungen, Entwicklung, Unternehmenswert und Geschäftserfolg (*Outside-in-Perspektive, Financial Materiality*). Von den Ergebnissen der Wesentlichkeitsanalyse hängt die Tiefe und Breite der Inhalte in den Nachhaltigkeitsberichten ab.

▶   **Perspektiven der Nachhaltigkeitsberichterstattung**
Vorteile und Chancen

- Identifikation von Innovationspotenzialen
- Entdecken von Einsparpotenzialen
- Langfristige Weiterentwicklung des eigenen Geschäftsmodells
- Strategische Kommunikation gegenüber Kund*innen, Finanzpartnern und Zulieferern
- Erhöhen der Attraktivität als Arbeitgeber
- Verbesserter Zugang zu Finanzierungsmöglichkeiten und Förderkrediten
- Unterstützung bei der Suche nach Nachfolgelösungen

Herausforderungen und Risiken

- Komplexität der Nachhaltigkeitsberichterstattung
- Erhebung bzw. Messung vieler neuer Informationen im Unternehmen
- Beschaffen von Informationen aus der eigenen Lieferkette (Zulieferer), auch wenn die Unternehmen selbst nicht berichtspflichtig sind
- Informationsbedarfe von berichtspflichtigen Kund*innen, Zulieferern und Finanzpartnern (auch nicht berichtspflichtige Unternehmen können so involviert werden)
- Mangelnde Erfahrung und Routine
- Aufbau notwendiger Strukturen und Prozesse im Unternehmen

(vgl. Rieger-Fels & Löher, 2024, S. 19, 23)

Mit diesen Maßnahmen sollen die Transparenz sowie die Qualität und Aussagekraft der Nachhaltigkeitsinformationen erhöht werden. Damit wird es für Unternehmen zunehmend uninteressant, sich Nachhaltigkeitsbestrebungen zu verweigern.

Doch für die meisten Kund*innen, Mitarbeitende und interessierte Bürger*innen werden Nachhaltigkeitsberichte nicht geeignet sein. Wie Geschäftsberichte sind sie vor allem geprägt von Zahlen, Tabellen und Grafiken. Umso wichtiger wird es für Unternehmen, ihre Kommunikation über Nachhaltigkeitsthemen zu erweitern und auf die Bedürfnisse anderer Anspruchsgruppen als Investoren, Analysten und Aufsichtsbehörden auszurichten.

5.4.2   ESRS – European Sustainability Reporting Standards[11]

Die Inhalte der Nachhaltigkeitsberichte werden durch sogenannte *European Sustainability Reporting Standards* (ESRS) definiert (Eisele, 2024, S. 30–31; Krüger, 2024, S. 148). Sie sind seit Januar 2024 verbindlich für alle von der CSRD betroffenen Unternehmen. Ziel ist, dass gegebene Informationen relevant, überprüfbar und vergleichbar sind. Dabei wird zwischen allgemeinen, sektorübergreifenden und sektorspezifischen Standards unterschieden.

Zwölf Berichtsstandards (Set 1) wurden am 31.07.2023 von der EU-Kommission verabschiedet(siehe folgende Info-Box). Sie sehen bis zu 86 Angabepflichten vor (Rieger-Fels & Löher, 2024, S. 15–16). Über welche Nachhaltigkeitsthemen ein Unternehmen im Einzelnen berichten muss, darüber entscheiden die Ergebnisse einer internen Wesentlichkeitsanalyse. Sie haben jedoch die Möglichkeit, einzelne Angaben und Metriken innerhalb der Themen auszunehmen, wenn diese als nicht wesentlich erachtet werden. Für bestimmte Branchen und kapitalmarktorientierte KMUs werden spezifische Standards hinzukommen (Set 2).

Die sektorübergreifenden Berichtsstandards Set 1 (ESRS) wurden wie folgt definiert (in Anlehnung an Eisele, 2024, S. 30; Rieger-Fels & Löher, 2024, S. 15)

- Themenunabhängige Standards:
  - ESRS 1 Allgemeine Bestimmungen, ESRS 2 Allgemeine Angaben
- Umwelt (E):
  - ESRS E1 – Klimawandel
  - ESRS E2 – Verschmutzung
  - ESRS E3 – Wasser- und Meeresressourcen
  - ESRS E4 – Biodiversität und Ökosysteme
  - ESRS E5 – Kreislaufwirtschaft
- Soziales (S):
  - ESRS S1 – Eigene Arbeitskräfte
  - ESRS S2 – Arbeitskräfte in der Wertschöpfungskette
  - ESRS S3 – Betroffene Gemeinschaften
  - ESRS S4 – Verbraucher und Endnutzer
- Unternehmensführung (G)
  - ESRS G1 – Unternehmenspolitik und -kultur (Geschäftsgebaren)

---

[11] EU (31.07.2023). Delegierte Verordnung (EU) 2023/2772 der Kommission vom 31. Juli 2023 zur Ergänzung der Richtlinie 2013/34/EU des Europäischen Parlaments und des Rates durch Standards für die Nachhaltigkeitsberichterstattung.

5.4.3 Global Reporting Standards (GRI)

Die Global Reporting Standards (GRI) waren die weltweit ersten und sind die am häufigsten verwendeten Standards für die Nachhaltigkeitsberichterstattung (GRI, 2024; Eisele, 2024, S. 43–44; Preveden, 2024, S. 69; Försterling, 2023, S. 61; Balderjahn, 2021, S. 71–72). Die unabhängige Non-Profit-Organisation wurde 1997 gegründet. Die Richtlinien wurden in einem internationalen Multi-Stakeholder-Dialog mit Vertretern der Wirtschaft, Gewerkschaft, Gesellschaft und Wissenschaft entwickelt. Ihre Anwendung erfolgt freiwillig. Die Qualität von Nachhaltigkeitsberichten wird anhand von sechs Kriterien beurteilt: Genauigkeit, Ausgewogenheit, Verständlichkeit, Vergleichbarkeit, Zuverlässigkeit und Aktualität.

5.4.4 Deutscher Nachhaltigkeitskodex (DNK)

Der Deutsche Nachhaltigkeitskodex (DNK) definiert Transparenzstandards für die Nachhaltigkeitsberichterstattung (Eisele, 2024, S. 43; Helmold et al., 2024, S. 26; Balderjahn, 2021, S. 72). Er wurde vom Rat für Nachhaltige Entwicklung (RNE) in einem Multi-Stakeholder-Prozess entwickelt und 2011 verabschiedet. Unternehmen müssen eine Online-Erklärung zu 20 Kriterien und Leistungsindikatoren in den Bereichen Strategie, Prozessmanagement, Umwelt- und Arbeitnehmerthemen, Gesellschaft sowie Unternehmensführung abgeben. Sie müssen vollständig berichten (*comply*) oder erläutern, aus welchen Gründen nicht berichtet wird (*explain*). Der DNK wendet sich vor allem an kleine und mittelständische Unternehmen (KMU) im deutschsprachigen Raum. Das Regelwerk schließt an umfassendere Standards wie UN Global Compact und GRI an.

▶ **Unternehmenserklärungen nach dem Deutschen Nachhaltigkeitskodex**
   Aktuell (2024) liegen DNK-Erklärungen von über 1000 Unternehmen vor. Sie werden im Internet veröffentlicht und können online recherchiert und eingesehen werden unter:

   https://www.deutscher-nachhaltigkeitskodex.de/de/bericht/berichte-einsehen/#

   (Quelle: Deutscher Nachhaltigkeitskodex, o. J.).

Fazit: Chancen und Risiken der Rahmenbedingungen für die Nachhaltigkeitskommunikation

Die aktuellen Rahmenbedingungen für die Nachhaltigkeitstransformation von Unternehmen und Organisationen sind herausfordernd. Sie müssen als Teil der Nachhaltigkeitstransformation von Wirtschaft und Gesellschaft verstanden und auf sie abgestimmt werden. Der öffentliche Diskurs ist schwankungsanfällig. Welches Narrativ die Oberhand hat, wechselt je nach Krisen- und Konjunkturlage. Die Entwicklung des politischen und rechtlichen Rahmens schränkt die Handlungs- und Kommunikationsmöglichkeiten von Unternehmen und Organisationen ein. Die Regulatorik zur Nachhaltigkeitsberichterstattung zwingt Unternehmen zu mehr Transparenz sowie zur Messung und Dokumentation ihrer Nachhaltigkeitsaktivitäten.

Die Entwicklung zu mehr Nachhaltigkeit bietet Unternehmen bei einem frühzeitigen und entschlossenen Einstieg in systematisches Nachhaltigkeitsmanagement erhebliche Chancen:

- Der Markt für nachhaltige Produkte und Dienstleistungen ist erst im Entstehen, sodass auch aufgrund der Nachhaltigkeitspflichten mit einem starken Wachstum bei Absatz- und Umsatzchancen zu rechnen ist.
- Nachweispflichten gegenüber Kund*innen, insbesondere in Lieferketten auf B2B-Märkten, werden weiter zunehmen. Unternehmen, die hier nicht konform agieren, werden nicht nur keine Kund*innen gewinnen, sondern verlieren.
- Die Berichtspflicht erfordert erhebliche Vorbereitungen und Ressourcen (z. B. doppelte Wesentlichkeit, Umfang der Pflichten, Anpassung der Corporate Governance, Einbeziehungen anderer Unternehmensbereiche, interne und externe Datenquellen, vor- und nachgelagerte Lieferkette, digitale Datenverfügbarkeit).
- Die Anforderungen aus Politik und Regulatorik insbesondere für den Umfang der Maßnahmen und Dokumentationspflichten werden weiter anziehen. Ausweichstrategien werden immer geringere Erfolgsaussichten haben.
- Kapitalgeber und Investoren beziehen Nachhaltigkeitskriterien zunehmend in Entscheidungsprozesse ein. Nachhaltige Unternehmen werden günstigere Finanzierungskonditionen erhalten.
- Nachhaltigkeit steigert die Attraktivität als Arbeitgeber, insbesondere bei High Potentials und Führungskräftenachwuchs. Dies verstärkt sich angesichts des Fachkräftemangels.

Dagegen stellt ein spätes oder halbherziges Umsetzen von Nachhaltigkeitsanforderungen für Unternehmen ein erhebliches Gefährdungspotenzial dar: Nicht Nachhaltigkeit ist ein Risiko, sondern Nichtnachhaltigkeit.

Die genannten Chancen werden Unternehmen nur realisieren, wenn sie die Umsetzung ihres Nachhaltigkeitsmanagements als grundlegende Transformation begreifen, die deutlich über klassisches Change-Management hinausgeht. Dafür müssen sie erhebliche personelle und finanzielle Ressourcen investieren.

Literatur

Adloff, F., Fladvad, B., Hasenfratz, M., & Neckel, S. (Hrsg.). (2023). *Imaginationen von Nachhaltigkeit. Katastrophe. Krise. Normalisierung* (2. Aufl.). Campus.

Balderjahn, I. (2021). *Nachhaltiges Management und Konsumentenverhalten* (2., vollst. überarb. Aufl.). UVK Verlag (utb).

Baumüller, J., & Mayr, J. (2023). Quick Guide: *Wesentlichkeitsanalyse gemäß CSRD und ESRS.* WWF Österreich (Hrsg.). https://research.wu.ac.at/ws/portalfiles/portal/58973466/WWF_CSRD_Quick-Guide.pdf. Zugegriffen am 22.03.2024.

Beckert, J. (2022). *Verkaufte Zukunft: Dilemmata des globalen Kapitalismus in der Klimakrise. MPIfG Discussion Paper, No. 22/7.* Max Planck Institute for the Study of Societies. https://hdl.handle.net/21.11116/0000-000B-678F-1

Brand, K.-W. (2018). Disruptive Transformationen. Gesellschaftliche Umbrüche und sozial-ökologische Transformationsdynamiken kapitalistischer Industriegesellschaften – ein zyklisch-struktureller Erklärungsansatz. *Berliner Journal für Soziologie, 28,* 479–509. https://doi.org/10.1007/s11609-019-00383-5

Brocchi, D. (2022). *By Disaster or by Design? Transformative Kulturpolitik: Von der multiplen Krise zur systemischen Nachhaltigkeit.* Springer VS. https://doi.org/10.1007/978-3-658-38965-9

Bundesministerium für Arbeit und Soziales. (Hrsg.). (2011). *Die DIN ISO 26000 „Leitfaden zur gesellschaftlichen Verantwortung von Organisationen" – Ein Überblick –.* Hausdruckerei. https://www.bmas.de/SharedDocs/Downloads/DE/Publikationen/a395-csr-din-26000.pdf?__blob=publicationFile&v=2. Zugegriffen am 19.08.2024.

Bundesministerium für Umwelt, Naturschutz, Bau und Reaktorsicherheit. (Hrsg.). (2014). *Gesellschaftliche Verantwortung von Unternehmen. Eine Orientierungshilfe für Kernthemen und Handlungsfelder des Leitfadens DIN ISO 26000.* BMUB-Hausdruckerei. https://www.bmuv.de/fileadmin/Daten_BMU/Pools/Broschueren/csr_iso26000_broschuere_bf.pdf. Zugegriffen am 19.08.2024.

Bundesregierung. (Hrsg.). (2021). *Deutsche Nachhaltigkeitsstrategie. Weiterentwicklung 2021 – Kurzfassung.* https://www.bundesregierung.de/resource/blob/2277952/1875184/583beac2346ebc82eb83e80249c7911d/Deutsche_Nachhaltigkeitsstrategie_2021_Kurzfassung_bf_neu_17-05-2021.pdf?download=1. Zugegriffen am 19.08.2024.

Bundesregierung. (2024, August 23). *Bundesregierung aktualisiert Deutsche Nachhaltigkeitsstrategie.* https://www.bundesregierung.de/breg-de/schwerpunkte-der-bundesregierung/nachhaltigkeitspolitik/nachhaltigkeitsstrategie-1124112. Zugegriffen am 19.12.2024.

Deutscher Nachhaltigkeitskodex. (o.J.). *Die Datenbank enthält alle Erklärungen zum Deutschen Nachhaltigkeitskodex.* https://www.deutscher-nachhaltigkeitskodex.de/de/bericht/berichte-einsehen/#. Zugegriffen am 19.12.2024.

Dörre, K. (2019). Risiko Kapitalismus. In K. Dörre, H. Rosa, K. Becker, S. Bose, & B. Seyd (Hrsg.), *Große Transformation? Zur Zukunft moderner Gesellschaften* (S. 3–33). Springer VS. https://doi.org/10.1007/978-3-658-25947-1_1

Eisele, O. (2024). *Nachhaltigkeitsmanagement – Handbuch für die Unternehmenspraxis. Gestaltung und Umsetzung von Nachhaltigkeit in produzierenden Betrieben* (2. Aufl.). ifaa – Institut für angewandte Arbeitswissenschaft e. V. (Hrsg.). Springer Vieweg. https://doi.org/10.1007/978-3-662-69573-9

Entman, R. M. (1993). Framing. Towards Clarification of a Fractured Paradigm. *Journal of Communication, 43*(4), 51–58.

Europäische Kommission. (2022). *Europäischer Grüner Deal.* https://commission.europa.eu/strategy-and-policy/priorities-2019-2024/european-green-deal_de. Zugegriffen am 19.08.2024.

Europäisches Parlament. (2024, April 24). *Sorgfaltspflicht: Parlament verabschiedet Regeln zu Menschenrechten und Umwelt*. Pressemitteilung. https://www.europarl.europa.eu/news/de/press-room/20240419IPR20585/sorgfaltspflicht-parlament-verabschiedet-regeln-zu-menschenrechten-und-umwelt. Zugegriffen am 05.12.2024.

Eversberg, D., Fritz, M., von Faber, L., & Schmelzer M. (2024). *Der neue sozial-ökologische Klassenkonflikt. Mentalitäts- und Interessengegensätze im Streit um Transformation*. Campus. https://library.oapen.org/handle/20.500.12657/92214. https://doi.org/10.12907/978-3-593-45973-8

Försterling, J. (2023). Corporate social responsibility. In A. Bühler & G. Nufer (Hrsg.), *Nachhaltigkeitsmanagement in Sport und Kultur* (S. 49–71). Erich Schmidt Verlag GmbH & Co. KG. https://doi.org/10.37307/b.978-3-503-23664-0.03

Global Compact Netzwerk Deutschland. (2024). *United Nations Global Compact*. https://www.globalcompact.de/ueber-uns/united-nations-global-compact. Zugegriffen am 19.08.2024.

GRI – Global Reporting Initiative. (2024). *About GRI*. https://www.globalreporting.org/about-gri/. Zugegriffen am 23.01.2024.

Hammermann, A., & Monsef, R. (2023). Ökologischer und digitaler Wandel: Die ökonomische Situation beeinflusst die Wahrnehmung der doppelten Transformation. *IW-Trends - Vierteljahresschrift zur empirischen Wirtschaftsforschung, 50*(3), 3–26. https://doi.org/10.2373/1864-810X.23-03-01

Helmold, M., Treu, J., Fritz, J., & Hummel, F. (2024). *ESG, CSR und SDG als langfristiger Wettbewerbsvorteil*. Springer Gabler. https://doi.org/10.1007/978-3-658-44579-9

Hofmann, J., Ricci, C., Kleinewefers, C., & Laurenzano, A. (2023). *Doppelte Transformation. Metastudie – Synopse des aktuellen Forschungsstandes*. Fraunhofer Institut für Arbeitswirtschaft und Organisation IAO (Hrsg.). Bertelsmann-Stiftung. https://doi.org/10.11586/2023001

Horn, E. (2014). *Zukunft als Katastrophe*. S. Fischer Verlag.

ILO. (2024). *About the ILO*. https://www.ilo.org/about-ilo. Zugegriffen am 22.11.2024.

Immler, H. (1990). *Vom Wert der Natur: Zur ökologischen Reform von Wirtschaft und Gesellschaft. Natur in der ökonomischen Theorie. Teil 3* (2. Aufl.). Westdeutscher Verlag. https://doi.org/10.1007/978-3-322-94170-1

Kraemer, K. (2024). Wirtschaft und Wachstum. In M. Sonnberger, A. Bleicher, & M. Groß (Hrsg.), *Handbuch Umweltsoziologie* (S. 775–790). Springer VS. https://doi.org/10.1007/978-3-658-37218-7_36

Kreutzer, R. T. (2023). *Der Weg zur nachhaltigen Unternehmensführung*. Springer Gabler. https://doi.org/10.1007/978-3-658-41051-3

Krüger, K. (2024). CSRD, EU-Taxonomie, LkSG: Ein Überblick über die Berichterstattung zu nachhaltigkeitsbezogenen Themen. In M. Hiller, K. Krüger, T. Riedel, T. Schempf, V. Steinhübel, & O. Zeitnitz (Hrsg.), *Finance-Perspektiven im Wandel. Weiterbildung und Forschung der SRH Fernhochschule – The Mobile University* (S. 139–161). Springer. https://doi.org/10.1007/978-3-658-42840-2_9

Luks, F. (2019). (Große) Transformation – die neue große Nachhaltigkeitserzählung? In F. Luks (Hrsg.), *Chancen und Grenzen der Nachhaltigkeitstransformation* (S. 3–18). Springer Gabler. https://doi.org/10.1007/978-3-658-22438-7_1

Mau, S., Lux, T., & Westheuser, L. (2023). *Triggerpunkte: Konsens und Konflikt in der Gegenwartsgesellschaft*. edition suhrkamp.

Preveden, V. (2024). Umsetzung und Nachhaltigkeitskommunikation. In *Nachhaltigkeit als strategischer Wettbewerbsvorteil* (S. 167–189). Springer Gabler. https://doi.org/10.1007/978-3-658-43545-5_8

Rieger-Fels, M., & Löher, J. (2024). *Nachhaltigkeit im Mittelstand Die CSRD als Chance oder Herausforderung?* Institut für Mittelstandsforschung Bonn. Focus Paper Nr. 18. Bertelsmann-Stiftung. https://www.bertelsmann-stiftung.de/de/publikationen/publikation/did/nachhaltigkeit-im-mittelstand. Zugegriffen am 21.03.2024.

Rosa, H. (2020). *Resonanz. Eine Soziologie der Weltbeziehung* (4. Aufl.). suhrkamp taschenbuch wissenschaft.

Rosa, H. (2021). *Unverfügbarkeit* (4. Aufl.). suhrkamp taschenbuch wissenschaft.

Schlichting, I., & Schmidt, A. (2013). Klimawandel und Nachhaltigkeit. Strategische Frames von Unternehmen, politischen Akteuren und zivilgesellschaftlichen Organisationen. In M. Nielsen, I. Rittenhofer, M. Grove Ditlevsen, S. Esmann Andersen & I. Pollach (Hrsg.), *Nachhaltigkeit in der Wirtschaftskommunikation.* Springer VS. https://doi.org/10.1007/978-3-658-03452-8_6

Scholz, R. (2023). *Unternehmensmitbestimmung und die sozialökologische Transformation: Zusammenhang zwischen Mitbestimmungsindex und ESG-Kriterien in börsennotierten Unternehmen.* Mitbestimmungsreport, No. 79. Hrsg. v. Hans-Böckler-Stiftung, Institut für Mitbestimmung und Unternehmensführung (I.M.U.). http://hdl.handle.net/10419/281038. Zugegriffen am 16.01.2024.

Sommer, B. (2023). Transformationstheorien und Ökologie. In M. Sonnberger, A. Bleicher, & M. Groß (Hrsg.), *Handbuch Umweltsoziologie* (S. 1–15). Springer VS. https://doi.org/10.1007/978-3-658-37222-4_46-1

Sopp, K., Baumüller, J., & Scheid, O. (2023). *Nachhaltigkeitsberichterstattung. Nichtfinanzielle Berichterstattung nach dem CSR-RUG, Neuerungen durch die CSRD und die ESRS* (3., Ak. Aufl.). NWB.

tagesschau.de. (31.10.2024). *Wie geht es weiter mit dem Lieferkettengesetz?* https://www.tagesschau.de/inland/innenpolitik/lieferkettengesetz-116.html. Zugegriffen am 27.02.205.

tagesschau.de. (26.02.2025). *EU-Kommission will Lieferkettengesetz verschieben.* https://www.tagesschau.de/ausland/europa/eu-kommission-lieferkettengesetz-100.html. Zugegriffen am 27.02.205.

Vereinte Nationen. (2003). *Agenda 21. Konferenz der Vereinten Nationen für Umwelt und Entwicklung. Rio de Janeiro, Juni 1992. Überarbeitete Fassung.* https://www.un.org/depts/german/conf/agenda21/agenda_21.pdf. Zugegriffen am 22.11.2024.

Vereinte Nationen. (2015, Oktober 21). *Transformation unserer Welt: die Agenda 2030 für nachhaltige Entwicklung. Resolution der Generalversammlung, verabschiedet am 25. September 2015.* https://www.un.org/depts/german/gv-70/band1/ar70001.pdf. Zugegriffen am 19.08.2024.

WBGU Wissenschaftlicher Beirat Globale Umweltveränderungen. (Hrsg.). (2011). *Welt im Wandel. Gesellschaftsvertrag für eine Große Transformation. Hauptgutachten.* Berlin. https://www.wbgu.de/fileadmin/user_upload/wbgu/publikationen/hauptgutachten/hg2011/pdf/wbgu_jg2011.pdf. Zugegriffen am 23.04.2024.

Wolf, I., Ebersbach, B., & Huttarsch, J. H. (2023). *Soziales Nachhaltigkeitsbarometer der Energie- und Verkehrswende 2023. Was die Menschen in Deutschland bewegt – Ergebnisse einer Panelstudie zu den Themen Energie und Verkehr.* Kopernikus-Projekt Ariadne, Potsdam-Institut für Klimafolgenforschung (PIK) (Hrsg.). https://ariadneprojekt.de/publikation/soziales-nachhaltigkeitsbarometer-2023/. Zugegriffen am 17.11.2024.

Psychologie und nachhaltiges Verhalten

6

Inhaltsverzeichnis

Zusammenfassung

In diesem Kapitel werden die psychologischen Grundlagen für die Nachhaltigkeitstransformation und Nachhaltigkeitskommunikation eingeführt. Sie sollen helfen, das Erleben und Verhalten von betroffenen und beteiligten Personen besser zu verstehen. Insbesondere sollen die Erkenntnisse dazu beitragen, die *Einstellungs-Verhaltens-Lücke* (*Attitude-Behavior-Gap/ABG*) zu verringern. Zunächst werden aktuelle Positionen zur ABG vorgestellt und die Grenzen rein ökonomischer Modelle aufgezeigt. Im Anschluss wird die *Theorie des geplanten Verhaltens* (*Theory of Planned Behavior/TPB*), die als Grundlage vieler psychologischer Ansätze und Modelle dient, vorgestellt. Bei der Diskussion weiterer Modelle (Rubikon, Mode, ELM, SHIFT, SIMPEA, Meinungsklima und Koorientierung) zeigt sich, dass vor allem soziale Aspekte bislang zu wenig berücksichtigt werden.

© Der/die Autor(en), exklusiv lizenziert an Springer Fachmedien Wiesbaden   213
GmbH, ein Teil von Springer Nature 2025
M. Bürker, *Management der Nachhaltigkeitskommunikation*,
https://doi.org/10.1007/978-3-658-48471-2_6

Bisher nur wenig berücksichtigte Größen in der Nachhaltigkeitstransformation sind die psychologischen Aspekte und Effekte bei Nachhaltigkeitskommunikation und nachhaltigem Verhalten. Die Erfahrung mit Barrieren und Widerständen in Change-Projekten und Transformationsprozessen erfordert ein tieferes Verständnis für das individuelle, persönliche Erleben und Handeln der betroffenen und beteiligten Stakeholder. Um bestehende Herausforderungen und Schwierigkeiten bei der Umsetzung von Nachhaltigkeitsmanagement und -kommunikation bewältigen zu können, ist es notwendig, insbesondere die Gründe für die Einstellungs-Verhaltens-Lücke besser zu verstehen. Mit der Hilfe psychologischer Ansätze, Theorien und Modelle sollen Prinzipien für wirksame Nachhaltigkeitskommunikation abgeleitet werden, um Barrieren und Herausforderungen zu überwinden (Abb. 6.1).

Ökonomische Theorien liefern dagegen nur wenige Ansatzpunkte für ein besseres Verständnis der Hemmnisse und Barrieren. Sie betrachten nachhaltiges Verhalten vorrangig nach rationalen Aspekten. So erklärt die *Theorie der rationalen Entscheidung* (*Rational-Choice-Theory*) individuelles Verhalten unter Unsicherheit auf der Basis von Kosten-

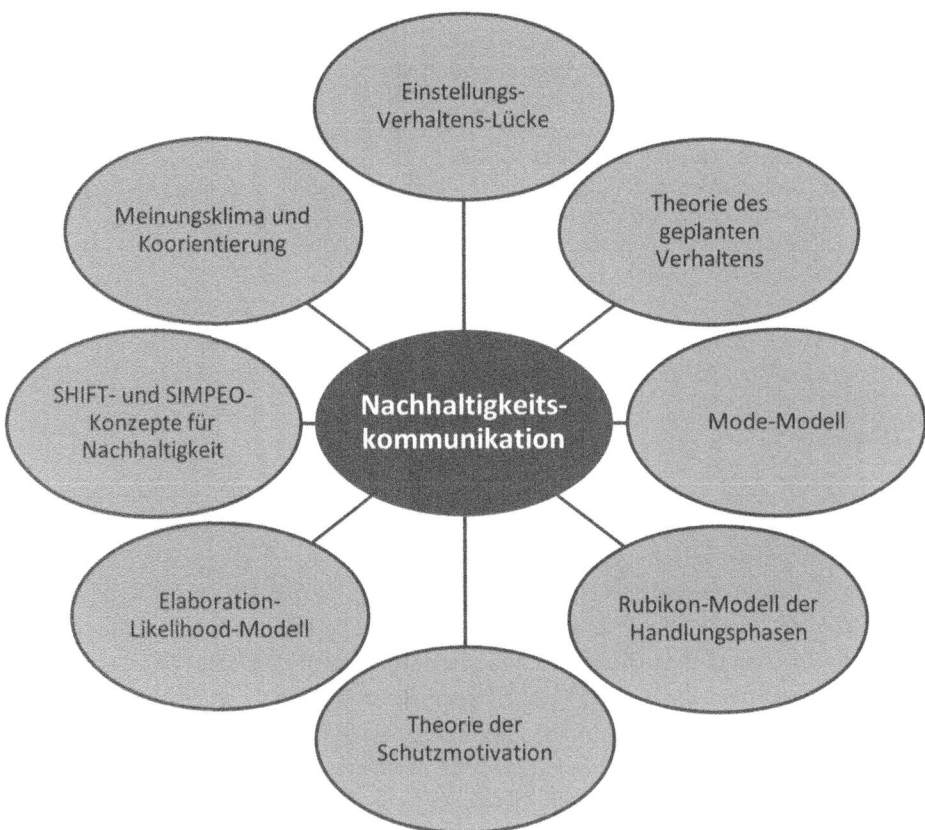

Abb. 6.1 Psychologische Theorien und Modelle zu Beziehungen zwischen Einstellungen und Verhalten. (Eigene Darstellung)

Nutzen-Erwartungen (Grunwald & Schwill, 2022, S. 75–77; Balderjahn, 2021, S. 223–226). Die *Principal-Agent-Theory* beschreibt die kooperative Beziehung zwischen Auftraggeber (Prinzipal) und Auftragnehmer (Agent) im Hinblick auf mögliche Konflikte und Lösungen. Insbesondere die ungleiche Verteilung von Information (Informationsasymmetrie) spielt dabei eine zentrale Rolle.

Die *Umweltökonomik* (*Environmental Economics*) untersucht Ursachen von Problemen und Lösungen in der Beziehung zwischen Wirtschaft und natürlicher Umwelt meist aus einer volkswirtschaftlichen Perspektive (Ringel, 2021, S. 6–8). Sie strebt danach, das Verhältnis von Aufwänden und Erträgen, Kosten und Nutzen unter Berücksichtigung knapper Ressourcen (Allokationsproblem) zu optimieren. Die Vermittlung, Akzeptanz und Durchsetzung solcher Konzepte benötigt Kommunikation im politischen, wirtschaftlichen und gesellschaftlichen Raum. Sie spielt in der Umweltökonomik allerdings nur am Rande eine Rolle – in einer Reihe „flankierender" Instrumente, um Informationsdefizite und -asymmetrien zu „beseitigen" (S. 114–117).

Mit der *Neuen Erwartungstheorie* (*Prospect-Theory*) werden irrationale Aspekte bei der Informationsverarbeitung und Entscheidungsfindung berücksichtigt (Grunwald & Schwill, 2022, S. 90–92). Dazu zählt die Verlustaversion (befürchtete Verluste werden höher bewertet als entgangene Gewinne) und die mentale Buchführung (Aufsummieren bzw. Ausgleichen der Vor- und Nachteile von Handlungsalternativen und ihren Folgen in gemeinsamen oder getrennten gedanklichen Konten). Durch positive Rahmung (*Hedonic Framing*) werden Gewinne und Verluste so eingeordnet, dass die Konsequenzen des eigenen Verhaltens „möglichst attraktiv bzw. am wenigsten unangenehm erscheinen" (S. 92).

Ein weiterer Ansatz der Verhaltensökonomik, die sich mit Abweichungen vom Verhaltensmodell des rationalen Nutzenmaximierers (*homo oeconomicus*) auseinandersetzt, sind indirekte Reize zur Verhaltensbeeinflussung, sogenannte *Nudges* (Grunwald & Schwill, 2022, S. 92–95). Dazu zählen etwa Standardeinstellungen bei Geräten oder Software, bewusst gewählte Vergleichswerte in Werbung, auf Verpackungen oder am Point-of-Sale (Ankerpunkte) sowie Hinweise auf das Kaufverhalten von anderen Konsumenten.

Die zusätzliche Erklärungskraft von Modellen der Verhaltensökonomik zeigt, dass ökonomische, materielle, monetäre Betrachtungen allein nicht ausreichen, um die Einstellungs-Verhaltens-Lücke und nicht-nachhaltiges Verhalten zu verstehen und zu überwinden.

6.1 Einstellungs-Verhaltens-Lücke (ABG)

Eines der augenfälligsten Phänomene beim Umgang mit der Klimakrise und den Forderungen nach mehr Nachhaltigkeit ist die sogenannte *Einstellungs-Verhaltens-Lücke* (*Attitude-Behavior-Gap*): Zwischen positiven Einstellungen und tatsächlichem Verhalten klafft eine erhebliche Lücke. Das gilt insbesondere für das Verbraucher- bzw. Kaufverhalten (Burmann et al., 2024, S. 65; Bürker & Gronover, 2023, S. 215–218; Kreutzer, 2023, S. 34–36; Balderjahn, 2021, S. 218; Wintschnig, 2021, S. 325–326; Wiederhold & Martinez, 2018, S. 420–422; Grothmann, 2017, S. 225–226; Terlau & Hirsch, 2015, S. 160).

Gründe für die Einstellungs-Verhaltens-Lücke

Personenbezogene Einflussfaktoren

- Soziodemografie
- Persönliche Eigenschaften und Wertorientierung (u. a. Altruismus, Selbstbewusstsein, emotionale Intelligenz, Offenheit, Selbstdisziplin)
- Sensibilität, Wissen, Emotionen, Gewohnheiten, Verantwortungsgefühl/-bereitschaft
- Wahrgenommene Konsequenzen des eigenen Handelns, wahrgenommene Verbraucherwirksamkeit, wahrgenommener Mangel an Dringlichkeit und Vorteilen

Externe Umweltfaktoren

- Kosten des Konsums (Zeit-, Geld- und Komforteinbußen), Produktleistungen/-qualität
- Vorherrschende Stereotypen und Images
- Kommunikation von Unternehmen über ihre Nachhaltigkeitsaktivitäten
- Soziale Einflüsse (z. B. durch Dritte wie Familie, Freunde, gleichgesinnte Online-Gemeinschaften oder Öffentlichkeit, soziale und wahrgenommene Normen, Sichtbarkeit des eigenen Handelns, Prozess der sozialen Normalisierung)
- Strukturelle Bedingungen (z. B. Lebens- und Arbeitsbedingungen, öffentliche Ordnung, Zugänglichkeit, Verfügbarkeit, Qualität und Bezahlbarkeit von nachhaltigen Angeboten, wirtschaftliche Wachstumslogik, Übernutzung freier Güter/Allmende, keine starke Umwelt-Lobby, Orientierung der Politik an Wahlperioden)

(Quelle: Wintschnig, 2021, S. 330–340; Kropp, 2019, S. 17–22)

Die Forschung führt, zusätzlich zu individuellen und sozialen Einflussfaktoren, folgende Barrieren für nachhaltigen Konsum an: Preis, Verfügbarkeit, Sensorik, zu wenig oder zu viel Information, Transparenz, fehlendes Vertrauen, Gewohnheiten und geringes Involvement (Balderjahn, 2021, S. 218–220; Terlau & Hirsch, 2015, S. 163–165). Die Wirtschafts- und Umweltpsychologie hat zudem mehrere Ursachen identifiziert, die widersprüchliches Verhalten im Zusammenhang mit dem Klimawandel erklären. Ihnen gemeinsam ist die kognitive Überforderung bzw. Überlastung vieler Menschen (Grothmann, 2014, S. 52–57):

- Bedürfnis nach Vorhersagbarkeit
- Unbewusste Abwehrreaktionen
- Fehlende bzw. fehlerhafte Unsicherheitskompetenz
- Fehlinterpretationen wissenschaftlicher Unsicherheit
- Psychische Distanz zum Klimawandel
- Unsicherheit als Rechtfertigung für Nicht-Handeln oder aufgeschobenes Handeln
- Unsicherheit als Begründung für bewusste Abwehrreaktionen und Skepsis gegenüber dem Klimawandel
- Überhöhte und unrealistische Erwartungen an die (Klima-)Wissenschaft

Ein weiterer Grund für Widersprüche zwischen Einstellungen und Verhalten ist die räumliche und zeitliche Distanz: Der Klimawandel sei nicht immer direkt erfahrbar, und Erfahrungen seien teilweise irreführend (Grothmann, 2017, S. 222–226). Viele Menschen würden ihn vor allem aus den Medien kennen. Daraus folge, dass mehr Klimainformationen nicht automatisch zu mehr Klimabewusstsein führen, und mehr Klimabewusstsein nicht automatisch zu Klimaschutzhandeln und Akzeptanz von Klimaschutzmaßnahmen führe.

Bürker und Gronover (2023) kommen in einer Auswertung empirischer Daten zum Schluss, dass persönliche, psychische, soziale, kulturelle und gesellschaftliche Faktoren das Kaufverhalten bei nachhaltigen Produkten stärker beeinflussen, als dies Unternehmen mit ihren Markenstrategien und Marketingmaßnahmen gelingt (S. 224–226). Umso wichtiger ist es, diese Aspekte für eine wirksame Nachhaltigkeitskommunikation in den Blick zu nehmen.

Hinzukommen methodische Aspekte: Wintschnig (2021) betont in seinem Forschungsüberblick, dass einer der Hauptgründe für die Einstellungs-Verhaltens-Lücke weniger bei den Verbraucher*innen liege als vielmehr in unzulänglichen Forschungsdesigns (S. 326–327). So führen soziale Erwünschtheit und einseitig ausgewählte Stichproben zu systematischen Verzerrungen. Anstatt das tatsächliche Verhalten zu beobachten, würden Aussagen über das eigene Verhalten verwendet. Ein weiterer Grund seien konkurrierende Anforderungen und Wünsche, die in der Forschung zu wenig berücksichtigt würden. Hinzukämen Rationalisierungsstrategien gegen Widersprüche zwischen Einstellungen und Verhalten (*kognitive Dissonanz*).

Mit Blick auf die Fülle und Vielfalt der Einflussfaktoren für nachhaltiges Verhalten sowie deren Wechselbeziehungen decken Erklärungsmodelle nur Teilaspekte ab oder sie werden sehr komplex (Wintschnig, 2021, S. 339–340). Entsprechend sei eine Kombination verschiedener Maßnahmen erforderlich, um nachhaltigen Konsum zu fördern. Dabei müssten Strategien genutzt werden, die sowohl auf Information sowie auf strukturelle Veränderungen setzen.

Terlau und Hirsch (2015) kommen in ihrem Forschungsüberblick zu dem Ergebnis, dass wichtig sei, von automatischen, unbewussten Kaufentscheidungen von Mentalsystem 1 (nach Kahneman) zu Mentalsystem 2 zu wechseln, das logisch, rational und bewusst, aber auch langsam und mühevoll arbeite (S. 165). Daraus leiten die Autoren mehrere Maßnahmen ab, um die Einstellungs-Verhaltens-Lücke zu verringern und nachhaltiges Verhalten zu fördern: eine konzertierte Aktion aus proaktivem Staat, Pionieren und Landwirtschaft, Lebensmittelherstellern und Einzelhandel sowie ein erhöhtes Bewusstsein, mehr Transparenz, verbesserte Kommunikation über Qualitätsmerkmale von Produkten, Nudging und Aufbau von Vertrauen (168).[1]

---

[1] Eine im Zusammenhang mit der Einstellungs-Verhaltens-Lücke vielfach zitierte Studie des Online-Händlers Zalando (Heiny et al., 2021) hat mehrere Schwächen und wird deswegen nicht zur Grundlage weiterer Überlegungen gemacht: Es handelt sich um eine gemischt qualitativ-quantitative Studie (Mixed-Methods-Approach) (S. 9). Für den explorativen Teil wurden lediglich 12 Interviews geführt. Für den quantitativen Teil wurden 2500 Personen aus fünf Ländern befragt. Die Stichprobe setzte sich zu je 50 % aus der Generation Z und Millenials zusammen. Außerdem bezog sich die Befragung ausschließlich auf Mode-Produkte. Damit ist keine hinreichende Repräsentativität gewährleistet, um die Ergebnisse verallgemeinern zu können.

Die einfachste Lösung für die Einstellungs-Verhaltens-Lücke ist, sie nicht als Problem, sondern als normal zu betrachten. Marken- und Marketing-Expert*innen kennen das Prinzip bei *Brand-Funnel* bzw. *Marketing-Trichter*. Die höchsten Werte existieren bei Bekanntheit, die niedrigsten beim Kauf (exemplarisch: Burmann et al., 2024. S. 234; Meffert et al., 2024, S. 127–129). Dazwischen liegen – je nach Modell – weitere Schritte bzw. Phasen wie Image, Familiarity, Consideration bzw. Relevant Set und Kaufbereitschaft.

Absteigende Werte für aufsteigende Zielniveaus sind nicht außergewöhnlich. Je weniger sich Verbraucher*innen mit einer Entscheidung auseinandergesetzt haben, umso umfangreicher sind die Kaufalternativen. Doch je mehr sie sich damit beschäftigen, umso mehr Möglichkeiten scheiden aus: offensichtliche Schwächen, nicht verfügbar, zu teuer. Dies gilt nicht nur für Konsumverhalten, sondern auch für jedes nachhaltige Verhalten. Zunächst erscheint vieles naheliegend, nachvollziehbar und sinnvoll. Auf den zweiten Blick kommen weitere Aspekte ins Spiel.

▶   Ein Modell, das vielen Untersuchungen zum Einfluss von Einstellungen auf (nachhaltiges) Verhalten zugrunde liegt, ist die *Theorie des geplanten Verhaltens* (*Theory of Planned Behavior*). Sie erschließt Unternehmen zusätzliche Ansatzpunkte, um positive Einstellungen ihrer Stakeholder zur Nachhaltigkeit in tatsächliches Verhalten umzuwandeln und so die Einstellungs-Verhaltens-Lücke zu reduzieren.

6.2   Theorie des geplanten Verhaltens (TPB nach Ajzen)

Nach der *Theorie des geplanten Verhaltens* nach Ajzen & Fishbein (*Theory of Planned Behavior*, kurz TPB) sind es nicht Einstellungen, sondern allein *Handlungsabsichten*, die direkt auf konkretes Handeln wirken (Ajzen & Fishbein, 2005, S. 193–198; Haddock & Maio, 2023, S. 221–223). Sie resultieren aus Einstellungen gegenüber entsprechendem Verhalten (Kosten-Nutzen-Abwägung), wahrgenommenen sozialen Normen (Urteile von Dritten, Bereitschaft zur Konformität) sowie wahrgenommener Verhaltenskontrolle (Wahrscheinlichkeit von Handlungsbarrieren) (Abb. 6.2). Einstellung, soziale Norm und wahrgenommene Verhaltenskontrolle sind wiederum von Überzeugungen (Beliefs) sowie weiteren individuellen, sozialen und informationellen Hintergrundfaktoren (Background Factors) abhängig.

Bewusstes bzw. geplantes nachhaltiges Handeln wird demnach durch folgende Faktoren gefördert:

- der Überzeugung, dass nachhaltiges Handeln etwas bewirkt,
- der positiven Bewertung von nachhaltigem Handeln,
- der Vermutung, dass andere nachhaltiges Handeln erwarten,
- der Motivation, den Erwartungen anderer zu entsprechen, sowie
- der Überzeugung, selbst etwas bewirken zu können.

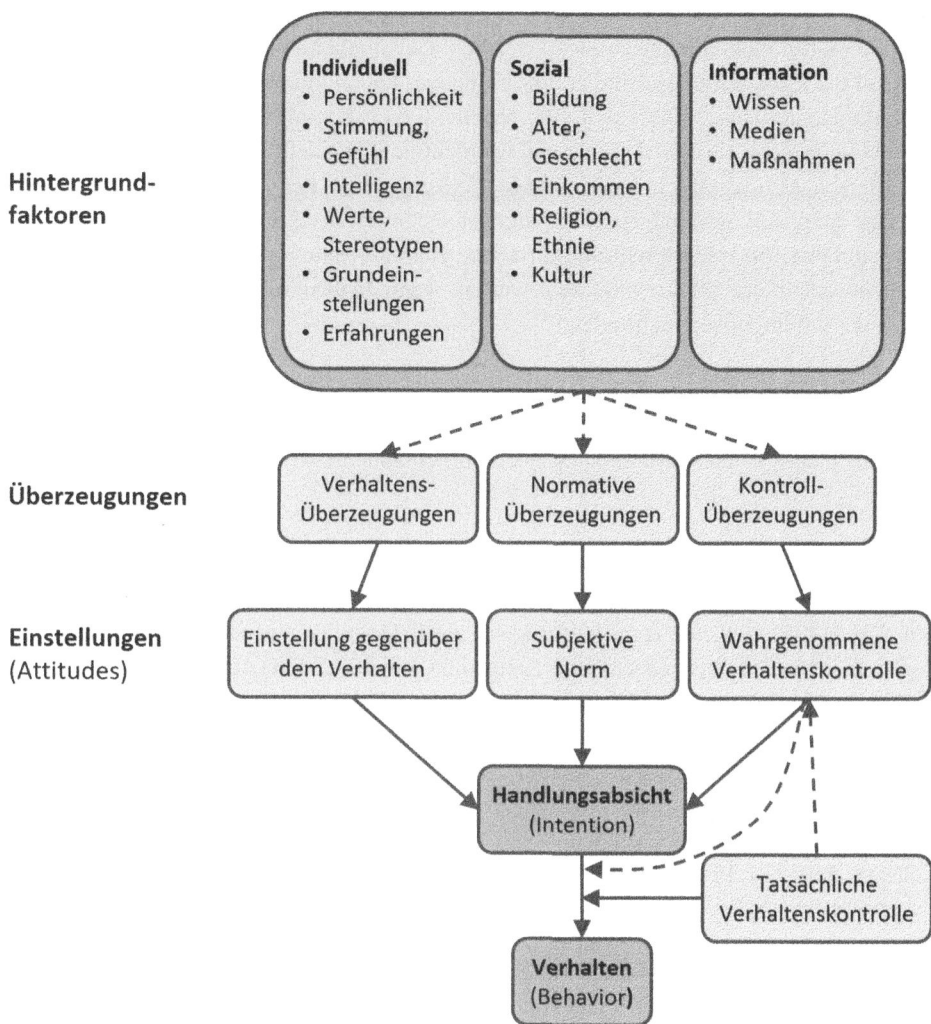

Abb. 6.2   Modell der Theorie des geplanten Verhaltens (TPB). (Eigene Darstellung; in Anlehnung an Ajzen & Fishbein, 2005, S. 194)

Die Wahrscheinlichkeit für ein bestimmtes Handeln steigt zusätzlich, wenn Handlungsabsichten öffentlich geäußert werden (Frey et al., 1993, S. 376).

Die Theorie wurde in mehreren Meta-Analysen untersucht und die Prognosekraft der verschiedenen direkten und indirekten Einflussgrößen auf Intentionen und Verhalten kann als empirisch gut belegt gelten (Haddock & Maio, 2023, S. 223; Ajzen & Fishbein, 2005, S. 196). Eine Auswertung von 82 empirischen Studien auf Basis der TPB zeigt, dass mithilfe des Modells und der Variablen (Einflussfaktoren) Handlungsabsichten und Verhalten gut vorhergesagt werden können. Außerdem wurde deutlich, dass Interventionen in der Öffentlichkeit und mit Gruppen erfolgreicher waren als in privaten Umfeldern oder mit

Fokus auf Einzelpersonen (Steinmetz et al., 2016, S. 224). Kritisch wird bei der TPB gesehen, dass Emotionen, unbewusstes Verhalten, Gewohnheiten und situative Faktoren im Moment der Entscheidung nicht berücksichtigt werden (Wintschnig, 2021, S. 327).

Konsequenterweise muss sich die Nachhaltigkeitskommunikation darauf konzentrieren, die positiven Auswirkungen von nachhaltigem Handeln und die Erwartungen anderer Personen zu vermitteln sowie die Möglichkeiten, selbst etwas zu bewirken. Zugleich muss sie ein positives Meinungsklima zugunsten der gewünschten sozialen Norm fördern. Dies kann zum Beispiel durch journalistische Berichterstattung und Meinungsumfragen geschehen. Stärkere Effekte sind zu erwarten, wenn Maßnahmen mit Gruppen arbeiten und in der Öffentlichkeit stattfinden.

▶ Wie Unternehmen und Organisationen die Einflussfaktoren aus dem TPB-Modell, insbesondere die Handlungsabsichten, in die Zielkaskade und das Controlling ihrer Nachhaltigkeitskommunikation übernehmen können, wird in Abschn. 8.5 erläutert.

6.3 Rubikon-Modell der Handlungsphasen (nach Gollwitzer)

Das *Rubikon-Modell der Handlungsphasen* nach Gollwitzer beschreibt den kritischen Punkt, an dem der Wunsch nachhaltig zu handeln scheitern kann (Achtziger & Gollwitzer, 2018). Die Vorstellung, dass es bereits genüge, sich Ziele zu setzen, um sie auch zu erreichen, sei durch viele Studien widerlegt (S. 322–323). Entsprechend unterscheidet das Modell zwischen der *Motivation* als Setzen von Zielen und *Volition*, dem Streben nach Erreichung der Ziele. Handlungen werden als Versuch der Wunscherfüllung aufgefasst, der in vier Phasen verläuft – von den Wünschen bis zur Bewertung des erreichten Handlungszieles (S. 310–314; Frey et al., 1993, S. 387–391).

Handlungsphasen im Rubikon-Modell (nach Gollwitzer)
1. **Abwägen** von Wünschen und Handlungsoptionen (*prädezisional*)
2. **Planen** von Strategien zum Erreichen von Zielen (*postdezisional* bzw. *präaktional*)
3. **Durchführen** der Strategien zur Zielerreichung (*aktional*)
4. **Bewerten** der Ergebnisse (*postaktional*)

(Quellen: Achtziger & Gollwitzer, 2018, S. 310–314; Frey et al., 1993, S. 387–391)

In der *Phase der Abwägung* vor der Entscheidung werden positive und negative Konsequenzen der Zielerreichung sowie die Wahrscheinlichkeit, das Ziel zu erreichen, abgeschätzt und bewertet (Achtziger & Gollwitzer, 2018, S. 310–322). Dabei würden mögliche Gewinne und Verluste eine wesentliche Rolle spielen. Ein entsprechendes Framing könne Einschätzungen und Bewertungen von Handlungsintentionen und -ergebnissen erheblich beeinflussen. Empirische Untersuchungen hätten zugleich gezeigt, dass sich Menschen in dieser Phase auch von Informationen ablenken lassen, die für das Verwirklichen von Zielen nicht relevant sind.

In der *Phase des Planens* nach der Entscheidung würden dagegen vor allem Informationen genutzt, die wichtig sind, um die gewählten Ziele zu verwirklichen. Die Aufmerksamkeit werde fokussiert, Vorsätze würden formuliert. Die gewählten Ziele würden in dieser Phase positiv bewertet und durch großen Optimismus unterstützt, dass die Ziele durchführbar und erreichbar seien. Die Wahl sowie die Verwirklichung von Zielen würden in beiden Phasen beeinflusst durch das Selbstkonzept, die Leistungsmotivation, soziale Ängstlichkeit, den Kontext von Beziehungen und bewusste Vergleiche mit anderen Personen.

In der *aktionalen Phase* würden Pläne schließlich in die Tat umgesetzt, deren Ergebnisse in der *postaktionalen Phase* bewertet und das weitere Handeln entschieden.

Der kritische Punkt im Handlungsverlauf, der sogenannte *Rubikon*, wird beim Übergang vom Abwägen zum Planen überschritten (Abb. 6.3). Hier wird die Entscheidung zugunsten einer bestimmten Handlungsabsicht getroffen.

Für die Nachhaltigkeitskommunikation relevant sind vor allem die erste Phase des *Abwägens* von positiven und negativen Konsequenzen sowie die vierte bzw. letzte Phase der *Bewertung von Handlungsergebnissen*. In beiden Phasen geht es weniger um das Verfolgen von Zielen als vielmehr um die Motivation sowie das Abwägen bzw. Setzen und Bewerten von Zielen.

Bei Menschen, die sich in der Phase der Abwägung befinden, ist es für die Nachhaltigkeitskommunikation entscheidend, wichtige Wünsche zu thematisieren und entsprechende Motive zu liefern. Dabei sollten positive und negative Konsequenzen sowie mögliche Gewinne und Verluste im Vordergrund stehen. Für die Bewertung der Ergebnisse in der letzten Handlungsphase kann sie vorbeugendes Erwartungsmanagement betreiben, indem sie

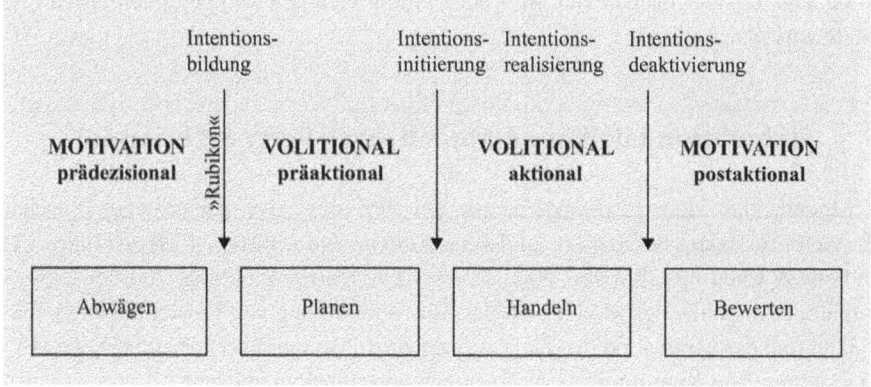

Abb. 6.3 Rubikon-Modell der Handlungsphasen nach Gollwitzer. (Achtziger & Gollwitzer, 2018, S. 311)

durch realistische Einschätzungen vor zu großen, unrealistischen Erwartungen schützt und
so die Beibehaltung von nachhaltigem Handeln fördert.

▶   Wie Unternehmen und Organisationen die Wünsche und Motive ihrer Stakeholder
     sowie mögliche Folgen bei der Gestaltung von Nachhaltigkeitsbotschaften auf-
     nehmen können, wird Abschn. 8.7 und 8.8 ausgeführt.

6.4   Mode-Modell (nach Fazio)

Fazio (1990) hat die Theorie des geplanten Verhaltens weiterentwickelt und zusätzlich berücksichtigt, dass nicht jedes Verhalten bewusst und geplant abläuft. Sein integriertes
MODE-Modell (*M*otivation and *O*pportunity as *D*eterminants) zielt auf die Frage, ob und
in welcher Stärke Einstellungen überhaupt eine Rolle für die Handlungsentscheidung
spielen, und unterscheidet zwei Prozesse der Informationsverarbeitung (S. 91–94; Haddock & Maio, 2023, S. 224–225; Hörner, 2022, S. 106–111; Ajzen & Fishbein, 2005,
S. 184–187).

Beim geplanten und kontrollierten Informations- und Entscheidungsprozess müssen
die *Motivation* und eine *Gelegenheit* zur Ausführung der Handlung vorliegen. Nur dann
basiert sie auf einer Abwägung der vorliegenden Informationen, zum Beispiel über Aufwände, Vor- und Nachteile sowie Folgen einer Handlung (datengesteuert). Ist dies nicht
der Fall, läuft der Prozess für eine Handlung automatisch bzw. spontan ab (theorie-
gesteuert). In diesem Fall spielen Einstellungen nur dann eine Rolle, wenn sie zugänglich
und mit dem Einstellungsgegenstand stark verbunden sind (Assoziationsstärke).

Für die Nachhaltigkeitskommunikation bedeutet dies, vor allem an Orten präsent zu
sein, an denen konkretes Handeln stattfindet (z. B. am Point-of-Sale). Dort ist es wichtig,
das Bewusstsein für ein positives Verhältnis von Aufwand und Nutzen zu stärken und dadurch zu nachhaltigem Verhalten zu motivieren. Gewerkschaften, Umweltschutzgruppen
und Klimaaktivisten machen sich dies bei Demonstrationen an markanten Orten öffent-
lichkeitswirksam zunutze.

6.5   Elaboration-Likelihood-Modell (nach Petty & Cacioppo)

Ein Modell, das sich ausdrücklich mit der Wirkung von persuasiven Botschaften
(z. B. Werbeaussagen) beschäftigt, ist das das *Elaboration-Likelihood-Modell* (kurz: ELM)
nach Petty & Cacioppo (Stroebe, 2023, S. 233–236; Moser & Döring, 2008, S. 248–249).
Die zentrale Annahme des Modells ist, dass die Veränderung von Einstellungen a) von der
Fähigkeit und der Motivation der Zielpersonen zur Informationsverarbeitung sowie b) von
der Gestaltung von Kommunikationsangeboten und -inhalten abhängt.

Wie das Mode-Modell von Fazio geht das ELM von zwei alternativen Prozessen aus.
Danach setzen sich Personen bei starker persönlicher Betroffenheit (*High Involvement*),

hoher Themenrelevanz, umfangreichem Vorwissen, wahrgenommener Beeinflussungs-absicht oder starker Neigung über Probleme nachzudenken, intensiv und systematisch mit Informationen auseinander (*zentrale Route* der Informationsverarbeitung). Voraussetzung sind die Motivation und Fähigkeit zur Verarbeitung der gebotenen Informationen. Ein-stellungen ändern sich dann durch die Überzeugungskraft der Argumente, schriftliche In-formationen und die persönliche Verantwortung der Zielpersonen. Die Folge sind langan-haltende, stabile Einstellungsänderungen.

Personen mit geringer persönlicher Betroffenheit (*Low Involvement*) verarbeiten Infor-mationen dagegen weniger systematisch und aufwändig. Sie nutzen stattdessen verein-fachende Regeln und Heuristiken (*periphere Route* der Informationsverarbeitung). Ein-stellungsänderungen kommen vor allem durch Sympathie, Glaubwürdigkeit, Expertise und Attraktivität des Kommunikators sowie Wiederholungen, die Anzahl der Argumente bzw. Kommunikatoren oder Humor zustande. Änderungen sind in der Folge eher instabil und kurzanhaltend.

Da nachhaltiges Verhalten vor allem hohes Involvement und dauerhaft stabile Ein-stellungsänderungen erfordert, ist es für die Nachhaltigkeitskommunikation essenziell, auf die elaborierte Informationsverarbeitung zu setzen. Periphere Hinweisreize sind allen-falls als Verstärker in alltäglichen, spontanen Situationen wie Einkäufen im Supermarkt oder in der Firmenkantine erfolgversprechend. In länger laufenden Kampagnen können sich beide Strategien je nach Situation auch abwechseln und gegenseitig ergänzen.

▶ Wie rationale und emotionale Strategien in der taktischen und operativen Kommuni-kationsplanung bei der Gestaltung von Botschaften und Formaten in der Nachhaltig-keitskommunikation eingesetzt werden können, wird in Abschn. 8.8 ausgeführt.

6.6 Theorie der Schutzmotivation (nach Rogers)

Warum Menschen sich schwertun, sich für nachhaltiges Handeln zu entscheiden, zeigt die Theorie der Schutzmotivation (*Theory of Protection Motivation*) nach Rogers (Bak, 2023, S. 85–86; Frey et al., 1993, S. 386–387). Sie wurde vor allem für Vorhersagen im Bereich der Gesundheitspsychologie entwickelt, ist aber weiter gefasst auch für Umweltverhalten relevant. Die Theorie geht davon aus, dass die Einschätzungen der Bedrohung und der Be-wältigung gegeneinander abgewogen werden: a) wahrgenommene Belohnungen für bis-heriges Verhalten sowie Einschätzungen über drohende schwerwiegende Folgen und persönliche Betroffenheit (Kosten-Nutzen-Analyse) gegen b) den Aufwand, diese Folgen zu vermeiden, und die Wirksamkeit von Gegenmaßnahmen (Handlungs- und Selbstwirk-samkeit) (Abb. 6.4). Vom Ergebnis hängt die Motivation ab, das eigene Verhalten zu än-dern und sich selbst zu schützen. Das Modell hat sich in vielen Studien als wirksame Grundlage für Interventionen gezeigt (Bak, 2023, S. 86).

Mit Hilfe des Modells wird erkennbar, dass vor allem die Belohnung für das bisherige, nicht nachhaltige Verhalten sowie die Aussicht, erst in ferner Zukunft von den Folgen be-

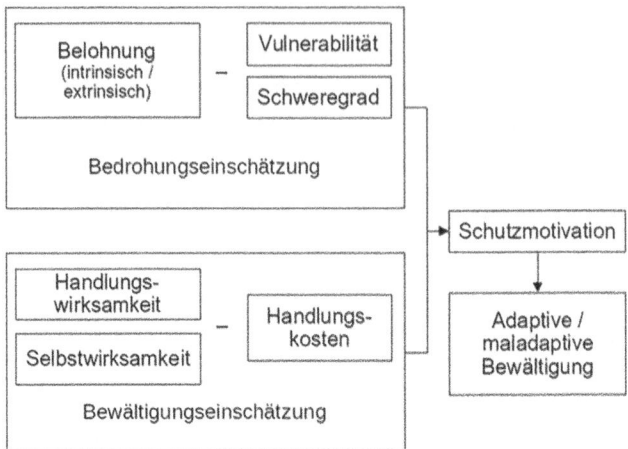

Abb. 6.4 Theorie der Schutzmotivation nach Rogers. (Bak, 2023, S. 86)

troffen zu sein, nachhaltiges Handeln verhindern. Das heißt: Fleischgenuss, Flugreisen und Kostenersparnis jetzt – gegen steigenden Meeresspiegel und Vordringen der Wüsten in Zukunft und anderswo.

Für die Nachhaltigkeitskommunikation bedeutet dies vor allem, aufzuzeigen wie negative Folgen durch nachhaltiges Verhalten vermieden werden können. Zugleich muss sie verdeutlichen, dass die Belohnung für das bisherige Verhalten nicht größer ist als der Aufwand bzw. die Kosten für die Beseitigung seiner negativen Folgen. Zusätzlich kann sie demonstrieren, dass die Belohnung für das veränderte Verhalten größer ist als für das bisherige Verhalten. Die Alternative, vor allem die negativen Folgen und deren Wahrscheinlichkeit zu betonen, führt dagegen eher zu Abstumpfung und Reaktanz.

6.7   SHIFT-Konzept der nachhaltigen Verhaltensänderungen bei Verbrauchern

Ein Konzept, das ausdrücklich auf die Förderung nachhaltiger Verhaltensänderungen bei Verbrauchern zielt, ist der *SHIFT*-Ansatz (White et al., 2019). Auf Basis einer umfassenden Auswertung der Forschungsliteratur haben die Autoren fünf psychologische Faktoren identifiziert, um umweltfreundliches Verhalten durch Marketing und Kommunikation zu unterstützen (S. 23–31): Sozialer Einfluss, Gewohnheitsbildung, individuelles Selbst, Gefühle und Kognition sowie Greifbarkeit (SHIFT = *S*ocial influence, *H*abit formation, *I*ndividual self, *F*eelings and cognition, *T*angibility). Für jeden Faktor wurden spezifische Marketing- und Kommunikationsstrategien zur Verhaltensänderung aufgezeigt.

Sozialer Einfluss Verbraucher können in ihrem nachhaltigen Handeln beeinflusst werden durch: soziale Normen (Verhalten und Verhaltensbewertung), soziale Identitäten (Gruppenzugehörigkeit, positive Ingroup, negative Outgroup) und soziale Erwünschtheit (positiver Eindruck, sozialer Status; Gefahr von Reaktanz) (White et al., 2019, S. 24–25).

Gewohnheitsbildung Gewohnheitsmäßige, nichtnachhaltige Handlungen können verändert werden durch: neue Kontexte (Diskontinuität), Sanktionierung von unerwünschtem Verhalten, Nachdenken über Handlungsabsichten und Umsetzungspläne, vereinfachte Handlungen (z. B. Nudging), klare, leicht befolgbare Aufforderungen, Anreize wie Rabatte oder kleine Geschenke (Gefahr von Abnutzungseffekten) und positive Rückmeldungen (z. B. zu Effekten von nachhaltigem Verhalten) (White et al., 2019, S. 25–27).

Individuelles Selbst Nachhaltiges Verhalten von Verbraucher*innen wird begünstigt durch die Berücksichtigung von: Selbstkonzept (positives Selbstbild, Rechtfertigung bei Kritik an nicht nachhaltigem Verhalten, Suche nach Informationen, die das eigene Verhalten bestätigen), Selbstkonsistenz (Wunsch nach Ganzheitlichkeit, positiver Spillover; Gefahr von negativem Spillover), Eigeninteressen (Hinweise auf Vorteile und Nutzen), Wunsch nach Selbstwirksamkeit (Vertrauen in Veränderung), individuelle Unterschiede (z. B. Geschlecht, Alter, Achtsamkeit, Naturverbundenheit, Lebensstile) (White et al., 2019, S. 27–28).

Gefühle und Kognition Nachhaltiges Handeln kann angeregt werden durch: negative Emotionen (z. B. maßvolle Furchtappelle, antizipierte Schuldgefühle, subtile Aufforderungen, Trauer über Umweltfolgen, aber: Gefahr von Abnutzung und Reaktanz), positive Gefühle (z. B. Freude, Hoffnung, Stolz; Gefahr von Gefühlskonflikten), Information und Wissen (z. B. über erwünschte und unerwünschte Verhaltensweisen, als Voraussetzung für Veränderungen; Kontraproduktivität von zu viel detailliertem Wissen). Öko-Labeling (auffällig, leicht verständlich, von unabhängiger Partei), Framing (Verlustaversion, aggregierte Informationen, Kombination mit konkreten Informationen) (White et al., 2019, S. 28–30).

Berühr-/Greifbarkeit Abstraktheit und Distanz können überwunden werden durch: gedankliche Ausrichtung auf die Zukunft (Appelle, sich auf die Zukunft zu konzentrieren), Kommunikation von unmittelbaren Auswirkungen in der Nähe (z. B. persönliche Erfahrungen oder Verbundenheit, Nachbarschaft, eigene Stadt), konkrete Kommunikation (z. B. unmittelbare Auswirkungen, klare Schritte, anschauliche Bilder), Wunsch nach immateriellen Gütern (z. B. Schaffen von Werten wie Einfachheit) (White et al., 2019, S. 30–31).

Die SHIFT-Autoren betonen, dass es nicht den einen richtigen Weg gebe (White et al., 2019, S. 36). Vielfach existierten mehrere Barrieren für Verhaltensänderungen, sodass mehrere Strategien miteinander kombiniert werden müssten.

Ansatzpunkte für eine Anwendung des SHIFT-Models im Nachhaltigkeitsmarketing (Auswahl)

- Hinweise auf andere Hotelgäste, die an Energiesparprogrammen teilnehmen
- Darstellen von nachhaltigen Produkten oder Verhaltensweisen als gesellschaftlich wünschenswert
- Öffentlich machen des Nachhaltigkeitsengagements von Verbrauchern
- Aufstellen von Recyclingbehältern in der Nähe
- Duschköpfe mit Low-Flow-Einstellungen
- Anreize für nachhaltige Produkte durch Rabatte, Staffelpreise, Incentives oder ähnliches
- Betonen des Eigennutzens von nachhaltigen Produkten und Verhaltensweisen
- Stärken der Selbstwirksamkeit durch Hinweise auf Nutzung und deren positive Folgen
- Verknüpfen von nachhaltigem Verhalten mit positiven Emotionen wie Freude oder Stolz
- Aufmerksamkeitsstarke, leicht verständliche und einheitliche Kennzeichnung von nachhaltigen Produkten (Labels, Zertifikate usw.)
- Hinweise auf unmittelbare Folgen von nachhaltigem Verhalten für Nachbarn, Stadt und Region geben
- Veranschaulichen der Folgen von nicht-nachhaltigem Verhalten

(Quelle: Grunwald & Schwill, 2022, S. 99–100) ◄

Für die Nachhaltigkeitskommunikation bedeutet dies, vor allem auf Nähe, Selbstwirksamkeit und soziale Einflussfaktoren zu achten. Zu letzterem zählen zum Beispiel soziale Normen und Erwünschtheit, Gruppenzugehörigkeit und kollektives Handeln. So könnte sozialer Druck in Richtung nachhaltiges Verhalten aufgebaut und verstärkt werden, der indirekt auf auch Individuen wirkt.

▶   Wie Erkenntnisse des SHIFT-Konzepts in der taktischen und operativen Kommunikationsplanung bei der Gestaltung von Nachhaltigkeitsbotschaften genutzt werden können, wird in Abschn. 8.8 weiter ausgeführt.

6.8   SIMPEA-Modell der Sozialen Identität für umweltfreundliches Verhalten

Noch einen Schritt weiter als das SHIFT-Konzept geht das *SIMPEA-Modell* der Sozialen Identität für umweltfreundliches Verhalten (*Social Identity Model of pro-environmental Action*) (Masson & Fritsche, 2021). Es konzentriert sich bei der Überbrückung der Einstellungs-Verhaltens-Lücke ganz auf den Einfluss der Gruppe anstelle des Individuums

(S. 89–93). Die Autoren gehen davon aus, dass die Individualisierung der Verantwortung für die Lösung der Klimakrise einer der Gründe ist, warum sie nicht gelöst werden kann. Stattdessen bräuchte es Vorstellungen von kollektivem Handeln auf der Basis der sozialen Identifikation mit Gruppen und deren Normen (*Social Identity*).

Sobald sich Menschen als Teil einer Gruppe verstünden, würden sich Ziele, Wirksamkeitsvorstellungen und Kosten-Nutzen-Betrachtungen von der persönlichen auf die Gruppen-Ebene verschieben: So könnten kollektive, handlungssteuernde Überzeugungen entstehen wie „Wir wollen mehr für den Klimaschutz tun", „Mein Klimaverhalten trägt zum Wohlergehen meiner Gruppe bei" und „Wir können etwas am Klimawandel ändern" (Masson & Fritsche, 2021, S. 90; Zitate eigene Übersetzung). Anders als beim klassischen Social-Identity-Modell von Tajfel & Turner trete an die Stelle gegnerischer Gruppen die Konfrontation mit der Klimakrise. Die Faktoren des Modells mit Einfluss auf persönliches Verhalten sind: die Selbstkategorisierung und Identifikation mit der Gruppe, die Normen der Gruppe, kollektive Wirksamkeitsüberzeugungen sowie kollektive Emotionen und Motivationen (S. 92–93). Empirische Studien würden zeigen, dass jeder Faktor für sich bereits umweltfreundliches Verhalten beeinflusst. Dennoch geht das Modell davon aus, dass ausreichend hohe Werte und Interaktionseffekte gegeben sein müssten. Dann wäre die Identifikation mit Gruppen sogar in der Lage, räumliche und zeitliche Distanz zu den Folgen der Klimakrise (*intergenerationelles Discounting*) zu überwinden (S. 95).

Mit dem SIMPEA-Modell zeigt sich erneut, dass in der Berücksichtigung sozialer Aspekte das größte ungenutzte Potenzial für das Nachhaltigkeitsmanagement und die Nachhaltigkeitskommunikation von Unternehmen liegt.

Für die Gestaltung der Nachhaltigkeitskommunikation folgt daraus (auch im Anschluss an das SHIFT-Konzept),

- Kollektives, nicht individuelles Handeln sollte im Vordergrund stehen.
- Die Menschheit muss als soziale Identität begriffen werden.
- Es sollte begehrenswert sein, zu Gruppen zu gehören, die nachhaltig handeln.
- Gruppen sollten anstelle von Einzelpersonen angesprochen werden.

▶ Wie die Erkenntnisse des SIMPEA-Modells in der taktischen und operativen Kommunikationsplanung bei der Gestaltung der Stakeholder-Ansprache und Nachhaltigkeitsbotschaften genutzt werden können, wird in Abschn. 8.8 weiter ausgeführt.

6.9 Meinungsklima und Koorientierung in der öffentlichen Kommunikation (nach Noelle-Neumann)

Bei den bisher beschriebenen Modellen wird deutlich, dass neben objektiv gegebenen Faktoren vor allem subjektive Wahrnehmungen und soziale Aspekte einen wesentlichen Einfluss auf die Stabilisierung oder Veränderung von Verhalten ausüben (z. B. bei subjektiven Normen, Verhaltenskontrolle, Gefährdungspotenzial, Handlungsfolgen und soziales

Umfeld). Zwei Konzepte, die menschliches Verhalten aus sozialpsychologischer Sicht erklären, sind das *Meinungsklima* und die *Koorientierung*.

Unter *Koorientierung* wird verstanden, dass sich Menschen bei ihren Einstellungen und Verhaltensweisen auch an den wahrgenommenen oder vermuteten Einstellungen anderer Personen orientieren (Newcomb, 1953, S. 393–395; McLeod & Chaffee, 1973, S. 478–483; Scheff, 1967, S. 34–35). Sie tun es vor allem dann, wenn sie selbst wenig wissen oder in ihrem Urteil unsicher sind.

In Gruppen und größeren Öffentlichkeiten steigt die Motivation, sich über die Einstellungen von anderen zu informieren, um die Integration und den Zusammenhalt abzusichern. Dabei kann es zu Fehlwahrnehmungen durch Abweichungen zwischen wahrgenommenem und faktischem Konsens bzw. Dissens kommen (Scheff, 1967, S. 38–39).

Formen der Fehlwahrnehmung von Konsens und Dissens
- Wahrgenommener und faktischer Konsens
- Wahrgenommener Konsens und faktischer Dissens (*False Consensus*)
- Wahrgenommener Dissens und faktischer Konsens (*Pluralistic Ignorance*)
- Wahrgenommener und faktischer Dissens

(Quelle: Scheff, 1967, S. 38–39)

Broom (1977) hat das Konzept der Koorientierung auf die Kommunikationsbeziehungen zwischen Organisationen und ihren Stakeholdern übertragen (S. 111–118). Er geht davon aus, dass die subjektiven Wahrnehmungen der Stakeholder deren Verhalten gegenüber der Organisation bestimmen, möglicherweise sogar stärker als der faktische Sachverhalt.

Durch systematische Vergleiche zwischen den Einstellungen von Organisation und Stakeholdern ließen sich Fehlwahrnehmungen identifizieren. Zusätzlich könnten *wahrgenommener* und *tatsächlicher* Konsens bzw. Dissens voneinander abweichen. Handeln auf der Basis divergenter Wahrnehmungen stelle ein Konfliktpotenzial dar.

So verhindert wahrgenommener Dissens trotz faktischer Übereinstimmung (*Pluralistic Ignorance*) beispielsweise, dass Kommunikationschancen genutzt werden. Wahrgenommene Übereinstimmung trotz faktischem Dissens (*False Consensus*) stellt dagegen ein latentes Risiko- und Krisenpotenzial dar.

Durch spezifisch gestaltete Kommunikationsmaßnahmen ließe sich, so Broom (1977), eine verbesserte wechselseitige Wahrnehmung leichter erzielen als tatsächliche Übereinstimmung (S. 117–118). Faktischer und wechselseitig wahrgenommener Dissens könne dagegen kaum durch Kommunikationsmaßnahmen beeinflusst werden. Auf dieser Basis ließen sich Kommunikationsbotschaften und -programme entwickeln, die zur gegenseitigen Anpassung und zur Überprüfbarkeit des Erfolgs von PR-Maßnahmen beitragen.

Mit Hilfe des Koorientierungsmodells können Unternehmen und Organisationen ihre Nachhaltigkeitsaktivitäten zielgerichtet auf ihre Stakeholder abstimmen, Konsens stärken sowie Dissens begegnen. Die Nachhaltigkeitskommunikation erhält einen Ansatz, der vor allem in Kontroversen über das Thema Nachhaltigkeit, bei hoher Meinungsvielfalt, schwer einschätzbaren Situationen und Unsicherheiten über wahre Mehrheitsverhältnisse dazu beitragen kann, den Kommunikationsbedarf in Beziehungen mit Stakeholdern zu identifizieren, wechselseitige Wahrnehmungen zu verbessern und Erfolgsaussichten realistisch einzuschätzen.

Wie Koorientierungsprozesse in der Öffentlichkeit ablaufen, hat Noelle-Neumann (1991) mit ihrem Konzept des *Meinungsklimas* beschrieben. Darunter versteht sie Vorstellungen über *Meinungsverteilungen* und *-mehrheiten* (S. 27–32). Sie basieren auf der häufig unbewussten Umweltwahrnehmung von Individuen und speisen sich aus zwei Quellen (S. 224):

a) eigene Erfahrungen und Gespräche im persönlichen Umfeld (z. B. Familie, Freunde, Bekannte, Arbeitskollegen) sowie
b) Äußerungen und Darstellungen in den publizistischen Medien (z. B. Presse, Hörfunk, Fernsehen, aber auch Bücher, Broschüren und öffentliche Veranstaltungen).

Heute spielen Meinungsumfragen eine zentrale Rolle. Durch Medienberichte prägen sie Vorstellungen über Meinungsverteilungen und -mehrheiten und werden entsprechend taktisch eingesetzt (Bürker, 2018, S. 8–11). Zusätzlich haben sich die sozialen Medien als weitere Quelle für die Einschätzung von Meinungen etabliert.

> **Meinungsklima: Bevölkerung unterschätzt Bereitschaft der Bürger*innen für Klimaschutzmaßnahmen**
> Die Unterstützung der Bevölkerung für Klimaschutzmaßnahmen ist größer als viele Bürger*innen denken:
>
> - + 27 Prozentpunkte beim Ausbau von Windkraftanlagen im eigenen Wohnumfeld (59 % tatsächliche versus 32 % geschätzte Zustimmung)
> - + 25 Prozentpunkte beim Ausbau von Photovoltaik-Freiflächen im eigenen Wohnumfeld (73 % tatsächliche versus 48 % geschätzte Zustimmung)
> - + 17 Prozentpunkte beim Tempolimit von 120 km/h auf Autobahnen (60 % tatsächliche versus 43 % geschätzte Zustimmung)
>
> (Quelle: Wolf et al., 2023, S. 16–17)[2]

Seine Wirkung entfaltet das Meinungsklima, wenn es nach dem Prinzip *Perception is Reality* als Grundlage für eigene Einstellungen und Verhaltensweisen genutzt wird. Die Koorientierung am Meinungsklima ist am stärksten ausgeprägt, wenn vermutet wird, dass angestrebte Ergebnisse von anderen Akteur*innen abhängig sind, eigene Erfahrungen als

---

[2] Für das *Soziale Nachhaltigkeitsbarometer* wurden im Frühjahr 2023 6543 repräsentativ ausgewählte Personen ab 18 Jahren (Nettostichprobe) online befragt.

Entscheidungsgrundlage fehlen oder persönliche Meinungen zu unsicher sind, um sich auf eine Position festzulegen. Insbesondere bei öffentlichen Kontroversen orientieren sich Menschen am Meinungsklima.

Fehleinschätzungen von Meinungsverteilungen und -mehrheiten im Meinungsklima
- *Pluralistische Ignoranz* – die Mehrheit täuscht sich über die Mehrheit (Mehrheit wird für eine Minderheit gehalten und umgekehrt)
- *Looking Glass Perception* – Überschätzung der Stärke des eigenen Meinungslagers
- *Media Bias* – Überschätzung des Meinungsklimas in Richtung des Medientenors
- *False Consensus* – fälschlicherweise wahrgenommener Konsens (obwohl Dissens herrscht)

(Quelle: Noelle-Neumann, 1991, S. 341–342)

Durch systematische Vergleiche zwischen wahrgenommenem Meinungsklima und tatsächlicher Meinungsverteilung können Verzerrungen identifiziert werden, die sich durch Kommunikation korrigieren lassen. Am leichtesten gelingt dies, wenn sich die Mehrheit über Mehrheits- und Minderheitsmeinungen täuscht. Wem es gelingt, das Meinungsklima zu beeinflussen, kann Positionen auch als Minderheit gegen tatsächliche Mehrheitsmeinungen durchsetzen.

▶ **Die Meinung der Mehrheit für den Klimaschutz nutzen**

> „Anstatt die Bedenken einer lautstarken Minderheit zu wiederholen, die jede Form von Klimaschutzmaßnahmen ablehnt, müssen wir effektiv vermitteln, dass die überwiegende Mehrheit der Menschen auf der ganzen Welt bereit ist, gegen den Klimawandel vorzugehen, und von ihrer nationalen Regierung erwartet, dass sie handelt."

Im Original: „Rather than echoing the concerns of a vocal minority that opposes any form of climate action, we need to effectively communicate that the vast majority of people around the world are willing to act against climate change and expect their national government to act."
(Quelle: Andre et al., 2024, S. 5; eigene Übersetzung)

Unternehmen und Organisationen können mit Hilfe des Meinungsklima- und Koorientierungskonzepts die Stärke ihrer eigenen Nachhaltigkeitspositionen in Öffentlichkeit und in den Kommunikationsbeziehungen mit ihren Stakeholdern realistischer einschätzen. Sie können Nachhaltigkeitsthemen mit positivem Meinungsklima erkennen und Meinungsmehrheiten für sich nutzen. Zugleich können sie die Unterschätzung ihrer Nachhaltigkeitsaktivitäten durch entsprechende Kommunikation korrigieren. Schließlich können Unternehmen bislang nicht erkannte Dissonanzen identifizieren und potenziellen Krisen vorbeugen.

Pluralistische Ignoranz beim Klimaschutz – Ergebnisse einer weltweiten Studie in 125 Ländern

Andre et al. (2024) konnten zeigen, dass sich die Bevölkerung weltweit in einem Zustand pluralistischer Ignoranz befindet, in dem Menschen auf der ganzen Welt die Handlungsbereitschaft ihrer Mitbürger systematisch unterschätzen (S. 1, 5). So gaben 69 % der repräsentativ Befragten in 125 Ländern an, dass sie bereit wären, ein Prozent ihres Einkommens für den Klimaschutz beizutragen (S. 5). Der wahrgenommene Anteil liege dagegen bei lediglich 43 % – eine Lücke von 26 Prozentpunkten. In Ländern mit höheren Jahrestemperaturen sei sie größer, in Ländern mit höherem BIP deutlich kleiner.

Die Gründe für diese Wahrnehmungslücke vermuten die Autoren in Medienberichten und öffentlichen Debatten, die klimaskeptische Minderheitenmeinungen überbetonen sowie dem Einfluss der Kampagnen von Interessengruppen (S. 5).

Die Ergebnisse zeigen außerdem, dass Personen weniger bereit sind, einen Beitrag zu leisten, wenn sie die Anpassungskosten als zu hoch bzw. die erforderlichen Änderungen des Lebensstils als zu drastisch empfinden (S. 3). So ist die Bereitschaft, ein Prozent des Einkommens für den Klimawandel beizutragen, in Ländern mit einer erhöhten Anfälligkeit für den Klimawandel höher, in Ländern mit höherem Bruttoinlandsprodukt (BIP) und Treibhausgas-Emissionen ist sie dagegen geringer.

Daraus lässt sich ableiten, dass Menschen eher bereit sind sich nachhaltig zu verhalten, wenn sie den Eindruck haben, dass andere das auch tun (bedingte Kooperation). Umgekehrt behindern pessimistische Einschätzungen nachhaltiges Verhalten bzw. begünstigen nicht nachhaltiges Verhalten und setzen so eine sich selbst verstärkende Spirale in Gang. Die Korrektur von Fehlwahrnehmungen in solchen Situationen könnte nachhaltiges Verhalten fördern.

(Quelle: Andres et al., 2024)

Die Verknüpfung der Konzepte Meinungsklima und Koorientierung ist anschlussfähig an das Konzept der *sozialen Kipppunkte* (*Social Tippingpoints*). Danach setzen sich große Umbrüche nicht-linear durch (Otto et al., 2020, S. 2355). Unter bestimmten kritischen Bedingungen würden kleine Veränderungen auf der Basis sich selbst verstärkender Rückkopplungsprozesse schlagartig, unvermeidlich und häufig unumkehrbar zu disruptiven Veränderungen und einem qualitativ anderen Zustand des sozialen Systems führen.

Übertragen auf den gesellschaftlichen Diskurs über Nachhaltigkeit können sich solche sozialen Kipp-Momente auch in der Kommunikation ereignen. Insbesondere wenn wahrgenommene und tatsächliche Meinungsverteilung stark voneinander abweichen oder auseinanderentwickeln, können sich durch Transparenz und Koorientierung schlagartige Einstellungs- und Verhaltensumschwünge ereignen. Dafür müssen die tatsächlichen, von der Wahrnehmung abweichenden Einstellungen und Handlungsweisen einen kritischen Anteil erreichen, um das Meinungsklima kippen zu lassen.

Weltweite Studie zu sozialen Kipppunkten

Otto et al. (2020) haben in einer weltweiten Experten-Studie sechs soziale Kipp-Elemente für die Stabilisierung des Erdklimas identifiziert, die mithilfe von sozialen Kipp-Interventionen angeregt und verstärkt werden können:

- **Energieerzeugungs- und Energiespeichersysteme**: die Abschaffung von Subventionen für fossile Brennstoffe und die Förderung dezentraler Energieerzeugung.
- **Menschliche Siedlungen**: der Bau kohlenstoffneutraler Städte.
- **Finanzmärkte**: Desinvestition von Vermögenswerten, die mit fossilen Brennstoffen verbunden sind.
- **Normen und Wertesysteme**: die Offenlegung der moralischen Implikationen fossiler Brennstoffe.
- **Bildungssystem**: die Stärkung der Klimabildung und des Engagements.
- **Informationsrückmeldungen**: die Offenlegung von Informationen über Treibhausgasemissionen.

(Quelle: Otto et al., 2020, S. 2357–2361)

▶ Wie die Konzepte Meinungsklima und Koorientierung bei der Bestimmung von Kommunikationszielen und im Kommunikationscontrolling genutzt werden können, um aussagekräftigere Ziel- und Messgrößen zu erhalten, wird in Abschn. 8.5 weiter ausgeführt.

6.10 Modell für Bereitschaft zum Handeln gegen den Klimawandel

Ein integriertes Modell für die Erklärung von Handlungsbereitschaft gegen die Klimakrise haben Betsch et al. vorgelegt (2023). Im Gegensatz zu vielen bestehenden Modellen, die individuelles Handeln in den Mittelpunkt stellen, verbinden die Autoren individuelle Handlungen (Mikro-Ebene) und gesellschaftliche Veränderungen (Makro-Ebene). Sie kommen zu dem Ergebnis:

„Zusammengefasst erfordert eine wirksame Bewältigung der Klimakrise individuelle Verhaltensänderungen und systemische Veränderungen durch politische Akzeptanz und aktive politische Beteiligung der Bevölkerung" (Betsch et al., 2023, S. 4; eigene Übersetzung).

Die *Handlungsbereitschaft* haben die Autoren nicht abgefragt, sondern durch entsprechende Verhaltensweisen in der Vergangenheit definiert. So beabsichtigen sie, die signifikante Absichts-Verhaltens-Kluft früherer Forschung zu vermeiden. Zusätzlich

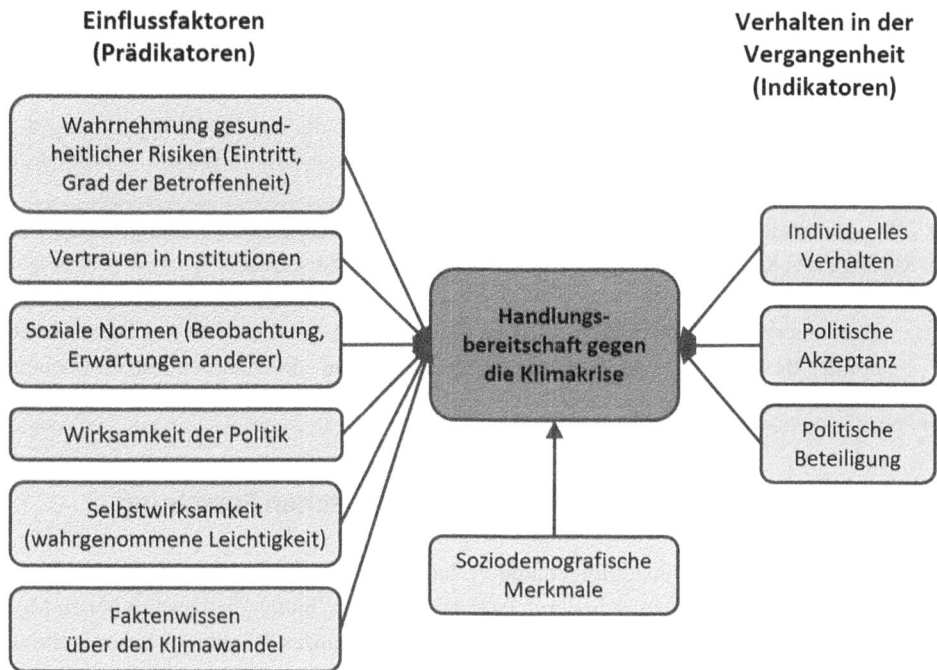

Abb. 6.5 Einflussfaktoren und Indikatoren der Handlungsbereitschaft gegen die Klimakrise. (Eigene Darstellung; in Anlehnung an Betsch et al., 2023, S. 21)

haben sie individuelle und soziale Einflussfaktoren sowie soziodemografische Größen berücksichtigt: wahrgenommene Gesundheitsrisiken, Vertrauen in Institutionen, soziale Normen, wahrgenommene Wirksamkeit politischer Maßnahmen, Selbstwirksamkeit und Klima-Wissen (Abb. 6.5).

Im Vergleich mit dem Modell des geplanten Verhaltens (TPB) nach Ajzen und Fishbein (2005) beschränkt sich das Modell von Betsch et al. auf die allgemeine Handlungsbereitschaft und verzichtet auf eine Verbindung mit dem tatsächlichen Verhalten als Folge der Handlungsbereitschaft. Seine Stärke liegt dafür in der Ableitung aus tatsächlichem Handeln in der Vergangenheit (*Indikatoren*) und in der überzeugenden Berücksichtigung belastbarer Einflussfaktoren (*Prädikatoren*).

Betsch et al. (2023) ziehen aus den Ergebnissen folgende Schlüsse für Nachhaltigkeitsinterventionen und -kommunikation (S. 9):

- Konzentration auf starke Prädiktoren für die Handlungsbereitschaft (z. B. Wirksamkeit politischer Maßnahmen als stärkster Prädikator).
- Erhöhung der generellen Handlungsbereitschaft: Interventionen, die auf die Wahrnehmung der Wirksamkeit politischer Maßnahmen und Verhalten sowie Erwartungen von anderen zielen (soziale Normen).

- Stärkung des individuellen Verhaltens: Interventionen, die auf Selbstwirksamkeit zielen.
- Erhöhung der Akzeptanz politischer Maßnahmen: Interventionen, die auf die Wahrnehmung gesundheitlicher Risiken und der Wirksamkeit politischer Maßnahmen zielen.
- Stärkung der politischen Partizipation: Interventionen, die auf die Wahrnehmung der Wirksamkeit politischer Maßnahmen und Verhalten sowie Erwartungen von anderen zielen (soziale Normen).
- Weniger erfolgversprechend erscheinen dagegen Kommunikationsmaßnahmen, die auf verbessertes Klimawissen oder Vertrauen in Institutionen setzen.

▶   Wie Unternehmen und Organisationen die Erkenntnisse der Studie von Betsch et al. bei der Bestimmung von Kommunikationszielen und -maßnahmen nutzen können, wird in Abschn. 8.8 dargestellt.

Fazit: Schlussfolgerungen aus der psychologischen Forschung

Um die Lücke zwischen Einstellungen und Verhalten besser zu verstehen und durch Nachhaltigkeitskommunikation zu reduzieren bzw. zu schließen, bieten die beschriebenen Modelle und Theorien der psychologischen Forschung ein ganzes Bündel an Erkenntnissen an. Danach sollte die Nachhaltigkeitskommunikation folgende Aspekte berücksichtigen und in ihre Programme aufnehmen.

Individuelle Bedürfnisse ansprechen
- Wünsche und Motive für nachhaltiges Verhalten thematisieren.
- Klar und deutlich zwischen Handlungsbereitschaft und tatsächlichem Verhalten unterscheiden.
- Unsicherheit durch plakative Beispiele und Erklärungen abbauen.
- Konkret zeigen, dass und wie alle Menschen selbst etwas tun und bewirken und so Vertrauen fördern können.
- Unterstützen, dass Menschen ihre Möglichkeiten nachhaltig zu handeln und etwas zu bewirken realistisch einschätzen.
- Räumliche und psychische Distanz durch persönliche Berichte und Bilder überwinden.
- Überhöhte und unrealistische Erwartungen an einzelne Maßnahmen und das Tempo der Veränderungen dämpfen.

Auf soziale Zusammenhänge verweisen
- Verdeutlichen, dass Menschen mit nachhaltigem Handeln nicht nur etwas für sich selbst tun, sondern auch für die Gemeinschaft, in der sie leben.
- Zeigen, dass nachhaltiges Handeln Wunsch und Erwartung vieler Menschen ist.
- Verdeutlichen, dass Skepsis und Kritik an den Zielen der Nachhaltigkeit und dem Kampf gegen die Klimakrise in der Minderheit sind.

- Tatsächliche Meinungsverteilung mit Mehrheiten und Minderheiten sowie Fehlwahrnehmungen transparent machen.
- Verzerrenden und verzerrten Darstellungen über die Nachhaltigkeitssituation und ‑lösungen aktiv begegnen.
- Positive Bewertungen von anderen durch Kommunikation weitergeben.
- Wechselseitige Bestärkung im nachhaltigen Handeln fördern.
- Wunsch nach Gruppenzugehörigkeit als Verstärker nutzen.
- Gemeinschaftliche Wünsche und Handlungsmotive betonen.
- Zeigen, wie jeder Teil eines größeren Ganzen werden kann.
- Maßnahmen auf individueller Mikro- wie organisatorischer Meso- und gesellschaftlicher Makro-Ebene durch Koalitionen und Bildung von Allianzen verbinden.

Positive bzw. negative Aspekte thematisieren
- Stärkere Konzentration auf positive und negative Konsequenzen von Verhalten.
- Zeigen, dass und wie stark vorhergesagte Ereignisse eingetreten sind.
- Die positiven Folgen von Verhaltensänderungen hin zu nachhaltigem Handeln veranschaulichen.
- Kurzfristige und räumlich nahe liegende positive Effekte verdeutlichen.
- Positive Gefühle beim Eintreten von positiven Folgen zeigen.
- Belohnungen und Folgen von nachhaltigem und nicht-nachhaltigem Handeln beispielhaft gegeneinander abwägen.
- Zeigen, wie nachhaltiges Handeln belohnt wird und was nicht-nachhaltiges Verhalten konkret kostet.
- Zeigen, wie negative Folgen durch nachhaltiges Verhalten vermieden werden können.
- Veranschaulichen, wie der Aufwand, nicht nachhaltiges Verhalten zu ändern, durch entsprechende Anreize kurzfristig belohnt wird, bevor die langfristig positiven Effekte eintreten.
- Die negativen Folgen von nicht nachhaltigem Handeln aufzeigen. Dabei ist es wichtig, Orte, Zeitpunkte und Wahrscheinlichkeiten des Eintretens zu konkretisieren.

Zielgruppen-differenziert vorgehen
- Sich auf Menschen konzentrieren, die sich noch nicht eindeutig für nachhaltiges Handeln entschieden haben und in der Phase der Abwägung von Vor- und Nachteilen sowie Handlungsalternativen befinden.
- Für Menschen mit hohem Involvement an ausführlichen Informationen und starken, überzeugenden Argumenten mit positiven Aussagen auf der Basis von Fakten festhalten.
- Für Menschen mit geringem Involvement auf emotionale Schlüsselreize, glaubwürdige Botschafter*innen, anerkannte Expert*innen und sympathische Testimonials vor allem an Entscheidungsorten setzen.
- Sich auf Orte konzentrieren, die Gelegenheiten zum nachhaltigen Handeln bieten.

Auch wenn viele dieser Empfehlungen auf den ersten Blick vertraut erscheinen, so ist die Fundierung durch psychologische Erkenntnisse eine wichtige und wesentliche Bestärkung, diese Form der Nachhaltigkeitskommunikation beizubehalten bzw. auszubauen. Die Anforderung, anstelle von allgemeinen Aussagen und Appellen persönlich und konkret, mit Beispielen und Belegen zu argumentieren, offenbart noch ausreichend Handlungsbedarf.

Literatur

Achtziger, A., & Gollwitzer, P. M. (2018). Motivation und Volition im Handlungsverlauf. In J. Heckhausen & H. Heckhausen (Hrsg.), *Motivation und Handeln* (5. Aufl., S. 355–388). Springer. https://doi.org/10.1007/978-3-662-53927-9_12

Ajzen, I., & Fishbein, M. (2005). The influence of attitudes on behavior. In D. Albarracín, B. T. Johnson, & M. P. Zanna (Hrsg.), *The handbook of attitudes* (S. 173–221). Lawrence Erlbaum Associates.

Andre, P., Boneva, T., Chopra, F., & Falk, A. (2024). Globally representative evidence on the actual and perceived support for climate action. *Nature Climate Change, 14*, 253–259. https://doi.org/10.1038/s41558-024-01925-3

Bak, P. M. (2023). Modelle des Gesundheitsverhaltens. In *Gesundheitspsychologie. Angewandte Psychologie Kompakt.* Springer. https://doi.org/10.1007/978-3-662-67181-8_5

Balderjahn, I. (2021). *Nachhaltiges Management und Konsumentenverhalten* (2., vollst. überarb. Aufl.). UVK Verlag (utb).

Betsch, C., Geiger, M., Lehrer, L., Sprengholz, P., Temme, H., & Jenny, M.A. (2023, December 21). *Modelling the readiness to act against climate change by integrating individual behaviour and system-level change.* Preprint. https://doi.org/10.31219/osf.io/enkwy. Zugegriffen am 08.04.2024.

Broom, G. M. (1977). Coorientational measurement of public issues. *Public Relations Review, 3*(4), 110–119.

Bürker, M. (2018): „Wie denken die Deutschen über …? Umfragen als Instrument der strategischen Kommunikation". In Bentele, G., Piwinger, M. & Schönborn, G. (Hrsg.), *Kommunikationsmanagement. Strategien, Wissen, Lösungen* (Loseblattwerk). Beitrag 5.104 (S. 1–29). Hermann Luchterhand Verlag, 2001 ff.

Bürker, M., & Gronover, S. (2023). Was schließt die Einstellungs-Verhaltens-Lücke? Relevanz von Markenauftritt und Marketing-Mix für die Einstellungs-Verhaltens-Lücke beim Kauf nachhaltiger Markenprodukte. In G. Schuster & L. C. Wolter (Hrsg.), *Nachhaltiges Markenmanagement: Innovative Unternehmenspraxis: Insights, Strategien und Impulse* (S. 215–232). Springer Gabler. https://doi.org/10.1007/978-3-658-42569-2_14

Burmann, C., Halaszovich, T., Schade, M., Klein, K. & Piehler, R. (2024). *Identitätsbasierte Markenführung. Grundlagen – Strategie – Umsetzung – Controlling.* 5., überarb. u. erw. Aufl. Wiesbaden: Springer Gabler. https://doi.org/10.1007/978-3-658-44931-5

Fazio, R. H. (1990). Multiple processes by which attitudes guide behavior: The MODE model as an integrative framework. In M. P. Zanna (Hrsg.), *Experimental social psychology 23* (S. 75–109). Academic Press.

Frey, D., Stahlberg, D., & Gollwitzer, P. M. (1993). Einstellung und Verhalten: Die Theorie des überlegten Handelns und die Theorie des geplanten Verhaltens. In D. Frey & M. Irle (Hrsg.), *Theorien der Sozialpsychologie, 1* (S. 361–398). Huber.

Grothmann, T. (2014). Handlungsmotivierende Kommunikation von Klimawandelunsicherheiten?! Empfehlungen aus der psychologischen Forschung. In K. Beese, M. Fekkak, C. Katz, C. Körner, & H. Molitor (Hrsg.), *Anpassung an regionale Klimafolgen kommunizieren: Konzepte, Herausforderungen und Perspektiven* (S. 51–66). Oekom Verlag. https://doi.org/10.14512/9783865815972

Grothmann, T. (2017). Psychologische Eckpunkte erfolgreicher Klima(schutz)kommunikation. In I. López (Hrsg.), *CSR und Wirtschaftspsychologie: Psychologische Strategien zur Förderung nachhaltiger Managemententscheidungen und Lebensstile* (S. 221–240). Springer. https://doi.org/10.1007/978-3-662-52746-7

Grunwald, G., & Schwill, J. (2022). *Nachhaltigkeitsmarketing. Grundlagen – Gestaltungsoptionen – Umsetzung.* Schäffer-Poeschel.

Haddock, G., & Maio, G. R. (2023). Modelle der Einstellungs-Verhaltens- Beziehung. In J. Ullrich, W. Stroebe, & M. Hewstone (Hrsg.), *Sozialpsychologie* (S. 221–226). Springer. https://doi.org/10.1007/978-3-662-65297-8_7

Heiny, K., Schneider, D., Dornacher, P., Greenaway, B., McNair, O., Remke, S., & Siegler, K. (2021). *It Takes Two. Wie Industrie und Konsument*innen gemeinsam die „Attitude-Behavior-Gap“ für nachhaltige Mode schließen können.* Zalando (Hrsg.). https://corporate.zalando.com/de/attitude-behavior-gap-report. Zugegriffen am 01.01.2025.

Hörner, T. (2022). Wie Verhalten entsteht und beeinflusst werden kann. In *Werbewirkung und Controlling im Content-Marketing. Wirkmechanismen erkennen, Controlling optimieren und Strategie anpassen* (S. 95–111). Springer Gabler. https://doi.org/10.1007/978-3-658-37015-2_5

Kreutzer, R. T. (2023). *Der Weg zur nachhaltigen Unternehmensführung.* Springer Gabler. https://doi.org/10.1007/978-3-658-41051-3

Kropp, A. (2019). Grundlagen der Nachhaltigen Entwicklung. essentials. Wiesbaden: Springer Gabler. https://doi.org/10.1007/978-3-658-23072-2_6 Zugegriffen: 20.08.2024.

Masson, T., & Fritsche, I. (2021). We need climate change mitigation and climate change mitigation needs the 'We': A state-of-the-art review of social identity effects motivating climate change action. *Current Opinion in Behavioral Sciences, 42,* 89–96. https://doi.org/10.1016/j.cobeha.2021.04.006

McLeod, J. M., & Chaffee, S. H. (1973). Interpersonal approaches to communication research. *American Behavioral Scientist, 16*(4), 469–499.

Meffert, H., Burmann, C., Kirchgeorg, M., & Eisenbeiß, M. (2024). *Marketing.* Springer Gabler. https://doi.org/10.1007/978-3-658-41755-0

Moser, K., & Döring, K. (2008). Modelle und Evaluation der Werbewirkung. In B. Batinic & M. Appel (Hrsg.), *Medienpsychologie* (S. 241–268). Springer. https://doi.org/10.1007/978-3-540-46899-8_10

Newcomb, T. M. (1953). An approach to the study of communicative acts. *Psychological Review, 60*(6), 393–404.

Noelle-Neumann, E. (1991). *Öffentliche Meinung: Die Entdeckung der Schweigespirale* (Erw. Ausgabe). Ullstein.

Otto, I. M., Donges, J. F., Cremades, R., Bhowmik, A., Hewitt, R. J., Lucht, W., Rockström, J., Allerberger, F., McCaffrey, M., Doe, S. S. P., Lenferna, A., Morán, N., van Vuuren, D. P. & Schellnhuber, H. J. (2020). Social tipping dynamics for stabilizing Earth's climate by 2050. *Proceedings of the National Academy of Sciences, 117*(5), 2354-2365.

Ringel, M. (2021). *Umweltökonomie. Studienwissen kompakt.* Springer Gabler. https://doi.org/10.1007/978-3-658-33075-0

Scheff, T. J. (1967). Toward a sociological model of consensus. *American Sociological Review, 32*(1), 32–46.

Steinmetz, H., Knappstein, M., Ajzen, I., Schmidt, P., & Kabst, R. (2016). How effective are behavior change interventions based on the theory of planned behavior? A three-level meta-analysis. *Zeitschrift für Psychologie, 224*(3), 216–233. https://doi.org/10.1027/2151-2604/a000255

Stroebe, W. (2023). Strategien zur Einstellungs- und Verhaltensänderung. In J. Ullrich, W. Stroebe, & M. Hewstone (Hrsg.), *Sozialpsychologie* (S. 227–263). Springer. https://doi.org/10.1007/978-3-662-65297-8_7

Terlau, W., & Hirsch, D. (2015). Sustainable consumption and the attitude-behaviour-gap phenomenon-causes and measurements towards a sustainable development. *Journal on Food System Dynamics, International Center for Management, Communication, and Research, 6*(3), 159–174. https://doi.org/10.18461/ijfsd.v6i3.634

White, K., Habib, R., & Hardisty, D. J. (2019). How to SHIFT consumer behaviors to be more sustainable: A literature review and guiding framework. *Journal of Marketing, 83*(3), 22–49. https://doi.org/10.1177/0022242919825649

Wiederhold, M., & Martinez, L. F. (2018). Ethical consumer behaviour in Germany: The attitude-behaviour gap in the green apparel industry. *International Journal of Consumer Studies, 42*(4), 419–429.

Wintschnig, B. A. (2021). The Attitude-Behavior Gap–Drivers and Barriers of Sustainable Consumption. *Junior Management Science, 6*(2), S. 324–346.

Wolf, I., Ebersbach, B., & Huttarsch, J.-H. (2023). *Soziales Nachhaltigkeitsbarometer der Energie- und Verkehrswende 2023. Was die Menschen in Deutschland bewegt – Ergebnisse einer Panelstudie zu den Themen Energie und Verkehr.* Kopernikus-Projekt Ariadne, Potsdam-Institut für Klimafolgenforschung (PIK) (Hrsg.). https://ariadneprojekt.de/publikation/soziales-nachhaltigkeitsbarometer-2023/. Zugegriffen am 17.11.2024.

Teil III

Aufbau und Management der Nachhaltigkeitskommunikation

Aufbau der Nachhaltigkeitskommunikation

7

Inhaltsverzeichnis

Zusammenfassung

Nachhaltigkeitsmanagement und -kommunikation lassen sich nicht voneinander trennen. Nachhaltigkeitskommunikation ohne Nachhaltigkeitsmanagement hat keine substanzielle Basis, Nachhaltigkeitsmanagement ohne Kommunikation keine Verankerung in der Organisation. Beides kann parallel und miteinander verzahnt aufgebaut werden. In diesem Kapitel wird beschrieben, welche Konsequenzen das Verständnis der Nachhaltigkeitstransformation als *Lern- und Entwicklungsprozess* und die *konstitutive* Rolle der Kommunikation in der Organisation haben. Die Phasen der Transformation werden auf Basis existierender Modelle weiterentwickelt. Eine besondere Rolle spielt dabei die

---

M. Bürker, *Management der Nachhaltigkeitskommunikation*,
https://doi.org/10.1007/978-3-658-48471-2_7

zunächst spontane, ungeplante Initiierungsphase. Das veränderte Kommunikationsverständnis wird mit Blick auf Koordination, Beteiligung und Feedback im Transformationsprozess erläutert. Bei Aufbau- und Ablauforganisation für das Projekt- und Kommunikationsmanagement wird der Charakter der *doppelten Integration* der Nachhaltigkeitskommunikation herausgearbeitet. Für den synchronisierten Aufbau von Nachhaltigkeitsmanagement und -kommunikation wird ein stufen- und schrittweises Vorgehen für unterschiedliche Reifegrade mit gemeinsamen Verfahren bei Analyse, Zielfindung und Strategieentwicklung vorgeschlagen. Für Struktur, Kommunikation und Beteiligung wird eine sukzessive Erweiterung in den einzelnen Phasen entwickelt. Das Kapitel schließt mit einem Interview mit einem führenden Nachhaltigkeitsmanager eines Technologieunternehmens über die Verknüpfung von Nachhaltigkeitstransformation und -kommunikation.

Die nachhaltige Entwicklung von Unternehmen ist ein grundlegender Veränderungsprozess, der in die parallele wirtschaftliche, gesellschaftliche und globale Transformation zu mehr Nachhaltigkeit eingebettet ist. Ein systematisches Nachhaltigkeitsmanagement einzuführen und voranzutreiben, erfordert Innovationen anzustoßen, zu planen, umzusetzen, zu messen und zu steuern. Dafür müssen Mitarbeitende in der Organisation, Anteilseigner*innen und Investor*innen, Geschäfts- und Handelspartner gewonnen und beteiligt werden. Die ausgeweitete und verschärfte Berichtpflicht kann eine Initialzündung und ein Katalysator für eine erweiterte Nachhaltigkeitskommunikation sein, um Stakeholder und eine größere, interessierte Öffentlichkeit von den eigenen Nachhaltigkeitsaktivitäten zu überzeugen und an Reputation zu gewinnen.

Anders als beim klassischen Change-Management, geht es bei der Nachhaltigkeit um mehr als die Veränderung von Strategien, Strukturen und Prozessen. Es geht um einen grundlegenden Wandel der Identität von Unternehmen. Dies erfordert eine Synchronisierung und Abstimmung mit den sich gleichzeitig vollziehenden Veränderungen in Wirtschaft und Gesellschaft.

Das Problem vieler Unternehmen bei der Umstellung auf eine nachhaltige Entwicklung besteht gerade in der fortgeschrittenen, teilweise automatisierten Integration aufeinander abgestimmter interner und externer Prozesse in Echtzeit. Es gibt kaum Reserven wie Lager und Zeitpuffer. Alles muss schnell gehen und ist darauf angelegt, dass alles funktioniert – quasi automatisch ohne zusätzliche Planung, Kontrolle und Steuerung. Sobald ein Rädchen ins Stocken gerät, kann das ganze System zum Stillstand kommen. So haben es zahlreiche Unternehmen während der Corona-Pandemie erlebt, wenn die Produktion heruntergefahren wurde und Lieferketten in Stocken gerieten. Das bedeutet umgekehrt, dass die Nachhaltigkeitstransformation nicht mit bestehenden Bordmitteln geleistet werden kann. Das haben die in Kap. 2 dargestellten Ergebnisse von Unternehmensbefragungen eindrücklich gezeigt.

Zusätzlich gilt es, aus den Schwierigkeiten und Lerneffekten bei Veränderungsprozessen Schlüsse für ein anderes Vorgehen zu ziehen. Dies erfordert einen veränderten

Umgang mit Sorgen, Vorbehalten, Skepsis und Widerständen gegenüber Veränderungen. Aus dem veränderten Verständnis von Kommunikation für die Bildung, Erhaltung und Reproduktion der Organisation resultiert ein neues Zusammenspiel von Unternehmensführung, Nachhaltigkeitsmanagement und Kommunikationsmanagement.

7.1   Nachhaltigkeitstransformation als Lern- und Entwicklungsprozess

Wirtschaft und Gesellschaft kennen das Ziel der Nachhaltigkeitstransformation nicht als Endziel, sondern nur als Entwicklung zu mehr Nachhaltigkeit. Wege und Ziele sind vielfältig, kontingent, beweglich und offen. Organisationen müssen sich auf Unsicherheiten, Veränderungen und Überraschungen einstellen. Sie müssen lern- und entwicklungsfähig und -bereit sein. Es geht um Veränderungen dritter Ordnung: nicht einfach Veränderungen oder veränderte Strukturen und Prozesse, sondern ein veränderter Umgang mit Veränderungen (Abschn. 4.4).

Wenn Change-Management das Steuern eines Prozesses zu einem klar definierten Ziel ist, dann sind Transformationen Lern- und Entwicklungsprozesse. Das bedeutet eine Abkehr vom bewussten, rationalen Planungs- und Steuerungsoptimismus der Managementlehre. Sie war geprägt von einer zunehmenden Verfeinerung der Analyse- und Planungsmethoden (Mintzberg et al., 2007, S. 65–80, 120–131), die bis heute anhält (exemplarisch: Welge et al., 2024, S. 309–430; Schreyögg & Koch, 2020, S. 149–257). Dem stehen Ansätze gegenüber, die die zunehmende Unberechenbarkeit von externen Einflüssen und Entwicklungen aufgrund von Instabilität, Unsicherheit, Komplexität und Vieldeutigkeit (VUCA) berücksichtigen und vor allem auf Reaktions- und Anpassungsfähigkeit setzen (Welge et al., 2024, S. 151–152).

Erfolgsfaktoren für die erfolgreiche Navigation in komplexen und volatilen Umfeldern (ausgewählte Ergebnisse aus Studien)
- Innovation und Kreativität
- Agilität und Flexibilität (z. B. agile Führung, flexible KPIs)
- Dynamische Planung (z. B. Szenarienplanung)
- Dezentralisierte Entscheidungsfindung
- Betonung von Lernen und Innovation (z. B. Kultur des Experimentierens in Nischen)
- Stakeholder-Management
- Aufbau von Widerstandsfähigkeit (Resilienz)
- Stärkung der Kommunikation (kontinuierliche Transparenz)
- Investitionen in Technologie und Datenanalyse (z. B. Echtzeitdaten)

(Quelle: Welge et al., 2024, S. 152–155)

Mit der gestiegenen Vielzahl an Einflussfaktoren und ihren Wechselwirkungen werden eindeutige Aussagen über Ursache-Wirkungs-Zusammenhänge beinahe unmöglich. Analysen, Prognosen und längerfristige Planungen verlieren an Aussagekraft und Verlässlichkeit. Dagegen gewinnen Innovationen, Kreativität, dynamische Planung, agile Führung, Fehlertoleranz und Teamresilienz, Experimente, neue Lernformate und Unternehmenskultur an Bedeutung (Welge et al., 2024, S. 153–155).

Je nach aktueller Situation, Branchenzugehörigkeit sowie spezifischen Unternehmenswerten und -kulturen benötigen Unternehmen individuelle Zugänge zur Nachhaltigkeitstransformation. Die notwendigen strategischen Veränderungen lassen sich eher als *Prozesse*, weniger als *Projekte* begreifen. Nachhaltigkeit ist kein Zustand, den es zu erreichen gilt, sondern eine dauerhafte, prinzipiell nicht endende Anstrengung – eine nachhaltige Entwicklung im doppelten Sinn: als Entwicklung in Richtung mehr Nachhaltigkeit und als Entwicklung, die selbst nachhaltig ist. Die Abläufe sind dynamisch und weniger berechenbar. Sie erfordern eine iterative, kybernetische Planung sowie ein begleitendes Change-Management, die die Schritte vom angestrebten Ergebnis her entwickeln (retrograd).

Entscheidend für den Erfolg der nachhaltigen Entwicklung von Unternehmen ist das Verständnis der Veränderungen, die auf Unternehmensleitungen, Führungskräfte und Mitarbeitende zukommen. Sie sind grundlegender Natur und gehen deutlich über klassische Change-Projekte hinaus.

▶ **Kennzeichen von Transformationen (im Gegensatz zu Change-Projekten)**
- Spontaner Beginn
- Schnell wachsende Komplexität und Kontingenz
- Einbeziehung aller Unternehmensbereiche, Routinen und Verhaltensweisen
- Steigende Eigendynamik durch beobachtende und beteiligte interne und externe Akteur*innen
- Nur bedingt rational vorhersehbar, planbar und steuerbar
- Unsicherer Verlauf, kontinuierliche, unberechenbare Veränderungen
- Sich verändernde Ziele, Barrieren und Erfolgschancen im Prozess
- Keine Rückkehr zum vorherigen Normalzustand
- Nicht endender Prozess, offenes Ende

7.1.1   Phasen der nachhaltigen Entwicklung und Transformation

Der Verlauf der Nachhaltigkeitstransformation vollzieht sich idealtypisch in einem generischen Prozess mit mehreren, sich teilweise überschneidenden Entwicklungsschritten:

- **Initiierung**: Emergente Phase spontaner, organischer, nicht geplanter, freiwilliger Ideen und informeller Initiativen in der Organisation, Auslöser können interne und externe Anlässe und Impulse sein.

- **Institutionalisierung**: Phase der verstärkten Selbstorganisation und Verfestigung von Strukturen und Prozessen mit Kick-off, Grundsatzentscheidungen, Struktur- und Ordnungsbildung sowie Nachhaltigkeitsstrategie.
- **Implementierung**: Phase der Einführung neuer bzw. Veränderung bestehender Aufbau- und Ablauforganisation (Rollout).
- **Laufende Umsetzung**: Phase der kontinuierlichen Umsetzung, Messung und Steuerung von geplanten Maßnahmen.
- **Weiterentwicklung**: Ergebnisoffene und zeitlich offene Phase der kontinuierlichen Verbesserung von Strukturen und Prozessen.

Erste Nachhaltigkeitsinitiativen in Unternehmen entstehen oftmals organisch und urwüchsig. Mitarbeitende beginnen mit Veränderungen in ihren Abteilungen und Teams, von Vertreter*innen der Unternehmensleitung kommen einzelne Impulse. Anfragen von Kund*innen stoßen Prozesse in Produktentwicklung und Vertrieb an. All dies geschieht zunächst isoliert, ohne systematische Verknüpfung in der Organisation. Erst nach einer Phase der Selbstorganisation werden grundlegende Systematik, Strukturen und Prozesse entwickelt. Für den Prozess der nachhaltigen Entwicklung wird ein Modell mit fünf Phasen vorgeschlagen (Abb. 7.1).

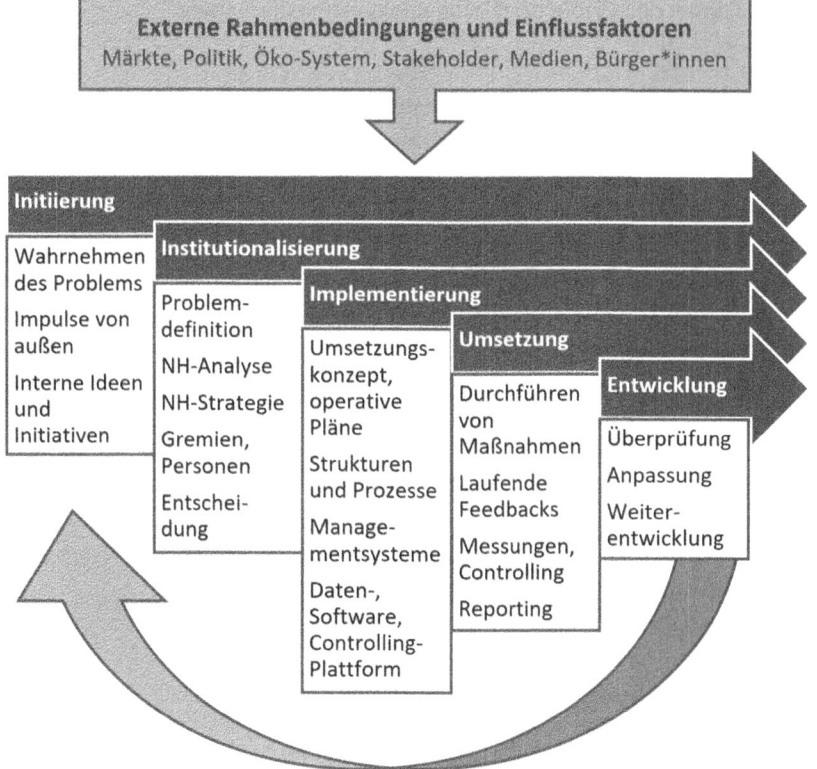

Abb. 7.1 Generische Phasen der nachhaltigen Entwicklung von Organisationen. (Eigene Darstellung; in Anlehnung an Nölting & Schmidt, 2022, S. 89)

Insbesondere in der Initiierungsphase spielt die sukzessive Selbstorganisation auf Basis der Impulse und Sichtweisen von innen und außen eine zentrale Rolle. Welche externen Impulse die Organisation als Anlass und Auslöser für Nachhaltigkeitsbestrebungen nutzt bzw. nutzen kann, hängt von ihrer Sensibilität für Unterschiede zwischen Innen- und Außensicht, ihrem Umfeldmonitoring sowie ihrer Lernkultur (Offenheit, Neugier, Veränderungsbereitschaft, Fehlertoleranz) ab. Erst auf der Basis von Entscheidungen über die Aufbau- und Ablauforganisation für die Nachhaltigkeitstransformation treten Unternehmen in die Institutionalisierungsphase ein.

Diese Transformationsschritte erfordern eine hohe Lern- und Entwicklungsbereitschaft und -fähigkeit bei allen beteiligten Akteur*innen in Unternehmen. Das gilt zunächst für Unternehmensleitungen und Führungskräfte. Sie müssen die Transformation nicht nur vorantreiben. Sie müssen bereit sein, sich selbst zu verändern und als Vorbilder glaubwürdig und verantwortlich handeln.

Mitarbeitende in einer Rolle zu sehen, in der sie mitgenommen und aktiviert werden, greift zu kurz. Nach dem Prinzip der doppelten Kontingenz haben nicht nur Unternehmensleitungen und Management, sondern alle Mitarbeitenden Möglichkeiten des Andersseins. Sie sind keine passiven Akteur*innen. Sie besitzen oft mehr, auf jeden Fall alternatives Wissen über notwendige Veränderungen als Vorgesetzte und Unternehmensleitungen. Nicht selten wissen sie besser, was funktionieren kann und was nicht. Mitarbeitende sind aktive Mitgestalter (Co-Creators). Sie mit ihrem Wissen nicht zu berücksichtigen und einzubinden, gefährdet den Erfolg der Nachhaltigkeitstransformation.

Lern- und Entwicklungsziele in der Nachhaltigkeitstransformation
Auf der Ebene der Organisation als Ganzes
- Probleme und Herausforderungen erkennen und verstehen
- Eigene Stärken erkennen und ausbauen
- Schwächen erkennen und abbauen
- Motivation, Wissen und Fähigkeiten der Mitarbeitenden einbinden und nutzen
- Austausch der Unternehmensbereiche und Hierarchieebenen fördern
- Aufbau- und Ablauforganisation (Strukturen und Prozesse) weiterentwickeln
- Routinen und Verhaltensmuster überwinden
- Positive und negative Effekte, aber auch Barrieren erkennen

Auf der Ebene der Personen als Individuen
- Bewusstsein und Wissen über Nachhaltigkeit auf- und ausbauen
- Handlungsbedarf, Unternehmensziele und -strategie kennen und verstehen
- Strukturen und Prozesse kennen und verstehen
- Verantwortungsbewusstsein aufbauen und stärken
- Vertrauen in eigene Kompetenzen und Wirksamkeit stärken
- Veränderungsbereitschaft entwickeln und nachhaltige Entwicklung aktiv unterstützen

(Quelle: in Anlehnung an Rohn et al., 2001, S. 12–13)

Tab. 7.1 Framework Inner Development Goals. (IDG, 2021, S. 12; eigene Übersetzung)

Sein	Denken	Beziehung	Zusammenarbeit	Handeln
Beziehung zu sich selbst	Kognitive Fähigkeiten	Fürsorge für andere und die Welt	Soziale Kompetenzen	Wandel vorantreiben
Innerer Kompass	Kritisches Denken	Wertschätzung	Kommunikations- und Konfliktfähigkeiten	Mut
Integrität und Authentizität	Bewusstsein für Komplexität	Verbundenheit	Fähigkeiten zur Kooperation und Mitgestaltung	Kreativität
Offenheit und Lernbereitschaft	Einnahme unterschiedlicher Perspektiven	Bescheidenheit	Integrative Denkweise und interkulturelle Kompetenz	Zuversicht
Eigenwahrnehmung und Selbsterkenntnis	Sinnstiftung	Einfühlungsvermögen und Mitgefühl	Vertrauen	Beharrlichkeit
Bewusstsein für den Moment	Langfristige Orientierung und Visionen		Fähigkeit zur Mobilisierung	

Einen Weg, individuelle Fähigkeiten von Mitarbeitenden für eine nachhaltigere Zukunft zu fördern, bietet das Framework der *Inner Development Goals* (IDG, 2021). Das Konzept nimmt seinen Ausgang von den enttäuschenden Ergebnissen in Politik und Wirtschaft und lenkt den Blick auf die Förderung der persönlichen Entwicklung (Harz-Vrátil, 2024, S. 19–21; IDG, 2021, S. 19–21). In einem Forschungsprozess mit qualitativen Experten-Workshops und einer zweistufigen quantitativen Befragung wurden fünf Dimensionen mit 23 Kompetenzen identifiziert (Tab. 7.1) (S. 6–24). Sie sollen als *innere Entwicklungsziele* in die Organisations- und Personalentwicklung integriert werden und die Nachhaltigkeitstransformation unterstützen.

Wenn der Lern- und Entwicklungsprozess der Nachhaltigkeitstransformation bewegliche Ziele, vielfältige Wege und ein offenes Ende hat, dann wirken letztlich alle Akteur*innen in der Organisation mit. Dann gibt es keine Widerstände, sondern nur alternative Ziele und Wege. Ein hierarchie-zentrierter, effizienz-orientierter Top-down-Prozess ist dann nur eine Variante von vielen.

Welchen konkreten Weg die Transformation der Organisation nimmt, ist das Ergebnis eines sozial-evolutionären Prozesses aus internen Initiativen (Variation), Entscheidungen (Selektion) und Umsetzung (Retention). Kommunikation ist dabei der zentrale Faktor. Sie ermöglicht, Ideen zu thematisieren, Handlungsalternativen zu diskutieren und vereinbarte Maßnahmen zu koordinieren. Zugleich fördert die Rückkopplung durch Feedbacks, Messungen und Evaluation den institutionellen Lern- und Entwicklungsprozess.

7.2   Verständnis und Rolle der Kommunikation in der Nachhaltigkeitstransformation

Nachhaltigkeitskommunikation wird verstanden als das Management der Kommunikation über das Thema Nachhaltigkeit in den Beziehungen zwischen Organisationen und ihren Stakeholdern. In diesem engeren Sinn erfolgt sie stets bewusst, gezielt, geplant und gesteuert. Impulse dazu können von innen oder außen kommen. In einem weiteren, *organisations- und gesellschaftsbezogenen* Sinn kann sie sich auch spontan, ungeplant und nicht gesteuert ereignen (*Emergenz*). Mit Blick auf die zeitgleiche Digitalisierung (*Twin Transition*) muss die Nachhaltigkeitskommunikation selbst nachhaltig sein, um Rebound-Effekte durch Nutzung digitaler Ressourcen (z. B. beim Einsatz künstlicher Intelligenz) zu vermeiden.

Verständnis von Nachhaltigkeitskommunikation

- *Gesellschaftsbezogen* ist Nachhaltigkeitskommunikation (im weitesten Sinn) jede Kommunikation in der Gesellschaft, die ökologische, soziale und ökonomische Nachhaltigkeit thematisiert.
- *Organisationsbezogen* ist Nachhaltigkeitskommunikation (im weiteren Sinn) die Kommunikation in und von Unternehmen und Organisationen über Nachhaltigkeit.
- *Managementbezogen* ist Nachhaltigkeitskommunikation (im engeren Sinn) der systematische, strukturierte, methodisch und empirisch gestützte Managementprozess aus Analyse, Planung, Umsetzung und Steuerung der internen und externen Kommunikation über Nachhaltigkeit.
- *Nachhaltigkeitsbezogen* ist Nachhaltigkeitskommunikation (im engsten Sinn) selbst nachhaltig, wenn sie ökologisch, sozial und ökonomisch langfristige Wirksamkeit über kurzfristige Erfolge stellt. ◄

7.2.1   Unternehmenskommunikation als Beziehungsmanagement

In der Nachhaltigkeitstransformation benötigen Unternehmen und Organisationen die Akzeptanz und Unterstützung ihrer Stakeholder. Das setzt einen Perspektivwechsel in den Beziehungen zu Stakeholdern voraus. Diese Beziehungen entstehen durch wechselseitige Beobachtung und werden durch Kommunikation reproduziert und am Leben gehalten (Bürker, 2020, S. 16). In Kommunikationsbeziehungen sind Mitteilungen Angebote, die auch ignoriert oder abgelehnt werden können. Damit sind die Empfänger*innen (= Stakeholder) in einer stärkeren Position. Die Arbeiten von Watzlawick et al. (1990) und Schulz von Thun (1981) haben diese besondere Bedeutung der Beziehungsebene der Kommunikation hervorgehoben. Sie erfordert, Stakeholder als Akteur*innen der Nachhaltigkeitstransformation einzubeziehen und eine entsprechende Vielfalt der Sichtweisen zuzulassen.

Die amerikanische PR-Wissenschaft misst der Beziehungsperspektive in der Kommunikation von Organisationen einen größeren Wert bei (Grunig, 1993, S. 288–291; Dozier, 1993, S. 230–232). Sie berücksichtigt die Beziehungen zu Stakeholdern, wie sie von beiden Seiten gesehen werden (Hon & Grunig, 1999, S. 25). Entsprechend lautet die offizielle PR-Definition der Public Relations Association of America (PRSA): „Public relations is a strategic communication process that builds mutually beneficial relationships between organizations and their publics." (Elliot, 2012).

Formen von Kommunikationsbeziehungen
- Direkte personelle Beziehungen (Face-to-face)
- Indirekte, durch Multiplikator*innen vermittelte Beziehungen (z. B. durch Journalist*innen oder Influencer)
- Indirekte, mediengestützte Beziehungen (z. B. via Internet)
- Kommunikationsbeziehungen (Beziehungen ausschließlich auf der Basis von Kommunikation)
- Kommunikationsnetzwerke (verknüpfte Beziehungen mit direkten Kontakten und indirekten Kontakten 2. und 3. Grades)
- Transaktionsbeziehungen (Tauschbeziehungen auf der Basis wechselseitiger Leistungen)

(Quelle: Bürker, 2020, S. 20–21)

Doch in den gängigen Techniken und Methoden der Analyse, Planung und Evaluation werden Beziehungen nicht als Einheit betrachtet, sondern jeweils nur eine Seite der Beziehung: die Zielgruppe (Bürker, 2020, S. 4–5, 10). Entsprechend wird Kommunikation oft als einseitig gerichtete Kommunikation praktiziert. Kommunikationsziele werden fast ausschließlich an den Zielgruppen festgemacht.

Dabei kann die Berücksichtigung von Kommunikationsbeziehungen Impulsgeber sein für Wertschöpfung, Innovation und Veränderung wie es in den Konzepten des *Shared Value* und der *identitätsbasierten Markenführung* deutlich wird. Beziehungen ermöglichen Kooperationsgewinne durch wechselseitiges Geben und Nehmen. So wären Transaktionen ohne Kommunikation gar nicht möglich.

Die Unberechenbarkeit der Kommunikation aufgrund dieser *doppelten Kontingenz* und der wechselseitigen Asymmetrie in der Kommunikationsbeziehung erfordert eine mitlaufende wechselseitige Beobachtung, um den Kommunikationserfolg abzusichern (Bürker, 2020, S. 14). Entsprechend orientieren sich Menschen und Organisationen an anderen Menschen und Organisationen (Abschn. 6.9). Diese gleichzeitige Orientierung an Themen und am jeweiligen Gegenüber (*Koorientierung*) ist nicht beschränkt auf Face-to-face-Kommunikation. Sie findet auch in der medialen Kommunikation statt.

Wechselseitiges Verständnis, Akzeptanz und Einverständnis (Konsens), aber auch Miss-
verstehen und Dissens entstehen auf der Basis von wechselseitigen Erwartungen sowie
Selbst- und Fremdbeobachtung. Im Sinne des *Nachrichten-Quadrats* von Schulz von Thun
fragen sich Teilnehmende an Kommunikationen immer auch: Was möchte mein Gegenüber
von mir? Wie sieht sie/er mich? Der Wechsel von der Absender- zur Beziehungsperspektive
erfordert, alle vier Aspekte von Kommunikationsbeziehungen (Sender*in, Empfänger*in,
Mitteilung, Effekt) bei Analyse, Planung und Controlling zu berücksichtigen.

> **Größen für die Definition und Messung der Beziehungsqualität**
> * Das Ausmaß gegenseitiger *Einflussnahme* und *Kontrolle*
> * Die *Zufriedenheit* durch positive Kosten-/Nutzen-Erwartungen
> * Das *Vertrauen* auf Basis von Integrität, Zuverlässigkeit und Kompetenz
> * Die *Verpflichtung* zur Aufrechterhaltung der Beziehung
>
> (Quelle: Hon & Grunig, 1999, S. 16–18)

7.2.2 Leistungen und Aufgaben der Nachhaltigkeitskommunikation

Zentrale *Leistungen* (Funktionen) der Nachhaltigkeitskommunikation sind – wie für jede
Unternehmenskommunikation (vgl. Zerfaß, 2022, S. 41–46): die *Integration* und *Koordi-
nation* von Handlungen in Face-to-Face-Situationen und direkten Interaktionen
(*Nahbereich*) sowie in Situationen der raum-zeitlichen Distanz und medial vermittelten
Kommunikation (*Fernbereich*).

Demnach dient die Nachhaltigkeitskommunikation:

* der Klärung von ökologischen, sozialen und ökonomischen Interessen zwischen Unternehmen und ihren Stakeholdern,
* die Nachhaltigkeitstransformation durch interne und externe Koordination von ökologischen, sozialen und ökonomischen Handlungen zu unterstützen und zu begleiten,
* der Beschreibung, Definition und Interpretation von Situationen und Handlungen im
Zusammenhang mit der nachhaltigen Entwicklung.

Damit trägt die Nachhaltigkeitskommunikation zum Erreichen vielfältiger Ziele bei
(Abschn. 3.6):

In Unternehmen und Organisationen (Mikro-Ebene) hilft sie das Engagement, die
Zufriedenheit und Loyalität der Mitarbeitenden zu stärken und zu sichern.
Auf Absatz-, Personal- und Kapitalmärkten (Meso-Ebene) trägt sie zur Profilierung
und Differenzierung im Wettbewerb bei und schafft so Wettbewerbsvorteile.

Aus einer gesellschaftlichen Perspektive (Makro-Ebene) kommen die Integration in die Gesellschaft auf der Basis von Legitimation und Akzeptanz durch nachhaltiges Handeln hinzu (Licence to operate).

Aus kommunikativer Sicht baut sie dafür Nachhaltigkeitsthemen auf und besetzt sie (Agenda-Building, Agenda-Setting). Sie ermöglicht Austausch und Feedback und trägt zur Stärkung der Glaubwürdigkeit und zur Verringerung von Risikopotenzialen bei.

Aus der Sicht von Unternehmen trägt die Nachhaltigkeitskommunikation zur *Wertschöpfung* bei, indem sie die kommunikativen Voraussetzungen für das Verfolgen der übergeordneten, strategischen Unternehmensziele schafft und so zum Erreichen beiträgt. Daraus leiten sich die spezifischen *Aufgaben* der Nachhaltigkeitskommunikation entlang des Managementprozesses ab: von der Situations- und Umfeld-Analyse über die strategische, taktische und operative Planung sowie die Umsetzung von Maßnahmen bis zum begleitenden Kommunikationscontrolling (Abschn. 8.1).

Generelle Aufgaben der Nachhaltigkeitskommunikation
- Analyse der Situation, Interessen und Handlungen im Nah- und Fernbereich
- Konzeption und Planung von Kommunikationsstrategie und -maßnahmen
- Beratung der Unternehmensleitung und Führungskräfte
- Information der Stakeholder-Gruppen
- Initiierung und Moderation von Austauschprozessen und Dialogen
- Beobachtung, Listening und Monitoring der Stakeholder sowie der Medien- und Kommunikationskanäle
- Evaluation und Steuerung von Kommunikationsstrategie und -maßnahmen
- Begleitung und Unterstützung des Change- und Transformationsmanagements

---

Mit diesen Leistungen und Aufgaben ist die Nachhaltigkeitskommunikation stets Teil von drei Kontexten in Unternehmen und Organisationen:

- Sie ist **Teil unternehmerischer bzw. organisationaler Verantwortung** für Wirtschaft und Gesellschaft (*Corporate Social Responsibility*), indem sie Antworten auf ökologische, soziale und ökonomische Fragen gibt.
- Sie ist **Teil des Nachhaltigkeitsmanagements**, indem sie die Nachhaltigkeitstransformation von Unternehmen und Organisationen kommunikativ ermöglicht, begleitet und unterstützt.
- Sie ist **Teil der Unternehmenskommunikation**, indem sie den strategischen Vorgaben des übergeordneten Kommunikationsmanagements folgt, sich in deren Taktiken einfügt und mit operativen Plänen und Maßnahmen anderer Kommunikationsdisziplinen abstimmt.

7.2.3   Aufgaben und Funktionen der Kommunikation im Prozess der Nachhaltigkeitstransformation

Im Prozess der Nachhaltigkeitstransformation erhält die Nachhaltigkeitskommunikation mit dem Verständnis von Kommunikation als konstitutivem Element von Organisationen eine neue Rolle und Funktion. Ihr kommt nicht nur die Aufgabe zu, über die Nachhaltigkeitsaktivitäten des Unternehmens bzw. der Organisation zu informieren und Stakeholder zu überzeugen. Sie begleitet und unterstützt den Prozess der Transformation von Beginn an – sie ist der Prozess. Alles, was geschieht, kann nur angeregt, diskutiert, geplant und gesteuert werden, wenn es Gegenstand von Kommunikation ist.

Mitarbeitende machen erste Vorschläge für mehr Nachhaltigkeit im Unternehmen. Produktionsverantwortliche diskutieren Umstellungen für verminderten Energie- und Ressourcenverbrauch. In Büros appellieren Kolleg*innen, auf Ausdrucke und Kaffeekapseln zu verzichten. Im Top-Management werden Vorgaben für Geschäftsreisen und Firmenfahrzeuge geändert. Sobald über Nachhaltigkeit gesprochen und diskutiert wird, ist das Thema existent und verbreitet sich. Der Impuls kann von außen kommen oder von innen. Er muss auf jeden Fall die Grenze der Organisation überschreiten und intern formuliert werden. Erst danach können sich Gremien bilden, Strategien formuliert, Handlungsalternativen diskutiert und Maßnahmen entschieden, eingeführt und umgesetzt werden.

In den einzelnen Phasen der Nachhaltigkeitstransformation übernimmt die Kommunikation unterschiedliche Aufgaben und Funktionen. Der Schwerpunkt liegt vor allem bei Austausch, Abstimmung und Koordination. Information ist dabei eine wichtige, aber keine hinreichende Bedingung. Kommunikation ist eine *Enabling Function*, sie ermöglicht überhaupt erst die Initiierung, Institutionalisierung, Implementierung, laufende Umsetzung und Weiterentwicklung von Veränderungen. Die Nachhaltigkeitskommunikation ist als Kehrseite einer Medaille untrennbar mit dem Nachhaltigkeitsmanagement verbunden.

Aufgaben und Funktionen von Kommunikation in der Nachhaltigkeitstransformation
- **Initiierung**: Ermöglichen von Impulsen und Austausch durch informelle Kommunikation, Zulassen und Stärken von Gesprächen, Diskussionen und Entscheidungen über Ideen und Initiativen. Vielfalt von Sichtweisen zulassen.
- **Institutionalisierung**: Schaffen eines Rahmens für den Austausch über die Organisation und Formalisierung der Strukturen und Prozesse (z. B. Gremien, Strategien, Pläne). Anhören, Beteiligen und Integrieren der internen und externen Stakeholder-Gruppen durch Information und Dialog. Entscheidungen über Gremien, Ziele und Aufgaben, Zuständigkeiten und Verantwortungsbereiche.
- **Implementierung**: Informieren, Integrieren, Abstimmen und Koordinieren bei der Einrichtung neuer Strukturen und Prozesse. Sicherstellen von Feedback-Möglichkeiten durch Kommunikation. Koordinieren und Unterstützen der Veränderungen bei der Leistungserstellung. Begleitende Information und Feedback-Möglichkeiten beim Umsetzen und Einüben der neuen Strukturen und Prozesse.

> - **Laufende Umsetzung**: Koordinieren und Unterstützen bei der veränderten Leistungserstellung. Ermöglichen, laufendes Einholen und Auswerten von Feedback. Sicherstellen und Begleiten von Prüfungen und Messungen. Aufbereiten von laufenden Mess- und Controlling-Ergebnissen.
> - **Weiterentwicklung**: Ermöglichen von Feedback. Austausch, Diskussion und Entscheidungen über die Korrektur und Weiterentwicklung von Zielen und Maßnahmen.

Das Management der Nachhaltigkeitskommunikation ermöglicht dann, den gesamten Prozess der Transformation von den Herausforderungen der Kommunikation her zu denken: Wie werden Pläne bekannt gemacht? Wie werden Mitarbeitende zu Unterstützern? Wie kann Sorgen, Vorbehalten und Widerständen begegnet werden? Wie lassen sich Kapitalgeber gewinnen? Wie werden Kund*innen und Geschäftspartner*innen überzeugt? Wie werden erste Erfolge kommuniziert? Wie werden Ergebnisse dokumentiert und berichtet? Wenn diese Kommunikationsakte nicht gelingen, kann auch die Nachhaltigkeitstransformation nicht gelingen.

Daraus folgt ein anderes Verständnis von Kommunikation. Die Organisation ist der Rahmen bzw. die Plattform für das Aushandeln der unterschiedlichen Interessen der Stakeholder. Kommunikation ermöglicht diesen Austausch. Sie erzeugt die Organisation, wie sie von ihren Mitgliedern gesehen, erlebt und gelebt wird. Umfang und Tiefe der Veränderungen sind allein mit den Mitteln und Möglichkeiten der *formalen* Organisation und der formellen Kommunikation kaum zu erreichen. So verändert sich die Funktion der Nachhaltigkeitskommunikation vom operativen Umsetzer zum strategischen Gestalter der Nachhaltigkeitstransformation.

7.2.4 Kommunikation als Scharnier zwischen Mitarbeiterhandeln und Unternehmenskultur

Mit der veränderten Sicht auf die Kommunikation rückt die Unternehmens- bzw. Organisationskultur als *informale* Seite der Organisation stärker in den Blick. Erst die Veränderung von sichtbaren (expliziten) Faktoren wie beobachtbares Verhalten von Personen und Teams, Führungsleitlinien und Rollen sowie weniger oder nicht sichtbaren (impliziten) Faktoren wie Überzeugungen, Werte und Glaubenssätze (von Hehn et al., 2021, S. 3; Kühl & Muster, 2016, S. 19–20) ist Ausdruck eines grundlegenden Wandels.

Dabei greifen sichtbare Handlungsweisen und organisationale Strukturen ineinander (*Strukturation*): Konsistentes Verhalten stabilisiert und stärkt bestehende Strukturen. Verändertes, abweichendes Verhalten löst Veränderungen der Struktur aus. Die Strukturen bestehen aus der *formalen* und *informalen* sowie der *Schauseite* der Organisation (Kühl &

Muster, 2016, S. 17–18). Die Veränderung der Unternehmens- und Organisationskultur vollzieht sich jenseits von Plänen und Programmen für den Kulturwandel auf allen drei Seiten:

- Führungskräfte als Vorbilder und unterstützende Mitarbeitende (Change Agents) zeigen ein sichtbar verändertes Verhalten.
- Das veränderte Verhalten wird auf der internen Schauseite der Organisation begründet und gezeigt (*Corporate Story* sowie kontinuierliche Selbstbeschreibung und Dokumentation durch die interne Kommunikation).
- Mitarbeitende übernehmen sukzessive das veränderte Verhalten.
- Die Veränderungen werden auf der sichtbaren, formalen Seite der Organisation institutionalisiert (*Corporate Vision, Mission Statement, Leitbild*).

Im Sinne der Strukturationstheorie von Giddens (vgl. Röttger, 2022a, S. 362–364) ist die Unternehmens- und Organisationskultur nicht nur Folge von Veränderungen. Eine Kultur, die offen ist für Neues, die Experimente zulässt und Fehler akzeptiert, kann diese Veränderungen nicht nur unterstützen, sondern sogar verstärken. Eine stark traditions- und hierarchie-orientierte Kultur wird sich dagegen schwertun mit der Nachhaltigkeitstransformation und die nachhaltige Entwicklung der Organisation eher hemmen.

7.3   Doppelte Integration der Nachhaltigkeitskommunikation

Die Nachhaltigkeitstransformation umfasst die gesamte Organisation. Das erfordert, alle Unternehmensbereiche und -einheiten, Unternehmensleitung wie Führungskräfte und alle Mitarbeitenden einzubeziehen – vom Marketing über den Personalbereich bis zum Finanzmanagement. In diesem Sinn handelt es sich um ein *integrales* Verständnis der Nachhaltigkeitskommunikation, das auf einer *doppelten Integration* in a) die Unternehmensorganisation und b) die Unternehmenskommunikation basiert. Damit wird sie zu einer Funktion von Unternehmensführung, Nachhaltigkeits- und Kommunikationsmanagement (Abb. 7.2).

7.3.1   Schnittstellen zu Unternehmensbereichen und -einheiten

Für die umfassende Transformation muss die Nachhaltigkeitskommunikation mit allen Unternehmensbereichen und -einheiten sowie allen Handlungsfeldern der Unternehmenskommunikation verknüpft sein (Abb. 7.3). Das Kommunikationsmanagement muss Schnittstellen zu allen Geschäftsbereichen bzw. Organisationseinheiten mit Wertschöpfungs- und Unterstützungsfunktionen aufbauen und entwickeln. Sie muss zugleich sicherstellen, dass Informationen aus den Bereichen in die Kommunikationsabteilung fließen und umgekehrt.

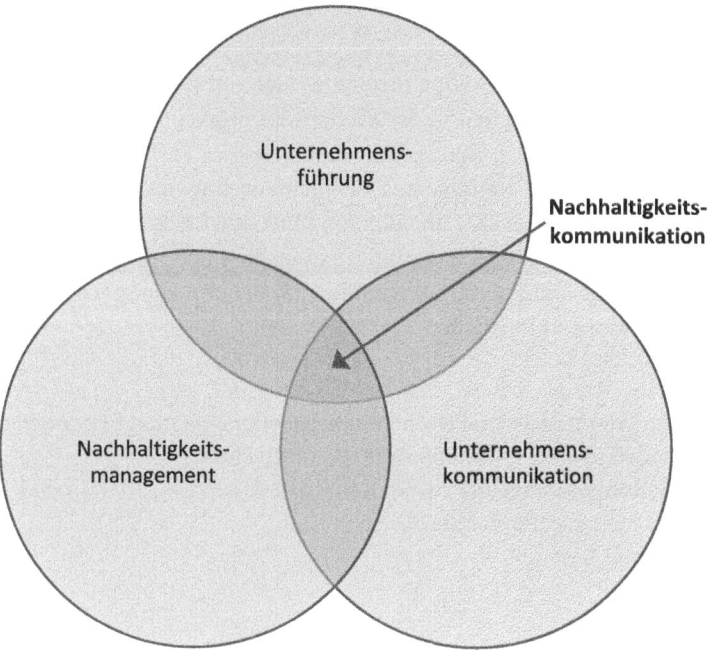

Abb. 7.2 Nachhaltigkeitskommunikation als Funktion von Unternehmensführung, Nachhaltigkeitsmanagement und Unternehmenskommunikation. (Eigene Darstellung)

Abb. 7.3 Schnittstellen der Nachhaltigkeitskommunikation im Unternehmen. (Eigene Darstellung)

Im Sinne der doppelten Integration handelt es sich um *zweiseitige* Beziehungen zwischen den Unternehmenseinheiten in der Wertschöpfungskette und der Nachhaltigkeitskommunikation: Alle Einheiten sind sowohl Inputgeber als auch Outputlieferanten. Prinzipiell können alle Bereiche Beiträge zur nachhaltigen Entwicklung liefern und von ihr profitieren. Die Nachhaltigkeitskommunikation unterstützt beim Aufbau von Kommunikationsschnittstellen und ermöglicht so Informationsfluss und Austausch. Zugleich erhält sie Input für die interne und externe Kommunikation in Form von spezifischen, fachlichen und aktuellen Themen und Inhalten.

> **Exemplarische Schnittstellen der Nachhaltigkeitskommunikation zu betrieblichen Primärfunktionen in der Wertschöpfungskette (nach Porter)**
> * Eingangs- und Ausgangslogistik
> * Leistungserstellung (Produktion/Dienstleistung)
> * Marketing und Vertrieb
> * Services

Hier erweist sich die zunehmende Integration der unterschiedlichen Kommunikationsdisziplinen in einer Organisationseinheit als problematisch. Das Zusammenführen zu einer integrierten Kommunikationsfunktion hat dazu geführt, dass die Mitarbeiter-, Marketing- und Finanzkommunikation aus ihren angestammten Organisationseinheiten Personal, Marketing/Vertrieb und Finanzen herausgelöst und nicht selten entkoppelt wurden (Bürker, 2023, S. 20–22). Die Mitarbeiter- bzw. Arbeitgeberkommunikation ist nicht mehr Teil der Personalabteilung. Die Finanzkommunikation ist nicht mehr im Finanzressort angesiedelt. Das Marketing (eigentlich: Marketingkommunikation) ist organisatorisch getrennt von Produktmanagement und Vertrieb (S. 23).

Einen Ansatz für die Schaffung von Schnittstellen bietet das *Newsroom*-Konzept, wenn es nach dem Modell des Journalismus *Korrespondenten* in den Unternehmensbereichen installiert. Sie liefern Nachrichten für die Nachhaltigkeitskommunikation und als *Nachhaltigkeitsbotschafter* tragen sie die Themen der Nachhaltigkeitstransformation in die Organisation.

Eine Alternative bietet das Modell der *Spiegelreferate* aus der Regierungspolitik. Sie übernehmen dieselben Aufgaben wie eine andere Organisationseinheiten und haben vor allem eine fachlich-koordinierende Funktion (Mai, 2024, S. 558–559). So können in der Kommunikationsabteilung und in den verbundenen Unternehmensbereichen und -einheiten Koordinationsstellen für die jeweils andere Seite eingerichtet werden, die den wechselseitigen Informationsfluss aus Input und Output steuern. Neben Expertise und Vertrauen ist dafür vor allem eine ausgeprägte Win-Win-Mentalität auf beiden Seiten erforderlich.

Exemplarische Schnittstellen der Nachhaltigkeitskommunikation zu betrieblichen Unterstützungsfunktionen (nach Porter)
- Unternehmensleitung
- Forschung und Entwicklung
- Beschaffung/Einkauf
- Personalmanagement
- Nachhaltigkeitsmanagement
- Risiko- und Krisenmanagement
- Informationsmanagement/IT
- Finanzmanagement
- Controlling

Im Bereich Forschung und Entwicklung könnten zum Beispiel Forschungsvorhaben und -ergebnisse ausgetauscht und Expert*innen für die Wissenschaftskommunikation aufgebaut werden. Im Beschaffungsmanagement ließen sich ökologische und soziale Kriterien für die Auswahl von Lieferanten und Einkaufsentscheidungen transparent kommunizieren. Im Finanzbereich könnten in Folge der EU-Regulatorik günstigere Konditionen bei der Kapitalbeschaffung aufgrund verbesserter Risikobewertungen und erhöhter Kreditwürdigkeit genutzt werden für die Stärkung der Reputation (Hoffmann, 2024, S. 705, 709, 716).

Das Personalmanagement könnte im Angesicht von Personalmangel und angespannten Arbeitsmärkten durch Austausch über Einstiegsprogramme, Entwicklungschancen und Weiterbildungsmöglichkeiten sowie Informationen über Nachhaltigkeitsaktivitäten, höhere Identifikation, Motivation, Produktivität und Bindung der Mitarbeitenden von einer erhöhten Arbeitgeberattraktivität profitieren.

Verknüpfung von Personal- und Nachhaltigkeitsmanagement mit der Nachhaltigkeits- und Arbeitgeberkommunikation
- Ökologische, soziale und ökonomische Anforderungen an Qualifikationen und Kompetenzen bei Stellenbesetzungen
- Darstellung des Unternehmens als Arbeitgeber (Employer Branding)
- Gestaltung der Arbeitsinhalte und Anreize zur Förderung des ökologischen und sozialen Engagements und die Bindung der Mitarbeitenden
- Gestaltung der Arbeitsbedingungen
- Sicherstellung einer vielfältigen Belegschaft (Diversity)
- Vereinbarkeit von Berufs- und Privatleben (Work-Life-Balance)
- Förderung von Chancengleichheit und Gendergerechtigkeit
- Auf- und Ausbau des betrieblichen Gesundheitsmanagements
- Fort- und Weiterbildungen zu Nachhaltigkeitsthemen

- Einbindung der Mitarbeitenden in den Prozess der Nachhaltigkeitstransformation
- Nachhaltigkeitsadäquate Qualifikation und Entscheidungsfähigkeit der Führungskräfte
- Steuerung der ökonomischen, ökologischen und sozialen Leistungen des nachhaltigen Personalmanagements durch das Personalcontrolling

(Quelle: Kirschten, 2022, S. 329–341, 343–346)

7.3.2 Integration mit anderen Disziplinen der Unternehmenskommunikation

Auf der zweiten Ebene der Integration muss die Nachhaltigkeitskommunikation mit den unterschiedlichen Disziplinen der Unternehmenskommunikation abgestimmt werden. Die Integration dient der inhaltlichen, formalen, zeitlichen und dramaturgischen Koordination aller Kommunikationsstrategien, -taktiken und -aktivitäten sowie der einheitlichen Steuerung (Zerfaß, 2022, S. 32).

Hier wird der doppelte Charakter der *Integration* deutlich (Tab. 7.2). Die Nachhaltigkeitskommunikation ist integriert in das Management der Unternehmenskommunikation und sie ist integriert in alle Bereiche und Einheiten der Organisation. Mit den geschaffenen Schnittstellen erhält die Kommunikationsfunktion Zugang zu wertschöpfenden und unterstützenden Funktionen. Zugleich kann sie deren Aufgabenbewältigung und Leistungserstellung unterstützen.

Tab. 7.2 Integrales Modell der doppelten Integration der Nachhaltigkeitskommunikation. (Eigene Darstellung)

Schnittstellen zu Unternehmensbereichen	⇔	Integration in Unternehmenskommunikation
Unternehmensführung	⇔	Strategie-, Führungs-, Leadership-Kommunikation
Externe Interessenvertretung und Repräsentation	⇔	Pressearbeit/Meinungsführer-Kommunikation Politikkommunikation/Public Affairs
Kommunikationsmanagement	⇔	Unternehmens- und Markenkommunikation
Nachhaltigkeitsmanagement	⇔	**Nachhaltigkeitskommunikation**
Forschung & Entwicklung	⇔	Innovationskommunikation
Marketing, Vertrieb, Produktmanagement	⇔	Markt- und Marketingkommunikation
Personalmanagement	⇔	Mitarbeiter- und Führungskräftekommunikation (intern) Personalmarktkommunikation/Employer Branding (extern)
Informationssysteme/IT-Management	⇔	Technologiekommunikation
Finanzmanagement	⇔	Finanzkommunikation/Investor Relations
Risikomanagement	⇔	Risiko-, Krisenkommunikation
Unternehmenscontrolling	⇔	Kommunikationscontrolling

Mit der doppelten Integration überwindet die Nachhaltigkeitskommunikation eine Schwäche beim Zusammenlegen aller Kommunikationsdisziplinen in einer Organisationseinheit: die Abkopplung von ihren bisherigen Businesspartnern.

7.3.3 Zusammenspiel von Unternehmensführung, Nachhaltigkeits- und Kommunikationsmanagement

Entscheidend für den Erfolg der Nachhaltigkeitstransformation und die Integration der Unternehmensbereiche und -einheiten ist das Commitment der Unternehmensleitung mit dem Nachhaltigkeits- und Kommunikationsmanagement. Daraus folgt ein zirkuläres Zusammenspiel mit gleichberechtigten Bottom-up- und Top-down-Prozessen (Abb. 7.4).

Das Top-Management, insbesondere CEO und Chief Sustainability Manager*in (CSO), spricht für das Unternehmen (Abb. 7.5). Sie tragen die Verantwortung für die Strategie und Umsetzung der Nachhaltigkeitstransformation und haben die Aufgabe, die Relevanz und Dringlichkeit von Nachhaltigkeit für Unternehmen, Markt und Gesellschaft durch Leadership-Kommunikation nach innen und außen zu vertreten. Sie vermitteln Nachhaltigkeitsziele, -strategie und -maßnahmen gegenüber wichtigen Stakeholdern wie Führungskräften, Key Accounts, Investoren und Top-Journalist*innen – idealerweise in dialogischen Kommunikationsformaten (Abschn. 8.9).

Die Führungskräfte bzw. das mittlere Management fungieren als Multiplikator*innen, Motivator*innen und Moderator*innen (top-down). Sie kommunizieren in Meetings und Gesprächen direkt mit den Mitarbeitenden. Zugleich geben sie Informationen über den Status und Fortschritt des Transformationsprozesses, aber auch Hemmnisse und Hindernisse an die Unternehmensleitung weiter (bottom-up). Nur zweiseitige Kommunikation

Abb. 7.4 Zirkuläres Managementmodell für die Nachhaltigkeitstransformation von Unternehmen. (Eigene Darstellung)

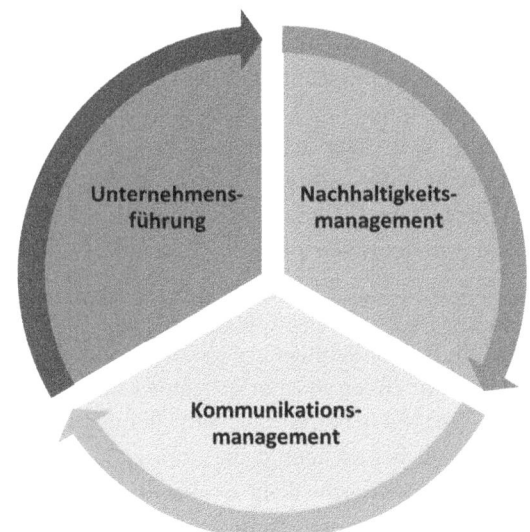

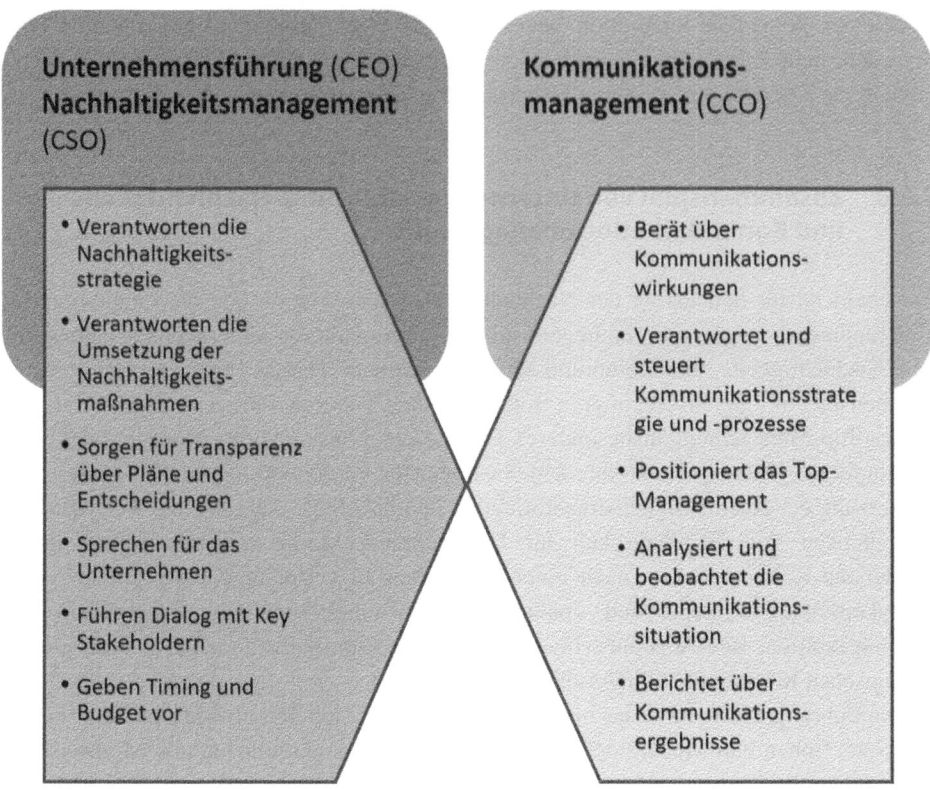

Abb. 7.5 Rollen im Zusammenspiel von Unternehmensführung, Nachhaltigkeits- und Kommunikationsmanagement. (Eigene Darstellung)

kann sicherstellen, dass notwendige Informationen vorliegen, wo sie benötigt werden (Transparenz), und kritische Entwicklungen rechtzeitig erkannt werden (Abschn. 8.9).

Das Kommunikationsmanagement wiederum verantwortet die kommunikative Einführung, Begleitung und Unterstützung nach innen und außen. Es berät die Unternehmensführung und setzt deren Vorgaben und Entscheidungen kommunikativ um. Den Kommunikationsmanager*innen kommt die Rolle zu, als *Enabler* alle im Unternehmen zu befähigen, über Nachhaltigkeit zu sprechen (*Empowerment*). Nach außen managen sie vor allem die mediale, reichenweitenstarke Kommunikation mit allen sekundären Stakeholdern.

Das Zielbild für das Management der integralen Nachhaltigkeitskommunikation enthält schließlich sämtliche internen Schnittstellen zu Organisationsbereichen und -einheiten sowie zu den anderen Disziplinen im Management der Unternehmenskommunikation (Abb. 7.6). Es hebt die Nähe zu Unternehmensführung und Nachhaltigkeitsmanagement hervor und berücksichtigt die informelle Seite der Organisation (Organisationskultur). Außerdem veranschaulicht es die Einbettung der Nachhaltigkeitstransformation in die wirtschaftliche, gesellschaftliche und natürliche Umwelt.

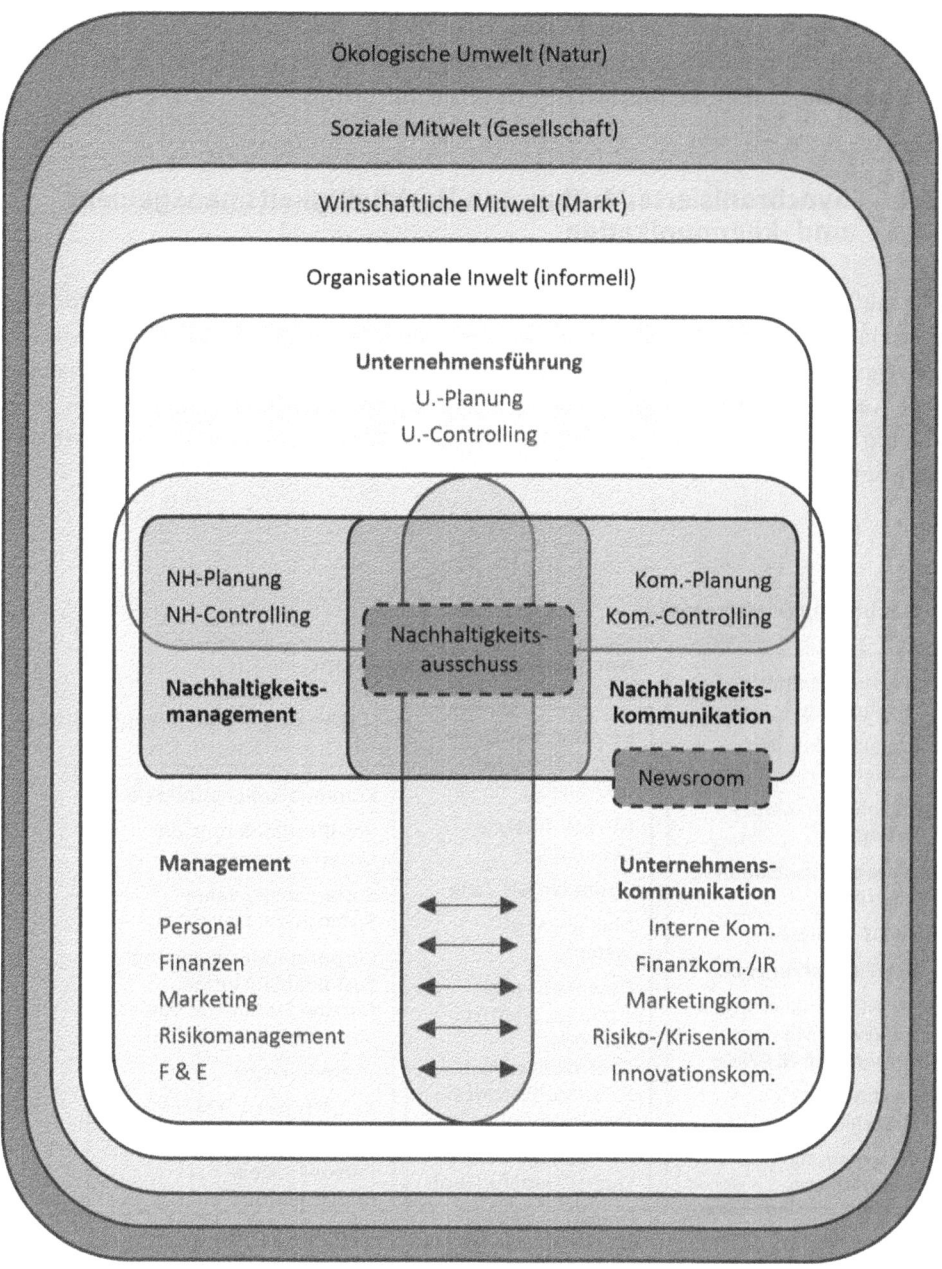

Abb. 7.6 Framework und Zielbild für das Management der integralen Nachhaltigkeitskommunikation. (Eigene Darstellung)

Das Framework dient zur Orientierung beim Aufbau von Nachhaltigkeitsmanagement und Nachhaltigkeitskommunikation. Es skizziert einen idealen Zielzustand, ermöglicht aber auch ein schritt- und stufenweises Vorgehen.

7.4   Synchronisierter Aufbau von Nachhaltigkeitsmanagement und -kommunikation

Der Aufbau und die Einführung des Nachhaltigkeitsmanagements vollzieht sich idealtypisch in drei Schritten (Abb. 7.7): Sie beginnen mit der Entwicklung der Nachhaltigkeitsstrategie für das Unternehmen bzw. die Organisation (Schritt 1). Darauf folgen Planung und Aufbau des Nachhaltigkeitsmanagements als operative Einheit im engeren Sinn (Schritt 2). Im dritten Schritt wird die Nachhaltigkeitskommunikation konzipiert und aufgesetzt.

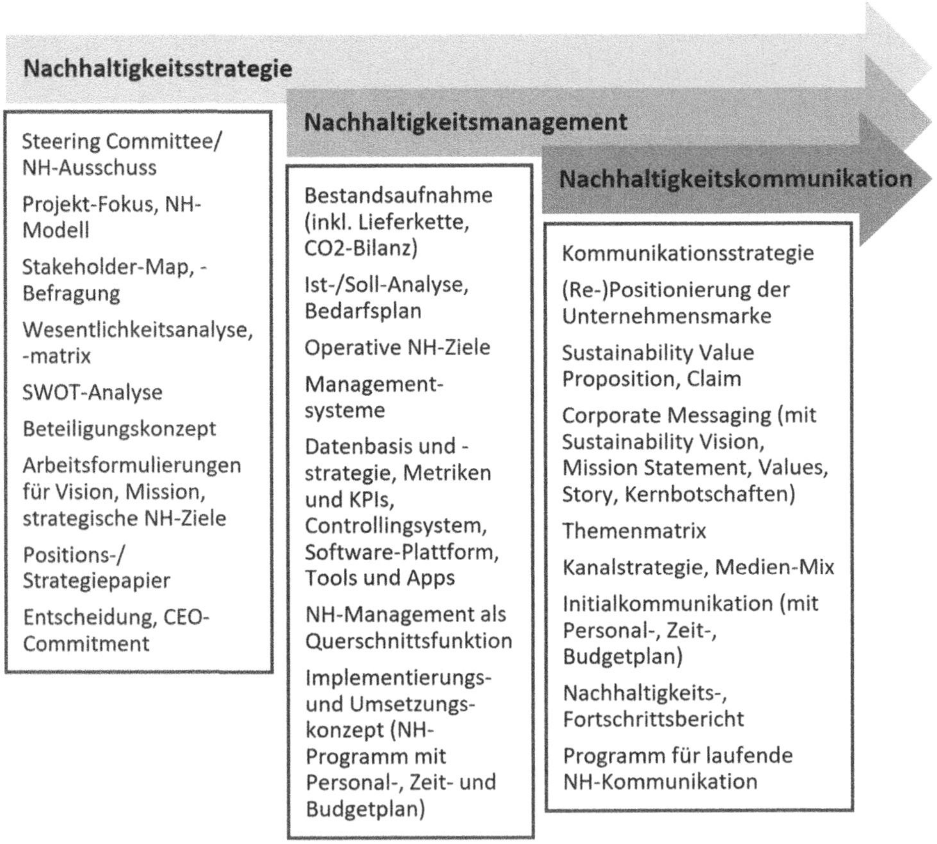

Nachhaltigkeitsstrategie

Steering Committee/ NH-Ausschuss

Projekt-Fokus, NH-Modell

Stakeholder-Map, -Befragung

Wesentlichkeitsanalyse, -matrix

SWOT-Analyse

Beteiligungskonzept

Arbeitsformulierungen für Vision, Mission, strategische NH-Ziele

Positions-/ Strategiepapier

Entscheidung, CEO-Commitment

Nachhaltigkeitsmanagement

Bestandsaufnahme (inkl. Lieferkette, CO2-Bilanz)

Ist-/Soll-Analyse, Bedarfsplan

Operative NH-Ziele

Management-systeme

Datenbasis und -strategie, Metriken und KPIs, Controllingsystem, Software-Plattform, Tools und Apps

NH-Management als Querschnittsfunktion

Implementierungs- und Umsetzungs-konzept (NH-Programm mit Personal-, Zeit- und Budgetplan)

Nachhaltigkeitskommunikation

Kommunikationsstrategie

(Re-)Positionierung der Unternehmensmarke

Sustainability Value Proposition, Claim

Corporate Messaging (mit Sustainability Vision, Mission Statement, Values, Story, Kernbotschaften)

Themenmatrix

Kanalstrategie, Medien-Mix

Initialkommunikation (mit Personal-, Zeit-, Budgetplan)

Nachhaltigkeits-, Fortschrittsbericht

Programm für laufende NH-Kommunikation

Abb. 7.7 Synchroner Aufbau von Nachhaltigkeitsmanagement und -kommunikation. (Eigene Darstellung)

Die drei Schritte sind nicht als aufeinanderfolgende, sich ausschließende Phasen zu verstehen. Vielmehr sind Analysen und Planungen aufeinander bezogen und greifen ineinander. In Sinne des zirkulären Managementmodells (Abb. 7.4) werden Nachhaltigkeitsstrategie, Nachhaltigkeitsmanagement und Nachhaltigkeitskommunikation parallel entwickelt und aufeinander abgestimmt.

▶ **Bewusstsein für Komplexität** Allen beteiligten Akteur*innen muss die Komplexität der Aufgabe beim Aufbau von Nachhaltigkeitsstrategie, Nachhaltigkeitsmanagement und Nachhaltigkeitskommunikation als zentrale Herausforderung klar sein. Dazu gehört die Bereitschaft Neues zu entdecken, bislang Übersehenes aufzunehmen und aus Fehlern zu lernen.

7.4.1 Schritt 1: Entwicklung der Nachhaltigkeitsstrategie

Zu Beginn wird ein Gremium installiert, das die Aktivitäten mindestens bis zum operativen Start des Nachhaltigkeitsmanagements organisiert, koordiniert und steuert. Häufig ist dies ein Nachhaltigkeitsausschuss oder -steuerungskreis. Er setzt sich aus Vertretern unterschiedlicher Unternehmensbereiche zusammen. Häufig sind dies Funktionen mit Stellhebeln für mehr Nachhaltigkeit wie etwa Logistik, Forschung und Entwicklung, Finanzen, Personal, Marketing. Wesentlich ist, dass die Unternehmenskommunikation von Beginn an eingebunden ist, um das Gremium in der Kommunikation nach innen und außen zu beraten.

Wesentliche Aufgaben des Gremiums im Analyse- und Strategieprozess (Abb. 7.8) sind die Definition des Projekts und eines ersten Nachhaltigkeitsverständnisses, die Erstellung einer ersten *Unternehmens-* und *Umfeldanalyse* (SWOT, Abschn. 7.5), einer *Stakeholder-Map* (Abschn. 7.6), die Durchführung einer *Wesentlichkeitsanalyse* (Abschn. 7.7), idealerweise bereits in Verbindung mit einer Stakeholder-Befragung. Auf dieser Basis werden die Zielkaskade der Nachhaltigkeitsstrategie (Abschn. 7.8) und ein Start-Konzept über Umfang und Tiefe der Beteiligung von Mitarbeiten entwickelt (Abschn. 7.10). Daran schließen Arbeitsformulierungen der *Vision* und *Mission* in der Nachhaltigkeitsstrategie an. Sie erhalten ihre endgültige Form im Rahmen des *Sustainability Messaging* (Abschn. 8.7). Grundlage sind die Ergebnisse der Analysen sowie die Unternehmensziele und -strategie. Mit der Nachhaltigkeitsstrategie formuliert das Unternehmen bzw. die Organisation die übergeordneten Vorgaben für das Nachhaltigkeitsmanagement und die Nachhaltigkeitskommunikation.

▶ **Verändertes Strategie-Verständnis** Die (vorläufige) Nachhaltigkeitsstrategie sollte mit Blick auf ein verändertes Strategie-Verständnis (Abschn. 4.5) die Anfälligkeit und Grenzen von Prognosen, harten Daten und Stabilität anerkennen und entsprechend offen, flexibel und anpassungsfähig sein. Auch die Nachhaltigkeitsstrategie sollte sich nicht als fixiertes Resultat, sondern als Lern- und Entwicklungsprozess begreifen, der sich erst im Transformationsprozess sukzessive verstetigt.

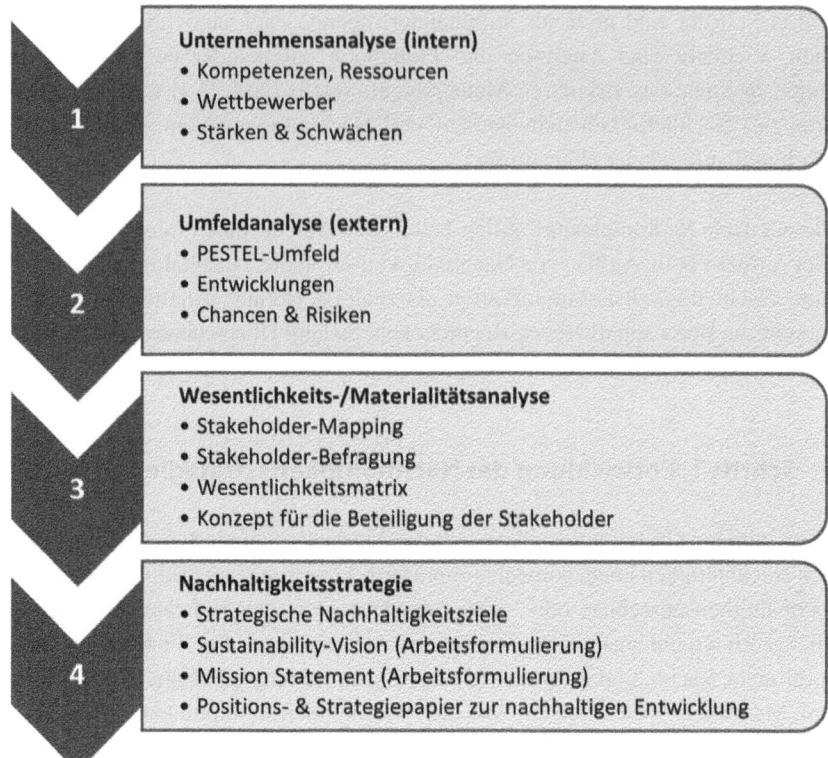

Abb. 7.8 Prozess und Entwicklungsschritte für die Nachhaltigkeitsstrategie. (Eigene Darstellung)

Auch eine Entscheidung über nötige externe Beratung wird in dieser Phase gefällt. Schließlich wird ein schriftliches Positions- und Strategiepapier mit allen wesentlichen Komponenten erstellt. Zum Abschluss dieses Schrittes wird ein Commitment mit der Unternehmensleitung (Geschäftsführung, Vorstand) hergestellt und das Positions- und Strategiepapier verbindlich verabschiedet.

Aufgabe des Kommunikationsmanagements bei der Entwicklung der Nachhaltigkeitsstrategie ist es, den Nachhaltigkeitsausschuss in allen kommunikativen Fragen zu beraten und die Berücksichtigung der kommunikativen Mach- und Durchsetzbarkeit der Entscheidungen und Pläne abzusichern. Das gilt insbesondere für die Stakeholder-Map sowie die Arbeitsformulierung von Nachhaltigkeitsvision und Handlungsstatement (*Mission*) zur Nachhaltigkeit.

Wichtige Anforderungen bei der Entwicklung der Nachhaltigkeitsstrategie sind:

- Nicht zu schnell vorgehen, kein überfallartiger Projektstart
- Offenheit und Mut zur Transparenz, auch bei Schwachstellen
- Analyse und Bewertung unterschiedlicher Interessenslagen
- Antizipation möglicher Vorbehalte, Sorgen und Ängste

- Identifizieren beharrender Kräfte
- Infrage stellen gewohnter Routinen (z. B. durch Prognosen, Szenarien)
- Prüfen und Entwickeln von Beteiligungsformaten für interne und externe Stakeholder
- Vermitteln von Entschlossenheit und Zuversicht
- Klare und deutliche Kommunikation
- Benennen der Gründe für die Nachhaltigkeitsinitiative
- Veränderungen und ihre Konsequenzen aufzeigen
- Chancen und Vorteile verdeutlichen
- Mögliche Risiken offen ansprechen, weder verharmlosen noch dramatisieren

7.4.2   Schritt 2: Aufbau des Nachhaltigkeitsmanagements

Auf Basis der verabschiedeten Strategie wird das *operative* Nachhaltigkeitsmanagement aufgesetzt (Abb. 7.7). Zu seinen ersten Aufgaben gehört eine umfassende Bestandsaufnahme und Ist-Analyse des Status quo in den vier Dimensionen aus Ökologie, Soziales, Ökonomie und Government (SDG, ESG). Dazu gehörten zentral die bislang durchgeführten Maßnahmen und deren bisherige Ergebnisse, die Erstellung einer CO_2-Bilanz und die Erfassung und Analyse der Lieferkette des Unternehmens. Auf Basis der Ergebnisse wird eine Soll-Analyse mit Bedarfsplan und operativen Nachhaltigkeitszielen erstellt und die Anschlussfähigkeit an bereits installierte und genutzte Managementsysteme für Qualitätssicherung, Arbeits-, Gesundheits- und Umweltschutz geprüft.

Für die laufende Kontrolle, Dokumentation und das Reporting ist die Datenbasis und -strategie festzulegen, ein Controllingsystem mit Kennzahlen und KPIs zu entwickeln und eine entsprechende Software-Plattform sowie ggf. Tools und Apps auszuwählen. Schließlich wird ein Konzept für die Implementierung und die laufende Umsetzung im Unternehmen mit Personal-, Zeit- und Budgetplan erstellt. Darin enthalten ist auch die organisatorische Aufstellung und Institutionalisierung des Nachhaltigkeitsmanagements als Querschnittsfunktion – in einer Stabsstelle oder als eigenständige Organisationseinheit.

▶   **Verändertes Planungs- und Steuerungskonzept** Für die fortlaufende, iterative Steuerung sollten Planen und Handeln möglichst in eine Hand gelegt und Innovationen in Nischen zugelassen werden. Um Konfliktpotenziale möglichst früh erkennen und die Qualität der Ergebnisse sichern zu können, sollten Projekt- und Prozessverantwortung nach den Prinzipien des agilen Managements getrennt werden (*Project-Owner, Scrum-Master*; Abschn. 4.5). Beim Aufbau des Nachhaltigkeitsmanagements ist es besonders wichtig, die Planung fortlaufend in kurzen Abschnitten (*Sprints*) iterativ weiterzuentwickeln und neue Anforderungen kontinuierlich aufzunehmen (*Backlogs*).

Aufgabe des Kommunikationsmanagements beim Aufbau des Nachhaltigkeitsmanagements ist es, die Akteur*innen des Nachhaltigkeitsmanagement in allen Fragen der Kommunikation zu beraten, die Kommunikationsverbindungen und -kanäle des Nachhaltigkeitsmanagements in andere Unternehmensbereiche und -einheiten aufzusetzen, kommunikative Aspekte in die Analyse und Planung einzubringen und die kommunikative Umsetzbarkeit der Datenbasis in das Nachhaltigkeitsreporting sicherzustellen.

▶　　**Arbeitshilfe und Checkliste zum Nachhaltigkeitsmanagement (zum Download im Internet)** Arbeitshilfe Nachhaltigkeitsmanagement. Mit Projektplan, Checklisten und Formularen zum Ausfüllen, unter anderem zu Reifegrad, Prozesslandschaft, Nachhaltigkeitssituation, Risiko-Situation, Nachhaltigkeitszielen, Ergebnisdokumentation.

　　　　https://www.arbeitswissenschaft.net/angebote-produkte/checklistenhandlungshilfen/ue-hh-nachhaltigkeitsmanagement

　　　　Checkliste zur Gestaltung der Nachhaltigkeit von Unternehmen. Mit ausgewählten Fragen zu sechs Gestaltungsbereichen und Formularen zum Ausfüllen.

　　　　https://www.arbeitswissenschaft.net/angebote-produkte/checklistenhandlungshilfen/ue-che-nachhaltigkeit

　　　　(Quelle: Herausgegeben von Olaf Eisele und ifaa – Institut für angewandte Arbeitswissenschaft e. V., 2024)

7.4.3　Schritt 3: Aufbau der Nachhaltigkeitskommunikation

Parallel zum Nachhaltigkeitsmanagement wird die Strategie der Nachhaltigkeitskommunikation in mehreren, aufeinander aufbauenden Schritten entwickelt (Abb. 7.9). Dieser Vorschlag baut das Modell der *Strategieentwicklung* für die Nachhaltigkeitskommunikation nach Heinrich und Schmidpeter (2024, S. 20–21) in vier wesentlichen Punkten aus:

- Die Vorgaben der Unternehmensführung in Form von strategischen Zielen bzw. Unternehmensstrategie werden mitberücksichtigt.
- Bei der Analyse der Ausgangssituation wird zusätzlich zwischen wahrgenommener Wirklichkeit und faktisch prüfbarer Realität unterschieden.
- Das Kommunikationscontrolling wird bereits bei der Zielfindung eingebunden (anstatt es auf die Ergebniskontrolle zu reduzieren).

Zunächst sind bestehende Kompetenzen und Ressourcen, genutzte Medien und Kanäle zu prüfen und zu bewerten (*Resource-based-View*). Das Ergebnis wird in Stärken und Schwächen für die Nachhaltigkeitskommunikation zusammengefasst (Abschn. 7.5). Daran schließt eine Analyse der Issues auf Basis der Wesentlichkeitsmatrix, der Themenagenda und des Medientenors an. Die Bewertung der Ergebnisse erfolgt in Form von Chancen und Risiken (*Market-based-View*). Das Stakeholder-Mapping wird um Meinungsführer*innen und Multiplikator*innen ergänzt. Die Stakeholder werden nach *Sinus-Milieus* und ihrer Rolle bei der Verbreitung von Innovationen (*Diffusion of Innovations*) kategorisiert (Abschn. 7.6).

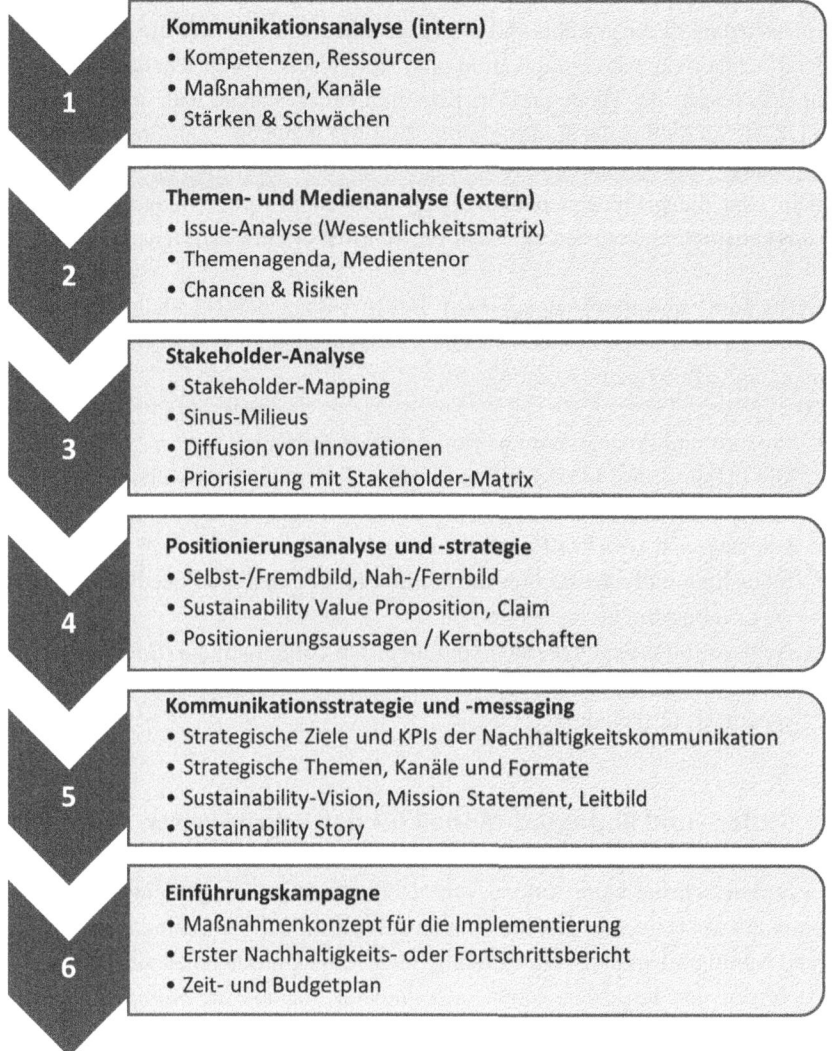

Abb. 7.9 Strategieprozess für die Nachhaltigkeitskommunikation. (Eigene Darstellung)

Zentraler strategischer Schritt ist die (Re-)Positionierung des Unternehmens bzw. der Unternehmensmarke durch den Faktor Nachhaltigkeit. Im Zuge der *Positionierungsanalyse* werden die Wahrnehmungen und Bewertungen der Nachhaltigkeitsaktivitäten aus der Sicht unterschiedlicher Stakeholder systematisch miteinander verglichen. Zentrale Nachhaltigkeitsversprechen werden in *Sustainability Value Proposition*, strategischen Nachhaltigkeitsbotschaften und Nachhaltigkeits-*Claim* zusammengefasst. Daraus wird das *Sustainability Messaging* abgeleitet – von der *Nachhaltigkeitsvision* und das *Mission Statement* über das Nachhaltigkeitsleitbild (*Sustainability Values*) bis zur *Sustainability Story* (Abschn. 8.7).

Themen und Inhalte für die Nachhaltigkeitskommunikation werden auf Basis der *Wesentlichkeitsmatrix* ausgewählt und priorisiert (Abschn. 7.7). Für die operative Umsetzung der Nachhaltigkeitskommunikation sind strategische Vorentscheidungen (Präferenzen und Prioritäten) für Themenfelder, Kommunikationskanäle und -formate zu treffen (Abschn. 8.8). Schließlich ist ein Programm samt Maßnahmen-, Zeit- und Budgetplan für die Einführungs- und fortlaufende Kommunikation nach innen und außen zu entwickeln. Außerdem sind die planerischen und organisatorischen Vorbereitungen für den ersten Nachhaltigkeitsbericht bzw. den nächsten Fortschrittsbericht zu treffen.

▶ **Agiles Kommunikationsmanagement** Beim Aufbau der Nachhaltigkeitskommunikation greifen, wie schon bei Nachhaltigkeitsstrategie und Nachhaltigkeitsmanagement, agile Prinzipien (Abschn. 4.5):

- Projekt- und Prozessverantwortung werden getrennt.
- Die Planung wird in kurzen Abschnitten (*Sprints*) iterativ weiterentwickelt.
- Schritte und laufende Arbeiten werden auf möglichst kleine, aber machbare Pakete begrenzt (*Work in Progress Limit*).
- Status quo und nächste Schritte werden in regelmäßigen Feedback-Zyklen (*Reviews*) abgestimmt.
- Neue Anforderungen werden kontinuierlich aufgenommen (*Backlogs*).
- Lern- und Entwicklungsschritte werden in integrierten Lernschleifen (*Retrospektiven*) festgehalten.

7.4.4 Stufen- und Reifegrad-Modell für den schrittweisen Aufbau

Die skizzierten Schritte beim Aufbau von Nachhaltigkeitsmanagement und Nachhaltigkeitskommunikation stecken den maximalen Rahmen mit Bezugspunkten in der Organisation und Kommunikation ab. Das bedeutet nicht, dass Unternehmen alles von Anfang an berücksichtigen und umsetzen sollen oder müssen. Gerade die Komplexität kann ansonsten dazu (ver)führen, nichts zu unternehmen.

▶ **Pragmatische Regeln für den schrittweisen Aufbau von Nachhaltigkeitsmanagement und -kommunikation**
- Beginnen ist wirkungsvoller als planen.
- Besser an einer Stelle beginnen als überall gleichzeitig.
- Kleine Teams sind schneller, flexibler und leisten mehr als große.
- Engagierte Mitarbeitende mit intrinsischer Motivation verfügen über mehr Ressourcen als Top-Entscheider*innen.
- Kleine Schritte sind besser als keine Schritte.
- Zügiges Handeln ist wichtiger als umfangreiche Dokumentation.

Entscheidend für die Nachhaltigkeitsstrategie ist der Reifegrad des Unternehmens. Daraus leitet sich die Stoßrichtung des Nachhaltigkeitsmanagements ab. So ist ein stufenweiser Einstieg denkbar, der sich an Reifegrad-Modellen für das Nachhaltigkeitsmanagement orientiert (Abschn. 3.4). Dort ist die Nachhaltigkeitskommunikation allerdings kaum berücksichtigt. Um sie in den schrittweisen Aufbau aufzunehmen, werden die folgenden Kriterien zugrunde gelegt:

- die Systematik des Nachhaltigkeitsmanagements,
- der Umfang der berücksichtigten SDGs,
- die Verknüpfung mit Unternehmensstrategie und Geschäftsmodell,
- Umfang und Tiefe der Stakeholder-Beteiligung und
- die Integration der Kommunikation.

Mit Hilfe dieser Kriterien können fünf Stufen der zunehmenden Integration von Stakeholdern und Kommunikation in das Geschäftsmodell definiert werden[1]:

> **Stufenmodell für die schrittweise Integration von Stakeholdern und Kommunikation in das Geschäftsmodell**
> - **Stufe 1: Kommunikations-Orientierung** – ausschließlich Kommunikation zu Nachhaltigkeitsthemen (Gefahr von Green-, White-, Blue- und Pinkwashing).
> - **Stufe 2: Marketing-Orientierung** – Fokussierung auf Produkte, Services sowie Marketing- und Kundenkommunikation.
> - **Stufe 3: Stakeholder-Orientierung** – Information, Anhörung und Beteiligung von Mitarbeitenden, Kund*innen und Anteilseignern.
> - **Stufe 4: Wertschöpfungs-Orientierung** – Schaffen und Sichern von Werten auf Basis einer Balance von Corporate und Stakeholder Value.
> - **Stufe 5: Transformations-Orientierung** – Organisationaler Lern- und Entwicklungsprozess auf Basis eines integrierten Managementansatzes mit Analyse, Planung, Umsetzung, Messung, Bewertung, Steuerung und Weiterentwicklung.

Auf Basis dieses Stufenmodells kann der Reifegrad der Nachhaltigkeitskommunikation von Unternehmen in Verbindung mit dem Nachhaltigkeitsmanagement in drei Gruppen klassifiziert werden (Abb. 7.10):

- **Vorreiter (Early Adopter)**: Kommunikation ist konstitutives Element der Transformation. Die strategische Ausrichtung zielt auf den Ausbau und die Sicherung des Wettbewerbsvorsprungs.

---

[1] Dieses Modell orientiert sich am *Stufenkonzept* für die Integration der Unternehmenskommunikation von Kirchner (2001, S. 176–182).

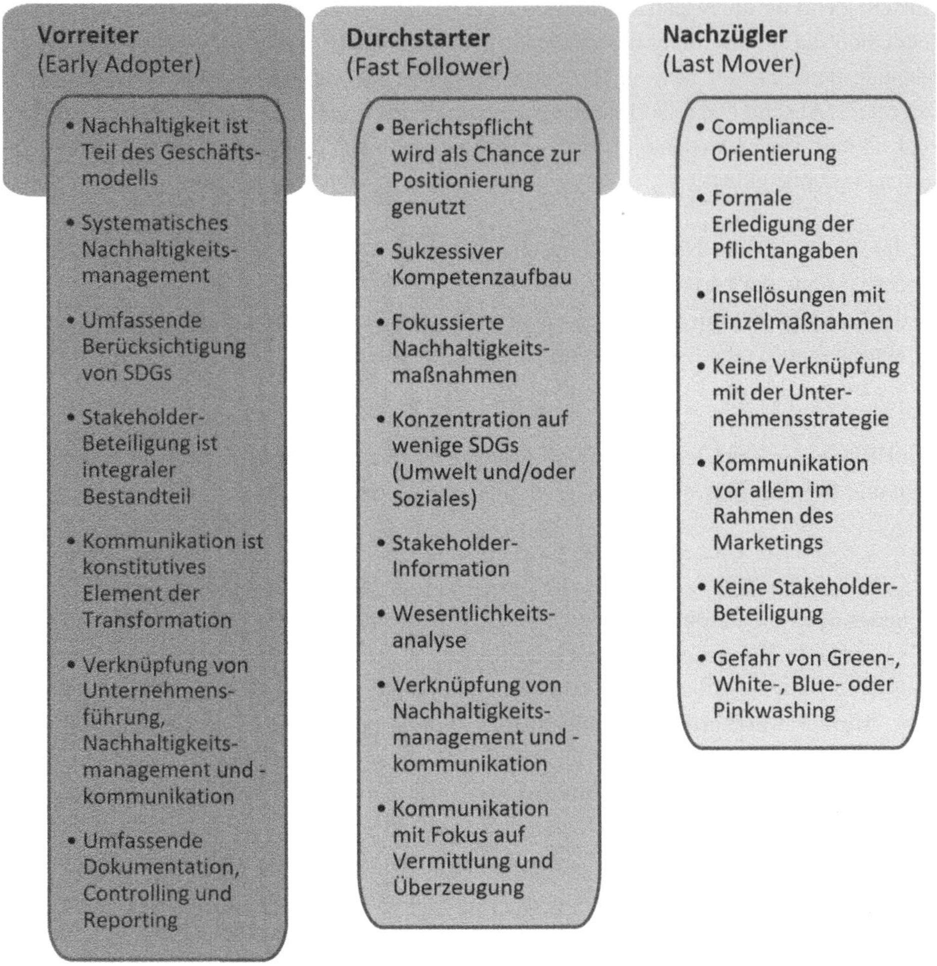

Vorreiter (Early Adopter)

- Nachhaltigkeit ist Teil des Geschäftsmodells
- Systematisches Nachhaltigkeitsmanagement
- Umfassende Berücksichtigung von SDGs
- Stakeholder-Beteiligung ist integraler Bestandteil
- Kommunikation ist konstitutives Element der Transformation
- Verknüpfung von Unternehmensführung, Nachhaltigkeitsmanagement und -kommunikation
- Umfassende Dokumentation, Controlling und Reporting

Durchstarter (Fast Follower)

- Berichtspflicht wird als Chance zur Positionierung genutzt
- Sukzessiver Kompetenzaufbau
- Fokussierte Nachhaltigkeitsmaßnahmen
- Konzentration auf wenige SDGs (Umwelt und/oder Soziales)
- Stakeholder-Information
- Wesentlichkeitsanalyse
- Verknüpfung von Nachhaltigkeitsmanagement und -kommunikation
- Kommunikation mit Fokus auf Vermittlung und Überzeugung

Nachzügler (Last Mover)

- Compliance-Orientierung
- Formale Erledigung der Pflichtangaben
- Insellösungen mit Einzelmaßnahmen
- Keine Verknüpfung mit der Unternehmensstrategie
- Kommunikation vor allem im Rahmen des Marketings
- Keine Stakeholder-Beteiligung
- Gefahr von Green-, White-, Blue- oder Pinkwashing

Abb. 7.10 Reifegrade beim Aufbau von Nachhaltigkeitsmanagement und -kommunikation. (Eigene Darstellung)

- **Durchstarter (Fast Follower)**: Kommunikation ist auf Vermittlung und Überzeugung fokussiert. Im Mittelpunkt steht der Aufbau von Nachhaltigkeitskompetenz und das Aufschließen zu den Vorreitern.
- **Nachzügler (Last Mover)**: Kommunikation findet vor allem im Rahmen des Marketings statt. Die Nachhaltigkeitsaktivitäten beschränken sich auf das gesetzlich Nötige.

Die drei Gruppen bilden Idealtypen ab, an denen sich Unternehmen und Organisationen orientieren können. Je nach Ausprägung der einzelnen Kriterien können sich Mischformen ergeben. Das schrittweise Vorgehen illustriert das *Baummodell* (Abb. 7.11). Es zeigt, wie das sukzessive Wachstum der Wurzeln (= nicht sichtbares Nachhaltigkeits- und Kommunikationsmanagement) mit einer zunehmenden Verzweigung von Ästen (= sichtbare Nachhaltigkeitsaktivitäten und -kommunikation) korrespondiert.

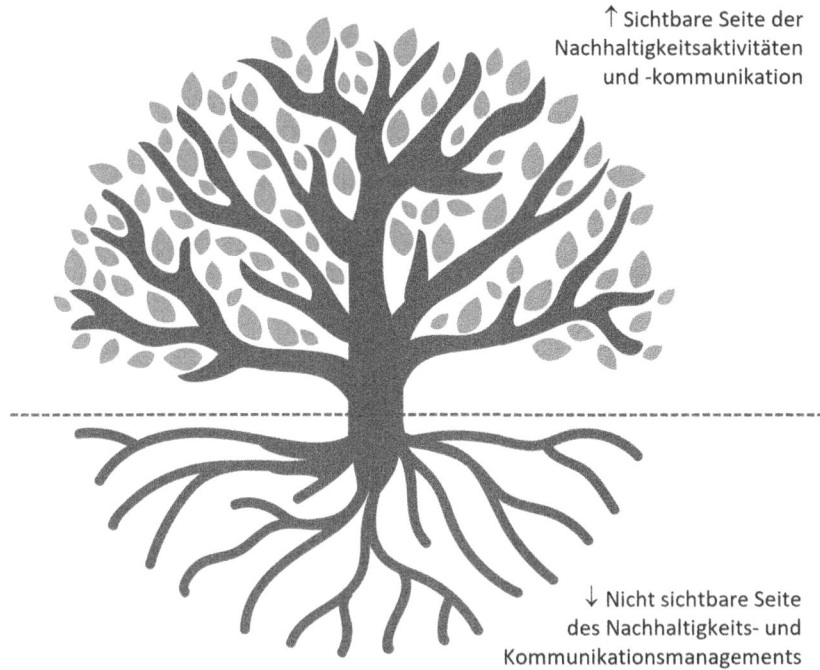

↑ Sichtbare Seite der
Nachhaltigkeitsaktivitäten
und -kommunikation

↓ Nicht sichtbare Seite
des Nachhaltigkeits- und
Kommunikationsmanagements

Abb. 7.11 Baummodell für den schritt- und stufenweisen Aufbau von Nachhaltigkeitsmanagement und -kommunikation. (Eigene Darstellung; Illustration: Designed by Freepik)

7.5 Unternehmens- und Umfeld-Analyse (SWOT)

▶ **Aufgabenstellung in einem Satz** Erstellen Sie eine Analyse der Ausgangssituation sowie der internen und externen Entwicklungen und Einflussfaktoren für die Nachhaltigkeitstransformation Ihres Unternehmens.

Die *Institutionalisierungsphase* bei der nachhaltigen Entwicklung von Unternehmen und Organisationen beginnt mit der Problemdefinition und einer ersten Bestandsaufnahme und Kurzanalyse (Quick-Check). Auf Basis der Ergebnisse sowie Unternehmensziele und -strategie wird die *Nachhaltigkeitsstrategie* entwickelt. Sie definiert die grundlegenden Vorgaben für Nachhaltigkeitsmanagement und -kommunikation. Beide sind aufgrund des konstitutiven Charakters der Kommunikation untrennbar miteinander verbunden. Über das Unternehmen, sein Umfeld, Stakeholder, Nachhaltigkeitsstrategie und -management kann nicht entschieden werden, ohne zu kommunizieren.

Das Kommunikationsmanagement kann bei der Analyse für die gemeinsame Entwicklung und den Aufbau von Nachhaltigkeitsmanagement und -kommunikation vor allem in drei Bereichen wichtige Beiträge leisten:

a) bei der Beschreibung und Analyse der Ausgangssituation und des Umfeldes aus Sicht
   der Stakeholder und der Kommunikation (*SWOT*),

b) bei der Beschreibung und Analyse der Stakeholder nach Kategorien der Kommunikation (*Stakeholder-Map*) und

c) bei der Bestimmung und Priorisierung der Themen für Stakeholder und Nachhaltigkeitskommunikation (*Wesentlichkeitsmatrix*).

7.5.1   SWOT-Analyse für Unternehmen und Umfeld

Die SWOT-Analyse ist ein gängiges Verfahren der Unternehmens- und Umfeldanalyse
(Zerfaß & Volk, 2019, S. 50–54). Es fasst Stärken und Schwächen eines Unternehmens
(interne Analyse) und dessen Chancen und Risiken (externe Analyse) zusammen. Dabei
handelt es sich neben der Beschreibung immer auch um eine Bewertung der einzelnen Aspekte. Aus Sicht der Nachhaltigkeitskommunikation geht es zusätzlich darum, Stärken
und Schwächen von Unternehmen sowie Chancen und Risiken in ihrem Umfeld auf Basis
der Wahrnehmungen und Bewertungen ihrer Stakeholder zu bestimmen.

Aspekte der SWOT-Analyse für die Nachhaltigkeitstransformation

Unternehmensanalyse (inside-out)

- Bestandsaufnahme der Kompetenzen und Ressourcen für die Nachhaltigkeitstransformation (*Resource-based-View*)
- Erfassen der Nachhaltigkeitsaktivitäten der wichtigsten Wettbewerber (branchen-
  intern, neue Wettbewerber von außen)
- Bewerten und Zusammenfassen der Ergebnisse in Form von Stärken und Schwächen im Wettbewerbsvergleich

Externe Umfeldanalyse (outside-in)

- Bestandsaufnahme der aktuellen Situation und Entwicklung der Nachhaltigkeitstransformation in den sechs *PESTEL*-Umfeldern: politisch (P), ökonomisch (E),
  sozial (S), technologisch (T), ökologisch (E), rechtlich (L)
- Erfassen der Marktstruktur mit Anbietern, Nachfragern sowie deren Leistungen
  und Verhandlungsmacht (*Market-based-View*)
- Bewerten und zusammenfassen in Form aktueller und künftiger Chancen und Risiken, die aus Entwicklungen im Umfeld resultieren

Häufige Fehler bei der SWOT-Analyse, die vermieden werden sollten

- Ergebnisse auf einzelne Stichworte reduzieren, anstatt sie auszuformulieren.
- Stärken und Schwächen nicht aus dem Vergleich mit wichtigen Wettbewerbern
  ableiten.

- Chancen und Risiken direkt auf das Unternehmen beziehen, anstatt sie aus positiven und negativen Entwicklungen im Umfeld abzuleiten.
- Handlungsoptionen ableiten, ohne Chancen und Risiken mit Stärken und Schwächen zu kreuzen (z. B. Chancen durch eigene Stärken nutzen, Risiken vorbeugen durch Abbau von Schwächen).

▶ **CSR-Risiko-Check (Online-Tool)** Für Unternehmen, die aus dem Ausland importieren oder im Ausland produzieren:

- Welche internationalen CSR-Risiken sind mit den Geschäftsaktivitäten verbunden (22 Themen in vier Kategorien)?
- Welche Möglichkeiten haben betroffene Unternehmen, mit diesen Risiken umzugehen?

www.mvorisicochecker.nl/de

Die Datenbank mit rund 3500 öffentlich zugänglichen geprüften Quellen enthält mehr als 5300 Risiken und knapp 600 Handlungsempfehlungen.

Der CSR Risiko-Check wurde von MVO Nederland entwickelt und wird vom niederländischen Außenministerium finanziert. Die deutschsprachige Version wird vom Bundesministerium für wirtschaftliche Zusammenarbeit und Entwicklung (BMZ) sowie dem Schweizer Staatssekretariat für Wirtschaft finanziert. Sie wird vom Helpdesk Wirtschaft und Menschenrechte in der Agentur für Wirtschaft & Entwicklung gemeinsam mit UPJ, dem Netzwerk für Unternehmensverantwortung und gesellschaftliches Engagement, und MVO Nederland umgesetzt. (Text: www.mvorisicochecker.nl/de/ueber-uns)

Idealerweise sollten die Ergebnisse der SWOT-Analyse auf empirischen Daten basieren. Sie können durch externe Marktstudien und Umfragen (Sekundärdaten/-forschung) oder eigene Vertriebs- und Controlling-Daten oder Befragungen (Primärdaten/-forschung) erhoben werden.

▶ **Hilfreiche Datenquellen bieten die Website des Deutschen Nachhaltigkeitskodex (DNK)** Checkliste für Nachhaltigkeitserklärung mit Leistungsindikatoren:

https://www.deutscher-nachhaltigkeitskodex.de/media/0bpfewrm/dnk_checkliste_2023.pdf

Übersicht der Nachhaltigkeitserklärungen (mit Such- und Vergleichsfunktion):

https://www.deutscher-nachhaltigkeitskodex.de/de/bericht/berichte-einsehen/

7.6   Stakeholder-Mapping und -Analyse

▶   **Aufgabenstellung in einem Satz** Erfassen, analysieren und priorisieren Sie alle Perso-
    nen und Gruppen, die Ansprüche an die Nachhaltigkeitstransformation Ihres Unter-
    nehmens formulieren und den Prozess sowie die Ergebnisse beeinflussen (können).

Die Stakeholder von Unternehmen und Organisationen sind ein zentrales Element im
CSR- und Nachhaltigkeitsverständnis (Abschn. 3.3). Entsprechend wichtig ist die umfassende Bestandsaufnahme, Analyse, Bewertung und Priorisierung der Stakeholder und
ihrer Interessen. Ergebnis ist die Stakeholder-Map (Zerfaß & Volk, 2019, S. 33–36).

- **Erster Schritt**: Liste aller Stakeholder des Unternehmens bzw. der Organisation
- **Zweiter Schritt**: Erfassen der primären Stakeholder in Geschäftsbeziehungen (Abb. 7.12)
- **Dritter Schritt**: Erfassen der sekundären Stakeholder in Absatz-, Kapitalmarkt und ge-
  sellschaftspolitischem Umfeld

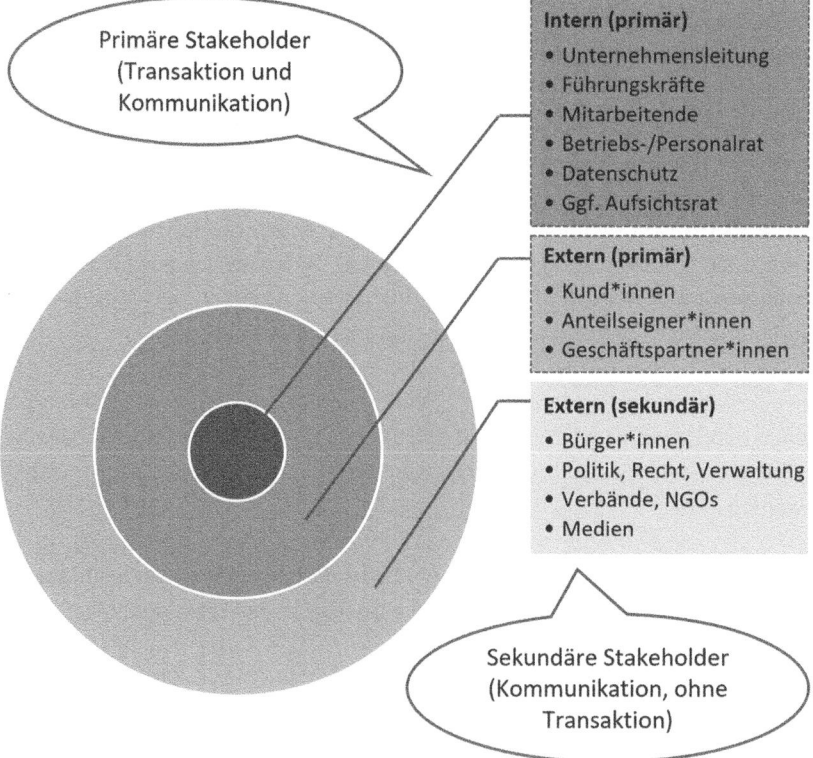

Abb. 7.12 Primäre und sekundäre Stakeholder in der Nachhaltigkeitstransformation. (Eigene Darstellung)

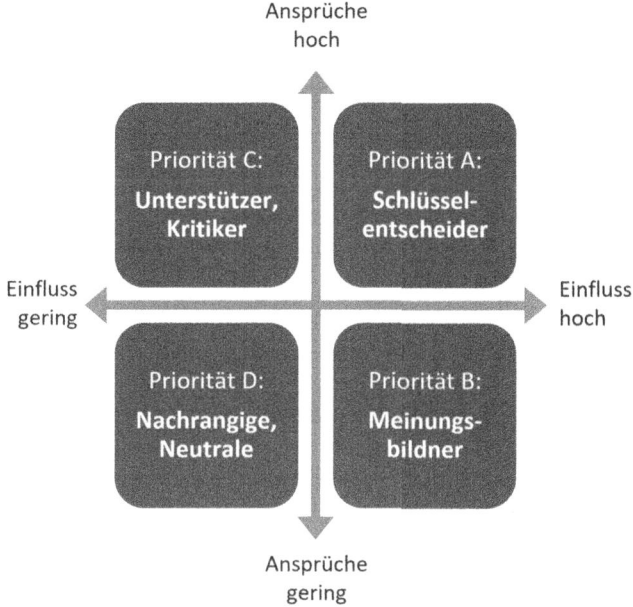

Abb. 7.13   Matrix für die Priorisierung der Stakeholder. (Eigene Darstellung)

- **Vierter Schritt**: Analyse der Stakeholder nach Interessen, Ansprüchen, Erwartungen, Einfluss und Unterstützungsbereitschaft
- **Fünfter Schritt**: Priorisierung der Stakeholder nach der Stakeholder-Matrix (Abb. 7.13)

Bei der Auswahl und Priorisierung der Stakeholder sollten folgende Kriterien berücksichtigt werden:

- Macht, Einfluss und Ausmaß der Stakeholder bei Unterstützung bzw. Widerständen (Lauer, 2019, S. 140–142).
- Dringlichkeit der Ansprüche, Legitimität und Macht der Stakeholder (Sandhu, 2022, S. 865)
- Grad des Involvements bzw. der Betroffenheit der Stakeholder durch die Aktivitäten des Unternehmens (Grunig & Hunt, 1984, S. 147–151)
- Zugehörigkeit der Stakeholder zu unterschiedlichen Sinus-Milieus (Borgstedt, 2023; Borgstedt & Calmbach, 2023),
- Rolle der Stakeholder bei der Verbreitung von Innovationen in der Gesellschaft (Rogers, 2003).

7.6.1 Aktivitätsgrad von Stakeholdern in der Öffentlichkeit (nach Grunig & Hunt)

Für die Auswahl und Priorisierung der Stakeholder ist von zentraler Bedeutung, wie stark sie in der Öffentlichkeit sichtbar sind. Grunig und Hunt (1984) haben dafür ihr Modell der *situativen Teilöffentlichkeiten* entwickelt. Sie unterscheiden zwischen latenten, bewussten, aktiven und aktivistischen Anspruchsgruppen in der Öffentlichkeit (S. 153). Für die Zuordnung der Stakeholder zu den einzelnen Gruppen berücksichtigen sie das Ausmaß der Problemwahrnehmung, der aktiven Informationssuche und -verarbeitung, der Wahrnehmung von Einschränkungen sowie des Involvements (S. 148–151).

7.6.2 Lebensstile und Werthaltungen (nach Sinus-Institut)

Ein weiteres wichtiges Kriterium für die Auswahl und Priorisierung der Stakeholder ist die Nähe ihres Lebensstils, ihrer Einstellungen und Werthaltungen zu Themen der Nachhaltigkeit. Ein Ansatz, der beides mit demografischen Eigenschaften von Personen wie Geschlecht, Alter, Bildungsabschluss, Berufstätigkeit und Einkommen kombiniert, sind die *Sinus-Milieus*. Sie bilden Schichtenzugehörigkeit (soziale Lage) und Lebensstile und Werthaltungen (Grundorientierungen) einer Matrix ab und bilden zehn Bevölkerungssegmente, die gemeinsame Eigenschaften teilen (Abb. 7.14).

Sinus-Milieus® in Deutschland

Soziale Lage und Grundorientierung

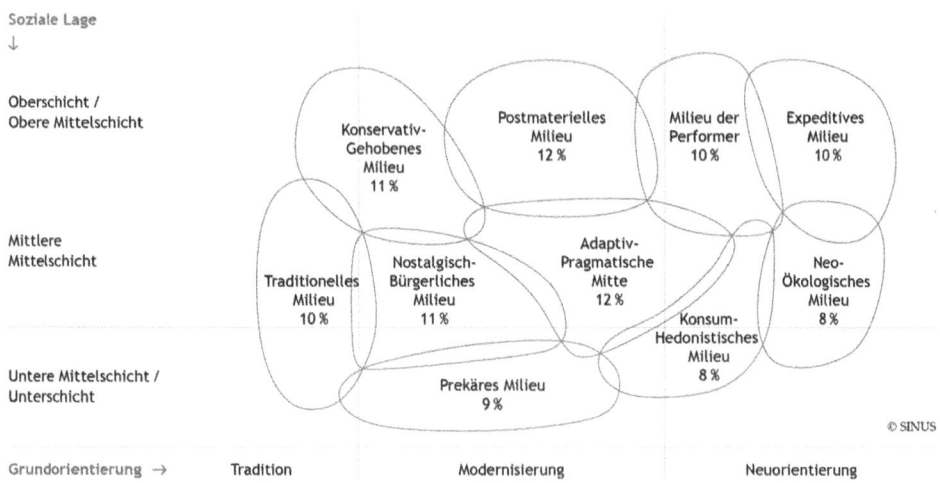

Abb. 7.14 Sinus-Milieus in Deutschland. (Sinus; in Borgstedt & Calmbach, 2023, S. 34)

Für die Nachhaltigkeitskommunikation besonders relevant sind die Unterschiede zwischen den einzelnen Bevölkerungssegmenten. So dominieren in den Clustern unterschiedliche Verständnisweisen von Nachhaltigkeit (Stockmann & Wisniewski, 2023, S. 297), aus denen sich Bezüge zu Themen und Botschaften entwickeln lassen.

Auch die Wahrnehmung und Bewertung der Transformation wird durch die sozialen Milieus bestimmt (Borgstedt, 2023, S. 306). Aus ihnen lassen sich primäre Treiber, partielle Unterstützer, Verunsicherte und Verweigerer näher bestimmen und im Rahmen einer zielgruppenorientierten Kommunikation differenziert ansprechen (S. 306–312).

Verschiebungen in und zwischen den sozialen Milieus können häufig am Umgang mit dem Thema Nachhaltigkeit festgemacht werden (Borgstedt & Calmbach, 2023). Das *postmaterielle* Milieu hat sich anstelle der in Auflösung begriffenen *bürgerlichen Mitte* als neues Leitmilieu etabliert (S. 28–29, 32). Die ehemals nachhaltigkeitskritischen Milieus der *Performer* und *Expeditiven* haben den Trend als Differenzierungs- und Lifestyle-Merkmal aufgegriffen. Gemeinsam mit dem *neo-ökologischen* Milieu bilden die vier nachhaltigkeitsorientierten Cluster 40 % der Bevölkerung ab (S. 34; Abb. 7.14). Ihnen stehen die ausdrücklich nachhaltigkeitskritischen Milieus der *Traditionalisten*, der *nostalgisch Bürgerlichen* und der *Prekären* gegenüber.

Borgstedt (2023) betont, dass mit Blick auf *soziale Kipppunkte* keine Mehrheiten notwendig sind, um gesellschaftliche Veränderungen zu bewirken (S. 312–313). Es müssten zwar alle einbezogen, aber nicht alle direkt angesprochen und erreicht werden. Um eine Mehrheit zu erreichen sei vor allem das *adaptiv-pragmatische* Milieu wichtig. Ausgangspunkt von Kampagnen könnten die *Postmateriellen* sowie die *Neo-ökologischen* sein. Zukunftsvision und Narrativ müssten auf die Bedürfnisse und Wertorientierungen dieser Bevölkerungscluster abgestimmt und ausgerichtet sein (S. 313–314). Daraus wiederum ließen sich zum Beispiel Kommunikationsstrategien und -inhalte, Dialog- und Beteiligungsformate, Handlungsalternativen und Entlastungen entwickeln.

Für die Nachhaltigkeitskommunikation besonders relevant sind die Milieus der *Postmateriellen* (12 %), die *Neo-Ökologischen* (8 %) sowie die *Performer* (10 %) und *Expeditiven* (10 %). Aufgrund ihrer guten Einkommenssituation (obere Mittelschicht, Oberschicht) bzw. ihrer ökologischen Grundorientierung (Modernisierung, Neuorientierung) sind vor allem dort Unterstützer für die nachhaltige Entwicklung zu finden.

7.6.3 Diffusion of Innovations (nach Rogers)

Ein weiteres Kriterium für die Auswahl und Priorisierung der Stakeholder ist deren Rolle bei der Verbreitung und Unterstützung der Nachhaltigkeitstransformation und -kommunikation. Das Modell der *Diffusion of Innovations* (Rogers, 2003) geht davon aus, dass sich Neuerungen in der Gesellschaft wie technische Innovationen oder Nachrichten nach bestimmten Mustern verbreiten und verschiedene Bevölkerungsgruppen nacheinander erreichen (S. 5–11, 197–201).

Dabei nehmen Massenmedien und persönliche Netzwerke eine wichtige Rolle ein (Wolf, 2022, S. 151). Außerdem lassen sich unterstützende und hemmende Faktoren bestimmen.

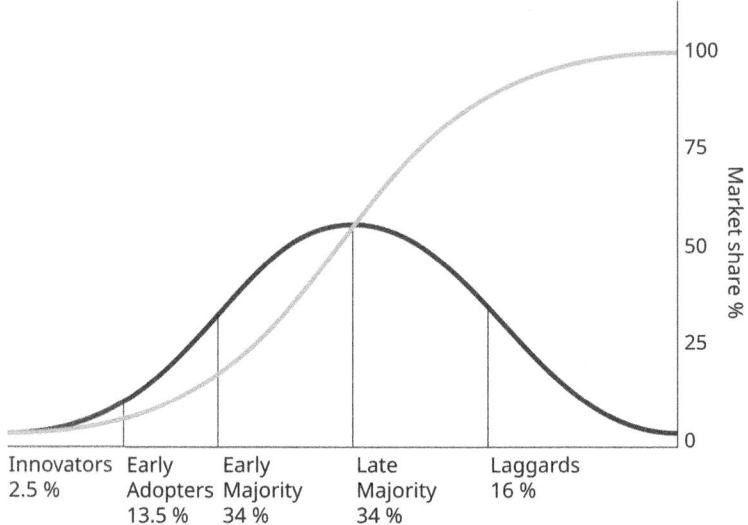

Abb. 7.15 Verbreitung von Ideen, Nachrichten und Innovationen nach Rogers

Von besonderer Bedeutung ist dabei die Kommunikation zwischen Personen und Gruppen, mit und ohne Wissen oder Erfahrung mit der Innovation (S. 156). Diese Erkenntnisse sind anschlussfähig an die Unterscheidung zwischen primären und sekundären Stakeholdern.

Je nach Übernahme einer Innovation im zeitlichen Verlauf der Verbreitung werden *Innovatoren*, *Early Adopters*, *frühe* und *späte Mehrheiten* (*Early*, *Late Majorities*) sowie *Nachzügler (Laggards)* unterschieden (S. 157, 159–160; Abb. 7.15).

Wer dieser Logik folgt, muss sich bei der Nachhaltigkeitskommunikation, auch mit Blick auf soziale Kipppunkte und begrenzte Personal-, Zeit- und Geldressourcen vor allem auf *Innovatoren* und *Early Adopters* konzentrieren.

Innovatoren sind gut informiert, haben einen hohen Medienkonsum und ein großes persönliches Netzwerk (S. 159–160). Sie fungieren im Diffusionsprozess zugleich als Gatekeeper. Wer sie nicht gewinnt, wird keinen Erfolg haben. *Early Adopters* agieren stärker in lokalen Netzwerken und werden im Prozess der Diffusion häufig als Meinungsführer*innen konsultiert. Frühe und späte Mehrheiten müssen erst angesprochen werden, wenn eine Innovation bereits begonnen hat, sich über die ersten beiden Gruppen zu verbreiten. Bei beiden Gruppen spielt die Sichtbarkeit der Verbreitung, auch durch mediale Vermittlung, eine entsprechend große Rolle.

7.6.4 Kontaktpunkte (Touchpoints) und Phasen der Stakeholder-Journey

Die *Stakeholder-Journey* bildet alle kommunikationsbasierten Kontaktpunkte (*Touchpoints*) zwischen Stakeholdern und Unternehmen ab. Im Gegensatz zur Customer- oder

Employee-Journey, die nur eine Stakeholder-Gruppe abbilden, sind bei der Stakeholder-Journey mehrere Stakeholder-Gruppen gleichzeitig unterwegs (Mickeleit et al., 2023, S. 76–77). Außerdem können sie zur gleichen Zeit auch mehrere Stakeholder-Rollen parallel ausüben. Aufgrund dieser Komplexität folgt die Stakeholder-Journey einer anderen Logik und lässt sich nicht mehr linear wie bei Customer- und Employee-Journey abbilden. Bislang existiert kein einheitliches und anerkanntes Modell. Vier-, fünf- und sechsstufige Modelle konkurrieren miteinander. Die Beziehungsebene wird kaum berücksichtigt.

Für den Aufbau und die Sicherung von Stakeholder-Beziehungen wird ein siebenstufiges Modell vorgeschlagen. Mit der Analyse der Stakeholder-Journey werden die Kontaktpunkte des Unternehmens erfasst. Die Kommunikationskanäle und -angebote werden den Phasen zugeordnet. Die jeweiligen Funktionen für die Stakeholder werden festgehalten.

> **Phasen der Beziehung zwischen Unternehmen und Stakeholdern (aus der Sicht der Stakeholder)**
> (1) **Interesse**: Stakeholder haben Bedarf oder Interesse an Themen bzw. Unternehmen. Das Unternehmen beobachtet das Interesse.
> (2) **Information**: Stakeholder suchen und rezipieren Informationen. Das Unternehmen bietet Kontaktpunkte und Informationen an.
> (3) **Aufbau**: Stakeholder vergleichen und wägen Informationen aus verschiedenen Quellen ab. Das Unternehmen macht Kommunikations- und Interaktionsangebote.
> (4) **Commitment**: Stakeholder können sich vorstellen, das Unternehmen zu unterstützen. Das Unternehmen bietet Nutzen, Vorteile und Gewinne aus Beziehungen an.
> (5) **Stabilisierung**: Stakeholder unterstützen das Unternehmen. Das Unternehmen bietet wechselseitigen Nutzen. Die Beziehung wird stabilisiert.
> (6) **Sicherung**: Das Unternehmen bindet die Stakeholder. Die Stakeholder bleiben dem Unternehmen treu. Die Beziehung wird gesichert.
> (7) **Netzwerk**: Das Unternehmen bietet Zugang zu eigenen Netzwerken. Die Stakeholder empfehlen das Unternehmen weiter. Die Beziehung wird zum Netzwerk.

Grundsätzlich lässt sich die Stakeholder-Journey auf Basis von Daten rekonstruieren. Für die digitalen Kontaktpunkte müssen sie in Datenpools zusammengeführt werden. Für analoge Kontaktpunkte müssen sie meist noch durch Beobachtungen, Zählungen, Anfragen, Feedbacks oder Befragungen erhoben werden.

▶   Wichtig: Stakeholder sollten nach folgenden Aspekten bestimmt und priorisiert werden
- Soziale Lage
- Lebensstile und Werthaltungen
- Aktivitätsgrad von Stakeholdern in der Öffentlichkeit
- Rolle bei der Verbreitung von Innovationen und Nachrichten
- Kontaktpunkte (Touchpoints) und Phasen der Stakeholder-Journey

7.7   Wesentlichkeits- und Issue-Analyse

▶   **Aufgabenstellung in einem Satz** Erfassen und bewerten Sie die Themen, die die Nachhaltigkeitstransformation Ihres Unternehmens positiv oder negativ beeinflussen, und leiten Sie daraus Themen für die Nachhaltigkeitskommunikation ab.

Nach der Analyse der Ausgangssituation und der Auswahl und Priorisierung der Stakeholder ist die inhaltliche Stoßrichtung für Nachhaltigkeitstransformation und -kommunikation zu bestimmen:

- Welche Nachhaltigkeitsthemen und -aspekte beeinflussen den Erfolg des Unternehmens?
- Wie beeinflussen die Aktivitäten des Unternehmens Stakeholder und externe Umwelt?
- Wie werden Nachhaltigkeitsthemen von den Stakeholdern wahrgenommen und bewertet?
- Welche Unterschiede bestehen zwischen internen und externen Sichtweisen?
- Welche Chancen und Risiken resultieren daraus?
- Welchen Weg soll das Nachhaltigkeitsmanagement des Unternehmens einschlagen?
- Wie positioniert sich das Unternehmen durch seine Nachhaltigkeitskommunikation?

Die Fragen zeigen erneut, dass Nachhaltigkeitsmanagement und Nachhaltigkeitskommunikation wie zwei Seiten einer Medaille untrennbar miteinander verbunden sind. Auf Basis der Ergebnisse lassen sich Nachhaltigkeitsmaßnahmen ableiten und priorisieren. Zugleich können die Themen der Nachhaltigkeitskommunikation entwickelt werden.

7.7.1   Wesentlichkeitsanalyse und Issue-Mapping

Ein zentrales Instrument beim Einstieg in das Nachhaltigkeitsmanagement ist die sogenannte *Wesentlichkeits-* bzw. *Materialitätsanalyse* (Zerfaß & Volk, 2019, S. 69–73). Sie erfasst Themen, Handlungsfelder und Effekte der Nachhaltigkeit von Unternehmen aus zwei Perspektiven (*doppelte Materialität*) (Eisele, 2024, S. 57–58; Rieger-Fels & Löher, 2024, S. 15–16; Baumüller & Mayr, 2023, S. 3–5):

a) **Outside-in**: tatsächliche und mögliche finanzielle Auswirkungen äußerer Einflüsse (Chancen oder Risiken) auf das aktuelle und zukünftige Unternehmensergebnis (*Financial Materiality*).
b) **Inside-out**: tatsächliche und mögliche Auswirkungen der Geschäftstätigkeit von Unternehmen über ihre gesamte Wertschöpfungskette (positiv oder negativ) für Stakeholder und Gesellschaft (*Impact Materiality*).

Anforderungen und Methodik der Wesentlichkeits- bzw. Materialitätsanalyse

- Grundlage der Wesentlichkeitsanalyse ist die CSRD (Corporate Sustainability Reporting Directive).
- Ziel ist die Verbesserung der Vollständigkeit, Vergleichbarkeit und Verlässlichkeit der berichteten Nachhaltigkeitsinformationen von Unternehmen.
- Die ESRS (European Sustainability Reporting Standards) lassen Unternehmen Freiheiten bei der Durchführung. Die Methodik soll allgemein anerkannt sein, nachvollziehbar und frei von Willkür.
- Themen, Auswirkungen, Risiken und Chancen sollen auf Basis der SDGs (Sustainable Development Goals) ausgewählt werden. Außerdem sollen das Geschäftsmodell und die Unternehmensstrategie berücksichtigt werden.
- Bei Chancen und Risiken sind kurz-, mittel- und langfristige Aspekte aufzunehmen. Außerdem müssen Abhängigkeiten von ökologischen und sozialen Ressourcen, anderen Unternehmen sowie der Einfluss immaterieller Vermögenswerte auf die finanzielle Leistungsfähigkeit berücksichtigt werden.
- Betroffene Stakeholder müssen bei Identifizierung und Bewertung der Themen und Auswirkungen einbezogen werden. An ihrer Stelle können glaubwürdige oder rechtliche Vertreter einbezogen werden.
- Entscheidend für die Wesentlichkeit sind Ausmaß, Umfang und Veränderbarkeit der Nachhaltigkeitsfaktoren. Bei potenziellen Auswirkungen sind zusätzlich die Eintrittswahrscheinlichkeiten abzuschätzen.
- Für die Beurteilung der Wesentlichkeit sollen zusätzlich wissenschaftsbasierte Daten herangezogen werden.
- Undifferenzierte Stakeholder-Befragungen auf Basis von Fragebögen mit offenen oder geschlossenen Fragen sind „kein hinreichendes Mittel" (S. 12). Sie bringen „keine zielführenden Ergebnisse" (S. 22).
- Festgestellte wesentliche Auswirkungen, Chancen oder Risiken müssen Unternehmen zwingend in ihren Nachhaltigkeitsbericht aufnehmen.

(Quelle: Baumüller & Mayr, 2023, S. 2–22)

Bei der Auswertung und Aufbereitung der Feedbacks werden die Ergebnisse entlang von zwei Achsen in vier oder neun Quadraten klassifiziert (exemplarisch Abb. 7.16). Die beiden Achsen entsprechen der *Relevanz* sowie der *Dringlichkeit* unterschiedlicher Nachhaltigkeitsaspekte aus Unternehmenssicht und Sicht der Stakeholder (Wördenweber, 2017, S. 52). Entscheidend für die Aussagekraft der Matrix ist, dass beide Perspektiven berücksichtigt werden.

Aufgrund ihrer Strenge und der Einbindung der Stakeholder ist die Wesentlichkeitsanalyse eine gute Basis, um Themen und Inhalte für die Nachhaltigkeitskommunikation zu bestimmen und zu priorisieren. Je weiter rechts und je weiter oben sie in der Matrix angesiedelt sind, umso wichtiger sind sie für das Unternehmen und Stakeholder. Eine Hie-

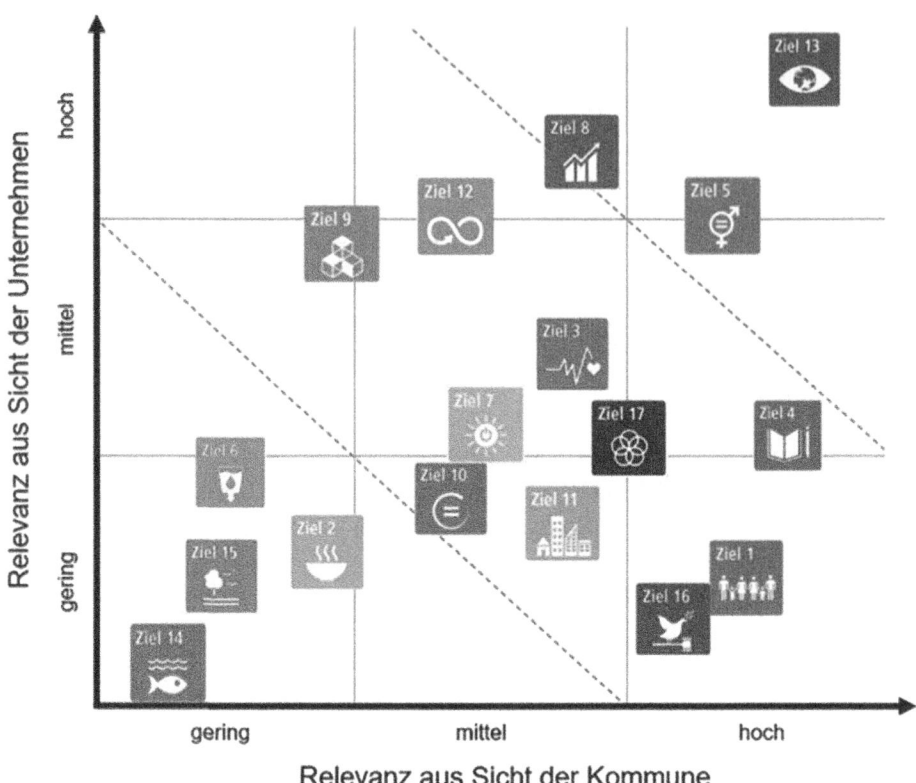

Abb. 7.16 Wesentlichkeitsmatrix auf der Basis von SDGs für die Stadt/Region Hannover. (Kirmes et al., 2024, S. 335)

rarchisierung nach ABC-Themen erleichtert die Steuerung und die Ausrichtung der Themen an der Nachhaltigkeits- und Kommunikationsstrategie (*Alignment*).

▶ **Stakeholder-Beteiligung bei der Wesentlichkeitsanalyse** Für die Aussagekraft und Verlässlichkeit der Wesentlichkeitsanalyse ist es unerlässlich, die betroffenen Stakeholder aktiv zu beteiligen. Undifferenzierte Online-Befragungen oder interne Workshops können dazu führen, dass blinde Flecke oder unangenehme Themen ausgeblendet bleiben und so die Stichhaltigkeit der Ergebnisse gefährden.

▶ **Leitfaden und Arbeitshilfe zur Wesentlichkeitsanalyse (zum Download im Internet)** Wesentlichkeitsanalyse. Leitfaden zur praktischen Durchführung in Unternehmen. Grundlagen, Methode und Durchführung in zehn Schritten. Von der Teambildung und Ablaufplanung bis zur Entscheidung und Verwendung der Ergebnisse. Mit einer Arbeitshilfe und Beispielen für alle zehn Schritte.
    https://www.arbeitswissenschaft.net/angebote-produkte/broschueren/ue-bro-wesentlichkeitsanalyse

Arbeitshilfe Wesentlichkeitsanalyse. Hilfsmittel zur Analyse und Identifizierung wesentlicher Nachhaltigkeitsthemen in Unternehmen. Excel-Tool mit Formularen zur Dokumentation der betriebsspezifischen Ergebnisse in jedem Arbeitsschritt.

https://www.arbeitswissenschaft.net/angebote-produkte/checklistenhand lungshilfen/ue-che-arbeitshilfe-wesentlichkeitsanalyse

(Quelle: Herausgegeben von Olaf Eisele und ifaa – Institut für angewandte Arbeitswissenschaft e. V., 2024)

7.8 Nachhaltigkeitsstrategie und Zielkaskade

▶ **Aufgabenstellung in einem Satz** Entwickeln Sie aus den Ergebnissen Ihrer Analyse der Ausgangssituation eine Nachhaltigkeitsstrategie für Ihr Unternehmen und leiten Sie daraus Ziele für die Nachhaltigkeitstransformation und den Aufbau von Nachhaltigkeitsmanagement und -kommunikation ab.

Nach der Auswahl und Priorisierung von Themen und Stakeholdern werden die Ziele für Nachhaltigkeit, Nachhaltigkeitsmanagement und Nachhaltigkeitskommunikation entwickelt und aufeinander abgestimmt. Startpunkt sind zunächst die strategischen Ziele des Unternehmens. Sie werden ergänzt um die ökonomischen, ökologischen und sozialen Nachhaltigkeitsziele (SDGs) (Abb. 7.17). Aus ihnen leiten sich die strategischen und operativen Ziele des Nachhaltigkeitsmanagements ab und daraus wiederum die ABC-Ziele (*Affection, Behavior, Cognition;* vgl. Volk & Zerfaß, 2024, S. 928) der Nachhaltigkeitskommunikation.

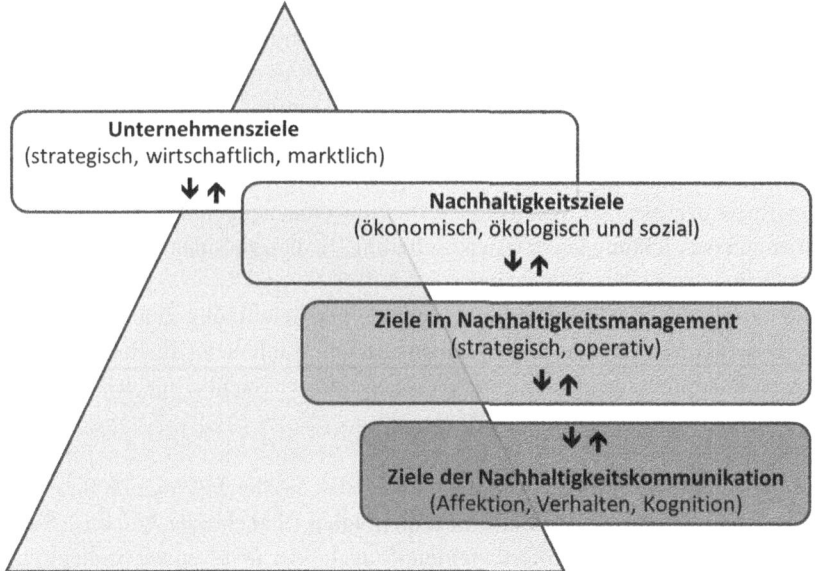

Abb. 7.17 Zielpyramide in Nachhaltigkeitsstrategie, -management und -kommunikation. (Eigene Darstellung)

Diese Logik folgt der wesentlichen Unterscheidung zwischen *Zwecken* und *Zielen* nach Clausewitz (Von Oetinger et al., 2006, S. 194–195). Danach verfolgen Unternehmen Strategien *mit* und *in* Projekten. Ziele dienen dabei übergeordneten Zwecken.

Zwecke und Ziele in der Nachhaltigkeitsstrategie (nach Clausewitz)

Übertragen auf die Nachhaltigkeitsstrategie trifft dies die Unterscheidung zwischen

- **Zweck der Nachhaltigkeitsstrategie**: Was soll *mit* bzw. *durch* Nachhaltigkeit erreicht werden?
  Beispiel: eine lebenswerte Natur, ein faires Miteinander (übergeordnete Nachhaltigkeitsziele)
- **Ziele des Nachhaltigkeitsmanagements**: Was soll *im* Nachhaltigkeitsmanagement erreicht werden?
  Beispiel: Reduzieren von CO_2-Emissionen, gleiche Gehälter für gleiche Arbeit.
- **Ziele der Nachhaltigkeitskommunikation**: Wie soll die Kommunikation dazu beitragen, Zweck und Ziele von Nachhaltigkeitsstrategie und -management zu erreichen?
  Beispiel: Unterstützungsbereitschaft für die Zwecke der Nachhaltigkeitsstrategie und die Ziele des Nachhaltigkeitsmanagements bei Stakeholdern aufbauen. ◀

Nach dem Prinzip des Gegenstromverfahrens wird anschließend geprüft, ob das Erreichen der definierten Ziele die jeweils darüberliegenden Ziele unterstützt. Gegebenenfalls können beide Zielebenen nachjustiert werden. Damit wird der klassische Top-down-Ansatz verlassen (Tab. 7.3). So können Ziele der Nachhaltigkeitskommunikation und des Nachhaltigkeitsmanagements auch zu Veränderung von strategischen Unternehmens- und Nachhaltigkeitszielen führen. In diesem Sinne handelt es sich um einen iterativen Zielbildungsprozess. Schrittweise werden Ziele so lange top-down und bottom-up angepasst, bis sie sich gegenseitig stützen und nicht behindern.

Die strategischen Nachhaltigkeitsziele ergänzen die Unternehmensziele bzw. geben ihnen in Zuge der Nachhaltigkeitstransformation eine neue Richtung im Sinne einer längerfristigen Ausrichtung und Existenzsicherung. In diesem Sinne entfällt die *normative* Ebene nach dem St.-Galler-Management-Modell.

Die klassischen Kommunikationsziele werden um Beteiligungsziele bei Stakeholdern ergänzt. Das Ausmaß ihrer angestrebten Integration (Lintemeier & Rademacher, 2016, S. 45) entscheidet über die grundlegende Ausrichtung der Nachhaltigkeitskommunikation (Grunwald & Schwill, 2022, S. 286–287):

- **informierende Kommunikationsstrategien** (Stakeholder *Information* Strategy)
- **feedback-orientierte Kommunikationsstrategien** (Stakeholder *Response* Strategy)
- **dialogische Kommunikationsstrategien** (Stakeholder *Involvement* Strategy)

Tab. 7.3 Generischer Zielaufbau für Nachhaltigkeitsstrategie, -management und -kommunikation. (Eigene Darstellung)

	Generische Ziele (Auswahl)
Strategische Unternehmensziele	
Wirtschaftliche Ziele	• Produktivität (Wirksamkeit, Effektivität) • Liquidität (Zahlungsfähigkeit) • Rentabilität (Wirtschaftlichkeit, Effizienz) • Organisches Wachstum • (…)
Markt-/Marketingziele	• Neue Kunden gewinnen • Marktposition und -anteil bei nachhaltigen Produkten erhöhen • Neue Markt- und Kundensegmente erobern • (…)
Nachhaltigkeitsziele	
Strategische Nachhaltigkeitsziele (längerfristig)	• Ökologische Nachhaltigkeit erhöhen • Soziale Nachhaltigkeit verbessern • Ökonomische Nachhaltigkeit verbessern • (…)
Ziele des Nachhaltigkeitsmanagements (operativ, kurz- bis mittelfristig)	• Energie- und Ressourcenverbrauch senken • Recyclingquote erhöhen • Frauenanteil bei Führungskräften erhöhen • (…)
Kommunikationsziele	
Kognitive Ziele	• Wissen über Nachhaltigkeitsstrategie erhöhen • Wahrnehmung als nachhaltiges Unternehmen verbessern • Glaub- und Vertrauenswürdigkeit stärken • (…)
Affektive Ziele	• Sympathiewerte erhöhen • Vorbehalte, Sorgen, Ängste abbauen • (…)
Konative Ziele	• Kaufbereitschaft erhöhen • Investitions-/Finanzierungsbereitschaft • Bewerbungsbereitschaft erhöhen • Empfehlungsbereitschaft erhöhen • (…)
Beteiligungsziele (Stakeholder-Integration)	• Konsultation (Stakeholder werden vor Entscheidungen angehört) • Partizipation (Stakeholder sind an Entscheidungen bei Teilfragen beteiligt) • Partnerschaft (Lösungen werden gemeinsam mit Stakeholdern entwickelt)

Die Nachhaltigkeitsstrategie wird in der Institutionalisierungsphase bewusst noch nicht mit quantitativen Zielen und Maßnahmen unterlegt. Die Diskussion und Entscheidung dient der grundlegenden Orientierung und Ausrichtung der Nachhaltigkeitstransformation. Die Konkretisierung für die *operative* Umsetzung übernehmen Nachhaltigkeitsmanagement und Kommunikationsmanagement in der Implementierungsphase in Eigenregie (Prinzip der Einheit von Planen und Handeln).

7.9   Organisations- und Kommunikationsstruktur für die Nachhaltigkeitstransformation

▶   **Aufgabenstellung in einem Satz** Entwickeln Sie ein Konzept für die Institutionalisierung der Nachhaltigkeitstransformation und die Eingliederung der Nachhaltigkeitskommunikation Ihres Unternehmens.

Im letzten Schritt beim Aufbau von Nachhaltigkeitsmanagement und Nachhaltigkeitskommunikation werden die Strukturen (Aufbauorganisation) und Prozesse (Ablauforganisation) für die Kommunikation in der Nachhaltigkeitstransformation entwickelt. Sie bilden, gemeinsam mit den personellen Kompetenzen und Ressourcen, der Governance (Regeln, Richtlinien) sowie der IT-Infrastruktur (inkl. Daten, KI, Cloud) den Kommunikationsteil des *Target Operating Model* (Zielbetriebsmodell). Es bildet die organisationale und kommunikative Basis für die Umsetzung der Nachhaltigkeitstransformation und -strategie.

7.9.1   Initialisierungsphase der Nachhaltigkeitstransformation

In der Initialisierungsphase der Nachhaltigkeitstransformation beginnen sich Strukturen und Prozesse herauszubilden (Emergenz). Dabei kommen auf Unternehmen und Organisationen bei Planung, Organisation und Verwirklichung der Nachhaltigkeitstransformation erhebliche Unsicherheiten zu: Der Beginn ist spontan, der finale Zustand und der Weg dorthin und die Dauer sind unbekannt. Die Reaktionen der Stakeholder, insbesondere der Mitarbeitenden und Geschäftspartner sind schwer einzuschätzen. Das wirtschaftliche Wettbewerbsumfeld und die Entwicklung der Vorgaben aus Politik und Regulatorik sind kaum kalkulierbar.

Mit der Einbindung von Beginn an, übernimmt das Kommunikationsmanagement sukzessive Aufgaben in der organisationsweiten Koordination und Umsetzung der Nachhaltigkeitstransformation. Hinzukommen die Anforderungen der doppelten Integration: der Aufbau und das Management der Schnittstellen zu allen Unternehmensbereichen und -einheiten, die Unterstützung einer effektiven und effizienten Kommunikation, das Ermöglichen von Beteiligung und Feedback sowie das Zusammenspiel mit den anderen Disziplinen in der Unternehmenskommunikation. Die Rolle des Kommunikationsmanagements umfasst

Beratungs- wie Dienstleistungsfunktionen gegenüber allen internen Partnern. Insbesondere die enge Zusammenarbeit und Abstimmung mit Unternehmensführung und Nachhaltigkeitsmanagement erfordern ein hohes Maß an Transparenz, Innovationskraft, Flexibilität sowie Organisations- und Konfliktfähigkeit.

Aus diesen Anforderungen ergeben sich Fragen an die Organisation und Führung des Transformations- und Kommunikationsmanagements.

- **Fragen auf der Ebene des Transformationsmanagements:**
  - Wie wird die Nachhaltigkeitstransformation organisiert und institutionalisiert?
  - Wie wird das Team für die Nachhaltigkeitstransformation zusammengestellt?
  - Welche Gremien sind für den Aufbau von Nachhaltigkeitsstrategie und -management nötig?
  - Wie werden Informationsfluss, Transparenz und Rückmeldungen (Feedbacks) sichergestellt?
  - Wie wird die Entwicklung und Umsetzung von Innovationen ermöglicht?
  - Wie werden Mitarbeitende aller Organisationsbereiche und -einheiten an der Nachhaltigkeitstransformation beteiligt?
- **Fragen auf der Ebene des Kommunikationsmanagements:**
  - Wie wird das Team der Nachhaltigkeitskommunikation zusammengestellt?
  - Wie wird die Nachhaltigkeitskommunikation in die Organisation eingegliedert?
  - Wie arbeitet die Nachhaltigkeitskommunikation mit den anderen Organisationsbereichen und -einheiten zusammen?
  - Wie wird die Nachhaltigkeitskommunikation in die Unternehmenskommunikation integriert?
  - Wie stimmt sich die Nachhaltigkeitskommunikation mit den anderen Kommunikationsdisziplinen ab?
  - Wie, wann und an wen berichtet die Nachhaltigkeitskommunikation?

Die hohen Anforderungen der Nachhaltigkeitstransformation sind jedoch allein mit den Mitteln und Methoden des klassischen Projektmanagements kaum zu bewältigen. *Agile Methoden* mit Trennung von Projekt- und Prozessverantwortung, kurzen, iterativen Arbeits- und Feedback-Zyklen und transparenter, visueller Dokumentation und Lernschleifen helfen, mit der Komplexität und Dynamik der Nachhaltigkeitstransformation umzugehen. Wichtig ist, klare Regeln für Rollen, Abläufe und Sessions festzulegen und transparent zu machen, um Konflikte bei der Umstellung zu vermeiden.

Anders formuliert: Wie kann die Organisation die Anforderungen nach Offenheit, Flexibilität, Reaktionsfähigkeit, Schnelligkeit und Fehlertoleranz durch agiles Management bewältigen? Wie können reguläres Geschäft und Innovation durch Ambidextrie parallel praktiziert werden? Wie lassen sich dezentrale Entscheidungen, mehr Selbstorganisation und Abbau von Hierarchie durch Ansätze der Holo- bzw. Soziokratie verwirklichen?

Der Wechsel des Stils von Führung und Management kann nur selten gleitend in kleinen Schritten erfolgen – er findet meist in einem Zuge statt. Das erfordert Fähigkeiten und

Ressourcen der *transformativen* und *lateralen Führung*: den Willen und die Bereitschaft zur (Selbst)Veränderung, Mut und Entscheidungen unter Unsicherheit, einen klaren Fokus auf ein gemeinsames Ziel, das Zurückstellen individueller Interessen, den Vorrang von Effektivität vor Effizienz, Vorbildfunktion und Vertrauenswürdigkeit, eine motivierende, verständliche Nachhaltigkeitsvision, die Akzeptanz unterschiedlicher Sichtweisen sowie eine ausgeprägte Dialog- und Konfliktfähigkeit.

7.9.2   Institutionalisierungsphase der Nachhaltigkeitstransformation

Der nächste Schritt nach der Initialisierungsphase mit den sich sukzessive herausbildenden Strukturen ist die Klärung und Festlegung konkreter Projektstrukturen und -prozesse in der Institutionalisierungsphase der Nachhaltigkeitstransformation. Die *Projektorganisation* legt den Aufbau und Ablauf sowie Entscheidungs- und Kommunikationswege fest (von Känel, 2020, S. 115). Wesentliche Bausteine der Projekt-Aufbauorganisation sind Auftraggeber, Lenkungsausschuss bzw. Steuerungskomitee (als Schnittstelle zwischen Projektleitung und Unternehmensführung), Projektmanagement-Office, Projektleitung und -team (115, 119–120; Lauer, 2019, S. 203–205).

Für die Benennung des Projektteams werden neben fachlichen Fähigkeiten und Erfahrungen vor allem Kommunikations-, Moderations- und Vermittlungskompetenzen gefordert (Bittner-Fesseler et al., 2023, S. 39–40; von Känel, 2020, S. 139–140). Insbesondere der Projektleitung als Bindeglied zwischen internen Auftraggebern und Projektteam komme dabei eine zentrale Rolle zu. Die Funktion sollte nicht auf Dauer festgeschrieben werden, sondern regelmäßig im Team wechseln.

Die organisatorische Eingliederung der Gremien der Nachhaltigkeitstransformation hängt eng mit der Bedeutung der sozial-ökologischen Transformation sowie dem aktuellen Status in Unternehmen und Organisationen zusammen. Je bedeutsamer das Thema Nachhaltigkeit ist, umso höher in der Hierarchie und umso näher an der Unternehmensleitung wird die Transformationsfunktion eingegliedert.

Das Projekt- oder *Nachhaltigkeitsteam* (*Sustainability-Team*) als funktionsübergreifendes, operatives Team arbeitet konkrete Lösungsansätze aus und koordiniert die Umsetzung in der Organisation. Es sollte nicht zu groß sein und zunächst aus maximal sieben Personen bestehen. Je ein Vertreter aus allen relevanten Bereichen (Nachhaltigkeitsmanagement sowie z. B. Logistik/Operations, Personal/HR, Produktmanagement/Marketing und Unternehmenskommunikation) sollte vertreten sein. Die Teammitglieder müssen nicht zwingend Führungspositionen im Unternehmen innehaben. Wichtiger ist, dass sie in der Organisation gut vernetzt sind. Das Nachhaltigkeitsteam baut sukzessive Schnittstellenpartner mit allen relevanten Unternehmensbereichen und -einheiten auf. Sie können als Nachhaltigkeitsbotschafter (*Sustainability Ambassadors*) in ihre Bereiche und Einheiten wirken.

Mit zunehmender Dynamik wird die Projektleitung durch einen *Steuerungsausschuss* (Sustainability Committee) als funktionsübergreifendes, strategisches Entscheidungs- und

Steuerungsgremium ersetzt. Er bildet dann das Bindeglied zwischen Unternehmensleitung und Nachhaltigkeitsteam. Dort sollten Verantwortliche aus allen relevanten Unternehmensbereichen (CEO, COO, HRO, CMO, CFO, sowie Leitungskräfte aus Risikomanagement, Nachhaltigkeitsmanagement und Nachhaltigkeitskommunikation sowie die Leitung des Nachhaltigkeitsteams vertreten sein. Der Steuerungsausschuss trifft zentrale, wichtige Entscheidungen, lässt sich regelmäßig über den Stand der Nachhaltigkeitstransformation vom Nachhaltigkeitsteam berichten. Er kann Vorgaben für das Nachhaltigkeitsteam formulieren, Entscheidungen der Unternehmensleitung weitergeben und berichtet selbst an die Unternehmensleitung, in der Regel den CEO.

Im Zuge der Nachhaltigkeitstransformation können sich weitere dezentrale Nachhaltigkeitsteams bilden (Abb. 7.18). Der Impuls kann, muss aber nicht aus dem Steuerungsausschuss kommen. Genauso können sich in Unternehmensbereichen und -einheiten selbstorganisierte Nachhaltigkeitsteams bilden.

Durch die Trennung von strategischer Entscheidung und operativer Umsetzung, aber mit personeller Überschneidung (Projektleitung des Nachhaltigkeitsteams) werden Führungskräfte aus Bereichen und Einheiten weniger stark belastet, können aber die Verankerung sicherstellen. Um alle Mitarbeitenden frühzeitig einzubinden, sollten bereits in einer sehr frühen Phase quartalsweise und danach mindestens jährlich Townhall Meetings bzw. Sustainability Summits mit allen Mitarbeitenden durchgeführt werden.

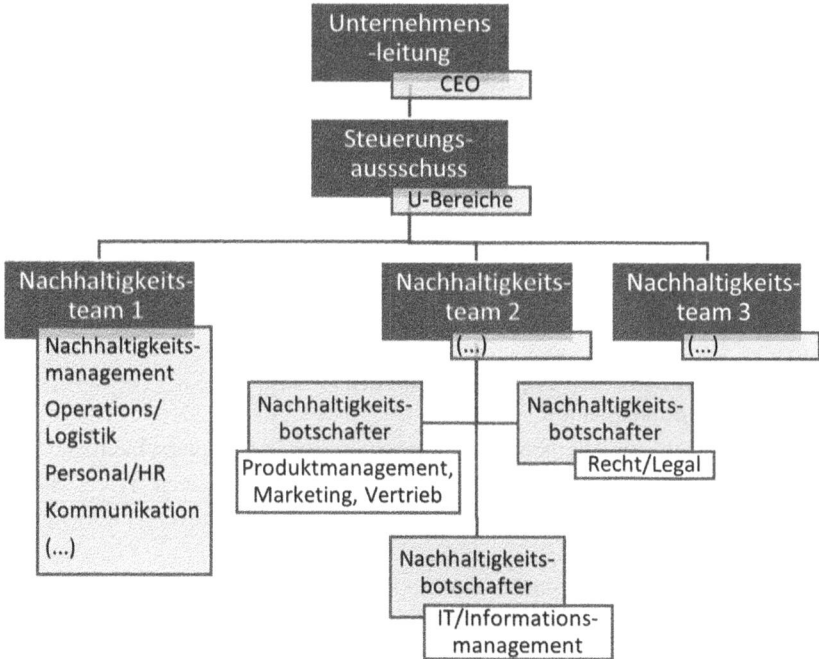

Abb. 7.18 Formale Organisationsstruktur in der Nachhaltigkeitstransformation. (Eigene Darstellung)

Um die Sicherheit und Stabilität der gewöhnlichen Geschäftstätigkeit sicherzustellen (*Exploitation*), sollten neue Formen der Führung und des Managements zunächst nur in der Aufbau- und Ablauforganisation der Nachhaltigkeitstransformation praktiziert werden (Abschn. 4.5). Die Beidhändigkeit (*Ambidextrie*) im Vorgehen erlaubt die zeitgleiche Entwicklung von Innovationen und neuen Geschäftsmodellen (*Exploration*) ohne dass es zu Störungen und Konflikten kommt.

In einem *soziokratischen* Ansatz wird die herkömmliche hierarchische Aufbauorganisation durch sich selbstorganisierende, über- und untergeordnete *Kreise* ersetzt. Damit tragen Unternehmen dem Umstand Rechnung, dass bereits heute viele auf Projekte und Projektorganisation umgestellt haben. In vielen Projektteams wechselt regelmäßig die Leitungsrolle. Führen *von der Seite* wird zunehmend zur Regel. Bei einer steigenden Zahl von Nachhaltigkeitsteams ermöglichen Verfahren der Holokratie (*Holacracy*) eine selbstorganisierte Form der Kooperation. Der Steuerungsausschuss bildet das Bindeglied zwischen der bestehenden und der veränderten Organisationsform. Ihm kommt die Aufgabe zu, das Entstehen von Schattenhierarchien zu vermeiden. Um möglichen Konflikten und Rückschlägen bei der Veränderung zu begegnen, kann das bewusste, gemeinsame Loslassen und das fehlertolerante Experimentieren zu neuen Vereinbarungen führen (*Theorie U*).

7.9.3 Eingliederung der Nachhaltigkeitskommunikation

Die Nachhaltigkeitskommunikation sollte in der Institutionalisierungs- und Implementierungsphase von einer Person verantwortet werden, die ausschließlich damit betraut und im Nachhaltigkeitsteam angesiedelt ist. Neben der Einbindung in die Projektorganisation muss die Nachhaltigkeitskommunikation in die Unternehmenskommunikation eingegliedert werden. In vielen Unternehmen geschieht dies dadurch, dass einzelne Kommunikationsmanager*innen das Thema Nachhaltigkeit mitübernehmen. Wo *Newsrooms* eingerichtet sind, besetzen Verantwortliche für die Nachhaltigkeitskommunikation als Themenmanager*innen ein weiteres Themenfeld.

Der Newsroom: Arbeits- und Organisationsmodell für das Kommunikationsmanagement

Newsrooms bringen die Themen- und Kanalexpert*innen für unterschiedliche Stakeholdergruppen organisatorisch und technologiegestützt an einen Tisch. Sie verbinden Themen und Kanäle organisationsübergreifend in einer Matrix-Organisation mit digitaler Unterstützung.

Der Aufbau folgt dem Organisationsmodell vieler Redaktionen im Journalismus. Kern des Konzepts ist die organisatorische Trennung von Themen und Kanälen in jeweils eigenen Desks. Die *Themenmanager*innen* schlagen Themen vor, entwickeln und vertreten die Inhalte. Die *Medienmanager*innen* steuern die

Kommunikationskanäle und verantworten die Aufbereitung und Gestaltung. Sie sind zugleich die Stellvertreter der Anspruchsgruppen. Das Bindeglied zwischen den Desks ist der/die *Chef *in vom Dienst* (CvD). Er/Sie koordiniert die operativen Tätigkeiten, verantwortet die Themen-, Ressourcen- und Zeitplanung. Die strategische Planung, Kontrolle und Steuerung erfolgt durch das *Strategieteam*. Es entspricht der Chefredaktion im Journalismus.

Der Ablauf mit Wechseln zwischen Themenplanung, Redaktionskonferenzen, Redaktionsarbeit und Produktion ist zeitlich eng getaktet. Aufgrund der kontinuierlichen Nachrichten-Streams gibt es streng genommen keinen Beginn und kein Ende mehr. Ständig fließen neue Nachrichten und Anfragen ein. Gegebenenfalls muss situativ umdisponiert werden. Dies gilt insbesondere für Krisensituationen. Die Leitung und Moderation erfordert erfahrene Kommunikationsmanager*innen als CvDs. Unerlässlich für die abgestimmte Planung, Koordination und Steuerung ist eine integrierte Software-Plattform für die gemeinsame Kommunikationsarbeit.

Mit der Einrichtung von Newsrooms verändert sich die Kommunikationskultur von Unternehmen. Sie ermöglichen die verstärkte Ausrichtung an den Anspruchsgruppen von Unternehmen. Unternehmens- und Stakeholderthemen müssen unter Strategie- und Wirkungsaspekten aufeinander abgestimmt und ausbalanciert werden. (Quelle: Moss, 2016, S. 39–47)

Kommunikationsabteilungen, die nach dem Modell von Newsrooms arbeiten, sind allerdings nur wenig verbreitet. Laut CommTech-Studie (Mickeleit et al., 2024) ist es rund ein Drittel der dort befragten Unternehmen (S. 17).[2] 40 % wollten keinen Newsroom einrichten, zehn Prozent hätten entsprechende Versuche abgebrochen. Damit liegt das Zielbild eines vollkommen digitalisierten Kommunikationsmanagements entlang Wertschöpfungskette und Stakeholder-Journey auf der Basis einer vernetzten Software für Kollaboration und Content-Management in ferner Zukunft.

Um ihre spezifischen Ziele erreichen zu können, muss sich die Nachhaltigkeitskommunikation nicht nur im Konzert der Unternehmenskommunikation abstimmen. Sie muss sich zugleich in alle Nachbardisziplinen einklinken, deren Themengebiete von der Nachhaltigkeitstransformation betroffen sind. Dazu zählen vor allem die Mitarbeiter- und Führungskräftekommunikation, die Marketingkommunikation sowie die Finanz- und Risikokommunikation. In diesem Sinn ist die Nachhaltigkeitskommunikation kein weiteres, eigenständiges Handlungsfeld der Unternehmenskommunikation, sondern erweitert bzw. modifiziert die bereits bestehenden.

---

[2] Für die CommTech-Studie im DACH-Gebiet wurden im Sommer 2024 352 Fach- und Führungskräfte im Kommunikationsmanagement online befragt. Rund zwei Drittel (77 %) der Befragten arbeitet in Unternehmen, ein knappes Viertel (23 %) in Agenturen (Mickeleit et al., 2024, S. 8).

Je nach Relevanz der Thematik und Größe des Unternehmens kann die Nachhaltigkeitskommunikation auch als Stabsstelle dem Nachhaltigkeitsmanagement, der Strategieabteilung oder wegen der Berichterstattungspflicht dem Finanz- oder Risikomanagement
zugeordnet sein.

7.10 Kommunikations- und Beteiligungsprozesse in der Nachhaltigkeitstransformation

Zusätzlich zu den formalen Strukturen der Aufbauorganisation sind Informationsflüsse
und Kommunikationsabläufe einzurichten und zu formalisieren. Sie sollen ein möglichst
hohes Maß an interner und externer Akzeptanz und Beteiligung ermöglichen und Vorbehalten sowie Befürchtungen begegnen. Beziehungs- und beteiligungsorientierte Kommunikationsformate sind in den *3i-Phasen* beim Aufbau (Initialisierung, Institutionalisierung
und Implementierung) in besonderer Weise geeignet, Ansprüche, Erwartungen, Sorgen,
Ideen und Feedbacks in den Lern- und Entwicklungsprozess der Nachhaltigkeitstransformation einzubinden.

Bei aller Formalisierung gilt: Je besser sich Partner in der Nachhaltigkeitstransformation verstehen und vertrauen, umso einfacher, schneller und weniger konfliktreich
werden sich Innovation und Veränderung verwirklichen lassen.

7.10.1 Initiierungsphase

Der Schwerpunkt der Kommunikation und Beteiligung liegt im Nachhaltigkeitsteam und
verlässt nur selten diesen Rahmen. Ideen werden entwickelt, Alternativen diskutiert und
Entscheidungen vorbereitet. Kommunikation und Feedbacks mit aktiven Mitarbeitenden
aus Initiativen finden überwiegend in Form von direktem, situativem Austausch statt
(z. B. Meetings, Mails, Video-Chats). Es existiert noch keine interne Öffentlichkeit.

7.10.2 Institutionalisierungsphase

In dieser Phase dominiert die direkte Kommunikation im Nachhaltigkeitsteam mit den internen Auftraggebern. Vorrang haben Entscheidungen über die formale Aufbauorganisation,
Zuständigkeiten und Verantwortlichkeiten für die Nachhaltigkeitstransformation. Arbeitsformulierungen für eine klare Vision und eine motivierende Mission werden entwickelt. Die
Unternehmensleitung bekennt sich zur Gesamtverantwortung für die Nachhaltigkeitstransformation (Commitment). Das Reporting des Nachhaltigkeitsteams an die internen Auftraggeber erfolgt meist noch unregelmäßig und situativ.

Die interne Kommunikation wird systematisch eingebunden. Erstmals wird intern
Öffentlichkeit für die mediale Information und Kommunikation mit Mitarbeitenden her-

gestellt (z. B. E-Mail, Intranet, Video-Statement). Sie wirken bei Analyse und Strategie-entwicklung mit (Anhörungen, Feedback-Runden, Beratungen, Ideen-Entwicklung).

7.10.3 Implementierungsphase

Die direkte Kommunikation zwischen Nachhaltigkeitsteam, internen Schnittstellen-partnern und Nachhaltigkeitsbotschaftern bereitet die Einführung und den offiziellen Start der Nachhaltigkeitstransformation vor. Überwiegend operative Entscheidungen führen zu intensiver, direkter Kommunikation zwischen Nachhaltigkeitsausschuss und Nachhaltig-keitsteam. Es berichtet jetzt regelmäßig an den Nachhaltigkeitsausschuss über den aktuel-len Stand und die nächsten Schritte, gegebenenfalls auch über Schwierigkeiten und Barrieren.

Die kontinuierliche prozessbegleitende Kommunikation für die Nachhaltigkeitstrans-formation startet. Eine breite interne Öffentlichkeit mit Schwerpunkt auf Live-Events be-gleitet schließlich Einführung und Start. Bereits geplante Veränderungen und ihre Aus-wirkungen auf Unternehmen und Mitarbeiter werden bekannt gemacht. Vorläufige Ziele, Meilensteine und die hohe Priorität werden verdeutlicht. Die laufende Information, Sensi-bilisierung und Mobilisierung von Mitarbeitern und Stakeholdern steht im Mittelpunkt. Ursachen und Gründe für die Nachhaltigkeitstransformation werden erläutert. Vorteile, positive Beispiele und geteilte Werte werden hervorgehoben. Mögliche Folgen und alter-native Handlungsmöglichkeiten werden aufgezeigt. Probleme und Fehler werden offen angesprochen. Top-Entscheider*innen und Führungskräfte vermitteln die Nachhaltig-keitsstrategie, heben die vorhandenen Fähigkeiten hervor und agieren als Vorbilder. Um-fangreiche Beteiligungs- und Feedback-Formate sorgen für regelmäßigen Austausch von Wissen, Ideen und Erfahrungen. Räume für das offene Ansprechen von Erwartungen, Sor-gen und Befürchtungen werden geschaffen. Sozial schwächer gestellte Mitarbeitende wer-den gezielt eingebunden. Mitarbeitende engagieren sich als interne Korrespondent*innen und Botschafter*innen. Schulungen, Coaching und Mentoring werden bereitgestellt, um den Aufbau und die Weiterentwicklung von Kompetenzen zu fördern. Initiativen und erfolgreiche Aktivitäten der Mitarbeitenden und Teams werden anerkannt und gewürdigt. Erste Erfolge (Quick-Wins) werden gefeiert. Eine Kultur der kontinuierlichen Weiterent-wicklung wird etabliert. Hier kann die Nachhaltigkeitstransformation aus den Erkennt-nissen des Change-Managements lernen (Abschn. 4.4).

Die vorrangigen Aufgaben der Nachhaltigkeitskommunikation in dieser Phase sind:

- Transparent über geplante Vorhaben informieren.
- Commitment von Geschäftsleitung und Führungskräften klar herausstellen.
- Durch konsistente, widerspruchsfreie Kommunikation Sicherheit geben.
- Austausch und Feedback mit Stakeholdern ermöglichen und sichern.
- Sorgen, Vorbehalte und Probleme ernst nehmen und offen ansprechen.

Beteiligung von Mitarbeitenden bei Analyse und Konzeption für die Nachhaltigkeitsstrategie

- *Kleingruppen-Formate*: Sounding Boards, Round Tables, Workshops.
- *Veranstaltungsformate*: Townhall Meetings, Barcamps, Ask-me-anything, Open Space (Informationsmärkte), Zukunftswerkstätten, Ideenwettbewerbe, World- und Themen-Cafés.
- *Forschungsformate*: qualitative und quantitative Stakeholder-Befragungen, Online-TEDs (*Single-Question-Polls*), Fokusgruppen.

Beispiel 1: *Ask-me-anything-Sessions* sind interaktive, teilweise regelmäßig stattfindende Formate, bei denen sich eine Person den Fragen einer Gruppe stellt. In Unternehmen können dies zum Beispiel der CEO, der CSO (Chief Sustainability Officer), Führungskräfte oder Expert*innen sein. Die Sessions dienen der Beantwortung offener Fragen, vor allem zu aktuellen Themen. Damit soll auch vermieden werden, dass Gerüchte entstehen und kursieren.

Das Format kommt ursprünglich aus den sozialen Medien, kann aber auch als Video-Chat oder in Präsenz stattfinden. Die Teilnahme ist freiwillig. Fragen können live, via Chat oder vorab gestellt werden. In großen Runden ist es sinnvoll, Moderator*innen einzusetzen, die Fragen bündeln und Ping-Pong-Situationen oder Eskalationen vermeiden.

Beispiel 2: *Sounding Boards* sind ein interaktives Feedback-Format aus dem Projekt- und Change-Management. Sie dienen dazu, Meinungen und Einschätzungen von Mitarbeitenden einzuholen und den Status quo, Fortschritt oder neue Ideen und Pläne in Projekten und Veränderungsprozessen zu reflektieren. Ggf. können Beiträge auch diskutiert werden, vor allem, um Hintergründe für Bewertungen besser zu verstehen. So können Handlungsalternativen bewertet werden. Schwierigkeiten und Barrieren sollen frühzeitig erkannt werden. Es werden keine Entscheidungen getroffen.

Sounding Boards werden unregelmäßig, situativ und oftmals spontan einberufen. Dafür werden Mitarbeitende möglichst vielfältig ausgewählt (z. B. nach Alter, Geschlecht, Nationalität, Bereichen oder Funktionen). Projektverantwortliche und Key-Stakeholder (z. B. Unternehmensleitung, Bereichsverantwortliche, Betriebs-/Personalrat) erhalten so erfolgsrelevante Feedbacks, die sie in die Steuerung ihrer Verantwortungsbereiche aufnehmen können.

7.11 Interview mit Martin Bachler (ams Osram): Erfahrungen mit der Verknüpfung von nachhaltiger Unternehmensentwicklung und -kommunikation

Martin Bachler ist Head of Corporate Sustainability der ams-OSRAM AG. Seit 2021 verantwortet er die Verankerung von Nachhaltigkeit im gesamten Konzern und entlang der gesamten Wertschöpfungskette. Vor der Fusion war er verantwortlicher Director Corporate Communications und Leiter für das Projekt „#TheNewOSRAM", mit dem sich das Unternehmen grundlegend neupositioniert hat. Ecovadis, ein weltweit anerkannter Anbieter von Nachhaltigkeitsratings, hat ams OSRAM mit Gold ausgezeichnet. ISS Institutional Shareholder Services, Anbieter von Nachhaltigkeitsratings der Deutschen Börse, hat dem Unternehmen den Prime-Status zuerkannt.

(Das Interview hat im Sommer 2024 stattgefunden)

Martin, Du kennst beide Bereiche: Bevor Du das Nachhaltigkeitsmanagement übernommen hast, warst Du für die Unternehmenskommunikation verantwortlich. Welche Rolle sollte die Kommunikation bei der Transformation zu nachhaltigen Unternehmen aus Deiner Sicht spielen?

Martin Bachler: Wir sind mitten in einem großen Transformationsprojekt. Um die Mitarbeiter*innen davon zu überzeugen, dass vieles zurecht in Frage gestellt wird, neue Aufgaben dazu kommen werden und der große Aufwand sich am Ende lohnen wird, müssen sie von Anfang an mitgenommen werden. Dazu braucht es verständliche Antworten auf Fragen wie: Warum ist die Veränderung nötig, was bringt es mir und meiner Arbeit und wie verändert es das Unternehmen und die Branche. Der Erfolg eines solchen Change-Management-Projekts hängt nicht zuletzt an der engen Verzahnung von Unternehmenskommunikation und Projektteam: Die Kommunikation moderiert den Dialog, das Projektteam treibt die Transformation voran.

Wie gut sind die Unternehmen bei der Verbindung von Nachhaltigkeitsmanagement und -kommunikation aufgestellt? Welche Entwicklungen hältst Du derzeit für besonders für wichtig?

Martin Bachler: Nachhaltigkeitsthemen kommen intern und extern gut an, unsere Posts gehören zu denen mit den höchsten Klickraten. Für eine wirkungsvolle Kommunikation ist es entscheidend, das Bewusstsein dafür zu schärfen, dass eine faktenbasierte und neutrale Ausdrucksweise zentrale Anforderungen in der Nachhaltigkeitskommunikation ist. Nur dann wird man als transparent, authentisch und glaubwürdig wahrgenommen. Künftig ist noch größere Vorsicht geboten: Während Greenwashing schon jetzt zu einem Shitstorm führen kann, werden markige Aussagen zu nachhaltigen Produktvorteilen mit der geplanten EU-Direktive zu Green Claims zum No-Go: Es drohen Strafen und schlimmer: Reputationsverlust.

Wer sind aus Deiner Sicht die wichtigsten internen Partner der Nachhaltigkeitskommunikation im Unternehmen? Worauf kommt es in der Zusammenarbeit am meisten an?

Martin Bachler: Aus meiner Sicht sollte die Hoheit der Botschaften bei der Nachhaltigkeitsabteilung liegen. Sie versorgt andere Akteure der Kommunikation mit Content und gibt die Umsetzung frei. Die wichtigsten Partner sind: Investor Relations, interne Kommunikation, Social Media, Presse und Marketing/Vertrieb. Ziel ist eine glaubwürdige Kommunikation und die Vermeidung von Greenwashing. Wichtig ist dafür ein ständiger Austausch, aber auch der Wissenstransfer unter den Experten: Das kann einerseits bedeuten, dass nicht jede Kennzahl, die mich in meiner Rolle begeistert, sich extern „verkaufen" lässt. Und andererseits, dass wir bei Superlativen den Rotstift zücken.

Du kommst ursprünglich aus der strategischen Planung und dem Kommunikationscontrolling. Auf welche Punkte kommt es beim Controlling der Nachhaltigkeitskommunikation besonders an?

Martin Bachler: Der Budgetprozess läuft ähnlich wie bei den Haushaltsverhandlungen in der Koalition. Am Anfang stehen sich Wunschlisten und Gesamtbudget gegenüber. Um hier die strategisch wichtigen Projekte herausfiltern zu können, braucht es zum einen eine tiefe Einsicht in die Unternehmensstrategie und aktuelle Entwicklungen, eine gewisse Fachkenntnis zu jeder der Kommunikationsdisziplinen, den Überblick und nicht zuletzt die Gabe herauszuhören, welche Projekte ambitioniert und gleichzeitig realistisch sind.

Martin, ich danke Dir für dieses kurze Gespräch.

Literatur

Baumüller, J., & Mayr, J. (2023). *Quick Guide: Wesentlichkeitsanalyse gemäß CSRD und ESRS*. WWF Österreich (Hrsg.). https://research.wu.ac.at/ws/portalfiles/portal/58973466/WWF_CSRD_Quick-Guide.pdf. Zugegriffen am 22.03.2024.

Bittner-Fesseler, A., Krutzke, A., & Hermann, K. (2023). *Change Kommunikation als Managementaufgabe*. Springer Gabler. https://doi.org/10.1007/978-3-658-39010-5

Borgstedt, S. (2023). Die Sinus-Milieus® als Instrument für Transformationsforschung und evidenzbasierte Politikberatung. In B. Barth, B. B. Flaig, N. Schäuble, & M. Tautscher (Hrsg.), *Praxis der Sinus-Milieus®. Gegenwart und Zukunft eines modernen Gesellschafts- und Zielgruppenmodells* (S. 305–315). Springer VS. https://doi.org/10.1007/978-3-658-42380-3_19

Borgstedt, S., & Calmbach, M. (2023). Das neue Modell der Sinus-Milieus® für Deutschland. In B. Barth, B. B. Flaig, N. Schäuble, & M. Tautscher (Hrsg.), *Praxis der Sinus-Milieus®. Gegenwart und Zukunft eines modernen Gesellschafts- und Zielgruppenmodells* (S. 27–41). Springer VS. https://doi.org/10.1007/978-3-658-42380-3_2

Bruhn, M. (2018). *Kommunikationspolitik. Systematischer Einsatz der Kommunikation für Unternehmen* (9. Aufl.). Vahlen. https://doi.org/10.15358/9783800657643

Bürker, M. (2020). Beziehungen als Kernkonzept für ein verändertes Management der Unternehmenskommunikation. In Bentele, G., Piwinger, M. & Schönborn, G. (Hrsg.) *Kommunikationsmanagement. Strategien, Wissen, Lösungen* (Loseblattwerk). Beitrag 2.101 (S. 1–41). Hermann Luchterhand Verlag, 2001 ff.

Bürker, M. (2023). „Ist das Marketing am Ende?" Status quo und Perspektiven im Verhältnis von Marketing und Unternehmenskommunikation. In Bookhagen, A. & Wolf, A. (Hrsg.), *PraxisWISSEN Marketing, German Journal of Marketing. Organ der Arbeitsgemeinschaft für Marketing (AfM), 8(1): Future of Marketing*, 11–35.

Dozier, D. M. (1993). Image, reputation and mass communication effects. In W. Armbrecht, H. Avenarius, & U. Zabel (Hrsg.), *Image und PR. Kann Image Gegenstand einer Public Relations-Wissenschaft sein?* (S. 227–250). Westdeutscher.

Eisele, O. (2024). *Nachhaltigkeitsmanagement – Handbuch für die Unternehmenspraxis. Gestaltung und Umsetzung von Nachhaltigkeit in produzierenden Betrieben*. ifaa – Institut für angewandte Arbeitswissenschaft e. V., 2. Aufl. Springer Vieweg. https://doi.org/10.1007/978-3-662-69573-9

Elliot, S. (2012, März 01). Public relations defined, after an energetic public discussion. *The New York Times*. https://www.nytimes.com/2012/03/02/business/media/public-relations-a-topic-that-is-tricky-to-define.html. Zugegriffen am 13.02.2025.

Grunig, J. E. (1993). On the effects of marketing, media relations, and public relations. Images, agendas, and relationships. In W. Armbrecht, H. Avenarius, & U. Zabel (Hrsg.), *Image und PR. Kann Image Gegenstand einer Public Relations-Wissenschaft sein?* (S. 263–295). Westdeutscher.

Grunig, J. E., & Hunt, T. (1984). *Managing public relations*. CBS College Publishing/Hilt, Rinehart and Winston.

Grunwald, G., & Schwill, J. (2022). *Nachhaltigkeitsmarketing. Grundlagen – Gestaltungsoptionen – Umsetzung*. Schäffer-Poeschel.

Harz-Vrátil, M. (2024). *Die Inner Development Goals in der Talententwicklung*. BestMasters. Springer. https://doi.org/10.1007/978-3-658-45626-9_2

Heinrich, P., & Schmidpeter, R. (2024). Wirkungsvolle CSR-Kommunikation – Grundlagen. In P. Heinrich (Hrsg.), *CSR und Kommunikation* (S. 1–26). Springer Gabler. https://doi.org/10.1007/978-3-662-69026-0_1

Hoffmann, C. P. (2024). Finanzmarktkommunikation. In P. Szyszka, R. Fröhlich, & U. Röttger (Hrsg.), *Handbuch der Public Relations* (S. 507–520). Springer VS. https://doi.org/10.1007/978-3-658-28034-5_39

Hon, L. C., & Grunig, J. E. (1999). *Guidelines for measuring relationships in public relations*. Institute for Public Relations (PDF). https://instituteforpr.org/wp-content/uploads/Guidelines_Measuring_Relationships.pdf. Zugegriffen am 03.09.2020.

IDG. (2021). *Inner development goals: Background, method and the IDG framework*. https://innerdevelopmentgoals.org/framework/. Zugegriffen am 07.09.2023.

Kirchner, K. (2001). *Integrierte Unternehmenskommunikation. Eine theoretische und empirische Bestandsaufnahme und eine Analyse amerikanischer Großunternehmen*. Westdeutscher. https://doi.org/10.1007/978-3-322-90511-6

Kirmes, K., Gerold, J., Hürter, J., Wahlbuhl, S., & Schleef, J. (2024). Kommunales Nachhaltigkeitsmanagement in der Stadt/Region Hannover – Ergebnisse einer Befragung bei Kommune und Unternehmen. In K. Butzer-Strothmann & F. Ahlers (Hrsg.), *Kommunales Nachhaltigkeitsmanagement* (S. 319–341). Springer Gabler. https://doi.org/10.1007/978-3-662-67916-6_20

Kirschten, U. (2022). Nachhaltiges Personalmanagement. In A. Baumast & J. Pape (Hrsg.) *Betriebliches Nachhaltigkeitsmanagement* (S. 327–359) (2., vollst. überarb. Aufl.). Ulmer.

Kühl, S., & Muster, J. (2016). *Organisationen gestalten.* Springer VS. https://doi.org/10.1007/978-3-658-12588-2

Lauer, T. (2019). *Change Management.* Springer Gabler. https://doi.org/10.1007/978-3-662-59102-4

Lintemeier, K., & Rademacher, L. (2016). Stakeholder Relations. Nachhaltigkeit und Dialog als strategische Erfolgsfaktoren. In Altenburger, R., Mesicek, R. (Hrsg.) *CSR und Stakeholdermanagement* (S. 29–58). Management-Reihe Corporate Social Responsibility. Springer Gabler. https://doi.org/10.1007/978-3-662-46560-8_3

Mai, M. (2024). Spiegelreferate in Regierungszentralen: Konsequenzen für die politikwissenschaftliche Lehre aus Forschungsstand und Regierungspraxis. *Z Politikwiss, 34,* 557–571. https://doi.org/10.1007/s41358-024-00387-5

Mickeleit, T., Treichel, K., Groß, M. S., & Ellmann, S. (2023). CommTech: Mit der Stakeholder Journey die Wirkung von Kommunikation erhöhen. In T. Mickeleit & J. Forthmann (Hrsg.), *Erfolgsfaktor CommTech* (S. 69–96). Springer Gabler. https://doi.org/10.1007/978-3-658-40169-6_4

Mickeleit, T., Forthmann, J., & Kunz, D. (2024). *So digital ist die Kommunikationsprofession. CommTech Index Report 2024/2025.* Hrsg. v. AG CommTech, Deutsche Public Relations Gesellschaft e.V. (DPRG), Public Relations Verband Austria (PRVA) & ComImpact. https://agcommtech.de/wp-content/uploads/2024/11/CommTech-Index-Report-2024-2025.pdf. Zugegriffen am 25.11.2024.

Mintzberg, H., Ahlstrand, B., & Lampel, J. (2007). *Strategy Safari. Eine Reise durch die Wildnis des strategischen Managements.* Redline Wirtschaft.

Moss, C. (2016). Themenorientierte Steuerung: Das Newsroom-Modell in der Unternehmenskommunikation. In C. Moss (Hrsg.), *Der Newsroom in der Unternehmenskommunikation* (S. 35–57). Springer Fachmedien. https://doi.org/10.1007/978-3-658-10854-0-4

Nölting, B., & Schmidt, J. (2022). Entwicklung einer Nachhaltigkeitsstrategie für die Neuausrichtung von Unternehmen. In A. Baumast & J. Pape (Hrsg.) *Betriebliches Nachhaltigkeitsmanagement* (2. vollst. überarb. Aufl., S. 78–101). Ulmer.

Rieger-Fels, M., & Löher, J. (2024). *Nachhaltigkeit im Mittelstand Die CSRD als Chance oder Herausforderung? Institut für Mittelstandsforschung Bonn.* Focus Paper Nr. 18. Bertelsmann-Stiftung. https://www.bertelsmann-stiftung.de/de/publikationen/publikation/did/nachhaltigkeit-im-mittelstand. Zugegriffen am 21.03.2024.

Rogers, E. (2003). *Diffusion of innovations* (5. Aufl.). Free Press.

Rohn, H., Baedeker, C., & Liedtke, C. (2001). *SAFE-Sustainability Assessment For Enterprises – die Methodik. Ein Instrument zur Unterstützung einer zukunftsfähigen Unternehmens- und Organisationsentwicklung.* Wuppertal Paper Vol. 112. Wuppertal Institut für Klima, Umwelt, Energie. https://epub.wupperinst.org/frontdoor/deliver/index/docId/1191/file/WP112.pdf. Zugegriffen am 28.12.2023.

Röttger, U. (2022a). The Constitution of Society. In R. Spiller, C. Rudeloff, & T. Döbler (Hrsg.), *Schlüsselwerke: Theorien (in) der Kommunikationswissenschaft* (S. 361–371). Springer VS. https://doi.org/10.1007/978-3-658-37354-2_23

Sandhu, S. (2022). Gesellschaftsorientierte Unternehmenskommunikation: Stakeholderorientierung und Legitimation als Ziel der Public Relations. In A. Zerfaß, M. Piwinger, & U. Röttger (Hrsg.), *Handbuch Unternehmenskommunikation* (S. 859–880). Springer Gabler. https://doi.org/10.1007/978-3-658-22933-7_38

Schreyögg, G., & Koch, J. (2020). *Management.* Springer Gabler. https://doi.org/10.1007/978-3-658-26514-4

Schulz von Thun, F. (1981). *Miteinander Reden 1 – Störungen und Klärungen.* Allgemeine Psychologie der Kommunikation. Reinbek: Rowohlt.

Stockmann, F., & Wisniewski, N. (2023). Von der Nische in die Mitte der Gesellschaft: Nachhaltigkeit in den sozialen Milieus. In B. Barth, B. B. Flaig, N. Schäuble, & M. Tautscher (Hrsg.) *Praxis der Sinus-Milieus®. Gegenwart und Zukunft eines modernen Gesellschafts- und Zielgruppen-modells* (S. 285–304). Springer VS. https://doi.org/10.1007/978-3-658-42380-3_18

Volk, S. C., & Zerfaß, A. (2024). Kommunikationscontrolling und PR-Evaluation. In P. Szyszka, R. Fröhlich, & U. Röttger (Hrsg.), *Handbuch der Public Relations* (S. 925–943). Springer VS. https://doi.org/10.1007/978-3-658-28034-5_51

von Hehn, S., Cornelissen, N. I. & Braun, C. (2021). Kulturwandel in Organisationen. Ein Baukasten für angewandte Psychologie im Change-Management (2. überarb. u. erw. Aufl.). Springer. https://doi.org/10.1007/978-3-662-62030-4

von Känel, S. (2020). *Projekte und Projektmanagement*. Springer Gabler. https://doi.org/10.1007/978-3-658-30085-2_1

Von Oetinger, B., von Ghyczy, T., & Bassford, C. (Hrsg.). (2006). *Clausewitz Strategie denken* (5. Aufl.). Deutscher Taschenbuchverlag.

Watzlawick, P., Beavin, J. H., & Jackson, D. D. (1990). *Menschliche Kommunikation. Formen, Störungen, Paradoxien* (8. Aufl.). Hans Huber.

Welge, M. K., Al-Laham, A., & Eulerich, M. (2024). *Strategisches Management*. Springer Gabler. https://doi.org/10.1007/978-3-658-43711-4

Wolf, C. (2022). Diffusion of Innovations. In R. Spiller, C. Rudeloff, & T. Döbler (Hrsg.), *Schlüsselwerke: Theorien (in) der Kommunikationswissenschaft* (S. 151–170). Springer VS. https://doi.org/10.1007/978-3-658-37354-2_10

Wördenweber, M. (2017). *Nachhaltigkeitsmanagement: Grundlagen und Praxis unternehmerischen Handelns*. Schäffer-Poeschel.

Zerfaß, A. (2022). Unternehmenskommunikation und Kommunikationsmanagement: Grundlagen, Handlungsfelder und Wertschöpfung. In A. Zerfaß, M. Piwinger, & U. Röttger (Hrsg.), *Handbuch Unternehmenskommunikation* (S. 29–87). Springer Gabler. https://doi.org/10.1007/978-3-658-22933-7_2

Zerfaß, A., & Volk, S. (2019). *Toolbox Kommunikationsmanagement*. Springer Gabler. https://doi.org/10.1007/978-3-658-24258-9

Management der Nachhaltigkeitskommunikation

8

Inhaltsverzeichnis

Zusammenfassung

In diesem Kapitel wird Nachhaltigkeitskommunikation als *Management der Kommunikation über Nachhaltigkeitsthemen zwischen einer Organisation und ihren Stakeholdern* entwickelt. Mit dem Managementbegriff rücken Verfahren, Methoden und Techniken der Analyse, Planung und des Controllings ins Zentrum. Dafür werden strategische, taktische und operative Managementebenen differenziert und ihre Verzahnung für die Nachhaltigkeitskommunikation herausgearbeitet. Im Rahmen der strategischen Kommunikationsplanung wird ein einheitlicher Rahmen für Zielfindung und Kommunikationscontrolling auf Basis der Wirkungsstufen-Modells von DPRG und ICV vorgeschlagen. Aus der Nachhaltigkeitsstrategie werden Zielgrößen und Kennzahlen für Kommunikationsstrategie und -controlling abgeleitet. Aus der Positionierungs- und Issue-Analyse wird mit dem *Sustainability Messaging* eine systematische Aussagen-Logik für die Nachhaltigkeitskommunikation von der Vision bis zur Story

© Der/die Autor(en), exklusiv lizenziert an Springer Fachmedien Wiesbaden   301
GmbH, ein Teil von Springer Nature 2025
M. Bürker, *Management der Nachhaltigkeitskommunikation*,
https://doi.org/10.1007/978-3-658-48471-2_8

entwickelt. Handlungsfelder, Instrumente und Formate der Unternehmenskommunikation werden für die Nachhaltigkeitskommunikation orchestriert. Dabei werden je eigene Instrumente, Formate und Gestaltungsansätze für primäre und sekundäre Stakeholder vorgeschlagen. Schließlich werden Leadership- und Mitarbeiterkommunikation sowie das Issues-Management als Handlungsfelder mit besonderer Relevanz für die Nachhaltigkeitstransformation ausgeführt.

Das klassische Managementverständnis als Top-down-Prozess aus Analyse, Planung und Controlling wird in der Nachhaltigkeitstransformation als Lern- und Entwicklungsprozess zu einem zirkulären Verfahren mit iterativen Schritten im *Gegenstromverfahren* weiterentwickelt. Strategische, taktische und operative Ziele und Maßnahmen schließen sich nicht mehr gegenseitig aus. Vielmehr kann eine Maßnahme zugleich zum Erreichen kurzfristig-operativer wie auch langfristig-strategischer Ziele beitragen. Damit verliert die zeitliche Abgrenzung an Bedeutung und inhaltlich-organisatorische Bezüge rücken in den Fokus. Daraus leitet sich die besondere Bedeutung der Strategie- und Führungskommunikation, der internen Kommunikation sowie des Issues Managements ab.

8.1   Management-Circle der Nachhaltigkeitskommunikation

Für das Management der Nachhaltigkeitskommunikation werden allgemeine Verfahren, Methoden und Techniken des Kommunikationsmanagements spezifiziert und auf Nachhaltigkeitsthemen angewandt. Dabei kommen zwei Modelle der Managementliteratur zum Tragen:

a) der *Managementprozess* aus Analyse, Planung, Umsetzung und Controlling (Messung und Steuerung) (Volk & Zerfaß, 2024, S. 934) sowie
b) die Differenzierung zwischen *strategischem*, *taktischem* und *operativem* Management.

Als Orientierungsrahmen für die Strukturierung der Kommunikation dient die Lasswell-Formel mit ihren Komponenten des Kommunikationsprozesses (Abb. 8.1).

Nach dem Aufbau der Nachhaltigkeitskommunikation mit einer erstmaligen Bestandsaufnahme und Analyse (Abschn. 7.4 bis 7.7) wird der Managementprozess aus Analyse, Planung, Umsetzung, Messung und Steuerung (Controlling) kontinuierlich durchlaufen. Mit dem Wechsel von der Institutionalisierungs- in die Implementierungs- und Umsetzungsphase fallen a) Evaluation und Analyse sowie b) Umsetzung und Steuerung jeweils zusammen. An die Stelle eines vierstufigen Prozessmodells tritt ein dreistufiges zirkuläres Modell (Abb. 8.2).

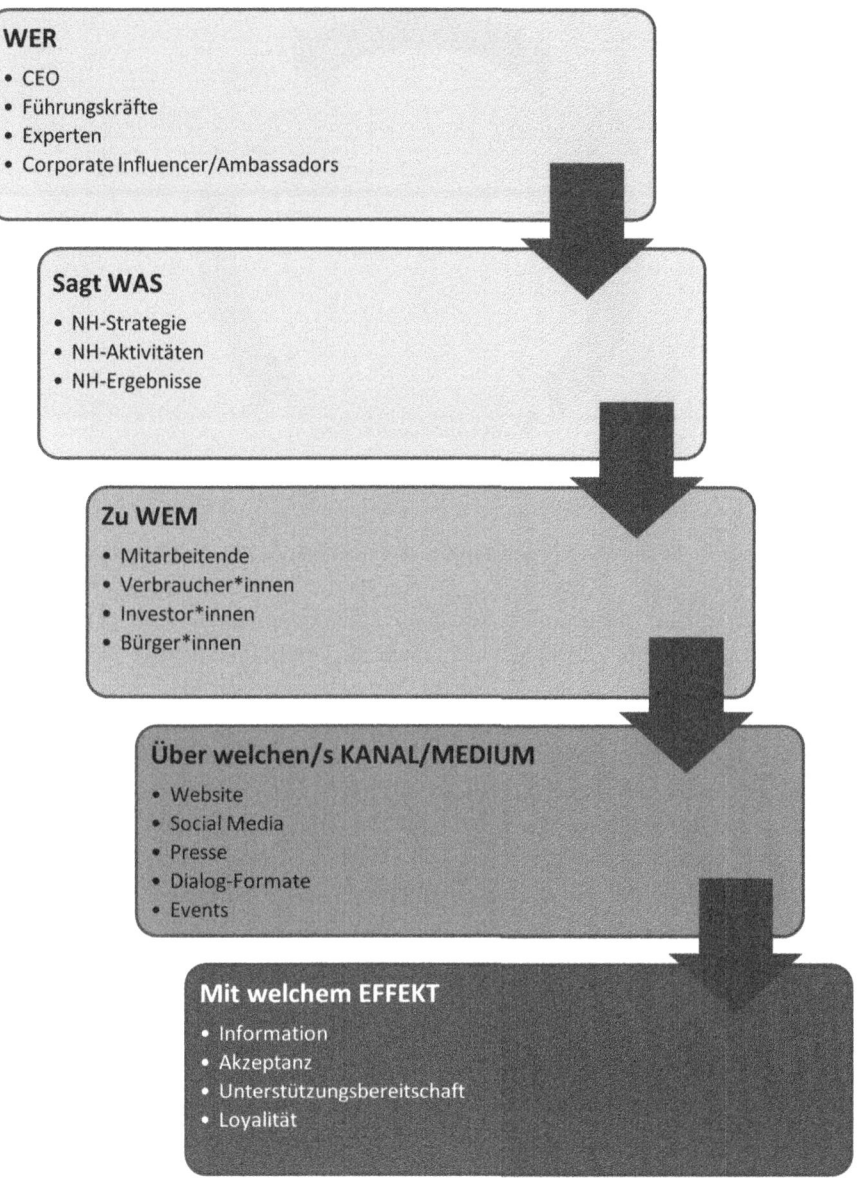

Abb. 8.1 Komponenten der Nachhaltigkeitskommunikation im Kommunikationsprozess nach Lazarsfeld. (Eigene Darstellung)

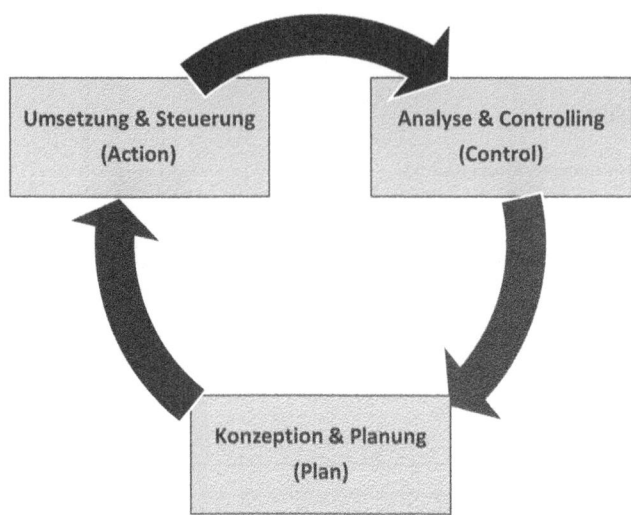

Abb. 8.2 Management-Circle der Nachhaltigkeitskommunikation. (Eigene Darstellung)

Im Gegensatz zum Aufbau der Nachhaltigkeitskommunikation in der Institution-alisierungsphase (Abschn. 7.4) stehen nicht mehr die kommunikativen Aspekte der Nach-haltigkeitsstrategie im Zentrum. Vielmehr konzentriert sich das Kommunikations-management jetzt unmittelbar auf die Nachhaltigkeitskommunikation. Ziel und Aufgabe des Kommunikationsmanagements ist die Ausrichtung der Nachhaltigkeitskommunikation auf die Unternehmens- und Nachhaltigkeitsziele (*primäres Alignment*) sowie der Kommunikationsaktivitäten an den Kommunikationszielen (*sekundäres Alignment*) (vgl. Zerfaß & Volk, 2021, S. 474–477).

Die Unterscheidung zwischen *strategischem*, *taktischem* und *operativem* Management wird für die Nachhaltigkeitskommunikation genutzt, um Ziele und Maßnahmen differen-ziert auf Unternehmens- und Nachhaltigkeitsziele, einzelne Stakeholder-Gruppen, Kommunikationsfelder, Kommunikationskanäle auszurichten. Die drei Ebenen des Kommunikationsmanagements unterscheiden sich hinsichtlich ihrer Funktion, ihrer zen-tralen Bezugsgröße und ihres Zeithorizonts (Tab. 8.1).

Die Steuerung der Nachhaltigkeitskommunikation erfolgt auf drei Ebenen:

a) **Strategische Steuerung**: Anpassung von Kommunikationsstrategien (Kommunikations-ziele, Positionierung, Messaging, Controlling) an die Unternehmens- und Nachhaltig-keitsziele,
b) **Taktische Steuerung**: Anpassung von Kommunikationstaktiken (Stakeholder-Ziele, einzelne Kommunikations- und Themenfelder sowie Kommunikationskanäle und deren Orchestrierung) an die Kommunikationsstrategie,
c) **Operative Steuerung**: Anpassung von Kommunikationsmaßnahmen (Instrumente, Formate und Gestaltung) an die Stakeholder-, Themen- und Kanalstrategien.

Tab. 8.1 Managementebenen in der Unternehmens- und Nachhaltigkeitskommunikation. (Eigene Darstellung)

Managementebene	Funktion und Zeithorizont	Bezugsgröße	Elemente
Strategisches Kommunikationsmanagement	**Funktion**: Ausrichtung der Kommunikationsstrategie an Unternehmenszielen und -strategie **Horizont**: längerfristig, 3–5 Jahre	- Gesamte Unternehmenskommunikation - Unternehmensmarke - Unternehmensimage/-reputation	- Kommunikationsziele - Stakeholder-Map - Positionierung, Soll-Image, Kernbotschaften - Vision, Mission, Story, Claim - Strategische Themen - Kanalstrategie
Taktisches Kommunikationsmanagement	**Funktion**: Ausrichtung der taktischen Kommunikation an den strategischen Kommunikationszielen **Horizont**: mittelfristig, 1–2 Jahre	- Einzelne Stakeholder-Gruppen - Einzelne Kommunikationsfelder	- Stakeholder-bezogene Ziele - Themenfelder - Kommunikationskanäle - Kampagnen
Operatives Kommunikationsmanagement	**Funktion**: Ausrichtung der operativen Kommunikation an den taktischen Kommunikationszielen **Horizont**: kurzfristig, bis ein Jahr	- Einzelmaßnahmen	- Maßnahmenziele - Instrumente - Formate - Gestaltung - Ort - Zeitpunkt, -raum - Ressourcen (Budget, Team)

Auf die zusätzliche Berücksichtigung des *normativen* Managements nach dem St.-Galler-Managementmodell wird verzichtet. Sie kann die Existenz und Entwicklungsfähigkeit von Organisationen durch nicht-ökonomische, ethische Ziele und Leitlinien prinzipiell stärken. Durch die Ergänzung der Unternehmensziele um Nachhaltigkeitsprinzipien sind sie jedoch bereits in das strategische Management aufgenommen (Abschn. 7.8).

8.2   Kommunikationsanalyse zur Nachhaltigkeitstransformation

▶ **Aufgabenstellung in einem Satz** Erstellen Sie eine Analyse der aktuellen Situation sowie der internen und externen Entwicklungen und Einflussfaktoren für die Nachhaltigkeitskommunikation Ihres Unternehmens.

Mit der Kommunikationsanalyse wird die kommunikative Ausgangssituation der Nachhaltigkeitstransformation in Unternehmen und Umfeld erfasst und in Hinblick auf die übergeordneten Unternehmens- und Nachhaltigkeitsziele bewertet. Die umfassende Bestandsaufnahme und Analyse der bisherigen Kommunikation zu Nachhaltigkeitsthemen sowie der aktuellen Kommunikation in der Öffentlichkeit ist der erste Schritt beim Aufbau einer Strategie für die Nachhaltigkeitskommunikation. Ziel dieser Analyse ist es, die Stärken und Schwächen der bisherigen Nachhaltigkeitskommunikation zu identifizieren. Außerdem sollen interne und externe Kommunikationschancen und -risiken bestimmt werden.

Exemplarische Fragen bei der Analyse der Nachhaltigkeitskommunikation

- Welche Aspekte der Nachhaltigkeit werden in Medien und Öffentlichkeit thematisiert und diskutiert?
- Welche Entwicklungen werden beschrieben?
- Welchen positiven und negativen Folgen werden genannt?
- Welche Aspekte werden kritisiert?
- Wer sind die wichtigsten Medien, Multiplikator*innen und Meinungsführer*innen zu Nachhaltigkeitsthemen?
- Wie ist der Meinungstenor in den journalistischen Medien ausgeprägt?
- Welches Meinungsklima und welche Mehrheitsmeinungen herrschen in sozialen Medien und Umfragen? ◄

Aufgrund der hervorgehobenen Bedeutung der Beteiligung von internen und externen Stakeholdern an der Nachhaltigkeitstransformation werden bei der Analyse auch Beziehungsaspekte untersucht.

Instrumente der beziehungsorientierten Analyse der Unternehmenskommunikation
- **Stakeholder Map**: Abbildung der Akteur*innen mit direkten und indirekten Verbindungen zum Unternehmen und Priorisierung von Beziehungen (Zerfaß & Volk, 2019, S. 33–36; Abb. 8.3).
- **Stakeholder-Analyse**: Vertiefte Differenzierung und Priorisierung der unterschiedlichen Stakeholder (z. B. mit Hilfe von Personas, Sinus-Milieus, Diffusion of Innovations).
- **Netzwerk-Analyse**: Analyse von starken und schwachen Verbindungen zwischen unterschiedlichen Akteur*innen und Identifikation von Brücken und Löchern (Zerfaß & Volk, 2019, S. 74–78).
- **Social-Media-Listening**: Beobachtung und Analyse der relevanten Themen und Statements in den sozialen Medien (Social-Media-Nutzer*innen und Influencer als Beziehungspartner*innen).
- **Medienmonitoring**: Beobachtung und Analyse der Themen und des Meinungstenors in den journalistischen Medien (Journalist*innen und Medien als Beziehungspartner*innen).
- **Stakeholder- und Repräsentativbefragungen**: Beobachtung und Analyse der Beziehung zwischen Unternehmen und ihren Stakeholdern.

- **Stakeholder-Workshops, Fokusgruppen**: Wahrnehmung, Bewertung und Diskussion des Unternehmens, seiner Aktivitäten und Kommunikation.
- **Koorientierungsanalyse**: Vergleich der eigenen Sichtweisen und Erwartungen mit den Perspektiven der Stakeholder (Identifikation von Übereinstimmungen, Dissens und Fehlwahrnehmungen).

(Quelle: Bürker, 2020a, b S. 29–31)

Abb. 8.3 Stakeholder Map mit Visualisierung von Beziehungen (Zerfaß & Volk, 2019, S. 34)

Die Ergebnisse der Analyse werden im Rahmen einer SWOT-Analyse zusammengefasst. Stärken und Schwächen der bisherigen Nachhaltigkeitskommunikation werden im Vergleich mit relevanten Mitbewerbern bestimmt. Künftige Chancen- und Risiko-Potenziale, die aus Entwicklungen in Markt, Wirtschaft, Politik und Gesellschaft resultieren, werden identifiziert. Anschließend werden die Ergebnisse zu den Resultaten der SWOT-Analyse beim Aufbau der Nachhaltigkeitsstrategie (Abschn. 7.5) in Beziehung gesetzt.

8.3   Image-, Reputations- und Positionierungsanalyse

▶   **Aufgabenstellung in einem Satz** Analysieren Sie die Wahrnehmung und Bewertung der Nachhaltigkeitsaktivitäten Ihres Unternehmens aus Sicht Ihrer Stakeholder und leiten Sie daraus Strategie- und Handlungsoptionen für die Nachhaltigkeitskommunikation ab.

Mit der Analyse von Unternehmensimage (*Corporate Image*), Unternehmensreputation (*Corporate Reputation*) und Unternehmenspositionierung (*Corporate Positioning*) werden die Wahrnehmungen der Stakeholder erfasst und bewertet. Die Ergebnisse bilden die Grundlage für die inhaltliche Konzeption der Strategie für die Nachhaltigkeitskommunikation (Messaging). Bei allen drei Größen handelt es sich um *immaterielle* Vermögenswerte, in die Wahrnehmungen und Bewertungen von internen und externen Stakeholdern einfließen. Sie können durch Kommunikation aufgebaut und gesichert werden.

Ergebnis der Analyse sind aggregierte und verdichtete Ziel- und Steuerungsgrößen, die als zentrale Kennzahlen (Key Performance Indicators) der Nachhaltigkeitskommunikation dienen. Dafür werden Soll-Image, Ziel-Reputation und Soll-Positionierung um Aspekte der Nachhaltigkeit ergänzt. Ziel ist, dass die Nachhaltigkeitsaktivitäten des Unternehmens von den Stakeholdern wahrgenommen, positiv bewertet und unterstützt werden.

Das *Image* ist ein vereinfachtes, auf wenige Wahrnehmungsfaktoren reduziertes, positiv oder negativ bewertetes kollektives Vorstellungsbild eines Unternehmens bzw. einer Organisation (Bürker, 2013, S. 250–252, 339–343). Es wird durch eigene, persönliche Erfahrungen (*Nahbild*) und durch kommunikative bzw. mediale Vermittlung (*Fernbild*) geprägt (Bürker, 2020a, b, S. 22–23, 2013, S. 96, 344–345; Noelle-Neumann & Petersen, 2005, S. 520–530). Diese Unterscheidung kann genutzt werden, um abweichende Effekte zwischen primären und sekundären Stakeholdern zu erkennen. Durch den Vergleich von *Selbstbild* (Eigenwahrnehmung durch Mitarbeitende) und *Fremdbild* (Außenwahrnehmung durch externe Stakeholder) können Fehlwahrnehmungen identifiziert werden. Die Daten für Imageanalysen werden durch Stakeholder-Befragungen zu ausgewählten relevanten Imagewerten bzw. Kernbotschaften erhoben.

In der *Reputation* drücken sich zusätzlich zum Image die *Glaub- und Vertrauenswürdigkeit* sowie die *Unterstützungsbereitschaft* gegenüber einem Unternehmen bzw. einer Organisation aus (Bürker, 2013, S. 255–257; 342–344; Wiedmann et al., 2007, S. 322, 2005, S. 48–50). Entsprechend können für Reputationsanalysen Image-Studien genutzt werden, die zusätzlich die *Glaubwürdigkeit* der Kommunikation, die *Vertrauenswürdigkeit* des Unternehmenshandelns und die *Unterstützungsbereitschaft* der Stakeholder abfragen.

Ein Sonderfall von Image und Reputation ist das *Meinungsklima*. Es beschreibt wie Menschen die mehrheitlichen Wahrnehmungen und Bewertungen in ihrem persönlichen Umfeld und in den Medien einschätzen (Bürker, 2013, S. 337–339; Noelle-Neumann, 1991, S. 27–32; Abschn. 6.9).

Die *Positionierung* ist die Besetzung einer Position im Wahrnehmungsraum der Stakeholder, die deren Idealvorstellungen möglichst nahekommt, auf den eigenen Kompetenzen und Ressourcen basiert und Unternehmen bzw. Marke von den Wettbewerbern differen-

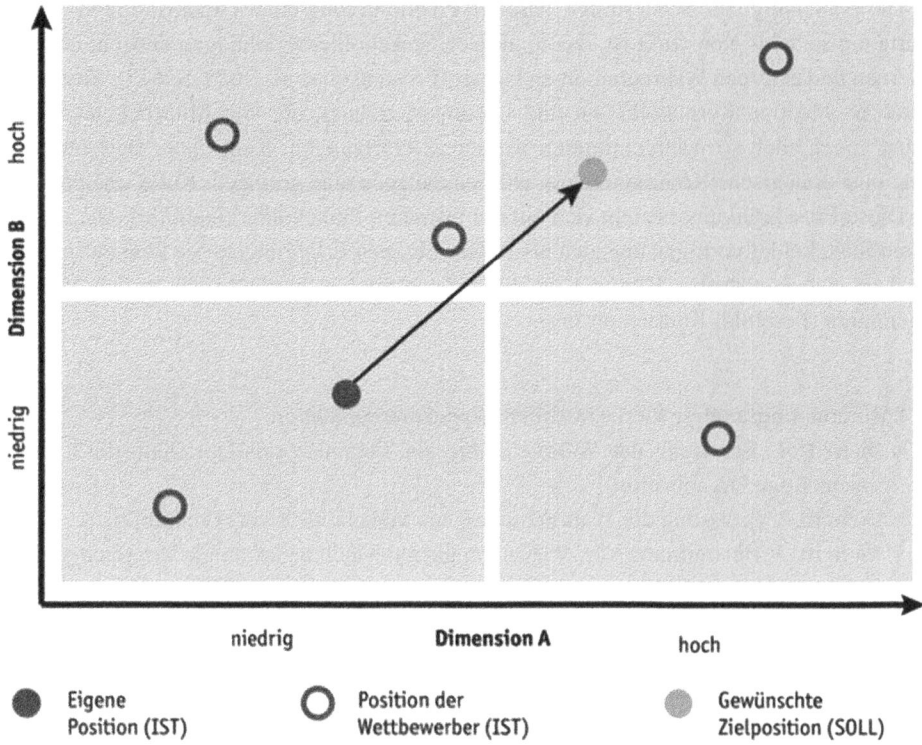

Abb. 8.4 Positionierungsmatrix für den Vergleich von Ist-, Soll- und Wettbewerbspositionen. (Zerfaß & Volk, 2019. S. 106)

ziert (Feddersen, 2010, S. 29). Das Konzept baut auf der identitätsbasierten Markenführung (Abschn. 4.3) auf und wird auf die Nachhaltigkeitskommunikation von Unternehmen übertragen. Die *Positionierungsanalyse* leitet aus systematischen Vergleichen zwischen den Wahrnehmungen und Bewertungen unterschiedlicher Stakeholder-Gruppen die Ziel- bzw. Soll-Position des Unternehmens ab (Abb. 8.4):

- Ist-Position aus der *internen* Sicht der Mitarbeitenden (Selbstbild),
- Ist-Position aus der Sicht der *externen* Stakeholder (Fremdbild),
- Position der relevanten *Wettbewerber* aus der Sicht der externen Stakeholder (Wettbewerber-Images) und
- Idealposition aus Sicht der *externen* Stakeholder.

Aus den Ergebnissen lassen sich Spielräume für die Nachhaltigkeitspositionierung von Unternehmen, Organisation oder Marke bestimmen. Dabei spielt das Nahbild für die Glaubwürdigkeit eine größere Rolle als das Fernbild. Zusätzlich kann das Meinungsklima helfen, Veränderungen in der öffentlichen Wahrnehmung zu erkennen, bevor sie zu Mehrheitspositionen werden.

Die Forschung betont allerdings, dass die Positionierung einer Organisation als nachhaltig ein soziales Konstrukt ist, das in aktiven Stakeholderbeziehungen entsteht und auf internen und externen Wahrnehmungen basiert (Frostenson et al., 2022, S. 6–7). Sie werde durch nachhaltige Kerntätigkeiten und Lösungen erzeugt, die von Mitarbeitenden und Kund*innen auch so wahrgenommen werden. Zielsetzungen, Kontrollen, Berichterstattung und strategische Kommunikation würden dagegen eine geringere Rolle spielen.

Diese Einschränkung bezieht sich auf die primären Stakeholder (Nahbild). Die sekundären Stakeholder verfügen dagegen über keine eigenen Erfahrungen. Sie können sich nur an Aussagen von dritten Personen in ihrem persönlichen Umfeld oder in den Medien orientieren (Fernbild, Koorientierung).

Positionierungsanalyse für die Nachhaltigkeitskommunikation
- **Schritt 1**: Erfassung der Wahrnehmung aus Organisationssicht (Selbstbild als nachhaltige Organisation).
- **Schritt 2**: Erfassung der Wahrnehmung aus Stakeholdersicht (Fremdbild).
- **Schritt 3**: Bestimmung von Wahrnehmungsabweichungen durch Vergleich von Selbst- und Fremdbild.
- **Schritt 4**: Bestimmung von Kommunikationspotenzialen durch den Vergleich von Nah- und Fernbild als nachhaltige Organisation.
- **Schritt 5**: Erfassung der Wahrnehmung relevanter Wettbewerber aus Stakeholdersicht (Wettbewerber-Image als nachhaltige Organisationen).
- **Schritt 6**: Bestimmung von Stärken und Schwächen in der nachhaltigen Entwicklung durch Vergleich von Fremdbild und Wettbewerber-Image.
- **Schritt 7**: Definition der strategischen Nachhaltigkeitspositionierung (Soll-Image)

(in Anlehnung an Bruhn, 2018, S. 146–152)

8.4   Erweitertes Wirkungsstufen-Modell für die Nachhaltigkeitskommunikation

Die Ergebnisse der Kommunikationsanalyse bilden die Grundlage für die Ziele der Nachhaltigkeitskommunikation. Sie definieren die angestrebten Wirkungen bei den Stakeholdern und die daraus resultierenden Effekte für das Unternehmen. Auf dieser Basis werden die Mess- und Steuerungsgrößen für das Kommunikationsmanagement festgelegt. Den konzeptionellen Rahmen bietet das Wirkungsstufen-Modell für das Kommunikationscontrolling (Bürker, 2013, S. 53–59; Huhn & Sass, 2011, S. 12–14; S. 34–47). Es wurde gemeinsam von der Deutschen Public-Relations-Gesellschaft (DPRG) und dem Internationalem Controller-Verein (ICV) entwickelt.

8.4.1   Wirkungsstufen-Modell von DPRG und ICV

Das Modell unterscheidet Kommunikationswirkungen auf der Ebene der Medien (*externer Output*), der Anspruchsgruppen (*Outcome*) und der Organisation (*Outflow*) (Abb. 8.5). Hinzukommen der Ressourceneinsatz (*Input*) sowie die durchgeführten Maßnahmen (*interner Output*). Die insgesamt sieben Dimensionen bilden den Kommunikationsprozess auf vier Stufen idealtypisch ab.

Dieses Modell ist anschlussfähig an das Konzept der *Balanced Scorecards* und *Strategy Maps* (Bürker, 2018, S. 472). Es wurde von der Forschung mehrfach als Controlling-Ansatz für das Nachhaltigkeitsmanagement ins Spiel gebracht (Grunwald & Schwill, 2022, Balderjahn, 2021, S. 188–190, S. 315–319; Schaefer, 2012, S. 272; Prexl, 2010, S. 116–117). Das Konzept berücksichtigt auch weiche, nicht-materielle Faktoren sowie Ursache-Wirkungszusammenhänge und ermöglicht so die Berücksichtigung von Umwelt- und Sozialaspekten in einer *Sustainability Scorecard*. Dabei existieren drei Varianten (Grunwald & Schwill, 2022, S. 317):

a) Nachhaltigkeit als integraler Bestandteil der vier Scorecards (Nachhaltigkeit bei Finanzen, Kund*innen, Prozessen sowie Lernen und Entwicklung)
b) Nachhaltigkeit als zusätzliche, fünfte Nicht-Markt-Perspektive
c) Nachhaltigkeit als abgeleitete Umwelt- bzw. Sozial-Scorecard

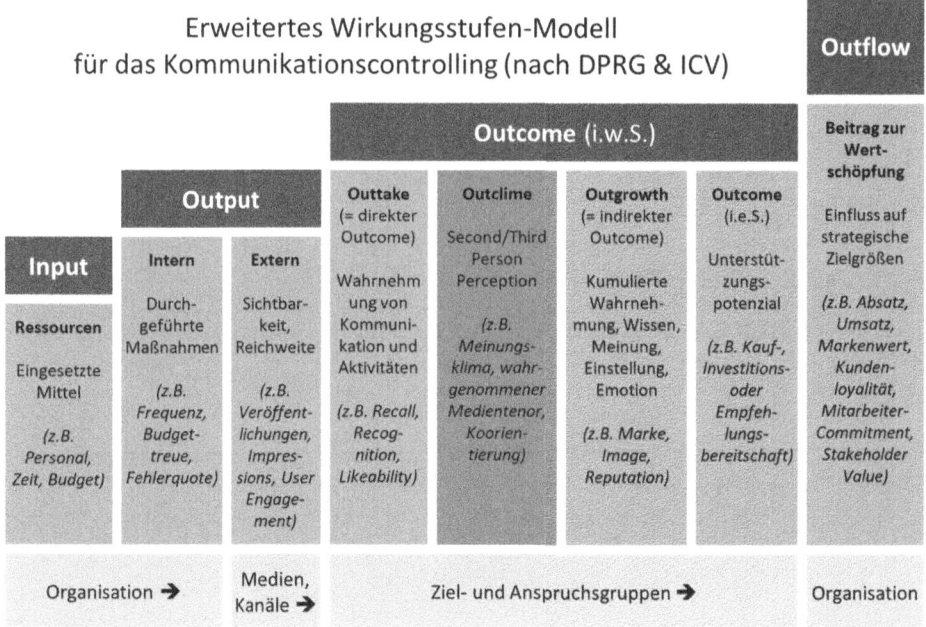

Abb. 8.5 Erweitertes Wirkungsstufen-Modell für das Kommunikationscontrolling. (Eigene Darstellung; in Anlehnung an Huhn & Sass, 2011)

8.4.2   Erweiterung um die Dimension des Meinungsklimas (Outclime)

Für die Nachhaltigkeitskommunikation wird das Wirkungsstufen-Modell um die Dimension des Meinungsklimas (*Outclime*) erweitert (Bürker, 2022, S. 22–24, 2013, S. 356–359; Abb. 8.5). Dabei handelt es sich um das bislang fehlende Bindeglied in der Wirkungskette zwischen Erinnerungen an Kommunikationskontakte (*direkter Outcome*) und der Veränderung von Einstellungen (*indirekter Outcome*). Kommunikationsmanager*innen erhalten damit eine aussagekräftigere und verlässlichere Mess- und Steuerungsgröße für Veränderungen bei Image und Reputation. Das erfordert die Umstellung von Messgrößen und Kennzahlen, die einseitig bei den Zielgruppen ansetzen, hin zu Stakeholder-Beziehungen und -netzwerken. Anstelle des Fremdbildes (Image) wird zwischen Nah- und Fernbild sowie Meinungsklima differenziert (Abb. 8.6).

Das *Nahbild* sind die Einstellungen von primären Stakeholdern im Transaktionsbereich von Unternehmen (aktuelle Mitarbeiter*innen, Kund*innen, Geschäftspartner*innen, Anteilseigner*innen) (Bürker, 2022, S. 19–21, 29, 2013, S. 344–345). Demgegenüber bildet das *Fernbild* die Einstellungen der sekundären Stakeholder ab, die lediglich durch Kommunikationsbeziehungen zum Unternehmen in Verbindung stehen (potenzielle Mitarbeiter*innen, Kund*innen, Geschäftspartner*innen und Anteilseigner*innen). Mit diesem Ansatz lassen sich persönliche Erfahrungen als Einflussfaktoren ausschließen. Signifikante Unterschiede zwischen beiden Gruppen sind Indikatoren für Kommunikations- bzw. Medienwirkungen (Noelle-Neumann, 1989, S. 421). Beide Aspekte werden später bei der Bestimmung von Kommunikationsleistung und Wertschöpfungsbeitrag genutzt. Die Unterscheidung zwischen Nah- und Fernbild ermöglicht zugleich, Image- und

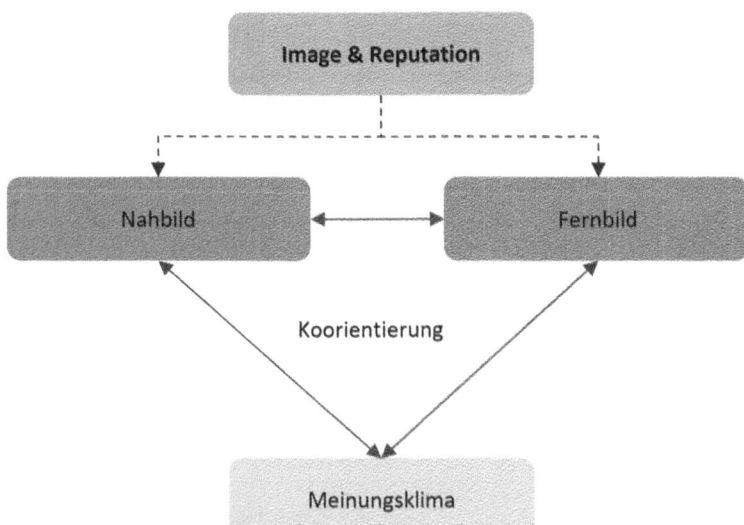

Abb. 8.6 Zusammenhänge zwischen Nah- und Fernbild sowie Meinungsklima. (Eigene Darstellung)

Reputationsmessungen ausschließlich auf kommunikativ bzw. medial vermittelte Wahrnehmungen und Meinungen zu beschränken.

Das *Meinungsklima* sind die wahrgenommenen Einstellungen von anderen, dritten Personen. Das Ziel des Kommunikationsmanagements ist ein möglichst homogenes Verhältnis zwischen Nah- und Fernbild sowie Meinungsklima aufzubauen und zu sichern. Im Umkehrschluss zielt die Unternehmenskommunikation zugleich darauf, Diskrepanzen, Widersprüche und Konflikte zu vermeiden bzw. abzubauen. Sie erschweren bzw. verhindern den Aufbau von Unterstützungspotenzialen aufgrund fehlender Glaub- und Vertrauenswürdigkeit.

Damit ist ein verändertes Kommunikationsverständnis verbunden, das von der Unterscheidung zwischen Selbst- und Fremdbild auf die Unterscheidung zwischen Nah- und Fernbild als strategischer Steuerungsgröße wechselt und das Meinungsklima als vermittelnde Größe nutzt (Abb. 8.6).

Die Stufen und Dimensionen des erweiterten Wirkungsstufen-Modells lassen sich wie folgt auf die Nachhaltigkeitskommunikation übertragen:

- **Input**: Investitionen in personelle, zeitliche und finanzielle Ressourcen.
- **Interner Output**: Häufigkeit und Frequenz von durchgeführten Kommunikationsmaßnahmen zu ökologischen, sozialen und ökonomischen Themen der Nachhaltigkeit.
- **Externer Output**: aufgebaute Sichtbarkeit (Kontakte, Reichweite) durch Maßnahmen der Nachhaltigkeitskommunikation (Touchpoints).
- **Direkter Outcome**: Wahrnehmung und Bewertung von Maßnahmen, Themen und Botschaften der Nachhaltigkeitskommunikation durch Stakeholder.
- **Outclime**: Wahrnehmung der Meinungen von anderen Menschen über die Nachhaltigkeitsaktivitäten und -kommunikation von Unternehmen und Marken (Meinungsklima).
- **Indirekter Outcome**: Wahrnehmung und Bewertung der Nachhaltigkeitsaktivitäten von Unternehmen, Bewertung der Nachhaltigkeitskommunikation (Glaub- und Vertrauenswürdigkeit), Veränderung von Einstellungen und Unterstützungsbereitschaft bei Stakeholdern.
- **Social Impact**: wahrgenommener Nutzen und Vorteil von Nachhaltigkeitsmaßnahmen (Stakeholder und Public Value).
- **Outflow**: Erreichen von Unternehmens- und Nachhaltigkeitszielen (ökologisch, sozial, ökonomisch).

8.4.3 Systematik des integrierten Managements der Nachhaltigkeitskommunikation

Daraus resultiert eine integrierte Systematik für das Kommunikationsmanagement, die Unternehmensführung, Managementebenen, Stakeholder, Kommunikations- und Themenfelder, Kommunikationskanäle und -modi sowie die Öffentlichkeit berücksichtigt (Abb. 8.7). Sie basiert auf vier Unterscheidungen:

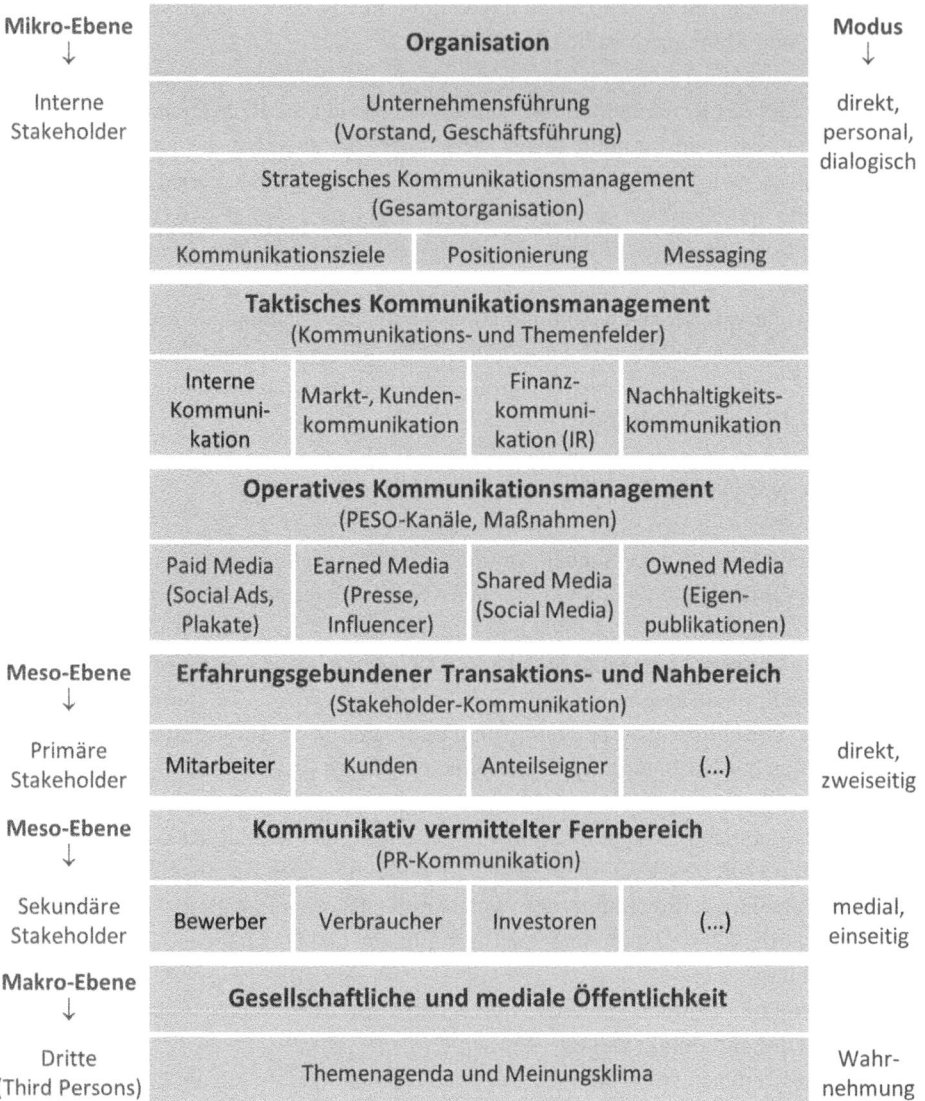

Abb. 8.7 Integrierte Systematik für das Management der Nachhaltigkeitskommunikation. (Eigene Darstellung; in Anlehnung an Bürker, 2018, S. 482, 2013, S. 352–353, 372–373)

- Mikro-, Meso- und Makro-Ebenen der Beobachtung,
- Primäre und sekundäre Stakeholder sowie dritte Personen (*Third Persons*),
- Nah- und Fernbereich der Organisation,
- Strategisches, taktisches, operatives Management

Die Nachhaltigkeitskommunikation ist danach ein eigenständiges Kommunikations- und Themenfeld, aber keine eigenständige Kommunikationsdisziplin. Anders als die Nachbardisziplinen, betrifft sie mehrere Stakeholder-Gruppen gleichzeitig und wirkt in deren Themen hinein. Sie adressiert in hervorgehobener Weise die gesellschaftliche und mediale Öffentlichkeit.

8.4.4   Bestimmung von Kommunikationsleistung und Wertschöpfungsbeitrag

Der Wertschöpfungsbeitrag der Nachhaltigkeitskommunikation wird schließlich berechnet durch die Unterschiede zwischen Stakeholdern mit und ohne Erfahrungen bzw. Kommunikationskontakte (Bürker, 2022, S. 28–32, 2013, S. 360–361; Abb. 8.8). Dabei werden Stakeholder ohne Kommunikationskontakte als Kontrollgruppe genutzt, um die Leistung der eigenen Kommunikationsaktivitäten zu identifizieren. Anders als im herkömmlichen Wirkungsstufen-Modell können so Brutto-Wirkungen (angestrebte Zustände) und Netto-Wirkungen (Effekte, die ohne Kommunikation nicht eingetreten wären) unterschieden werden.

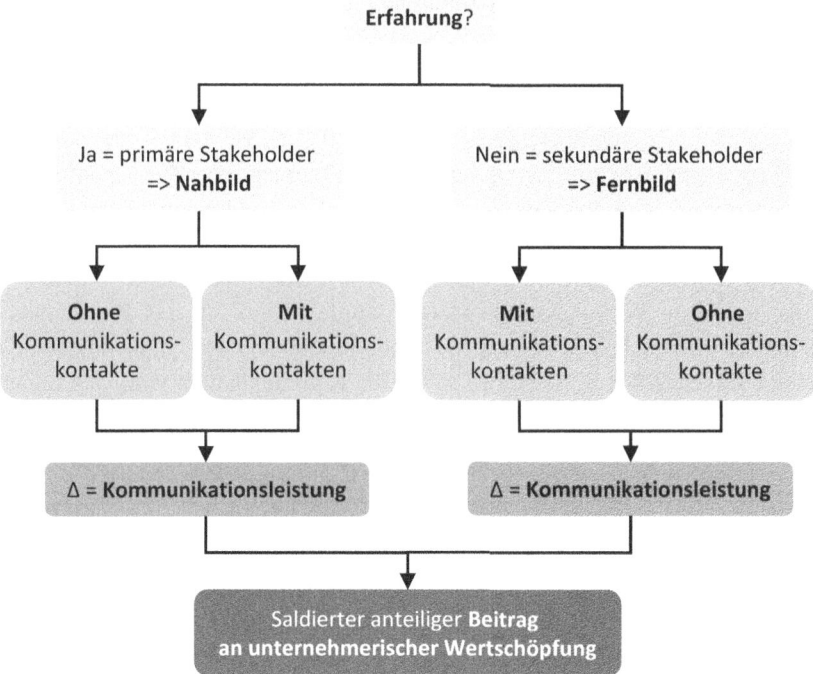

Abb. 8.8 Bestimmung von Kommunikationsleistung und Wertschöpfungsbeitrag der Nachhaltigkeitskommunikation. (In Anlehnung an Bürker, 2022, S. 28–29)

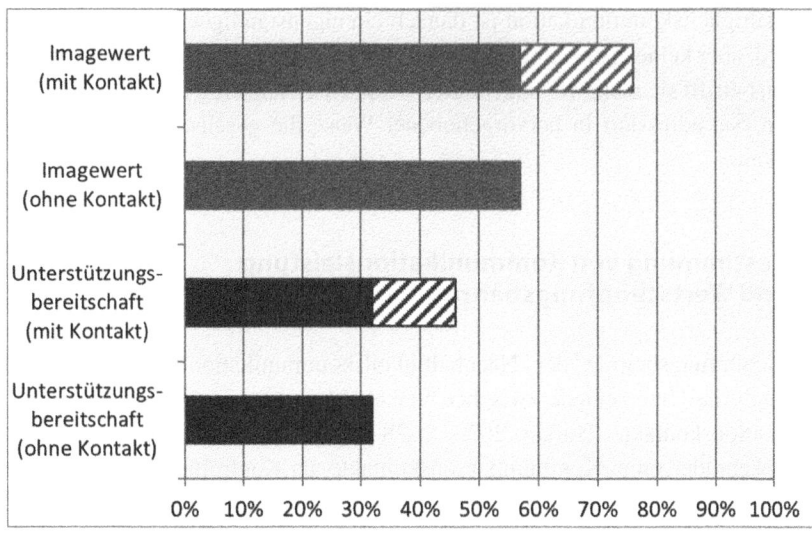

Abb. 8.9 Kommunikationsleistung und kommunikative Wertschöpfung (schraffierte Flächen; fiktives Zahlenbeispiel)

Die *Kommunikationsleistung* ist der durch Kommunikationskontakte zusätzlich erzielte Imagewert des Unternehmens (indirekter Outcome; alternativ: wahrgenommene Themen und Botschaften) (Bürker, 2022, S. 31, 2013, S. 360–361; Abb. 8.9).

Die *kommunikative (taktische) Wertschöpfung* ist die durch Kommunikationskontakte zusätzlich erzielte Unterstützungsbereitschaft bei Stakeholdern (indirekter Outcome; z. B. Kauf-, Bewerbungs- oder Investitionsbereitschaft) (Bürker, 2022, S. 31, 2013, S. 360–361).

Der *Wertschöpfungsbeitrag der Kommunikation* (strategische Wertschöpfung) ist der Anteil an den erreichten übergeordneten, strategischen Unternehmenszielen (Outflow), der sich aus der erzielten zusätzlichen Unterstützungsbereitschaft (indirekter Outcome) ableiten lässt (Bürker, 2022, S. 31, 32, 2013, S. 360–361).

Dieses erweiterte Wirkungsstufen-Modell wurde bereits für das Kommunikationscontrolling der öffentlichen Beziehungen (Public Relations) von Unternehmen und Organisationen (Bürker, 2013, S. 354–363) sowie die Kommunikation von Nichtregierungsorganisationen (NGO) ausgearbeitet (Bürker, 2018, S. 472–477).

8.5   Ziele und Kennzahlen für die Nachhaltigkeitskommunikation

▶   **Aufgabenstellung in einem Satz** Formulieren Sie Ziele für die Nachhaltigkeitskommunikation Ihres Unternehmens und leiten Sie daraus Kennzahlen für die Messung und Bewertung der Ergebnisse ab.

Mit der strategischen Planung von Zielen und Kennzahlen wird die Ausrichtung der Nachhaltigkeitskommunikation auf die Unternehmens- und Nachhaltigkeitsstrategie ermöglicht

(*Alignment*). Die Nachhaltigkeitskommunikation wird als integraler Bestandteil einer wert(schöpfungs)orientierten Unternehmensführung begriffen. Ihre Aktivitäten sollen zur Nachhaltigkeitstransformation, zum Erreichen von Nachhaltigkeitszielen sowie zur Wertschöpfung bei Unternehmen und deren Stakeholdern beitragen. Das erfordert, ihre Ziele so auf die Unternehmens- und Nachhaltigkeitsstrategie sowie das Nachhaltigkeitsmanagement abzustimmen, dass der Wertschöpfungsbeitrag gemessen und gesteuert werden kann.

Zentrale Zielgrößen und Kennzahlen für die Nachhaltigkeitskommunikation sind das *Image* und die *Reputation* des Unternehmens in ökonomischer, ökologischer, sozialer Hinsicht (*indirekter Outcome*). In den einzelnen Kommunikations- und Handlungsfeldern (z. B. interne Kommunikation, Marketing-, Finanzkommunikation) wird die konkrete Handlungs- und Unterstützungsbereitschaft als jeweils oberstes Wertschöpfungsziel der Kommunikation definiert.

Um längerfristige, strategische und kürzerfristige operative Kommunikationsziele miteinander zu verbinden und zugleich flexibel zu bleiben, kann das agile OKR-Verfahren genutzt und übertragen werden (Meissner et al., 2023, S. 79). Dabei werden Ziele (*Objectives*) qualitativ formuliert (Konrad & Weber, 2024, S. 33–38). Entscheidend sind die quantifizierten *Key Results*. Sie geben die angestrebten Ergebnisse in konkreten Zahlen vor. Durch Alignment-Workshops wird die Orientierung an den Unternehmenszielen und die teamübergreifende Abstimmung sichergestellt. Fortschritte, der Grad der Zielerreichung (*Score*) und die Zuversicht, das Ziel zu erreichen (*Confidence Level*), werden in kurzen Rhythmen überprüft. Übertragen auf die Kommunikationsplanung würden die strategischen Kommunikationsziele (*Objectives*) qualitativ formuliert, um die Richtung vorzugeben. Die operativen Kommunikationsziele würden als quantifizierte *Key Results* formuliert.

Bei der Definition der Kommunikationsziele wird das in der Wirkungsforschung etablierte *ABC-Modell* der Einstellungen (*A*ffection, *B*ehavior, *C*ognition) genutzt, um angestrebte Kommunikationswirkungen zu festzulegen.

▶ **Kommunikationswirkungen und -ziele nach dem ABC-Modell der Einstellungen**
- **Kognitive Ziele**: Wahrnehmungen, Bekanntheit, Wissen
- **Affektive Ziele**: Emotionen, Meinungen, Bewertungen
- **Konative Ziele**: Handlungs- und Unterstützungsbereitschaft, Handlungen

(Quelle: Volk & Zerfaß, 2024, S. 928; Grunwald & Schwill, 2022, S. 269–270)

Ergänzt werden diese drei Dimensionen um den *Stakeholder Value*. Dadurch wird die Beziehungsebene von Nachhaltigkeitshandeln und -kommunikation als weiterer Aspekt in die Zielplanung und das Controlling der Nachhaltigkeitskommunikation aufgenommen.

Eine spezifische Form des Stakeholder Value ist der *Social-Impact* im Sinne eines gesellschaftlichen Nutzens oder Beitrags zu gesellschaftlichen Veränderungen, der durch die (wahrgenommenen) Nachhaltigkeitsaktivitäten von Unternehmen und Organisationen erzielt wird. Diese Größe wird aus dem *Logic-Model* der Evaluation von Non-Profit-

Organisationen (NPO) entlehnt (Bürker, 2018, S. 471). Es ist anschlussfähig an das fünf-stufige Konzept des Nachhaltigkeitscontrolling (Wördenweber, 2017, S. 205). Dort wird zwischen *Outcome* als Zielgruppen-Effekten und *Social-Impact* als gesellschaftlichen Ef-fekten unterschieden.

Aus den Kommunikationszielen in den vier Dimensionen des Wirkungsstufen-Modells werden Messgrößen und quantitative Kennzahlen für die Nachhaltigkeitskommunikation abgeleitet (*Key Results* nach der OKR-Methode) (Tab. 8.2). Sie sollten spezifisch, mess-bar, erreichbar, angemessen und terminiert sein (SMART nach Peter Drucker).

Tab. 8.2 Systematik mit generischen Zielen und Kennzahlen für die Nachhaltigkeitskommunikation nach dem erweiterten Wirkungsstufen-Modell von DPRG und ICV. (Eigene Darstellung; in An-lehnung an Bürker, 2020a, b, S. 145–146, 2018, S. 478–481)

Kanal	Website	Corporate Publishing	Presse	Social Media
Interner Output	Updates	Ausgaben	Pressemitteilungen	Posts
Externer Output	Page Impressions Visits Unique User Downloads Pagerank	Abonnenten	Veröffentlichungen Reichweite Themenagenda Meinungstenor	Fans, Follower Likes, Shares Anteil positiver Kommentare
Stakeholder	**Kund*innen**	**Mitarbeitende**	**Investor*innen**	**Bürger*innen**
Direkter Outcome (Outtake)	Aufbau und Sicherung von Kommunikationsbeziehungen Aufbau medialer Kontakte und Beziehungen Aufmerksamkeit und Wahrnehmung der Themen Erinnerung an Kommunikationskontakte, Markenbekanntheit Likability und Zufriedenheit mit Kommunikationsangeboten Verbreitung von Marken-Themen, Verstehen der Botschaften, Kompetenzzuschreibung			
Neu: **Outclime**	Wahrgenommenes Meinungsklima (Mehrheitsmeinung) Wahrgenommener Medientenor Stärken von Konsens- und Abbau von Dissens- sowie Konfliktpositionen (Koorientierung) Abbau von Fehlwahrnehmungen			
Indirekter Outcome (Outgrowth)	Aufbau und Zuschreibung von Themen- bzw. Kompetenzführerschaft Meinungen und Einstellungen zu Themen Image-, Reputations- und Markenwerte Aktivieren der Zielgruppen (Engagement), Empfehlungsbereitschaft			
	Kaufbereitschaft	Bewerbungs-bereitschaft	Investitions-bereitschaft	Unterstützungs-bereitschaft
Neu: **Social-Impact** (Stakeholder-, Public-Value)	(wahrgenommene) Leistung Kundennutzen Kunden-zufriedenheit	(wahr-genommene) Attraktivität und Sicherheit des Arbeitsplatzes Mitarbeiter-zufriedenheit	(wahrgenommene) Rendite und Sicherheit Zufriedenheit der Anteilseigner (Shareholder)	(wahr-genommener) Beitrag zur nachhaltigen Entwicklung von Wirtschaft und Gesellschaft

(Fortsetzung)

Tab. 8.2   (Fortsetzung)

Unternehmen	Vertrieb	Personal	Finanzen	Politik & Gesellschaft
Outflow (ROI)	Zusätzlicher Absatz und Umsatz durch Kontakte Kundenloyalität	Zusätzliche Bewerbungen durch Kontakte Mitarbeiter- beteiligung Mitarbeiter- Commitment Mitarbeiter- Loyalität	Zusätzliche Beteiligungen durch Kontakte Loyalität der Anteilseigner (Shareholder)	Legitimität und Akzeptanz (*Licence to operate*)

Besonders zu berücksichtigen sind beziehungs- und beteiligungsorientierte Ziele wie Commitment, Engagement, Stakeholder Value und Loyalität (Zerfaß & Volk, 2022, S. 481–485; Bürker, 2020a, b, S. 32–34). Wertvolle Hinweise zur Konkretisierung von Strategien und Zielen der Nachhaltigkeitskommunikation geben Erkenntnisse der psychologischen Forschung zu Umweltthemen (siehe Info-Box: Empfehlungen der Umweltpsychologie). Kooperations- und Unterstützungsbereitschaft sind dabei als höchste, ausschließlich durch Kommunikation erreichbare Ziele einzustufen. Effekte auf *Impact-* und *Outflow*-Ebene werden dagegen maßgeblich vom konkreten Handeln und den Leistungen des Unternehmens sowie seiner Mitarbeitenden beeinflusst und sind daher nur teilweise durch Kommunikation beeinflussbar.

Empfehlungen der Umweltpsychologie für Kommunikationsstrategien und -ziele (durch Studien belegt)
- Persönliche Risikowahrnehmung verbessern
- Informationelle Unsicherheit über Folgen des Klimawandels und Maßnahmen zu Klimaschutz und -anpassung reduzieren
- Normative Unsicherheit über Werte und Ziele bei der Bewertung von Klimafolgen und Gegenmaßnahmen reduzieren
- Umgang mit Informationen über Unsicherheiten und Wahrscheinlichkeiten erleichtern,
- Klimawandel und Klimaschutz erfahrbarer machen
- Wahrgenommene Handlungsmöglichkeiten erhöhen
- Vertrauen stärken, dass Menschen sich vorbereiten und etwas unternehmen können,
- Abwehrreaktionen abbauen
- Verlassen des medialen Sender-Empfänger-Paradigmas und Umstellen auf persönliche dialogische Kommunikationsformen
- Evaluation verbessern

(Quellen: Grothmann, 2017, S. 230–236, 2014, S. 57–63; Clayton et al., 2014, S. 32–35)

8.6   Evaluation und Controlling
der Nachhaltigkeitskommunikation

▷   **Aufgabenstellung in einem Satz** Erstellen Sie ein Konzept für die Messung, Bewertung und Steuerung des Wertschöpfungsbeitrags der Nachhaltigkeitskommunikation Ihres Unternehmens.

Der letzte Schritt bei der Entwicklung der Kommunikationsstrategie für die Nachhaltigkeitstransformation ist die Konzeption von *Evaluation* und *Controlling*. Sie dienen dazu, die Effektivität und Effizienz der Nachhaltigkeitskommunikation zu bestimmen und erhöhen bzw. sichern zu können. Ziel ist, Kommunikationsstrategie und -maßnahmen zu steuern und auf die Unternehmens- und Nachhaltigkeitsstrategie auszurichten (*Alignment*). Dafür benötigt das Kommunikationsmanagement Daten über die aktuelle Situation und erzielte Ergebnisse der Unternehmens- und Nachhaltigkeitskommunikation.

Auch wenn das Kommunikationscontrolling noch längst kein Standard in Unternehmen ist, gab es Überlegungen, die Nachhaltigkeitskommunikation in das Unternehmenscontrolling einzubinden (exemplarisch: Schaefer, 2012). Entsprechende Anforderungen wurden bereits formuliert: die Planung, Umsetzung, Kontrolle und Steuerung einer nachhaltigkeitsbezogenen Kommunikationsstrategie (Strategieorientierung), von nachhaltigkeitsbezogenen Kommunikationsprozessen (Prozessorientierung) sowie der nachhaltigkeitsbezogenen Informationsinhalte und -wirkungen (Ergebnisorientierung) (S. 264, 266). Im Detail wird gefordert, kennzahlengestützte Informationen zu den ökologischen, sozialen und ökonomischen Auswirkungen unternehmerischen Handels bereitzustellen, entsprechende Kosten-Nutzen- sowie Risiko-Chancen-Analysen durchzuführen und auf dieser Basis den Informationswert der Nachhaltigkeitskommunikation zu erhöhen (S. 270). Er wird ermittelt aus dem Saldo zwischen Informationsnutzen und Informationskosten (S. 272).

Das erfordert eine Verknüpfung von Unternehmens- und Kommunikationscontrolling mit dem Nachhaltigkeitscontrolling. Sein Ziel ist die Erhöhung der Effektivität und Effizienz in den Nachhaltigkeitsdimensionen, Ökologie, Soziales und Ökonomie (Wördenweber, 2017, S. 51). Dabei erweisen sich die Verfügbarkeit, Beschaffung, Qualität und das Management von Daten mit Nachhaltigkeitsinformationen als zentrale Herausforderung (Kämmler-Burrak et al., 2022, S. 31).

Definition von Nachhaltigkeitscontrolling

„Nachhaltigkeitscontrolling ist die systematische, sich ständig wiederholende und/oder situative Beurteilung, Optimierung, Auswahl (Entscheidungsvorbereitung) und Kontrolle der strategischen, taktischen und operativen Nachhaltigkeitsziele sowie aller Nachhaltigkeitsaktivitäten einschl. der internen Prozessabläufe, Organisationsformen und des Personaleinsatzes im Hinblick auf eine Verwirklichung der gesteckten Nachhaltigkeitsziele."

(Quelle: Wördenweber, 2017, S. 51) ◀

Doch die konkrete Einbindung der Nachhaltigkeitskommunikation in das Kommunikationscontrolling sowie dessen Integration in das Unternehmens- und Nachhaltigkeitscontrolling stehen noch aus. In der Controlling-Literatur wird die Nachhaltigkeitskommunikation im Wesentlichen bei der Vermittlung von Controlling-Ergebnissen an Unternehmensführung und Entscheider*innen sowie der Berichterstattung zur Nachhaltigkeit berücksichtigt (exemplarisch: Grunwald & Schwill, 2022, S. 318–319; von Ahsen, 2022, S. 233–234, 240–242; Wördenweber, 2017, S. 300–301). Lediglich Kämmler-Burrak et al. (2022, S. 10) und Schaefer (2012, S. 258–267) gehen von einem breiteren Verständnis, nicht nur im Rahmen von Controlling und Berichterstattung, aus.

8.6.1 Messung, Bewertung und Steuerung der Nachhaltigkeitskommunikation

Während sich der Begriff *Evaluation* auf die abschließende Bewertung von Projekten und Programmen bezieht, umfasst der *Controlling*-Begriff auch die Planung und Steuerung (Volk & Zerfaß, 2024, S. 928, 934). Grundlage sind Messungen, die sich auf die zuvor definierten Ziele beziehen. Die häufige Praxis, Ziele ambitioniert zu definieren, die Evaluation aber auf Medien-Niveau (externer Output, direkter Outcome) durchzuführen (S. 933), kann die Steuerung und das Alignment nicht zielführend unterstützen.

▶ **Schritte im Prozess von Evaluation und Controlling der Nachhaltigkeitskommunikation**
   1. Die Messung von Ziel- und Ergebnisgrößen
   2. die Bewertung der Messergebnisse
   3. die Steuerung durch Korrektur von Zielen und/oder Maßnahmen

   (Quelle: Volk & Zerfaß, 2024, S. 928)

Der häufig verwendete Begriff Erfolgskontrolle ist irreführend. Erfolge können nicht direkt gemessen werden. Bei ihnen handelt es sich um die Bewertung von Messergebnissen. Erfolge werden immer dann zugeschrieben, wenn vorab gesetzte Ziele erreicht wurden. In diesem Sinne trägt das Controlling auch zur Sicherung der Rationalität des Managements bei (Wördenweber, 2017, S. 235–236).

Für die methodisch gestützte Bewertung der Ergebnisse sind systematische Vergleiche mit den definierten Kommunikationszielen (Soll/Ist), mit den Ergebnissen der jeweiligen Vorperioden (Vorher/Nachher) sowie relevanten Mitbewerbern (Benchmarking) zu ziehen. Sie erst ermöglichen die Bestimmung der relativen Wettbewerbssituation der Nachhaltigkeitskommunikation des Unternehmens in Markt, Wirtschaft und Gesellschaft. Um den Beitrag der Nachhaltigkeitskommunikation zum Erreichen der Nachhaltigkeitsziele des Unternehmens zu ermitteln, müssen die Messergebnisse zusätzlich zu den entsprechenden Ergebnissen des Nachhaltigkeitscontrollings in Beziehung gesetzt werden. So wird erkennbar, welche Effekte auf die Nachhaltigkeitskommunikation zurückgeführt werden können. Dafür müssen alle Daten zu den ausgewählten Messgrößen in einem Wirkungsmodell (vgl. Abschn. 8.4) zusammengeführt werden.

8.6.2 Messgrößen für die Nachhaltigkeitskommunikation

Der erste Schritt für eine aussagekräftige Ergebnismessung besteht darin, ein Konzept für Evaluation und Controlling der Nachhaltigkeitskommunikation zu entwickeln. Dafür müssen Messgrößen, Messmethoden und -instrumente sowie Zeitpunkte passend zu den Zielvorgaben und Kennzahlen festgelegt werden (*Untersuchungsdesign*).

> **Exemplarische Fragen für Evaluation und Controlling der Nachhaltigkeitskommunikation**
>
> - Welche Kommunikationsmaßnahmen wurden wie häufig und in welcher Frequenz durchgeführt?
> - Welche Nachhaltigkeitsthemen wurden in welchem Umfang besetzt?
> - Wo und in welchem Ausmaß war die Nachhaltigkeitskommunikation sichtbar?
> - Wie haben sich Themen und Botschaften der Nachhaltigkeitskommunikation in den Medien durchgesetzt?
> - Wie wurden die Kommunikationsmaßnahmen von den Stakeholdern wahrgenommen und bewertet?
> - Wie werden die Wahrnehmungen und Meinungen von anderen Menschen eingeschätzt?
> - Wie wird der Stakeholder Value der Nachhaltigkeitsaktivitäten wahrgenommen und bewertet?
> - Wie haben sich Meinungen und Einstellungen der Stakeholder zu den Nachhaltigkeitsaktivitäten des Unternehmens bzw. der Organisation verändert?
> - In welchem Ausmaß wurden die gesetzten Kommunikationsziele erreicht?
> - Wie tragen die erzielten Ergebnisse zum Erreichen der Unternehmens- und Nachhaltigkeitsziele sowie zur Wertschöpfung bei? ◄

Auf Basis des erweiterten Wirkungsstufen-Modells von DPRG und ICV werden Messergebnisse verdichtet und als zentrale Kennzahlen festgelegt:

- **Stakeholder-spezifische Werte** für Mitarbeitende, Kund*innen und ggf. für Anteilseigner*innen und interessierte Bürger*innen (*Stakeholder-Scores*).
- **Kanalspezifische Werte** für die Website, eigene Social-Media-Accounts, Medienarbeit, Publikationen (Corporate Publishing) (*Media Scores*).

Für die kurz-, mittel- und längerfristige Steuerung der Nachhaltigkeitskommunikation werden die Elemente des Kommunikationsmanagement zugrunde gelegt:

- **Operatives Kommunikationscontrolling**: Ergebnisse von Einzelmaßnahmen und Kampagnen auf Medienebene (*externer Output*).
- **Taktisches Kommunikationscontrolling**: aggregierte Ergebnisse für einzelne Stakeholder-Gruppen, Themenfelder und Kommunikationskanäle (*Outclime, direkter und indirekter Outcome*).
- **Strategisches Kommunikationscontrolling**: aggregierte Ergebnisse für die gesamte Nachhaltigkeitskommunikation über alle Stakeholder-Gruppen, Themenfelder und Kommunikationskanäle hinweg (*Outclime, direkter und indirekter Outcome*).

Durch Vergleiche zwischen den Resultaten des strategischen und taktischen Kommunikationscontrollings lässt sich bestimmen, welche Kommunikationsdisziplinen, Themenfelder und Kommunikationskanäle das Unternehmens- bzw. Markenimage sowie die Reputation positiv oder negativ beeinflusst haben.

8.6.3 Medienmonitoring und Social-Media-Listening als Datenbasis

Als Datenbasis für die laufende operative Steuerung werden journalistische und soziale Medien kontinuierlich beobachtet. Grundlage sind die definierten Zielgrößen und Kennzahlen der Nachhaltigkeitskommunikation (Abschn. 8.5).

Das *Medienmonitoring* konzentriert sich dabei auf die automatisierte Dokumentation und quantitative Analyse der Medienberichterstattung (Print, Online, ggf. auch TV, Radio). Dafür sind entsprechende Metriken und KPIs (Key Performance Indicators) durch Kommunikationsmanagement und -controlling zu definieren. Dazu zählen vor allem die Themenagenda und der Medientenor (positiv, neutral, negativ). Das *Social-Media-Listening* wertet Impressions sowie das User-Engagement aus (Likes, Comments, Shares). Die Ergebnisse werden in Zeitreihen zusammengefasst, sodass Entwicklungstrends erkennbar werden. Relevante Suchstichworte (*Keywords*) für Medienmonitoring und Social-Media-Listening sind: der Name des Unternehmens bzw. der Organisation in Verbindung mit relevanten ökologischen, sozialen und ökonomischen Aspekten der Nachhaltigkeit, insbesondere der Nachhaltigkeitsstrategie.

Die erweiterte inhaltsanalytische Auswertung ermöglicht Unternehmen einen Perspektivwechsel in der Kommunikation: Sie sehen von innen, wie sie von außen wahrgenommen und bewertet werden (Ingenhoff et al., 2022, S. 579). Das *Corporate Listening* (*Inbound*) wird so zum Gegenstück des *Corporate Messaging* (*Outbound*) (Abschn. 8.7). Es dient zugleich als Frühwarnsystem im Rahmen des *Issues-Managements* (Abschn. 8.9).

8.6.4 Messmethoden für die Nachhaltigkeitskommunikation

Je nach dem, auf welcher Ebene des Wirkungsstufen-Modells Ziele und Kennzahlen definiert sind, kommen unterschiedliche *Messmethoden* zum Einsatz:

- **Medienebene** (externer Output). Medienmonitoring, Medienresonanz-Analysen, Web-Analytics, Social-Media-Listening, Inhaltsanalysen, Sentimentanalysen.
- **Stakeholder-Ebene** (Outcome, Outclime): Befragungen, Repräsentativumfragen.

Für die in der Nachhaltigkeitstransformation besonders relevanten Maßnahmen und Programme für die Beteiligung und Integration der Stakeholder kommen zusätzlich *beziehungsorientierte* Messmethoden zum Einsatz (Bürker, 2020a, b, S. 34):

- Internes Self-Assessment (Befragung)
- Auswertung des User-Engagements
- Untersuchungen zu Stakeholder-Zufriedenheit und Unterstützungsbereitschaft
- Meinungsklima-Analysen
- Workshops, Fokusgruppen-Diskussionen
- Netzwerk-Analysen und -Karten

Alle Messgrößen werden regelmäßig gemessen. Die zeitlichen Abstände sind abhängig von den Steuerungszyklen des Kommunikationsmanagements (monatlich, quartalsweise, halbjährlich, jährlich). Die formative (prozessbegleitende) Evaluation sollte idealerweise durch das taktisch-operative Kommunikationsmanagement erfolgen – wenigstens quartalsweise. Die summative (nachträgliche) Evaluation (Volk & Zerfaß, 2024, S. 928) wird durch das strategische Kommunikationsmanagement in der Regel im Jahresrhythmus übernommen.

Prozess der Messung, Bewertung und Steuerung der Nachhaltigkeitskommunikation
1. Festlegen der Messgrößen, Messmethoden und -instrumente sowie der Messzeitpunkte
2. Durchführen der Messungen
3. Soll-/Ist-Vergleich der Messergebnisse mit den Zielvorgaben
4. Vorher-/Nachher-Vergleich der Messergebnisse mit der Vorperiode (Jahr, Quartal, Monat)
5. Benchmarking der Messergebnisse durch Vergleich mit relevanten Wettbewerbern
6. Bestimmen der Kommunikationsleistung durch Vergleich zwischen Nah- und Fernbild
7. Bestimmen des Wertschöpfungsbeitrags auf der Basis von Kommunikationskontakten
8. Steuerung der Kommunikation zur Reduktion von Abweichungen (Soll/Ist, Vorher/Nachher, Nah-/Fernbild)

(Quelle: eigene Darstellung; in Anlehnung an Bürker, 2022, S. 22–23)

8.7 Messaging für Nachhaltigkeit

Mit der Konzeption von Themen und Aussagen werden die inhaltlichen Elemente der Kommunikationsstrategie für die Nachhaltigkeitstransformation definiert. Sie werden aus den Ergebnissen der Situationsanalyse, den Vorgaben der Nachhaltigkeitsstrategie und den Kommunikationszielen abgeleitet.

8.7.1 Aussagensystem für die Nachhaltigkeitskommunikation

Die zentralen Nachhaltigkeitsaussagen von Unternehmen werden in einem Aussagensystem (*Messaging*) zusammengefasst (Abb. 8.10). Es dient als Basis, Leitlinie und inhaltliche Klammer für eine einheitliche, konsistente und widerspruchsfreie Kommunikation. Die einzelnen Elemente werden in der Literatur unterschiedlich definiert und in der Praxis wahlweise synonym oder abweichend verwendet.

Dabei handelt es sich um feststehende Aussagen für die unveränderte Verwendung in der internen und externen Nachhaltigkeitskommunikation (Purpose, Vision, Mission, Claim). Sie werden ergänzt durch Arbeitsformulierungen, die als Vorlagen zur Variation in der laufenden Text- und Kommunikationsarbeit dienen (Value Proposition, Kernbotschaften). Zusätzlich unterscheiden sie sich in ihrer Stoßrichtung (intern/extern) und ihren zeitlichen Bezügen (Gegenwart/Zukunft).

Abb. 8.10 Dreieck der strategischen Botschaften. (Eigene Darstellung)

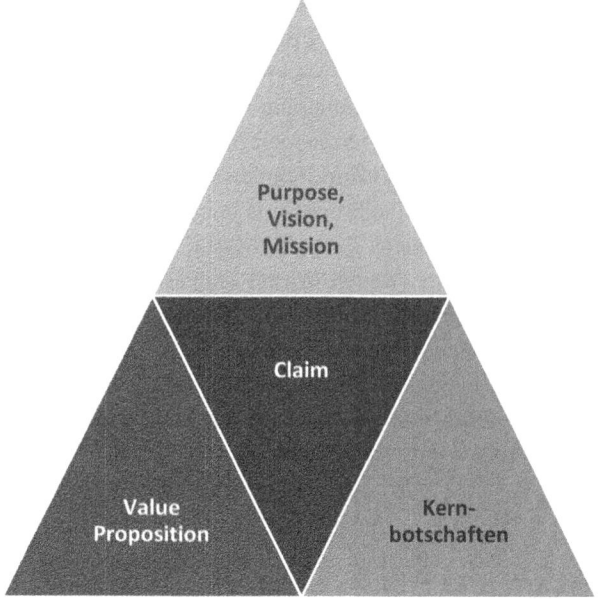

▶   **Mitarbeitende bei Kreation von Vision, Mission und Claim beteiligen** Bei der Ent-
wicklung und Auswahl von Vision, Mission und Claim sollten Mitarbeitende, dem
Beteiligungsprinzip des Change-Managements folgend, eingebunden werden (vgl.
Lauer, 2019, S. 116–120). So nutzt das Unternehmen das kreative Potenzial seiner
Mitarbeitenden (Co-Creation) und erschließt sich mehr Akzeptanz und Unter-
stützungsbereitschaft in der Organisation.

Die Elemente des Corporate Messaging sind
- (Sustainability) **Corporate Vision**: Aussage über den Sinn und Zweck des Unter-
nehmens für Stakeholder und Gesellschaft. Sie formuliert das WAS, den längerfristigen
Wertschöpfungsbeitrag durch die Nachhaltigkeitstransformation des Unternehmens.
Dieses Zielbild sollte in der Kommunikation an prominenter Stelle (in der Regel auf
der Website) veröffentlicht werden (ein Satz; auch als Ergänzung zur bisherigen
Vision).
- (Sustainability) **Mission Statement**: Aussage über den konkreten Handlungsauftrag
des Unternehmens und seiner Mitarbeitenden, um die Nachhaltigkeitsvision zu ver-
wirklichen. Diese Selbstverpflichtung formuliert das WIE, dient vor allem der internen
Kommunikation und sollte zusätzlich im Kontext der Corporate Vision veröffentlicht
werden (ein Satz; auch als Ergänzung zur bisherigen Mission).
- (Sustainability) **Purpose**: fasst die Unternehmenskompetenz aus der Mission und den
Stakeholder bzw. Public Value aus der Vision zusammen und ergänzt sie um den
wirtschaftlichen Anspruch des Unternehmens. Die Aussage ist eine Alternative zum
Einsatz von Vision und Mission (zwei bis drei Sätze).
- (Sustainability) **Value Proposition**: Leistungs- bzw. Nutzenversprechen gegenüber
Stakeholdern über die Nachhaltigkeitstransformation des Unternehmens. Die Aussage
dient als Arbeitsformulierung für unterschiedliche Anwendungsszenarien (ein bis zwei
Sätze; auch als Ergänzung zur bisherigen Value Proposition).
- (Sustainability) **Claim**: Pointierte, kompakte Zusammenfassung von Purpose, Vision,
Mission und Value Proposition in einer Formel. Sie dient neben dem Namen und Logo
des Unternehmens bzw. der Marke als komprimierter Ausdruck der Corporate bzw.
Brand Identity (wenige Worte; auch als Modifikation des bisherigen Claims).
- **Strategische bzw. Kernbotschaften**: strategische Einzelaussagen zur Nachhaltigkeit
und Nachhaltigkeitstransformation des Unternehmens (jeweils in einem Satz; auch als
Ergänzung zu den bisherigen Kernbotschaften). Die Botschaften dienen als Arbeitsformulierungen, die für unterschiedliche Nutzungsszenarien verändert und angepasst
werden (*Sustainability Messages*).

Psychologische Prinzipien für Aussagen der Nachhaltigkeitskommunikation berücksichtigen

Theorie des geplanten Verhaltens (Abschn. 6.2):

- Zeigen, dass nachhaltiges Handeln etwas bewirkt.
- Nachhaltiges Handeln positiv bewerten.
- Verdeutlichen, dass andere Menschen nachhaltiges Handeln erwarten.
- Verdeutlichen, dass jeder selbst etwas bewirken kann.
- Handlungsabsichten öffentlich äußern.

Rubikon-Modell (Abschn. 6.3):

- Wichtige Wünsche und entsprechende Motive thematisieren.
- Positive Folgen und mögliche Gewinne in den Vordergrund stellen.
- Negative Konsequenzen und Verluste von Nichthandeln abwägen.

Theorie der Schutzmotivation (Abschn. 6.6):

- Aufzeigen wie negative Folgen durch nachhaltiges Verhalten vermieden werden.
- Verdeutlichen, dass die Belohnung für das bisherige Verhalten nicht größer ist als der Aufwand für die Beseitigung der negativen Folgen.
- Zeigen, dass die Belohnung für das veränderte Verhalten größer ist als für das bisherige Verhalten.
- Negative Folgen und deren Wahrscheinlichkeit zu betonen, führt eher zu Abstumpfung.

SHIFT-Konzept (Abschn. 6.7):

- Auf Vorteile und positive Folgen von nachhaltigem Verhalten für Nachbarn, Stadt und Region hinweisen.
- Klare, leicht befolgbare Aufforderungen formulieren.
- Soziale Erwünschtheit von Nachhaltigkeit verdeutlichen.
- Positive Gefühle bei nachhaltigem Verhalten (z. B. Freude, Hoffnung, Stolz) betonen.
- Selbstwirksamkeit durch Hinweise auf positive Folgen hervorheben, positives Selbstbild stärken, positive Rückmeldungen geben.
- Gruppenzugehörigkeit betonen, Nachhaltigkeitsengagements von anderen Personen verdeutlichen.

SIMPEA-Modell (Abschn. 6.8):
Ziele, Wirksamkeits- und Kosten-Nutzen-Vorstellungen von der persönlichen auf die Gruppen-Ebene verschieben.

- Kollektives, nicht individuelles Handeln sollte im Vordergrund stehen.
- Gruppen anstelle von Einzelpersonen ansprechen.
- Die Menschheit als soziale Identität begreifen.
- Attraktivität von Gruppen, die nachhaltig handeln, hervorheben.

▶ **„Wir", „mehr", „Leben" – Wörter in Slogans und Claims aus mehr als sieben Jahrzehnten** Das Top-100-Ranking der häufigsten Wörter in Kampagnen-Slogans und Marken-Claims im deutschsprachigen Raum. Mit komfortabler Suchfunktion, auch für das Prüfen von Ideen. Der Schlüsselbegriff „nachhaltig" wird in 145 Slogans bzw. Claims gefunden. Die drei häufigsten Wörter im gesamten Zeitraum sind: Wir, mehr und Leben (Stand: 25.01.2025).
https://www.slogans.de/slogometer

8.7.2 Themen-Pyramide für die Nachhaltigkeitskommunikation

Das zweite inhaltliche Element der Kommunikationsstrategie für die Nachhaltigkeitstransformation ist die Auswahl und Festlegung der Themengebiete bzw. -felder für die Nachhaltigkeitskommunikation. Sie definieren den inhaltlichen Rahmen, in dem die Aussagen (*Messaging*) verwendet werden. Ziel ist, die Kommunikationsinhalte auf Nachhaltigkeitsstrategie und Kommunikationsziele auszurichten.

Bei der Wahl der Themenfelder gilt es, die Interessen der Stakeholder mit den Profil- und Kompetenzthemen des eigenen Unternehmens abzugleichen und zu verknüpfen (Bürker, 2020a, b, S. 150–151). Themen, die nur für das Unternehmen relevant sind, werden nicht genutzt und bleiben wirkungslos. Themen, die nur die Zielgruppen interessieren, würden das eigene Profil unkenntlich machen.

Fragen zur Entwicklung der eigenen Themenfelder zur Nachhaltigkeit

- Welche Aspekte der Nachhaltigkeit sind für das Unternehmen besonders wichtig?
- Welche eigenen Kompetenzen und Leistungen tragen in besonderer Weise zur Nachhaltigkeitstransformation bei?
- Welche Wünsche, Bedürfnisse, Ansprüche und Erwartungen verbinden die Mitarbeitenden mit der Nachhaltigkeitstransformation?
- Welchen Nutzen und welche Werte schaffen die Nachhaltigkeitsaktivitäten des Unternehmens für die eigenen Stakeholder?
- Was sind die Nachhaltigkeitsthemen und Formate der bislang genutzten externen Medien? ◀

Die Themen mit der höchsten Priorität werden aus der Wesentlichkeitsanalyse abgeleitet. Neben Inhalten, die sich mit Chancen verbinden, gehören dazu auch Risikothemen, die später im Rahmen des *Issues-Managements* und der Krisenprävention bearbeitet werden. Die eigenen Themen werden auf Basis des Unternehmenszwecks, des Geschäftsmodells, der spezifischen Kompetenzen des Unternehmens und der Ergebnisse der Unternehmensanalyse (Stärken) entwickelt (Push-Themen). Die Themen der Stakeholder werden zusätzlich zur Wesentlichkeitsanalyse aus der Umfeldanalyse (Chancen und Risiken) abgeleitet.

Fragen zur Bestimmung der Stakeholder-Interessen zu Nachhaltigkeitsthemen

- Für welche Aspekte der Nachhaltigkeit interessieren sich die eigenen Stakeholder?
- Wie stark sind sie von diesen Themen tatsächlich oder gefühlt betroffen?
- Welche Wünsche, Bedürfnisse, Ansprüche und Erwartungen verbinden sie mit diesen Themen?
- Welche Medien und Formate bevorzugen sie?
- Welchen Nutzen ziehen sie aus ihren bevorzugten Themen? ◄

Mögliche Themenfelder für die Nachhaltigkeitskommunikation sind
- **Ökologie-Themen**: Maßnahmen, Pläne und Ergebnisse zur ökologischen Nachhaltigkeit, insbesondere Forschungsergebnisse, Produktinnovationen, Nachhaltigkeitsservices, Energie- und Ressourcenverbrauch, Recycling, Emissionen, Gebäude.
- **Soziale Themen**: Maßnahmen, Pläne und Ergebnisse zur sozialen Nachhaltigkeit, insbesondere Arbeitsbedingungen, Sicherheit am Arbeitsplatz, Gesundheit und Wohlbefinden der Mitarbeitenden, Führungskonzept und -stil, Weiterbildung, Personal- und Organisationsentwicklung, Beteiligung und Teilhabe der Mitarbeitenden, Geschlechtergerechtigkeit, Frauen in Führungspositionen, Vielfalt (Diversity), Integration von ausländischen Mitarbeitenden, Zusammenhalt in der Organisation.
- **Ökonomie-Themen**: Maßnahmen, Pläne und Ergebnisse zur ökonomischen Nachhaltigkeit, insbesondere organisches Wachstum, Investitionen in Nachhaltigkeit, Zusammenarbeit mit Geschäfts- und Handelspartnern, Zukunftssicherheit, lokales und regionales Engagement, Partnerschaften mit NGOs.

Im Rahmen der operativen Planung werden aus diesen Themenfeldern (Oberthemen) die konkreten Einzelthemen (Unterthemen) für die Kommunikationsmaßnahmen abgeleitet. Die thematische Hierarchie der Nachhaltigkeitskommunikation wird in der *Themen-Pyramide* abgebildet (Abb. 8.11; in Anlehnung Zerfaß & Volk, 2019, S. 152–155):

- **Strategische Themen**: Wenige ausgewählte Nachhaltigkeitsthemen aus der Wesentlichkeitsmatrix, mit denen sich das Unternehmen profiliert und unterscheidbar macht.
- **Themenfelder** (Oberthemen): Gebiete der nachhaltigen Entwicklung und der SDGs, zu denen das Unternehmen Aussagen machen muss. Sie entsprechen der Wesentlichkeitsmatrix, den wettbewerbsrelevanten Kompetenzen und Leistungen des Unternehmens sowie den Präferenzen der Stakeholder.

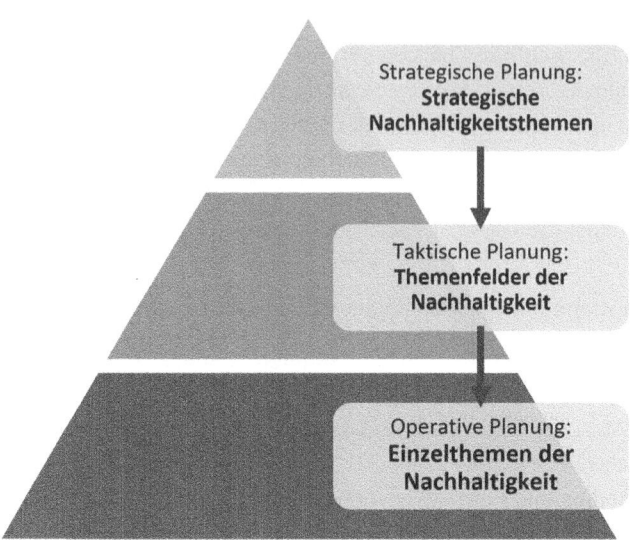

Abb. 8.11 Themen-Pyramide für die Nachhaltigkeitskommunikation. (Eigene Darstellung)

- **Einzelthemen** (Unterthemen): Konkrete Themen für Maßnahmen der Nachhaltigkeitskommunikation, die aus den Themenfeldern stammen.

Bei der Auswahl und Aufbereitung der konkreten Einzelthemen kommen alle Nach-
richtenwerte zum Tragen, nach denen auch Journalist*innen und Mediennutzer*innen
auswählen. Dazu zählen: Aktualität, räumliche und zeitliche Nähe, Überraschung, Promi-
nenz, Personalisierung, Betroffenheit, Nützlichkeit, Kontroversen, Konflikte, Gefahren
und Risiken – kurz: Grundsätzlich ist alles interessant, wenn es von der Norm abweicht
(Ruhrmann & Göbbel, 2007, S. 40–42). Für die Nachhaltigkeitskommunikation sind dies
die positiven Effekte von nachhaltigem Handeln und die negativen Folgen von nicht-
nachhaltigem Handeln. Dies gilt insbesondere, wenn sie sich in lokaler oder regionaler
Nähe ereignen. Je attraktiver und nützlicher die Themen und Inhalte sind, desto eher werden sie von Mediennutzer*innen weiterverbreitet. Dies erhöht zusätzlich die Glaubwürdigkeit der Inhalte.

Storylines für Themen der Nachhaltigkeitskommunikation

- Unsicherheiten durch plakative Beispiele und Erklärungen abbauen.
- Zeigen, dass und wie stark vorhergesagte Ereignisse eingetreten sind.
- Räumliche und psychische Distanz durch persönliche Berichte und Bilder überwinden.
- Positive Folgen von Verhaltensänderungen veranschaulichen.
- Kurzfristige und räumlich nahe liegende positive Effekte verdeutlichen.
- Veranschaulichen, dass Menschen, die nachhaltig handeln, nicht nur etwas für sich
  selbst tun, sondern auch für die Gemeinschaft, in der sie leben.

- Zeigen, wie jeder durch nachhaltiges Handeln Teil eines größeren Ganzen werden kann.
- Positive Gefühle beim Eintreten von positiven Folgen zeigen.
- Belohnungen und Folgen von nachhaltigem und nicht-nachhaltigem Handeln beispielhaft gegeneinander abwägen.
- Zeigen, wie nachhaltiges Handeln belohnt wird und was nicht-nachhaltiges Verhalten konkret kostet.
- Zeigen, wie negative Folgen durch nachhaltiges Verhalten vermieden werden können.
- Verdeutlichen, dass Skepsis und Kritik an den Zielen der Nachhaltigkeit und dem Kampf gegen die Klimakrise in der Minderheit sind und Fehlwahrnehmungen transparent machen. ◄

8.7.3 Sustainability Corporate Story (Narrativ) als strategischer Rahmen

Um der gesamten Nachhaltigkeitskommunikation einen Rahmen zu geben, wird eine *Corporate Story* entwickelt und Storytelling als Modus für CSR- bzw. Nachhaltigkeitskommunikation genutzt (Ordu, 2021, S. 34–39). Beispiele dafür sind die Sustainability Stories von Nestlé (2023) und Siemens (2023). Studien zeigen, dass sich Storytelling für die unternehmerische Kommunikation von CSR-Projekten positiv auf Gefühle, Handlungsabsichten, Weiterempfehlung und Anschlusskommunikation auswirkt (Ordu, 2021, S. 64–66, 87–89).

Der Ansatz schließt an Konzepte in der Change-Kommunikation an (Abschn. 4.4). Dabei nimmt die Storyline ihren Ausgangspunkt bei den Ursachen (Vergangenheit), führt über die aktuellen Herausforderungen (Gegenwart) und löst sie im Zielbild auf (Zukunft) (Doppler, 2017, S. 213). In erweiterter Form vermittelt die Change-Story das *Warum, Was* und *Wie* des Wandels (von Hehn, Cornelissen und Braun (2021, S. 43–44, 130–132). Das schließt an das Konzept des *Why? How? What?* im *Golden Circle* von Sinek (2009) an.

► **Sustainability Story als Dramaturgie der Transformation** Bei der *Sustainability Story* geht es weniger um das Erzählen einer Geschichte im wörtlichen Sinne als um die komprimierte Dramaturgie der Transformation:

- Wie erklärt das Unternehmen seine Nachhaltigkeitstransformation? Wo kommt es her? Was hat die Transformation ausgelöst? Welche Konsequenzen drohen?
- Wie beschreibt es seine nachhaltige Entwicklung? Wie geht das Unternehmen die Transformation an? Vor welchen Herausforderungen steht es?
- Und wie stellt es sich seine nachhaltige Zukunft vor?

Im Unterschied zu Change-Projekten sind bei Transformationen Verlauf und Ende offen. Eine ausformulierte, in sich abgeschlossene Geschichte, wie es das Konzept der Corporate oder Core Story vorsieht, wäre unglaubwürdig und kontraproduktiv. Andererseits bietet das Prinzip Storytelling eine Reihe von Vorteilen, die für die Kommunikation von Nachhaltigkeitsthemen genutzt werden können: Personalisierung, Emotionalisierung, Identifikation, Dramaturgie und Glaubwürdigkeit (Sammer, 2017, S. 20–23). Mit Blick auf die gemischte Forschungslage zur Wirkung von Storytelling (Abschn. 4.6) ist der Einsatz überlegt zu dosieren. Zu viel Drama und Emotion, zu wenig Plausibilität und Substanz können sich kontraproduktiv auswirken und bei Stakeholdern zu Reaktanz führen.

Ein Format, das geeignet ist, die genannten Vorzüge mit der Offenheit von Transformationen zu verbinden, ist das serielle Erzählen, wie es in TV-Serials mit mehreren Staffeln und Folgen praktiziert wird. Im Gegensatz zu abgeschlossenen Episoden, wird die Geschichte kontinuierlich weitererzählt (Hallenberger, 2017, S. 74). Neben dem Handlungsstrang der aktuellen Folge (Mikrotext) gibt es stets eine zweite Ebene: die folgenübergreifende Rahmenerzählung (Makrotext) (Fröhlich, 2015, S. 60–61). In dieser *doppelten Formstruktur* tritt an die Stelle der *Episodennarration* die *Fortsetzungsnarration*. Der serielle Charakter ermöglicht, längere, komplexere Geschichten mit umfangreicherem Personal zu entwickeln (*horizontales Erzählen*) als in klassischen Spielfilmen (Hallenberger, 2017, S. 74).

Die besonderen Umstände der Produktion entsprechen dem Verlauf von Transformationen. Aufgrund des finanziellen Risikos bei Misserfolgen werden oft nur eine Staffel oder wenige Folgen gedreht, bevor entschieden wird, ob und ggf. wie die Serie fortgesetzt wird. Auch das Drehbuch ist nicht abgeschlossen und wird kontinuierlich weiterentwickelt. Eine wesentliche Rolle spielen die Daten der Mediennutzung. Ihre Auswertung erlaubt, die Dramaturgie in der Weise fortzusetzen, die besonders erfolgversprechend ist. Staffeln enden deshalb häufig anstelle eines Abschlusses der Story mit sogenannten *Cliffhangern* (Fröhlich, 2015, S. 35). Das sind besonders spannende Momente, die anstelle des Endes einen neuen Höhepunkt bilden, und das Weitererzählen der Story ermöglichen und zugleich das Publikum binden. Die *aktivierten Rezipienten* entwickeln Erwartungen über den weiteren Verlauf der Geschichte und werden so in die Makrotext eingebunden (S. 85).

So könnte der Transformationsprozess als Rahmenerzählung dienen, während einzelnen Phasen in Staffeln und die Transformationsschritte in Folgen erzählt werden, die kontinuierlich fortgeschrieben werden. Ohne dass das Ende zu Beginn schon bekannt wäre. Die Geschichte lässt sich von Folge zu Folge weiterentwickeln. So bleibt das Drehbuch der Transformation flexibel – ganz im Sinne des agilen Managements und der transformativen Führung.

Eine spezifische Form der Fortsetzungsnarration ist die *inverse* oder *retrograde* Erzählung, die von der Zukunft ausgehend in Episoden erzählt, wie sie aus der Gegenwart bzw. Vergangenheit entstanden ist (*Regnose-Prinzip* nach Horx, o. J.). An die Stelle einer Prognose entlang der Chronologie von der Gegenwart in die Zukunft tritt der imaginierte Rückblick vom erreichten Ziel bzw. Zustand zurück auf den gegangenen Weg und die bewältigten Herausforderungen.

So ließe sich die Transformation aus der Perspektive eines Lern- und Entwicklungsprozesses als fortlaufende Entdeckungsgeschichte erzählen. Die Mitarbeitenden des

Unternehmens könnten zum Beispiel im Rahmen eines Wettbewerbs beteiligt werden, Ideen für Fortsetzungen einreichen und über Ideen abstimmen. So würden sie zu Co-Creators der Sustainability-Story.

8.8 Instrumente, Formate und Gestaltung der Nachhaltigkeitskommunikation

Auf der operativen Ebene des Managements der Nachhaltigkeitskommunikation werden Maßnahmen konzipiert und umgesetzt, die dazu beitragen, die strategischen und taktischen Kommunikationsziele zu verwirklichen. Grundsätzlich können alle Instrumente und Formate der Unternehmenskommunikation eingesetzt werden (vgl. Heinrich, 2024, S. 81–98; Ordu, 2021, S. 15–21; Faber-Wiener, 2015, S. 763–764). Sie gilt es ziel- und stakeholder-gerecht auszuwählen und zu gestalten (exemplarisch siehe folgende Info-Box).

Zielgruppen-bezogene Empfehlungen für die Nachhaltigkeitskommunikation
Empfehlungen für die Nachhaltigkeitskommunikation mit Bevölkerungsgruppen mit unterschiedlichen Werthaltungen, Grundüberzeugungen und Sichtweisen auf die Gesellschaft haben Melloh et al. (2022) entwickelt. Dafür nutzen sie eine durch empirische Studien gewonnene Typologie von Krause und Gagné (2019), die mit Hilfe eines sozialpsychologischen Forschungsansatzes Entscheider*innen, gesellschaftliche Akteur*innen sowie sechs gesellschaftliche Typen unterscheiden (S. 8–9).
Meinungsführer und Entscheider (Melloh et al., 2022, S. 25):

- Im persönlichen Umfeld über eigenes Engagement und weitere Handlungsmöglichkeiten im Klimaschutz sprechen.
- Menschen durch Positivbeispiele zum eigenen Handeln ermutigen und befähigen.
- Selbst als Entscheider in Aktion treten.

Wirtschaft und Politik als gesellschaftliche Akteur*innen (S. 32, 36):

- Verantwortung von Staat und Wirtschaft betonen.
- Zwischen Überforderung und machbarem Beitrag individuell abwägen.
- Klimaschutz als Gesundheitsschutz betonen.
- Klimafreundliche Lebensstile als Teil positiver Zukunftsvorstellungen vermitteln.

„Die Offenen" (S. 39–40):

- Vorstellungen von Zusammenarbeit und Gerechtigkeit herausstellen.
- Historische Verantwortung klar benennen.

- Vorsicht bei einseitiger Zuschreibung der Verantwortung.
- Die gleichzeitige Verantwortung von Bürgerschaft, Wirtschaft und Politik ansprechen.
- Den Spaßfaktor von Klimaschutz-Engagement betonen.

„Die Involvierten" (S. 43–44):

- Bereitschaft zur Änderung des eigenen Lebensstandards anerkennen.
- Klimaschutz als bürgerschaftliche Pflicht betonen.
- Komplexität benennen und Vereinfachungen vermeiden.
- Verbundenheit und das Wir-Gefühl betonen.

„Die Etablierten" (S. 47):

- Zu niedrigschwelligen Engagement-Möglichkeiten einladen.
- Identifikation stärken durch breite und moderate Bündnisse.
- Gleiche Regeln für alle betonen.

„Die Pragmatischen" (S. 50–51):

- Aktionen zum Anpacken anbieten.
- Potenzial von Klimaschutz als Innovationstreiber aufzeigen.
- Durch Freude am Handeln Lust machen, eigene Beiträge zu leisten.
- Evidenzbasiert und mit Argumenten für den Klimaschutz werben.

„Die Enttäuschten" (S. 54–55):

- Wunsch nach Gemeinschaftsgefühl ernst nehmen und Möglichkeiten des gemeinsamen Handelns anbieten.
- Durch empathische Dialoge die Lebenswelt der Enttäuschten besser kennenlernen.
- Durch sensible Kommunikation die Enttäuschten nicht (zusätzlich) diskriminieren.

„Die Wütenden" (S. 59):

- Durch rechtzeitige Beteiligungsformate die Bedenkenträger zu Wort kommen lassen.
- Konfliktaufladung gezielt entgegenwirken.

Tab. 8.3 Instrumente der Nachhaltigkeitskommunikation. (Eigene Darstellung; in Anlehnung an Heinrich, 2024, S. 81–98)

	Einweg-Kommunikation	Zweiweg-Kommunikation
Interne Kommunikation	- Intranet - Mitarbeiterzeitung - Digital Signage - Schwarzes Brett - Mitarbeiterschreiben	- Meetings - Social Intranet, Mitarbeiter-App - Betriebsversammlungen - Townhall Meetings - World Cafés - Barcamps, Workshops - Schulungen - Sounding Boards
Externe Kommunikation	- Nachhaltigkeitsberichte - Nachhaltigkeitsmagazine - Nachhaltigkeitsbroschüren - Nachhaltigkeitnewsletter	- Tage der offenen Tür - Stakeholder-Dialoge/-Konferenzen - Roadshows - Fachtagungen, Messen
Presse- und Medienarbeit	- Pressemitteilungen - Basis-Pressemappen - Fachartikel, Autorenbeiträge	- Pressekonferenzen - Pressegespräche - Redaktionsbesuche - Interviews
Online-Kommunikation	- Website, Microsites, Landingpages - Videos, Podcasts	- Social Media B2C (z. B. Instagram, Facebook) - Social Media B2B (z. B. LinkedIn, Xing)

Die Charakteristik der unterschiedlichen Kommunikationsinstrumente und -formate ist entscheidend für die Auswahl und Gestaltungsmöglichkeiten (Tab. 8.3). Dabei geht es weniger um ein Entweder-Oder. Vielmehr ergänzen sie sich in ihrer Wirkungsweise und sind in eine Stakeholder-gerechte Balance zu bringen:

- Personale und mediale Kommunikation => schaffen Nähe oder Distanz.
- Information und Dialog => ermöglichen Feedback und Beteiligung oder schließen sie aus.
- Digitale und analoge Kommunikationsinstrumente => können komfortabel oder nur mit erhöhtem Aufwand produziert und rezipiert werden.
- Rationale und emotionale Elemente und Techniken => stärken bzw. schwächen kognitive oder emotionale Beteiligung.

Für die in der Nachhaltigkeitstransformation besonders wichtige Beteiligung von internen und externen Stakeholdern sind vor allem Instrumente der zweiseitigen, beziehungs- und dialog-orientierten Kommunikation geeignet.

Beziehungs- und beteiligungsorientierte Kommunikationsmaßnahmen (Auswahl)
- **Information**: Web-/Microsite, Nachhaltigkeitsblog, Ask-me-Anything
- **Anhörung/Feedback**: Townhall-Meetings, Video-Chats, Stakeholder-Befragungen, Online-TEDs, Internet-Foren und -Communities
- **Beratung/Konsultation**: Roundtables, Stakeholder-Hearings und -Beiräte, Sounding Boards
- **Mitwirkung/Co-Creation**: Dialogforen, Barcamps, Ideenwettbewerbe, Workshops, Schulungen
- **Mitentscheidung/Partnerschaft**: Kooperationen mit Geschäfts- und Handelspartnern und NGOs

(Quelle: Bürker, 2020a, b, S. 32–33)

8.8.1 Auswahl, Gestaltung und Glaubwürdigkeit von Kommunikationsformaten

Für die Auswahl und Gestaltung der Kommunikationsinstrumente und -formate spielt die Glaubwürdigkeit eine zentrale Rolle. Dafür müssen Chancen und Risiken von Personalisierung, Emotionalisierung und Storytelling gegeneinander abgewogen werden. Für eine ziel- und stakeholdergerechte Balance bieten sich drei Glaubwürdigkeitsstrategien an.

Personalisierung und Emotionalisierung durch Storytelling Mit Blick auf die Komplexität und Erklärungsbedürftigkeit der Nachhaltigkeitsthemen kommen insbesondere Instrumente und Formate aus dem Content-Marketing infrage (vgl. Bürker, 2020a, b, S. 138–142). Sie verbinden die Personalisierung und Emotionalisierung von Inhalten mit journalistischem Storytelling und fördern so die Glaubwürdigkeit (S. 136).

Die teilweise abstrakten Themen werden greifbar und wecken mehr Interesse, wenn sie aus der Perspektive von Mitarbeitenden, Kund*innen, Führungskräften, Geschäfts- oder Handelspartner*innen erzählt werden. Mögliche Inhalte sind:

- Trends, die die Branche verändern,
- Schwierigkeiten, die gemeistert wurden,
- Projekte, die im letzten Moment gerettet werden konnten,
- Auszubildende, die Besonderes geleistet haben.

Dabei sollte stets der positive Ausgang betont und die dramaturgische Emotionalisierung nicht überzogen werden. So warnen Grunwald und Schwill (2022) vor Alarmismus und Furchtappellen als Gestaltungsformen von Kommunikationsbotschaften (S. 287–288). Stattdessen schlagen sie *Ecotainment* als Kombination aus ökologischer Information und Unterhaltung vor.

Tab. 8.4 Kognitive und emotionale Involvement-Strategien in der Nachhaltigkeitskommunikation. (Quelle: eigene Darstellung; in Anlehnung an Esch, 2019, S. 207–212)

Emotional ↓/ Kognitiv →	Geringes kognitives Involvement	Hohes kognitives Involvement
Geringes emotionales Involvement	Kurze, bildorientierte Formate zur Nachhaltigkeit (z. B. Social-Media-Reels, Infografiken)	Ausführliche Informationen mit rationalen Argumenten (z. B. Hintergrundberichte, White Paper, Studien, Erklärvideos)
Hohes emotionales Involvement	Bild- und Ratgeber-orientierte Formate zu Alltagsthemen (z. B. Web-Videos, Lifehacks, Checklisten)	Infotainment zu komplexen Themen (z. B. Reportagen, Features, Interviews, Podcasts)

Untersuchungen haben gezeigt, dass der intensive Einsatz von Storytelling nicht bei allen Menschen zu besseren Kommunikationsergebnissen führt (Ordu, 2021, S. 72–73). Bei skeptischen Menschen können Emotionen sogar zu kontraproduktiven Effekten führen und die Wirkung der Kommunikation abschwächen oder ins Gegenteil verkehren. Umgekehrt kann der gehäufte Einsatz von Zahlen, Daten und Fakten zur Ermüdung führen und einen distanzierten, kühlen Eindruck vermitteln.

Eine Systematik für die Bestimmung der Mischung aus emotionalen und kognitiven Elementen in der Nachhaltigkeitskommunikation lässt sich aus der Marketingkommunikation ableiten (Tab. 8.4).

Für die reichweitenorientierte Nachhaltigkeitskommunikation gewinnen Social-Media-, Audio- und Video(AV)-Formate stark an Bedeutung. Sie kommen den Mediennutzungsgewohnheiten vor allem jüngerer Menschen entgegen. Die sozialen Medien setzen auf multimedialen Content, der sich durch Likes, Kommentare und Shares viral verbreiten kann. AV-Medien genießen eine hohe Glaubwürdigkeit durch authentische Bewegtbilder und O-Töne. Im Gegensatz zum Lesen von längeren Texten zeichnen sich alle drei Formate zugleich durch eine höhere Emotionalität aus.

Ausführliche Informationen und Hintergründe Eine zweite Glaubwürdigkeitsstrategie für die Nachhaltigkeitskommunikation setzt auf Formate des qualitätsorientierten Nachrichten- und Berichtsjournalismus mit Belegen durch Zahlen, Daten und Fakten. Dazu zählen Newsmeldungen, Hintergrundberichte, White Paper, Umfragen, Studien, Infografiken und Podcasts (Bürker, 2020a, b, S. 138). Sie fördern das Wissen und Verstehen komplexerer Zusammenhänge.

Insbesondere Podcasts haben sich als wissensorientiertes Format für Long Content durchgesetzt. Fast zwei Drittel der Hörer*innen bevorzugen eine Länge über 20 min (Frühbrodt & Auerbacher, 2021, S. 47–51). Vor allem Jüngere und gut Gebildete werden erreicht. Hausarbeit, Fahrten in Auto, Bahn oder Bus sind die beliebtesten Nutzungssituationen. Kaum ein anderes Medienformat ist gerade für die häufig komplexen Themen der Nachhaltigkeitskommunikation so gut geeignet. Und das in Verbindung mit der hohen Glaubwürdigkeit durch O-Töne bzw. authentische Stimmen.

Stärker anwendungsorientiert sind Formate mit Gebrauchs- und Nutzwert wie Ratgebertipps, Checklisten, Erklärvideos, Webinare, Tutorials, Fallstudien (Case Studies) und Success Stories (Bürker, 2020a, b, S. 138–139). Sie beziehen ihre Glaubwürdigkeit aus der Erfahrung von Selbstwirksamkeit und unmittelbarem Nutzen.

Für alle Formate gilt: Je genauer und konkreter die Aussagen zur Nachhaltigkeit sind, umso eher sind sie geeignet, Greenwashing zu vermeiden. Idealerweise sollten sie wissenschaftlich belegt sein. Je ausgewogener die Argumente ausfallen und auch negative Aspekte und Zielkonflikte ansprechen, umso glaubwürdiger sind die Aussagen.

Einsatz von Influencern Die dritte Glaubwürdigkeitsstrategie für die Nachhaltigkeitskommunikation nutzt die Kompetenz und Glaubwürdigkeit von (zumindest scheinbar) unabhängigen dritten Personen. Dazu zählen Fachexpert*innen, Nachhaltigkeitsbotschafter*innen (*Sustainability Ambassadors*), Corporate- und Social-Media-Influencer sowie Nachhaltigkeitsblogger*innen. Sie entwickeln und verbreiten eigene Inhalte und Formate in thematischen Nischen.

Wertvolle Hinweise zur konkreten Gestaltung von Kommunikationsmaßnahmen und Botschaften geben Erkenntnisse der psychologischen Forschung zu Umweltthemen (siehe Info-Box: Empfehlungen der Umweltpsychologie).

Empfehlungen der Umweltpsychologie für Kommunikationsmaßnahmen und Botschaften (durch Studien belegt)

- Formate adressatenspezifisch entwickeln und testen
- Vorsorgeaspekte stärker betonen als mögliche Risiken (Framing)
- Klimawandel und Klimaschutz erfahrbarer machen
- Katastrophismus vermeiden
- Spezifische und handlungsorientierte Lösungen vermitteln
- Gemeinschaftliches Handeln betonen
- Über Vorbilder kommunizieren
- Lokale Kontexte berücksichtigen
- Zusatznutzen von nachhaltigem Verhalten hervorheben
- Vorhandene Gefühle respektieren, Emotionen sparsam einsetzen, auf Furchtappelle verzichten
- Persönliche Erzählungen nutzen
- Mit Visualisierungen zurückhaltend umgehen
- Dialogische, länger dauernde Kommunikationsformen einsetzen
- Alle Maßnahmen ganzheitlich und kontextspezifisch abstimmen

(Quellen: Grothmann, 2017, S. 230–235, 2014, S. 57–63; Clayton et al., 2014, S. 32–35)

8.9 Orchestrierung der Nachhaltigkeitskommunikation

Das *taktische* Kommunikationsmanagement integriert und orchestriert das komplexe Zusammenspiel der Nachhaltigkeitskommunikation mit unterschiedlichen Stakeholder-Gruppen zu unterschiedlichen Themen mit unterschiedlichen Instrumenten und Formaten auf unterschiedlichen Kanälen. Um die Flexibilität und Reaktionsfähigkeit und -schnelligkeit des Kommunikationsmanagements zu sichern, werden Planungszyklen deutlich verkürzt.

An die Stelle von Jahresplanungen treten Quartalspläne. Detaillierte Pläne für Ziele, Maßnahmen, Zeit und Budget werden durch das agile Prinzip von OKR (*Objectives and Key Results*) ersetzt. Ambitionierte, qualitativ formulierte Ziele (*Objectives*) und angestrebte, quantitative Ergebnisse (*Key Results*) werden in kurzen Rhythmen geprüft und ggf. angepasst. Die Orchestrierung von Themen, Kanälen und Maßnahmen unter zeitlichen Gesichtspunkten erfolgt entlang der Stakeholder-Journey (Abschn. 7.6).

8.9.1 Handlungsfelder und Integration der Nachhaltigkeitskommunikation

Die Orchestrierung der Nachhaltigkeitskommunikation erfordert die Zusammenführung der unterschiedlichen Kommunikationsfelder und -disziplinen. Ziel ist die Bewältigung der Komplexität der Kommunikation in der Transformation zu einem nachhaltigen Unternehmen. Im Vordergrund steht dabei die Integration mit den Handlungsfeldern (Märkte, Öffentlichkeit) und Kommunikationsfeldern (Arbeitgeber-, Marketing-, Finanz- und gesellschaftsbezogene Kommunikation) der drei zentralen primären Stakeholder-Gruppen Mitarbeitende, Kund*innen und Shareholder (Abb. 8.12).

Praktisch alle Kommunikationsfelder und -disziplinen sind von der nachhaltigen Entwicklung und Transformation betroffen:

- die *Nachhaltigkeitskommunikation* bei allen ökologischen, sozialen und technologischen Aspekten der Nachhaltigkeit im Unternehmen,
- die *Strategie- und Leadership-Kommunikation* bei allen Fragen zu Zielen und Strategien des Nachhaltigkeitsmanagements gegenüber wichtigen Stakeholdern,
- die *CEO-Kommunikation* bei der Positionierung des Vorstands bzw. der Geschäftsführung beim Thema Nachhaltigkeit,
- die *interne Kommunikation* bei der Einführung, Beteiligung der Mitarbeitenden und laufenden Umsetzung des Nachhaltigkeitsmanagements im Unternehmen,
- die *Führungskräftekommunikation* bei der Vermittlung von Nachhaltigkeitsstrategie und -maßnahmen gegenüber der Belegschaft und Feedbacks an die Unternehmensführung,
- die *Arbeitgeber-Kommunikation* mit Employer-Branding für die Berücksichtigung von Nachhaltigkeitsaspekten bei Recruitment (Gewinnung) und Onboarding (Einarbeitung),

Abb. 8.12 Modell der integrierten Nachhaltigkeitskommunikation. (Eigene Darstellung)

- die *Markt- bzw. Marketingkommunikation* bei Information von Verbraucher*innen und Dialog mit Geschäftspartner*innen wie Lieferanten und Handel,
- die *Finanzkommunikation* (Investor Relations) im Hinblick auf Vorgaben durch den Green-Deal, die Sustainable-Finance-Strategie und die Taxonomie-Verordnung der EU sowie die Kommunikation mit allen relevanten Akteur*innen des Kapitalmarkts,
- die *Politikkommunikation* (Public Affairs) für die Interessenvertretung und Beratung bei politischen Entscheidungen und Gesetzgebungsvorhaben,
- die *Medienarbeit* bei der Information zu Nachhaltigkeitsaktivitäten und der Beantwortung von Anfragen von Journalist*innen der Tages-, Wirtschafts- und Fachpresse,
- das *Issues Management* und die *Krisenkommunikation* im Hinblick auf die Beobachtung (Monitoring), Krisenprävention und akute Krisenkommunikation in den Bereichen Ökonomie, Ökologie, Soziales und Governance.

8.9.2 Orchestrierung von Stakeholdern, Themen und Maßnahmen

Bei der Kombination und Zuordnung von Stakeholder-Gruppen und Themenfeldern zu Kommunikationsfeldern und -maßnahmen werden strategische, taktische und operative Aufgaben sowie dialogische und reichweitenstarke Formate aufeinander abgestimmt (Abb. 8.13).

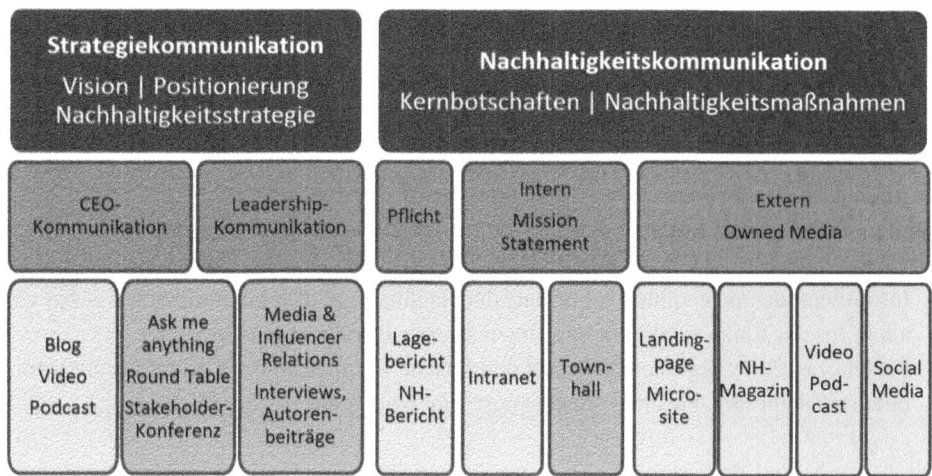

■   Dialogformate (Key Stakeholder)
▨   Reichweitenstarke Formate (v.a. sekundäre Stakeholder)

Abb. 8.13   Orchestrierung der Nachhaltigkeitskommunikation. (Eigene Darstellung)

Bei Themen und **Inhalten** werden strategische und operative Aspekte unterschieden:

- Die Strategie- und Führungskommunikation informiert über die Nachhaltigkeitsstrategie und gesellschaftliche Relevanz der Nachhaltigkeitstransformation.
- Die Nachhaltigkeitskommunikation berichtet über die Umsetzung von konkreten Nachhaltigkeitsaktivitäten.

Direkte und **indirekte** Formen der Kommunikation werden genutzt, um wahlweise Dialoge zu ermöglichen oder höhere Reichweiten zu erzielen (Bürker, 2022, S. 14):

- Direkte und dialogorientierte Kommunikationsformate werden vor allem für primäre Stakeholder in Transaktionsbeziehungen sowie Meinungsführer*innen zu Nachhaltigkeitsthemen genutzt.
- Medial vermittelte, indirekte Formen der Kommunikation werden vor allem für interessierte, sekundäre Stakeholder ohne eigene Erfahrungen mit dem Unternehmen genutzt.

Effektivität und **Effizienz** werden wahlweise durch dialog- oder reichweitenorientierte Kommunikationsmaßnahmen erzielt:

- Austausch, Fragen, Feedback und Diskussion (Dialogorientierung) werden genutzt, um eine möglichst hohe Effektivität der Nachhaltigkeitskommunikation zu erreichen.
- Möglichst große Verbreitung (Reichweitenorientierung) sorgt für hohe Effizienz der Nachhaltigkeitskommunikation.

Tab. 8.5 Kommunikationsansätze auf Basis der Stakeholder-Matrix. (Eigene Darstellung; in Anlehnung an Walker, 2024, S. 70–75)

	Geringer Einfluss	Starker Einfluss
Starkes Interesse	**Information**	**Dialog**
Geringes Interesse	**Beobachtung**	**Konsultation**

High und **Low Involvement** (vgl. *Elaboration-Likelihood-Modell*; Abschn. 6.5):

- Informierende und erzählende Formate der Nachhaltigkeitskommunikation werden vor allem für das Laien-Publikum bzw. interessierter Bürger*innen eingesetzt.
- Faktenorientierte, argumentative und dialogische Formate sind vor allem für gut informierte Stakeholder, Fachleute und Expert*innen geeignet.

Die Auswahl und Priorisierung der Kommunikationskanäle und -instrumente kann mithilfe der Stakeholder-Matrix erleichtert werden (Walker, 2024, S. 70–75). Dabei werden Anspruchsgruppen auf Basis von Interesse und Einfluss kategorisiert (Tab. 8.5). Je nach Anspruchsniveau und Einfluss der Stakeholder können differenzierte Kommunikationsstrategien ableitet werden. Walker (2024) schlägt dafür – analog zum Modell der Stakeholder-Integration (Abschn. 3.3) – vier abgestufte Dialogvarianten vor: Beobachtung, Information, Konsultation und Partnerschaft (S. 74–75).

8.9.3 Strategische und operative Nachhaltigkeitskommunikation

Strategische Nachhaltigkeitskommunikation Im Rahmen der *strategischen Nachhaltigkeitskommunikation* werden Strategie-, Führungs- und Leadershipkommunikation mit Key Stakeholdern durch CEO und Nachhaltigkeitsverantwortliche sowie die Mitarbeiter- und Führungskräftekommunikation gebündelt.

Ziel ist die Begründung und Vertretung der Nachhaltigkeitstransformation nach innen und außen. Vor allem die Balance und Zusammenhänge zwischen den drei Nachhaltigkeitsdimensionen sollten verdeutlicht werden. Dabei ist die ökonomische Nachhaltigkeit stärker als bislang zu betonen. Sie ist weniger Ziel als vielmehr notwendige Voraussetzung für die ökologische und soziale Nachhaltigkeit von Unternehmen. So lassen sich Möglichkeiten, aber auch Beschränkungen und Grenzen vermitteln. Unternehmen kommen so aus der argumentativen Defensive.

Die interne Kommunikation informiert über den Stand und die nächsten Schritte der Nachhaltigkeitstransformation (top-down). Sie ermöglicht zugleich Fragen, Feedback und die Beteiligung von Mitarbeitenden (bottom-up). Gemeinsam mit der Führungskräftekommunikation begleitet und unterstützt sie die Institutionalisierung der Nachhaltigkeitstransformation sowie den Aufbau und die Implementierung des Nachhaltigkeitsmanagements in der Organisation.

Um eine möglichst große Wirksamkeit (Effektivität) der strategischen Nachhaltigkeitskommunikation zu erzielen, werden in erster Linie persönliche, dialogische bzw. interaktive Kommunikationsformate genutzt. Dazu zählen: Presse- und Hintergrundgespräche, Interviews, Konferenzen, Townhall-Meetings und Ask-me-anything-Sessions.

Operative Nachhaltigkeitskommunikation Im Rahmen der *operativen Nachhaltigkeitskommunikation* wird die Pflichtkommunikation durch den Nachhaltigkeitsbericht und die externen Unternehmensmedien umgesetzt. Ziel ist die möglichst umfassende Information aller Stakeholder, insbesondere auch interessierter und engagierter Bürger*innen. Im Vordergrund sollten Menschen stehen, die sich noch nicht eindeutig für nachhaltiges Handeln entschieden haben und in der Phase der Abwägung von Vor- und Nachteilen sowie Handlungsalternativen befinden.

Mit dem Nachhaltigkeitsbericht dokumentieren und belegen Unternehmen ihre Nachhaltigkeitsaktivitäten in gesetzlich geregelter, einheitlicher, transparenter und vergleichbarer Form. Damit wenden sich Unternehmen vor allem an Aufsichtsbehörden sowie Akteur*innen in Kapitalmarkt und Politik. Die Nachhaltigkeitskommunikation im engeren Sinn informiert vor allem sekundäre Stakeholder. Dazu zählen auch die potenziellen Mitarbeitenden des Unternehmens. Bei ihnen spielt das Thema Nachhaltigkeit eine zunehmend wichtige Rolle. Sie werden im Rahmen der Arbeitgeber-Kommunikation und des Employer Brandings angesprochen (vgl. Grunwald & Schwill, 2022, S. 168–171).

In der operativen Nachhaltigkeitskommunikation kommen aus Effizienzgründen vor allem reichweitenstarke Formate der eigenen Medien (Owned Media) wie die Landingpage im Internetauftritt (alternativ: Microsite), Video und Podcast, Newsletter und Pressemitteilungen sowie Social-Media-Posts zum Einsatz. Hinzu kommt die Kommunikation an Orten, die Gelegenheiten zum nachhaltigen Handeln bieten. Dialogformate spielen dagegen eine geringere Rolle.

8.9.4 Issues-Management und Krisenprävention

Hohe eigene und gesellschaftliche Ansprüche, Skepsis und Glaubwürdigkeitsvorbehalte bei Stakeholdern und Bürger*innen machen die Nachhaltigkeitstransformation von Unternehmen zu einem krisenanfälligen Prozess. Dies gilt insbesondere, wenn zwischen Nachhaltigkeitsaktivitäten und möglichen Krisen eine hohe Themenkongruenz besteht. Solche Risiken bestehen vor allem in Branchen wie Automobil-, Lebensmittel- und Bekleidungsindustrie sowie der Bau-, Energie- und Entsorgungswirtschaft.

Das CSR- bzw. Nachhaltigkeitsengagement von Unternehmen trägt dazu bei, die Reputation zu stärken und *Reputationspuffer* aufzubauen (Koch et al., 2024, S. 211–214). So kann nach Krisen ein höheres Reputationsniveau erreicht werden als ohne CSR- bzw. Nachhaltigkeitsaktivitäten (*Buffer*-Effekt). Andererseits kann sich die erhöhte Reputation auch verstärkend auf Reputationsverluste auswirken (*Backfire*-Effekt) (S. 214–218).

Aus gestiegenen Ansprüchen von Stakeholdern an Nachhaltigkeit erwachsen gesteigerte Erwartungen, die von Unternehmen erfüllt werden müssen (*Moment of Truth*), um nicht in Enttäuschung und Frustration zu enden (Grunwald & Schwill, 2022, S. 16–19). Wenn Nachhaltigkeitsversprechen und Unternehmensverhalten zu stark voneinander abweichen, zum Beispiel durch Greenwashing, resultieren daraus potenzielle (latente) Risiken. Sobald öffentliche Kritik aufkommt, zieht dies Image- und Reputationsschäden nach sich. Daraus können aktuelle (manifeste) Krisen mit Umsatzeinbußen und Verlusten bei Kund*innen, Mitarbeitenden und Bewerber*innen entstehen.

Um solche Risiken frühzeitig zu erkennen und zu vermeiden, betreiben Unternehmen Krisenprävention durch *Issues-Management* und *Risikokommunikation*. *Issues* sind aktuelle oder potenzielle Themen von öffentlichem Interesse mit Risiko- und Konfliktpotenzial für Unternehmen (Ingenhoff et al., 2022, S. 583; Wiedemann & Ries, 2014, S. 495).

Risiken für Unternehmen im Kontext der Nachhaltigkeit (ausgewählte Beispiele)
- **Ökologische Risiken**: Umweltverschmutzung, Unfälle in der Produktion, Hitzewellen, Wassermangel, verschärfte Regulatorik usw.
- **Soziale Risiken**: Arbeitsunfälle, Diskriminierung, Korruption, Menschenrechte in der Lieferkette usw.
- **Ökonomische Risiken**: Ressourcenknappheit, Energie- und Rohstoffpreise, Streiks, Boykott-Aufrufe usw.

Das *Issues-Management* beobachtet, identifiziert und priorisiert kontinuierlich die Entwicklung dieser Risikothemen in Medien und Öffentlichkeit (Ingenhoff et al., 2022, S. 585–589; Wiedemann & Ries, 2014, S. 495–496). In Abhängigkeit davon werden Themen entweder weiter beobachtet, Reaktionen geplant oder sofort realisiert (S. 499–508). Dafür werden je nach Dringlichkeit und Beeinflussbarkeit Handlungs- und Kommunikationsstrategien entwickelt, umgesetzt und evaluiert.

Die Identifikation und Beobachtung von Issues erfolgen durch ein laufendes Monitoring der journalistischen und sozialen Medien. Nachrichten, Berichte und Posts in ausgewählten Medien werden systematisch nach definierten Keywords, Medien- und Meinungstenor (*Sentimentanalysen*) ausgewertet. Damit werden abschließend auch ungeplante und nicht beabsichtigte Effekte der Nachhaltigkeitskommunikation frühzeitig erfasst und können durch entsprechende Gegenmaßnahmen der Risiko- und Krisenkommunikation aufgefangen werden.

Literatur

Balderjahn, I. (2021). *Nachhaltiges Management und Konsumentenverhalten* (2., vollst. überarb. Aufl.). UVK Verlag (utb).

Bruhn, M. (2018). *Kommunikationspolitik. Systematischer Einsatz der Kommunikation für Unternehmen* (9. Aufl.). Vahlen. https://doi.org/10.15358/9783800657643

Bürker, M. (2013). *„Die unsichtbaren Dritten" – Eine neues Modell zur Evaluation und Steuerung von Public Relations im strategischen Kommunikationsmanagement*. Dissertation. Springer VS. https://doi.org/10.1007/978-3-531-18744-0

Bürker, M. (2020a). Beziehungen als Kernkonzept für ein verändertes Management der Unternehmenskommunikation. In G. Bentele, M. Piwinger, & G. Schönborn (Hrsg.), *Kommunikationsmanagement. Strategien, Wissen, Lösungen (Loseblattwerk)*. Beitrag 2.101 (S. 1–41). Hermann Luchterhand Verlag, 2001 ff.

Bürker, M. (2020b). Content Marketing – mit Themen gewinnen. In M. Stumpf (Hrsg.), *Die 10 wichtigsten Zukunftsthemen im Marketing* (2. Aufl., S. 131–161). Haufe.

Bürker, M. (2022). Das Kommunikations- und Meinungsklima. Sensibler, schneller und aussagekräftiger – ein neuer Ansatz zur Messung und Steuerung von Kommunikation in der Öffentlichkeit. In G. Bentele, M. Piwinger, & G. Schönborn (Hrsg.), *Kommunikationsmanagement. Strategien, Wissen, Lösungen* (Loseblattwerk). Beitrag 4.61 (S. 1–39). Hermann Luchterhand Verlag, 2001 ff.

Clayton, S., Manning, C., & Hodge, C. (2014). Beyond storms & droughts: The psychological impacts of climate change. https://ecoamerica.org/wp-content/uploads/2014/06/eA_Beyond_Storms_and_Droughts_Psych_Impacts_of_Climate_Change.pdf. Zugegriffen am 04.08.2023.

Doppler, K. (2017). *Change. Wie Wandel gelingt*. Campus.

Esch, F.-R. (2019). Markenpositionierung als Grundlage der Markenführung. In F.-R. Esch (Hrsg.), *Handbuch Markenführung* (S. 201–234). Springer Gabler. https://doi.org/10.1007/978-3-658-13342-9_10

Faber-Wiener, G. (2015). CSR und Kommunikation – Praktische Zugänge. In A. Schneider & R. Schmidpeter (Hrsg.), *Corporate social responsibility* (S. 749–766). Springer Gabler. https://doi.org/10.1007/978-3-662-43483-3_49

Feddersen, C. (2010). *Repositionierung von Marken*. Gabler. https://doi.org/10.1007/978-3-8349-8990-1

Fröhlich, V. (2015). *Der Cliffhanger und die serielle Narration: Analyse einer transmedialen Erzähltechnik*. transcript.

Frostenson, M., Helin, S., & Arbin, K. (2022). Organizational sustainability identity: Constructing oneself as sustainable. *Scandinavian Journal of Management, 38*(3), 101229, https://doi.org/10.1016/j.scaman.2022.101229

Frühbrodt, L., & Auerbacher, R. (2021). *Den richtigen Ton treffen. Der Podcast-Boom in Deutschland*. OBS-Arbeitsheft 106. Otto Brenner Stiftung (Hrsg.). https://www.otto-brenner-stiftung.de/fileadmin/user_data/stiftung/02_Wissenschaftsportal/03_Publikationen/AH106_Podcasts.pdf. Zugegriffen am 08.08.2021.

Grothmann, T. (2014). Handlungsmotivierende Kommunikation von Klimawandelunsicherheiten?! Empfehlungen aus der psychologischen Forschung. In K. Beese, M. Fekkak, C. Katz, C. Körner, & H. Molitor (Hrsg.), *Anpassung an regionale Klimafolgen kommunizieren: Konzepte, Herausforderungen und Perspektiven* (S. 51–66). Oekom Verlag. 10.14512/9783865815972.

Grothmann, T. (2017). Psychologische Eckpunkte erfolgreicher Klima(schutz)kommunikation. In I. López (Hrsg.), *CSR und Wirtschaftspsychologie: Psychologische Strategien zur Förderung nachhaltiger Managemententscheidungen und Lebensstile* (S. 221–240). Springer. https://doi.org/10.1007/978-3-662-52746-7

Grunwald, G., & Schwill, J. (2022). *Nachhaltigkeitsmarketing. Grundlagen – Gestaltungsoptionen – Umsetzung*. Schäffer-Poeschel.

Hallenberger, G. (2017). Horizontales Erzählen. *tv diskurs, 21*(74), 74–75.

Heinrich, P. (2024). CSR-Kommunikation – Die Instrumente. In P. Heinrich (Hrsg.), *CSR und Kommunikation* (S. 79–101). Springer Gabler. https://doi.org/10.1007/978-3-662-69026-0_5

Horx, M. (o.J.). *Das Regnose-Prinzip. Willkommen im Futur 2 oder Wie man die Zukunft in sich selbst erkennt.* https://www.horx.com/zukunftsforschung/das-regnose-prinzip/. Zugegriffen am 17.11.2024

Huhn, J., & Sass, J. (2011). *Positionspapier Kommunikations-Controlling.* Storck, C., Deutsche Public Relations Gesellschaft e.V. (DPRG) & Stobbe, R. Internationaler Controller Verein e.V. (ICV) (Hrsg.). DPRG/ICV.

Ingenhoff, D., Borner, M., & Zerfaß, A. (2022). Corporate Listening und Issues Management in der Unternehmenskommunikation. In A. Zerfaß, M. Piwinger, & U. Röttger (Hrsg.), *Handbuch Unternehmenskommunikation* (S. 577–593). Springer Gabler. https://doi.org/10.1007/978-3-658-22933-7_26

Kämmler-Burrak, A., Möhrer, M., Rötzel, P., Schulze, M., & Gimpl, N. (2022). *Green Controlling – Stand und Herausforderungen der Integration ökologischer und sozialer Aspekte in das Controlling aus Sicht der Controllingpraxis. Ergebnisse einer Studie des Fachkreises Green Controlling for Responsible Business.* Internationaler Controller Verein e. V. (Hrsg.). Fachkreis Green Controlling for Responsible Business. https://www.icv-controlling.com/fileadmin/Wissen/Frei_f%C3%BCr_alle__Controller_Magazin_Statement__White_Paper__Schriftenreihe__Dream_Car_Bericht/ICV_Green_Controlling_Studie_2022_Auszug.pdf. Zugegriffen am 29.07.2023.

Koch, T., Viererbl, B., & Beckert, J. (2024). CSR-Engagement und Organisationskrisen. Zur theoretischen Konzeptualisierung von Buffer- und Backfire-Effekten. In O. Hoffjann, L. Seeber, & I. von der Wense (Hrsg.), *Strategische Wahrheiten* (S. 205–225). Springer VS. https://doi.org/10.1007/978-3-658-43831-9_11

Konrad, J., & Weber, S. T. (2024). *Objectives and Key Results im agilen Projektmanagement.* Springer Gabler. https://doi.org/10.1007/978-3-658-45906-2

Krause, L. K., & Gagné, J. (2019). *Die andere deutsche Teilung: Zustand und Zukunftsfähigkeit unserer Gesellschaft.* More in Common. https://www.dieandereteilung.de/media/nthptlnv/moreincommon_dieandereteilung_studie_v1-0-2.pdf. Zugegriffen am 08.04.2024.

Lauer, T. (2019). Change Management. Springer Gabler. https://doi.org/10.1007/978-3-662-59102-4

Meissner, J. O., Heike, M., & Sigrist, D. (2023). *Organisationsdesign in einer komplexen und instabilen Welt.* Springer Gabler. https://doi.org/10.1007/978-3-658-42339-1

Melloh, L., Rawlins, J., & Sippel, M. (2022). *Übers Klima reden: Wie Deutschland beim Klimaschutz tickt. Wegweiser für den Dialog in einer vielfältigen Gesellschaft.* Climate Outreach.

Nestlé. (Hrsg.). (2023). *Sustainability stories.* https://www.nestle.com/stories/nestle-employee-stories-sustainability-climate-change. Zugegriffen am 08.08.2023.

Noelle-Neumann, E. (1989). Die Theorie der Schweigespirale als Instrument der Medienwirkungsforschung. In: Kaase, M. & Schulz, W. (Hrsg.) *Massenkommunikation. Theorien, Methoden, Befunde. Kölner Zeitschrift für Soziologie und Sozialpsychologie, Sonderheft 30,* 418–440. VS Verlag für Sozialwissenschaften. https://doi.org/10.1007/978-3-322-83571-0_27

Noelle-Neumann, E. (1991). *Öffentliche Meinung: Die Entdeckung der Schweigespirale.* Erw. Ausgabe. Ullstein.

Noelle-Neumann, E., & Petersen, T. (2005). *Alle, nicht jeder. Einführung in die Methoden der Demoskopie* (4., überarb. Aufl.). Springer.

Ordu, S. (2021). *Wirkungsanalyse verschiedener Content-Formate und Kommunikationskanäle in der CSR-Kommunikation.* BestMasters. Springer Gabler. https://doi.org/10.1007/978-3-658-36067-2

Prexl, A. (2010). Nachhaltigkeit kommunizieren-nachhaltig kommunizieren. Analyse des Potenzials der Public Relations für eine nachhaltige Unternehmens- und Gesellschaftsentwicklung. VS Verlag für Sozialwissenschaften. https://doi.org/10.1007/978-3-531-92471-7

Ruhrmann, G., & Göbbel, R. (2007). *Veränderung der Nachrichtenfaktoren und Auswirkungen auf die journalistische Praxis in Deutschland*. Netzwerk recherche. https://netzwerkrecherche.org/wp-content/uploads/2015/02/nr-studie-nachrichtenfaktoren.pdf. Zugegriffen am 02.03.2010.

Sammer, P. (2017). Von Hollywood lernen? Erfolgskonzepte des Corporate Storytelling. In A. Schach (Hrsg.), *Storytelling: Geschichten in Text, Bild und Film* (S. 13–32). Springer Gabler. https://doi.org/10.1007/978-3-658-15232-1_2

Schaefer, S. (2012). Nachhaltigkeitskommunikation aus der Perspektive des Controllings. In H. Corsten & S. Roth (Hrsg.), *Nachhaltigkeit* (S. 255–273). Gabler Verlag. https://doi.org/10.1007/978-3-8349-3746-9_13

Siemens. (Hrsg.). (2023). *Sustainability Stories*. https://www.siemens.com/global/en/company/stories/climate-action.html. Zugegriffen am 08.08.2023.

Sinek, S. (2009). *Start with why: How great leaders inspire everyone to take action*. Penguin.

Volk, S. C., & Zerfaß, A. (2024). Kommunikationscontrolling und PR-Evaluation. In P. Szyszka, R. Fröhlich, & U. Röttger (Hrsg.), *Handbuch der Public Relations* (S. 925–943). Springer VS. https://doi.org/10.1007/978-3-658-28034-5_51

Von Ahsen, A. (2022). Nachhaltigkeitscontrolling. In A. Baumast & J. Pape (Hrsg.), *Betriebliches Nachhaltigkeitsmanagement* (2., vollst. überarb. Aufl., S. 232–251). Ulmer. https://doi.org/10.36198/9783838550220

von Hehn, S., Cornelissen, N. I. & Braun, C. (2021). *Kulturwandel in Organisationen. Ein Baukasten für angewandte Psychologie im Change-Management* (2. überarb. u. erw. Aufl.). Springer. https://doi.org/10.1007/978-3-662-62030-4

Walker, T. (2024). Der Stakeholderansatz als Fundament der CSR-Kommunikation. In P. Heinrich (Hrsg.), *CSR und Kommunikation* (S. 63–77). Springer Gabler. https://doi.org/10.1007/978-3-662-69026-0_4

Wiedemann, P., & Ries, K. (2014). Issues Monitoring und Issues Management in der Unternehmenskommunikation. In A. Zerfaß & M. Piwinger (Hrsg.), *Handbuch Unternehmenskommunikation* (S. 493–512). Springer Gabler. https://doi.org/10.1007/978-3-8349-4543-3_23

Wiedmann, K. P., Fombrun, C. J., & van Riel, C. B. M. (2005). Reputation messen und vergleichen: Der Reputation Quotient deutscher Unternehmen im internationalen Vergleich. In J. Pfannenberg & A. Zerfaß (Hrsg.), *Wertschöpfung durch Kommunikation* (S. 48–59). FAZ-Institut.

Wiedmann, K. P., Fombrun, C. J., & van Riel, C. B. M. (2007). Reputationsanalyse mit dem Reputation Quotient. In M. Piwinger & A. Zerfaß (Hrsg.), *Handbuch Unternehmenskommunikation* (S. 321–337). Gabler.

Wördenweber, M. (2017). *Nachhaltigkeitsmanagement: Grundlagen und Praxis unternehmerischen Handelns*. Schäffer-Poeschel.

Zerfaß, A., & Volk, S. C. (2022). Strategische Ausrichtung der Unternehmenskommunikation: Zieldefinition, Alignment mit Organisationszielen und Wertbeitrag. In A. Zerfaß, M. Piwinger, & U. Röttger (Hrsg.), *Handbuch Unternehmenskommunikation* (S. 469–492). Springer Gabler. https://doi.org/10.1007/978-3-658-22933-7_21

Zerfaß, A., & Volk, S. C. (2019). *Toolbox Kommunikationsmanagement*. Springer Gabler. https://doi.org/10.1007/978-3-658-24258-9

Zerfaß, A., & Volk, S. C. (2021). Strategische Ausrichtung der Unternehmenskommunikation: Zieldefinition, Alignment mit Organisationszielen und Wertbeitrag. In A. Zerfaß, M. Piwinger, & U. Röttger (Hrsg.), Handbuch Unternehmenskommunikation (S. 469–492). Springer Gabler. https://doi.org/10.1007/978-3-658-03894-6_21-1

Ausblick: Beyond Nachhaltigkeitskommunikation

9

Inhaltsverzeichnis

Zusammenfassung

Viele Unternehmen tun sich schwer mit der nachhaltigen Entwicklung. Positionen der Forschung, Impulse aus Organisations-, Management- und Kommunikationstheorie bieten Ansätze und Konzepte, um bislang vergeblichen oder gescheiterten Versuchen neue Perspektiven zu eröffnen. Dafür müssen Unternehmen alte Muster überwinden, neue Wege gehen und alternative Vorgehensweisen entwickeln. Der Ansatz einer viralen Nachhaltigkeitstransformation bietet eine fokussierte Vorgehensweise. In kleinen Schritten, aber im Rahmen einer erkennbaren Gesamtsystematik können Unternehmen Nachhaltigkeitsmanagement und -kommunikation schrittweise aufbauen. Mit dem Konzept der Nachhaltigkeitstransformation als Lern- und Entwicklungsprozess von Organisationen ist ein Weg eröffnet, Mitarbeitende und externe Stakeholder einzubinden und zu beteiligen. Der Nachhaltigkeitskommunikation kommt dabei eine tragende Rolle zu: nicht mehr als Verpackungs- und Verkaufsexpertise, sondern als konstitutives Element der Nachhaltigkeitstransformation von Organisationen.

Die Nachhaltigkeitskommunikation steht vor besonderen Hausforderungen. Unternehmen stehen in der Nachhaltigkeitstransformation im Zangengriff aus ökologischen, sozialen, ökonomischen, politischen, gesellschaftlichen und kommunikativen Entwicklungen (Abb. 9.1). Die anstehende Transformation könnte angesichts von Skepsis in der Bevölkerung, Einstellungs-Verhaltens-Lücke, Glaubwürdigkeitsvorbehalten, Greenwashing-

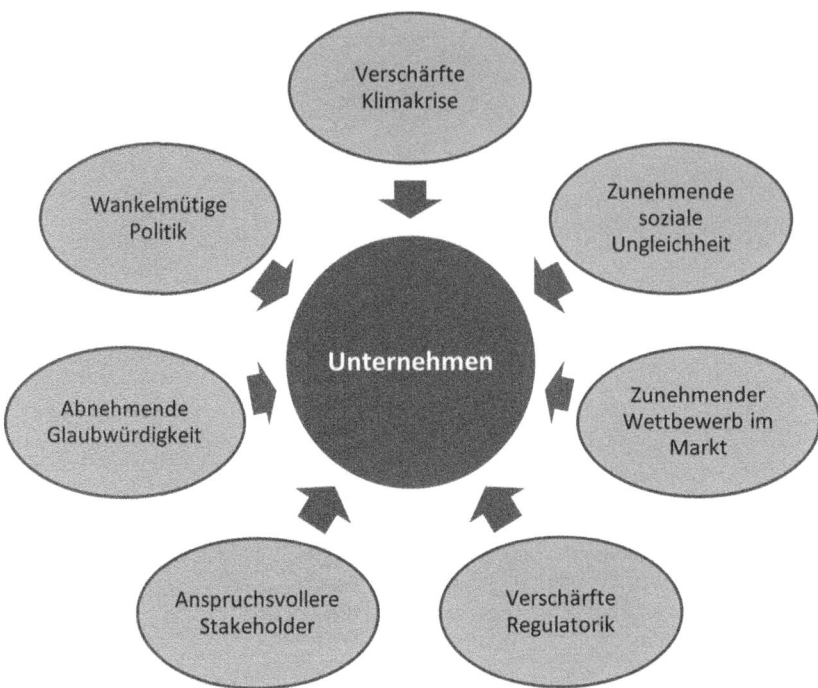

Abb. 9.1 Herausforderungen der Nachhaltigkeitstransformation von Unternehmen. (Eigene Darstellung)

Vorwürfen und verschärfter Regulatorik kaum komplexer und schwieriger sein. Zugleich müssen Nachhaltigkeitsmanagement und -kommunikation häufig erst aufgebaut und in der Organisation eingeführt werden. Viele Unternehmen stehen noch am Anfang ihres Wegs zu mehr Nachhaltigkeit.

Doch die Voraussetzungen sind günstig: Die Mehrheit der Bevölkerung ist vom menschengemachten Klimawandel überzeugt und unterstützt Klimaschutzmaßnahmen. Der Druck der Regulatorik zwingt alle Unternehmen zu Tempo, die Vorteile auf ihren Märkten anstreben. Neben ökologischen sind auch die sozialen Aspekte der Nachhaltigkeit stärker in den Fokus gekommen. Lücken in der Datenbasis von Unternehmen werden mit der Berichtspflicht zunehmend geschlossen. Skepsis und Kritik sollten ernst genommen werden, sie dienen als Risiko-Seismografen. Rückschläge bei der nachhaltigen Entwicklung gehören dazu. Die Psychologie hat erfolgversprechende Wege aufgezeigt. Jetzt gilt es, die Lücke zwischen Zielen und konkreten Maßnahmen zu schließen.

Anstelle einer Selbstüberforderung durch die Komplexität der Anforderungen und Rahmenbedingungen sollten Unternehmen ihren eigenen, selbstbestimmten und selbstentwickelten Weg gehen. Mit kleinen Teams, in kleinen Schritten. Bereich für Bereich, Einheit für Einheit. Von Nischen für Experimente, mit ausgeprägter Fehlertoleranz und Lernbereitschaft, über parallele Strukturen für effizientes Tagesgeschäft und effektive Erneuerung (Ambidextrie) bis zum Rollout in der gesamten Organisation (siehe Info-Box: Roadmap).

Dabei spielt die Kommunikation als konstitutives Element der Nachhaltigkeitstransformation von Organisationen eine zentrale Rolle: Sie ermöglicht die Thematisierung von Ideen, den Austausch über Lösungen, die Beteiligung von Mitarbeitenden und externen Stakeholdern, die Diskussion und Entscheidung über Strategien und Maßnahmen. Schließlich trägt die Nachhaltigkeitskommunikation dazu bei, Akzeptanz und Unterstützungsbereitschaft aufzubauen. Zugleich unterstützt sie dabei, die Chancen der nachhaltigen Entwicklung wahrzunehmen und ihre Risiken zu vermeiden.

Roadmap: Abkürzung zum schnellen Aufbau der Nachhaltigkeitskommunikation
- Anfangen.
- Mit kleinem Team starten.
- Von Anfang an handeln und nicht nur analysieren und planen.
- Experimentieren, Alternativen testen, nehmen, was besser funktioniert.
- Nicht alles versprechen, lieber weniger versprechen und mehr erreichen.
- Mit einem Handlungsfeld des Nachhaltigkeitsmanagements beginnen.
- Auf schnelle Gewinne achten (Quick Wins).
- Veränderungen und Ergebnisse zeitnah kommunizieren.
- Am Anfang ist Handeln wichtiger als Controlling.
- Aus Rückschlägen lernen, nicht verbergen.
- Erfolge gemeinsam feiern.

Für eine erfolgreiche Bewältigung der Nachhaltigkeitstransformation müssen Unternehmen bisherige Muster ihrer Kommunikation hinterfragen und überwinden (Abb. 9.2). Die Einsicht in die Zweiseitigkeit von Kommunikation als Beziehung erschließt das Zuhören als gleichberechtigte Funktion, die Beteiligung als Co-Creation und die gemeinsame Wertschöpfung für Unternehmen und Stakeholder (Shared Value). Die Sozial- und Motivationspsychologie gibt wichtige Hinweise, um die Notwendigkeit dieser Veränderungen besser zu verstehen und den Rubikon von den guten Absichten hin zu konkretem nachhaltigem Handeln zu überwinden.

In diesem Sinne muss Nachhaltigkeitskommunikation nicht einfach, sondern doppelt nachhaltig sein. Sie achtet selbst auf ökologische, soziale und ökonomische Nachhaltigkeit. Zugleich stellt sie die langfristige Reputation und Existenzsicherung über kurzfristige Publizität und Imageeffekte. Damit wären Verlässlichkeit, Transparenz, Wahrhaftigkeit, Konsistenz und Nachprüfbarkeit keine ethischen, normativen Ansprüche und Forderungen, sondern funktionale kommunikative Strategien für das Überleben von Unternehmen, Wirtschaft und Gesellschaft.

Die Kommunikation würde dazu beitragen, die Nachhaltigkeitstransformation zu einem ansteckenden (viralen) Lern- und Entwicklungsprozess zu machen (siehe Info-Box: 13 Elemente der viralen Nachhaltigkeitstransformation). In diesem Sinne ist sie auch ein Rolemodel für die Weiterentwicklung der Unternehmenskommunikation. Ihre ver-

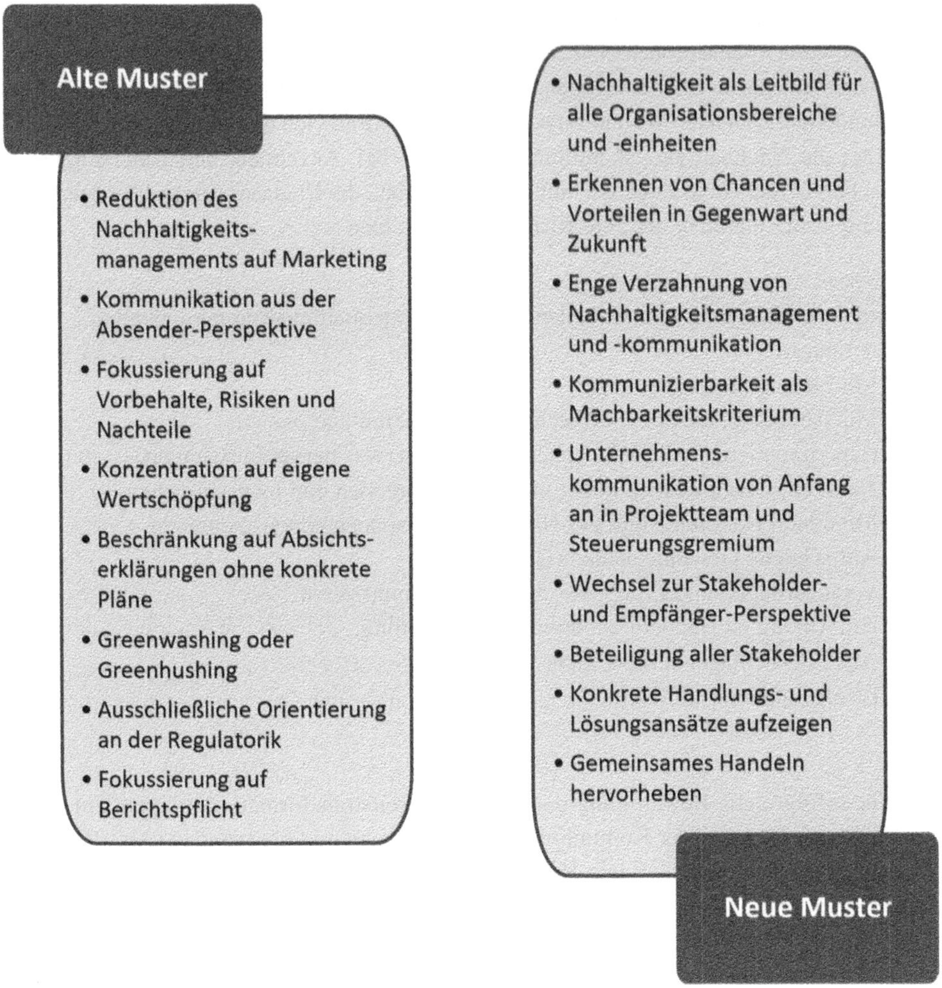

Alte Muster

- Reduktion des Nachhaltigkeits-managements auf Marketing
- Kommunikation aus der Absender-Perspektive
- Fokussierung auf Vorbehalte, Risiken und Nachteile
- Konzentration auf eigene Wertschöpfung
- Beschränkung auf Absichts-erklärungen ohne konkrete Pläne
- Greenwashing oder Greenhushing
- Ausschließliche Orientierung an der Regulatorik
- Fokussierung auf Berichtspflicht

- Nachhaltigkeit als Leitbild für alle Organisationsbereiche und -einheiten
- Erkennen von Chancen und Vorteilen in Gegenwart und Zukunft
- Enge Verzahnung von Nachhaltigkeitsmanagement und -kommunikation
- Kommunizierbarkeit als Machbarkeitskriterium
- Unternehmens-kommunikation von Anfang an in Projektteam und Steuerungsgremium
- Wechsel zur Stakeholder- und Empfänger-Perspektive
- Beteiligung aller Stakeholder
- Konkrete Handlungs- und Lösungsansätze aufzeigen
- Gemeinsames Handeln hervorheben

Neue Muster

Abb. 9.2 Alte und neue Muster der Nachhaltigkeitskommunikation

schärften Rahmenbedingungen und Anforderungen haben über die Kapitel dieses Buches hinweg Schritt für Schritt zu einer Neuorientierung der Kommunikationsfunktion in und für Organisationen geführt.

> **13 Elemente der viralen Nachhaltigkeitstransformation**
> 1. Nachhaltigkeit ist nicht alternativlos – die Alternative ist eine andere Welt.
> 2. Kommunikation ist konstitutives Element der Nachhaltigkeitstransformation – von Beginn an.
> 3. Die Berichtspflicht ist der Beginn der Nachhaltigkeitskommunikation – nicht das Ende.
> 4. Kommunikation ist Beziehungsarbeit – keine Propaganda.

5. Nachhaltigkeitstransformation ist kein Change – sondern ein Lern- und Entwicklungsprozess.
6. Der Start ist ein Commitment mit dem CEO – und der gesamten Unternehmensführung.
7. Veränderungen gemeinsam angehen – und nicht dem Individuum allein aufbürden.
8. Mitarbeitende ergebnisoffen beteiligen – so schnell und so früh wie möglich.
9. Gemeinsame Wertschöpfung für Unternehmen und Stakeholder anstreben – in einer fairen Balance.
10. Mehrheit in der Bevölkerung nutzen – als Rückenwind bei Gegenwind.
11. Reaktionsfähigkeit zählt – Umfeldbeobachtung und Analyse sind die neue Strategie.
12. Dezentrale, agile Nachhaltigkeitsteams – als virale Basen in der Organisation.
13. Führung als Unterstützung bei Selbstführung und -organisation – nicht als Top-down-Prozess.

Diese 13 Elemente sind keine normativen Handlungsempfehlungen. Es handelt sich um Schlussfolgerungen und Konsequenzen aus dem Scheitern zahlreicher Change-Projekte in Unternehmen und Organisationen. Sie sind Weichenstellungen in eine nachhaltige Zukunft.

In diesem Sinne hat Tomasello (2016) gezeigt, dass moralisches Verhalten in der sozialen Evolution entstanden ist, um sozial erfolgreich kooperieren zu können (S. 11; Tomasello & Vaish, 2016, S. 181). Kooperationsverhalten im *Wir-Modus* findet statt, wenn mehrere Individuen zum gegenseitigen Nutzen zusammenarbeiten (Tomasello, 2016, S. 11; Spiegel & Tomasello, 2015, S. 114–115). Moral verlangt, dass Individuen dafür ihr Eigeninteresse unterdrücken oder es mit Interessen von anderen gleichsetzen (Tomasello & Vaish, 2016, S. 181).

Zusammenarbeit ist kein wünschenswertes Phänomen, sondern ein evolutionärer Vorteil zum Nutzen der Menschheit. Das größte Risiko wäre, nichts zu tun. Die Klimakrise wartet nicht.

Literatur

Spiegel, I., & Tomasello, M. (2015). Evolutionäre Anthropologie: Kooperation im Wir-Modus. In J. N. Rümelin (Hrsg.), *Handbuch Philosophie und Ethik* (S. 113–123). Schönigh.
Tomasello, M. (2016). *Eine Naturgeschichte der menschlichen Moral.* Suhrkamp.
Tomasello, M., & Vaish, A. (2016). Die Entstehung menschlicher Kooperation und Moral. In J. Nida-Rümelin & J. Heilinger (Hrsg.), *Moral, Wissenschaft und Wahrheit* (S. 181–222). De Gruyter.

The manufacturer's authorised representative in the EU is Springer
Nature Customer Service Centre GmbH, Europaplatz 3, 69115 Heidelberg,
Germany. If you have any concerns regarding our products, please
contact ProductSafety@springernature.com

Printed and bound by CPI Group (UK) Ltd, Croydon, CR0 4YY

28/04/2026

02098527-0008